DIREITO PREVIDENCIÁRIO

Frederico Amado

27

DIREITO PREVIDENCIÁRIO

7ª edição
revista, ampliada e atualizada

coleção
SINOPSES
para concursos

coordenação
Leonardo de Medeiros Garcia

EDITORA JusPODIVM
www.editorajuspodivm.com.br

EDITORA *Jus*PODIVM
www.editorajuspodivm.com.br

Rua Mato Grosso, 175 – Pituba, CEP: 41830-151 – Salvador – Bahia
Tel: (71) 3363-8617 / Fax: (71) 3363-5050 • E-mail: fale@editorajuspodivm.com.br

Capa: Ana Caquetti

7.ª ed., *4.ª tir.:* abr./2016.

Coleção Sinopses para Concursos

A *Coleção Sinopses para Concursos* tem por finalidade a preparação para concursos públicos de modo prático, sistematizado e objetivo.

Foram separadas as principais matérias constantes nos editais e chamados professores especializados em preparação de concursos a fim de elaborarem, de forma didática, o material necessário para a aprovação em concursos.

Diferentemente de outras sinopses/resumos, preocupamo-nos em apresentar ao leitor o entendimento do STF e do STJ sobre os principais pontos, além de abordar temas tratados em manuais e livros mais densos. Assim, ao mesmo tempo que o leitor encontrará um livro sistematizado e objetivo, também terá acesso a temas atuais e entendimentos jurisprudenciais.

Dentro da metodologia que entendemos ser a mais apropriada para a preparação nas provas, demos destaques (em outra cor) às palavras-chaves, de modo a facilitar não somente a visualização, mas, sobretudo, a compreensão do que é mais importante dentro de cada matéria.

Quadros sinóticos, tabelas comparativas, esquemas e gráficos são uma constante da coleção, aumentando a compreensão e a memorização do leitor.

Contemplamos também questões das principais organizadoras de concursos do país, como forma de mostrar ao leitor como o assunto foi cobrado em provas. Atualmente, essa "casadinha" é fundamental: conhecimento sistematizado da matéria e como foi a sua abordagem nos concursos.

Esperamos que goste de mais esta inovação que a Editora Juspodivm apresenta.

Nosso objetivo é sempre o mesmo: otimizar o estudo para que você consiga a aprovação desejada.

Bons estudos!

Leonardo de Medeiros Garcia
leonardo@leonardogarcia.com.br
www.leonardogarcia.com.br

Guia de leitura da Coleção

A Coleção foi elaborada com a metodologia que entendemos ser a mais apropriada para a preparação de concursos.

Neste contexto, a Coleção contempla:

- **DOUTRINA OTIMIZADA PARA CONCURSOS**

Além de cada autor abordar, de maneira sistematizada, os assuntos triviais sobre cada matéria, são contemplados temas atuais, de suma importância para uma boa preparação para as provas.

> Contudo, no ano de 2010, no concurso para o provimento dos cargos de Perito-médico do INSS, o CESPE foi técnico e seguiu o regramento da autarquia previdenciária para calcular o período de graça, que, inclusive, é mais benéfico ao segurado.

- **ENTENDIMENTOS DO STF, STJ E TNU SOBRE OS PRINCIPAIS PONTOS**

> ▸ **Qual o entendimento do STJ sobre o assunto?**
> Mesmo antes da revogação, o STJ já vinha afastando a referida solidariedade, sob o argumento de ser tema afeto à lei complementar, por força do artigo 146, III, "b", da CRFB, bem como da exigência de culpa para a responsabilização dos sócios de sociedade limitada, a teor do artigo 1.016, do Código Civil, a exemplo do julgamento do AGRESP 200700948767, de 20.09.2007.
>
> ▸ **Qual o entendimento do STF sobre o assunto?**
> Em 03.11.2010, ao julgar o RE 562.276, o STF pronunciou a inconstitucionalidade incidental do artigo 13, da Lei 8.620/93, na parte em que estabeleceu que os sócios das empresas por cotas de responsabilidade limitada respondem solidariamente, com seus bens pessoais, pelos débitos junto à seguridade social, por ofensa ao art. 146, III, b, da Constituição Federal, por ser tema afeto à lei complementar.

- **PALAVRAS-CHAVES EM OUTRA COR**

As palavras mais importantes (palavras-chaves) são colocadas em outra cor para que o leitor consiga visualizá-las e memorizá-las mais facilmente.

> Logo, após o biênio, será possível que o deficiente aprendiz tenha a suspensão do amparo assistencial, pois a remuneração percebida como aprendiz será considerada no cálculo da renda *per capita* familiar. No que concerne ao **deficiente**, era assim considerada a **pessoa incapacitada para a vida independente e para o trabalho**, na forma do artigo 20, §2º, da Lei 8.742/93, em sua redação original.

- **QUADROS, TABELAS COMPARATIVAS, ESQUEMAS E DESENHOS**

Com esta técnica, o leitor sintetiza e memoriza mais facilmente os principais assuntos tratados no livro.

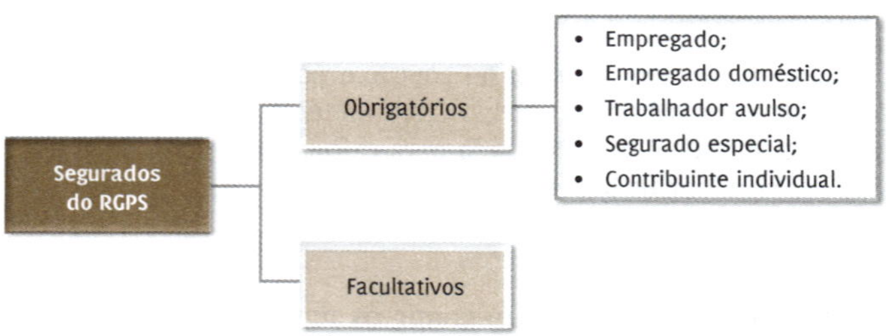

- **QUESTÕES DE CONCURSOS NO DECORRER DO TEXTO**

Por meio da seção *"***Como esse assunto foi cobrado em concurso?***"* é apresentado ao leitor como as principais organizadoras de concurso do país cobram o assunto nas provas.

> **▸ Como esse assunto foi cobrado em concurso?**
>
> No concurso do CESPE para Procurador do BACEN em 2009, foi considerado errado o seguinte enunciado: De acordo com norma constitucional, nenhum benefício ou serviço da seguridade social poderá ser criado, majorado ou estendido sem a correspondente fonte de custeio total. Tal regra aplica-se à previdência social e aos planos privados.

Nota do autor à 7ª edição

A Sinopse de Direito Previdenciário para Concursos alcança a sua 7ª edição. A popular "Amarelinha" obteve legitimamente o seu espaço no mercado de livros preparatórios para concursos públicos desde o seu lançamento em 2011, sendo, na atualidade, o meu livro mais vendido, não por acaso.

A proposta aqui é de um livro qualificado voltado para todos os concursos públicos, mesmo os mais difíceis. Além da parte da seguridade social na Constituição de 1988 e dos principais crimes previdenciários, passando pela regulamentação básica da saúde e da assistência social, são abordados todos os regimes previdenciários: Regime Geral, Regimes Próprios e previdência complementar (do servidor público e privada).

A estrutura organizacional é extremamente didática, pois, além do conteúdo doutrinário, conta com centenas de julgados do STF, STJ, TNU e TST espalhados na obra, assim como com centenas de questões de concursos, sempre buscando prestigiar o texto legal e dando dicas para a prova.

Esta edição está atualizada até o dia 7 de dezembro de 2015, data do seu fechamento, tendo como principais novidades em relação à edição anterior:

- Lei 13.202, de 8 de dezembro de 2015, que alterou as regras do custeio da previdência social.
- Lei Complementar 152, de 3/12/2015, que alterou as regras de aposentadoria compulsória do servidor público;
- Lei 13.189, de 19/11/2015, que instituiu o Programa de Proteção ao Emprego;
- Lei 13.183, de 4/11/2015, que alterou as regras sobre o fator previdenciário (nova regra 85/95), os efeitos financeiros da pensão por morte e o desconto do crédito consignado no INSS;
- Jurisprudência do STF, STJ e TNU do segundo semestre de 2015;
- Inserção de novas questões de concursos aplicados no ano de 2015.

Bons estudos,

FREDERICO AMADO

Sumário

Capítulo 3

Capítulo 4

Capítulo 10

TEMAS FINAIS SOBRE BENEFÍCIOS DO REGIME GERAL DE PREVIDÊNCIA SOCIAL 533

Capítulo 11

REGRAS GERAIS DOS REGIMES PRÓPRIOS DE PREVIDÊNCIA SOCIAL 579

Capítulo 12

A Seguridade Social no Brasil

1. EVOLUÇÃO HISTÓRICA E COMPOSIÇÃO

No Brasil, a seguridade social é um sistema instituído pela Constituição Federal de 1988 para a proteção do povo brasileiro (e estrangeiros em determinadas hipóteses) contra riscos sociais que podem gerar a miséria e a intranquilidade social, sendo uma conquista do Estado Social de Direito, que deverá intervir para realizar direitos fundamentais de 2ª dimensão.

Eventos como o desemprego, a prisão, a velhice, a infância, a doença, a maternidade, a invalidez ou mesmo a morte poderão impedir temporária ou definitivamente que as pessoas laborem para angariar recursos financeiros visando a atender às suas necessidades básicas e de seus dependentes, sendo dever do Estado Social de Direito intervir quando se fizer necessário na garantia de direitos sociais.

Mas nem sempre foi assim no Brasil e no mundo. No estado absolutista, ou mesmo no liberal, eram tímidas as medidas governamentais de providências positivas, porquanto, no primeiro, sequer exista um Estado de Direito, enquanto no segundo vigorava a doutrina da mínima intervenção estatal, sendo o Poder Público apenas garantidor das liberdades negativas (direitos civis e políticos), o que agravou a concentração de riquezas e a disseminação da miséria.

Nessa evolução natural entrou em crise o estado liberal, notadamente com as guerras mundiais, a Revolução Soviética de 1917 e a crise econômica mundial de 1929, ante a sua inércia em solucionar os dilemas básicos da população, como o trabalho, a saúde, a moradia e a educação, haja vista a inexistência de interesse regulatório da suposta mão livre do mercado, que de fato apenas visava agregar lucros cada vez maiores em suas operações mercantis.

Deveras, com o nascimento progressivo do Estado Social, o Poder Público se viu obrigado a sair da sua tradicional contumácia, passando a assumir gradativamente a responsabilidade pela efetivação das prestações positivas econômicas e sociais (direitos fundamentais de segunda dimensão), valendo destacar em nosso tema os direitos relativos à saúde, à assistência e à previdência social.

De efeito, **a Constituição Federal de 1988 foi a primeira a instituir no Brasil o *sistema da seguridade social***, que significa segurança social, englobando as ações na área da ***previdência social, da assistência social* e da *saúde pública***, estando prevista no Capítulo II, do Título VIII, nos artigos 194 a 204, que contará com um orçamento específico na lei orçamentária anual.

▸ Como esse assunto foi cobrado em concurso?

No concurso do CESPE para Procurador do Município de Aracaju em 2007, foi considerado errado o seguinte enunciado: A positivação do modelo de seguridade social na ordem jurídica nacional ocorreu a partir da Constituição de 1937, seguindo o modelo do bem-estar social, em voga na Europa naquele momento. No caso brasileiro, as áreas representativas dessa forma de atuação são saúde, assistência e previdência social.

Entre os direitos sociais expressamente previstos no artigo 6º, da Lei Maior, encontram-se consignados a saúde, a previdência social, a proteção à maternidade e à infância, bem como a assistência aos desamparados, reafirmando a sua natureza de fundamentais.

Deveras, dentro da seguridade social coexistem dois subsistemas: de um lado o ***subsistema contributivo***, formado pela **previdência social**, que pressupõe o pagamento (real ou presumido) de contribuições previdenciárias dos segurados para a sua cobertura previdenciária e dos seus dependentes.

Do outro, o ***subsistema não contributivo***, integrado pela **saúde pública** e pela **assistência social**, pois ambas são custeadas pelos tributos em geral (especialmente as contribuições destinadas ao custeio da seguridade social) e disponíveis a todas as pessoas que delas necessitarem, inexistindo a exigência de pagamento de contribuições específicas dos usuários para o gozo dessas atividades públicas.

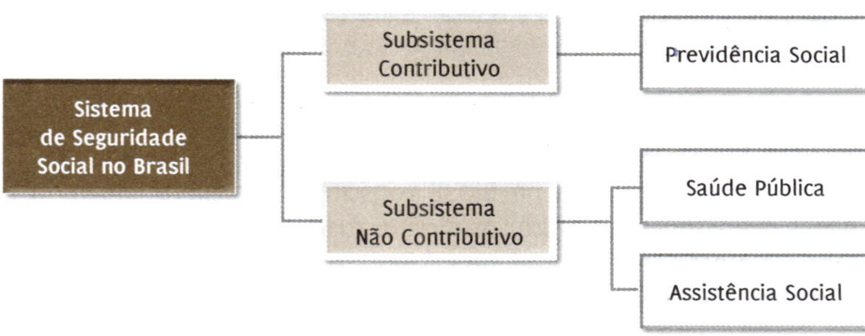

> **Importante!**
>
> **A previdência social é contributiva**, razão pela qual apenas terão direito aos benefícios e serviços previdenciários os segurados (aqueles que contribuem ao regime pagando as contribuições previdenciárias) e os seus dependentes. **Já a saúde pública e a assistência social são não contributivas**, pois para o pagamento dos seus benefícios e prestação de serviços não haverá o pagamento de contribuições específicas por parte das pessoas destinatárias.

> **Como esse assunto foi cobrado em concurso?**
>
> No concurso do CESPE para Procurador do Município de Natal em 2008, foi considerado errado o seguinte enunciado: A seguridade social compreende um conjunto integrado de ações de iniciativa dos poderes públicos e da sociedade destinadas a assegurar os direitos relativos à saúde, à previdência e à assistência social, sendo certo que o acesso a tais direitos ocorre mediante contribuição do beneficiário. Por seu turno, no concurso do CESPE para Técnico Judiciário do TRT RN em 2010, foi considerado errado o seguinte enunciado: A previdência social, por seu caráter necessariamente contributivo, não está inserida no sistema constitucional da seguridade social.

Assim, como a saúde pública e a assistência social não são contributivas, não se há de falar em arrecadação de contribuições específicas dos beneficiários, ao contrário da previdência social.

> **Como esse assunto foi cobrado em concurso?**
>
> No concurso do CESPE para Juiz Federal da 5ª Região em 2013, foi considerado errado o seguinte enunciado: De acordo com o princípio do equilíbrio financeiro e atuarial, o poder público, na execução das políticas relativas à saúde e à assistência social, assim como à previdência social, deve atentar sempre para a relação entre custo e pagamento de benefícios, a fim de manter o sistema em condições superavitárias.

2. DEFINIÇÃO E NATUREZA JURÍDICA

A seguridade social no Brasil consiste no *conjunto integrado de ações que visam a assegurar os direitos fundamentais à saúde, à assistência e à previdência social, de iniciativa do Poder Público e de toda a sociedade*, nos termos do artigo 194, da Constituição Federal.

Assim, não apenas o Estado atua no âmbito da seguridade social, pois é auxiliado pelas pessoas naturais e jurídicas de direito privado, a exemplo daqueles que fazem doações aos carentes e das entidades filantrópicas que prestam serviços de assistência social e de saúde gratuitamente.

Atualmente, ostenta simultaneamente a **natureza jurídica de direito fundamental de 2ª e 3ª dimensões**, vez que tem natureza prestacional positiva (direito social) e possui caráter universal (natureza coletiva).

3. COMPETÊNCIA LEGISLATIVA

Em regra, caberá privativamente à União legislar sobre seguridade social, na forma do artigo 22, inciso XXIII, da Constituição Federal:

> Art. 22. Compete privativamente à União legislar sobre:
>
> [...]
>
> XXIII – seguridade social.

Contudo, será competência concorrente entre as entidades políticas legislar sobre previdência social, proteção e defesa da saúde, dos portadores de deficiência, da infância e juventude, na forma do artigo 24, incisos XII, XIV e XV, da Lei Maior:

> Art. 24. Compete à União, aos Estados e ao Distrito Federal legislar concorrentemente sobre:
>
> [...]
>
> XII – previdência social, proteção e defesa da saúde;
>
> [...]
>
> XIV – proteção e integração social das pessoas portadoras de deficiência;
>
> XV – proteção à infância e à juventude.

Note-se que os municípios também entrarão na repartição dessas competências, pois aos mesmos caberá legislar sobre assuntos de interesse local, assim como suplementar a legislação estadual e federal no que couber, nos moldes do artigo 30, incisos I e II, da Constituição Federal.

Há uma aparente antinomia de dispositivos constitucionais, pois a seguridade social foi tema legiferante reservado à União pelo artigo 22, inciso XXIII, enquanto a previdência social, a saúde e temas assistenciais (todos inclusos na seguridade social) foram repartidos entre todas as pessoas políticas.

Essa aparente antinomia é solucionada da seguinte maneira: **apenas a União poderá legislar sobre previdência social, exceto no que concerne ao regime de previdência dos servidores públicos efetivos dos estados, do Distrito Federal e dos municípios, que poderão editar normas jurídicas para instituí-los e discipliná-los**, observadas as normas gerais editadas pela União e as já postas pela própria Constituição.

Outrossim, **os estados, o Distrito Federal e os municípios também poderão editar normas jurídicas acerca da previdência complementar dos seus servidores públicos**, a teor do artigo 40, §14, da Constituição Federal. Contudo, entende-se que apenas a União possui competência para legislar sobre a previdência complementar privada, pois o tema deve ser regulado por lei complementar federal, conforme se interpreta do artigo 202, da Constituição Federal, tendo sido promulgada pela União as Leis Complementares 108 e 109/2001.

No que concerne à saúde e à assistência social, a competência acaba sendo concorrente, cabendo à União editar normas gerais a serem complementadas pelos demais entes políticos, conforme as suas peculiaridades regionais e locais, tendo em conta que todas as pessoas políticas devem atuar para realizar os direitos fundamentais na área da saúde e da assistência social.

Nesse sentido, as normas gerais sobre a saúde foram editadas pela União através da Lei 8.080/90, que dispõe sobre as condições para a promoção, proteção e recuperação da saúde, a organização e o funcionamento dos serviços correspondentes, e da assistência social pela Lei 8.742/93, que dispõe sobre a organização da assistência social no Brasil.

> **▸ Importante!**
>
> Em provas objetivas orienta-se o avaliando a seguir a alternativa que expressar literalmente o texto da Constituição Federal neste tema, pois as bancas examinadoras têm seguido este padrão.

> **▸ Como esse assunto foi cobrado em concurso?**
>
> No concurso do CESPE para Advogado do Instituto de Previdência dos Servidores do Estado do Espírito Santo em 2010, foi considerado errado o seguinte enunciado: A competência concorrente dos estados, do DF e dos municípios alcança todas as áreas da seguridade social previstas no art. 194 da CF, inclusive assistência social e saúde.

4. PRINCÍPIOS INFORMADORES

Com o advento do constitucionalismo pós-positivista, os princípios passaram à categoria de normas jurídicas ao lado das regras, não tendo mais apenas a função de integrar o sistema quando ausentes as regras regulatórias, sendo agora dotados de coercibilidade e servindo de alicerce para o ordenamento jurídico, pois axiologicamente inspiram a elaboração das normas-regras.

É possível definir os princípios como espécie de normas jurídicas com maior carga de abstração, generalidade e indeterminação que as regras, haja vista não disciplinarem por via direta as condutas humanas, dependendo de uma intermediação valorativa do exegeta para a sua aplicação.

Com propriedade, é prevalente que no atual patamar do constitucionalismo o conflito entre princípios não se resolve com o sacrifício abstrato de um deles, devendo ser equacionada a tensão de acordo com o caso concreto, observadas as suas peculiaridades, manejando-se o Princípio da Proporcionalidade.

Outrossim, é preciso destacar que muitas vezes o próprio legislador já operou a ponderação entre princípios ao elaborar as regras, não cabendo ao intérprete (juiz, administrador público e particulares) contrariar a decisão legislativa, salvo quando atentar contra a Constituição Federal.

De sua vez, **a maioria dos princípios informadores da seguridade social encontra-se arrolada no artigo 194, da Constituição Federal**, sendo tratados como objetivos do sistema pelo constituinte, destacando-se que a sua interpretação e grau de aplicação variará dentro da seguridade social, a depender do campo de incidência, se no subsistema contributivo (previdência social) ou no subsistema não contributivo (assistência social e saúde pública).

Princípios da seguridade social:

- Universalidade da cobertura e do atendimento
- Uniformidade e equivalência dos benefícios e serviços às populações urbanas e rurais
- Seletividade e distributividade
- Irredutibilidade do valor dos benefícios
- Equidade de participação no custeio
- Diversidade da base de financiamento
- Gestão quadripartite
- Solidariedade
- Precedência da fonte de custeio
- Orçamento diferenciado

4.1. Universalidade da cobertura e do atendimento

A seguridade social deverá atender a todos os necessitados, especialmente através da assistência social e da saúde pública, que são gratuitas, pois independem do pagamento de contribuições diretas dos usuários (*subsistema não contributivo da seguridade social*).

Ao revés, a previdência terá a sua universalidade limitada por sua necessária contributividade, vez que o gozo das prestações previdenciárias apenas será devido aos segurados (em regra, aqueles que exercem atividade laborativa remunerada) e aos seus dependentes, pois no Brasil o sistema previdenciário é contributivo direto.

Logo, **a universalidade previdenciária é mitigada**, haja vista limitar-se aos beneficiários do seguro, não atingindo toda a população.

Este princípio busca conferir a maior abrangência possível às ações da seguridade social no Brasil, de modo a englobar não apenas os nacionais, mas também os estrangeiros residentes, ou até mesmo os não residentes, a depender da situação concreta, a exemplo das ações indispensáveis de saúde, revelando a sua natureza de direito fundamental de efetivação coletiva.

Todavia, é preciso advertir que a universalidade de cobertura e do atendimento da seguridade social não têm condições de ser absoluta, vez que inexistem recursos financeiros disponíveis para o atendimento de todos os riscos sociais existentes, devendo se perpetrar a escolha dos mais relevantes, de acordo com o interesse público, observada a reserva do possível.

Segundo Marcelo Leonardo Tavares (2009, pg. 03), "a universalidade, além do aspecto subjetivo, também possui um viés objetivo e serve como princípio: a organização das prestações de seguridade deve procurar, na medida do possível, abranger ao máximo os riscos sociais".

Deveras, a **vertente subjetiva** deste princípio determina que a seguridade social alcance o maior número possível de pessoas que necessitem de cobertura, ao passo que a **objetiva** compele o legislador e o administrador a adotarem as medidas possíveis para cobrir o maior número de riscos sociais.

É exemplo de aplicação da acepção subjetiva do Princípio da Universalidade da Cobertura e do Atendimento no campo da Previdência Social, a progressiva celebração de tratados internacionais pelo Brasil, visando o reconhecimento do tempo de contribuição prestado por brasileiros no exterior para o pagamento de benefícios previdenciários por totalização, existindo tratados celebrados com países do MERCOSUL, Grécia, Itália, Portugal e Japão, dentre outras nações.

4.2. Uniformidade e equivalência dos benefícios e serviços às populações urbanas e rurais

Cuida-se de corolário do Princípio da Isonomia no sistema de seguridade social, que objetiva o tratamento isonômico entre povos urbanos e rurais na concessão das prestações da seguridade social.

Enquanto os benefícios são obrigações de pagar quantia certa, os serviços são obrigações de fazer prestados no âmbito do sistema securitário.

Com efeito, não é mais possível a discriminação negativa em desfavor das populações rurais como ocorreu no passado, pois agora os benefícios e serviços da seguridade social deverão tratar isonomicamente os povos urbanos e rurais.

Isso não quer dizer que não possa existir um tratamento diferenciado, desde que haja um fator de discrímen justificável diante de uma situação concreta, conforme ocorre em benefício das populações rurais por força do artigo 195, §8º, da CRFB, que prevê uma forma especial de contribuição previdenciária baseada na produção comercializada, porquanto são consabidas as dificuldades e oscilações que assolam especialmente a vida dos rurícolas que labutam em regime de economia familiar para a subsistência.

Logo, em regra, os eventos cobertos pela seguridade social em favor dos povos urbanos e rurais deverão ser os mesmos, salvo algum tratamento diferenciado razoável, sob pena de discriminação negativa injustificável e consequente inconstitucionalidade material da norma.

4.3. Seletividade e distributividade na prestação dos benefícios e serviços

A *seletividade* deverá lastrear a escolha feita pelo legislador dos benefícios e serviços integrantes da seguridade social, bem como os requisitos para a sua concessão, conforme as necessidades sociais e a disponibilidade de recursos orçamentários, funcionando como **limitadora da universalidade da seguridade social**.

Deveras, como não há possibilidade financeira de se cobrir todos os eventos desejados, deverão ser selecionados para a cobertura os riscos sociais mais relevantes, visando à melhor otimização administrativa dos recursos, conforme o interesse público.

Na medida em que se operar o desenvolvimento econômico do país, deverá o Poder Público expandir proporcionalmente a cobertura da seguridade social, observado o orçamento público, notadamente nas áreas da saúde e da assistência social.

Demais disso, como base no Princípio da Seletividade, o legislador ainda irá escolher as pessoas destinatárias das prestações da seguridade social, consoante o interesse público, sempre observando as necessidades sociais.

Dessarte, se determinada pessoa necessite de uma prótese para suprir a carência de um membro inferior, existindo disponíveis no mercado um produto nacional de boa qualidade que custe R$ 1.000,00, e uma importada de excelente qualidade no importe de R$ 10.000,00, o sistema de saúde pública apenas deverá custear a nacional, pois é certo que inexiste dinheiro público em excesso, sendo a melhor opção beneficiar dez pessoas com a prótese nacional do que apenas uma com a importada.

Outro exemplo de aplicação do Princípio da Seletividade ocorreu na Emenda 20/1998, que restringiu a concessão do salário-família e do auxílio-reclusão para os dependentes dos segurados de baixa renda, conforme a atual redação do artigo 201, inciso IV, da Constituição Federal.

Por seu turno, a *distributividade* coloca a seguridade social como sistema realizador da justiça social, consectário do Princípio da Isonomia, sendo instrumento de desconcentração de riquezas, pois devem ser agraciados com as prestações da seguridade social especialmente os mais necessitados.

Assim, como exemplo, apenas farão jus ao benefício do amparo assistencial os idosos e os deficientes físicos que demonstrem estar em condição de miserabilidade, não sendo uma prestação devida aos demais que não se encontrem em situação de penúria.

Como muito bem afirmado por Sergio Pinto Martins (2010, pg. 55), "seleciona para poder distribuir". Considerando que a assistência social apenas irá amparar aos necessitados, nos termos do artigo 203, da Constituição, entende-se que é neste campo que o Princípio da Distributividade ganha a sua dimensão máxima, e não na saúde e na previdência social, pois redistribui as riquezas da nação apenas em favor dos miseráveis.

É que a saúde pública é gratuita para todos, podendo uma pessoa abastada se valer de atendimento pelo sistema único de saúde. Já a previdência social apenas protegerá os segurados e seus dependentes, não bastando ter necessidade de proteção social para fazer jus às prestações previdenciárias.

▶ **Como esse assunto foi cobrado em concurso?**

No concurso do CESPE para Procurador do Estado do Espírito Santo em 2008, o examinador considerou errado o seguinte enunciado: A seletividade e a distributividade dos benefícios e dos serviços da seguridade social referem-se à capacidade individual contributiva dos possíveis beneficiários, que determina a aptidão para usufruírem prestações da seguridade social. Já no concurso para Auditor do MPTCM-RJ, em 2008, a FGV considerou correto o seguinte enunciado: O princípio da distributividade da Seguridade Social significa que, independente do montante arrecadado em determinada região, os benefícios serão concedidos e os serviços prestados, se devidos. Assim, ainda que uma região do país não arrecade receita suficiente para o pagamento de benefícios ali devidos, esses serão concedidos, na forma da lei.

4.4. Irredutibilidade do valor dos benefícios

Por este princípio, decorrente da segurança jurídica, não será possível a redução do *valor nominal* de benefício da seguridade social, vedando-se o retrocesso securitário.

Com propriedade, não é possível que o Poder Público reduza o valor das prestações mesmo durante períodos de crise econômica, como a enfrentada pelo mundo em 2008/2009, ao contrário do que poderia ocorrer com os salários dos trabalhadores, que excepcionalmente podem reduzidos se houver acordo coletivo permissivo, a teor do artigo 7º, inciso VI, da Constituição Federal.

No que concerne especificamente aos *benefícios previdenciários*, ainda é garantido constitucionalmente no artigo 201, §4º, o reajustamento para manter o seu *valor real*, conforme os índices definidos em lei, o que reflete uma *irredutibilidade material*.

Esta disposição é atualmente regulamentada pelo artigo 41-A, da Lei 8.213/91, que garante a manutenção do valor real dos benefícios pagos pelo INSS através da incidência anual de correção monetária pelo INPC, na mesma data de reajuste do salário mínimo.

Ou seja, os benefícios da saúde pública e da assistência social são apenas protegidos por uma irredutibilidade nominal, ao passo que os benefícios pagos pela previdência social gozam de uma irredutibilidade material, pois precisam ser reajustados anualmente pelo índice legal.

A justificativa da existência de determinação constitucional para o reajustamento anual apenas dos benefícios previdenciários para a manutenção do seu poder de compra é o caráter contributivo da previdência social, o que não ocorre nos demais campos da seguridade social.

Irredutibilidade pelo valor nominal	Saúde pública e assistência social
Irredutibilidade pelo valor real	Previdência social

▸ **Qual o entendimento do STJ sobre o assunto?**

Impende salientar que a jurisprudência do STJ não vinha admitindo a aplicação de índice negativo de correção monetária no período de deflação para os benefícios previdenciários. De acordo com a Corte Superior, "considerando a garantia constitucional de irredutibilidade do valor dos benefícios (art. 194, parágrafo único, IV da CF) e o fim social das normas previdenciárias, não há como se admitir a redução do valor nominal do benefício previdenciário pago em atraso, motivo pelo qual o índice negativo de correção para os períodos em que ocorre deflação deve ser substituído pelo fator de correção igual a zero, a fim de manter o valor do benefício da competência anterior (período mensal)" – Passagem do julgamento do REsp 1.144.656, de 26.10.2010.

Contudo, em **2012**, no julgamento do EDcl no AgRg no RECURSO ESPECIAL 1.142.014 - RS, a 3ª Seção do STJ aderiu ao posicionamento da Corte Especial ao admitir a incidência de índice negativo de inflação, desde que no final da atualização o valor nominal não sofra redução: "A Corte Especial deste Tribunal no julgamento do REsp nº 1.265.580/RS, Relator o Ministro Teori Albino Zavascki, DJe de 18/4/2012, modificou a compreensão então vigente, passando a adotar o entendimento segundo o qual desde que preservado o valor nominal do montante principal, é possível a aplicação de índice inflacionário negativo sobre a correção monetária de débitos previdenciários, porquanto os índices deflacionados acabam se compensando com supervenientes índices positivos de inflação", **sendo este o atual posicionamento da Corte Superior.**

▸ **Como esse assunto foi cobrado em concurso?**

No concurso do CESPE para Procurador do Estado do Piauí em 2014, foi considerado correto o seguinte enunciado: De acordo com entendimento do STJ, é possível a aplicação de índice inflacionário negativo sobre a correção monetária dos débitos previdenciários, desde que se preserve o valor nominal do montante principal.

4.5. Equidade na forma de participação no custeio

O custeio da seguridade social deverá ser o mais amplo possível, mas precisa ser isonômico, devendo contribuir de maneira mais acentuada para o sistema aqueles que dispuserem de mais recursos financeiros, bem como os que mais provocarem a cobertura da seguridade social.

Além de ser corolário do Princípio da Isonomia, é possível concluir que esta norma principiológica também decorre do Princípio da Capacidade Contributiva, pois a exigência do pagamento das contribuições para a seguridade social deverá ser proporcional à riqueza manifestada pelos contribuintes desses tributos.

Por conseguinte, a título de exemplo, algumas contribuições para a seguridade social devidas pelas instituições financeiras sofrerão um acréscimo de 2,5%, justamente porque a lucratividade e mecanização do setor é muito grande, que tem mais condições de contribuir para o sistema.

De seu turno, as empresas que desenvolvam atividade de risco contribuirão mais, pois haverá uma maior probabilidade de concessão de benefícios acidentários; já as pequenas e micro empresas terão uma contribuição simplificada e de menor vulto.

Outrossim, realizando o Princípio da Equidade, é plenamente válida a progressividade das alíquotas das contribuições previdenciárias dos trabalhadores, proporcionalmente à sua remuneração, sendo de 8, 9 ou 11% para alguns segurados do Regime Geral de Previdência Social - RGPS.

As contribuições para a seguridade social a serem pagas pelas empresas também poderão ser progressivas em suas alíquotas e bases de cálculo, conforme autoriza o artigo 195, §9º, da Constituição Federal, em razão da atividade econômica, da utilização intensiva de mão-de-obra, do porte da empresa ou da condição estrutural do mercado de trabalho, sendo outro consectário do Princípio da Equidade no Custeio.

▸ **Como esse assunto foi cobrado em concurso?**

No concurso do CESPE para Analista Executivo da SEGER-ES em 2013, foi considerado correto o seguinte enunciado: Em virtude do princípio da equidade na forma de participação no custeio, é possível, no âmbito do regime geral de previdência social (RGPS), a estipulação de alíquotas de contribuição social diferenciadas, de acordo com as diferentes capacidades contributivas.

4.6. Diversidade da base de financiamento

O financiamento da seguridade social deverá ter múltiplas fontes, a fim de garantir a solvibilidade do sistema, para se evitar que a crise em determinados setores comprometa demasiadamente a arrecadação, com a participação de toda a sociedade, de forma direta e indireta.

Além do custeio da seguridade social com recursos da União, dos estados, do Distrito Federal e dos municípios, já há previsão das seguintes fontes no artigo 195, da Constituição Federal:

A) do empregador, da empresa e da entidade a ela equiparada na forma da lei;

B) do trabalhador e dos demais segurados da previdência social;

C) apostadores (receita de concursos de prognósticos);

D) importador de bens ou serviços do exterior, ou equiparados.

Em termos de previdência social, é tradicional no Brasil o **tríplice custeio** desde regimes constitucionais pretéritos (a partir da Constituição Federal de 1934), com a participação do Poder Público, das empresas e dos trabalhadores em geral.

Outrossim, é permitida a criação de novas fontes de custeio para a seguridade social, mas há exigência constitucional expressa de que seja feita por lei complementar, na forma do artigo 195, §4º, sob pena de inconstitucionalidade formal da lei ordinária.

4.7. Gestão quadripartite

A gestão da seguridade social será quadripartite, de índole democrática e descentralizada, envolvendo os trabalhadores, os empregadores, os aposentados e o Poder Público, seguindo a tendência da moderna administração pública na inserção de membros do corpo social nos seus órgãos colegiados, a teor do artigo 194, parágrafo único, inciso VII, da Constituição Federal.

Na verdade este princípio é decorrência da determinação contida no artigo 10, da Constituição, que assegura a participação dos trabalhadores e empregadores nos colegiados dos órgãos públicos em que seus interesses profissionais ou previdenciários sejam objeto de discussão e deliberação.

Como exemplo, pode-se citar a composição do CNPS – Conselho Nacional de Previdência Social, do Conselho Nacional da Assistência Social e do Conselho Nacional da Saúde, pois em sua composição todos possuem representantes do Governo e das demais categoriais referidas.

Entretanto, nota-se que a referência aos aposentados é específica para a previdência social, tanto que na composição do Conselho Nacional da Saúde e do Conselho Nacional da Assistência Social não há assentos específicos para os aposentados.

Até o advento da MP 2.166-37/2001, existia o Conselho Nacional da Seguridade Social, com composição democrática, vez que existiam representantes do governo, dos trabalhadores, dos aposentados e dos empresários, a quem competia estabelecer as diretrizes gerais e políticas de integração entre a previdência, a assistência social e a saúde pública.

Lamentavelmente o CNSS foi extinto, deixando uma lacuna na integração dos subsistemas componentes da seguridade social, vez que a atuação dos Conselhos Nacionais da Saúde, da Previdência e da Assistência Social precisa ser harmonizada.

> ▸ **Como esse assunto foi cobrado em concurso?**
>
> No concurso do CESPE para Procurador do Estado do Espírito Santo em 2008, foi considerado correto o seguinte enunciado: A administração da seguridade social possui caráter democrático mediante gestão quadripartite, com a participação dos trabalhadores, dos empregadores, dos aposentados e do governo nos órgãos colegiados. Por seu turno, no concurso do CESPE para Juiz Federal da 1ª Região em 2009, foi considerado errado o seguinte enunciado: Um dos objetivos fixados pela CF para a seguridade social é o caráter democrático e descentralizado da administração, mediante gestão quadripartite, com a participação exclusiva dos trabalhadores, dos empregadores, dos aposentados e dos pensionistas nos órgãos colegiados.

4.8. Solidariedade

É um princípio fundamental previsto no artigo 3º, inciso I, da Constituição Federal, que tem enorme aplicabilidade no âmbito da seguridade social, sendo objetivo da República Federativa do Brasil construir uma sociedade livre, justa e solidária.

Essencialmente a seguridade social é solidária, pois visa a agasalhar as pessoas em momentos de necessidade, seja pela concessão de um benefício previdenciário ao segurado impossibilitado de trabalhar (*previdência*), seja pela disponibilização de um medicamento a uma pessoa enferma (*saúde*) ou pela doação de alimentos a uma pessoa em estado famélico (*assistência*).

Há uma verdadeira socialização dos riscos com toda a sociedade, pois os recursos mantenedores do sistema provêm dos orçamentos públicos e das contribuições sociais, onde aqueles que pagam tributos que auxiliam no custeio da seguridade social, mas hoje ainda não gozam dos seus benefícios e serviços, poderão no amanhã ser mais um dos agraciados, o que traz uma enorme estabilidade jurídica no seio da sociedade.

Essa norma principiológica fundamenta a criação de um fundo único de previdência social, socializando-se os riscos, com contribuições compulsórias, mesmo daquele que já se aposentou, mas persiste trabalhando, embora este egoisticamente normalmente faça queixas da previdência por continuar pagando as contribuições.

Por outro lado, o Princípio da Solidariedade justifica o fato jurígeno de um segurado que começou a trabalhar poder se aposentar no mesmo dia, mesmo sem ter vertido ainda nenhuma contribuição ao sistema, desde que após a filiação seja acometido de infortúnio que o torne inválido de maneira definitiva para o trabalho em geral.

Outrossim, a garantia de saúde pública gratuita a todos e de medidas assistenciais a quem delas necessitar também decorre diretamente deste princípio.

No âmbito do Regime Próprio de Previdência Social (previdência dos servidores públicos efetivos e militares), há expressa previsão do Princípio da Solidariedade no *caput* do artigo 40, da Constituição, ao prever que "aos servidores titulares de cargos efetivos da União, dos Estados, do Distrito Federal e dos Municípios, incluídas suas autarquias e fundações, é **assegurado regime de previdência de caráter contributivo e solidário**, mediante contribuição do respectivo ente público, dos servidores ativos e inativos e dos pensionistas, observados critérios que preservem o equilíbrio financeiro e atuarial e o disposto neste artigo".

▸ Como esse assunto foi cobrado em concurso?

No concurso do CESPE para Juiz Federal da 1ª Região em 2009, foi considerado errado o seguinte enunciado, vez que sintetiza o Princípio da Seletividade, e não o da Solidariedade: Com base no princípio constitucional da solidariedade, o legislador poderá garantir prioridade a determinadas prestações a serem garantidas ao beneficiário do sistema de seguridade social.

4.9. Precedência da Fonte de Custeio

Por esse princípio, **"nenhum benefício ou serviço da seguridade social poderá ser criado, majorado ou estendido sem a correspondente fonte de custeio total"**, na forma do artigo 195, §5º, da Constituição Federal. É também conhecido como Princípio da Preexistência, Contrapartida ou Antecedência da Fonte de Custeio.

> **▸ Como esse assunto foi cobrado em concurso?**
>
> No concurso da FCC para Analista do TRT de São Paulo em 2014, foi considerada correta a letra C: Segundo a chamada regra constitucional da contrapartida: a) nenhuma contribuição previdenciária é devida sem que tenha havido efetiva prestação de trabalho pelo segurado. b) nenhuma contribuição patronal é devida sem que o segurado tenha trazido regular prova de sua documentação pessoal ao empregador. c) nenhum benefício ou serviço da seguridade social pode ser criado, majorado ou estendido sem a correspondente fonte de custeio total. d) nenhuma contribuição de seguridade social pode ser exigida antes de 90 dias da data de publicação da lei que a houver instituído ou diminuído. e) nenhum benefício previdenciário ou assistencial pode ser deferido sem que tenha havido prova das contribuições previdenciárias exigidas a título de carência.

Este princípio surgiu no Brasil através da Emenda 11/1965, que alterou a Constituição de 1946, sendo aplicável naquela época aos benefícios da previdência e da assistência social.

De fato, o que essa norma busca é uma gestão responsável da seguridade social, pois a criação de prestações no âmbito da previdência, da assistência ou da saúde pressupõe a prévia existência de recursos públicos, sob pena de ser colocado em perigo todo o sistema com medidas irresponsáveis.

Por conseguinte, antes de criar um novo benefício da seguridade social ou majorar/estender os já existentes, deverá o ato de criação indicar expressamente a fonte de custeio respectiva, através da indicação da dotação orçamentária, a fim de se manter o equilíbrio entre as despesas e as receitas públicas. Este princípio não poderá ser excepcionado nem em hipóteses anormais, pois a Constituição é taxativa.

▸ **Como esse assunto foi cobrado em concurso?**

No concurso do CESPE para Juiz Federal da 2ª Região em 2009, foi considerado errado o seguinte enunciado: Ressalvadas as situações excepcionais de força maior devidamente comprovadas, nenhum benefício ou serviço pode ser instituído, majorado ou estendido a categorias de segurados sem a correspondente fonte de custeio.

O Princípio da Precedência da Fonte de Custeio foi um dos fundamentos utilizados pela Suprema Corte para impedir a majoração das pensões por morte concedidas anteriormente à edição da Lei 9.032/95.

No julgamento do recurso extraordinário 415.454, de 08.02.2007, o STF decidiu que "a exigência constitucional de prévia estipulação da fonte de custeio total consiste em exigência operacional do sistema previdenciário que, dada a realidade atuarial disponível, não pode ser simplesmente ignorada", não sendo "possível dissociar as bases contributivas de arrecadação da prévia indicação legislativa da dotação orçamentária exigida".

Conquanto a previdência privada integre a previdência social, lhe sendo aplicável, no que couber, os princípios informadores da seguridade social, lamentavelmente o STF vem negando a incidência do Princípio da Precedência da Fonte de Custeio ao regime previdenciário privado.

▸ **Qual o entendimento do STF sobre o assunto?**

"Somente diz respeito à seguridade social financiada por toda a sociedade, sendo alheio às entidades de previdência privada" (RE 583687 AgR, de 29.03.2011, 2ª Turma).

▸ **Como esse assunto foi cobrado em concurso?**

No concurso do CESPE para Procurador do BACEN em 2009, foi considerado errado o seguinte enunciado: De acordo com norma constitucional, nenhum benefício ou serviço da seguridade social poderá ser criado, majorado ou estendido sem a correspondente fonte de custeio total. Tal regra aplica-se à previdência social e aos planos privados.

Vale frisar que quando o benefício da seguridade social for previsto na própria Constituição Federal, não terá aplicação o Princípio da Precedência da Fonte de Custeio.

▸ **Qual o entendimento do STF sobre o assunto?**

"Inexigibilidade, por outro lado, da observância do artigo 195, § 5º, da Constituição Federal, quando o benefício é criado diretamente pela Constituição" (RE 220.742, de 03.03.1998). "Considerada a redação do artigo 40 da Constituição Federal antes da EC 20/98, em vigor na data do falecimento da servidora, que não faz remissão ao regime geral da previdência social, impossível a invocação tanto do texto do artigo 195, § 5º – exigência de fonte de custeio para a instituição de benefício -, quanto o do art. 201, V" (RE 385.397 AgR, de 29.06.2007).

4.10. Orçamento Diferenciado

Na 2ª edição desta obra optou-se pela inserção de mais um princípio informador da seguridade social no Brasil, com base no artigo 165, §5º, inciso III, da Constituição Federal de 1988.

De efeito, o Sistema Nacional de Seguridade Social é um instrumento tão importante de realização da justiça social que o legislador constitucional criou uma peça orçamentária exclusiva para fazer frente às despesas no pagamento de benefícios e na prestação de serviços.

É que a lei orçamentária anual da União compreende, além do orçamento fiscal e o de investimento nas empresas estatais federais, o orçamento da seguridade social, abrangendo todas as entidades e órgãos a ela vinculados, da administração direta ou indireta, bem como os fundos e fundações instituídos e mantidos pelo Poder Público.

Assim, os recursos do orçamento da seguridade social são afetados ao custeio do referido sistema, não podendo ser utilizados para outras despesas da União, em regra.

Contudo, de acordo com o artigo 167, inciso VIII, da Constituição Federal, em situações deveras excepcionais, para a utilização de recursos dos orçamentos fiscal e da seguridade social para suprir necessidade ou cobrir déficit de empresas, fundações e fundos, é necessária autorização legislativa específica.

4.11. Tabela dos princípios da seguridade social

Com o propósito de sintetizar o aprendizado mínimo dos princípios informadores da seguridade social, abaixo se colaciona tabela com o seu conteúdo jurídico básico:

Princípios da seguridade social	Conteúdo
Universalidade da Cobertura e do Atendimento	Este princípio busca conferir a maior abrangência possível às ações da seguridade social no Brasil, na medida dos recursos disponíveis. É possível cindi-lo a fim de ligar a Universalidade da Cobertura aos riscos sociais abarcados pelo Sistema Nacional de Seguridade Social (aspecto objetivo), enquanto a Universalidade do Atendimento se refere às pessoas destinatárias das prestações securitárias (aspecto subjetivo).
Uniformidade e equivalência dos benefícios e serviços às populações urbanas e rurais	Este princípio veda a discriminação negativa em desfavor das populações urbanas ou rurais, como ocorreu com os povos rurais no passado, pois agora os benefícios e serviços da seguridade social deverão tratar isonomicamente ambos os povos.
Seletividade	A seletividade deverá lastrear a escolha feita pelo legislador dos benefícios e serviços integrantes da seguridade social, bem como os requisitos para a sua concessão, conforme as necessidades sociais e a disponibilidade de recursos orçamentários, de acordo com o interesse público. Também deverá o legislador escolher os destinatários das prestações de acordo com as necessidades sociais.
Distributividade	A distributividade coloca a seguridade social como sistema realizador da justiça social, consectário do Princípio da Isonomia, sendo instrumento de desconcentração de riquezas.
Irredutibilidade do valor dos benefícios	Por este princípio, decorrente da segurança jurídica, não será possível a redução do valor nominal de benefício da seguridade social. No caso específico da previdência social, ainda é garantido constitucionalmente o reajustamento para manter o seu valor real.
Equidade no custeio	O custeio da seguridade social deverá ser o mais amplo possível, mas precisa ser isonômico, devendo contribuir de maneira mais acentuada aqueles que dispuserem de mais recursos financeiros, bem como os que mais provocarem a cobertura da seguridade social.
Diversidade da base de financiamento	O financiamento da seguridade social deverá ter múltiplas fontes, a fim de garantir a solvibilidade do sistema, para se evitar que a crise em determinados setores comprometa demasiadamente a arrecadação, com a participação de toda a sociedade, de forma direta e indireta.

Princípios da seguridade social	Conteúdo
Gestão quadripartite	A gestão da seguridade social será quadripartite, de índole democrática e descentralizada, envolvendo representantes dos trabalhadores, dos empregadores, dos aposentados e do Poder Público nos seus órgãos colegiados.
Solidariedade	Essencialmente a seguridade social é solidária, pois visa a agasalhar as pessoas em momentos de necessidade. Há uma verdadeira socialização dos riscos com toda a sociedade, pois os recursos mantenedores do sistema provêm dos orçamentos públicos e das contribuições sociais
Precedência da fonte de custeio	Por esse princípio, nenhum benefício ou serviço da seguridade social poderá ser criado, majorado ou estendido sem a correspondente fonte de custeio total.
Orçamento diferenciado	Existe uma peça orçamentária exclusiva para a seguridade social.

5. ASSISTÊNCIA SOCIAL

5.1. Evolução e definição

No Brasil, assim como na maioria dos países, o assistencialismo é anterior à criação da previdência social, sendo esta consequência da transição do estado absolutista ao social, passando pelo liberal, até chegar à seguridade social, com o advento da Constituição Federal de 1988, sistema tripartite que engloba a assistência, a previdência social e a saúde pública.

Nos estados liberais, a proteção estatal se dava especialmente através de tímidas medidas assistencialistas aos pobres, que figuravam mais como liberalidades governamentais do que como direito subjetivo do povo, uma postura típica do absenteísmo da época (liberdades negativas – direitos fundamentais de primeira dimensão). A Lei dos Pobres, na Inglaterra, em 1601, trouxe a primeira disciplina jurídica da assistência social ao criar o dever estatal aos necessitados.

Mas com o advento do estado providência, de meras liberalidades estatais, as medidas de assistência social passaram à categoria de mais um dever governamental, pois o Poder Público passou a obrigar-se a prestá-las a quem delas necessitar.

Na Constituição Federal de 1988, a assistência social vem disciplinada nos artigos 203 e 204, destacando-se, em termos infraconstitucionais, a Lei 8.742/93 (LOAS – Lei Orgânica da Assistência Social).

De acordo com o artigo 203, da Constituição, a assistência social será prestada a quem dela necessitar, **independentemente de contribuição à seguridade social**.

> **▸ Como esse assunto foi cobrado em concurso?**
>
> No concurso do CESPE para Defensor Público do Tocantins em 2013, foi considerado correto o seguinte enunciado: A assistência social atende os hipossuficientes, por meio da concessão de benefícios, independentemente de contribuição.

Importante tentativa de incrementar as medidas assistencialistas foi dada pela Emenda 42/2003 (inseriu o parágrafo único, no artigo 204, da Constituição Federal), que facultou aos estados e ao Distrito Federal vincular a programa de apoio à inclusão e promoção social até 0,5% de sua receita tributária líquida, vedada a aplicação desses recursos no pagamento despesas com pessoal, serviço da dívida ou outra despesa corrente não vinculada diretamente aos investimentos ou ações apoiados, mas que depende da vontade política legiferante desses entes federados.

Vale advertir que as medidas assistenciais devem ser aplicadas na medida certa pelo Estado, de acordo com os recursos públicos disponíveis e as necessidades sociais de época, sob pena de prejuízo ao interesse público primário, na hipótese de exagero ou timidez na atuação do Poder Público.

Realmente, se os benefícios e serviços assistenciais não forem suficientes para suprir as necessidades básicas dos carentes, é sinal de que urgem reformas nas políticas públicas, pois a crescente legião de desamparados sem dignidade humana porá em risco a paz social.

Ao revés, o pagamento prolongado e excessivo de prestações assistenciais poderá gerar a acomodação dos beneficiários, pois receberão recursos sem qualquer contraprestação à sociedade, em que muitos não sentirão necessidade de se integrar ao mercado de trabalho.

Por tudo isso, é preciso bom senso dos Poderes da República na instituição, revisão e efetivação das políticas assistenciais, para não se pecar pelo excesso ou pela negligência governamental.

É possível definir a assistência social como *as medidas públicas (dever estatal) ou privadas a serem prestadas a quem delas precisar, para o atendimento das necessidades humanas essenciais, de índole não contributiva direta, normalmente funcionando como um complemento ao regime de previdência social, quando este não puder ser aplicado ou se mostrar insuficiente para a consecução da dignidade humana.*

De acordo com o artigo 1º, da Lei 8.742/93, "a assistência social, direito do cidadão e dever do Estado, é Política de Seguridade Social não contributiva, que provê os mínimos sociais, realizada através de um conjunto integrado de ações de iniciativa pública e da sociedade, para garantir o atendimento às necessidades básicas".

Com arrimo no artigo 3º, da Lei 8.742/93, "consideram-se entidades e organizações de assistência social aquelas sem fins lucrativos que, isolada ou cumulativamente, prestam *atendimento* e *assessoramento* aos beneficiários abrangidos por esta Lei, bem como as que atuam *na defesa e garantia de direitos*".

> **▸ Importante!**
> Em nosso país, um dos traços característicos da assistência social é o seu caráter não contributivo, bem como a sua função de suprir as necessidades básicas das pessoas, como alimentação, moradia básica e vestuário.

> **▸ Como esse assunto foi cobrado em concurso?**
> No concurso do CESPE para Procurador do Estado de Alagoas em 2008, foi considerado errado o seguinte enunciado: As ações de assistência social serão prestadas apenas aos segurados que estiverem em dia com as suas contribuições mensais à seguridade social.

Em regra, apenas as pessoas não cobertas por um regime previdenciário ou pela família farão jus às medidas assistencialistas, justamente porque já gozam de uma proteção que ensejará o pagamento de prestações previdenciárias ou alimentares, salvo se também preencherem os requisitos para as benesses assistenciais, a exemplo do Programa Bolsa-família, que beneficia vários segurados da previdência com baixa renda.

5.2. Objetivos, princípios e diretrizes

Os objetivos da assistência social brasileira estão consignados nos artigo 203, da Constituição Federal:

I – a proteção à família, à maternidade, à infância, à adolescência e à velhice;

II – o amparo às crianças e adolescentes carentes;

III – a promoção da integração ao mercado de trabalho;

IV – a habilitação e reabilitação das pessoas portadoras de deficiência e a promoção de sua integração à vida comunitária;

V – a garantia de um salário mínimo de benefício mensal à pessoa portadora de deficiência e ao idoso que comprovem não possuir meios de prover à própria manutenção ou de tê-la provida por sua família, conforme dispuser a lei.

▸ **Como esse assunto foi cobrado em concurso?**

No concurso do CESPE para Procurador Federal em 2007, foi considerado correto o seguinte enunciado: Assistência social é a política social que provê o atendimento das necessidades básicas, traduzidas em proteção à família, à maternidade, à infância, à adolescência, à velhice e à pessoa portadora de deficiência, independentemente de contribuição à seguridade social. Por sua vez, no concurso para Procurador do Município de Natal em 2008, o CESPE considerou correto o seguinte enunciado: Constitui um dos objetivos da assistência social a garantia de um salário mínimo de benefício mensal ao portador de deficiência e ao idoso que comprovem não possuir meios de prover a própria manutenção ou de tê-la provida por sua família, conforme dispuser a lei.

Por seu turno, **os princípios informadores da assistência social** foram postos no artigo 4º, da Lei 8.742/93, que mais se parecem com objetivos:

I – supremacia do atendimento às necessidades sociais sobre as exigências de rentabilidade econômica;

II – universalização dos direitos sociais, a fim de tornar o destinatário da ação assistencial alcançável pelas demais políticas públicas;

III – respeito à dignidade do cidadão, à sua autonomia e ao seu direito a benefícios e serviços de qualidade, bem como à convivência familiar e comunitária, vedando-se qualquer comprovação vexatória de necessidade;

IV – igualdade de direitos no acesso ao atendimento, sem discriminação de qualquer natureza, garantindo-se equivalência às populações urbanas e rurais;

V – divulgação ampla dos benefícios, serviços, programas e projetos assistenciais, bem como dos recursos oferecidos pelo Poder Público e dos critérios para sua concessão.

Já as **diretrizes da assistência social** constam do artigo 5º, da Lei 8.742/93:

> I – descentralização político-administrativa para os Estados, o Distrito Federal e os Municípios, e comando único das ações em cada esfera de governo;
>
> II – participação da população, por meio de organizações representativas, na formulação das políticas e no controle das ações em todos os níveis;
>
> III – primazia da responsabilidade do Estado na condução da política de assistência social em cada esfera de governo.

▸ **Como esse assunto foi cobrado em concurso?**

No concurso ESAF para Auditor Fiscal da RFB em 2009, foi considerado errado o seguinte enunciado: A Assistência Social, por meio de sistema único e centralizado no poder central federal, pode ser dada a todos os contribuintes individuais da Previdência Social. Por outro lado, no concurso do CESPE para Juiz Federal da 5ª Região em 2011, foi considerado correto o seguinte enunciado: As ações governamentais na área da assistência social caracterizam-se pela descentralização político-administrativa, cabendo a coordenação e a edição de normas gerais à esfera federal e a coordenação e a execução dos respectivos programas às esferas estadual e municipal bem como a entidades beneficentes e de assistência social.

5.3. Benefício do amparo assistencial ao idoso ou deficiente carente

Conforme acima visto, é objetivo da assistência social brasileira a garantia de um **salário mínimo** de benefício mensal à **pessoa portadora de deficiência e ao idoso** que comprovem não possuir meios de prover à própria manutenção ou de tê-la provida por sua família, conforme dispuser a lei, nos termos do artigo 203, inciso V, da Constituição Federal.

A regulamentação deste benefício assistencial foi promovida pelos artigos 20 e 21, da Lei 8.742/93, pelo artigo 34, da Lei 10.741/2003 (Estatuto do Idoso) e pelo Decreto 6.214/2007, tendo o Estatuto do Idoso reduzido a idade mínima de concessão para os **65 anos de idade** (no caso dos idosos).

A redução da idade mínima para a concessão deste benefício assistencial (de 70 para 67 anos e agora para 65 anos) decorre de concretização do Princípio da Universalidade da Cobertura e do

Atendimento, pois apesar do crescimento da expectativa de vida dos brasileiros, houve uma extensão da proteção social em favor dos necessitados, na medida em que surgiram mais recursos públicos disponíveis.

Para fazer jus ao amparo de um salário mínimo, o idoso ou deficiente deverão comprovar o seu estado de miserabilidade. Pelo critério legal, considera-se incapaz de prover a sua própria manutenção a pessoa portadora de deficiência ou idosa, em que a **renda mensal *per capita* familiar seja inferior a 1/4 (um quarto) de salário mínimo.**

Logo, a norma instituiu um critério objetivo para a aferição do estado de carência do idoso ou do deficiente: renda *per capita* familiar inferior a ¼ de salário mínimo, ressaltando-se que se entendia como família o conjunto de pessoas elencadas no artigo 16, da Lei nº 8.213/91, desde que vivessem sob o mesmo teto:

> I – o cônjuge, a companheira, o companheiro e o filho não emancipado, de qualquer condição, menor de 21 (vinte e um) anos ou inválido;
>
> II – os pais;
>
> III – o irmão não emancipado, de qualquer condição, menor de 21 (vinte e um) anos ou inválido.

Todavia, com o advento da Lei 12.435/2011, foi alterado o artigo 20, §1º, da Lei 8.742/93, considerando-se que a família é composta pelo requerente, o cônjuge ou companheiro, os pais e, na ausência de um deles, a madrasta ou o padrasto, os irmãos solteiros, os filhos e enteados solteiros e os menores tutelados, desde que vivam sob o mesmo teto.

Assim, **como inovação, foram coerentemente inseridos a madrasta ou o padrasto (na falta dos pais) na composição da família. Da mesma forma, os irmãos solteiros e os filhos de qualquer idade passaram a entrar na formação do grupo familiar, não existindo mais a idade limite de 21 anos, desde que vivam sob o mesmo teto.**

Entende-se que a Lei 12.435/2011 poderia ter ido mais longe, a fim de inserir todos os parentes do requerente, desde que vivam sob o mesmo teto, pois nem mesmo o Código Civil teve a ousadia de definir a família, não podendo o legislador desconsiderar a realidade brasileira dos mais pobres.

A grande polêmica que persistiu durante anos foi saber se o critério da renda individual dos membros da família poderia ser flexibilizado em situações concretas, com o manejo de outros critérios a serem considerados mais adequados pelo julgador, a exemplo do abatimento da renda familiar das despesas com medicamentos não disponibilizados pelo SUS.

▸ **Qual o entendimento do STF sobre o assunto?**

A questão foi parcialmente levada ao STF através da ADI 1.232, julgada em 27.08.1998, tendo o STF validado abstratamente o critério de ¼ de salário mínimo, pois a Constituição Federal delegou ao legislador infraconstitucional a competência para fixar os critérios de concessão do benefício. Conquanto a Suprema Corte tenha pronunciado a constitucionalidade do referido critério objetivo, não houve manifestação expressa sobre a possibilidade da utilização de outros critérios, sendo um tema ainda pendente de julgamento final no STF.

A questão foi finalmente decidida pela Suprema Corte no julgamento dos Recursos Extraordinários 567.985 e 580.963, julgados conjuntamente em 17 e 18 de abril de 2013. Por maioria de votos, o STF pronunciou a incostitucionalidade material incidental do §3º, do artigo 20, da Lei 8.742/93, que prevê o critério legal da renda *per capita* familiar inferior a ¼ do salário mínimo para a caracterização da miserabilidade.

De acordo com o STF, verificou-se um processo de inconstitucionalização do critério legal da renda *per capita* menor que um ¼ do salário mínimo, que havia sido fixado há 20 anos (1993), especialmente pela adoção superveniente de outros critérios mais favoráveis aos necessitados em leis assistenciais posteriores, como no Programa Bolsa-Família.

Assim, caberia ao Poder Legislativo da União deliberar acerca de um novo critério legal aferidor da miserabilidade do idoso ou deficiente considerando a realidade atual, tendo em conta as mutações sociais dos últimos vinte anos, mormente as melhorias econômicas do país.

Conquanto a pronúncia de nulidade do §3º do artigo 20, da Lei 8.742/93 tenha se dado incidentalmente, e não abstratamente, buscou-se no STF a modulação da sua eficácia para 31/12/2015, a fim de conferir prazo razoável ao Congresso Nacional para aprovar nova regra sem o afastamento imediato da anterior. No entanto, não restou alcançado o quórum de 2/3 (oito votos) para aprovar a referida modulação.

Vale registrar que a decisão do STF não é vinculante, vez que não tomada em controle abstrato de constitucionalidade, razão pela qual o INSS continua a adotar na via administrativa o critério da renda *per capita* familiar inferior a ¼ do salário mínimo.

Aliás, se o INSS afastasse o critério legal invalidado pelo STF, não haveria outro critério legal a adotar, haja vista a sua não aprovação pelo Congresso Nacional, sendo válida a postura da autaquia previdenciária até que haja novidade legislativa sobre o tema.

Para conferir um mínimo de segurança jurídica ao INSS ou ao Poder Judiciário na aferição concreta da miserabilidade, é necessário que o Congresso Nacional atue rapidamente na votação de um novo critério para substituir o §3º, do artigo 20, da lei 8.742/93, observados os limites orçamentários da União à Luz do Princípio da Precedência da Fonte de Custeio.

▸ **Importante:** Por força da Lei 13.146, publicada em 7 de julho de 2015, que aprovou o Estatuto da Pessoa com Deficiência e **entrará em vigor em 180 dias após a sua publicação (início de janeiro de 2016 – DIA 3)**, a Lei 8.742/93 passará a prever expressamente que para concessão deste benefício poderão ser utilizados outros elementos probatórios da condição de miserabilidade do grupo familiar e da situação de vulnerabilidade, sendo uma flexibilização feita pelo próprio legislador do critério da renda mensal familiar inferior a ¼ do salário mínimo.

▸ **Qual o entendimento da TNU sobre o assunto?**

Súmula 79 - Nas ações em que se postula benefício assistencial, é necessária a comprovação das condições socioeconômicas do autor por laudo de assistente social, por auto de constatação lavrado por oficial de justiça ou, sendo inviabilizados os referidos meios, por prova testemunhal.

▸ **Como esse assunto foi cobrado em concurso?**

No concurso do CESPE para Procurador Federal em 2010, **apesar de o STF não ter pacificado o seu entendimento na época da aplicação da prova**, foi considerado correto o seguinte enunciado: Para fins de concessão do benefício de prestação continuada, considera-se incapaz de prover a manutenção da pessoa portadora de deficiência ou idosa a família cuja renda mensal *per capita* seja inferior a um quarto do salário mínimo. Esse critério, de acordo com entendimento do STF, apesar de ser constitucional, pode ser conjugado com outros fatores indicativos do estado de miserabilidade do indivíduo e de sua família. **Na atualidade, ante a decisão dos Recursos Extraordinários 567.985 e 580.963, julgados conjuntamente em 17 e 18 de abril de 2013, a questão deve ser considerada falsa.**

▸ **Qual o entendimento do STJ sobre o assunto?**

O STJ vem decidindo pela possibilidade da utilização de outros critérios para a aferição do estado de miserabilidade do idoso ou deficiente.

No julgamento do AgRg no REsp 94.6253, de 16.10.2008, decidiu a Corte Superior que "o preceito contido no art. 20, § 3º, da Lei nº 8.742/93 não é o único critério válido para comprovar a condição de miserabilidade.A renda familiar *per capita* inferior a 1/4 do salário-mínimo deve ser considerada como um limite mínimo, um quantum objetivamente considerado insuficiente à subsistência do portador de deficiência e do idoso, o que não impede que o julgador faça uso de outros fatores que tenham o condão de comprovar a condição de miserabilidade do autor". O mesmo entendimento foi adotado pela Corte Superior no julgamento do AGA 1.164.582, de 26.10.2010 e no AgRg no AREsp 379927, de 15/10/2013.

▸ Como esse assunto foi cobrado em concurso?

No concurso do CESPE para Promotor de Justiça do Espírito Santo em 2010, foi considerado errado o seguinte enunciado: Consoante a jurisprudência do STJ, o requisito da renda familiar per capita inferior a um quarto do salário mínimo, previsto na Lei n.º 8.742/1993 para concessão do benefício de prestação continuada, de caráter assistencial, consubstancia um critério legal absoluto, impediente de que o julgador faça uso de outros elementos probatórios para comprovar a condição de miserabilidade da família.

Por força do artigo 34, parágrafo único, do Estatuto do Idoso, *"o benefício já concedido a qualquer membro da família nos termos do caput* não será computado para os fins do cálculo da renda familiar *per capita a que se refere a LOAS".*

Logo, se um casal de idosos carentes reside sozinho, o benefício assistencial percebido por um deles será desconsiderado como renda familiar, o que permite a concessão de dois amparos, ante a expressa determinação legal. Caso contrário, a renda *per capita* seria de ½ salário mínimo, o que impediria a concessão da segunda prestação.

▸ Como esse assunto foi cobrado em concurso?

No concurso do CESPE para Defensor Público do Estado da Bahia em 2010, foi considerado errado o seguinte enunciado: Considere a seguinte situação hipotética. João e Maria, maiores de setenta anos de idade, carentes, moram juntos e não possuem meios para prover sua subsistência nem podem tê-la provida por sua família. A Maria foi assegurado o benefício mensal de um salário-mínimo, nos termos da Lei Orgânica da Assistência Social. Nessa situação, João fica impedido de receber o mesmo benefício, dado o não atendimento, pelo casal, do requisito da renda familiar *per capita*.

Por Isonomia, existem precedentes jurisprudenciais estendendo analogicamente a excepcional disposição do Estatuto do Idoso a qualquer benefício previdenciário no valor de um salário mínimo percebido por pessoa do grupo familiar, conquanto não haja qualquer prévia fonte de custeio.

▸ **Qual o entendimento do STJ sobre o assunto?**

No dia 10 de agosto de 2011, no julgamento da petição 7.203, a 3ª Seção do STJ firmou entendimento no sentido de admitir que também o benefício previdenciário no valor de um salário mínimo recebido por maior de 65 anos deve ser afastado para fins de apuração da renda mensal *per capita* objetivando a concessão de benefício de prestação continuada. Outrossim, em 25 de fevereiro de 2015, no julgamento do REsp 1.355.052, decidiu em repetitivo a 1ª Seção do STJ que aplica-se o parágrafo único do art. 34 do Estatuto do Idoso (Lei 10.741/2003), por analogia, a pedido de benefício assistencial feito por pessoa com deficiência a fim de que benefício previdenciário recebido por idoso, no valor de um salário mínimo, não seja computado no cálculo da renda *per capita* prevista no art. 20, § 3º, da Lei 8.742/1993.

▸ **Qual o entendimento do STF sobre o assunto?**

No entanto, no julgamento do Recurso Extraordinário 580.963, de 17 de 18/04/2013, o parágrafo único do artigo 34 do Estatuto do Idoso foi declarado incidentalmente inconstitucional pelo STF por violação ao Princípio da Isonomia: "4. A inconstitucionalidade por omissão parcial do art. 34, parágrafo único, da Lei 10.741/2003. O Estatuto do Idoso dispõe, no art. 34, parágrafo único, que o benefício assistencial já concedido a qualquer membro da família não será computado para fins do cálculo da renda familiar per capita a que se refere a LOAS. Não exclusão dos benefícios assistenciais recebidos por deficientes e de previdenciários, no valor de até um salário mínimo, percebido por idosos. Inexistência de justificativa plausível para discriminação dos portadores de deficiência em relação aos idosos, bem como dos idosos beneficiários da assistência social em relação aos idosos titulares de benefícios previdenciários no valor de até um salário mínimo. Omissão parcial inconstitucional. 5. Declaração de inconstitucionalidade parcial, sem pronúncia de nulidade, do art. 34, parágrafo único, da Lei 10.741/2003".

A pronúncia de inconstitucionalidade teve por objetivo estender o artigo 34, parágrafo único, do Estatuto do Idoso por isonomia. Logo, para o STF, a mesma regra deve ser aplicada aos benefícios assistenciais recebidos por deficientes e de previdenciários, no valor de até um salário mínimo, percebido por idosos.

▸ **Importante!** Por sua vez, com o advento da Lei 12.470, de 31.08.2011, foi inserido o §9º, no artigo 20, da Lei 8.742/93, que prevê que a remuneração da pessoa com deficiência na condição de aprendiz não será considerada para fins do cálculo da renda *per capita* familiar. Por força da Lei 13.146, publicada em 7 de julho de 2015, que aprovou o Estatuto da Pessoa com Deficiência e entrará em vigor em 180 dias após a sua publicação (início de janeiro de 2016 – DIA 3), os rendimentos decorrentes de estágio supervisionado também serão desconsiderados.

Outrossim, a contratação de pessoa com deficiência como aprendiz não acarretará a suspensão do benefício de prestação continuada, **limitado a 2 (dois) anos o recebimento concomitante da remuneração e do benefício**.

Logo, após o biênio, será possível que o deficiente aprendiz tenha a suspensão do amparo assistencial, pois a remuneração percebida como aprendiz será considerada no cálculo da renda *per capita* familiar. No que concerne ao **deficiente**, era assim considerada a **pessoa incapacitada para a vida independente e para o trabalho**, na forma do art. 20, § 2º, da Lei 8.742/93, em sua redação original.

▸ **Qual o entendimento da TNU sobre o assunto?**

A Turma Nacional de Uniformização de Jurisprudência dos Juizados Especiais Federais entende que "para os efeitos do art. 20, § 2º, da Lei n. 8.742, de 1993, incapacidade para a vida independente não é só aquela que impede as atividades mais elementares da pessoa, mas também a impossibilita de prover ao próprio sustento" (Súmula 29).

Entretanto, com o advento da Convenção sobre os Direitos das Pessoas com Deficiência, ratificada pelo Brasil pelo Decreto-legislativo 186/2008, tendo sido promulgada pelo Decreto presidencial 6.949/2009, o INSS vem trabalhando administrativamente com a definição de deficiência desse tratado, que considerada que as "pessoas com deficiência são aquelas que têm impedimentos de natureza física, intelectual ou sensorial, os quais, em interação com diversas barreiras, podem obstruir sua participação plena e efetiva na sociedade com as demais pessoas".

Frise-se que a citada Convenção foi inspirada na nova classificação internacional da Organização Mundial da Saúde: CIF – Classificação Internacional de Incapacidade, Funcionalidade e Saúde. Ademais, esse tratado tem força de norma constitucional, pois ratificado nos termos do artigo 5º, § 3º, da CF, pois seguiu o rito de aprovação das emendas constitucionais.

Nesse caminho, já observando a nova classificação, dispõe o artigo 16, do Decreto 6.214/2007, que a concessão do benefício à pessoa com deficiência ficará sujeita à avaliação da deficiência e do grau de incapacidade, com base nos princípios da Classificação Internacional de Funcionalidades, Incapacidade e Saúde – CIF, estabelecida pela Resolução da Organização Mundial da Saúde nº 54.21, aprovada pela 54ª Assembléia Mundial da Saúde, em 22 de maio de 2001.

Ademais, a avaliação médica da deficiência e do grau de incapacidade considerará as deficiências nas funções e nas estruturas do corpo, e a avaliação social considerará os fatores ambientais, sociais e pessoais, e ambas considerarão a limitação do desempenho de atividades e a restrição da participação social, segundo suas especificidades.

Logo, houve uma mudança de paradigma dentro do INSS para a concessão do amparo assistencial ao deficiente, pois apreciadas as deficiências corporais, os fatores ambientais, sociais e corporais, bem como a limitação no desenvolvimento de atividades e o patamar de restrição social, o que levou à Advocacia-Geral da União a revogar a sua Súmula 30, em 31.01.2011.

De acordo com o artigo 4º, da Portaria Conjunta 01/2011 MDS/INSS, fundamentado na Convenção Internacional dos Direitos das Pessoas com Deficiência e seu Protocolo Facultativo, apenas será concedido o benefício no caso de **impedimento de longo prazo**, assim considerado aquele que incapacita a pessoa com deficiência para a vida independente e para o trabalho pelo **prazo mínimo de dois anos**.

Logo, o benefício será indeferido sempre que os impedimentos incapacitantes forem classificados como de curto ou médio prazo, independentemente do grau de incapacidade existente no momento da avaliação, reconhecido nas conclusões técnicas das avaliações social e médico-pericial.

▸ **Importante!** Finalmente, no dia 07/07/2011, foi publicada a Lei 12.435, que alterou a redação do artigo 20, da Lei 8.742/93, que sofreu leves modificações pela Lei 12.470, de 31/08/2011, passando a considerar a *pessoa com deficiência* como aquela que tem impedimentos de longo prazo de natureza física, mental, intelectual ou sensorial, os quais, em interação com diversas barreiras, podem obstruir sua participação plena e efetiva na sociedade em igualdade de condições com as demais pessoas, assim como *impedimentos de longo prazo* como aqueles que aqueles que produzam os efeitos referidos pelo prazo mínimo de 02 anos.

Por força da Lei 13.146, publicada em 7 de julho de 2015, que aprovou o Estatuto da Pessoa com Deficiência e entrará em vigor em 180 dias após a sua publicação (início de janeiro de 2016), a definição de deficiente foi sutilmente alterada, considerando-se a partir de janeiro de 2016 "pessoa com deficiência aquela que tem impedimento de longo prazo de natureza física, mental, intelectual ou sensorial, o qual, em interação com uma ou mais barreiras, pode obstruir sua participação plena e efetiva na sociedade em igualdade de condições com as demais pessoas", bastando a partir da sua vigência uma barreira para obstruir a participação social, e não apenas diversas barreiras.

Vale ressaltar que o desenvolvimento das capacidades cognitivas, motoras ou educacionais e a realização de atividades não remuneradas de habilitação e reabilitação, entre outras, não constituem motivo de suspensão ou cessação do benefício da pessoa com deficiência.

▸ **Qual o entendimento da TNU sobre o assunto?**

Demais disso, **para a TNU, a mera incapacidade temporária poderá dar ensejo ao benefício assistencial**, a exemplo do julgamento do PEDILEF 0013826-53.2008.4.01.32.00, de 29.02.2012. Nesse sentido, em 29 de março de 2012, a TNU aprovou a **Súmula 48**: "A incapacidade não precisa ser permanente para fins de concessão do benefício assistencial de prestação continuada".

Lamentavelmente, entende-se que essa súmula analisou o tema com base na legislação revogada, ou seja, antes das inovações da Lei 12.453 e 12.470/2011, que alteraram a definição de deficiente, agora não mais considerado o incapaz para o trabalho e a vida independente, e sim como aquele que tem impedimentos de longo prazo de natureza física, mental, intelectual ou sensorial, os quais, em interação com diversas barreiras, podem obstruir sua participação plena e efetiva na sociedade em igualdade de condições com as demais pessoas, assim como *impedimentos de longo prazo* como aqueles que produzam os efeitos referidos pelo prazo mínimo de 02 anos.

▸ **Qual o entendimento da TNU sobre o assunto?**

Súmula 80 - Nos pedidos de benefício de prestação continuada (LOAS), tendo em vista o advento da Lei 12.470/11, para adequada valoração dos fatores ambientais, sociais, econômicos e pessoais que impactam na participação da pessoa com deficiência na sociedade, é necessária a realização de avaliação social por assistente social ou outras providências aptas a revelar a efetiva condição vivida no meio social pelo requerente.

Ademais, a condição de acolhimento em instituições de longa permanência não prejudica o direito do idoso ou da pessoa com deficiência ao benefício de prestação continuada.

Questão tormentosa e que vem gerando celeuma nos tribunais é saber se a mera *incapacidade laborativa parcial* faz nascer ou não o direito ao amparo assistencial. Pela negativa da concessão do benefício nesta hipótese, os precedentes mais recentes do Tribunal Regional Federal da 3ª Região, a exemplo da APELREE no processo 2006.61.08010257-0, de 09.06.2009.

Por outro lado, o TRF da 5ª Região vem deferindo o benefício, mesmo na hipótese de incapacidade laborativa parcial, ou seja, apenas para alguns tipos de trabalho incompatíveis com a moléstia, a exemplo do julgamento da AC 200705990031685, de 03.06.2008.

Entende-se que a mera incapacidade laboral parcial não poderá conduzir à concessão do amparo assistencial, haja vista a exigência legal de incapacidade para o trabalho e vida independente, sendo possível o labor em atividades compatíveis com as restrições da pessoa, observadas as suas limitações.

Para a concessão do amparo aos menores de 16 anos, deverá ser avaliada a existência da deficiência e o seu impacto na limitação do desempenho de atividade e restrição da participação social, compatível com a idade, sendo dispensável proceder à avaliação da incapacidade para o trabalho, haja vista a vedação constitucional que proíbe o trabalho aos menores de 16 anos, salvo na condição de aprendiz, a partir dos 14 anos.

▸ **Qual o entendimento da TNU sobre o assunto?**

De acordo com acertado entendimento da TNU, no julgamento do PEDILEF no processo 2005.80.13.506128-6, de 11.10.2010, "a partir do julgamento proferido no Processo nº 2007.83.03.50.1412-5, julgamento este proferido após o voto anterior deste Relator neste feito, ora retificado acolhendo as razões do voto-vista do juiz federal José Antônio Savaris, firmou a tese de que, em se tratando de benefício decorrente da Lei Orgânica da Assistência Social (LOAS), a incapacitação, para efeito de concessão do benefício a menor de 16 (dezesseis) anos, deve observar, além da deficiência, que implique limitação ao desempenho de atividades ou restrição na participação social, compatíveis com a idade do menor, bem como o impacto na economia do grupo familiar do menor, seja por exigir a dedicação de um dos membros do grupo para seus cuidados, prejudicando a capacidade daquele grupo familiar de gerar renda".

Portanto, para que o menor de 16 anos receba o amparo assistencial, tendo em vista que o infante não poderá trabalhar em razão de sua tenra idade (salvo a partir de 14 anos na condição de aprendiz), é imprescindível que algum membro do grupo familiar deixe de laborar para cuidar dele, ou então que seja curial a contratação de terceiro para isso. Aliás, quando o pedido for proposto por menor de idade, será obrigatória a intervenção do Ministério Público na condição de fiscal da lei, ante a presença de interesse de incapaz, conforme jurisprudência remansosa.

Outrossim, o amparo assistencial não poderá ser acumulado pelo beneficiário com qualquer outro no âmbito da seguridade social ou de outro regime, salvo o da assistência médica ou pensão especial de natureza indenizatória (artigo 5º, do Decreto 6.214/07, com redação dada pelo Decreto 6.564/08).

Ademais, a concessão do benefício de prestação continuada independerá da interdição judicial do idoso ou da pessoa com deficiência, ao passo que a interdição, por si só, não vinculará o INSS, haja vista as suas causas não serem exatamente idênticas aos pressupostos do benefício, não tendo o condão de vincular a autarquia federal previdenciária, que não foi parte no processo gracioso de interdição.

Esse benefício **não gerará gratificação natalina nem instituirá pensão por morte**, tendo índole personalíssima, devendo ser revisto, pelo menos, a cada dois anos, para ser verificada se as condições de concessão persistem, podendo ser cassado a qualquer momento, desde que não mais satisfeitas às condições legais (caráter precário).

Entretanto, a cessação do benefício de prestação continuada concedido à pessoa com deficiência não impede nova concessão do benefício, desde que atendidos os requisitos definidos em regulamento. De seu turno, conforme previsto no artigo 21-A, da Lei 8.742/93, inserido pela Lei 12.470/2011, o benefício de prestação continuada será suspenso pelo órgão concedente quando a pessoa com deficiência exercer atividade remunerada, inclusive na condição de microempreendedor individual.

Contudo, uma vez extinta a relação trabalhista ou a atividade empreendedora referida e, quando for o caso, encerrado o prazo de pagamento do seguro-desemprego e não tendo o beneficiário adquirido direito a qualquer benefício previdenciário, poderá ser requerida a continuidade do pagamento do benefício suspenso, sem necessidade de realização de perícia médica ou reavaliação da deficiência e do grau de incapacidade para esse fim, desde que respeitado o prazo da revisão bienal.

A Lei Orgânica da Assistência Social foi omissa no que concerne ao direito dos **estrangeiros residentes** na percepção dessa prestação. Há precedentes pela concessão nos TRF's da 3ª Região (AI 249.149, de 21.08.2006) e 4ª Região (AC 2008.70.01.0030129, de 01.07.2009), justamente porque a cabeça do artigo 5º da Constituição garante os direitos fundamentais aos estrangeiros residentes. Contudo, a matéria ainda não foi apreciada pelo STF, que já reconheceu repercussão geral no RE 587.970, em 25.06.2009.

Apesar de ser um benefício assistencial, é gerido pelo Instituto Nacional do Seguro Social – INSS, por questões de conveniência administrativa, competindo à União arcar com o seu pagamento, conforme previsto no artigo 29, parágrafo único, da Lei 8.742/93.

No caso das lides judiciais, o STJ vem reconhecendo a legitimidade passiva exclusiva do INSS, não devendo a União ser ré no processo, a exemplo do julgamento do AgRg no REsp 735.447, de 29.08.2005.

▸ **Como esse assunto foi cobrado em concurso?**

No concurso para Juiz Federal da 3ª Região em 2013, foi cobrada a seguinte questão dissertativa: A assistência aos desamparados vem expressamente prevista na vigente Carta Constitucional, formando, juntamente com outros direitos sociais, os denominados direitos fundamentais de segunda geração. Para efetivação desse direito social estabeleceu-se que a assistência social deve ser prestada a quem comprove dela necessitar, com o pagamento de um salário-mínimo de benefício mensal à pessoa idosa maior de 65 anos, bem como à pessoa deficiente, observados certos critérios e a necessidade econômica. Em função de tal proposição, responda: (i) Quais as principais diferenças entre os direitos fundamentais de primeira e os de segunda geração e qual a relevância de tal distinção para a aplicação dos direitos sociais, sob o ponto de vista do princípio da legalidade? (ii) Comprovada a necessidade econômica, a pessoa portadora de deficiência terá direito ao denominado benefício assistencial de prestação continuada, ainda que o laudo médico aponte pela capacidade laborativa para o exercício pleno de diversas atividades? (iii) O que se entende por necessidade econômica e qual será a consequência para um portador de deficiência, que esteja recebendo benefício assistencial de prestação continuada, caso venha a exercer atividade formal remunerada?

5.4. Outros benefícios assistenciais

De acordo com o artigo 7º, inciso II, da Constituição Federal de 1988, é direito social do trabalhador o seguro-desemprego, em caso de desemprego involuntário, sendo ainda previsto no artigo 201, inciso III, da Constituição Federal, a proteção ao trabalhador em situação de desemprego involuntário como risco social a ser coberto pelo Regime Geral de Previdência Social.

Entrementes, **o legislador ordinário trilhou outro caminho ao excluir expressamente a cobertura do desemprego involuntário do RGPS**, a teor do artigo 9º, §1º, da Lei 8.213/91.

▸ **Como esse assunto foi cobrado em concurso?**

No concurso do CESPE para Juiz Federal da 5ª Região em 2006, foi considerado errado o seguinte enunciado: Marcelo trabalha para a pessoa jurídica Alfa, exercendo o cargo de auxiliar administrativo. Em 10/2/2006, Marcelo teve seu contrato individual de trabalho com a empresa Alfa rescindido. Nessa situação, por sua condição de segurado obrigatório da previdência social, Marcelo terá direito ao benefício previdenciário denominado seguro desemprego.

Deveras, o seguro-desemprego deveria ser, mas não é benefício previdenciário, pois não previsto no Plano de Benefícios da Previdência Social, sendo pago pelo Ministério do Trabalho e Emprego, com recursos do Fundo de Amparo ao Trabalhador – FAT.

Conquanto se trate de tema polêmico, entende-se que o seguro-desemprego deve ser enquadrado como benefício assistencial, tendo em conta inexistir contribuição direta dos seus beneficiários.

Ademais, não poderá ser enquadrado como benefício previdenciário por não ter previsão na Lei 8.213/91, bem como não ser custado pelas contribuições previdenciárias, tendo em conta o caráter contributivo que marca a previdência social no Brasil.

Com propriedade, a Lei 7.998/90 aprovou o *Programa do Seguro-Desemprego*, alterada pela Medida Provisória 2.164-41/01 e pela Lei 10.608/02, que objetiva prover assistência financeira temporária ao trabalhador desempregado em virtude de dispensa sem justa causa, inclusive a indireta, e ao trabalhador comprovadamente resgatado de regime de trabalho forçado ou da condição análoga à de escravo, assim como auxiliar os trabalhadores na busca ou preservação do emprego, promovendo, para tanto, ações integradas de orientação, recolocação e qualificação profissional.

Ainda estão previstos no artigo 22, da Lei 8.742/93, regulamentada pelo Decreto 6.307/2007, os *benefícios eventuais*, a cargo dos demais entes políticos, pois a União se responsabilizou pelo pagamento do amparo assistencial ao idoso ou deficiente carente. Antes do advento da Lei 12.435/2011, eram arrolados o **auxílio-funeral** e o **auxílio-natalidade**, cuja concessão e valor deveriam ser definidos pelos Conselhos de Assistência Social dos Estados, do Distrito Federal e dos Municípios, que eram pagos às famílias cuja renda mensal *per capita* era inferior a 1/4 (um quarto) do salário mínimo.

Com a atual redação do artigo 22, da Lei 8.742/93, entendem-se por benefícios eventuais as provisões suplementares e provisórias que integram organicamente as garantias do SUAS e são prestadas aos cidadãos e às famílias em virtude de nascimento, morte, situações de vulnerabilidade temporária e de calamidade pública, não podendo ser acumulados com o auxílio Emergencial Financeiro para atendimento à população atingida por desastres e os benefícios do

Programa Bolsa-Renda para atendimento a agricultores familiares atingidos pelos efeitos da estiagem nos Municípios em estado de calamidade pública ou situação de emergência.

> **Como esse assunto foi cobrado em concurso?**
>
> No concurso do CESPE para Procurador do Município de Roraima em 2010, foi considerado correto o seguinte enunciado: No que tange à organização da assistência social, compete aos municípios atender às ações assistenciais de caráter emergencial e efetuar o pagamento do auxílio-natalidade e do auxílio-funeral.

Certamente os benefícios assistenciais mais importantes hoje no Brasil são os pagos pelo **Programa Bolsa Família**, instituídos pela Lei 10.836/2004, sendo de três espécies: o *benefício básico*, destinado a unidades familiares que se encontrem em situação de extrema pobreza; o *benefício variável*, destinado a unidades familiares que se encontrem em situação de pobreza e extrema pobreza e que tenham em sua composição gestantes, nutrizes, crianças entre 0 (zero) e 12 (doze) anos ou adolescentes até 15 (quinze) anos, sendo pago até o limite de 5 (cinco) benefícios por família e o *benefício variável vinculado ao adolescente*, destinado a unidades familiares que se encontrem em situação de pobreza ou extrema pobreza e que tenham em sua composição adolescentes com idade entre 16 (dezesseis) e 17 (dezessete) anos, sendo pago até o limite de 2 (dois) benefícios por família.

Há ainda outras prestações assistenciais importantes, como a disponibilização de medicamentos a preço de custo pela Fundação Oswaldo Cruz - FIOCRUZ, na forma da Lei 10.857/04.

A habilitação e a reabilitação profissional, tradicionais serviços previdenciários prestados aos segurados e dependentes pelo INSS e conveniados, também se caracterizam como serviços assistencialistas em favor das pessoas portadoras de deficiência física, que têm direito subjetivo à sua prestação, na forma do artigo 89, da Lei 8.213/91.

Consistem na disponibilização dos meios para a (re)educação e de (re)adaptação profissional e social indicados para participar do mercado de trabalho e do contexto em que vive.

5.5. Seguro-defeso

O pescador profissional que exerça sua atividade exclusiva e ininterruptamente, de forma artesanal, individualmente ou em regime de economia familiar, fará jus ao benefício de seguro-desemprego, no valor de **um salário-mínimo mensal**, durante o período de defeso de atividade pesqueira para a preservação da espécie, **não podendo exceder a 05 meses**.

Considera-se **ininterrupta a atividade** exercida durante o período compreendido entre o defeso anterior e o em curso, ou nos doze meses imediatamente anteriores ao do defeso em curso, o que for menor.

O pescador profissional artesanal não fará jus a mais de um benefício de seguro-desemprego no mesmo ano decorrente de defesos relativos a espécies distintas, sendo o benefício do seguro-desemprego pessoal e intransferível.

A concessão do benefício não será extensível às atividades de apoio à pesca e nem aos familiares do pescador profissional que não satisfaçam os requisitos e as condições estabelecidas na Lei 10.779/2003.

Para fazer jus ao benefício, o pescador não poderá estar em gozo de nenhum benefício decorrente de benefício previdenciário ou assistencial de natureza continuada, exceto pensão por morte e auxílio-acidente.

A competência administrativa para processar e deferir o seguro-defeso passou a ser do INSS com o advento da Lei 13.134/2015, devendo o pescador deverá apresentar à autarquia previdenciária os seguintes documentos:

> I - registro como Pescador Profissional, categoria artesanal, devidamente atualizado no Registro Geral da Atividade Pesqueira - RGP, emitido pelo Ministério da Pesca e Aquicultura, **com antecedência mínima de um ano** , contados da data do requerimento do benefício;
>
> II - cópia do documento fiscal de venda do pescado a empresa adquirente, consumidora ou consignatária da produção, em que conste, além do registro da operação realizada, **o valor da respectiva contribuição previdenciária**, de que trata o § 7º do art. 30 da Lei nº 8.212, de 24 de julho de 1991, **ou**

> **comprovante do recolhimento da contribuição previdenciária, caso tenha comercializado sua produção a pessoa física;** e
>
> III - outros estabelecidos em ato do Ministério Previdência Social que comprovem:
>
> a) o exercício da profissão;
>
> b) que se dedicou à pesca, em caráter ininterrupto, assim considerada a atividade exercida durante o período compreendido entre o defeso anterior e o em curso, ou nos doze meses imediatamente anteriores ao do defeso em curso, o que for menor;
>
> c) que não dispõe de outra fonte de renda diversa da decorrente da atividade pesqueira.

A Lei 13.134/2015 determina que o INSS, no ato da habilitação ao benefício, deverá verificar a condição de segurado pescador artesanal **e o pagamento da contribuição previdenciária, nos termos da Lei nº 8.212, de 1991, nos últimos doze meses imediatamente anteriores ao requerimento do benefício ou desde o último período de defeso até o requerimento do benefício,** o que for menor.

6. SAÚDE

6.1. Introdução, definição e natureza jurídica

A saúde é certamente um dos direitos fundamentais mais difíceis de ser implementado com qualidade, justamente em razão dos seus altos custos de operacionalização. É tratada na Constituição de 1988, especialmente pelos artigos 196 a 200, com regulamentação dada pela Lei 8.080/90, sendo dever do Poder Público em todas as suas esferas prestá-la a todos os brasileiros, estrangeiros residentes e mesmo aos não residentes, havendo uma **solidariedade entre todos os entes políticos**.

> ▸ **Qual o entendimento do STJ sobre o assunto?**
>
> "O funcionamento do Sistema Único de Saúde - SUS é de responsabilidade solidária da União, Estados-membros e Municípios, de modo que qualquer dessas entidades tem legitimidade *ad causam* para figurar no pólo passivo de demanda que objetiva a garantia do acesso à medicação para pessoas desprovidas de recursos financeiros" (2ª Turma, AgRg no Ag 1.107.605, de 03.08.2010).

Com o advento da Lei 8.689/93, foi extinto o INAMPS – Instituto Nacional de Assistência Médica da Previdência Social, autarquia federal vinculada ao Ministério da Saúde, que teve as funções, competências, atividades e atribuições absorvidas pelas instâncias federal, estadual e municipal gestoras do Sistema Único de Saúde.

De efeito, **a saúde é direito de todos e dever do Estado**, garantida mediante políticas sociais e econômicas que visem à redução do risco de doença e de outros agravos e ao acesso universal e igualitário às ações e serviços para sua promoção, proteção e recuperação, sendo atividade aberta à iniciativa privada.

Um exemplo de benefício pago no âmbito da saúde pública é o *auxílio-reabilitação psicossocial*, previsto na Lei 10.708/2003, integrante do Programa "De Volta para a Casa", para assistência, acompanhamento e integração social, fora de unidade hospitalar, de pacientes acometidos de transtornos mentais, internados em hospitais ou unidades psiquiátricas, consistindo em pagamento mensal de auxílio pecuniário no importe de R$ 240,00, com duração de um ano, podendo ser renovado quando necessário aos propósitos da reintegração social do paciente, sendo plenamente possível a sua acumulação com o amparo assistencial do idoso ou deficiente carente.

Na prestação de serviços privados de assistência à saúde, serão observados os princípios éticos e as normas expedidas pelo órgão de direção do Sistema Único de Saúde quanto às condições para seu funcionamento, cabendo à Agência Nacional de Saúde Suplementar exercer o poder normativo e fiscalizador do setor, através da promoção da defesa do interesse público na assistência suplementar à saúde, da regulação das operadoras setoriais – inclusive quanto às suas relações com prestadores e consumidores – e da contribuição para o desenvolvimento das ações de saúde no país.

Contudo, por se tratar de uma atividade possível de ser explorada pela iniciativa privada, desde que observados os pressupostos legais - exceto para as empresas estrangeiras, que apenas poderão participar da saúde brasileira nas hipóteses autorizadas pela Lei 13.097/2015.

Excepcionalmente, foi permitida a participação direta ou indireta, inclusive controle, de empresas ou de capital estrangeiro na assistência à saúde nos seguintes casos:

> I - doações de organismos internacionais vinculados à Organização das Nações Unidas, de entidades de cooperação técnica e de financiamento e empréstimos;
>
> II - pessoas jurídicas destinadas a instalar, operacionalizar ou explorar:
>
> a) hospital geral, inclusive filantrópico, hospital especializado, policlínica, clínica geral e clínica especializada; e
>
> b) ações e pesquisas de planejamento familiar;
>
> III - serviços de saúde mantidos, sem finalidade lucrativa, por empresas, para atendimento de seus empregados e dependentes, sem qualquer ônus para a seguridade social.

É plenamente possível o eventual controle judicial das políticas públicas na área da saúde, *mormente para garantir as medidas básicas e urgentes para a prosperidade da vida*, vez que se cuida de direito fundamental ligado ao mínimo existencial.

▸ Qual o entendimento do STF sobre o assunto?

No âmbito do STF, vale transcrever algumas palavras do Ministro CELSO DE MELLO sobre o tema: "O direito público subjetivo à saúde representa prerrogativa jurídica indisponível assegurada à generalidade das pessoas pela própria Constituição da República (art. 196). Traduz bem jurídico constitucionalmente tutelado, por cuja integridade deve velar, de maneira responsável, o Poder Público, a quem incumbe formular - e implementar - políticas sociais e econômicas idôneas que visem a garantir, aos cidadãos, o acesso universal e igualitário à assistência farmacêutica e médico-hospitalar. - O direito à saúde - além de qualificar-se como direito fundamental que assiste a todas as pessoas - representa conseqüência constitucional indissociável do direito à vida. O Poder Público, qualquer que seja a esfera institucional de sua atuação no plano da organização federativa brasileira, não pode mostrar-se indiferente ao problema da saúde da população, sob pena de incidir, ainda que por censurável omissão, em grave comportamento inconstitucional" (RE 393.175 AgR, de 12.12.2006).

> **Como esse assunto foi cobrado em concurso?**
>
> No concurso do CESPE para Juiz Federal da 5ª Região em 2011, foi considerado errado o seguinte enunciado: Em razão da essencialidade do direito à saúde, o Estado não pode afastar-se do mandato, juridicamente vinculante, que lhe foi outorgado pela CF, embora as opções do poder público, tratando-se de proteção à saúde, possam ser exercidas com apoio em juízo de conveniência ou de oportunidade, razão pela qual é indevida a intromissão do Poder Judiciário quando atue positivamente para garantir direito dessa natureza.

Mas é certo que inexistem recursos públicos disponíveis para a adoção de todos os procedimentos desejados na área da saúde, devendo a Administração Pública mirar nas ações mais importantes, dentro da *reserva do possível*, razão pela qual, em regra, deverá ser denegado o tratamento público de saúde no exterior, salvo se inexistente o procedimento no Brasil, havendo comprovação científica da eficácia clínica fora do país.

Nesse sentido, o STJ referendou ato regulamentar que veda o financiamento de tratamento médico no exterior, considerando legítima a Portaria n. 763/1994, do Ministério da Saúde, que vedou o financiamento de tratamento médico no exterior pelo SUS, no julgamento do REsp 2003.022.9211-1, de 21.03.2005.

De efeito, a **saúde pública** *consiste no direito fundamental às medidas preventivas ou curativas de enfermidades, sendo dever estatal prestá-la adequadamente a todos, tendo a natureza jurídica de serviço público gratuito*, pois prestada diretamente pelo Poder Público ou por delegatários habilitados por contrato ou convênio, de maneira complementar, quando o setor público não tiver estrutura para dar cobertura a toda população.

Conforme previsão constitucional, as **instituições privadas** poderão participar de forma **complementar** do sistema único de saúde, segundo diretrizes deste, mediante contrato de direito público ou convênio, tendo preferência as entidades filantrópicas e as sem fins lucrativos, **vedada a destinação de recursos públicos para auxílios ou subvenções às instituições privadas com fins lucrativo**, razão pela qual é plenamente possível que as entidades filantrópicas sejam destinatárias de recursos públicos.

> **▸ Como esse assunto foi cobrado em concurso?**
>
> No concurso do CESPE para Procurador do Estado do Ceará em 2007, foi considerado errado o seguinte enunciado: As instituições privadas têm livre acesso à prestação de serviços de assistência na área de saúde, e participam de forma complementar ao sistema único, sendo vedada, entretanto, a destinação de recursos públicos para auxílios ou subvenções para essas instituições.

De acordo com o preâmbulo da Constituição da Organização Mundial da Saúde - OMS, que adota um conceito extensivo, a saúde é um estado de completo bem-estar físico, mental e social, e não apenas a ausência de doenças, definição recepecionada pelo ordenamento jurídico brasileiro, através do artigo 3º, da Lei 8.080/90.

6.2. O Sistema Único de Saúde

Para a efetivação das ações da saúde pública, o artigo 198, da Lei Maior, instituiu um Sistema Único de Saúde - SUS, com atendimento integral, regionalizado, descentralizado e hierarquizado, no âmbito das três esferas de governo, que *prioriza a prevenção de doenças* e garante a participação da comunidade.

Na forma do artigo 200, da Constituição Federal, compete ao SUS:

> I - controlar e fiscalizar procedimentos, produtos e substâncias de interesse para a saúde e participar da produção de medicamentos, equipamentos, imunobiológicos, hemoderivados e outros insumos;
>
> II - executar as ações de vigilância sanitária e epidemiológica, bem como as de saúde do trabalhador;
>
> III - ordenar a formação de recursos humanos na área de saúde;
>
> IV - participar da formulação da política e da execução das ações de saneamento básico;
>
> V - incrementar em sua área de atuação o desenvolvimento científico e tecnológico;
>
> VI - fiscalizar e inspecionar alimentos, compreendido o controle de seu teor nutricional, bem como bebidas e águas para consumo humano;

VII – participar do controle e fiscalização da produção, transporte, guarda e utilização de substâncias e produtos psicoativos, tóxicos e radioativos;

VIII – colaborar na proteção do meio ambiente, nele compreendido o do trabalho.

A União deverá aplicar na saúde os recursos mínimos fixados em lei complementar, que ainda não havia sido editada, razão pela qual o tema era regulado pelo artigo 77, do ADCT, da Constituição. Já nos casos dos demais entes políticos, a CRFB já prevê diretamente os recursos a serem aplicados, no artigo 198, §2º, incisos II e III[1].

Com a promulgação da Lei Complementar 141/2012, passou a ser previsto que a União aplicará, anualmente, em ações e serviços públicos de saúde, o montante correspondente ao valor empenhado no exercício financeiro anterior, apurado nos termos desta Lei Complementar, acrescido de, no mínimo, o percentual correspondente à variação nominal do Produto Interno Bruto (PIB) ocorrida no ano anterior ao da lei orçamentária anual.

A formulação e controle da execução da Política Nacional da Saúde é atribuição do **Conselho Nacional da Saúde – CNS**, órgão de caráter permanente e deliberativo, integrante da estrutura regimental do Ministério da Saúde e composto por representantes do governo, dos prestadores de serviços, dos profissionais de saúde e dos usuários.

Ainda prevê a Constituição que a lei disporá sobre as condições e os requisitos que facilitem a remoção de órgãos, tecidos e substâncias humanas para fins de transplante, pesquisa e tratamento, bem como a coleta, processamento e transfusão de sangue e seus derivados, sendo **vedado todo tipo de comercialização**.

---

1. § 2º A União, os Estados, o Distrito Federal e os Municípios aplicarão, anualmente, em ações e serviços públicos de saúde recursos mínimos derivados da aplicação de percentuais calculados sobre: I - no caso da União, na forma definida nos termos da lei complementar prevista no § 3º; II - no caso dos Estados e do Distrito Federal, o produto da arrecadação dos impostos a que se refere o art. 155 e dos recursos de que tratam os arts. 157 e 159, inciso I, alínea a, e inciso II, deduzidas as parcelas que forem transferidas aos respectivos Municípios; III - no caso dos Municípios e do Distrito Federal, o produto da arrecadação dos impostos a que se refere o art. 156 e dos recursos de que tratam os arts. 158 e 159, inciso I, alínea b e § 3º.

> **Como esse assunto foi cobrado em concurso?**
>
> No concurso do CESPE para Procurador do Estado de Alagoas em 2008, foi considerado errado o seguinte enunciado: As condições e os requisitos que facilitem a remoção de órgãos, tecidos e substâncias humanas para fins de transplante devem estar previstas em lei, sendo permitida a comercialização desses itens apenas mediante autorização judicial. Outrossim, no concurso para Procurador do Município de Natal em 2008, o CESPE considerou errado o seguinte enunciado: A lei deve dispor sobre as condições e os requisitos que facilitem a remoção de órgãos, tecidos e substâncias humanas para fins de transplante, pesquisa e tratamento, bem como a coleta, o processamento e a transfusão de sangue e seus derivados, permitindo-se a comercialização para o exterior.

6.3. Princípios

De acordo com o artigo 7º, da Lei 8.080/90, as ações e serviços de saúde do SUS deverão observar os seguintes princípios:

> I - universalidade de acesso aos serviços de saúde em todos os níveis de assistência;
>
> II - integralidade de assistência, entendida como conjunto articulado e contínuo das ações e serviços preventivos e curativos, individuais e coletivos, exigidos para cada caso em todos os níveis de complexidade do sistema;
>
> III - preservação da autonomia das pessoas na defesa de sua integridade física e moral;
>
> IV - igualdade da assistência à saúde, sem preconceitos ou privilégios de qualquer espécie;
>
> V - direito à informação, às pessoas assistidas, sobre sua saúde;
>
> VI - divulgação de informações quanto ao potencial dos serviços de saúde e a sua utilização pelo usuário;
>
> VII - utilização da epidemiologia para o estabelecimento de prioridades, a alocação de recursos e a orientação programática;
>
> VIII - participação da comunidade;
>
> IX - descentralização político-administrativa, com direção única em cada esfera de governo:

a) ênfase na descentralização dos serviços para os municípios;

b) regionalização e hierarquização da rede de serviços de saúde;

X - integração em nível executivo das ações de saúde, meio ambiente e saneamento básico;

XI - conjugação dos recursos financeiros, tecnológicos, materiais e humanos da União, dos Estados, do Distrito Federal e dos Municípios na prestação de serviços de assistência à saúde da população;

XII - capacidade de resolução dos serviços em todos os níveis de assistência; e

XIII - organização dos serviços públicos de modo a evitar duplicidade de meios para fins idênticos.

7. PREVIDÊNCIA SOCIAL

7.1. Noções gerais

No Brasil, um dos grandes traços que diferenciam a previdência social da assistência social e da saúde pública é o seu ***caráter contributivo***, pois apenas terão cobertura previdenciária às pessoas que vertam contribuições ao regime que se filiaram, de maneira efetiva ou nas hipóteses presumidas por lei, sendo pressuposto para a concessão de benefícios e serviços aos segurados e seus dependentes.

▸ Como esse assunto foi cobrado em concurso?

No concurso ESAF para Auditor Fiscal da RFB em 2009, foi considerado errado o seguinte enunciado: a Previdência Social pode ser dada gratuitamente à população rural carente.

Em termos objetivos, em sua acepção ampla, a "previdência social" abarca todos os regimes previdenciários existentes no Brasil (básicos e complementares, públicos e privados).

Entretanto, a expressão "Previdência Social" também é utilizada no sentido subjetivo, com iniciais maiúsculas, como sinônima dos órgãos e entidades responsáveis pela gestão previdenciária, a exemplo do Ministério da Previdência Social e do INSS, bastando lembrar que as agências da referida autarquia federal estampam essa nomenclatura.

Com efeito, a sua disciplina constitucional é ditada em especial pelos seguintes artigos da Constituição Federal de 1988:

- **Artigo 40** (previdência dos servidores públicos efetivos e militares – Regime Próprio de Previdência Social);
- **Artigo 201** (previdência dos trabalhadores em geral – Regime Geral de Previdência Social);
- **Artigo 202** (previdência complementar privada).

7.2. Evolução histórica mundial e brasileira

O nascimento da previdência social deve ser analisado à luz da evolução lenta e gradual dos direitos fundamentais sociais, pois inserta nesse rol de prestações positivas a serem adimplidas pelo Estado.

> **Importante!**
>
> Aponta-se majoritariamente como o marco inicial mundial da previdência social no mundo a edição da Lei dos Seguros Sociais, na Alemanha, em 1883, perpetrada pelo chanceler Otto Von Bismarck, que criou o *seguro-doença*, seguida por outras normas que instituíram o seguro de acidente de trabalho (1884), o de invalidez (1889) e o de velhice (1889), em decorrência de grandes pressões sociais de época.

Consoante as excelentes lições de Sergio Pinto Martins (2010, pg. 04) a respeito do tema, "as leis instituídas por Bismarck tornaram obrigatória a filiação às sociedades seguradoras ou entidades de socorros mútuos por parte de todos os trabalhadores que recebessem até 2.000 marcos anuais. A reforma tinha objetivo político: impedir movimentos socialistas fortalecidos com a crise industrial. Visava obter apoio popular, evitando tensões sociais".

Era um sistema equilibrado, de capitalização, compulsório e bastante restrito, pois se tratava de um seguro celebrado entre patrões e empregados por imposição do Estado, com contribuição de ambos, mas limitado a estes trabalhadores.

Ficou conhecido como *sistema de capitalização* ou *bismarckiano*, pois era custeado apenas com as contribuições dos trabalhadores e dos empregadores, exigindo-se cotizações durante certo prazo para que os beneficiários fizessem jus aos benefícios.

Por sua vez, em termos constitucionais, destacam-se as Constituições do México (1917) e da Alemanha (1919) como as primeiras no mundo a preverem a proteção previdenciária dos trabalhadores.

Já em 1942, a Inglaterra chamou a atenção do mundo ao adotar um sistema previdenciário diverso do germânico, através da aprovação do *Plano Beveridge*, idealizado pelo economista Sir William Henry Beveridge, em que a previdência social era custeada primordialmente com recursos dos tributos em geral, inexistindo apenas contribuições específicas para a sua manutenção, a serem pagas pelas empresas e trabalhadores, efetivamente implantado em 1946.

Esse formato de previdência social tem a vantagem de ser verdadeiramente universal e solidário, pois inclui todo o povo, mas é de difícil equilíbrio financeiro e atuarial, ficando conhecido como *sistema inglês* ou *beveridgiano*.

Outros países têm planos previdenciários públicos e privados, a exemplo do Brasil, ao passo que o Chile adotou uma posição extremada de apenas oferecer ao seu povo a previdência privada, em adoção à política neoliberal sob o incentivo do Banco Mundial, para criar um *sistema previdenciário substitutivo*.

No Brasil, registre-se, inicialmente, que **a Constituição de 1891 foi a primeira brasileira a prever diretamente um benefício previdenciário, pois o seu artigo 75 garantia a aposentadoria por invalidez aos funcionários públicos que se tornaram inválidos a serviço na nação**, mesmo sem existir o pagamento de contribuições previdenciárias.

Deveras, a Constituição Imperial (1824) apenas garantiu formalmente os "socorros públicos" (artigo 179, inciso XXXI), de pouca regulamentação em razão da doutrina liberal de época.

Em *1821*, o Decreto de 1º de outubro concedeu aposentadoria aos mestres e professores após 30 anos de serviço. Já em *1888*, criou-se a Caixa de Socorros para os trabalhadores das estradas de ferro de propriedade do Estado (Lei 3.397) e o Decreto 9.912-A previu a aposentadoria dos empregados dos Correios, após 30 anos de serviço e 60 anos de idade.

▸ **Como esse assunto foi cobrado em concurso?**

No concurso do CESPE para Promotor de Justiça do Espírito Santo em 2010, foi considerado errado o seguinte enunciado: Antes do Decreto Legislativo n. 4.682, de 24/1/1923, conhecido como Lei Eloy Chaves, não existia nenhuma legislação em matéria previdenciária no Brasil. Por esse motivo, o dia 24 de janeiro é considerado oficialmente o dia da previdência social.

Em *1919* foi editada a Lei de Acidentes de Trabalho (Lei 3.724), que criou o seguro de acidente de trabalho para todas as categorias, a cargo das empresas, introduzindo a noção do risco profissional.

▸ **Importante!**

No Brasil, prevalece doutrinariamente que a previdência social nasceu com o advento da Lei Eloy Chaves, em 24 de janeiro de 1923 (Decreto-lei 4.682), que determinou a *criação das caixas de aposentadorias e pensões para os ferroviários*, mantidas pelas empresas, e não pelo Poder Público, tanto que o dia 24 de janeiro é considerado oficialmente como o dia da previdência social no Brasil.

Crê-se tratar-se de uma meia verdade. A Lei Eloy Chaves pode sim ser considerada como o marco inicial da previdência brasileira, mas do sistema privado, pois *as caixas dos ferroviários eram administradas pelas próprias empresas privadas e não pelo Poder Público, que apenas regulamentava e supervisionava a atividade*.

▸ **Como esse assunto foi cobrado em concurso?**

No concurso do CESPE para Defensor Público da União em 2010, foi considerado errado o seguinte enunciado: A Lei Eloy Chaves (Decreto Legislativo n.º 4.682/1923), considerada o marco da Previdência Social no Brasil, criou as caixas de aposentadoria e pensões das empresas de estradas de ferro, sendo esse sistema mantido e administrado pelo Estado. Por sua vez, no concurso de Procurador do Estado de Alagoas em 2008, o CESPE considerou correto o seguinte enunciado: O Brasil só veio a conhecer verdadeiras regras de caráter geral em matéria de previdência social no século XX. Antes, apesar de haver previsão constitucional a respeito do tema, apenas em diplomas isolados aparecia alguma forma de proteção contra infortúnios.

A Lei Eloy Chaves determinou a criação de uma Caixa de Aposentadoria e Pensões em cada uma das empresas ferroviárias, visando tutelar os seus empregados, assim considerados não só os que prestavam os seus serviços mediante ordenado mensal, como também os operários diaristas, de qualquer natureza, que executavam serviço de caráter permanente, desde que tivessem mais de seis meses de serviços contínuos em uma mesma empresa.

As principais receitas das CAP's dos ferroviários vinham de uma contribuição mensal dos empregados, correspondente a 3% dos respectivos vencimentos; de uma contribuição anual da empresa, correspondente a 1% de sua renda bruta e da soma que produzir um aumento de 1 1/2 % sobre as tarifas da estrada do ferro.

Os recursos arrecadados eram depositados mensalmente em banco escolhido pela gestão da CAP dos ferroviários, sendo de sua propriedade e afetados às finalidades da Caixa, sendo previstas as seguintes prestações:

A) Socorros médicos em casos de doença em sua pessoa ou pessoa de sua família, que habite sob o mesmo teto e sob a mesma economia;

B) Medicamentos obtidos por preço especial determinado pelo Conselho de Administração;

C) Aposentadoria (ordinária ou por invalidez);

D) Pensão para seus herdeiros em caso de morte.

Na realidade, a previdência pública brasileira apenas iniciou-se em 1933, através do Decreto 22.872, que criou o Instituto de Previdência dos Marítimos – IAPM, pois gerida pela Administração Pública, surgindo posteriormente os seguintes Institutos: dos comerciários e bancários (1934); dos industriários (1936); dos servidores do estado e dos empregados de transportes e cargas (1938).

De efeito, os Institutos, ao contrário das Caixas de Aposentadorias e Pensões, tinham maior abrangência, pois abarcavam categorias profissionais inteiras, e não apenas os empregados de determina empresa, além de estarem sujeitos ao controle e administração estatal.

> **Como esse assunto foi cobrado em concurso?**
>
> No concurso do CESPE para Analista Judiciário do TRT do RN em 2010, foi considerado correto o seguinte enunciado: Até a década de 50 do século XX, a previdência social brasileira caracterizava-se pela existência de institutos previdenciários distintos que atendiam a diferentes setores da economia.

A *Constituição de 1934* deu a sua contribuição ao prever o *tríplice custeio da previdência social*, mediante recursos do Poder Público, dos trabalhadores e das empresas, passando, em termos constitucionais, do plano apenas da assistência social para o seguro social, lançando mão da expressão "Previdência".

> **Como esse assunto foi cobrado em concurso?**
>
> No concurso do CESPE para Procurador do Estado de Alagoas em 2008, foi considerado correto o seguinte enunciado: A Constituição de 1934 foi a primeira a estabelecer, em texto constitucional, a forma tripartite de custeio: contribuição dos trabalhadores, dos empregadores e do poder público.

Por sua vez, a Constituição de 1946 contemplou pela primeira vez no país a expressão "Previdência Social", tratando da sua cobertura no artigo 157.

Em *1960*, foi promulgada a *Lei Orgânica da Previdência Social - LOPS* (Lei 3.807), que unificou o plano de benefícios dos Institutos.

Já em *1965*, a Emenda 11 alterou a Constituição de 1946 para criar o *Princípio da Precedência de Fonte de Custeio* para a instituição ou majoração dos benefícios previdenciários e assistenciais, existente até hoje e aplicável a toda a seguridade social.

Em *1967*, ocorreu à *unificação da previdência urbana brasileira*, vez que os Institutos foram fundidos, nascendo o INPS - Instituto Nacional de Previdência Social, através do Decreto-lei 72/1966, que também trouxe o seguro de acidente do trabalho para o âmbito da Previdência Pública.

Mais adiante, em *1971*, ocorreu a *inclusão previdenciária dos trabalhadores rurais*, que passaram a ser segurados previdenciários com regência pela Lei Complementar 11, que instituiu o Pró-Rural (Programa de Assistência ao Trabalhador Rural), mantido pelos recursos do

Fundo de Assistência ao Trabalhador Rural – FUNRURAL, que ganhou natureza jurídica de autarquia federal.

Na previdência rural foram previstos os seguintes benefícios: I – aposentadoria por velhice; II – aposentadoria por invalidez; III – pensão; IV – auxílio-funeral, V – serviço de saúde; VI – serviço social.

As aposentadorias correspondiam à metade do salário mínimo vigente, ao passo que a pensão por morte a 30% do salário mínimo. Já o auxílio-funeral era no valor de um salário mínimo.

Ou seja, naquela época coexistiam dois regimes previdenciários em paralelo: o Programa de Assistência ao Trabalhador Rural (Lei Complementar 11/1971) e a Previdência Social Urbana (Lei 3.807/1960). Os *empregados domésticos* tiveram a sua vez em 1972, passando a ser segurados da previdência por força da Lei 5.859.

Em 1977, foi permitida a criação da *previdência complementar privada*, através das entidades abertas e fechadas, por intermédio da Lei 6.435, começando a nascer os grandes fundos de pensão das empresas estatais, a exemplo da PREVI (Banco do Brasil) e da PETROS (Petrobrás).

Ainda em 1977 foi instituído o *SINPAS – Sistema Nacional de Previdência e Assistência Social*, que abarcava as seguintes entidades:

A) **IAPAS** (Instituto de Administração Financeira da Previdência e Assistência Social – arrecadação e fiscalização das contribuições);

B) **INAMPS** (Instituto Nacional de Assistência Médica da Previdência Social);

C) **INPS** (Instituto Nacional de Previdência Social – responsável pela gestão dos benefícios previdenciários);

D) **LBA** (Fundação Legião Brasileira de Assistência – cuidava dos idosos e gestantes carentes);

E) **FUNABEM** (Fundação Nacional do Bem-Estar do Menor – responsável pelos menores carentes);

F) **CEME** (Central de Medicamentos – fabricação de medicamentos de baixo custo);

G) **DATAPREV** (Empresa de Tecnologia e Informações da Previdência Social - controle de dados).

Finalmente, **em 1988, a Constituição Cidadã evoluiu para a seguridade social**, que no Brasil engloba a assistência, a previdência social e a saúde pública (Título VIII, Capítulo II, artigos 194/204), contemplando as regras e princípios basilares que regulam a previdência brasileira.

É possível enumerar as principais conquistas sociais com o advento do atual ordenamento constitucional:

- A saúde pública passou a ser gratuita a todos os brasileiros, pois não mais depende do pagamento de contribuições específicas;
- Garantia de um salário mínimo ao idoso ou deficiente carente no campo da assistência social;
- Os benefícios previdenciários que substituem a remuneração dos trabalhadores passaram a ser de, pelo menos, um salário mínimo, o que beneficiou os povos rurais;
- Os trabalhadores rurais, os garimpeiros e o pescador artesanal passaram a ter direito a uma redução de 05 anos na idade para gozar do benefício da aposentadoria por idade;
- O homem passou a ter direito à pensão por morte, pois anteriormente apenas tinham direito os maridos inválidos.

Posteriormente, houve a necessidade política de alterar e inserir várias regras constitucionais na previdência social, tendo a **1ª reforma** sido aprovada pela **Emenda 20**, publicada em **16.12.1998**.

Dentre outras, podem ser destacadas as seguintes inovações:

- Exigência de idade mínima para a aposentadoria voluntária integral no serviço público (60 anos para os homens e 55 anos para as mulheres);
- Desconstitucionalização do cálculo da renda mensal inicial das aposentadorias, que passou a ser regido pela Lei 9.876/99;
- Concessão do salário-família e do auxílio-reclusão apenas aos beneficiários de baixa renda;
- Elevação do teto do Regime Geral de Previdência Social para R$ 1.200,00;

- Vedação de percepção de duas aposentadorias pelo regime previdenciário dos servidores públicos, salvo na hipótese de acumulação de cargos autorizada constitucionalmente;
- Extinção do tempo de serviço e criação do tempo de contribuição;
- Proibição de contagem de tempo de contribuição fictício;
- Extinção da aposentadoria por tempo de contribuição proporcional no RGPS para os novos segurados;
- Instituição de novas fontes de custeio para a seguridade social;
- Previsão de competência da Justiça do Trabalho para executar, de ofício, as contribuições previdenciárias decorrentes das sentenças que proferir;
- Proibição de trabalho noturno, perigoso ou insalubre a menores de dezoito e de qualquer trabalho a menores de dezesseis anos, salvo na condição de aprendiz, a partir de quatorze anos;
- Vedação de filiação ao Regime Geral de Previdência Social, na qualidade de segurado facultativo, de pessoa participante de regime próprio de previdência.

O Brasil não adotou uma reforma estrutural em seu regime previdenciário, ao contrário de vários países da América do Sul nas décadas de 1980 e 1990, que eliminaram o sistema público ou colocaram o sistema privado como regra geral.

De efeito, pela Emenda 20/98, inúmeras alterações foram perpetradas em nosso regime previdenciário, mas a sua essência foi mantida, pois os planos básicos brasileiros continuaram a ser públicos e com o regime de repartição (fundo único).

Já a **Emenda 41**, publicada em **31.12.2003**, aprovou a **2ª reforma** da previdência social, com foco no regime previdenciário dos servidores públicos efetivos e militares, destacando-se as seguintes previsões:

- Fim da paridade remuneratória entre ativos e inativos, prevendo regra de transição para os antigos servidores;

- Autorizou a cobrança de contribuições previdenciárias sobre aposentadorias e pensões pagas no serviço público, desde que em valor acima do teto dos benefícios pagos pelo INSS;
- Previsão de redutor da pensão por morte no serviço público equivalente a 30% sobre a quantia que exceder o valor máximo dos benefícios pagos pelo INSS;
- Criação do abono de permanência no serviço público para os servidores que preencheram os requisitos para a aposentadoria voluntária com proventos integrais, mas optaram em permanecer na ativa, equivalente ao valor da sua contribuição previdenciária;
- Vedação de existência de mais de um regime próprio de previdência social para os servidores titulares de cargos efetivos, e de mais de uma unidade gestora do respectivo regime em cada ente estatal.

7.3. Definição e abrangência

Em sentido amplo e objetivo, especialmente visando abarcar todos os planos de previdência básicos e complementares disponíveis no Brasil, *a previdência social pode ser definida como um seguro com regime jurídico especial, pois regida por normas de Direito Público, sendo necessariamente contributiva, que disponibiliza benefícios e serviços aos segurados e seus dependentes, que variarão a depender do plano de cobertura.*

A relação previdenciária tem duas vertentes:

- **O custeio** (que envolve a obrigação de pagar as contribuições previdenciárias pelos segurados e pelas empresas, empregadores e equiparados, tendo natureza tributária);
- **O plano de benefícios e serviços** (pagamento de prestações pela Previdência Social aos segurados e seus dependentes, uma vez realizadas as hipóteses legais de concessão).

Vale salientar que a definição da previdência é jurídico-positiva, pois sofrerá modificações de acordo com a análise da legislação de cada nação, sendo necessariamente contributiva no Brasil.

7.4. Classificação dos sistemas previdenciários

Quanto à **contributividade**, os sistemas previdenciários serão classificados em:

A) **Não contributivos:** custeados com os tributos em geral, inexistindo contribuições específicas, como ocorre no primeiro pilar da previdência da Dinamarca;

B) **Contributivos:** custeados por contribuições previdenciárias:

- *Capitalização* – Exige a cotização durante certo prazo para fazer jus aos benefícios, em fundo individual ou coletivo, sendo os valores investidos pelos administradores (Previdência Privada no Brasil);
- *Repartição* – Em regra, a ausência de contribuição durante determinado tempo não retira o direito ao benefício, salvo os casos de carência, existindo um fundo único (Previdência Pública do Brasil).

Quanto ao **responsável pela gestão**, adota-se a seguinte classificação:

A) **Pública:** O Poder Público assume a responsabilidade da administração do regime previdenciário;

B) **Privada:** O gerenciamento é feito pela iniciativa privada, como no Chile, desde a reforma de 1981;

C) **Mista:** Adota-se uma gestão pública e privada, a depender do plano, como ocorre no Brasil, onde há planos públicos e privados.

7.5. Planos previdenciários brasileiros

Os planos de previdência no Brasil podem ser divididos em *básicos* e *complementares*, sendo os primeiros compulsórios para as pessoas que exerçam atividade laboral remunerada, ao contrário dos últimos, que visam apenas ofertar prestações complementares para a manutenção do padrão de vida do segurado e de seus dependentes.

De efeito, em regra, a adesão aos **planos básicos** independe da vontade do trabalhador, que é obrigado a filiar-se enquanto perceber remuneração decorrente do seu labor, razão pela qual ostenta a **natureza jurídica de seguro obrigatório legal**, não incidindo as regras do Código de Defesa do Consumidor, por não se tratar de contrato que veicule relação de consumo.

▸ **Qual o entendimento do STJ sobre o assunto?**

No julgamento do AgRg no REsp 610.683, de 28.09.2004, dentre outros precedentes, o STJ vem entendendo que "as relações jurídicas existentes entre a autarquia previdenciária e os segurados do regime de Previdência Social não caracterizam relações de consumo, sendo inaplicável, *in casu*, o disposto no art. 81, III, do Código de Proteção e Defesa do Consumidor não se aplica do CDC".

Ao revés, o ingresso em um dos **planos de previdência complementar** será sempre facultativo, razão pela qual há plena autonomia da vontade na filiação a esse sistema, conquanto haja normas jurídicas que limitem as regras do jogo após a avença, caracterizando-se como um **seguro contratual *sui generis***, incidindo o regramento do CDC.

▸ **Qual o entendimento do STJ sobre o assunto?**

"**Súmula 321:** O Código de Defesa do Consumidor é aplicável à relação jurídica entre a entidade de previdência privada e seus participantes".

Entende-se que a expressão "previdência social" tanto engloba os planos básicos quanto os complementares, pois o Regime Geral de Previdência Social e a previdência complementar privada são regidos na Seção III – Da Previdência Social, artigos 201 e 202, dentro do Capítulo da Seguridade Social na Constituição Federal de 1988.

Aliás, a legislação previdenciária é expressa nesse sentido, ao prever que a previdência social, além do Regime Geral, engloba o regime facultativo complementar, nos moldes do artigo 9º, da Lei 8.213/91.

O fato de ser facultativa a adesão a um plano de previdência privada não retira em nada o seu caráter social, pois os contratos deverão primar por sua função social, sendo cada vez mais crescente a adesão dos brasileiros a esses programas que visam a manter o seu padrão de vida na inatividade.

Contudo, registre-se que há respeitáveis posições doutrinárias que limitam a previdência social aos planos básicos, a exemplo dos colegas procuradores federais Eduardo Rocha Dias e José Leandro

Monteiro de Macêdo (2008, pg. 44), justamente pelo seu caráter não contratual.

Já Sergio Pinto Martins (2010, pg. 286) tem uma posição diversa, seguindo a literalidade da norma, pois para ele "a Previdência Social compreende: 1- o Regime Geral de Previdência Social; 2- o Regime Facultativo Complementar de Previdência Social (art. 9º da Lei 8.212)", sendo que a aparente opinião desse autor exclui o Regime Próprio de Previdência Social (previdência dos servidores públicos efetivos e militares).

7.5.1. Planos básicos

A) **Regime Geral de Previdência Social – RGPS**, obrigatório para os trabalhadores em geral, exceto para os titulares de cargos públicos efetivos e militares filiados a Regime Próprio de Previdência Social, de competência da União e administrado pelo Ministério da Previdência Social.

Já ao INSS – Instituto Nacional do Seguro Social, autarquia federal criada pela Lei 8.029/90, fruto da fusão do IAPAS – Instituto de Administração Financeira da Previdência e Assistência Social com o INPS – Instituto Nacional de Previdência Social, competirá a administração do plano de benefícios e serviços do RGPS.

Com o advento da Lei 11.457/2007, a principal função administrativa do INSS se reduziu a gerir o plano de benefícios e serviços do RGPS, pois a autarquia federal não mais detém a Dívida Ativa das contribuições previdenciárias, que atualmente é da União, através da Secretaria de Receita Federal do Brasil.

Trata-se do maior plano previdenciário brasileiro, pois engloba cerca de 50 milhões de segurados, visando cobrir vários riscos sociais, tais como velhice, invalidez, doença, maternidade, prisão, acidente e morte.

O RGPS não visa manter o *status* social dos beneficiários, e sim conceder a cobertura necessária para a manutenção de uma vida digna, pois há um teto para o pagamento dos benefícios no valor de R$ 4.663,75 (valor atualizado para 2015), que só poderá ser ultrapassado em hipóteses excepcionais a serem vistas.

Em regra, a filiação ao Regime Geral é obrigatória para todas as pessoas que desenvolvam atividade remunerada no Brasil, exceto para os servidores públicos efetivos e militares cobertos por regime previdenciário próprio, podendo as pessoas que não trabalhem se filiar como segurados facultativos, permissivo que atende ao Princípio da Universalidade de Cobertura e do Atendimento.

É preciso advertir que muitas vezes a expressão "previdência social" é empregada pela legislação ou mesmo pela doutrina em sentido estrito, ou seja, como sinônimo de Regime Geral de Previdência Social, devendo o leitor estar atento para saber interpretar adequadamente a sua utilização no contexto da oração.

As suas regras gerais encontram-se insculpidas no artigo 201, da Constituição Federal, com as alterações promovidas especialmente pela Emenda 20/1998 (primeira reforma previdenciária), tendo o seu Plano de Custeio sido aprovado pela Lei 8.212/91 e o Plano de Benefícios e Serviços pela Lei 8.213/91, atualmente regulamentados pelo Decreto 3.048/99 (Regulamento da Previdência Social - RPS), já alterado em inúmeras oportunidades.

No exercício legítimo do seu poder regulamentar, o INSS editou a Instrução Normativa PRES 77/2015, que dispõe sobre a administração de informações dos segurados, o reconhecimento, a manutenção e a revisão de direitos dos beneficiários da Previdência Social e disciplina o processo administrativo previdenciário no âmbito da autarquia previdenciária.

B) **Regimes Próprios de Previdência Social - RPPS's**, obrigatórios para os servidores públicos efetivos da União, estados, Distrito Federal e municípios, bem como os militares, caso tenham sido criados pelas respectivas entidades políticas.

Ressalte-se que os servidores que são apenas titulares de cargo em comissão, temporários ou empregados públicos serão segurados obrigatórios do RGPS, na condição de segurados empregados, nos termos do artigo 40, §13, da Constituição Federal, bem como os titulares de mandato eletivo sem vínculo efetivo, pois o RPPS só abarca os servidores efetivos em todas as esferas de governo, desde a Emenda 20/98.

O regramento geral dos regimes previdenciários dos servidores públicos efetivos e militares está posto no artigo 40, da Constituição Federal, com as alterações das Emendas 41/2003 e 47/2005, bem como nas Leis 9.717/98 e 10.887/04, cabendo a cada entidade política aprovar as suas leis criando e regulamentado os seus RPPS's, observada a regulação genérica federal.

A União, todos os estados e o Distrito Federal possuem os seus RPPS's instituídos, mas a esmagadora maioria dos municípios brasileiros ainda não os instituiu, justamente em razão da pequena estrutura administrativa que não comporta mais essa função administrativa, haja vista muitos entes políticos locais mal disponibilizarem os serviços públicos básicos.

Nestes casos, os servidores efetivos estarão automaticamente vinculados ao RGPS na condição de empregados, sendo o município considerado empresa para fins previdenciários, conforme interpretação do artigo 12, da Lei 8.213/91.

No que concerne aos militares, é curial lembrar que estes foram excluídos do rol dos servidores públicos pela Emenda Constitucional nº 18/1998, constituindo agora uma categoria autônoma, razão pela qual os militares dos estados e do Distrito Federal não poderão ser regidos pelo mesmo regime previdenciário dos servidores públicos, devendo ter regras próprias.

Nesse sentido, a Lei 9.717/98 consignou expressamente que as suas regras também serão aplicáveis aos regimes previdenciários dos militares dos estados e do Distrito Federal, o que evidencia a necessidade da regulação diferenciada, conforme se depreende da análise da sua introdução: "Dispõe sobre regras gerais para a organização e o funcionamento dos regimes próprios de previdência social dos servidores públicos da União, dos Estados, do Distrito Federal e dos Municípios, dos militares dos Estados e do Distrito Federal e dá outras providências".

O tratamento diferenciado se impõe pelo diverso regime jurídico dos militares em comparação aos servidores públicos, pois aqueles não se aposentam, e sim permanecem na reserva remunerada ou reforma, conquanto possam ser instituidores de pensão por morte aos seus dependentes.

No que concerne aos militares das Formas Armadas, o tema é regulado pela Lei 6.880/80, que aprovou o Estatuto dos Militares.

C) **Plano de Seguridade Social dos Congressistas – PSSC**, instituído pela Lei 9.506/97, de filiação facultativa dos Deputados Federais, Senadores e suplentes não vinculados a RPPS por não serem servidores efetivos ou militares, que assim o requerer, no prazo de trinta dias do início do exercício do mandato.

Com o advento da Lei 9.506/97, foi extinto o Instituto de Previdência dos Congressistas e criado o Plano de Seguridade Social dos Congressistas, entendendo-se ser mais um plano básico da previdência social brasileira criado para privilegiar os parlamentares federais, gerido pelo Poder Legislativo da União, conquanto não seja de filiação obrigatória, pois a adesão ao PSSC afasta a filiação ao RGPS do congressista.

Na verdade, cuida-se de um "RPPS disfarçado", mas que não recebeu esta nomenclatura, especialmente porque com o advento da Emenda 20/1998 apenas os titulares de cargo público efetivo e os militares permaneceram como filiados ao RPPS.

A filiação ao PSSC é de índole facultativa, sendo previstas no artigo 2º, da Lei 9.506/97, aposentadorias com proventos integrais e proporcionais. Também foi prevista pensão por morte em favor dos dependentes correspondente ao valor dos proventos de aposentadoria que o segurado recebia ou a que teria direito, com valor mínimo de treze por cento da remuneração fixada para os membros do Congresso Nacional.

O Plano de Seguridade Social dos Congressistas será custeado com o produto de contribuições mensais:

I. dos segurados, incidentes sobre a remuneração mensal fixada para os membros do Congresso Nacional e calculadas mediante aplicação de alíquota igual à exigida dos servidores públicos civis federais para o custeio de suas aposentadorias e pensões;

II. da Câmara dos Deputados e do Senado Federal, de valor idêntico à contribuição de cada segurado, fixada no inciso anterior;

III. dos beneficiários das aposentadorias e pensões incidentes sobre o valor das mesmas que exceda o limite máximo estabelecido para os benefícios do regime geral de previdência social de que trata a Lei nº 8.213, de 24 de julho de 1991, e calculadas mediante a aplicação da mesma alíquota a que se refere o inciso I.

7.5.2. Planos complementares

A) **Regime Complementar dos Servidores Públicos Efetivos,** a ser implementado pelas entidades políticas, de índole facultativo e de contribuição definida, previsto nos §§14, 15 e 16, do artigo 40, da Constituição Federal.

Ainda não se tinha notícia que alguma entidade política o tenha instituído, mas a partir da sua criação será possível fixar um limite máximo para as aposentadorias e pensões no serviço público, no valor máximo do RGPS, para os servidores que ingressarem após a sua criação.

A previdência pública complementar deverá ser regulamentada por lei de iniciativa do Chefe do Poder Executivo, através da criação de uma entidade fechada de previdência pública, certamente de natureza fundacional ou autárquica, disponibilizando benefícios na modalidade contribuição definida, ou seja, o seu valor dependerá do rendimento dos valores aplicados, não sendo previamente fixado.

No âmbito da União, o regime de previdência complementar dos servidores federais efetivos foi criado por intermédio da Lei 12.618/2012, sendo estudado no Capítulo 12 desta obra.

B) **Regime Complementar Privado Aberto,** explorado por sociedades anônimas com autorização estatal, de índole facultativo e que tem por objetivo instituir e operar planos de benefícios de caráter previdenciário, concedidos em forma de renda continuada ou pagamento único, acessíveis a quaisquer pessoas físicas, regulamentado pelo artigo 202, da Constituição Federal e pelas Leis Complementares 108 e 109/2001.

C) **Regime Complementar Privado Fechado,** mantido por entidades fechadas de Previdência Complementar (associações ou fundações), facultativo, que oferece planos de benefícios a todos os empregados dos patrocinadores ou associados dos instituidores, também regulado pelas normas acima referidas.

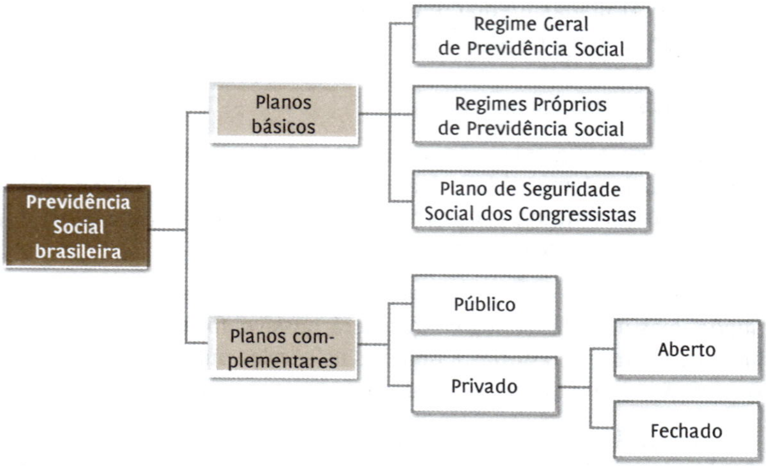

7.6. Fontes, autonomia, interpretação e aplicação do Direito Previdenciário e sua relação com os demais ramos jurídicos

É certo que uma análise mais aprofundada e técnica do Direito ao longo dos anos na vida jurídica levará a conclusão que, no final das contas, a divisão da ciência jurídica em disciplinas é meramente para fins de estudo, pois todos os temas estão entrelaçados e não há como cindir o que é necessariamente uno.

Outrossim, entende-se também que a secular divisão do Direito em Público e Privado também carece de base científica, haja vista que as teses doutrinárias que buscaram diferenciar esses dois grandes campos sempre se depararam com questões que não conseguiram solucionar, a exemplo da Teoria do Interesse, da Qualidade dos Sujeitos e da Posição dos Sujeitos.

Logo, fala-se em autonomia de um ramo jurídico apenas para fins didáticos, sendo certo que toda a base do nosso ordenamento jurídico se encontra positivada na Constituição Federal de 1988, fundamento de validade e lastro de interpretação da legislação infraconstitucional.

Nesse sentido, o *Direito Constitucional Previdenciário* é composto pelas disposições constitucionais que regulam a previdência social, especialmente pelos artigos 40 (previdência dos servidores públicos efetivos), 201 (Regime Geral de Previdência Social) e 202 (previdência complementar).

O critério mais adotado doutrinariamente para a pronúncia da autonomia de uma disciplina jurídica é a existência de princípios peculiares que lhe informe, razão pela qual se crê na natureza autárquica do Direito Previdenciário, tendo em vista a presença de inúmeros princípios informadores que serão oportunamente estudados.

De efeito, **é possível definir o Direito Previdenciário como o *ramo do Direito composto por regras e princípios que disciplinam os planos básicos e complementares de previdência social no Brasil, assim como a atuação dos órgãos e entidades da Administração Pública e as pessoas jurídicas privadas que exerçam atividades previdenciárias.***

No passado, entendia-se estar a legislação previdenciária inserta no Direito do Trabalho. Contudo, começou-se a perceber que não se confunde a relação trabalhista com a previdenciária, conquanto normalmente a segunda seja derivada da primeira, pois, em regra, todos os que exercem atividade laboral remunerada no Brasil deverão se filiar a algum plano básico.

Assim, é clara a autonomia do Direito Previdenciário frente ao Direito do Trabalho, apesar de inúmeros institutos trabalhistas serem utilizados na esfera previdenciária, devendo ser muitas vezes adaptados após o traslado, como ocorre com a expressão "empregado", que é mais ampla na legislação previdenciária do que na trabalhista, que se refere apenas ao trabalhador com vínculo de emprego.

Outrossim, outro exemplo é o conceito de empresa trazido pela legislação previdenciária (art. 15, I, da Lei 8.212/91), que chega a englobar até entidades da Administração Pública Direta e outras equiparadas, mais extensivo que o trabalhista.

Há também uma proximidade muito grande do Direito Previdenciário com o **Tributário**, decorrente da natureza fiscal das contribuições previdenciárias, de modo que são plenamente aplicáveis a esses tributos as disposições do Código Tributário Nacional, observadas as peculiaridades da legislação previdenciária.

Com o **Direito Penal** o Direito Previdenciário também mantém estritas relações, vez que inúmeras fraudes contra a Previdência Social foram criminalizadas, a exemplo dos delitos de sonegação e de apropriação indébita de contribuição previdenciária.

Toda a base da legislação previdenciária se encontra esculpida na Constituição Federal de 1988, notadamente nos artigos 40, 201 e 202, o que demonstra a íntima relação com o **Direito Constitucional**.

Os órgãos e entes públicos previdenciários integram a Administração Pública, estando sujeitos ao regime jurídico administrativo e consequentemente à legislação respectiva, o que atesta a conexão direta do Direito Previdenciário com o **Direito Administrativo**, a exemplo da aplicação da Lei 9.784/99 (processo administrativo federal) aos processos previdenciários, no que for compatível.

Várias disposições do **Direito Civil** também poderão ser aplicáveis ao campo previdenciário, se compatíveis, notadamente o Livro das Obrigações, pois a relação entre a Previdência Social e os beneficiários no adimplemento das prestações previdenciárias é de natureza obrigacional, normalmente de trato sucessivo.

Comprovando essa conexão, o artigo 103, parágrafo único, da Lei 8.213/91, prevê que prescreve em cinco anos, a contar da data em que deveriam ter sido pagas, toda e qualquer ação para haver prestações vencidas ou quaisquer restituições ou diferenças devidas pela Previdência Social, salvo o direito dos menores, incapazes e ausentes, **na forma do Código Civil.**

As normas insertas no Código de Processo Civil também poderão ser aplicadas ao processo administrativo previdenciário, se compatíveis, o que denota a direta relação do Direito Previdenciário com o **Direito Processual Civil**.

Ademais, quando os pedidos dos segurados e dependentes não são atendidos na esfera administrativa, a questão algumas vezes é judicializada pelos beneficiários da Previdência Social, sendo que as disposições processuais civis regerão os processos judiciais.

Até com o **Direito Ambiental** o Direito Previdenciário mantém alguma relação imediata, pois o conceito de pesca e de extrativismo é fornecido pela legislação ambiental, para fins de identificação do segurado especial do RGPS.

Com o **Direito Internacional Público** o Direito Previdenciário vem se relacionando cada vez mais no Brasil, pois progressivamente o nosso país vem celebrando tratados internacionais para o reconhecimento do tempo de contribuição dos brasileiros residentes no exterior.

Ademais, através do Decreto Legislativo 269, de 19.09.2008, o Brasil aprovou o texto da Convenção nº 102 da Organização Internacional do Trabalho - OIT, relativa à fixação de normas mínimas de seguridade social, adotada em Genebra, em 28 de junho de 1952, sendo outro bom exemplo de relação entre os ramos jurídicos.

De logo, convém ressaltar que, com o advento do *pós-positivismo* -designação provisória e genérica de um ideário difuso, no qual se incluem a definição das relações entre valores, princípios e regras, aspectos da chamada *nova hermenêutica* e a teoria dos direitos fundamentais - os princípios passaram de meras fontes de integração a espécie de normas jurídicas, dotados, portanto, de conteúdo normativo.

Os princípios são normas jurídicas que fundamentam o sistema jurídico, com maior carga de abstração, generalidade e indeterminação que as regras, não regulando situações fáticas diretamente, carecendo de intermediação para a aplicação concreta. Devem ser pesados com outros princípios em cada caso concreto, à luz da ponderação casual (Princípio da Proporcionalidade). Ou seja, inexiste princípio absoluto.

Eles se diferenciam das regras por ter maior grau de abstração, de indeterminabilidade, pela condição de *standart* e função morfogenética.

Em que pese inexistir hierarquia jurídica entre princípios e regras, os primeiros são axiologicamente superiores, tendo as funções dimensional ou morfogenética (os princípios são fundamentos das regras), interpretativa, limitadora e integrativa.

O conflito entre regras se resolve com os critérios da hierarquia, especialidade e revogação, ao contrário dos princípios. Enquanto as regras valem ou não (tudo ou nada), os princípios pesam ou não.

Portanto, parte-se da premissa de que existem duas espécies de normas jurídicas: as principiológicas e as regras.

De seu turno, interpretar significa extrair o sentido e o alcance do ato normativo, existindo vários métodos tradicionais que o exegeta poderá se valer, que podem ser assim classificados:

A. Quanto à origem:

1. *Interpretação legislativa ou autêntica* - É efetuada pelo Poder Legislativo, quando aplica o processo legislativo para elaborar normas jurídicas;
2. *Interpretação judicial* - É efetivada pelos órgãos do Poder Judiciário no exercício da jurisdição;
3. *Interpretação administrativa* - É exteriorizada pelo Poder Executivo, quando exerce a função administrativa;
4. *Interpretação doutrinária* é exercitada pelos escritores jurídicos.

B. Quanto ao meio:

1. *Interpretação gramatical ou filológica, literal, semântica, textual ou verbal* – É um método que observa o sentido literal dos vocábulos;
2. *Interpretação histórica* - Leva em consideração os antecedentes históricos;
3. *Interpretação sistemática* - Estabelece relações de coordenação e subordinação no ordenamento jurídico;
4. *Interpretação lógica* - Leva em conta a compatibilidade ou concordância por meio de raciocínios lógicos;
5. *Interpretação teleológica* - Contempla a finalidade da norma, por meio dos valores tutelados por ela.

C. Quanto à finalidade:

1. *Interpretação declarativa ou estrita* – Há concordância entre o signo de linguagem e o significado a ela atribuído;
2. *Interpretação restritiva* – Na hipótese que não há essa concordância, sendo necessária uma redução do aparente significado do texto, pois o legislador escreveu mais do que pretendia;

3. *Interpretação extensiva* – Não há consonância entre o signo e o significado, sendo necessária uma extensão do significado do texto, pois o legislador escreveu menos do que pretendia.

Vale ressaltar que o enunciado normativo não se confunde com a norma jurídica. O enunciado é o texto "seco" esculpido na legislação previdenciária, dissociado dos fatos sociais. São meras palavras reunidas.

Já a norma jurídica é o texto legal interpretado a luz dos fatos sociais do momento, dotada de carga criativa do intérprete, ante o caráter geral e abstrato que marca o enunciado normativo.

A maior prova de que a interpretação tem dose criativa é que existem inúmeros textos legais plurissignificativos, muitas vezes com mais de duas interpretações distintas. Ademais, é comum que o enunciado normativo permaneça inalterado, intacto, mas a sua interpretação evolua (ou involua) ao longo do tempo, o que em termos constitucionais é denominado de mutação, um processo informal de reforma constitucional.

Deveras, muitas vezes não mudou o enunciado normativo, e sim a sua interpretação, tomando como parâmetro a evolução dos fatos sociais que exigem um novo sentido e alcance do texto legal, mais consentâneo com as novas necessidades jurídicas, políticas, econômicas e sociais.

Hoje prevalece no constitucionalismo contemporâneo que a interpretação não é mais um processo mecânico, uma mera subsunção, vez que não pode ser perpetrada de maneira dissociada da realidade, sendo constitutiva, e não meramente declaratória, máxime quando se tratam de princípios jurídicos.

Insta frisar que a interpretação não se confunde com a hermenêutica, sendo esta o precedente lógico da interpretação. Com base nas lições do saudoso Carlos Maximiliano, enquanto a hermenêutica jurídica tem por objeto o estudo dos processos e métodos de interpretação, fixando-os e sistematizando-os, a interpretação é a aplicação dos métodos buscando o sentido e o alcance da lei[2].

2. Hermenêutica e Aplicação do Direito. Rio de Janeiro: Forense, 2003.

A interpretação da legislação previdenciária deverá seguir a hierarquia da pirâmide kelseniana, que pode ser assim sintetizada:

1º) **Normas previdenciárias constitucionais** - Por estarem no ápice do ordenamento jurídico, as normas previdenciárias constantes da Constituição Federal de 1988 constituem-se em fundamento de validade e lastro de interpretação das demais normas previdenciárias, que são hierarquicamente inferiores.

De acordo com o *Princípio da Supremacia da Constituição*, esta tem uma posição hierárquica superior a das demais normas jurídica do ordenamento. Logo, as leis e demais atos jurídicos normativos não poderão existir validamente se incompatíveis com alguma norma constitucional.

Assim, a infringência das normas constitucionais, quer formal ou materialmente, culminará na invalidação do enunciado normativo inferior, exceto se este puder ser interpretado conforme a Constituição.

Logo, se o Estado da Bahia editar uma norma jurídica sobre o Regime Geral de Previdência Social, a lei estadual será pronunciada formalmente inconstitucional, pois apenas a União tem competência para normatizar esse regime previdenciário, cuja gestão é de sua competência.

Outrossim, uma lei federal que admita contagem de tempo de contribuição fictício será materialmente inconstitucional, por violação ao artigo 40, §10, da Constituição Federal, combinado com o artigo 4º, da Emenda 20/1998.

2º) **Leis complementares, leis ordinárias, leis delegadas e medidas provisórias** - Estes atos normativos estão na mesma hierarquia e abaixo da Constituição Federal, que devem necessariamente respeitar, sob pena de invalidade.

Destarte, uma vez respeitada a Norma Suprema, em regra, esses atos normativos poderão disciplinar todas as relações jurídicas previdenciárias, quer no campo do custeio, quer no plano das prestações previdenciárias, sendo consideradas como *fontes primárias*.

Vale salientar que a lei complementar está no mesmo patamar da lei ordinária[3], conquanto tenha um quórum qualificado de aprovação (maioria absoluta dos congressistas), sendo necessária a sua aprovação apenas nos casos exigidos pela Constituição Federal.

São exemplos de temas previdenciários que deverão ser tratados por lei complementar previstos na Constituição de 1988: aposentadoria especial no RGPS (artigo 201, §1º), aposentadoria especial no RPPS (artigo 40, §4º), previdência complementar privada (artigo 202), prescrição e decadência das contribuições previdenciárias (artigo 146, III, "b") e criação de novas fontes de custeio para o pagamento das contribuições para a seguridade social (artigo 195, §4º).

Se um tema reservado à lei complementar for regulado por uma lei ordinária (esta é aprovada com quórum de maioria simples), medida provisória ou lei delegada, haverá a sua pronúncia de inconstitucionalidade formal.

Por sua vez, as medidas provisórias poderão veicular todos os temas previdenciários, exceto os reservados às leis complementares e sobre matéria já disciplinada em projeto de lei aprovado pelo Congresso Nacional e pendente de sanção ou veto do Presidente da República.

Entretanto, por força da Emenda 32/2001, que alterou o artigo 246, da Constituição Federal, "é vedada a adoção de medida provisória na regulamentação de artigo da Constituição cuja redação tenha sido alterada por meio de emenda promulgada entre 1º de janeiro de 1995 até a promulgação desta emenda, inclusive".

Já as leis delegadas serão elaboradas pelo Presidente da República, que deverá solicitar a delegação ao Congresso Nacional, não podendo versar sobre os temas afetos às leis complementares.

Quando inexistir uma regra jurídica para determinado caso, o aplicador da lei deverá promover a sua integração. Nesse sentido, de acordo com o artigo 4º, da Lei de Introdução às Normas do Direito Brasileiro, "quando a lei for omissa, o juiz decidirá o caso de acordo com a analogia, os costumes e os princípios gerais de direito".

---

3. Este é o entendimento do STF, a exemplo do julgamento do **RE 592148 ED / MG em 25.08.2009.**

▸ **Como esse assunto foi cobrado em concurso?**

No concurso da FCC para Técnico do INSS em 2012, foi considerada correta a letra D: A interpretação da legislação previdenciária deve observar: (A) o costume, quando mais favorável ao segurado. (B) a Jurisprudência do Juizado Especial Federal. (C) a analogia, quando mais favorável ao segurado. (D) os princípios gerais de direito, na omissão legislativa. (E) o princípio do in dúbio pro societate em qualquer situação.

Nesse sentido, no âmbito da previdência privada, assim como nos planos previdenciários públicos, o Superior Tribunal de Justiça invocou a **analogia** e a **equidade** como forma de integração de lacuna normativa, estendendo aos parceiros homoafetivos a condição de dependentes previdenciários conferida à união estável entre homem e mulher.

▸ **Qual o entendimento do STJ sobre o assunto?**

"Direito civil. Previdência privada. Benefícios. Complementação. Pensão post mortem. União entre pessoas do mesmo sexo. Princípios fundamentais. Emprego de analogia para suprir lacuna legislativa. Necessidade de demonstração inequívoca da presença dos elementos essenciais à caracterização da união estável, com a evidente exceção da diversidade de sexos. Igualdade de condições entre beneficiários. (STJ, REsp 1.026.981, de 04/02/2010)· O art. 4º da LICC permite a equidade na busca da Justiça. O manejo da analogia frente à lacuna da lei é perfeitamente aceitável para alavancar, como entidades familiares, as uniões de afeto entre pessoas do mesmo sexo. Para ensejar o reconhecimento, como entidades familiares, de referidas uniões patenteadas pela vida social entre parceiros homossexuais, é de rigor a demonstração inequívoca da presença dos elementos essenciais à caracterização de entidade familiar diversa e que serve, na hipótese, como parâmetro diante do vazio legal - a de união estável - com a evidente exceção da diversidade de sexos. 6. Recurso especial provido" (REsp 930460, de 19/05/2011).

3º) **Atos regulamentares secundários (decretos, instruções normativas, memorandos, resoluções, portarias e orientações internas)** – É tradicional o entendimento de que os atos regulamentares secundários não poderão inovar no mundo jurídico, salvo nas hipóteses expressamente autorizadas pela Constituição Federal. São as *fontes secundárias* do direito.

▸ **Como esse assunto foi cobrado em concurso?**

No concurso da FCC para Técnico do INSS em 2012, foi considerada correta a letra C: Em relação às fontes do direito previdenciário: (A) o memorando é fonte primária. (B) a orientação normativa é fonte primária. (C) a instrução normativa é fonte secundária. (D) a lei delegada é fonte secundária. (E) a medida provisória é fonte secundária.

Dentre os atos regulamentares, o decreto será exclusivamente expedido pelo Chefe do Poder Executivo, sendo, portanto, hierarquicamente superior aos atos das demais autoridades administrativas.

Assim, no âmbito do RGPS, se houver um conflito inconciliável entre o Decreto 3.048/99 (Regulamento da Previdência Social) e a Instrução Normativa INSS PRES 77/2015, deverá prevalecer o Decreto, pois o Presidente da República é hierarquicamente superior ao Presidente do INSS.

Por sua vez, se o Decreto 3.048/99 conflitar com as Leis 8.212/91 e 8.213/91, estas deverão prevalecer, pois são de hierarquia superior.

Os regulamentos deverão se destinar à fiel execução das leis, pormenorizando-as, não podendo criar direitos e obrigações, em regra, vez que são meros atos secundários. Entretanto, cada situação deverá ser ponderada casuisticamente.

É possível sustentar que em determinadas situações um mero ato regulamentar possa instituir deveres e obrigações, se ele regulamentar diretamente a Constituição Federal, conquanto o recomendável fosse que a lei regulamentasse diretamente a Norma Maior e o ato secundário o fizesse apenas com base na lei.

Nesse sentido, no julgamento da ADPF 101, em 24.06.2009, o STF validou vedação de importação de pneus usados de países que não integram o MERCOSUL, feita através de atos regulamentares do CONAMA e da Secretaria do Comércio Exterior, aplicando diretamente o direito fundamental ao meio ambiente ecologicamente equilibrado e à saúde.

Ou seja, mesmo sem a promulgação de uma lei que proibisse a referida importação, a Suprema Corte validou os referidos atos secundários.

Ademais disso, na prática previdenciária vem se admitindo a instituição de direitos por intermédio de meros atos regulamentares, como ocorre no artigo 103, Decreto 3.048/99, que deu o direito à segurada aposentada que voltar a trabalhar de perceber o salário-maternidade juntamente com a sua aposentadoria, conquanto o artigo 18, §2º, da Lei 8.213/91, diga expressamente que "o aposentado pelo Regime Geral de Previdência Social - RGPS que permanecer em atividade sujeita a este Regime, ou a ele retornar, não fará jus a prestação alguma da Previdência Social em decorrência do exercício dessa atividade, exceto ao salário-família e à reabilitação profissional, quando empregado".

De arremate, curial afirmar que diante da complexidade das atividades estatais, cada vez mais o legislador delega o complemento de leis ao Poder Executivo, o que não atenta contra o Princípio da Estrita Legalidade, desde que o ato delegatório fixe os parâmetros gerais para o exercício do legítimo poder regulamentar.

Exemplo desta delegação é o artigo 58, da Lei 8.213/91, que regula a aposentadoria especial, ao prever que "a relação dos agentes nocivos químicos, físicos e biológicos ou associação de agentes prejudiciais à saúde ou à integridade física considerados para fins de concessão da aposentadoria especial de que trata o artigo anterior será definida pelo Poder Executivo".

Capítulo 2

Contribuições para o custeio da seguridade social

Sumário • 1. Notas introdutórias – 2. A relação jurídica de custeio da seguridade social – 3. Contribuições para a seguridade social em espécie: 3.1. Contribuições do empregador, da empresa e da entidade a ela equiparada na forma da lei; 3.2. Contribuições do trabalhador e dos demais segurados do RGPS; 3.3. Concurso de prognósticos; 3.4. Contribuição do importador de bens ou serviços do exterior, ou de quem a lei a ele equiparar – 4. Arrecadação – 5. Imunidade – 6. Princípio da anterioridade nonagesimal ou noventena – 7. Constituição do crédito da seguridade social – 8. Progressividade das contribuições das empresas – 9. Anistia e remissão – 10. Decadência e prescrição

1. NOTAS INTRODUTÓRIAS

Além dos recursos provenientes dos orçamentos da União, dos estados, do Distrito Federal e dos municípios, a manutenção da seguridade social contará com as receitas decorrentes das **contribuições para a seguridade social**, que têm **aplicação vinculada ao sistema securitário**, por serem tributos afetados ao sistema.

Com propriedade, toda a sociedade deverá financiar a seguridade social brasileira, de maneira direta ou indireta, ante o seu caráter universal que objetiva a proteção do povo contra os riscos sociais selecionados pelo legislador, consoante o interesse público, através de prestações na área da saúde pública, assistência e previdência social.

▸ **Como esse assunto foi cobrado em concurso?**

No concurso do CESPE para Técnico Judiciário do TRT RN em 2010, foi considerado correto o seguinte enunciado: A seguridade social é financiada por toda a sociedade, de forma direta e indireta, mediante recursos provenientes dos orçamentos da União, dos estados, do Distrito Federal (DF) e dos municípios e de contribuições sociais.

Existe um **orçamento específico para a seguridade social**, ao lado do orçamento fiscal e do de investimentos nas empresas estatais, para onde são destinadas as contribuições, competindo à União cobrir a eventual falta de recursos financeiros para o pagamento dos benefícios previdenciários.

Apenas poderão os recursos do orçamento da seguridade social ser utilizados para suprir necessidade ou cobrir déficit de empresas, fundações e fundos, se aprovada autorização legislativa específica, nos termos da excepcional previsão do artigo 167, inciso VIII, da Constituição Federal.

Insta destacar que dentro da categoria tributária "contribuições sociais", existem duas espécies: *contribuições para a seguridade social* e *contribuições sociais gerais*, conforme já se pronunciou o STF no julgamento da ADI 2.556, de 09.10.2002, sendo que somente as primeiras se submetem ao regime jurídico do artigo 195, da Constituição.

Deveras, em regra, **apenas a União tem competência para instituir as contribuições para a seguridade social**, *salvo* no que concerne ao regime de previdência social dos servidores públicos efetivos dos estados, do Distrito Federal e dos municípios, pois há permissivo para que essas pessoas políticas criem contribuições para o custeio dos respectivos regimes previdenciários, a teor do artigo 149, §1º, da CRFB.

▸ Qual o entendimento do STF sobre o assunto?

Com base nesse regime, o STF pronunciou a inconstitucionalidade de lei do Estado de Minas Gerais que criou contribuição compulsória para o custeio da assistência à saúde, benefícios fomentados pelo Regime Próprio de Previdência dos Servidores daquele Estado, no julgamento da ADI 3.106, de 14.04.2010.

Conquanto exista no Brasil corrente doutrinária minoritária que sustente a natureza não fiscal dessas contribuições, especificamente as previdenciárias, é certo que é amplamente prevalente a sua natureza fiscal.

▸ Qual o entendimento do STF sobre o assunto?

O STF já se pronunciou repetidas vezes que as contribuições para a seguridade social possuem natureza tributária (vide RE 556.664, de 12.06.2008; RE 342.336, de 20.03.2007, dentre outros julgados).

Ao contrário dos impostos, taxas e contribuições de melhoria, tributos tradicionais previstos expressamente no CTN, que são diferenciados pela natureza jurídica específica do seu fato gerador da respectiva obrigação, não se identifica a natureza jurídica de uma contribuição para a seguridade social através da delimitação da sua hipótese de incidência.

Deveras, é plenamente possível que uma contribuição securitária tenha o mesmo fato gerador de um imposto, como ocorre na tributação sobre o lucro das pessoas jurídicas, considerado fato imponível tanto do imposto de renda quanto da contribuição social sobre o lucro líquido.

Dentre as espécies tributárias, o que define uma contribuição para a seguridade social é a sua finalidade de custeio do sistema securitário, independentemente da natureza do fato gerador, pois são **tributos finalísticos**.

No mais, o artigo 27, da Lei 8.212/91, ainda aponta outras receitas para o custeio da seguridade social, tais como as multas, a atualização monetária e os juros moratórios; a remuneração recebida por serviços de arrecadação, fiscalização e cobrança prestados a terceiros; as doações, legados, subvenções e outras receitas eventuais; 50% dos valores obtidos e aplicados na forma do parágrafo único do art. 243 da Constituição Federal e 40% do resultado dos leilões dos bens apreendidos pelo Departamento da Receita Federal do Brasil.

▸ Como esse assunto foi cobrado em concurso?

No concurso do CESPE para Procurador do Estado em Alagoas em 2008, foi considerado errado o seguinte enunciado: Constitui receita da seguridade social 50% do resultado dos leilões dos bens apreendidos pelo departamento da Receita Federal. De seu turno, do concurso para Auditor Fiscal da RFB em 2009, a ESAF apresentou o seguinte enunciado: Além das contribuições sociais, a seguridade social conta com outras receitas. Não constituem outras receitas da seguridade social: a) as multas; b) receitas patrimoniais; c) doações; d) juros moratórios; e) sessenta por cento do resultado dos leilões dos bens apreendidos pela Secretaria da Receita Federal do Brasil. Gabarito letra E.

> **Como esse assunto foi cobrado em concurso?**
>
> No concurso da FCC para Procurador da Prefeitura de Recife em 2014, foi considerada correta a letra D: Constituem outras receitas da Seguridade Social, EXCETO: a) as receitas provenientes de prestação de outros serviços e de fornecimento ou arrendamento de bens. b) as multas, a atualização monetária e os juros moratórios. c) a remuneração recebida por serviços de arrecadação, fiscalização e cobrança prestados a terceiros. d) 50% do resultado dos leilões dos bens apreendidos pelo Departamento da Receita Federal. e) as doações, legados, subvenções e outras receitas eventuais.

> **Importante!**
>
> A arrecadação desses tributos é tão importante que há vedação no artigo 195, §3º, da Constituição Federal, para que o Poder Público contrate com as pessoas jurídicas em débito com a seguridade social, bem como lhes conceda incentivos fiscais ou creditícios.

2. A RELAÇÃO JURÍDICA DE CUSTEIO DA SEGURIDADE SOCIAL

A relação de custeio da seguridade social é nitidamente de índole tributária, porquanto as contribuições sociais são modalidade de tributos, uma vez superada a divisão tripartite do CTN, com o advento do atual ordenamento constitucional.

É possível *defini-la* como um **vínculo jurídico obrigacional público, em que o sujeito ativo (Estado) é credor do sujeito passivo (responsável ou contribuinte), que deverá promover o recolhimento de contribuição destinada ao custeio da seguridade social, acrescida de eventuais consectários legais (multas, juros de mora e correção monetária), uma vez realizada em concreto a hipótese de incidência prevista em lei *stricto sensu*, observada a base de cálculo, a alíquota e os prazos legais.**

De acordo com o artigo 121, parágrafo único, do CTN, *contribuinte* é a pessoa que tem relação pessoal e direta com a situação que constitua o respectivo fato gerador, enquanto o *responsável*, apesar de não revestir a condição de contribuinte, tem obrigação decorrente de expressa previsão legal.

A responsabilidade, por seu turno, poderá ser por *substituição* ou por *transferência*, a depender do momento em que ocorra.

Conforme lições de Ricardo Alexandre (2008, pg. 209), "na responsabilidade por substituição, a sujeição passiva do responsável surge contemporaneamente à ocorrência do fato gerador. Já na responsabilidade por transferência, no momento do surgimento da obrigação, determinada pessoa figura como sujeito passivo, contudo, num momento posterior, um evento definido em lei causa a modificação da pessoa que ocupa o pólo passivo da obrigação, surgindo, assim, a figura do responsável, conforme definida em lei".

3. CONTRIBUIÇÕES PARA A SEGURIDADE SOCIAL EM ESPÉCIE

As contribuições para a seguridade social estão previstas no artigo 195, da Constituição Federal, a cargo de diversas fontes de custeio, cujo texto foi reformado pela Emenda 20/1998, **exigindo-se lei complementar para a criação de novas fontes não previstas no texto constitucional**.

> **▸ Como esse assunto foi cobrado em concurso?**
>
> No concurso do CESPE para Procurador do Estado em Alagoas em 2008, foi considerado correto o seguinte enunciado: É possível a instituição de outras fontes destinadas a garantir a manutenção ou expansão da seguridade social além daquelas previstas na CF, desde que por lei complementar.

Contudo, a despeito da exigência de lei complementar para a criação de novas contribuições para a seguridade social, a teor do artigo 195, §4º, da Constituição Federal, não lhes é aplicável o disposto no artigo 154, I, da CRFB, ou seja, é plenamente válida a instituição de novas contribuições sociais cumulativas e com mesmo fato gerador ou base de cálculo dos impostos, mas não de outras contribuições sociais.

> **▸ Qual o entendimento do STF sobre o assunto?**
>
> No julgamento do RE 258.470, de 21.03.2000, o STF reafirmou a sua jurisprudência no sentido de que "não se aplica às contribuições sociais novas a segunda parte do inciso I do artigo 154 da Carta Magna, ou seja, que elas não devam ter fato gerador ou base de cálculos próprios dos impostos discriminados na Constituição".

> **▸ Como esse assunto foi cobrado em concurso?**
>
> No concurso do CESPE para Promotor de Justiça do ES em 2010, foi considerado correto o seguinte enunciado: De acordo com a jurisprudência do STF, a contribuição nova para o financiamento da seguridade social, criada por lei complementar, pode ter a mesma base de cálculo de imposto já existente.

De efeito, com base no artigo 195, incisos I/IV, serão analisadas as contribuições para a seguridade social pagas pelas empresas, empregadores e equiparados (contribuição previdenciária patronal, COFINS e CSLL), pelos trabalhadores e demais segurados do RGPS (contribuição previdenciária) e pelo importador de bens ou serviços do exterior (COFINS).

A receita dos concursos de prognósticos oriunda dos apostadores de jogos e loterias oficiais também será analisada, conquanto não goze de natureza tributária em razão da sua facultatividade.

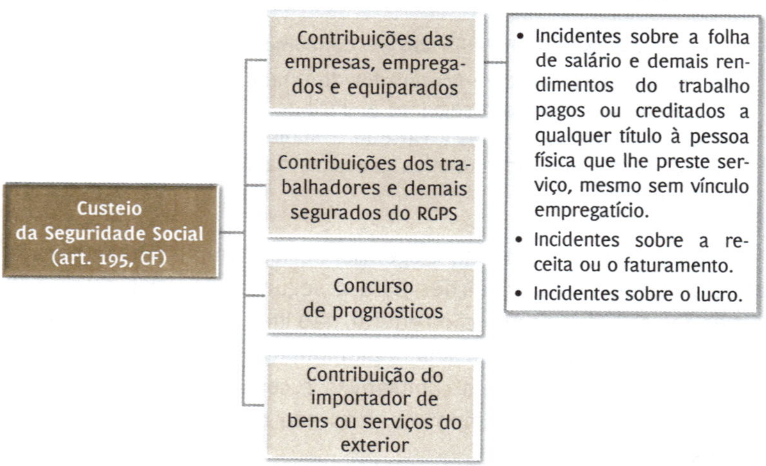

> **▸ Como esse assunto foi cobrado em concurso?**
>
> No concurso do CESPE para Juiz Federal da 2ª Região em 2013, foi considerada correta a letra E: Conforme a CF, a seguridade social será financiada por toda a sociedade, de forma direta e indireta, nos termos da lei, mediante recursos provenientes dos orçamentos da União, dos estados, do Distrito Federal e dos municípios, e de determinadas contribuições.

Nesse sentido, as contribuições sociais constitucionalmente previstas incluem a contribuição: a) sobre o domínio econômico incidente sobre a venda de petróleo e derivados. b) do exportador de serviços para o exterior. c) do aposentado pelo RGPS. d) da pensionista de trabalhador falecido que se tenha aposentado pelo RGPS. e) da entidade equiparada a empresa, na forma da lei, incidente sobre o faturamento.

3.1. Contribuições do empregador, da empresa e da entidade a ela equiparada na forma da lei

A) *Incidentes sobre a folha de salários e demais rendimentos do trabalho pagos ou creditados, a qualquer título, à pessoa física que lhe preste serviço, mesmo sem vínculo empregatício;*

Trata-se da *contribuição previdenciária patronal* para o custeio do Regime Geral de Previdência Social, prevista no artigo 195, inciso I, "a", da Constituição Federal e regulamentada pelos artigos 22/24, da Lei 8.212/91, que instituiu o Plano de Custeio da Seguridade Social, bem como pelo artigo 1º, da Lei 10.666/2003.

Essa contribuição incidirá sobre o total da remuneração paga ou creditada pelas pessoas jurídicas aos trabalhadores que lhe prestam serviços, com ou sem vínculo empregatício, sendo a sua arrecadação afetada ao pagamento dos benefícios do RGPS, na forma do artigo 167, inciso XI, da Constituição Federal.

▶ **Como esse assunto foi cobrado em concurso?**

No concurso do CESPE para Procurador do Estado em Alagoas em 2008, foi considerado correto o seguinte enunciado: A CF veda a utilização de recursos provenientes das contribuições sociais incidentes sobre a folha de salários para a realização de despesas outras que não as decorrentes do pagamento de benefícios do RGPS. Por sua vez, no concurso para Auditor do MPTCM-RJ em 2008, a FGV considerou correta a letra B: a) receita; b) folha de salário; c) faturamento; d) concurso de prognóstico; e) lucro, em resposta ao seguinte enunciado: Os recursos provenientes para a realização de despesas distintas do pagamento de benefícios do regime geral de previdência social não pode ter como fonte as contribuições sobre:

Por sua vez, estas contribuições destinar-se-ão diretamente ao Fundo do RGPS, previsto no artigo 250, da Constituição Federal e criado pela Lei Complementar 101/2000, cabendo ao INSS geri-lo.

Por se tratar de uma contribuição previdenciária, o seu estudo será aprofundado no *Capítulo 06 - Das Contribuições Previdenciárias.*

B) *Incidentes sobre a receita ou o faturamento;*

Trata-se da *contribuição para financiamento da seguridade social - COFINS*, incidente sobre a receita ou o faturamento das pessoas jurídicas, na forma do artigo 195, inciso I, "b", da Constituição, cuja alíquota é de 7,6%, incidente sobre os valores faturados mensalmente, assim considerados como a receita bruta das pessoas jurídicas, a teor do artigo 3º, da Lei 9.178/98.

Frise-se que, antes da Emenda 20/98, a redação original do artigo 195, I, da Constituição, apenas se referia ao faturamento, assim concebido como o produto da venda de mercadorias e prestações de serviço, e não à receita bruta, que é uma expressão mais ampla, pois abarca toda a arrecadação da pessoa jurídica.

Com o advento da Emenda 20/1998, a COFINS passou a incidir não só sobre o faturamento, e sim sobre as receitas da pessoa jurídica, expressão mais ampla que engloba todas as receitas brutas das pessoas jurídicas.

Por seu turno, é prevista na Constituição (artigo 195, §12) que **a lei defina os setores da atividade econômica onde a incidência da COFINS não será cumulativa**, sendo o tema regulamentado pelo Capítulo I, da Lei 10.833/2003.

Outrossim, é possível que haja **a substituição gradativa da contribuição previdenciária patronal pela COFINS**, total ou parcialmente, observada a não cumulatividade, conforme previsão constitucional não regulamentada (artigo 195, §13), com o propósito de desonerar as folhas de salários das empresas.

Esta disposição constitucional, fruto da Emenda 42/2003, já foi parcialmente regulamentada em alguns segmentos por normas especiais, muito embora não tenha alterado as regras da Lei 8.212/91.

Na atualidade os artigos 7º e 8º da Lei 12.546/2011, alterada pela Lei 13.161/2015 tratam do tema, tendo as alíquotas sido majoradas e a **substituição se tornado facultativa** cabendo à Instrução Normativa 1.436, da lavra da Secretaria da Receita Federal do Brasil, de 30 de dezembro de 2013, alterada em 05 de dezembro de 2014 e em 1º de dezembro de 2015, regulamentá-la.

Houve a redução a zero das contribuições de 20% previstas nos incisos I e III do artigo 22 da Lei 8.212/91, compensada pela majoração da contribuição sobre a receita ou faturamento em **4,5%, 3%** e **2,5%**, a depender do segmento.

A opção pela mencionada tributação substitutiva será manifestada mediante o pagamento da contribuição incidente sobre a receita bruta relativa a janeiro de cada ano, ou à primeira competência subsequente para a qual haja receita bruta apurada, e será irretratável para todo o ano calendário.

▸ **Qual o entendimento do STF sobre o assunto?**

A Suprema Corte decidiu que é legítima a cobrança da COFINS (e também do PIS e do FINSOCIAL) sobre as operações de energia elétrica, serviços de telecomunicações, derivados do petróleo, combustíveis e minerais do país, inclusive editando a Súmula 659 com esse conteúdo, pois o artigo 155, §3º, da CRFB, prevê apenas que outros impostos não incidirão nessas operações além do ICMS, do imposto de importação e exportação, não englobando as contribuições para a seguridade social.

Logo, também incidirá a COFINS sobre a receita que as empresas aufiram em decorrência das operações de energia elétrica, serviços de telecomunicações, derivados do petróleo, combustíveis e minerais do país.

▸ **Como esse assunto foi cobrado em concurso?**

No concurso do CESPE para Procurador do TCU em 2015, foi considerado CORRETO o seguinte enunciado: De acordo com o STF, é legítima a cobrança da COFINS, do PIS e do FINSOCIAL sobre as operações relativas a energia elétrica, serviços de telecomunicações, derivados de petróleo, combustíveis e minerais do país.

Ademais, é plenamente válida a postura das concessionárias de energia elétrica ao destacarem na fatura o valor pago a título de PIS e COFINS, pois inexiste relação tributária entre a concessionária e consumidor, a fim de permitir a fiscalização deste último.

> **▸ Qual o entendimento do STJ sobre o assunto?**
>
> No julgamento do REsp 1.185.070, em 22.09.2010, o STJ decidiu que "é legítimo o repasse às tarifas de energia elétrica do valor correspondente ao pagamento da Contribuição de Integração Social - PIS e da Contribuição para financiamento da Seguridade Social - COFINS devido pela concessionária".

Vale ressaltar que **a COFINS incide sobre as receitas provenientes das operações de locação de bens móveis**, por integrarem esses valores o faturamento da empresa, compreendido como o resultado econômico da atividade empresarial exercida

> **▸ Qual o entendimento do STJ sobre o assunto?**
>
> A Corte Superior editou a Súmula 423:"A Contribuição para Financiamento da Seguridade Social - COFINS incide sobre as receitas provenientes das operações de locação de bens móveis".

Outra questão controversa que chegou ao STF sobre a COFINS foi a validade ou não da revogação de isenção desse tributo conferida em favor das sociedades civis de prestação de serviços de profissão legalmente regulamentada.

Em síntese, a controvérsia foi a seguinte: uma isenção instituída por lei complementar (artigo 6º, II, da LC 70/91) poderia ter sido revogada por uma lei ordinária (artigo 56, da Lei 9.430/96) ?

> **▸ Qual o entendimento do STF sobre o assunto?**
>
> O STF entendeu que sim, ante a inexistência de hierarquia entre lei complementar e ordinária, bem como em face da inexigibilidade de lei complementar para a disciplina dos elementos próprios à hipótese de incidência das contribuições desde logo previstas no texto constitucional (RE 377.457, de 17.09.2008, Informativo 520) o que levou o STJ a cancelar a Súmula 276, em 17.11.2008.

> **▸ Qual o entendimento do STJ sobre o assunto?**
>
> Posteriormente, em 26 de março de 2014, a 1ª Seção do STJ aprovou a Súmula 508: "A isenção da Cofins concedida pelo artigo 6º, II, da LC 70/91 às sociedades civis de prestação de serviços profissionais foi revogada pelo artigo 56 da lei 9.430/96".

> **Como esse assunto foi cobrado em concurso?**
>
> No concurso para PFN em 2012, a ESAF considerou correta a alternativa A: A respeito do enunciado – "As sociedades civis de prestação de serviços profissionais são isentas da COFINS, irrelevante o regime tributário adotado" –, é correto afirmar que: a) o enunciado de súmula foi cancelado e não está mais em vigor. b) o enunciado referido é do Supremo Tribunal Federal. c) o enunciado continua em vigor após a vigência da Lei n. 9.430/96. d) o STF entende que a posição jurisprudencial do STJ sobre a matéria era correta. e) a posição do STF e do STJ sempre foi convergente nesta matéria.

Ademais, é plenamente possível que uma lei ordinária majore a alíquota da COFINS, não sendo necessária lei complementar, por se tratar de uma fonte de custeio com previsão constitucional.

> **Qual o entendimento do STF sobre o assunto?**
>
> O Pretório Excelso entendeu ser válida a majoração da alíquota da COFINS de 2% para 3% por lei ordinária (artigo 8º, da Lei 9.718/98) e não complementar, vez que essa contribuição está alcançada pelo preceito do art. 195, I, da Constituição, o que torna dispensável cogitar-se de lei complementar para o aumento da alíquota (RE 527.602, de 05.08.2009).

> **Como esse assunto foi cobrado em concurso?**
>
> No concurso do CESPE para Procurador Federal em 2010, foi considerado correto o seguinte enunciado: É desnecessária a edição de lei complementar para a majoração de alíquota da contribuição para o financiamento da seguridade social. O conceito de receita bruta sujeita à incidência dessa contribuição envolve não só aquela decorrente da venda de mercadorias e da prestação de serviços, como também a soma das receitas oriundas do exercício de outras atividades empresariais.

C) *Incidentes sobre o lucro;*

Cuida-se da *CSLL – contribuição social sobre o lucro líquido*, prevista no artigo 195, inciso I, "c", da Constituição Federal e criada pela Lei 7.689/88, cuja base de cálculo é o valor do resultado do exercício das empresas, antes da provisão para o imposto de renda.

Em regra, a alíquota dessa exação será de 9%. Para as pessoas jurídicas de seguros privados, de capitalização e para determinadas instituições financeiras, a alíquota será de 15%, tendo sido elevada para 20% até 31 de dezembro de 2018 pela Lei 13.169/2015 e para 17% no caso das cooperativas de crédito.

3.2. Contribuições do trabalhador e dos demais segurados do RGPS

Esta é a *contribuição previdenciária* devida pelos trabalhadores e demais segurados do Regime Geral previdenciário, prevista no artigo 195, inciso II, da Constituição Federal, inclusive pelo aposentado que continua a desenvolver atividade laborativa e pela mulher que percebe o salário-maternidade.

Este inciso foi incluído pela Emenda 20/98, **não incidindo contribuição sobre aposentadoria e pensão concedidas pelo Regime Geral de Previdência Social.**

> ▸ **Importante!**
>
> Criou-se uma imunidade para excluir o poder de tributar sobre as aposentadorias e pensões do RGPS, ao contrário do que ocorre com o regime de previdência dos servidores públicos, em que os inativos e pensionistas passaram a poder contribuir ante a polêmica permissão imposta pela Emenda 41/2003.

> ▸ **Como esse assunto foi cobrado em concurso?**
>
> No concurso do CESPE para Juiz Federal da 2ª Região em 2009, foi considerado errado o seguinte enunciado: As contribuições sociais incidem sobre as aposentadorias e pensões concedidas no RGPS.

A regulamentação da contribuição previdenciária dos trabalhadores foi promovida pelos artigos 20 e 21, da Lei 8.212/91, sendo também a sua arrecadação afetada ao pagamento dos benefícios do Regime Geral de Previdência Social – RGPS.

Por se tratar de uma contribuição previdenciária, o seu estudo será aprofundado no *Capítulo 06 – Das Contribuições Previdenciárias.*

3.3. Concurso de prognósticos

Apesar de a Constituição tratá-la como contribuição para a seguridade social, pois prevista no artigo 195, inciso III, não se trata tecnicamente de um tributo, e sim de repasses de recursos financeiros arrecadados pelo Poder Público em decorrência das apostas oficiais.

O tema vem regulamentado pelos artigos 26 e 27, da Lei 8.212/91, sendo definidos os *concursos de prognósticos* como todos os concursos de sorteios de números, loterias, apostas, inclusive aquelas realizadas em reuniões hípicas, no âmbito federal, estadual, distrital e municipal.

Quando o Poder Público for o organizador, será repassada à seguridade social a renda líquida, apurada após deduzidos os custos com o pagamento de prêmios, impostos e gestão, ressalvada uma parcela destinada ao crédito educativo.

Excepcionalmente, no caso da TIMEMANIA, apenas 3% da renda líquida será destinada à saúde (Fundo Nacional de Saúde) e 1% à seguridade social como um todo.

Por outro lado, quando o particular for autorizado a organizar as apostas, a exemplo dos prados de cavalos, serão destinados 5% do seu movimento global à seguridade social, na forma do artigo 212, do RPS.

De resto, frise-se que apenas a União poderá criar loterias, por se tratar de tema legiferante privativo do ente central, consoante previsto no artigo 22, inciso XX, da Constituição Federal.

▸ **Qual o entendimento do STF sobre o assunto?**

A Suprema Corte editou a Súmula vinculante 02: "É inconstitucional a lei ou ato normativo estadual ou distrital que disponha sobre sistemas de consórcios e sorteios, inclusive bingos e loterias".

3.4. Contribuição do importador de bens ou serviços do exterior, ou de quem a lei a ele equiparar

Essa novel fonte de custeio da seguridade social foi fruto da Emenda 42/2003, tendo sido publicada logo em seguida a Medida Provisória 164/2004, convertida na Lei 10.865/2004, que instituiu a COFINS importação, cuja hipótese de incidência é a entrada no Brasil de bens e serviços do exterior.

No caso de bens importados, a base de cálculo será o valor aduaneiro e, no caso de prestação de serviços por pessoas residentes no exterior, a quantia paga pela prestação.

Em regra, a alíquota da COFINS será de 7,6%, salvo as inúmeras exceções elencadas no artigo 8º, da Lei 10.865/2004, havendo autorização legal para a redução da alíquota para zero, em relação a vários produtos, por decreto presidencial, ante a natureza regulatória que também marca este tributo.

Há determinação constitucional ainda não regulamentada para que a lei defina os setores da atividade econômica onde a incidência da contribuição do importador não será cumulativa (artigo 195, §12), evitando-se a cobrança em cascata.

4. ARRECADAÇÃO

Nos termos do artigo 2º, da Lei 11.457/2007, compete à **Secretaria da Receita Federal do Brasil** planejar, executar, acompanhar e avaliar as atividades relativas à tributação, fiscalização, arrecadação, cobrança e recolhimento das **contribuições para a seguridade social**, tendo em conta a *revogação da capacidade tributária ativa delegada ao Instituto Nacional do Seguro Social - INSS para a fiscalização e cobrança das contribuições previdenciárias*, cabendo agora à autarquia federal apenas administrar o plano de benefícios do RGPS.

Na verdade, com o advento da Medida Provisória 222/2004, convertida na Lei 11.098/05, competia ao Ministério da Previdência Social, através da Secretaria de Receita Previdenciária, arrecadar, fiscalizar, lançar e normatizar o recolhimento, em nome do Instituto Nacional do Seguro Social - INSS, das contribuições previdenciárias.

Ou seja, após a Lei 11.457/2007, **o credor das contribuições previdenciárias não é mais o INSS, sendo agora a Dívida Ativa da União**, pois revogada a para fiscalidade, tendo a Lei 11.941/2009 alterado a redação do artigo 33, da Lei 8.212/91.

Deveras, compete à Secretaria da Receita Federal do Brasil planejar, executar, acompanhar e avaliar as atividades relativas à tributação, à fiscalização, à arrecadação, à cobrança e ao recolhimento das contribuições previdenciárias patronais e dos trabalhadores, das contribuições incidentes a título de substituição e das devidas a outras entidades e fundos.

Frise-se que a União tentou criar a Secretaria de Receita Federal do Brasil já no ano de 2005, através da MP 258, que acabou caducando no Senado da República por não ter sido apreciada em tempo hábil.

É prerrogativa dos Auditores Fiscais da Receita examinar a contabilidade das empresas, ficando obrigados a prestar todos os esclarecimentos e informações solicitados o segurado e os terceiros responsáveis pelo recolhimento das contribuições previdenciárias e das contribuições devidas a outras entidades e fundos, sendo que a omissão ou sonegação dos documentos ou informações autoriza o fiscal a lançar as contribuições sociais de ofício e por arbitramento, sem prejuízo das penalidades pecuniárias.

Destarte, as execuções judiciais dessas contribuições passaram a ser propostas pela União, através da Procuradoria-Geral da Fazenda Nacional, e não mais pelo INSS, por intermédio da Procuradoria-Geral Federal, que consequentemente não mais possui legitimidade passiva para figurar no pólo passivo das ações de repetição do indébito previdenciário, observada a regra de transição da referida norma.

▸ Qual o entendimento do STJ sobre o assunto?

Nesse sentido, o posicionamento do STJ expresso em passagem do julgamento do Recurso Especial 1.325.977 - SC, publicado em 24.09.2012: " O recolhimento dessas contribuições previdenciárias foi transferido à Secretaria da Receita Federal do Brasil pelo art. 2º. da Lei 11.457/07, que previu, por outro lado, em seus arts. 16 e 23, a transferência da responsabilidade pela sua cobrança judicial para a Fazenda Nacional, de modo que à Procuradoria-Geral Federal compete apenas a representação judicial e extrajudicial do INSS. Em outras palavras, da mesma forma que se atribui à Fazenda Nacional a legitimidade ativa para a cobrança judicial da dívida ativa da União Federal, atribui-se-lhe também a legitimidade, no caso, passiva, para a sua defesa em processos como o presente, em que se pleiteia a inexigibilidade de multa e juros de mora incidentes sobre o montante relativo ao recolhimento, em atraso, das contribuições previdenciárias mencionadas no art. 2º. da Lei 11.457/07".

Com isso, o Brasil adotou um novo modelo de arrecadação centralizador, tendo sido extinta a Secretaria de Receita Previdenciária, órgão do Ministério da Previdência Social, que arrecadava as contribuições previdenciárias em nome do INSS, esperando-se agora uma melhor eficiência e otimização administrativa.

Além das contribuições para a seguridade social, a Secretaria de Receita Federal do Brasil também arrecada as contribuições sociais gerais em favor de várias entidades, a exemplo do SESI, SESC e SENAC, cobrando um percentual de 3,5% como retribuição.

Com o advento da Emenda 45/2004, a Justiça do Trabalho teve ratificada a sua competência para executar, de ofício, as contribuições previdenciárias do empregador, empresa ou equiparada, assim como do trabalhador, decorrentes das sentenças que proferir, na forma do artigo 114, inciso VIII, da CRFB.

Vale frisar que esta competência da Justiça do Trabalho surgiu originalmente com o advento da Lei 8.620/93, que alterou a redação do artigo 43, da Lei 8.212/91, tendo sido incluída da Constituição Federal pela Emenda 20/1998, vez que as competências da Justiça do Trabalho devem ter previsão constitucional.

5. IMUNIDADE

As entidades beneficentes de assistência social são **imunes** ao pagamento das **contribuições para a seguridade social**, desde que **atendidos os requisitos legais**, conforme estabelece o §7º, do artigo 195, da Constituição Federal, que atecnicamente se referiu a isenção, mas que de fato cuida de imunidade, ante a sua previsão constitucional.

> **▸ Como esse assunto foi cobrado em concurso?**
>
> No concurso para Auditor Fiscal da RFB em 2009, a ESAF considerou errado o seguinte enunciado: São isentas de contribuição para a seguridade social todas entidades beneficentes de utilidade pública distrital e municipal.

As condições para o gozo da imunidade vinham estipuladas no artigo 55, da Lei 8.212/91, alterado pela Lei 9.732/98, que exigia que a entidade promovesse gratuitamente e em caráter exclusivo a assistência social beneficente a pessoas carentes e, se atuante na área da saúde, prestasse serviços ao Sistema Único de Saúde equivalente a, pelo menos, 60% de sua capacidade, definindo assistência social beneficente como a prestação gratuita de benefícios e serviços a quem dela necessitar.

Sucede que esses requisitos para o enquadramento de uma entidade como assistencialista foram insertos pela Lei 9.732/98, tendo sido sua validade questionada no STF por intermédio da ADI-MC 2.028, sob o argumento de ter restringido demasiadamente o enquadramento das pessoas jurídicas como entidades assistencialistas, além de ser uma limitação ao poder de tributar, razão pela qual deveria ser regulamentada por lei complementar, conforme exigido pelo artigo 146, inciso II, da CRFB.

O STF, por sua vez, acatou os argumentos da ADI e deferiu medida cautelar, suspendendo a eficácia das alterações perpetradas pela Lei 9.732/98, sendo que o processo ainda aguarda desfecho final.

> **▸ Importante!**
>
> Contudo, todo o artigo 55 da Lei 8.212/91 restou revogado pela Lei 12.101, de 27.11.2009, posteriormente alterada pela Lei 12.868/2013, que passou a regular o tema, o que certamente prejudicará o julgamento final da referida ação direta de inconstitucionalidade. Entrementes, ao analisar o conteúdo da nova lei, nota-se que o vício formal apontado liminarmente pelo STF persiste, pois a matéria continua a ser regida por lei ordinária, e não complementar.

Assim, aguarda-se uma posição do STF a respeito, sendo que em 05.08.2010 a Confederação Nacional da Saúde requereu que a ação direta de inconstitucionalidade fosse convertida em arguição descumprimento de preceito fundamental, certamente temendo a perda do objeto da ADI em razão da revogação superveniente.

Para a certificação de uma entidade sem fins lucrativos como de assistência social e, por conseguinte, para o desfrute da citada imunidade, a Lei 12.101/2009 diferenciou as entidades de saúde, de educação e de assistência social fora dessas duas áreas.

Inicialmente, para a **certificação** como ente assistencialista, será preciso o **período mínimo de 12 (doze) meses de constituição da entidade**, que poderá ser reduzido se a entidade for prestadora de serviços por meio de contrato, convênio ou instrumento congênere com o Sistema Único de Saúde ou com o Sistema Único de Assistência Social, em caso de necessidade local atestada pelo gestor do respectivo sistema.

Outrossim, será preciso que ato constitutivo da **pessoa jurídica sem finalidades lucrativas** (associação ou fundação) preveja que em caso de dissolução ou extinção, a destinação do eventual patrimônio remanescente a entidade sem fins lucrativos congêneres ou a entidades públicas.

Anteriormente à vigência da Lei 12.101/09, a certificação era feita pelo Conselho Nacional de Assistência Social - CNAS. Agora, caberá ao respectivo Ministério certificar a entidade beneficente (Ministério da Saúde, da Educação ou do Desenvolvimento Social e Combate à Fome), que terá prazo de validade entre um e cinco anos, a ser fixado em ato regulamentar.

Assim como na norma anteriormente suspensa pelo STF, **as entidades de saúde deverão ofertar a prestação de seus serviços ao SUS, no percentual mínimo de 60% (sessenta por cento), além de comprovar o cumprimento das metas estabelecidas em convênio ou instrumento congênere, celebrado com o gestor local do SUS.**

Caso não atenda ao percentual mínimo de 60%, em razão da falta de demanda ou pela não contratação dos serviços de saúde da entidade, deverá a entidade comprovar a aplicação de percentual da sua receita bruta em atendimento gratuito de saúde da seguinte forma:

> I - 20% (vinte por cento), quando não houver interesse de contratação pelo gestor local do SUS ou se o percentual de prestação de serviços ao SUS for inferior a 30% (trinta por cento);
>
> II - 10% (dez por cento), se o percentual de prestação de serviços ao SUS for igual ou superior a 30% (trinta por cento) e inferior a 50% (cinquenta por cento); ou
>
> III - 5% (cinco por cento), se o percentual de prestação de serviços ao SUS for igual ou superior a 50% (cinquenta por cento).

Outrossim, em hipótese alguma será admitida como aplicação em gratuidade a eventual diferença entre os valores pagos pelo SUS e os preços praticados pela entidade ou pelo mercado.

Já as **entidades de educação** que atuam nas diferentes etapas e modalidades da educação básica, regular e presencial, deverão:

> I - demonstrar sua adequação às diretrizes e metas estabelecidas no Plano Nacional de Educação (PNE), na forma do art. 214 da Constituição Federal[1];

1. Art. 214. A lei estabelecerá o plano nacional de educação, de duração decenal, com o objetivo de articular o sistema nacional de educação em regime de

> II - atender a padrões mínimos de qualidade, aferidos pelos processos de avaliação conduzidos pelo Ministério da Educação; e
>
> III - conceder anualmente bolsas de estudo na proporção de 1 (uma) bolsa de estudo integral para cada 5 (cinco) alunos pagantes.

Na concessão de bolsas gratuitas, a entidade poderá oferecer bolsas de estudo parciais, observadas as seguintes condições:

> I - no mínimo, 1 (uma) bolsa de estudo integral para cada 9 (nove) alunos pagantes; e
>
> II - bolsas de estudo parciais de 50% (cinquenta por cento), quando necessário para o alcance do número mínimo exigido, conforme definido em regulamento.

Ademais, será facultado à entidade substituir até 25% da quantidade das bolsas de estudo por benefícios complementares, concedidos aos alunos matriculados cuja renda familiar mensal *per capita* não exceda o valor de um salário-mínimo e meio, como transporte, uniforme, material didático, moradia, alimentação e outros benefícios definidos em regulamento, sendo vedado qualquer discriminação ou diferença de tratamento entre alunos bolsistas e pagantes.

De resto, as **demais entidades** serão enquadradas quando prestarem serviços ou realizarem ações socioassistenciais, de forma gratuita, continuada e planejada, para os usuários e a quem delas necessitar, sem qualquer discriminação.

---

colaboração e definir diretrizes, objetivos, metas e estratégias de implementação para assegurar a manutenção e desenvolvimento do ensino em seus diversos níveis, etapas e modalidades por meio de ações integradas dos poderes públicos das diferentes esferas federativas que conduzam a:

I - erradicação do analfabetismo;

II - universalização do atendimento escolar;

III - melhoria da qualidade do ensino;

IV - formação para o trabalho;

V - promoção humanística, científica e tecnológica do País.

VI - estabelecimento de meta de aplicação de recursos públicos em educação como proporção do produto interno bruto.

Consideram-se entidades de assistência social aquelas que prestam, sem fins lucrativos, atendimento e assessoramento aos beneficiários abrangidos pela Lei nº 8.742, de 7 de dezembro de 1993, e as que atuam na defesa e garantia de seus direitos.

Outrossim, também são consideradas entidades de assistência social:

> I - as que prestam serviços ou ações socioassistenciais, sem qualquer exigência de contraprestação dos usuários, com o objetivo de habilitação e reabilitação da pessoa com deficiência e de promoção da sua inclusão à vida comunitária, no enfrentamento dos limites existentes para as pessoas com deficiência, de forma articulada ou não com ações educacionais ou de saúde;
>
> II - as de que trata o inciso II do art. 430 da Consolidação das Leis do Trabalho (CLT), aprovada pelo Decreto-Lei no 5.452, de 10 de maio de 1943, desde que os programas de aprendizagem de adolescentes, de jovens ou de pessoas com deficiência sejam prestados com a finalidade de promover a integração ao mercado de trabalho, nos termos da Lei no 8.742, de 7 de dezembro de 1993, observadas as ações protetivas previstas na Lei no 8.069, de 13 de julho de 1990; e
>
> III - as que realizam serviço de acolhimento institucional provisório de pessoas e de seus acompanhantes, que estejam em trânsito e sem condições de autossustento, durante o tratamento de doenças graves fora da localidade de residência, observada a Lei nº 8.742, de 7 de dezembro de 1993.

Ademais, deverão estar inscritas no Conselho Municipal de Assistência Social ou no Conselho de Assistência Social do Distrito Federal.

Para ter direito à imunidade ao pagamento das contribuições para o custeio da seguridade social, além de estarem devidamente certificadas, as entidades beneficentes de assistência social ainda deverão atender às determinações do artigo 29, da Lei 12.101/2009:

> "I - não percebam, seus dirigentes estatutários, conselheiros, sócios, instituidores ou benfeitores, remuneração, vantagens ou benefícios, direta ou indiretamente, por qualquer forma ou título, em razão das competências, funções ou atividades que lhes sejam atribuídas pelos respectivos atos constitutivos;

> II - aplique suas rendas, seus recursos e eventual superávit integralmente no território nacional, na manutenção e desenvolvimento de seus objetivos institucionais;
>
> III - apresente certidão negativa ou certidão positiva com efeito de negativa de débitos relativos aos tributos administrados pela Secretaria da Receita Federal do Brasil e certificado de regularidade do Fundo de Garantia do Tempo de Serviço - FGTS;
>
> IV - mantenha escrituração contábil regular que registre as receitas e despesas, bem como a aplicação em gratuidade de forma segregada, em consonância com as normas emanadas do Conselho Federal de Contabilidade;
>
> V - não distribua resultados, dividendos, bonificações, participações ou parcelas do seu patrimônio, sob qualquer forma ou pretexto;
>
> VI - conserve em boa ordem, pelo prazo de 10 (dez) anos, contado da data da emissão, os documentos que comprovem a origem e a aplicação de seus recursos e os relativos a atos ou operações realizados que impliquem modificação da situação patrimonial;
>
> VII - cumpra as obrigações acessórias estabelecidas na legislação tributária;
>
> VIII - apresente as demonstrações contábeis e financeiras devidamente auditadas por auditor independente legalmente habilitado nos Conselhos Regionais de Contabilidade quando a receita bruta anual auferida for superior ao limite fixado pela Lei Complementar no 123, de 14 de dezembro de 2006".

Por fim, insta destacar que **inexiste direito adquirido à imunidade**, devendo as entidades assistenciais cumprir novos requisitos instituídos em lei para o seu gozo.

> ▸ **Qual o entendimento do STJ sobre o assunto?**
>
> A Corte Superior editou a Súmula 352: "A obtenção ou a renovação do Certificado de Entidade Beneficente de Assistência Social (CEBAS) não exime a entidade do cumprimento dos requisitos legais supervenientes".

6. PRINCÍPIO DA ANTERIORIDADE NONAGESIMAL OU NOVENTENA

Essa norma constitucional tributária decorre do Princípio da Segurança Jurídica, a fim de evitar a cobrança imediata de uma nova contribuição para a seguridade social ou a majoração de uma já existente, pois não se admite a tributação de surpresa ou inopino.

Pelo *Princípio da Anterioridade Nonagesimal*, também conhecido como *Noventena* ou *Anterioridade Mitigada*, previsto no artigo 195, §6º, da Constituição Federal, as contribuições para a seguridade social só poderão ser **exigidas** depois de **decorridos noventa dias** da data da publicação da lei que as houver **instituído ou modificado**.

> **Como esse assunto foi cobrado em concurso?**
> No concurso do CESPE para Juiz Federal da 2ª Região em 2009, foi considerado correto o seguinte enunciado: As contribuições sociais apenas são exigíveis depois de transcorridos noventa dias da vigência da lei que as tenha instituído ou majorado.

De efeito, no caso de instituição ou majoração de alíquota de contribuição para a seguridade social por medida provisória, o prazo terá como termo inicial a data de publicação do referido ato, e não a da lei de conversão.

> **Qual o entendimento do STF sobre o assunto?**
> Este entendimento foi adotado pela Suprema Corte no julgamento do AI 376.627 AGR, de 03.09.2002.

No entanto, se o texto da medida provisória não contemplar aumento da contribuição, mas a lei de conversão alterá-lo para majorar o tributo, neste caso a noventena será contada a partir da publicação da lei de conversão.

> **Qual o entendimento do STF sobre o assunto?**
> A contribuição social para o PIS submete-se ao princípio da anterioridade nonagesimal (CF, art. 195, § 6º), e, nos casos em que a majoração de alíquota tenha sido estabelecida somente na lei de conversão, o termo inicial da contagem é a data da conversão da medida provisória em lei. RE 568503/RS, rel. Min. Cármen Lúcia, 12.2.2014.

▸ **Importante!**

Por outro lado, não é aplicável às contribuições para a seguridade social o Princípio da Anterioridade Anual, que proíbe a cobrança de tributos no mesmo exercício financeiro em que tenha sido publicada a lei que os instituiu ou majorou, razão pela qual uma contribuição para a seguridade social poderá ser cobrada no mesmo ano da sua instituição ou majoração, desde que respeitada a noventena.

▸ **Como esse assunto foi cobrado em concurso?**

No concurso do CESPE para Procurador do Estado do Ceará em 2007, foi considerado errado o seguinte enunciado: As leis que criam as contribuições que financiam a seguridade social devem observar o chamado princípio da anterioridade nonagesimal, isto é, somente podem ser exigidas após decorridos noventa dias da data da publicação da lei que as houver instituído ou modificado. Além disso, tais normas não podem ser cobradas no mesmo exercício financeiro em que forem publicadas.

Vale registrar que uma norma que apenas altera o prazo de recolhimento de uma contribuição para a seguridade social não estará sujeita ao Princípio da Noventena, haja vista não existir majoração do tributo.

▸ **Qual o entendimento do STF sobre o assunto?**

"O Supremo Tribunal Federal fixou entendimento no sentido de que a alteração do prazo para recolhimento das contribuições sociais, por não gerar criação ou majoração de tributo, não ofende o Princípio da Anterioridade Tributária [artigo 195, § 6º, CB/88]" (RE 295.992 AgR, de 10/06/2008).

STF, Súmula 669 - Norma legal que altera o prazo de recolhimento da obrigação tributária não se sujeita ao princípio da anterioridade.

▸ **Como esse assunto foi cobrado em concurso?**

No concurso do CESPE para Procurador do TC do Distrito Federal em 2012, foi considerado correto o seguinte enunciado: Uma norma legal que apenas altere o prazo de recolhimento das contribuições sociais destinadas à previdência social não se sujeitará ao princípio da anterioridade.

7. CONSTITUIÇÃO DO CRÉDITO DA SEGURIDADE SOCIAL

Por gozar de natureza tributária, o crédito da seguridade social será constituído pelo **lançamento**, assim considerado como o procedimento administrativo tendente a verificar a ocorrência do fato gerador da obrigação correspondente, determinar a matéria tributável, calcular o montante do tributo devido, identificar o sujeito passivo e, sendo caso, propor a aplicação da penalidade cabível, na forma do artigo 142, do CTN, sendo vinculado e obrigatório, regido pela lei vigente no momento da ocorrência do fato gerador.

Em regra, **o lançamento das contribuições para a seguridade social se dará por homologação** (ou autolançamento), vez que normalmente é fixado por lei o dever de o sujeito passivo calcular e recolher por iniciativa própria as exações devidas, sem a prévia verificação da Secretaria de Receita Federal do Brasil, funcionando o pagamento como causa de extinção do crédito securitário, pois ocorrerá a aquiescência tácita do Tesouro se este não se pronunciar em até cinco anos após a ocorrência do fato gerador, salvo se verificado dolo, fraude ou simulação.

Excepcionalmente, caso não haja o regular recolhimento das contribuições para a seguridade social, caberá ao Fisco promover o lançamento de ofício, conforme determina o artigo 149, do CTN.

O lançamento de ofício poderá se dar por **aferição indireta**, assim considerado o procedimento de que dispõe a Secretaria de Receita Federal do Brasil para apuração indireta da base de cálculo das contribuições sociais.

De efeito, de acordo com o artigo 33, §5º, da Lei 8.212/91, se, no exame da escrituração contábil e de qualquer outro documento da empresa, a fiscalização constatar que a contabilidade não registra o movimento real de remuneração dos segurados a seu serviço, do faturamento e do lucro, serão apuradas, por aferição indireta, as contribuições efetivamente devidas, **cabendo à empresa o ônus da prova em contrário**.

> ▸ **Como esse assunto foi cobrado em concurso?**
>
> No concurso do CESPE para Procurador Federal em 2010, foi considerado errado o seguinte enunciado: Se, no exame da escrituração contábil e de qualquer outro documento da empresa, a fiscalização constatar que

a contabilidade não registra o movimento real de remuneração dos segurados a seu serviço, do faturamento e do lucro, serão apuradas, por aferição indireta, as contribuições efetivamente devidas, cabendo, no entanto, ao Instituto Nacional do Seguro Social a prova da irregularidade, sob pena de violação do postulado do devido processo legal.

De seu turno, a mera confissão de débito das contribuições para a seguridade social equivale ao lançamento por homologação, a exemplo do preenchimento da GFIP – Guia de Recolhimento do Fundo de Garantia por Tempo de Serviço e Informações à Previdência Social, prevista no artigo 32, IV, da Lei 8.212/91, podendo o Fisco proceder imediatamente à inscrição do seu crédito em Dívida Ativa.

▸ **Qual o entendimento do STJ sobre o assunto?**

De acordo com o entendimento pacificado da Corte Superior, a exemplo da decisão tomada no REsp 774.291, de 20.09.2007, "declarado e não pago (ou pago a menor) o débito no vencimento, a confissão do débito pelo contribuinte equivale à constituição do crédito tributário, podendo ser imediatamente inscrito em dívida ativa, independentemente de qualquer procedimento por parte do Fisco".

Aliás, não é outra a previsão do §7º, do artigo 33, da Lei 8.212/91, alterado pela Lei 11.941/2009, onde resta consignado que "o crédito da seguridade social é constituído por meio de notificação de lançamento, de auto de infração e de confissão de valores devidos e não recolhidos pelo contribuinte".

Com o advento do regramento do artigo 25, da Lei 11.457/2007, o processo administrativo fiscal previdenciário também passou a ser regido pelo Decreto 70.235/72, que dispõe sobre o processo administrativo fiscal federal.

Importa ressaltar que a garantia prévia como condição de admissão do recurso administrativo não é mais admitida pelo STF, para quem é inconstitucional a exigência de depósito ou arrolamento prévios de dinheiro ou bens para a admissibilidade de recursos administrativos (Súmula vinculante 21).

Em regulamentação ao artigo 38, parágrafo único, da Lei 6.830/80, prevê o artigo 307, do RPS, que a propositura pelo beneficiário de ação judicial que tenha por objeto idêntico pedido sobre o qual versa o processo administrativo importa renúncia ao direito de recorrer na esfera administrativa e desistência do recurso interposto, pois resta demonstrado o desinteresse no curso do processo administrativo.

8. PROGRESSIVIDADE DAS CONTRIBUIÇÕES DAS EMPRESAS

As contribuições para a seguridade social devidas pelo empregador, empresa ou equiparado (*contribuições previdenciárias, COFINS e CSLL*) poderão ser **progressivas**, ou seja, **ter alíquotas e bases de cálculo diferenciadas**, em razão da atividade econômica, da utilização intensiva da mão-de-obra, do porte da empresa ou da condição estrutural do mercado de trabalho, na forma do artigo 195, §9º, da Constituição Federal.

Cuida-se de disposição constitucional que realiza o Princípio da Isonomia, da Capacidade Contributiva e da Equidade na Forma de Participação no Custeio, que visa a beneficiar as micro e pequenas empresas e as geradoras de muitos postos de trabalho, podendo a tributação pesar para os setores da economia que aufiram grandes lucros, a exemplo dos bancos.

Com efeito, trata-se de norma constitucional que também tem natureza extrafiscal, pois autoriza um tratamento diferenciado para as empresas que desenvolvam atividades econômicas cujo fomento atenda ao interesse público, a exemplo de atividades poluidoras com baixo impacto ambiental.

▸ Como esse assunto foi cobrado em concurso?

No concurso do CESPE para Procurador do Estado de Alagoas em 2008, foi considerado errado o seguinte enunciado: A CF veda a instituição de alíquotas e bases de cálculo diferenciadas para as contribuições devidas à seguridade social pelas empresas em razão do porte de cada uma delas. Por sua vez, no concurso para Juiz do Trabalho da 5ª Região em 2006, o CESPE considerou correto o seguinte enunciado: De acordo com as características de determinado setor da economia, inclusive em relação à maior necessidade de utilização de mão-de-obra, as contribuições sociais incidentes sobre folha de salários e demais rendimentos do trabalho pagos ou creditados, a qualquer título, à pessoa física que lhe preste serviço, mesmo sem vínculo empregatício, poderão ter alíquotas ou bases de cálculo diferenciadas.

9. ANISTIA E REMISSÃO

A *anistia* é uma hipótese de exclusão do crédito tributário decorrente do cometimento de infrações administrativas, ocorrendo no lapso temporal entre a realização do fato gerador e o lançamento do crédito tributário. Já a *remissão* é umas das causas de extinção do crédito tributário como um todo, ocorrendo após a sua constituição.

O CTN exige lei para a ocorrência da anistia e da remissão, enquanto a Constituição Federal foi mais longe determinando que se operem apenas por *lei específica*, na forma do artigo 150, §6º. No que concerne a algumas contribuições para a seguridade social, a concessão de anistia ou remissão é ainda mais difícil, pois há previsão constitucional de um teto para a sua concessão, a ser fixado por lei complementar.

De efeito, a teor do artigo 195, §11, da Constituição Federal, para as **contribuições previdenciárias patronais e dos trabalhadores**, é **vedada** a concessão de **anistia ou remissão** para débitos em montante superior fixado em lei complementar, justamente porque são tributos afetados ao pagamento dos benefícios previdenciários do RGPS.

> **Como esse assunto foi cobrado em concurso?**
>
> No concurso para Juiz do Trabalho da 23ª Região em 2008, foi considerado errado o seguinte enunciado: É vedada a concessão de **isenção** ou anistia da contribuição social destinada à seguridade social, incidente sobre a receita de concursos de prognósticos, para débitos em montante superior ao fixado em lei complementar.

Ressalte-se que ainda não foi promulgada a referida lei complementar, o que teoricamente impediria a anistia e a remissão das citadas contribuições para a seguridade social, mas, na prática, a União vem concedendo remissões irrestritamente em relação a todos os seus créditos tributários, a exemplo da promovida pela Lei 11.941/2009.

10. DECADÊNCIA E PRESCRIÇÃO

A decadência e a prescrição são também causas de extinção do crédito tributário previstas no artigo 156, do CTN, decorrentes da inércia do Poder Público em constituí-lo mediante o procedimento de lançamento (*decadência*) e de cobrá-lo após a sua constituição definitiva (*prescrição*), ambas operando-se em cinco anos.

O lustro decadencial inicia-se na data da ocorrência do fato gerador, no caso dos tributos sujeitos ao lançamento por homologação. Nos demais casos, o termo inicial do quinquênio da decadência será o primeiro dia do exercício seguinte àquele em que o lançamento poderia ter sido efetuado ou da data em que se tornar definitiva a decisão que houver anulado, por vício formal, o lançamento anteriormente efetuado.

Já o prazo prescricional de cinco anos começará a correr da constituição definitiva do crédito tributário, que se operará com o término do processo administrativo de lançamento, quando esgotados ou não mais cabíveis recursos administrativos, *ex vi* do artigo 174, do CTN.

Durante muitos anos a decadência e a prescrição das contribuições para a seguridade social sofreram regulamentação específica nos artigos 45 e 46, da Lei 8.212/91, que previam o lapso temporal de *dez anos* para a ocorrência de ambos.

Sucede que a tese da inconstitucionalidade formal desses dispositivos foi muito bem construída ao longo dos anos e encontrou acolhida dos principais tributaristas do Brasil, pois obrigação, crédito, lançamento, prescrição e decadência tributários são temas afetos à lei complementar, e não ordinária, na forma do quanto consignado expressamente no artigo 146, III, "b", da CRFB.

▸ Qual o entendimento do STF sobre o assunto?

Nesse sentido, o STF pronunciou a inconstitucionalidade formal dos artigos 45 e 46, da Lei 8.212/91, no julgamento do RE 560.626, de 12.06.2008, que previam o prazo de 10 anos para o lançamento e a cobrança das contribuições para a seguridade social.

Contudo, provavelmente com receio do impacto financeiro em razão da restituição das contribuições securitárias já pagas, mas já fulminadas pela decadência ou prescrição, a Suprema Corte se valeu do instituto da modulação da eficácia da declaração de inconstitucionalidade, previsto no artigo 27, da Lei 9.868/99, validando as arrecadações feitas até o dia 11.06.2008 e não impugnadas administrativa ou judicialmente até essa data (dia do julgamento). Posteriormente, o STF editou a Súmula vinculante 08: "São inconstitucionais o parágrafo único do artigo 5º do Decreto-Lei nº 1.569/1977 e os artigos 45 e 46 da Lei nº 8.212/1991, que tratam de prescrição e decadência de crédito tributário".

▸ Como esse assunto foi cobrado em concurso?

No concurso do CESPE para Procurador do Município de Natal em 2008, foi considerado correto o seguinte enunciado: A prescrição e decadência de crédito tributário são matérias que deverão ser regulamentadas por LC. Por outro lado, no concurso da ESAF para Auditor Fiscal da RFB em 2009, foi considerado errado o seguinte enunciado: Valores recolhidos pelo fisco antes do julgamento de recursos extraordinários que discutiam o prazo de prescrição deverão ser devolvidos se forem superiores ao prazo de 5 anos do lançamento.

Em 19.12.2008, a União promulgou a Lei Complementar 128, que revogou expressamente os artigos 45 e 46, da Lei 8.212/91.

▸ Importante!

Assim sendo, as regras sobre a prescrição e decadência das contribuições para a seguridade social serão as ditadas pelo CTN, especialmente observando o prazo de cinco anos para a sua ocorrência.

Como esse assunto foi cobrado em concurso?

No concurso do CESPE para Advogado da Caixa Econômica em 2010, foi considerado errado o seguinte enunciado: A seguridade social, em procedimento administrativo específico, apurou a existência de créditos em desfavor de Beta Ltda. relativos aos exercícios de 2000, 2001 e 2002, mas que foram constituídos em 2003. Nessa situação, a seguridade social podia cobrar os aludidos créditos tributários, pois o prazo prescricional ainda não havia transcorrido.

Capítulo 3

Disposições Gerais e Princípios Informadores do Regime Geral de Previdência Social

1. COBERTURA E ADMINISTRAÇÃO

O Regime Geral de Previdência Social – RGPS é o grande plano previdenciário brasileiro, pois abarca a grande maioria dos trabalhadores, exceto os servidores públicos efetivos e militares vinculados a Regime Próprio de Previdência Social instituído por entidade política, tanto que muitas vezes a legislação, a doutrina, a Administração Pública e a jurisprudência tomam a expressão "previdência social" como sinônima de Regime Geral de Previdência Social.

No Brasil, quem exerce atividade laborativa remunerada será obrigado a se filiar ao RGPS e verter contribuições previdenciárias ao sistema, dever este justificado na solidariedade social e na miopia que assola muitas pessoas, que certamente não se vinculariam ao regime previdenciário se fosse apenas uma faculdade, o que traria enormes transtornos sociais em decorrência da velhice, doença, morte, invalidez e outros riscos sociais a serem cobertos.

Mas não só quem trabalha poderá se filiar ao RGPS. As pessoas que não trabalham poderão ingressar no regime na condição de segurados facultativos, a exemplo do estagiário (este recebe apenas ajuda de custo, e não remuneração) e da dona de casa, em atendimento ao Princípio da Universalidade de Cobertura e do Atendimento.

Os benefícios pagos pelo INSS constituem grande parte da economia dos municípios brasileiros mais pobres e menores, onde se têm verificado que as aposentadorias muitas vezes são as principais fontes de recursos dos lares, muitas vezes gerando um maior impacto positivo do que os recursos repassados através do Fundo de Participação dos Municípios.

De efeito, os eventos a serem cobertos pelo RGPS consignados no artigo 201, da Lei Maior são os seguintes:

a) Doença, invalidez, morte e idade avançada;

b) Proteção à maternidade, especialmente à gestante;

c) Proteção ao trabalhador em situação de desemprego involuntário;

d) Salário-família e auxílio-reclusão para os dependentes dos segurados de baixa renda;

e) Pensão por morte do segurado, homem ou mulher, ao cônjuge ou companheiro e dependentes.

Contudo, em desrespeito ao legislador constitucional, o desemprego involuntário não está coberto pelo RGPS, na forma do artigo 9º, §1º, da Lei 8.213/91, **não sendo o seguro-desemprego um benefício previdenciário**, que é regido pela Lei 7.998/90 e pago pelo Ministério do Trabalho e Emprego com recursos do Fundo de Amparo ao Trabalhador.

Mas frise-se que a natureza jurídica do seguro-desemprego é um tema polêmico na doutrina previdenciária brasileira, existindo abalizadas vozes que sustentam se tratar de um benefício previdenciário, como a posição do colega Procurador Federal Miguel Horvath Júnior[1].

A própria Advocacia-Geral da União, no Parecer CONJUR/MTE/Nº 256/2010, admitiu expressamente que o seguro-desemprego é um benefício previdenciário, justamente em razão de o artigo 201, III, da Constituição, elencar o desemprego involuntário como risco social a ser coberto pela Previdência Social.

Como se trata de um plano básico, o RGPS não objetiva pagar benefícios com valores altos aos seus beneficiários, tendo como teto atualmente o valor de R$ 4.663,75 (valor atualizado para 2015), cabendo aos segurados que quiserem obter uma renda maior na inatividade contratar um plano complementar privado.

A administração do RGPS foi atribuída ao Ministério da Previdência Social, órgão integrante da União, sendo exercida pelos demais órgãos e entidades a ele vinculados, tendo sido criado pela Lei 8.029/90 o Instituto Nacional do Seguro Social – INSS, autarquia federal, fruto da fusão do IAPAS – Instituto de Administração Financeira da Previdência e Assistência Social com o INPS – Instituto Nacional de Previdência Social, com principal função administrativa na atualidade gerir o plano de benefícios e serviços do RGPS.

▸ **Como esse assunto foi cobrado em concurso?**

No concurso do CESPE para Juiz Federal da 5ª Região em 2007, foi considerado errado o seguinte enunciado: O Instituto Nacional do Seguro Social (INSS) é a autarquia previdenciária cuja principal atribuição é a administração do regime geral de previdência social.

2. LEGISLAÇÃO DE REGÊNCIA, SISTEMÁTICA E CARACTERÍSTICAS

As regras gerais do RGPS estão positivadas no artigo 201, da Constituição Federal de 1988, tendo o seu plano de custeio sido aprovado pela Lei 8.212/91 e o plano de benefícios e serviços pela Lei 8.213/91, atualmente regulamentados pelo Decreto 3.048/99 (RPS – Regulamento da Previdência Social).

---

1. Direito Previdenciário, 8ª ed., Quartier Latin, pg. 350.

Ademais, algumas regras importantes se encontram em normas esparsas, especialmente nas Leis 9.876/99 (criou o fator previdenciário e alterou as regras de cálculo do salário de benefício) e 10.666/03 (trouxe inovações sobre aposentadorias, auxílio-reclusão e custeio).

Por sua vez, os tratados, convenções e outros acordos internacionais de que Estado estrangeiro ou organismo internacional e o Brasil sejam partes, e que versem sobre matéria previdenciária, serão interpretados como **lei especial**, a teor do artigo 85-A, da Lei 8.212/91.

> **▸ Como esse assunto foi cobrado em concurso?**
>
> No concurso do CESPE para Juiz Federal da 5ª Região em 2013, foi considerado errado o seguinte enunciado: Os tratados, convenções e outros acordos internacionais de que Estado estrangeiro ou organismo internacional e o Brasil sejam partes e que versem sobre matéria previdenciária são interpretadas como leis ordinárias gerais.

O RGPS é um sistema previdenciário parcialmente inspirado no modelo bismarckiano, vez que pressupõe contribuições específicas dos filiados e das empresas para que haja a cobertura securitária, ao contrário do modelo beveridgiano, que abarcava toda a população e era mantido pelos tributos em geral.

Contudo, trata-se de um **sistema contributivo de repartição** e não de capitalização, pois restou instituído um *fundo único para o pagamento dos benefícios previdenciários*, sendo possível que determinados benefícios sejam concedidos mesmo que ainda não haja uma contribuição sequer ao sistema, no interstício entre a filiação e o primeiro pagamento, a exemplo do salário-família e do auxílio-acidente, prestações que dispensam a carência.

O Fundo do RGPS está previsto no artigo 250, da Constituição Federal, sendo criado pelo artigo 68, da Lei Complementar 101/2000, vinculado ao Ministério da Previdência Social e gerido pelo INSS, cuja arrecadação está afetada exclusivamente ao pagamento dos benefícios, na forma do artigo 167, inciso XI, da Constituição Federal, cabendo a União complementar os recursos faltantes.

Caso fosse adotado um sistema de capitalização no RGPS, seria necessariamente exigido um número mínimo de contribuições para o gozo de todos os benefícios previdenciários, provavelmente em contas individuais, mas esta sistemática em nada atenderia ao Princípio da Solidariedade, razão pela qual não foi adotado nesse plano básico brasileiro.

Outrossim, o artigo 201 da Constituição Federal determina que o Regime Geral observe *critérios que preservem o seu equilíbrio financeiro e atuarial*, prestando o Estado cada vez mais serviços com melhor qualidade e eficiência aos segurados e seus dependentes.

▸ **Como esse assunto foi cobrado em concurso?**

No concurso do CESPE para Analista Executivo da SEGER-ES em 2013, foi considerado errado o seguinte enunciado: A CF estabelece o caráter contributivo e a filiação obrigatória da **seguridade social** e determina a observância de critérios que preservem o equilíbrio financeiro e atuarial do sistema.

O *equilíbrio financeiro* se refere às reservas monetárias que devem existir para o pagamento de benefícios e também por precaução, enquanto o *atuarial* são os cenários futuros que devem ser traçados para a manutenção ou alcance do equilíbrio financeiro, com o auxílio da matemática estatística, através do desenho dos prováveis cenários que advirão.

Hoje o RGPS funciona como o 1º pilar do Sistema de Proteção Social no Brasil, tendo as seguintes **características gerais**: *público, contributivo, prima pelo equilíbrio financeiro e atuarial, de filiação obrigatória para os trabalhadores em geral, de repartição* (fundo único), *solidário, de gestão quadripartite* (Poder Público, empregadores, trabalhadores e aposentados) e *de custeio tripartite* (Poder Público, trabalhadores e empresas/empregadores/equiparados).

O RGPS é um pacto político e social intra e intergeracional, haja vista que os inativos são sustentados pelos ativos na atualidade que, no futuro, serão mantidos pelas próximas gerações de trabalhadores.

3. ENTIDADES E ÓRGÃOS PREVIDENCIÁRIOS

3.1. Conselho Nacional da Previdência Social

O Conselho Nacional da Previdência Social – CNPS, integrante da estrutura do Ministério da Previdência Social, constitui-se em órgão superior de deliberação colegiada, contando com composição que atende ao Princípio da Gestão Quadripartite da Seguridade Social, nos moldes do artigo 3º, da Lei 8.213/91: I- seis representantes do Governo Federal;II – nove representantes da sociedade civil (três representantes dos aposentados e pensionistas; três representantes dos trabalhadores em atividade;três representantes dos empregadores).

Ou seja, o Poder Público não possui a maioria da composição do CNPS, pois apenas seis dos quinze representantes serão indicados pela União, sendo nomeados pelo Presidente da República. É necessário destacar que a Lei 8.213/91, de maneira salutar, inovou em relação à Constituição de 1998. Isso porque, na gestão da seguridade social, o artigo 194, parágrafo único, da Lei Maior, não previu os pensionistas como integrantes dos órgãos colegiados da seguridade social, a exemplo do CNPS.

Os representantes titulares da sociedade civil terão mandato de dois anos, podendo ser reconduzidos, de imediato, uma única vez, ao passo que serão indicados pelas centrais sindicais e confederações nacionais.

▸ Como esse assunto foi cobrado em concurso?

No concurso da FCC para Analista do TRF da 3ª Região em 2014, foi considerada correta a letra E: O Conselho Nacional de Previdência Social-CNPS possui como membros, dentre outros, nove representantes da sociedade civil. Os membros do CNPS e seus respectivos suplentes serão nomeados pelo: (A) Ministro da Saúde, tendo os representantes titulares da sociedade civil mandato de 2 anos, podendo ser reconduzidos, de imediato, uma única vez. (B) Presidente da República, tendo os representantes titulares da sociedade civil mandato de 2 anos, vedada a recondução. (C) Presidente da República, tendo os representantes titulares da sociedade civil mandato de 1 ano, vedada a recondução. (D) Ministro da Saúde, tendo os representantes titulares da sociedade civil mandato de 1 ano, vedada a recondução. (E) Presidente da República, tendo os representantes titulares da sociedade civil mandato de 2 anos, podendo ser reconduzidos, de imediato, uma única vez.

Os membros do CNPS em atividade gozarão de estabilidade no emprego, da nomeação até um ano após o término do mandato de representação, somente podendo ser demitidos por motivo de falta grave, regularmente comprovada através de processo judicial.

Em regra, ocorrerá uma reunião ordinária mensal, podendo ser designada reunião extraordinária por decisão do Presidente do CNPS ou por deliberação de 1/3 dos seus membros.

> **Como esse assunto foi cobrado em concurso?**
>
> No concurso da FCC para Analista do TRF da 4ª Região em 2010, foi considerada correta a letra E: Sobre o Conselho Nacional de Previdência Social–CNPS, considere:I. O CNPS terá, dentre os seus membros, seis representantes do Governo Federal. II. Os membros do CNPS e seus respectivos suplentes serão nomeados pelo Presidente da República. III. Os membros do CNPS representantes titulares da sociedade civil terão mandato de 2 (dois) anos, vedada a recondução. IV. O CNPS reunir-se-á, ordinariamente, duas vezes por mês, por convocação de seu Presidente. Está correto o que consta apenas em: a) I e III. b) I, II e III. c) I, II e IV. d) II, III e IV. e) I e II.

Compete ao CNPS:

I. estabelecer diretrizes gerais e apreciar as decisões de políticas aplicáveis à Previdência Social;

II. participar, acompanhar e avaliar sistematicamente a gestão previdenciária;

III. apreciar e aprovar os planos e programas da Previdência Social;

IV. apreciar e aprovar as propostas orçamentárias da Previdência Social, antes de sua consolidação na proposta orçamentária da Seguridade Social;

V. acompanhar e apreciar, através de relatórios gerenciais por ele definidos, a execução dos planos, programas e orçamentos no âmbito da Previdência Social;

VI. acompanhar a aplicação da legislação pertinente à Previdência Social;

VII. apreciar a prestação de contas anual a ser remetida ao Tribunal de Contas da União, podendo, se for necessário, contratar auditoria externa;

VIII. estabelecer os valores mínimos em litígio, acima dos quais será exigida a anuência prévia do Procurador-Geral ou do Presidente do INSS para formalização de desistência ou transigência judiciais;

IX. elaborar e aprovar seu regimento interno.

▸ **Como esse assunto foi cobrado em concurso?**

No concurso do CESPE para Oficial Técnico de Inteligência com formação em Direito da ABIN em 2010, foi considerado correto o seguinte enunciado: Compete ao Conselho Nacional de Previdência Social, órgão superior de deliberação colegiada, apreciar e aprovar as propostas orçamentárias da previdência social, antes de sua consolidação na proposta orçamentária da seguridade social.

3.2. Instituto Nacional do Seguro Social

O INSS teve autorização de criação dada pela Lei 8.029/90, sendo uma autarquia federal vinculada ao Ministério da Previdência Social, fruto da fusão do IAPAS - Instituto de Administração Financeira da Previdência e Assistência Social com o INPS - Instituto Nacional de Previdência Social.

▸ **Como esse assunto foi cobrado em concurso?**

No concurso da FCC para Técnico do INSS em 2012, foi considerada correta a letra B - O INSS, autarquia federal, resultou da fusão das seguintes autarquias: (A) INAMPS e SINPAS. (B) IAPAS e INPS. (C) FUNABEM e CEME. (D) DATAPREV e LBA. (E) IAPAS e INAMPS.

Atualmente, tendo em vista que não mais compete ao INSS arrecadar, fiscalizar e cobrar as contribuições previdenciárias, pois essa Dívida Ativa passou a ser da União com o advento da Lei 11.457/07 (criou a Secretaria de Receita Federal do Brasil), a sua principal função administrativa é gerir o plano de benefícios e serviços do RGPS.

De acordo com o artigo 1º do Regimento do INSS, aprovado pelo *Decreto 7.556/2011*, "o Instituto Nacional do Seguro Social - INSS, autarquia federal, com sede em Brasília - Distrito Federal, vinculada ao Ministério da Previdência Social, instituída com fundamento no disposto no artigo 17, da Lei nº 8.029, de 12 de abril de 1990, *tem por finalidade promover o reconhecimento, pela Previdência Social, de direito ao recebimento de benefícios por ela administrados, assegurando agilidade, comodidade aos seus usuários e ampliação do controle social*".

Além desta função principal, caberá ao INSS, ainda, nos termos do artigo 5º, da Lei 11.457/2007, emitir certidão relativa a tempo de contribuição, gerir o Fundo do Regime Geral de Previdência Social e calcular o montante das contribuições previdenciárias e emitir o correspondente documento de arrecadação, com vistas no atendimento conclusivo para concessão ou revisão de benefício requerido.

3.3. Conselho de Recursos da Previdência Social

O Conselho de Recursos da Previdência Social – CRPS, colegiado integrante da estrutura do Ministério da Previdência Social, é um órgão de controle "jurisdicional" das decisões do INSS, nos processos referentes a benefícios a cargo da autarquia previdenciária.

O CRPS é o órgão revisor das decisões administrativas do INSS, dispondo o artigo 126, da Lei 8.213/91, que "das decisões do Instituto Nacional do Seguro Social – INSS nos processos de interesse dos beneficiários e dos contribuintes da Seguridade Social caberá recurso para o Conselho de Recursos da Previdência Social, conforme dispuser o Regulamento".

Entrementes, o artigo 126, da Lei 8.213/91, está parcialmente desatualizado. É que, com o advento da Lei 11.457/07, que extinguiu a Secretaria de Receita Previdenciária e redesignou a Secretaria de Receita Federal, que passou a se chamar Secretaria de Receita Federal **do Brasil** (conhecida como Super-Receita), passou a ser da competência desse órgão do Ministério da Fazenda planejar, executar, acompanhar e avaliar as atividades relativas à tributação, fiscalização, arrecadação, cobrança e recolhimento das contribuições destinadas ao custeio da seguridade social e das contribuições instituídas a título de substituição.

Logo, a arrecadação das contribuições previdenciárias não mais é tarefa da Previdência Social, não decidindo o INSS sobre processos de interesses dos contribuintes.

Vale ressaltar que é vedado ao INSS escusar-se de cumprir as diligências solicitadas pelo CRPS, bem como deixar de dar cumprimento às decisões definitivas daquele colegiado, reduzir ou ampliar o seu alcance ou executá-las de modo que contrarie ou prejudique seu evidente sentido.

O CRPS é formado pelos seguintes órgãos:

I. *vinte e nove Juntas de Recursos*, com a competência para julgar, em primeira instância, os recursos interpostos contra as decisões prolatadas pelos órgãos regionais do INSS, em matéria de interesse de seus beneficiários;

II. *quatro Câmaras de Julgamento*, com sede em Brasília, com a competência para julgar, em segunda instância, os recursos interpostos contra as decisões proferidas pelas Juntas de Recursos que infringirem lei, regulamento, enunciado ou ato normativo ministerial;

III. *Conselho Pleno*, com a competência para uniformizar a jurisprudência previdenciária mediante enunciados, podendo ter outras competências definidas no Regimento Interno do Conselho de Recursos da Previdência Social.

4. PRINCÍPIOS INFORMADORES

No Capítulo I foram estudados os princípios informadores do sistema de seguridade social, aplicáveis tanto ao subsistema não contributivo (assistência social e saúde), quanto ao subsistema contributivo (previdência social).

Nesta oportunidade serão analisados os princípios específicos da previdência social, aplicáveis diretamente ao Regime Geral de Previdência Social e, no que couber, aos Regimes Próprios de Previdência Social e aos planos privados, ressaltando que tecnicamente alguns são verdadeiros objetivos previdenciários e não princípios propriamente ditos.

Deveras, uma parte destes princípios já se encontra positivada no artigo 2º, da Lei 8.213/91, bem como no artigo 3º, da Lei 8.212/91, enquanto outros têm berço constitucional ou decorrem implicitamente da legislação previdenciária.

Princípios informadores da Previdência Social
1. Contributividade;
2. Obrigatoriedade da Filiação;
3. Equilíbrio Financeiro e Atuarial;
4. Universalidade de Participação nos Planos Previdenciários;
5. Uniformidade e Equivalência dos Benefícios e Serviços às Populações Urbanas e Rurais;
6. Seletividade e Distributividade;

Princípios informadores da Previdência Social
7. Salários de Contribuição Corrigidos Monetariamente;
8. Irredutibilidade do Valor dos Benefícios;
9. Garantia do Benefício não inferior ao salário mínimo;
10. Previdência Complementar Facultativa;
11. Gestão Quadripartite de Previdência Social;
12. *Tempus Regit Actum.*
13. Automaticidade das prestações

▸ **Como esse assunto foi cobrado em concurso?**

No concurso para Juiz do Trabalho da 1ª Região em 2008, foi considerado errado o seguinte enunciado: A previdência social observará como princípios e diretrizes, dentre outros, o acesso universal e igualitário, valor da renda mensal dos benefícios, substitutos do salário-de-contribuição ou do rendimento do trabalho do segurado, não inferior ao salário mínimo; preservação do valor real dos benefícios; e participação da iniciativa privada, obedecidos os preceitos constitucionais. Por sua vez, no concurso do CESPE para Promotor de Justiça do ES em 2010, foi considerado errado o seguinte enunciado: Entre os princípios da previdência social enumerados na CF incluem-se a universalidade da cobertura e do atendimento; a uniformidade e equivalência dos benefícios e serviços às populações urbanas e rurais; e a descentralização, com direção única em cada esfera de governo.

4.1. Princípio da Contributividade

Pelo Princípio da Contributividade, a previdência social apenas concederá os seus benefícios e serviços aos segurados (e seus dependentes) que se filiarem previamente ao regime previdenciário, sendo exigido o pagamento de tributos classificados como contribuições previdenciárias, haja vista se tratar do único subsistema da seguridade social com natureza contributiva direta.

De efeito, determina a cabeça do artigo 201, da Constituição Federal de 1988, que a previdência social será organizada sob a forma de regime geral, **de caráter contributivo**, o que comprova a natureza constitucional deste princípio.

No Brasil, a previdência será necessariamente contributiva, ao contrário do ocorre em alguns países que adotam regimes previdenciários em que inexistem contribuições específicas para o seu custeio, que é realizado com os recursos dos tributos em geral, adotando-se nessas pontuais nações o modelo beveridgiano.

Vale frisar que a contributividade que marca a previdência social poderá ser real ou presumida. É que em muitas hipóteses a legislação previdenciária presume de maneira absoluta o recolhimento das contribuições previdenciárias em prol de determinados segurados, normalmente quando a responsabilidade tributária é transferida às empresas.

4.2. Princípio da Obrigatoriedade da Filiação

O RGPS é de caráter compulsório para os trabalhadores em geral, na forma do quanto determinado pelo *caput* do artigo 201, da Constituição, exceto no que concerne aos servidores públicos efetivos e militares vinculados a algum RPPS.

Esta imposição constitucional se justifica pelo Princípio da Solidariedade, pois lamentavelmente grande parte das pessoas não programaria espontaneamente o seu futuro, de modo que, se a adesão ao regime fosse facultativa, certamente poucos trabalhadores se filiariam.

Dessa forma, na velhice, doença, maternidade, morte, acidente, desemprego ou na ocorrência de outros eventos programados ou não, as pessoas imprevidentes provavelmente iriam onerar o Estado com o pagamento de benefícios assistenciais e ainda aumentariam bastante a miséria brasileira.

Logo, como uma medida positiva e salutar de um Estado Social que deve intervir para a garantia de direitos sociais e econômicos, andou bem o legislador constitucional ao prever a obrigatoriedade de filiação ao RGPS dos trabalhadores em geral.

Este princípio é excepcionado para os segurados facultativos do RGPS, pois apenas se filiarão se manifestarem a sua vontade e recolherem as contribuições respectivas, haja vista não exercerem atividade laboral remunerada.

4.3. Princípio do Equilíbrio Financeiro e Atuarial

Este princípio está previsto na cabeça do artigo 201, da CRFB, *determinando que a previdência social observe critérios que preservem o seu equilíbrio financeiro e atuarial*, a fim de assegurar a incolumidade das contas previdenciárias para as presentes e futuras gerações.

É certo que é preciso haver um equilíbrio entre as receitas que ingressam no fundo previdenciário e as despesas com o pagamento dos benefícios, que restou prejudicado com a utilização pretérita dos recursos da previdência para o custeio de outras diversas despesas da União, especialmente a construção de Brasília.

Todo regime previdenciário, quando começa, tende a arrecadar muito mais com as contribuições do que gastar com o pagamento de benefícios e a promoção de serviços, pois apenas as prestações não programadas serão devidas no início, o que permitirá a reunião de uma grande soma de recursos para o futuro, formando um *equilíbrio financeiro*.

Ao menos, a arrecadação deverá cobrir o pagamento dos benefícios previdenciários, sob pena de inexistência de equilíbrio financeiro, o que ocorre atualmente no RGPS, quando, somados os números urbanos e rurais, as receitas não fazem frente às despesas, conquanto o déficit tenha sido reduzido nos últimos anos.

Todavia, ante a dinâmica social, não basta a existência de boas reservas no presente para a garantia de uma previdência solvente no futuro, devendo ser monitoradas as novas tendências que possam afetar as contas da previdência, a exemplo da maior expectativa de vida das pessoas, a menor taxa de natalidade, o "efeito viagra" (os aposentados se casam com pessoas cada vez mais novas e instituem pensões por morte a serem pagas por décadas), o número de acidentes de trabalho e a aplicação aos benefícios no valor de um salário mínimo índices de reajuste anual acima da inflação.

Logo, uma previdência poderá estar equilibrada financeiramente no presente, mas com perspectivas de não estar no amanhã, sendo também imprescindível o seu *equilíbrio atuarial*, onde serão traçados cenários futuros para a manutenção ou alcance do equilíbrio financeiro, com o manejo da matemática estatística.

De resto, veja-se que o *Princípio da Precedência da Fonte de Custeio*, ao vedar a instituição, majoração ou extensão de benefício da seguridade social sem a prévia indicação da respectiva dotação orçamentária que bancará os gastos, busca também a concretização do Princípio do Equilíbrio Financeiro e Atuarial da previdência social.

4.4. Princípio da Universalidade de Participação nos Planos Previdenciários

Esta norma previdenciária está consignada expressamente no artigo 2º, inciso I, da Lei 8.213/91, sendo corolário do Princípio Universalidade da Cobertura e do Atendimento da seguridade social.

Com propriedade, deverá o RGPS buscar sempre a sua expansão a fim de filiar cada vez mais segurados, inclusive facultando a adesão ao plano das pessoas que não exercem atividade laboral remunerada, na condição de segurados facultativos.

É preciso advertir que a universalidade na previdência social, no Brasil, é mais restrita do que na saúde e na assistência social, pois se limita aos segurados e seus dependentes, por ser necessariamente contributiva, ao passo que a saúde pública é direito de todos e dever do Estado e as medidas assistencialistas serão prestadas a quem delas necessitar, independentemente de contribuição específica ao Poder Público.

Com esse espírito, a Emenda 47/2005 alterou a redação do §12 e inseriu o §13 no artigo 201, da CRFB, determinando que a lei disponha sobre o **sistema especial de inclusão previdenciária** dos trabalhadores de baixa renda e domésticos, com a garantia de benefícios no valor de um salário mínimo, com alíquotas e carência inferiores aos demais segurados, tendo sido regulamentada pela Lei Complementar 123/2006 e pela Lei 12.470/2011, que alterou a redação do artigo 21, da Lei 8212/91, instituindo alíquotas inferiores aos segurados contribuintes individuais e facultativos de baixa renda, conforme ainda será estudado oportunamente.

Realmente, cada vez mais o Poder Público busca a inclusão previdenciária dos trabalhadores informais, estimulando-os a verter contribuições ao RGPS, mesmo porque os autônomos que conseguem acumular um salário mínimo mensal com o seu trabalho estão em uma situação de clandestinidade previdenciária.

Em nada interessa ao Estado brasileiro e consequentemente ao interesse público que essas pessoas persistam na informalidade, pois futuramente acabarão engrossando as fileiras da assistência social, que não goza de contribuição direta dos beneficiários, sendo mantida com recursos de toda a coletividade.

4.5. Princípio da Uniformidade e Equivalência dos Benefícios e Serviços às Populações Urbanas e Rurais

Trata-se de princípio constitucional da seguridade social que foi repetido pelo artigo 2º, inciso II, da Lei 8.213/91.

Conforme visto, o espírito da norma foi vedar a discriminação negativa dos povos rurais já ocorrida no passado, mas é possível o tratamento diferenciado em favor das populações urbanas ou campesinas se houver base constitucional para tanto, em aplicação ao Princípio da Igualdade Material.

Nesse sentido, os trabalhadores rurais que laboram em regime de economia familiar para a subsistência terão uma redução de cinco anos para se aposentarem por idade, na forma do artigo 201, §7º, II, da Constituição, justificável em razão do desgaste físico que a atividade campesina traz aos povos do campo.

Ressalte-se que antes do advento do atual ordenamento constitucional, o rurícola poderia se aposentar com um benefício equivalente a meio salário mínimo, o que não é mais possível na atualidade, porquanto as aposentadorias urbanas ou rurais não poderão ser inferiores a um salário mínimo, valor presumido como o mínimo para um benefício previdenciário que venha a substituir a remuneração do trabalhador.

Assim, não será válida a distinção de tratamento previdenciário entre pessoas que moram no campo ou nas cidades pelo simples critério geográfico, sendo necessário um fator de discrímen com berço constitucional para justificar eventual distinção.

4.6. Princípio da Seletividade e Distributividade na Prestação dos Benefícios

Trata-se de reprodução parcial do Princípio Constitucional da Seletividade e Distributividade na Prestação dos Benefícios e Serviços promovida pelo artigo 2º, inciso III, da Lei 8.213/91.

Desconhece-se a motivação que levou o legislador ordinário a suprimir a expressão "serviços" prevista no texto constitucional, mas certamente foi um descuido do Poder Legislativo, pois não se vislumbra fundamento técnico-jurídico para a referida omissão.

Deveras, a *seletividade* obriga o legislador a escolher os riscos sociais a serem cobertos pelo RGPS, respeitado o conteúdo mínimo constitucional, que determina a cobertura de inúmeros eventos nos cinco incisos do artigo 201.

Da mesma forma, entre o universo de segurados e de dependentes, serão selecionados pelo legislador os que apresentem maior necessidade social da prestação previdenciária, de acordo com o interesse público.

Considerando as limitações orçamentárias, os eventos mais importantes para os segurados e seus dependentes deverão gerar os benefícios e serviços da previdência social, que deverão ser progressivamente alvo de expansão na proporção permitida pelo orçamento previdenciário.

Um caso que se insere no campo de incidência do Princípio da Seletividade foi à restrição promovida pela Emenda Constitucional 20/1998 para o benefício do auxílio-reclusão, que desde então passou a se destinar "para os dependentes dos segurados de baixa renda", na forma do artigo 201, inciso IV, da Lei Maior. Isso porque, à luz do interesse coletivo, o poder constituinte derivado resolveu apenas conceder os referidos benefícios aos dependentes dos segurados de baixa renda.

▸ **Qual o entendimento do STF sobre o assunto?**

I – Segundo decorre do art. 201, IV, da Constituição, a renda do segurado preso é que a deve ser utilizada como parâmetro para a concessão do benefício e não a de seus dependentes. II – Tal compreensão se extrai da redação dada ao referido dispositivo pela EC 20/1998, que restringiu o universo daqueles alcançados pelo auxílio-reclusão, a qual adotou o critério da seletividade para apurar a efetiva necessidade dos beneficiários (RE 587.365, de 25.03.2009).

De sua vez, a *distributividade* torna a previdência social relevante instrumento de repartição de riquezas no Brasil, sendo responsável pela retirada de mais de 22 milhões de pessoas da pobreza, conforme noticiado por publicação do Ministério da Previdência Social do ano de 2008.

> ▸ **Como esse assunto foi cobrado em concurso?**
>
> No concurso para Juiz do Trabalho da 6ª Região em 2010, foi considerado correto o seguinte enunciado: A seletividade e distributividade das prestações é princípio que se reporta precipuamente ao legislador, impondo-lhe que, na conformação legal dos planos de benefícios e serviços, sejam priorizadas as maiores necessidades sociais. Já no concurso para Juiz do Trabalho da 8ª Região em 2007, foi considerado correto o seguinte enunciado: Pelo princípio da seletividade, alguns benefícios só podem ser deferidos aos segurados e outros só podem ser concedidos aos dependentes.

4.7. Princípio dos Salários de Contribuição Corrigidos Monetariamente

Determina o artigo 2º, inciso IV, da Lei 8.213/91, que o cálculo dos benefícios previdenciários deverá considerar os salários de contribuição corrigidos monetariamente, direito dos segurados reconhecido no §3º, do artigo 201, da CRFB.

Ainda não é o momento adequado para o estudo aprofundado do salário de contribuição. Por ora, para que o leitor entenda o conteúdo deste princípio, insta asseverar que se trata de instituto exclusivo do Direito Previdenciário, cujo valor é utilizado para o cálculo de quase todos os benefícios, sendo formado normalmente por parcelas remuneratórias decorrente do labor, observado o piso e o teto.

Assim, para que um segurado possa se aposentar com base na legislação atual, para o cálculo da renda mensal do seu benefício, todos os salários de contribuição deverão ser atualizados pelo índice legal (atualmente é o INPC), a fim de não defasar o valor da prestação previdenciária a ser recebida.

Parece óbvio, mas não era assim no passado. Na legislação previdenciária vigente no regime constitucional pretérito, nem todos os salários de contribuição eram corrigidos monetariamente (os dozes últimos salários se contribuição não sofriam correção monetária, nos termos do artigo 37, §1º, do Decreto 83.080/79), o que levava a uma acentuada defasagem da sua renda mensal inicial, especialmente em tempos de inflação galopante.

▶ **Como esse assunto foi cobrado em concurso?**

No concurso do CESPE para Defensor Público da União em 2007, foi considerado errado o seguinte enunciado: O valor mensal dos benefícios que, eventualmente, substituam o salário de contribuição ou o rendimento do trabalho não poderá ser inferior a um salário mínimo. Esse princípio da seguridade social brasileira tem aplicação tanto na assistência quanto na previdência social, sendo excepcionado apenas na área de saúde, pois esta não possui prestações continuadas pagas em espécie.

4.8. Princípio da Irredutibilidade do Valor dos Benefícios

Na forma do artigo 2º, inciso V, da Lei 8.213/91, é direito dos segurados e dependentes que o valor do seu benefício previdenciário não seja reduzido nominalmente, bem como sofra os reajustes anuais a fim de preservar o seu poder aquisitivo.

Logo, não se cuida apenas de uma **irredutibilidade** nominal ou formal, e sim **material**, sendo direito subjetivo dos beneficiários do RGPS o reajuste pelo índice legal para a manutenção do seu **valor real**, conforme determinação do artigo 201, §4º, da Constituição Federal.

Desde o advento das Leis 8.212/91 e 8.213/91 os benefícios previdenciários passaram a ter reajustes desvinculados do salário mínimo, ocorrendo anualmente de acordo com o índice legal, razão pela qual é possível que uma pessoa que se aposentou com o equivalente a cinco salários mínimos perceba uma proporção menor hoje, haja vista que as políticas públicas de reajuste do salário mínimo vêm aplicando percentuais acima da inflação.

É comum que muitos segurados e dependentes ingressem com ações judiciais visando à aplicação do mesmo percentual do salário mínimo ou de outros índices de correção monetária mais vantajosos, mas a atual sistemática já foi validada inúmeras vezes pelo STF (a exemplo do AI 540956/AgR, de 14.03.2006).

Atualmente, em regra, os benefícios deverão ser reajustados na mesma data do reajuste do salário mínimo e de acordo com o INPC – Índice Nacional de Preços do Consumidor, nos termos do artigo 41-A, da Lei 8.213/91, inserto pela Lei 11.430/2006, elaborado pela Fundação IBGE, com base nos Índices de Preços ao Consumidor Regionais.

▶ **Como esse assunto foi cobrado em concurso?**

No concurso do CESPE para Juiz Federal da 2ª Região em 2013, foi considerada correta a letra B:A previdência social é regida por princípios que foram consolidados na Lei n.º 8.212/1991. Entre esses princípios, encontra-se o princípio: a) do cálculo dos benefícios considerando-se os salários-de-contribuição nominais. b) da preservação do valor real dos benefícios. c) da previdência complementar facultativa, custeada por parcela das contribuições sociais previdenciárias. d) da universalidade de participação nos planos previdenciários, independentemente de contribuição. e) do valor da renda mensal dos benefícios, substitutos do salário- de-contribuição ou do rendimento do trabalho do segurado, superior ao valor do salário mínimo.

▶ **Qual o entendimento do STJ sobre o assunto?**

Vale ressaltar que, por força deste princípio, a jurisprudência do STJ não vinha admitindo redução do valor nominal do benefício previdenciário pago em atraso em razão de índices negativos de deflação, a exemplo de passagem do julgamento do agravo regimental no recurso especial 1.242.584, de 19.05.2011. Contudo, no ano de 2012, a jurisprudência do STJ se firmou em sentido contrário. Com base em precedente da Corte Especial, a 3ª Seção passou a admitir a aplicação de índices negativos de inflação na atualização dos benefícios previdenciários, desde que respeitada à irredutibilidade do valor total a ser pago a título de parcelas atrasadas (EDcl no AgRg no RECURSO ESPECIAL Nº 1.142.014 - RS - Publicado em 11/10/2012).

▶ **Como esse assunto foi cobrado em concurso?**

No concurso do CESPE para Juiz Federal da 5ª Região em 2011, foi considerado errado o seguinte enunciado: Com base no princípio constitucional de irredutibilidade do valor dos benefícios, não se admite redução do valor nominal do benefício previdenciário pago em atraso, exceto na hipótese de índice negativo de correção para os períodos em que ocorra deflação.

4.9. Princípio da Garantia do Benefício não Inferior ao Salário Mínimo

É assegurado constitucionalmente (artigo 201, §2º) que nenhum benefício do RGPS que substitua o rendimento do trabalho tenha valor inferior a um salário mínimo, avanço que dobrou muitas aposentadorias rurais que tinham a renda equivalente a ½ salário mínimo no anterior regime.

Nessa trilha, o artigo 2º, inciso VI, da Lei 8.213/91, elevou esta norma à categoria de princípio da previdência social, fazendo com que apenas os benefícios que não venham a substituir a remuneração do trabalhador possam ser inferiores a um salário mínimo, como ocorre com o auxílio-acidente e o salário-família, conforme será visto no momento oportuno.

▸ **Como esse assunto foi cobrado em concurso?**

No concurso do CESPE para Juiz Federal da 5ª Região em 2013, foi considerado errado o seguinte enunciado: De acordo com a CF, **nenhum** benefício pago pela previdência social pode ter valor inferior a um salário mínimo.

Todavia, essa garantia vem gerando uma situação inusitada e não isonômica para muitos segurados e dependentes do RGPS, porquanto ao longo dos anos os benefícios mínimos vêm sofrendo um reajuste maior que os demais, em decorrência dos maiores reajustes do salário mínimo ao longo das duas últimas décadas.

4.10. Princípio da Previdência Complementar Facultativa

Além dos tradicionais planos básicos públicos (RGPS para os trabalhadores em geral e RPPS's para os servidores públicos efetivos e militares), a previdência social brasileira ainda contempla os planos complementares na área pública (ainda pendentes de instituição pelas entidades políticas interessadas) e na área privada, estes repartidos em abertos e fechados.

Em todos os planos complementares, ao contrário dos planos básicos, a adesão será sempre facultativa, ante a natureza contratual que rege essa relação jurídica e a previsão expressa na cabeça do artigo 202, da Constituição de 1988 e no artigo 2º, inciso VII, da Lei 8.213/91.

4.11. Princípio da Gestão Quadripartite da Previdência Social

Este princípio é decorrência natural do Princípio da Gestão Quadripartite da Seguridade Social, na forma do artigo 2º, VIII, da Lei 8.213/91, pois a previdência social deverá contar com uma gestão democrática e descentralizada, com a participação de representantes do Poder Público, empregadores, trabalhadores e aposentados nos órgãos colegiados.

Nesse sentido, a composição do CNPS – Conselho Nacional de Previdência Social, órgão superior de deliberação colegiada, possui seis representantes do Governo federal e nove das demais categoriais referidas, o que demonstra que o Poder Público não detém a maioria dos membros, ainda inovando ao prever representantes dos pensionistas juntamente com os aposentados.

▶ **Como esse assunto foi cobrado em concurso?**

No concurso da FCC para Procurador da Prefeitura de Recife em 2014, foi considerada correta a letra C: A Previdência Social rege-se pelos seguintes princípios e objetivos: I. Uniformidade e equivalência dos benefícios e serviços às populações urbanas e rurais. II. Caráter democrático e descentralizado da gestão administrativa, com a participação do governo e da comunidade, em especial de trabalhadores em atividade, empregadores e aposentados. III. Cálculo dos benefícios considerando-se os salários-de-contribuição corrigidos monetariamente. IV. Irredutibilidade do valor dos benefícios de forma a preservar-lhes o poder real. Está correto o que consta APENAS em: a) III. b) II e III. c) I, II e III. d) II e IV. e) I e IV.

4.12. Princípio do *Tempus Regit Actum*

Trata-se de um princípio geral do Direito que pontifica que os atos jurídicos deverão ser regulados pela lei vigente no momento da sua realização (a lei do tempo rege o ato), normalmente não se aplicando os novos regramentos que lhe são posteriores, salvo previsão expressa em sentido contrário.

É possível afirmar que tem berço constitucional por derivar do direito fundamental que proíbe a nova lei de prejudicar o direito adquirido, o ato jurídico perfeito e a coisa julgada, conforme previsão do artigo 5º, inciso XXXVI, da CRFB.

Conquanto não esteja explicitamente previsto na legislação da previdência social como seu princípio informador, entende-se que ele integra o rol, sendo muitas vezes usado para definir o regime jurídico dos benefícios previdenciários, pois deverá ser aplicada a lei vigente na data do nascimento do direito à prestação previdenciária.

É que o ato administrativo de concessão de um benefício pela Previdência Social classifica-se como ato jurídico perfeito, conquanto surta efeitos por dias, meses, anos ou décadas, pois a obrigação de pagamento das parcelas do benefício é mensal, configurando-se uma relação jurídica continuada ou de trato sucessivo.

O ato jurídico de concessão de um benefício se aperfeiçoa sob a vigência de uma lei, mas comumente continua gerando efeitos jurídicos sob a vigência de um ou mais regimes jurídicos instituídos por leis novas, o que não raro gera um conflito aparente intertemporal, especialmente quando o novel regime é mais benefício aos segurados e seus dependentes.

Assim, a rigor, a lei nova não se aplicará ao benefício concedido anteriormente, mesmo se melhor para o segurado, salvo previsão expressa em sentido contrário para favorecer os beneficiários.

▸ **Qual o entendimento do STF sobre o assunto?**

De acordo com a Suprema Corte "os benefícios previdenciários devem regular-se pela lei vigente ao tempo em que preenchidos os requisitos necessários à sua concessão. Incidência, nesse domínio, da regra "tempus regit actum", que indica o estatuto de regência ordinariamente aplicável em matéria de instituição e/ou de majoração de benefícios de caráter previdenciário" (AI 625.446 AgR, de 12.08.2008).

Note-se que inexiste direito adquirido a novo regime jurídico criado por lei, devendo ser identificada a lei em vigor no momento em que o beneficiário faz jus ao benefício, pois antes do preenchimento de todos os requisitos legais há mera expectativa de direito.

Assim, se determinada pessoa busca a revisão judicial de uma aposentadoria concedida no ano de 1980, as normas vigentes à época é que deverão nortear a decisão do julgador (ultra atividade de normas já revogadas), e não as atuais, mesmo que mais favoráveis ao aposentado, salvo se houver expressa permissão legal em sentido contrário.

▸ **Qual o entendimento do STF sobre o assunto?**

No julgamento do AI 732.564 AgR, em 25.08.2009, afirmou o STF que "a pensão por morte rege-se pela legislação em vigor na data do falecimento do segurado. Princípio da lei do tempo rege o ato (*tempus regit actum*)".

Registre-se que esse caráter intertemporal dificulta bastante a análise de processos que tratam de benefícios antigos, pois toda a apreciação deverá ser promovida à luz da legislação de época.

4.13. Automaticidade das Prestações

Há, ainda, o Princípio da Automaticidade das Prestações, que estatui serem devidas as prestações previdenciárias mesmo na hipótese de não pagamento das contribuições previdenciárias, quando a responsabilidade tributária pelo recolhimento for das empresas tomadoras dos serviços, o que ocorre no Brasil com os segurados empregados, trabalhadores avulsos e contribuintes individuais prestadores de serviços à pessoa jurídica.

Assim, se uma empresa não recolhe as contribuições previdenciárias do seu empregado, o INSS deverá deferir o benefício, não podendo alegar a mora da empresa, devendo a Secretaria de Receita Federal do Brasil proceder a cobrança das contribuições em atraso, caso ainda não decaídas.

Este princípio não possui previsão expressa no ordenamento jurídico previdenciário do Brasil, mas é possível afirmar que implicitamente ele está consagrado. Na Itália, por exemplo, goza de previsão literal no artigo 67.°, do Decreto n.° 1.124, conforme aplicado pelo **Tribunale di Vicenza no processo C-218/00, de 22.01.2002, no caso Cisal di Battistello Venanzio & C. Sas contra Istituto nazionale per l'assicurazione contro gli infortuni sul lavoro.**

Vale frisar que o Princípio da Automaticidade das Prestações não se aplica às hipóteses em que o próprio segurado é responsável direto pelo pagamento das contribuições previdenciárias, conforme será visto.

▸ Como esse assunto foi cobrado em concurso?

No concurso da FCC para Juiz do Trabalho do TRT da 18ª Região em 2014, foi considerada correta a letra C: A concessão de benefício, ainda que não conste prova do pagamento de contribuições previdenciárias, é possível no Regime Geral de Previdência Social, em relação a segurados empregados e contribuintes individuais prestadores de serviço a pessoas jurídicas, baseado no princípio da: a) equidade na forma de participação no custeio. b) alteridade de custeio. c) automaticidade das prestações. d) contrapartida. e) diversidade na base de custeio.

Capítulo 4

Segurados obrigatórios e facultativos, filiação e inscrição no Regime Geral de Previdência Social

1. INTRODUÇÃO

No âmbito do RGPS, estão cobertos pelo sistema os segurados obrigatórios e os facultativos, formando dois grandes grupos de filiados, bem como as pessoas que se enquadrem como os seus dependentes.

De efeito, no grupo dos **segurados obrigatórios**, em regra, se enquadram as pessoas que exercem atividade laboral remunerada no Brasil, exceto os servidores públicos efetivos e militares já vinculados a Regime Próprio de Previdência Social, instituído pela entidade política que se encontrem vinculados.

Caso o servidor ou o militar venham a exercer, concomitantemente, uma ou mais atividades abrangidas pelo Regime Geral de Previdência Social, tornar-se-ão segurados obrigatórios em relação a essas atividades.

Logo, é possível que o servidor público efetivo que desenvolva uma atividade laborativa remunerada paralela ao serviço público seja abarcado simultaneamente pelo RPPS e RGPS, podendo receber nesta hipótese duas aposentadorias, observado o teto do funcionalismo público federal, a teor do artigo 40, §11, da Constituição Federal.

> **Como esse assunto foi cobrado em concurso?**
>
> No concurso da FCC para Analista do TRF da 3ª Região em 2014, foi considerada correta a letra D: Matias é militar da União e sua mulher, Catarina, é militar do Estado de São Paulo. Nestes casos, em regra, de acordo com a Lei nº 8.212/91: a) apenas Matias é excluído do Regime Geral de Previdência Social consubstanciado na referida lei, independentemente do amparo por regime próprio de previdência social. b) Matias e Catarina são, obrigatoriamente, excluídos do Regime Geral de Previdência Social consubstanciado na referida lei. c) apenas Catarina é excluída do Regime Geral de Previdência Social consubstanciado na referida lei, independentemente do amparo por regime próprio de previdência social. d) Matias e Catarina são excluídos do Regime Geral de Previdência Social consubstanciado na referida lei, desde que amparados por regime próprio de previdência social. e) Matias e Catarina são segurados obrigatórios do Regime Geral de Previdência Social consubstanciado na referida lei.

Esse grupo engloba cinco categorias de segurados que obrigatoriamente terão que se filiar ao sistema: ***empregado***, ***empregado doméstico***, ***trabalhador avulso***, ***segurado especial*** e ***contribuinte individual***.

É plenamente possível que uma pessoa seja filiada em mais de uma categoria na hipótese de desenvolvimento de atividades laborais concomitantes, a exemplo do segurado que mantém um vínculo empregatício (será filiado na condição de segurado empregado) e que nos fins de semana vende sorvete por conta própria em estádios de futebol (será filiado na condição de contribuinte individual).

De acordo com o artigo 12, §4º, da Lei 8.212/91, "o aposentado pelo Regime Geral de Previdência Social – RGPS que estiver exercendo ou que voltar a exercer atividade abrangida por este Regime é segurado obrigatório em relação a essa atividade, ficando sujeito às contribuições de que trata esta Lei, para fins de custeio da Seguridade Social".

Logo, o aposentado que continua trabalhando será segurado obrigatório do RGPS, devendo pagar as contribuições previdenciárias, mesmo sem poder gozar de nova aposentadoria no Regime Geral.

> ▸ **Como esse assunto foi cobrado em concurso?**
>
> No concurso do CESPE para Juiz Federal da 2ª Região em 2009, foi considerado correto o seguinte enunciado: O aposentado pelo RGPS que voltar a exercer atividade alcançada por esse regime será segurado obrigatório em relação a essa atividade e ficará sujeito às contribuições legais para custeio da seguridade social.

Destaque-se que o *dirigente sindical* manterá, durante o exercício do mandato eletivo, o mesmo enquadramento no Regime Geral de Previdência Social de antes da sua investidura.

Por sua vez, as pessoas que não desenvolvam atividade laborativa no Brasil poderão se filiar na condição de **segurados facultativos** da previdência social, em atendimento ao Princípio da Universalidade de Cobertura, a exemplo do estagiário e da dona de casa.

- Segurados do RGPS
  - Obrigatórios
    - Empregado;
    - Empregado doméstico;
    - Trabalhador avulso;
    - Segurado especial;
    - Contribuinte individual.
  - Facultativos

2. SEGURADOS OBRIGATÓRIOS

Os segurados obrigatórios do RGPS estão listados no artigo 12, da Lei 8.212/91, sendo repetidos no artigo 11, da Lei 8.213/91, com regulamentação no artigo 9º, do Decreto 3.048/99 (Regulamento da Previdência Social).

Por óbvio, apenas poderão se filiar como segurados obrigatórios as pessoas naturais, inexistindo possibilidade jurígena de uma pessoa jurídica ser segurada do Regime Geral de Previdência Social.

Vale salientar que a regra é a adoção do ***Princípio da Territorialidade da Filiação***, ou seja, quem exercer atividade laborativa remunerada no território do Brasil e não for servidor público efetivo ou militar vinculado a RPPS, será segurado obrigatório do RGPS.

Contudo, há hipóteses legais excepcionais que serão vistas em que pessoas que trabalham no Brasil não serão seguradas do RGPS, bem como existirão segurados obrigatórios do RGPS trabalhando fora do país.

2.1. Segurado empregado

A legislação previdenciária enumera as hipóteses de enquadramento de um trabalhador como segurado empregado da previdência social, ressaltando que é uma categoria de segurados mais extensa do que os abarcados pela definição de relação de emprego fornecida pela legislação trabalhista, que exige remuneração, pessoalidade, subordinação e habitualidade para a configuração do vínculo de emprego.

> **Importante!**
>
> Vale ressaltar que o titular de cargo efetivo de ente político que não tenha regime próprio (ocorre com muitos municípios) estará vinculado automaticamente ao RGPS, a teor do artigo 12, da Lei 8.212/91 e do artigo 10, §1º, do Regulamento da Previdência Social, na condição de segurado empregado.

Serão analisados os casos de enquadramento das pessoas físicas como segurados empregados, à luz do artigo 12, inciso I, da Lei 8.212/91, bem como do artigo 9º, I, do RPS (Decreto 3.048/99):

A) **Aquele que presta serviço de natureza urbana ou rural à empresa, em caráter não eventual, sob sua subordinação e mediante remuneração, inclusive como diretor empregado;**

É conceito similar [illegible]igo 3º, da CLT, ou seja, exige-se a remuneração, a habitualidade, a pessoalidade e a subordinação para a configuração do vínculo empregatício, inclusive o diretor empregado.

Logo, **o empregado da CLT será segurado empregado do RGPS**.

Com o veto parcial na Lei 11.457/2007, o vínculo empregatício continua podendo ser considerado pela fiscalização da Secretaria de Receita Federal do Brasil, independentemente de reconhecimento da Justiça do Trabalho.

O **menor aprendiz** é enquadrado como segurado empregado, sendo definido o *contrato de aprendizagem* como o contrato de trabalho especial, ajustado por escrito e por prazo determinado, em que o empregador se compromete a assegurar ao *maior de quatorze e menor de vinte e quatro anos*, inscrito em programa de aprendizagem, formação técnico-profissional metódica, compatível com o seu desenvolvimento físico, moral e psicológico, e o aprendiz, a executar, com zelo e diligência, as tarefas necessárias a essa formação, pelo prazo máximo de dois anos, exceto quando se tratar de aprendiz portador de deficiência, ao qual não se aplica o limite máximo de idade.

▸ **Como esse assunto foi cobrado em concurso?**

No concurso do CESPE para Procurador do TCU em 2015, foi considerado ERRADO o seguinte enunciado: O menor aprendiz é enquadrado na categoria de segurado facultativo.

Da mesma forma, a jurisprudência dominante entende que o *aluno-aprendiz* será considerado como segurado empregado, desde que perceba remuneração, mesmo que indireta (valores recebidos a título de alimentação, fardamento, material escolar e parcela de renda auferida com a execução de encomendas para terceiros, entre outros).

▸ **Qual o entendimento da TNU sobre o assunto?**

De acordo com a Súmula 18, da Turma Nacional de Uniformização de Jurisprudência dos Juizados Federais, "provado que o aluno aprendiz de Escola Técnica Federal recebia remuneração, mesmo que indireta, à conta do orçamento da União, o respectivo tempo de serviço pode ser computado para fins de aposentadoria previdenciária".

B) Aquele que, contratado por empresa de trabalho temporário, definida em legislação específica, presta serviço para atender a necessidade transitória de substituição de pessoal regular e permanente ou a acréscimo extraordinário de serviços de outras empresas;

Trata-se do trabalhador temporário regido pela Lei 6.019/74, sendo o trabalho temporário definido como aquele prestado por pessoa física a uma empresa, para atender à necessidade transitória de substituição de seu pessoal regular e permanente ou a acréscimo extraordinário de serviços, nos termos do artigo 2º, da Lei 6.019/74.

Vale ressaltar que a contratação não poderá ter prazo superior a três meses, prorrogável, na forma do artigo 9º, inciso I, letra "b", do Regulamento da Previdência Social.

Entende-se por empresa de trabalho temporário a pessoa física ou jurídica urbana, cuja atividade consiste em colocar à disposição de outras empresas, temporariamente, trabalhadores, devidamente qualificados, por elas remunerados e assistidos.

C) **o brasileiro ou estrangeiro domiciliado e contratado no Brasil para trabalhar como empregado em sucursal ou agência de empresa nacional no exterior;**

Enquadra-se como segurado empregado o nacional ou o estrangeiro contratado e domiciliado no Brasil por empresa brasileira para trabalhar no exterior em sua filial, a fim de conferir cobertura previdenciária a essas pessoas.

Frise-se que o conceito de empresa brasileira foi alterado pela Emenda 06/95, que revogou o artigo 171, da Constituição, pois agora basta que a pessoa jurídica seja constituída sob a égide da legislação brasileira e conte com sede e administração no Brasil, na forma do artigo 176, §1º, da Lei Maior.

Trata-se de uma exceção ao Princípio da Territorialidade da Filiação, pois neste caso um trabalhador laborará no exterior e será segurado obrigatório do RGPS.

A justificativa política desta hipótese de filiação obrigatória ao RGPS certamente foi o fato da empresa tomadora do serviço ser brasileira, sendo natural o retorno do empregado ao Brasil ao final da prestação do serviço ou mesmo antes, garantido o tempo de contribuição no regime previdenciário brasileiro, independentemente da existência de tratado internacional.

D) **aquele que presta serviço no Brasil a missão diplomática ou a repartição consular de carreira estrangeira e a órgãos a ela subordinados, ou a membros dessas missões e repartições, excluídos o não-brasileiro sem residência permanente no Brasil e o brasileiro amparado pela legislação previdenciária do país da respectiva missão diplomática ou repartição consular;**

Trata-se de norma supletiva do RGPS, que visa conferir cobertura à pessoa que presta serviços no Brasil à missão diplomática ou a consulado estrangeiro, que apenas incidirá se o brasileiro não estiver coberto pela previdência estrangeira ou se cuidar de estrangeiro com residência permanente no Brasil.

Caso o estrangeiro não tenha residência permanente no Brasil e o brasileiro tenha a cobertura previdenciária do país estrangeiro, não incidirá esta hipótese de filiação obrigatória ao RGPS na condição de empregado, o que se revela como uma exceção ao Princípio da Territorialidade da Filiação.

> **▸ Como esse assunto foi cobrado em concurso?**
>
> No concurso do CESPE para Juiz Federal da 5ª Região em 2011, foi considerado errado o seguinte enunciado: É segurado obrigatório da previdência social na qualidade de empregado aquele que presta serviço no Brasil a missão diplomática ou a repartição consular de carreira estrangeira e a órgãos a ela subordinados ou a membros dessas missões e repartições, ainda que o prestador desse tipo de serviço seja estrangeiro sem residência permanente no Brasil.

E) **o brasileiro civil que trabalha para a União, no exterior, em organismos oficiais brasileiros ou internacionais dos quais o Brasil seja membro efetivo, ainda que lá domiciliado e contratado, salvo se segurado na forma da legislação vigente do país do domicílio;**

Cuida-se de outra norma subsidiária do RGPS, sendo apenas aplicável caso o brasileiro que trabalhe para a União no exterior em organismos oficiais não esteja amparado pela legislação estrangeira.

Outrossim, obviamente esta norma não será aplicável se essa pessoa for segurada do RPPS da União, por se tratar de servidor público efetivo ou militar federal.

Aqui se tem mais uma exceção ao Princípio da Territorialidade da Filiação.

F) **o brasileiro ou estrangeiro domiciliado e contratado no Brasil para trabalhar como empregado em empresa domiciliada no exterior, cuja maioria do capital votante pertença a empresa brasileira de capital nacional;**

Neste caso, a pessoa que seja empregada de empresa com sede no exterior será considerada como segurada empregada do RGPS, desde que a maioria do capital votante seja pertencente à empresa brasileira, assim considerada a constituída sob a égide da legislação brasileira e que conte com sede e administração no Brasil.

Logo, cuida-se de outra exceção ao Princípio da Territorialidade da Filiação.

G) o servidor público ocupante de cargo em comissão, sem vínculo efetivo com a União, Autarquias, inclusive em regime especial, e Fundações Públicas Federais;

Este dispositivo está em consonância com o artigo 40, §13, da Constituição Federal, inserido pela EC 20/1998, que enquadrou os servidores titulares de cargos em comissão, empregos públicos ou outros vínculos temporários como segurados obrigatórios do RGPS.

Nesse rol estão insertos os ministros e secretários sem vínculo efetivo com a Administração Pública, na forma do artigo 12, §6º, da Lei 8.212/91.

Note-se que este dispositivo, posto pela Lei 8.647/93, só se refere aos titulares de cargos em comissão federais, razão pela qual os estaduais, distritais e municipais somente restaram vinculados ao RGPS com o advento da EC 20/1998, mesmo que suas respectivas entidades políticas tenham instituído RPPS.

> ▸ **Como esse assunto foi cobrado em concurso?**
>
> No concurso do CESPE para Promotor de Justiça do ES 2010, foi considerado errado o seguinte enunciado: É vedada a filiação ao RGPS, na qualidade de segurado obrigatório, de pessoa participante de regime próprio de previdência, ainda que servidor ocupante exclusivamente de cargo em comissão declarado em lei de livre nomeação e exoneração

H) ~~o exercente de mandato eletivo federal, estadual ou municipal, desde que não vinculado a regime próprio de previdência social~~ (Suspenso pela Resolução 26/2005 do Senado da República);

Este inciso foi inserto pela Lei 9.506/97, que acabou com o Instituto de Previdência dos Congressistas, que não tinha equilíbrio financeiro e atuarial. Entretanto, a Lei 9.506/97 criou o Plano de Seguridade Social dos Congressistas, a cargo da União, de filiação facultativa dos Deputados Federais e Senadores.

O objetivo do legislador foi vincular o titular de mandato eletivo sem vínculo efetivo com a Administração Pública ao RGPS, na condição de segurado empregado. Todavia, com base na redação do artigo 195 da Constituição Federal em 1997, não poderia o titular de mandato eletivo ter sido inserido como segurado do RGPS por lei ordinária, vez que inexistia essa fonte de custeio para o pagamento das contribuições previdenciárias.

É que a criação de novas fontes de custeio para o pagamento de contribuições para a seguridade social não previstas na Constituição Federal demanda a edição de lei complementar, nos moldes do artigo 195, §4º, da Lei Maior.

▸ **Qual o entendimento do STF sobre o assunto?**

O STF, no RE 351.717, de 08.10.2003, julgou incidentalmente inconstitucional esta alínea "h", pois restou instituída uma nova fonte de custeio para a seguridade social não prevista no artigo 195, da Constituição Federal, que exige lei complementar para tanto, conforme determina o seu §4º, pois a sua inserção foi operada antes do advento da Emenda 20/1998.

De acordo com o STF, a "instituição dessa nova contribuição, que não estaria incidindo sobre "a folha de salários, o faturamento e os lucros" (C.F., art. 195, I, sem a EC 20/98), exigiria a técnica da competência residual da União, art. 154, I, ex vi do disposto no art. 195, § 4º, ambos da C.F. É dizer, somente por lei complementar poderia ser instituída citada contribuição".

Note-se que a apreciação do STF tomou como parâmetro o texto do artigo 195, da Constituição, anteriormente à reforma da previdência social perpetrada pela Emenda 20/1998.

De seu turno, em razão do referido julgamento pela Suprema Corte, o Senado da República suspendeu a eficácia *erga omnes* lesta alínea "h" através da Resolução 26/2005.

Posteriormente, a questão foi constitucionalmente regularizada, vez que estão consignados como fonte de custeio da seguridade social o trabalhador e os demais segurados do RGPS, na forma da nova redação do inciso II, do artigo 195, da Lei Maior, pois antes apenas havia a previsão dos trabalhadores, categoria que a Suprema Corte entendeu não se enquadrarem os agentes políticos titulares de mandato eletivo.

Ademais, com a atual redação do artigo 195, I, "a", da Constituição Federal, dada pela EC 20/1998, a contribuição previdenciária das empresas e equiparados não incidirá apenas sobre a folha de salários, mas também sobre os demais rendimentos do trabalho pagos ou creditados, a qualquer título, à pessoa física que lhe preste serviço, mesmo sem vínculo empregatício, previsão genérica que poderá abarcar os titulares de mandato eletivo.

Como será visto no estudo da alínea "j", a questão se resolveu com a edição da Lei 10.887/2004, com redação idêntica a esta alínea "h".

i) o empregado de organismo oficial internacional ou estrangeiro em funcionamento no Brasil, salvo quando coberto por regime próprio de previdência social;

Trata-se de norma supletiva do RGPS, que busca a cobertura previdenciária do empregado de organismo oficial internacional ou estrangeiro, que apenas incidirá caso inexista a proteção previdenciária desse trabalhador.

Caso incida esta norma subsidiária, haverá mais uma exceção ao Princípio da Territorialidade da Filiação.

j) o exercente de mandato eletivo federal, estadual ou municipal, desde que não vinculado a regime próprio de previdência social;

Através da promulgação da Lei 10.887/2004, foi repetida a redação da alínea "h", pois, com o advento da Emenda 20/98, que alterou a redação do artigo 195, inciso I e II, da Constituição Federal.

Agora, o texto constitucional se refere ao trabalhador e demais segurados da Previdência Social, bem como à contribuição previdenciária patronal sobre os rendimentos do trabalho pagos ou creditados, a qualquer título, à pessoa física que lhe preste serviço, mesmo sem vínculo empregatício, não cabendo mais se falar em inconstitucionalidade formal desta previsão por ser tema afeto à lei complementar para a criação de nova fonte de custeio.

> **▸ Importante!**
>
> Frise-se que apenas será filiado ao RGPS, na condição de empregado, o titular de mandato eletivo não vinculado a RPPS.

> **▸ Como esse assunto foi cobrado em concurso?**
>
> No concurso do CESPE para Procurador da PGM RR em 2010, foi considerado errado o seguinte enunciado: O exercente de mandato eletivo federal, estadual ou municipal é segurado obrigatório da previdência social como empregado, ainda que seja vinculado a regime próprio de previdência social. Por sua vez, também em 2010, no concurso do CESPE para Defensor Público da Bahia, foi considerado correto o seguinte enunciado: É segurado obrigatório da previdência social, na qualidade de empregado, o exercente de mandato eletivo federal, estadual ou municipal, desde que não vinculado a regime próprio de previdência social.

Insta ressaltar também que não será filiado ao RGPS o congressista federal que optar em se filiar ao Plano de Seguridade Social dos Congressistas, nos moldes dos artigos 2º e 16, da Lei 9.506/97.

2.2. Segurado empregado doméstico

Enquadra-se como segurado empregado doméstico *aquele que presta serviço de natureza contínua a pessoa ou família, no âmbito da residência desta, em atividades sem fins lucrativos*, a teor do artigo 12, II, da Lei 8.212/91, a partir da competência de abril de 1973, por força do Decreto 71.785/73.

Deveras, o empregado doméstico é regido pela Lei Complementar 150/2015 , sendo possível que haja atividades externas, desde que direcionadas à família e sem finalidades lucrativas, a exemplo do trabalho do caseiro, do motorista e do piloto particular.

É possível sintetizar as características do empregado doméstico:

I. Existência de vínculo empregatício;

II. Atividades desenvolvidas na residência ou em razão desta;

III. Atuação em atividades sem fins lucrativos.

A Lei Complementar 150/2015 previu expressamente que a formação de vínculo de emprego doméstico exige a prestação de serviços de forma contínua, subordinada, onerosa e pessoal e de finalidade não lucrativa à pessoa ou à família, no âmbito residencial destas, **por mais de 2 (dois) dias por semana.**

> **Importante!**
> Com o advento da Lei 12.470/2011, que inseriu o parágrafo único no artigo 24, da Lei 8.212/91, o empregador doméstico não poderá contratar microempreendedor individual como empregado doméstico, sob pena de ficar sujeito a todas as obrigações dela decorrentes, inclusive trabalhistas, tributárias e previdenciárias.

Por sua vez, com o advento da Emenda 72/2013, a idade mínima constitucional para a admissão de um empregado doméstico passou a ser de 18 anos de idade, conforme já previsto no Decreto 6.481/2008, que regulamentou a Convenção 182 da Organização Internacional do Trabalho (OIT), que trata da proibição das piores formas de trabalho infantil e ação imediata para sua eliminação.

Por fim, é preciso esclarecer que os **empregados dos condomínios residenciais não são empregados domésticos**, a exemplo dos porteiros e zeladores, conforme o próprio entendimento do Ministério do Trabalho e Emprego (Cartilha do Trabalho Doméstico), pois a atividade não é prestada especificamente a uma pessoa ou família, não sendo o condomínio um empregador doméstico.

2.3. Segurado trabalhador avulso

É aquele que *presta serviços a diversas empresas, sem vínculo empregatício, de natureza urbana ou rural*, definidos no regulamento, conforme previsão do artigo 12, VI, da Lei 8.212/91.

De acordo com o artigo 9º, VI, do Decreto 3.048/99, é o trabalhador sindicalizado ou não, que presta serviço por intermédio de órgão gestor de mão-de-obra ou do sindicato da categoria.

Logo, a filiação do trabalhador avulso terá as seguintes características:

A) Prestação de serviços de natureza urbana ou rural a empresas sem vínculo empregatício;

B) **Intermediação do trabalho por órgão gestor de mão de obra ou sindicato da categoria;**

C) Não há necessidade de sindicalização.

Os trabalhadores avulsos podem ser repartidos em duas categorias: **não portuários e portuários.**

O *trabalhador avulso não portuário* é aquele que presta serviços de carga e descarga de mercadorias de qualquer natureza, inclusive carvão e minério, o trabalhador em alvarenga (embarcação para carga e descarga de navios), o amarrador de embarcação, o ensacador de café, cacau, sal e similares, aquele que trabalha na indústria de extração de sal, o carregador de bagagem em porto, o prático de barra em porto, o guindasteiro, o classificador, o movimentador e o empacotador de mercadorias em portos.

O *trabalhador avulso portuário* é aquele que presta serviços de capatazia, estiva, conferência de carga, conserto de carga, bloco e vigilância de embarcações na área dos portos organizados e de instalações portuárias de uso privativo, com intermediação obrigatória do OGMO, assim conceituados na alínea "a" do inciso VI do art. 9º do

RPS, podendo ser segurado trabalhador avulso quando, sem vínculo empregatício, registrado ou cadastrado no OGMO, em conformidade com a Lei nº 8.630, de 1993, presta serviços a diversos operadores portuários ou segurado empregado quando, registrado no OGMO, contratado com vínculo empregatício e a prazo indeterminado, na forma do parágrafo único do art. 26 da Lei nº 8.630, de 1993, é cedido a operador portuário.

▸ **Importante!**

De efeito, o trabalhador avulso não tem vínculo empregatício, diferenciando-se do contribuinte individual pela intermediação feita pelo órgão gestor de mão de obra ou sindicato da categoria, não se exigindo a sua inscrição sindical.

2.4. Segurado especial

O segurado especial do RGPS está previsto no artigo 12, inciso VII, da Lei 8.212/91, dispositivo que sofreu inúmeras alterações e inserções com o advento da *Lei 11.718/2008*, sendo a aplicação retroativa do novo regramento apenas possível se houver benefício em prol dos segurados e dependentes.

Outrossim, as regras dos segurado especial também foram alteradas pela Lei 12.873, de 24 de outubro de 2013, fruto da conversão da Medida Provisória 619, de 06 de junho de 2013.

É considerado **segurado especial** a pessoa física residente no imóvel rural ou em aglomerado urbano ou rural próximo a ele que, individualmente ou em regime de economia familiar, ainda que com o auxílio eventual de terceiros a título de mútua colaboração, na condição de:

A) produtor, seja proprietário, usufrutuário, possuidor, assentado, parceiro ou meeiro outorgados, comodatário ou arrendatário rurais, que explore atividade:

- *agropecuária* em área de até 4 (quatro) módulos fiscais; ou
- *de seringueiro ou extrativista vegetal* que exerça suas atividades nos termos do inciso XII do caput do art. 2º da Lei 9.985, de 18 de julho de 2000, e faça dessas atividades o principal meio de vida;

B) pescador artesanal ou a este assemelhado, que faça da pesca profissão habitual ou principal meio de vida; e

c) cônjuge ou companheiro, bem como filho maior de 16 (dezesseis) anos de idade ou a este equiparado, do segurado de que tratam as alíneas a e b deste inciso, que, comprovadamente, trabalhem com o grupo familiar respectivo.

Em síntese, cuida-se do pequeno produtor rural ou pescador artesanal, que trabalham individualmente ou em família para fins de subsistência, **sem a utilização de empregados permanentes**.

De acordo com o § 5º, do artigo 9º, do RPS, entende-se como **regime de economia familiar** a atividade em que o trabalho dos membros da família é indispensável à própria *subsistência* e ao desenvolvimento socioeconômico do núcleo familiar e é exercido em condições de mútua dependência e colaboração, *sem a utilização de empregados permanentes.*

▸ Como esse assunto foi cobrado em concurso?

No concurso do CESPE para Juiz Federal da 5ª Região em 2011, foi considerado correto o seguinte enunciado: Para a caracterização de segurado especial, considera-se regime de economia familiar a atividade laboral dos membros de uma família e, ainda, que a referida atividade seja indispensável à subsistência e ao desenvolvimento socioeconômico do núcleo familiar e exercida em condições de mútua dependência e colaboração, sem a utilização de empregados permanentes. O exercício de atividade remunerada por um membro da família, ainda que urbana, não descaracteriza a condição de segurado especial.

No caso do **produtor rural que explore atividade agrícola ou pecuária**, apenas será considerado como segurado especial aquele cujo **prédio rústico** tenha área equivalente a **até 04 módulos fiscais**, pois a exploração em terra com dimensão maior afasta a caracterização da atividade familiar de subsistência.

Contudo, esta limitação de área apenas se aplica para o tempo rurícola após 23.06.2008, data da vigência da Lei 11.718/2008, nos termos do artigo 20 da Instrução Normativa INSS 77/2015, pois a lei nova material não poderá reger relações pretéritas em prejuízo do segurado, ante a inexistência de limites no regramento pretérito.

O módulo fiscal variará de acordo com a região do Brasil, conforme as instruções normativas especiais editadas pelo INCRA, sendo também utilizado para o cálculo do Imposto Territorial Rural.

▸ Qual o entendimento da TNU sobre o assunto?

Antes da Lei 11.718/08, inexistia uma dimensão máxima do imóvel rural, tendo sido editada a Súmula 30, da TNU, que dispõe que "tratando-se de demanda previdenciária, o fato de o imóvel ser superior ao módulo rural não afasta, por si só, a qualificação de seu proprietário como segurado especial, desde que comprovada, nos autos, a sua exploração em regime de economia familiar".

Conquanto a referida Súmula ainda não tenha sido cancelada, entende-se que ela não mais subsiste com o advento do novo regramento, pois o legislador fixou a área máxima de 04 módulos fiscais para que haja o enquadramento do trabalhador rural que explore atividade agropecuária como segurado especial.

▸ Como esse assunto foi cobrado em concurso?

No concurso do CESPE para Juiz Federal da 5ª Região em 2009, foi considerado errado o seguinte enunciado: Em respeito ao critério objetivo, o simples fato de um imóvel ser superior a um módulo rural afasta a qualificação do proprietário desse imóvel como segurado especial, ainda que ele o explore em regime de economia familiar. Da mesma forma, no concurso do CESPE para Juiz Federal da 5ª Região em 2011, foi considerado errado o seguinte enunciado: Tratando-se de demanda previdenciária, o fato de o imóvel ser superior ao módulo rural afasta, por si só, a qualificação de seu proprietário como segurado especial, ainda que comprovada, nos autos, a exploração em regime de economia familiar.

Por seu turno, caso se trate de **atividade rural agroextrativista**, o enquadramento da pessoa natural como segurado especial **independerá da dimensão da área**, a exemplo da coleta da castanha do Pará.

Outrossim, será considerado como segurado especial o **pescador artesanal** que, de acordo com o artigo 9º, §14, do RPS, aquele que, individualmente ou em regime de economia familiar, faz da pesca sua profissão habitual ou meio principal de vida, desde que: I - não utilize embarcação; ou utilize embarcação de pequeno porte, nos termos da Lei nº 11.959, de 29 de junho de 2009, a teor do Decreto 8.424/2015.

▸ **Importante:**

Logo, tivemos uma modificação no enquadramento do segurado especial que utiliza embarcação. Até então, o limite de peso do barco era de 6 toneladas de arqueação bruta (barco próprio) ou 10 toneladas (barco de parceiro outorgado exclusivamente). **Agora a dimensão da embarcação foi elevada para até 20 AB pelo Decreto 8.424/2015, que se refere à embarcação de pequeno porte, definida pela Lei de Pesca e Aquicultura (Lei 11.959/2009). Se a embarcação for de médio (acima de 20 AB) ou grande porte (igual ou superior a 100 AB), o pescador será contribuinte individual, e não segurado especial.**

Por força do Decreto 8.499, de 12 de agosto de 2015, passou a ser considerado **assemelhado "ao pescador artesanal** aquele que realiza atividade de apoio à pesca artesanal, exercendo trabalhos de confecção e de reparos de artes e petrechos de pesca e de reparos em embarcações de pequeno porte ou atuando no processamento do produto da pesca artesanal", tendo havido uma ampliação de enquadramento do segurado especial.

Para que sejam caracterizados como segurados especiais, o cônjuge, o companheiro ou o filho maior de 16 anos de idade deverão trabalhar comprovadamente nas atividades laborais do grupo familiar, conforme determinação inserta pela Lei 11.718/2008, pois o anterior regime era omisso a esse respeito.

▸ **Qual o entendimento da TNU sobre o assunto?**

Na forma da Súmula 41, "a circunstância de um dos integrantes do núcleo familiar desempenhar atividade urbana não implica, por si só, a descaracterização do trabalhador rural como segurado especial, condição que deve ser analisada no caso concreto".

Até o advento a Lei 11.718/2008, a idade mínima para a filiação do segurado especial era de 14 anos, passando agora para 16 anos de idade. Antes do advento da Lei 8.213/91, a idade mínima do trabalhador rural era de 12 anos de idade.

▸ **Qual o entendimento da TNU sobre o assunto?**

De acordo com a Súmula 05, "a prestação de serviço rural por menor de 12 a 14 anos, até o advento da Lei 8.213, de 24 de julho de 1991, devidamente comprovada, pode ser reconhecida para fins previdenciários".

No entanto, considerando que a idade mínima para o exercício do trabalho objetiva proteger o menor, e não prejudica-lo, entende-se que o trabalhador rural que laborou em regime de economia familiar (segurado especial) poderá ter considerado o seu tempo de serviço, mesmo que com idade inferior aos 14 anos de idade.

▸ **Qual o entendimento do STJ sobre o assunto?**

"DIREITO PREVIDENCIÁRIO. TEMPO DE SERVIÇO PRESTADO POR TRABALHADOR COM IDADE INFERIOR A 14 ANOS EM REGIME DE ECONOMIA FAMILIAR. O tempo de serviço em atividade rural realizada por trabalhador com idade inferior a 14 anos, ainda que não vinculado ao Regime de Previdência Social, pode ser averbado e utilizado para o fim de obtenção de benefício previdenciário. Comprovada a atividade rural do trabalhador com idade inferior a 14 anos e realizada em regime de economia familiar, esse tempo deve ser computado para fins previdenciários. A proibição do trabalho às pessoas com menos de 14 anos de idade foi estabelecida em benefício dos menores e não deve ser arguida para prejudicá-los. Precedentes citados: AR 3.629-RS, DJe 9/9/2008, e EDcl no REsp 408.478-RS, DJ 5/2/2007. **AR 3.877-SP, Rel. Min. Marco Aurélio Bellizze, julgada em 28/11/2012" (Informativo 510).**

Será possível que o segurado especial contrate temporariamente terceiros para auxiliarem no trabalho, desde que não ultrapasse 120 pessoas/dia ano civil, de maneira contínua ou intercalada, ou por tempo equivalente em horas de trabalho.

Assim, é possível que um segurado especial contrate uma pessoa/ano por até 120 dias, duas pessoas/ano por até 60 dias, três por até 40 dias, e assim sucessivamente. Por outro lado, por força da Lei 12.873/2013, não será computado nesse prazo o eventual período de afastamento em decorrência da percepção de auxílio-doença.

▸ **Importante!**

Desde o advento da Medida Provisória 619/2013, convertida na Lei 12.872/2013, por força do artigo 12, §14, da Lei 8.212/91, a participação do segurado especial em sociedade empresária, em sociedade simples, como empresário individual ou como titular de empresa individual de responsabilidade limitada de objeto ou âmbito agrícola, agroindustrial ou agroturístico, considerada microempresa nos termos da Lei Complementar nº 123, de 14 de dezembro de 2006, **não o exclui de tal categoria previdenciária**, desde que, mantido o exercício da sua atividade rural em regime de subsistência, a pessoa jurídica componha-se apenas de segurados de igual natureza e sedie-se no mesmo Município ou em Município limítrofe àquele em que eles desenvolvam suas atividades.

Neste caso, embora conserve a qualidade de segurado especial por ficção jurídica durante o período em que desenvolver a citada atividade empresarial, as contribuições previdenciárias deverão ser recolhidas como se não se tratasse de segurado especial, na forma do §13 do artigo 12 da Lei 8.212/91.

Ademais, o artigo 12, §9º, da Lei 8.212/91, contempla uma série de hipóteses que não descaracterização a condição de segurado especial, a saber:

I. **a outorga**, por meio de contrato escrito de parceria, meação ou comodato, **de até 50% (cinqüenta por cento) de imóvel rural** cuja área total não seja superior a 04 (quatro) módulos fiscais, desde que outorgante e outorgado continuem a exercer a respectiva atividade, individualmente ou em regime de economia familiar;

II. a exploração da **atividade turística** da propriedade rural, inclusive com hospedagem, **por não mais de 120 (cento e vinte) dias ao ano;**

▸ Como esse assunto foi cobrado em concurso?

No concurso do CESPE para Defensor Público da União em 2010, foi considerado correto o seguinte enunciado: Considere que Pedro explore, individualmente, em sua propriedade rural, atividade de produtor agropecuário em área contínua equivalente a 3 módulos fiscais, em região do Pantanal matogrossense, e que, durante os meses de dezembro, janeiro e fevereiro de cada ano, explore atividade turística na mesma propriedade, fornecendo hospedagem rústica. Nessa situação, Pedro é considerado segurado especial.

III. a participação em **plano de previdência complementar instituído por entidade classista a que seja associado**, em razão da condição de trabalhador rural ou de produtor rural em regime de economia familiar;

IV. ser beneficiário ou fazer parte de grupo familiar que tem algum componente que seja **beneficiário de programa assistencial oficial de governo;**

V. a utilização pelo próprio grupo familiar, na exploração da atividade, **de processo de beneficiamento ou industrialização artesanal,** na forma do § 11 do art. 25 desta Lei;

VI. a associação em cooperativa agropecuária ou de crédito rural (*parte final inserida pela Lei 13.183/2015*);

VII. a incidência do Imposto Sobre Produtos Industrializados - IPI sobre o produto das atividades desenvolvidas nos termos do § 14.

Assim, poderá o segurado especial outorgar até a metade do seu prédio rústico de até 04 módulos fiscais sem perder a sua condição, desde que ele persista em sua atividade campesina para a subsistência, devendo também o outorgado exercer a mesma atividade rurícola.

É possível se interpretar a *contrario sensu* o dispositivo, concluindo-se que se a outorga ultrapassar a metade do imóvel rural ou o outorgado não se enquadrar como segurado especial, o outorgante perderá a sua filiação como segurado especial.

Ademais, passou a ser possível que o segurado especial desenvolva paralelamente atividade turística em sua propriedade, inclusive com hospedagem, desde que não ultrapasse a 120 dias por ano, pois um período maior passa a caracterizar o turismo como atividade principal do rurícola, fazendo com que cesse a sua filiação como segurado especial.

Por sua vez, foi legalmente autorizado que o segurado especial seja participante de plano previdenciário privado de sua categoria, a exemplo do instituído por sindicato rural, ou se associe em uma cooperativa agropecuária ou de crédito rural, bem como receba benefícios assistenciais (a exemplo do Programa Bolsa Família), tudo isso sem perder o seu enquadramento.

Também é possível que o segurado especial mantenha em sua terra processo de beneficiamento ou industrialização artesanal (não sujeito ao IPI), a exemplo de casa de farinha, sem perder a sua filiação.

Com o advento da MP 619/2013, convertida na Lei 12.873/2013, no caso de o segurado especial participar em sociedade empresária, em sociedade simples, como empresário individual ou como titular de empresa individual de responsabilidade limitada de objeto ou âmbito agrícola, agroindustrial ou agroturístico, desde que, mantido o exercício da sua atividade rural em regime de subsistência, a pessoa jurídica componha-se apenas de segurados de igual natureza e sedie-se no mesmo Município ou em Município limítrofe àquele em que eles desenvolvam suas atividades, poderá haver incidência de IPI sobre o produto das atividades sem a perda da qualidade de segurado especial.

De seu turno, em regra, é defeso o enquadramento como segurado especial de membro do grupo familiar que possua outra fonte de rendimento, exceto as decorrentes:

I. benefício de **pensão por morte, auxílio-acidente ou auxílio-reclusão**, cujo valor **não supere o do menor benefício de prestação continuada da Previdência Social (01 salário mínimo);**

II. benefício previdenciário pela participação em plano de previdência complementar instituído por entidade classista a que seja associado, em razão da condição de trabalhador rural ou de produtor rural em regime de economia familiar;

III. **exercício de atividade remunerada em período, não superior a 120 (cento e vinte) dias, corridos ou intercalados, no ano civil;**

IV. exercício de **mandato eletivo de dirigente sindical de organização da categoria de trabalhadores rurais**;

V. exercício de **mandato de vereador** do município onde desenvolve a atividade rural, ou de dirigente de cooperativa rural constituída exclusivamente por segurados especiais, observado o disposto no § 13 deste artigo;

VI. parceria ou meação outorgada na forma e condições estabelecidas anteriormente;

VII. **atividade artesanal** desenvolvida com matéria-prima produzida pelo respectivo grupo familiar, podendo ser utilizada matéria-prima de outra origem, desde que a renda mensal obtida na atividade não exceda ao menor benefício de prestação continuada da Previdência Social; e

VIII. **atividade artística**, desde que em valor mensal inferior ao menor benefício de prestação continuada da Previdência Social (01 salário mínimo).

▸ Como esse assunto foi cobrado em concurso?

No concurso da FCC para Analista do TRF da 3ª Região em 2014, foi considerada correta a letra E: De acordo com a Lei nº 8.213/91, não é segurado especial o membro de grupo familiar que possuir outra fonte de rendimento, EXCETO se decorrente de: (A) exercício de mandato eletivo de dirigente sindical de organização da categoria de trabalhadores urbanos. (B) benefício de aposentadoria em decorrência da idade, cujo valor não supere o do menor benefício de prestação continuada da Previdência Social. (C) exercício de atividade remunerada em período não superior a 90 dias, corridos ou intercalados, no ano civil. (D) atividade artística, independentemente do valor. (E) benefício de pensão por morte, auxílio-acidente ou auxílio-reclusão, cujo valor não supere o do menor benefício de prestação continuada da Previdência Social.

A regra geral diz que o segurado especial não poderá ter outra fonte de rendimento a não ser a atividade campesina ou pesqueira para a subsistência, salvo nos casos previstos na norma previdenciária.

Assim sendo, não será considerado segurado especial aquele que receber qualquer benefício previdenciário, exceto pensão por morte, auxílio-acidente ou auxílio-reclusão, desde que não ultrapassem a um salário mínimo mensal.

Por óbvio, o segurado especial que estiver recebendo aposentadoria por invalidez, auxílio-doença ou auxílio-acidente também não perderá a sua condição durante o pagamento das referidas prestações previdenciárias, que foram concedidas justamente pela incapacidade laboral ou sequela acidentária do segurado especial.

Da mesma forma, poderá o segurado especial, mantendo a sua condição, ser titular de benefício oriundo de previdência privada de sua categoria, sem que esta renda exclua a sua condição.

Também passou a ser possível que o segurado especial desenvolva atividade urbana por até 120 dias por ano sem perder o seu enquadramento.

Exigia-se que essa atividade urbana se desse no período de entressafra ou defeso, mas esta exigência foi suprimida pela MP 619/2013, convertida na Lei 12.873/2013, não sendo mais necessário investigar o motivo do desenvolvimento da atividade urbana por até 120 dias durante o ano.

Neste caso, embora conserve a qualidade de segurado especial por ficção jurídica durante o período em que desenvolver a atividade urbana, as contribuições previdenciárias deverão ser recolhidas como se não se tratasse de segurado especial, o mesmo ocorrendo durante o período em que exercício exercer mandato de vereador do município onde desenvolve a atividade rural, ou de dirigente de cooperativa rural constituída exclusivamente por segurados especiais, na forma do §13 do artigo 12 da Lei de Custeio.

Se a atividade urbana do segurado especial ultrapassar a 120 dias no ano, este perderá a sua filiação originária, devendo se enquadrar na categoria pertinente de segurado obrigatório.

> ▸ **Qual o entendimento da TNU sobre o assunto?**
>
> Súmula 46 - "O exercício de atividade urbana intercalada não impede a concessão de benefício previdenciário de trabalhador rural, condição que deve ser analisada no caso concreto"

Outra inovação da reforma perpetrada pela Lei 11.718/08 foi permitir expressamente que o segurado especial titularize o mandato de vereador ou de dirigente de cooperativa rural sem perder o seu enquadramento, caracterizando uma ficção legal.

A atividade artesanal do segurado especial também foi autorizada, desde que não se configure como labor principal, pois o segurado especial não poderá auferir mais de um salário mínimo por mês, sob pena de perder a sua filiação.

Da mesma forma, a atividade artística poderá ser exercida pelo segurado especial, mas este terá que receber menos de um salário mínimo mensal, senão deixará de ser filiado na condição especial

Por fim, vale ressaltar que nada obsta que o índio se enquadre como segurado especial, desde que preencha os pressupostos legais, a teor do artigo 14, do Estatuto do Índio, sendo, inclusive, admitido administrativamente pelo INSS.

2.5. Segurado contribuinte individual

As hipóteses de enquadramento da pessoa física como segurado contribuinte individual do RGPS estão previstas no artigo 12, inciso V, da Lei 8.212/91, sendo uma classe de segurados composta por trabalhadores não enquadrados nas anteriores, **tendo nítido caráter residual em muitos casos**.

Ou seja, se estivermos analisando o enquadramento de um trabalhador filiado ao RGPS e que não se enquadre nas categorias anteriores, certamente ele será considerado contribuinte individual, ante a generalidade que marca as alíneas "g" e "h" a serem estudadas.

Este rol de segurados é fruto da Lei 9.876/99, que unificou as categorias de empresário, trabalhador autônomo e equiparado, transformando-os em contribuintes individuais, conforme se segue:

A) a pessoa física, proprietária ou não, que explora atividade agropecuária, a qualquer título, em caráter permanente ou temporário, em área superior a 4 (quatro) módulos fiscais; ou, quando em área igual ou inferior a 4 (quatro) módulos fiscais ou atividade pesqueira, com auxílio de empregados ou por intermédio de prepostos; ou ainda nas hipóteses dos §§ 10 e 11 deste artigo;

Trata-se de **previsão residual ao segurado especial**, pois o produtor rural se filiará como contribuinte individual quando a área de exploração da atividade agropecuária for superior a 04 módulos fiscais, ou, quando inferior, houver a contratação de empregados por mais de 120 pessoas/dia por ano, conforme nova redação dada pela Lei 11.718/2008.

No caso do pescador, ele será enquadrado como contribuinte individual quando a contração de empregados se der por mais de 120 pessoas/dia por ano, bem como quando a arqueação bruta do barco extrapolar 20 toneladas.

A pessoa natural ainda será considerada como contribuinte individual, e não como segurado especial, nas hipóteses do §10 (ter outras fontes de rendimento, salvo as permitidas) e §11 (se enquadrar em outra categoria ou se filiar a outro regime), do artigo 12, da Lei 8.212/91.

B) a pessoa física, proprietária ou não, que explora atividade de extração mineral – garimpo, em caráter permanente ou temporário, diretamente ou por intermédio de prepostos, com ou sem o auxílio de empregados, utilizados a qualquer título, ainda que de forma não contínua;

O garimpeiro não é mais segurado especial desde o advento da Lei 8.398/92, sendo considerado contribuinte individual mesmo que não contrate empregados.

▸ **Como esse assunto foi cobrado em concurso?**

No concurso do CESPE para Advogado do BRB em 2009, foi considerado errado o seguinte enunciado: João explora diretamente atividade de extração mineral – garimpo – em caráter temporário e de forma não contínua. Nessa situação, considerando a legislação previdenciária em vigor, João é considerado segurado especial da Previdência Social.

Com efeito, de acordo com o artigo 70 do Código de Mineração, a *garimpagem* é o trabalho individual de quem utilize instrumentos rudimentares, aparelhos manuais ou máquinas simples e portáveis, na extração de pedras preciosas, semi-preciosas e minerais metálicos ou não metálicos, valiosos, em depósitos de eluvião ou aluvião, nos álveos de cursos d'água ou nas margens reservadas, bem como nos depósitos secundários ou chapadas (grupiaras), vertentes e altos de morros; depósitos esses genericamente denominados garimpos.

Por outro lado, se houver relação de emprego, o garimpeiro será considerado segurado empregado, pois a filiação do contribuinte individual é subsidiária com relação aos demais segurados.

É preciso a permissão de lavra garimpeira para o desenvolvimento lícito da atividade, conforme disposição constitucional regulamentada pela Lei 7.805/89, sob pena de a atividade ser considerada clandestina, o que, em tese, não impede a filiação, pois a contribuição previdenciária é um tributo e, portanto, não tem cheiro (*pecunia non olet*).

▸ **Como esse assunto foi cobrado em concurso?**

No concurso do CESPE para Delegado da Polícia Federal em 2004, foi considerado correto o seguinte enunciado: Em razão de não conseguir emprego em sua cidade natal, Paulo recolheu suas economias e dirigiu-se para o estado de Rondônia, a fim de trabalhar, por 3 meses, no garimpo de diamantes, em área demarcada como reserva indígena.

Ao chegar àquele estado, comprou os equipamentos necessários, contratou dois ajudantes e deu início às atividades. Nessa situação, é correto afirmar que Paulo é segurado obrigatório da previdência social, como contribuinte individual, enquanto seus ajudantes são segurados obrigatórios na condição de empregados.

c) o ministro de confissão religiosa e o membro de instituto de vida consagrada, de congregação ou de ordem religiosa;

São os padres, pastores e assemelhados. Inclusive, os valores por eles recebidos são excluídos do conceito de remuneração, na forma do artigo 22, §13, da Lei 8.212/91, desde que fornecidos em condições que independam da natureza e da quantidade do trabalho executado.

Eles são enquadrados como contribuintes individuais por força da Lei 9.876/99, sendo anteriormente considerados como equiparados a trabalhadores autônomos, a teor da Lei 6.696/79. Antes, na vigência da Lei 5.890/73, eram considerados segurados facultativos, já sendo assim considerados desde o Decreto-lei 66, de 21.11.1966.

Os *ministros de confissão religiosa* **são aqueles que consagram sua vida a serviço de Deus e do próximo, com ou sem ordenação, dedicando-se ao anúncio de suas respectivas doutrinas e crenças, à celebração dos cultos próprios, à organização das comunidades e à promoção de observância das normas estabelecidas, desde que devidamente aprovados para o exercício de suas funções pela autoridade religiosa competente.**

Por sua vez, os *membros do instituto de vida religiosa* **são os que emitem voto determinado ou seu equivalente, devidamente aprovado pela autoridade religiosa competente. Já os** *membros de ordem ou congregação religiosa* **são aqueles que emitem ou nelas professam os votos adotados.**

▸ Como esse assunto foi cobrado em concurso?

No concurso do CESPE para Defensor Público da Bahia 2010, foi considerado errado o seguinte enunciado: São segurados obrigatórios da previdência social, na qualidade de trabalhadores avulsos, o ministro de confissão religiosa e o membro de instituto de vida consagrada, de congregação ou de ordem religiosa.

Outrossim, na prova para Juiz Federal da 2ª Região em 2009, o CESPE considerou errado o seguinte enunciado: O ministro de confissão religiosa e o membro de instituto de vida consagrada, de congregação ou de ordem religiosa são segurados obrigatórios da previdência social, na qualidade de empregados.

Inclusive, o tempo prestado como aspirante à vida religiosa (noviço, juvenista etc) é considerado pela jurisprudência para fins previdenciários.

▸ **Qual o entendimento do STJ sobre o assunto?**

No julgamento do REsp 1.103.120, de 04.08.2009, decidiu o STJ que o período laborado na condição de aspirante à vida religiosa, para custeio de sua formação, deve ser computado como tempo de serviço.

E) o brasileiro civil que trabalha no exterior para organismo oficial internacional do qual o Brasil é membro efetivo, ainda que lá domiciliado e contratado, salvo quando coberto por regime próprio de previdência social;

O brasileiro civil que trabalha no exterior que trabalha diretamente em organismo oficial internacional do qual o Brasil é membro efetivo se filiará ao RGPS como contribuinte individual, em regra, salvo se coberto por RPPS.

▸ **Importante!**

Se for contratado pela União para trabalhar no organismo oficial internacional, será considerado como empregado (artigo 12, I, 'e', da Lei 8.212/91), conforme visto anteriormente.

▸ **Como esse assunto foi cobrado em concurso?**

No concurso do CESPE para Juiz Federal da 2ª Região em 2009, foi considerado errado o seguinte enunciado: Na qualidade de empregado, é segurado obrigatório da previdência social o brasileiro civil que trabalhe no exterior para organismo oficial internacional do qual o Brasil seja membro efetivo, ainda que lá domiciliado e contratado, salvo quando coberto por regime próprio de previdência social.

A justificativa deste dispositivo é que se a lei brasileira o colocasse como empregado, não teria força para exigir as contribuições do empregador estrangeiro, pois competirá ao próprio contribuinte individual a responsabilidade tributária de verter as suas contribuições previdenciárias ao sistema.

F) o titular de firma individual urbana ou rural, o diretor não empregado e o membro de conselho de administração de sociedade anônima, o sócio solidário, o sócio de indústria, o sócio gerente e o sócio cotista que recebam remuneração decorrente de seu trabalho em empresa urbana ou rural, e o associado eleito para cargo de direção em cooperativa, associação ou entidade de qualquer natureza ou finalidade, bem como o síndico ou administrador eleito para exercer atividade de direção condominial, desde que recebam remuneração;

Eram os **antigos segurados empresários**. Para este enquadramento, será preciso que o sócio exerça função de direção e receba remuneração por sua atividade, ressaltando que os **sócios não gestores que recebem participação no lucro não integram este rol**, pois não se trata de remuneração.

No caso do sócio-gerente de sociedade limitada, de firma individual, de diretor não empregado de sociedade por ações, de sócio solidário e de sócio de indústria já se presumem como contribuintes individuais, pois são responsáveis pela administração, não sendo curial se demonstrar a remuneração.

Frise-se que o diretor empregado da pessoa jurídica será segurado empregado, e não contribuinte individual.

O síndico ou gestor de condomínios edilícios estão incluídos neste rol, mesmo os que recebam remuneração indireta, ao não pagar as despesas condominiais.

> **▸ Qual o entendimento do STJ sobre o assunto?**
>
> No julgamento do REsp 1.064.455, de 19.08.2008, decidiu o STJ que é devida a contribuição social sobre o pagamento do pró-labore aos síndicos de condomínios imobiliários, assim como sobre a isenção da taxa condominial devida a eles.

> **Como esse assunto foi cobrado em concurso?**
>
> No concurso do CESPE para Advogado da União em 2015, foi considerado ERRADO o seguinte enunciado: Conforme entendimento do STJ, síndico de condomínio que receber remuneração pelo exercício dessa atividade será enquadrado como contribuinte individual do RGPS, ao passo que o síndico isento da taxa condominial, por não ser remunerado diretamente, não será considerado contribuinte do RGPS.

G) quem presta serviço de natureza urbana ou rural, em caráter eventual, a uma ou mais empresas, sem relação de emprego;

Trata-se do trabalhador que presta serviços à pessoa jurídica sem relação de emprego, ou seja, sem pessoalidade, subordinação ou habitualidade, sendo muito comum que as empresas contratem as pessoas naturais como meros prestadores de serviços com a finalidade de sonegar tributos e direitos trabalhistas, havendo uma relação de emprego disfarçada.

Logo, para a previdência social, assim como na seara trabalhista, pouco importa o *nomen iuris* que intitula o contrato, devendo prevalecer a realidade fática.

Ademais, caso se trate de prestação de serviços portuários ou não portuários com a intermediação de órgão gestor de mão de obra ou sindicato, não haverá o enquadramento como contribuinte individual, e sim como trabalhador avulso, conforme visto anteriormente.

H) a pessoa física que exerce, por conta própria, atividade econômica de natureza urbana, com fins lucrativos ou não;

São os antigos trabalhadores autônomos, listados exemplificativamente no artigo 9º, §15, do RPS, que auferem remuneração ao trabalhar por conta própria, mesmo sem finalidade lucrativa, **sendo a hipótese de enquadramento mais aberta de todos os trabalhadores do RGPS**.

Além destas hipóteses genéricas de segurados contribuintes individuais, outras são contempladas especificamente no artigo 9º, inciso V e §15, ambos do RPS, a exemplo:

- do aposentado de qualquer regime previdenciário nomeado magistrado classista temporário da Justiça do Trabalho, na forma dos incisos II do §1º do art. 111 ou III do art. 115 ou do parágrafo único do art. 116 da Constituição Federal, ou nomeado magistrado da Justiça Eleitoral, na forma dos incisos II do art. 119 ou III do §1º do art. 120 da Constituição Federal.

- do cooperado de cooperativa de produção que, nesta condição, presta serviço à sociedade cooperativa mediante remuneração ajustada ao trabalho executado;
- do **Micro Empreendedor Individual – MEI** de que tratam os arts. 18-A e 18-C da Lei Complementar nº 123, de 14 de dezembro de 2006, que opte pelo recolhimento dos impostos e contribuições abrangidos pelo Simples Nacional em valores fixos mensais;
- do notário ou tabelião e o oficial de registros ou registrador, titular de cartório, que detêm a delegação do exercício da atividade notarial e de registro, não remunerados pelos cofres públicos, admitidos a partir de 21 de novembro de 1994;

▸ **Como esse assunto foi cobrado em concurso?**

No concurso do CESPE para Advogado da União em 2015, foi considerado CORRETO o seguinte enunciado: De acordo com jurisprudência do STF, devido ao fato de os serviços de registros públicos, cartorários ou notariais serem exercidos em caráter privado, os oficiais de registro de imóveis, para os fins do RGPS, devem ser classificados na categoria de contribuinte individual.

- do **médico residente** de que trata a Lei nº 6.932, de 7 de julho de 1981;

▸ **Como esse assunto foi cobrado em concurso?**

No concurso do CESPE para Procurador do Estado do Ceará em 2007, foi considerado errado o seguinte enunciado: Célio concluiu o curso de medicina e agora está fazendo residência médica em hospital particular. Nessa situação, caso tenha sido contratado de acordo com a legislação regente, para a previdência social, Célio é segurado empregado.

Da mesma forma, nos termos do artigo 20, da Lei 12.871/2013, que instituiu o "Programa Mais Médicos", em regra, o médico participante enquadra-se como segurado obrigatório do Regime Geral de Previdência Social, na condição de contribuinte individual.

No entanto, são ressalvados da obrigatoriedade de filiação como contribuinte individual os médicos intercambistas:

> I - selecionados por meio de instrumentos de cooperação com organismos internacionais que prevejam cobertura securitária específica; ou
>
> II - filiados a regime de seguridade social em seu país de origem, o qual mantenha acordo internacional de seguridade social com a República Federativa do Brasil.

Logo, nestes dois casos excepcionais, ter-se-á mais uma exceção ao Princípio da Territorialidade de Filiação, pois os citados médicos intercambistas não serão segurados obrigatórios da Previdência Social, nem como contribuintes individuais, nem em outra categoria.

Considera-se médico intercambista aquele formado em instituição de educação superior estrangeira com habilitação para exercício da Medicina no exterior.

- do **bolsista da Fundação Nacional do Exército** contratado na forma da Lei 6.855/80;
- do árbitro e seus auxiliares que atuam em conformidade com a Lei nº 9.615, de 24 de março de 1998;

▸ Como esse assunto foi cobrado em concurso?

No concurso do CESPE para Defensor Público da União em 2007, foi considerado errado o seguinte enunciado: Considere que João e Fernanda sejam árbitros de futebol e atuem, de acordo com a Lei n.º 9.615/1998, sem vínculo empregatício com as entidades desportivas diretivas em que atuam. Nessa situação hipotética, João e Fernanda podem ser inscritos na previdência social na qualidade de segurados facultativos, tendo em vista inexistir qualquer disposição legal que os obrigue a serem filiados ao regime geral.

- do **membro de conselho tutelar** de que trata o art. 132 da Lei nº 8.069, de 13 de julho de 1990, quando remunerado.

Conquanto o Decreto 3.048/99 ainda preveja o membro de conselho tutelar remunerado como contribuinte individual, entende-se que o Regulamento deve passar por revisão. É que, por força da

Lei 12.696/2012, o conselheiro tutelar deverá ser remunerado e terá direitos trabalhistas típicos dos empregados, tais como o gozo de férias anuais remuneradas, acrescidas de 1/3 (um terço) do valor da remuneração mensal e a gratificação natalina, conforme disposto em lei municipal ou do Distrito Federal.

Logo, sustenta-se nesta obra que a partir da regulamentação da Lei 12.696/2012 pelos municípios e pelo Distrito Federal, o membro de conselho tutelar deverá ser enquadrado como segurado empregado.

Empregado	• aquele que presta serviço de natureza urbana ou rural à empresa, em caráter não eventual, sob sua subordinação e mediante remuneração, inclusive como diretor empregado; • aquele que, contratado por empresa de trabalho temporário, definida em legislação específica, presta serviço para atender a necessidade transitória de substituição de pessoal regular e permanente ou a acréscimo extraordinário de serviços de outras empresas; • o brasileiro ou o estrangeiro domiciliado e contratado no Brasil para trabalhar como empregado em sucursal ou agência de empresa nacional no exterior;
Empregado	• aquele que presta serviço no Brasil a missão diplomática ou a repartição consular de carreira estrangeira e a órgãos a elas subordinados, ou a membros dessas missões e repartições, excluídos o não-brasileiro sem residência permanente no Brasil e o brasileiro amparado pela legislação previdenciária do país da respectiva missão diplomática ou repartição consular; • o brasileiro civil que trabalha para a União, no exterior, em organismos oficiais brasileiros ou internacionais dos quais o Brasil seja membro efetivo, ainda que lá domiciliado e contratado, salvo se segurado na forma da legislação vigente do país do domicílio; • o brasileiro ou estrangeiro domiciliado e contratado no Brasil para trabalhar como empregado em empresa domiciliada no exterior, cuja maioria do capital votante pertença a empresa brasileira de capital nacional; • o servidor público ocupante de cargo em comissão, sem vínculo efetivo com a União, Autarquias, inclusive em regime especial, e Fundações Públicas Federais; • o empregado de organismo oficial internacional ou estrangeiro em funcionamento no Brasil, salvo quando coberto por regime próprio de previdência social • o exercente de mandato eletivo federal, estadual ou municipal, desde que não vinculado a regime próprio de previdência social.

Empregado doméstico	• aquele que presta serviço de natureza contínua a pessoa ou família, no âmbito residencial desta, em atividades sem fins lucrativos
Trabalhador avulso	• aquele que presta serviços a diversas empresas, sem vínculo empregatício, de natureza urbana ou rural, sindicalizado ou não, por intermédio de órgão gestor de mão-de-obra ou do sindicato da categoria.
Segurado especial	• a pessoa física residente no imóvel rural ou em aglomerado urbano ou rural próximo a ele que, individualmente ou em regime de economia familiar, ainda que com o auxílio eventual de terceiros, na condição de produtor rural, que explore atividade agropecuária em área de até 4 módulos fiscais ou de seringueiro ou extrativista vegetal como principal meio de vida; • pescador artesanal ou a este assemelhado que faça da pesca profissão habitual ou principal meio de vida; • cônjuge ou companheiro, bem como filho maior de 16 anos de idade ou a este equiparado, que, comprovadamente, trabalhem com o grupo familiar respectivo.
Contribuinte individual	• a pessoa física, proprietária ou não, que explora atividade agropecuária, a qualquer título, em caráter permanente ou temporário, em área superior a 4 (quatro) módulos fiscais; ou, quando em área igual ou inferior a 4 (quatro) módulos fiscais ou atividade pesqueira, com auxílio de empregados ou por intermédio de prepostos; • a pessoa física, proprietária ou não, que explora atividade de extração mineral • garimpo, em caráter permanente ou temporário, diretamente ou por intermédio de prepostos, com ou sem o auxílio de empregados, utilizados a qualquer título, ainda que de forma não contínua; • o ministro de confissão religiosa e o membro de instituto de vida consagrada, de congregação ou de ordem religiosa; • o brasileiro civil que trabalha no exterior para organismo oficial internacional do qual o Brasil é membro efetivo, ainda que lá domiciliado e contratado, salvo quando coberto por regime próprio de previdência social;

Contribuinte individual	• o titular de firma individual urbana ou rural, o diretor não empregado e o membro de conselho de administração de sociedade anônima, o sócio solidário, o sócio de indústria, o sócio gerente e o sócio cotista que recebam remuneração decorrente de seu trabalho em empresa urbana ou rural, e o associado eleito para cargo de direção em cooperativa, associação ou entidade de qualquer natureza ou finalidade, bem como o síndico ou administrador eleito para exercer atividade de direção condominial, desde que recebam remuneração; • quem presta serviço de natureza urbana ou rural, em caráter eventual, a uma ou mais empresas, sem relação de emprego; • a pessoa física que exerce, por conta própria, atividade econômica de natureza urbana, com fins lucrativos ou não;

3. SEGURADOS FACULTATIVOS

Objetivando conferir a maior cobertura possível, especificamente em favor das pessoas que não estão exercendo atividade laborativa remunerada, o artigo 14, da Lei 8.212/91, faculta aos maiores de 14 anos de idade a filiação ao RGPS na condição de segurados facultativos. No mesmo sentido o artigo 13, da Lei 8.213/91, que possui a mesma redação.

▸ Como esse assunto foi cobrado em concurso?

No concurso do CESPE para Juiz Federal da 2ª Região em 2013, foi considerada correta a letra A: A Lei n.º 8.212/1991 prevê que tem a faculdade, e não a obrigatoriedade, de ser segurado da previdência social: a) o maior de quatorze anos de idade que se filiar ao RGPS mediante contribuição desde que não incluído em uma das hipóteses de segurado obrigatório. b) o estrangeiro domiciliado e contratado no Brasil para trabalhar como empregado em sucursal ou agência de empresa nacional no exterior. c) o estrangeiro que, com residência permanente no Brasil, preste serviço no Brasil a missão diplomática estrangeira. d) o brasileiro civil domiciliado e contratado no exterior que trabalhe para a União, em organismos oficiais brasileiros localizados no exterior, e que não seja segurado na forma da legislação vigente do país do domicílio. e) o empregado doméstico.

Entretanto, de acordo com o artigo 11, do RPS, a idade mínima para a filiação do segurado facultativo é de **16 anos de idade**, sendo este o posicionamento administrativo do INSS e **dominante da doutrina previdenciária**.

> ▸ **Como esse assunto foi cobrado em concurso?**
>
> No concurso do CESPE para Defensor Público da Bahia em 2010, foi considerado errado o seguinte enunciado: É segurado facultativo o maior de doze anos que se filiar ao regime geral de previdência social, mediante contribuição.

Eis um rol exemplificativo de pessoas que poderão se filiar como segurados facultativos, previsto no artigo 11, §1º, do RPS:

I. a dona-de-casa;

II. o síndico de condomínio, quando não remunerado;

III. o estudante;

IV. o brasileiro que acompanha cônjuge que presta serviço no exterior;

V. aquele que deixou de ser segurado obrigatório da previdência social;

VI. o membro de conselho tutelar de que trata o art. 132 da Lei nº 8.069, de 13 de julho de 1990, quando não esteja vinculado a qualquer regime de previdência social;

VII. o bolsista e o estagiário que prestam serviços a empresa de acordo com a Lei nº 6.494, de 7 de dezembro de 1977;

VIII. o bolsista que se dedique em tempo integral a pesquisa, curso de especialização, pós-graduação, mestrado ou doutorado, no Brasil ou no exterior, desde que não esteja vinculado a qualquer regime de previdência social;

IX. o presidiário que não exerce atividade remunerada nem esteja vinculado a qualquer regime de previdência social;

X. o brasileiro residente ou domiciliado no exterior, salvo se filiado a regime previdenciário de país com o qual o Brasil mantenha acordo internacional; e

XI. o segurado recolhido à prisão sob regime fechado ou semi-aberto, que, nesta condição, preste serviço, dentro ou fora da unidade penal, a uma ou mais empresas, com ou sem intermediação da organização carcerária ou entidade afim, ou que exerce atividade artesanal por conta própria.

▸ **Importante!**

Destaque-se que o servidor público participante de RPPS não poderá se filiar como segurado facultativo do RGPS, ante a vedação contida no §5º, do artigo 201, da CRFB, inserida pela Emenda 20/98, pois já existe uma proteção previdenciária.

▸ **Como esse assunto foi cobrado em concurso?**

No concurso do CESPE para Procurador do Município de Natal em 2008, foi considerado correto o seguinte enunciado: É vedada a filiação ao RGPS, na qualidade de segurado facultativo, de pessoa participante de regime próprio de previdência. Por sua vez, no concurso do CESPE para Juiz Federal da 5ª Região em 2007, foi considerado errado o seguinte enunciado: Amador ocupa cargo efetivo no serviço público de um estado da Federação e é vinculado ao regime próprio de previdência social. Nessa situação, se o referido estado ainda não tiver instituído regime de previdência complementar, Amador poderá filiar-se ao regime geral de previdência social na qualidade de segurado facultativo a fim de obter para si, mediante modestas contribuições, uma fonte a mais de receita para sua futura aposentadoria.

Por fim, com o advento do discutível Decreto 7.054/2009, o segurado preso passou a ser segurado facultativo em qualquer hipótese, independentemente de exercer ou não atividade laboral remunerada.

4. FILIAÇÃO AO REGIME GERAL DE PREVIDÊNCIA SOCIAL

A *filiação* é a relação jurídica que liga uma pessoa natural à União, através do Ministério da Previdência Social, bem como ao Instituto Nacional do Seguro Social, que tem o condão de incluí-la no Regime Geral de Previdência Social na condição de segurada, tendo a eficácia de gerar obrigações (a exemplo do pagamento das contribuições previdenciárias) e direitos (como a percepção dos benefícios e serviços).

O artigo 20, do RPS, a define sinteticamente como o vínculo que se estabelece entre pessoas que contribuem para a previdência social e esta, do qual decorrem direitos e obrigações. Normalmente, a nacionalidade do trabalhador não tem relevância para fins de filiação, salvo as expressas exceções legais.

▸ **Como esse assunto foi cobrado em concurso?**

No concurso para Juiz do Trabalho da 23ª Região em 2007, o examinador considerou errado o seguinte enunciado: A filiação é o ato pelo qual o segurado é cadastrado no Regime Geral de Previdência Social, mediante comprovação dos dados pessoais e de outros elementos necessários e úteis a sua caracterização.

Trata-se de instituto de enorme importância no RGPS, pois é com a filiação que uma pessoa natural passará à condição de segurado e terá proteção previdenciária para si e seus dependentes.

O reconhecimento de filiação é o direito do segurado de ter reconhecido, em qualquer época, o tempo de exercício de atividade anteriormente abrangida pela Previdência Social, na forma do artigo 121, do Regulamento da Previdência Social.

▸ **Importante!**

Em regra, para os *segurados obrigatórios*, **a filiação será automática e decorrerá do exercício de atividade laborativa remunerada, na forma do artigo 20, do Regulamento da Previdência Social**, realizando-se com o início do exercício do labor.

▸ **Como esse assunto foi cobrado em concurso?**

No concurso para Auditor do MPTCM-RJ em 2008, a FGV considerou correto o seguinte enunciado: A filiação dos segurados obrigatórios decorre do exercício de atividade vinculada ao Regime Geral de Previdência Social e independe de contribuição. Quanto ao segurado facultativo, sua filiação é ato volitivo e depende de inscrição e do pagamento da primeira contribuição.

Entretanto, por exceção, para os *contribuintes individuais que trabalhem por conta própria*, não bastará o simples exercício de atividade laborativa remunerada para que ocorra a filiação, que é condicionada ao efetivo recolhimento das contribuições previdenciárias, pois inexiste empresa ou empregador para ser o responsável pela arrecadação, competindo aos próprios contribuintes individuais fazê-lo.

Nesse sentido, é o entendimento amplamente dominante da jurisprudência e do próprio INSS. No julgamento da AC 2006.02.01.014859-9, de 11.12.2007, já decidiu o TRF da 2ª Região que "enquadrando-se o falecido na condição de contribuinte individual, necessário se faz a comprovação de sua filiação à Previdência com o efetivo recolhimento das respectivas contribuições, por iniciativa própria, para que se considere a sua qualidade de segurado, o que não ocorreu, na espécie, concluindo-se que o *de cujus* não ostentava a qualidade de segurado da Previdência quando do óbito e, portanto, inexiste o direito ao recebimento de pensão por morte a seus dependentes".

É que no caso do segurado empregado, do empregado doméstico, do trabalhador avulso e do contribuinte individual que presta serviço à pessoa jurídica a responsabilidade tributária pelo recolhimento das suas contribuições previdenciárias não é dos referidos segurados, e sim da empresa, do empregador ou equiparado na forma da lei, razão pela qual a sua filiação será automática e ocorrerá imediatamente com o exercício de atividade laboral remunerada.

▸ Importante!

Por sua vez, a **idade mínima para a filiação dos segurados obrigatórios será de 16 anos de idade**, salvo atividades insalubres, perigosas ou noturnas, **ou excepcionalmente de 14 anos de idade, na condição de aprendiz**, a teor do artigo 7º, XXXIII, da Constituição Federal, com redação dada pela EC 20/1998, lembrando que a idade mínima para o empregado doméstico trabalhar é de 18 anos de idade.

▸ Como esse assunto foi cobrado em concurso?

No concurso para Técnico Judiciário do TRT RN em 2010, o CESPE considerou errado o seguinte enunciado, em razão da possibilidade de filiação do aprendiz já aos 14 anos de idade: A despeito do princípio constitucional da universalidade da cobertura e do atendimento, os menores de dezesseis anos não podem ser segurados do RGPS.

A idade mínima para o exercício do trabalho e, consequentemente, para a filiação ao RGPS, visa a proteger a criança e o adolescente. Assim, caso o empregador viole essa idade mínima, o trabalhador não poderá ser novamente prejudicado, devendo esse período ser computado para fins previdenciários.

▸ Qual o entendimento do STJ sobre o assunto?

No julgamento do AgRg no REsp 504.745, de 01.03.2005, a Corte Superior decidiu que "ainda que mereça todo o repúdio o trabalho exercido por crianças menores de 14 anos de idade, ignorar tal realidade, ou entender que esse período não deverá ser averbado por falta de previsão legal, esbarra no alcance pretendido pela lei. Ao estabelecer o limite mínimo de 14 anos, o legislador o fez em benefício do menor, visando a sua proteção, não em seu prejuízo, razão pela qual o período de trabalho prestado antes dos 14 anos deverá ser computado como tempo de serviço para fins previdenciários".

▸ Como esse assunto foi cobrado em concurso?

No concurso do CESPE para Promotor de Justiça do Espírito Santo em 2010, foi considerado errado o seguinte enunciado: O trabalho infantil é repudiado pelo ordenamento jurídico brasileiro, de acordo com a CF, de modo que é inadmissível a contagem do trabalho rural em regime de economia familiar antes dos quatorze anos de idade, para efeito de aposentadoria.

▸ Importante!

Por sua vez, para o segurado facultativo, a filiação apenas ocorrerá com a inscrição formalizada (mero cadastro de dados na Previdência Social) e o efetivo pagamento da primeira contribuição previdenciária, nos moldes do artigo 20, do RPS, decorrendo necessariamente da sua manifestação de vontade, pois não é compulsória.

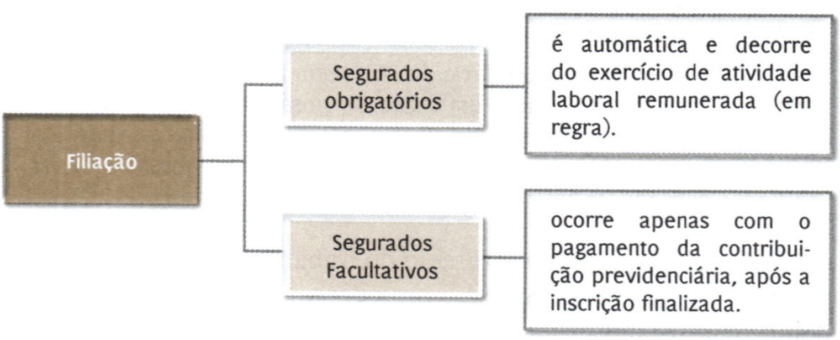

De acordo com o artigo 14, da Lei 8.212/91, a idade mínima para a filiação como segurado facultativo será de 14 anos de idade.

Contudo, o artigo 11 do RPS prevê a idade mínima de 16 anos de idade para a filiação como segurado facultativo, disposição regulamentar aparentemente desprovida de fundamento legal, vez que a Constituição Federal veda o trabalho do menor de 16 anos, em regra, dispositivo que não alcança o segurado facultativo, pois este não trabalha.

▸ **Importante!**

Vale ressaltar que a doutrina majoritária e o próprio INSS entendem que a idade mínima para a filiação do segurado facultativo é de 16 anos de idade. Mas se tem observado que se a questão de prova exigir literalmente o texto da Lei 8.213 (artigo 13) ou da Lei 8.212 (artigo 14) as bancas consideram correta a alternativa que traz 14 anos de idade.

▸ **Como esse assunto foi cobrado em concurso?**

No concurso da FUNRIO para Analista do INSS em 2013, foi considerada correta a letra C: Na forma como determinado pela Lei 8213/91, considera-se segurado facultativo do Regime Geral de Previdência Social:

A) empregado de organismo oficial internacional ou estrangeiro em funcionamento no Brasil, salvo quando coberto por regime próprio de previdência social. B) exercente de mandato eletivo federal, estadual ou municipal, desde que não vinculado a regime próprio de previdência social. C) maior de 14 (quatorze) anos que se filiar ao Regime Geral de Previdência Social, mediante contribuição. D) como empregado doméstico: aquele que presta serviço de natureza contínua a pessoa ou família, no âmbito residencial desta, em atividades sem fins lucrativos. E) brasileiro ou estrangeiro domiciliado e contratado no Brasil para trabalhar como empregado em sucursal ou agência de empresa nacional no exterior.

▸ **Como esse assunto foi cobrado em concurso?**

No concurso do CESPE para Juiz Federal da 5ª Região em 2013, foi considerada correta a letra B: Em relação ao regime geral da previdência social, assinale a opção correta. A) Não se requer prova de dependência econômica para que cônjuge, companheira, companheiro, filho não emancipado com menos de vinte e um anos de idade ou pais do segurado façam jus aos benefícios previdenciários na condição de seu dependente. B) O menor de quatorze anos de idade pode ser segurado facultativo do regime geral da previdência social, desde que não esteja exercendo atividade remunerada que o enquadre como segurado obrigatório. C) É permitida a filiação ao regime geral da previdência social, na qualidade de segurado facultativo, de pessoa participante de regime próprio previdenciário. D) O segurado que deixa de exercer atividade remunerada abrangida pela previdência social mantém a qualidade de segurado até doze meses após a cessação das contribuições, independentemente do pagamento de novas contribuições. E) O servidor público ocupante de cargo em comissão, sem vínculo efetivo com a União, suas autarquias ou fundações públicas, é considerado segurado facultativo da previdência social.

O servidor público de qualquer RPPS não poderá se vincular como facultativo, consoante determinação do artigo 201, §5º, da Constituição Federal, salvo se afastado sem vencimentos e desde que não permitida, nessa condição, contribuição ao respectivo regime próprio, a teor do artigo 11, §2º, do RPS.

Questão interessante é saber se o desenvolvimento de atividade clandestina enseja a filiação como segurado obrigatório do RGPS, a exemplo da pessoa que se sustenta do produto dos roubos que pratica habitualmente.

Para Fábio Zambitte Ibrahim (2010, pg. 185), "a atividade exercida deve ser lícita, isto é, o trabalho em atividades ilegais, como o tráfico de drogas, evidentemente não gera qualquer vínculo com a previdência social".

▸ Como esse assunto foi cobrado em concurso?

No concurso do CESPE para Juiz Federal da 5ª Região em 2011, foi considerado errado o seguinte enunciado: Entre os requisitos da condição de segurado obrigatório do RGPS, incluem-se o de ser o segurado pessoa física – sendo legalmente inaceitável a existência de segurado pessoa jurídica – e o de ele exercer atividade laboral, lícita ou ilícita, pois as contribuições ao sistema previdenciário são, de acordo com a jurisprudência do STF, espécies do gênero tributo.

Logo, embora seja um posicionamento em tema controverso, o CESPE somente vem admitindo a filiação ao RGPS por atividades laborais lícitas

Entretanto, entende-se que mesmo na hipótese de trabalho clandestino, deverá a pessoa ser obrigada a pagar as respectivas contribuições previdenciárias, que têm natureza tributária, incidindo o Princípio da *Pecunia Non Olet* (o dinheiro não tem cheiro).

Sobre o tema, conforme a esquematizada doutrina de Ricardo Alexandre (2008, pg. 264), "para o direito tributário não existe relevância se a situação que teve como consequência a ocorrência fato gerador configure ilícito, mesmo que criminal".

A admissão de apenas atividades laborais lícitas como hipótese de filiação do segurado obrigatório ao RGPS pode conduzir a conclusões irrazoáveis ou mesmo absurdas. Sabe-se que, especialmente em grandes centros urbanos, milhões de pessoas sobrevivem da venda de bens importados irregularmente, inclusive com a consumação do delito de descaminho, ante a não tributação desses produtos na entrada do país. Ademais, ainda existem os produtos falsificados que são vendidos irregularmente pelo Brasil.

Ora, uma pessoa que trabalha vendendo bens ilegalmente importados ou falsificados não está desenvolvendo uma atividade laboral lícita, tanto que são comuns as apreensões desses produtos pela Polícia Federal.

Caso se sustente que apenas o trabalho lícito deverá gerar a filiação ao RGPS, esses trabalhadores autônomos não poderão se filiar à Previdência Social, o que seria indesejável e inaceitável.

Por fim, de acordo com a atual legislação previdenciária, inexiste idade máxima para a filiação ao RGPS.

5. INSCRIÇÃO NO REGIME GERAL DE PREVIDÊNCIA SOCIAL

A inscrição é apenas o cadastro do segurado ou do seu dependente no banco de dados da previdência social, não sendo um instituto tão importante quanto à filiação.

Considera-se **inscrição do segurado** para os efeitos da previdência social o *ato pelo qual o segurado é cadastrado no Regime Geral de Previdência Social, mediante comprovação dos dados pessoais e de outros elementos necessários e úteis a sua caracterização*, na forma do artigo 18, do RPS.

Atualmente a inscrição é feita no Cadastro Nacional de Informações Sociais – CNIS, um sistema responsável pelo controle das informações de todos os segurados e contribuintes da Previdência Social, criado em 1989.

> **Importante!**
>
> Em regra, a inscrição ocorrerá após a filiação, exceto para o segurado facultativo, cuja filiação pressupõe a inscrição e o pagamento da primeira contribuição previdenciária.

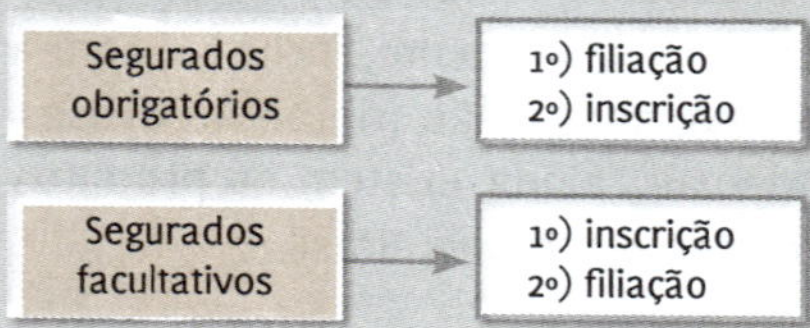

Logo, para o **segurado obrigatório**, primeiro ocorrerá à filiação com o exercício da atividade laborativa remunerada para, em um segundo momento, ocorrer a sua inscrição. Já para o **segurado facultativo**, primeiro ocorrerá a sua inscrição para, depois, se efetivar a sua filiação com o recolhimento da contribuição previdenciária.

De efeito, no caso dos segurados obrigatórios, não há previsão na legislação previdenciária para que a inscrição ocorra concomitantemente à filiação, nos moldes do artigo 18, do RPS, pois a inscrição pressupõe a comprovação do exercício de trabalho remunerado.

Deveras, para a formalização da inscrição, é preciso que seja apresentado documento que comprove o exercício de trabalho remunerado, ocorrendo inicialmente a filiação e posteriormente a inscrição do segurado obrigatório.

Apenas no caso do segurado facultativo há inicialmente a inscrição, para, em seguida, ocorrer à sua filiação com o recolhimento da contribuição previdenciária.

▶ **Como esse assunto foi cobrado em concurso?**

No concurso para Defensor Público da União em 2010, o CESPE considerou correto o seguinte enunciado: Quanto à filiação do segurado obrigatório à previdência social, vigora o princípio da automaticidade, segundo o qual a filiação desse segurado decorre, automaticamente, do exercício de atividade remunerada, independentemente de algum ato seu perante a previdência social.

A inscrição, ato material de registro nos cadastros da previdência social, pode ser concomitante ou posterior à filiação, mas nunca, anterior.

Todavia, entende-se que o enunciado deveria ter sido considerado falso, pois não há previsão na legislação previdenciária de que a inscrição ocorra concomitantemente à filiação, nos moldes do artigo 18, do RPS.

De efeito, para a formalização da inscrição, é preciso que seja apresentado documento que comprove o exercício de trabalho remunerado, ocorrendo inicialmente a filiação e posteriormente a inscrição.

Apenas no caso do segurado facultativo há inicialmente a inscrição, para, em seguida, ocorrer à filiação com o recolhimento da contribuição previdenciária.

Certamente o examinador seguiu a doutrina de Carlos Alberto Pereira de Castro e João Batista Lazzari (2009, pg. 219), que afirmam que, "na seqüência temporal da relação jurídica de seguro social a inscrição é o terceiro momento, seguindo-se ao trabalho e à conseqüente filiação, ou, pelo menos, sendo contemporâneo a estes, mas nunca anterior".

Contudo, apesar de respeitar a posição dos ilustres autores, não se vislumbra previsão legal para que a inscrição ocorra concomitantemente à filiação, sendo esta a posição da doutrina majoritária, a qual se adere pelos fundamentos postos.

Nesse sentido, também para Fábio Zambitte Ibrahim (2010, pg. 188), "em geral, a filiação ocorre primeiro, sendo a inscrição posterior. A exceção é o segurado facultativo, cuja inscrição ocorre antes da filiação (art. 20 do RPS). Para os segurados obrigatórios, contudo, a inscrição pressupõe a filiação. Aquela sem esta não produz qualquer efeito perante a previdência social".

Note-se que na prática é possível se inscrever diretamente no sítio da Previdência Social, sem a apresentação de documentos, mas esse ato só será válido se houver o prévio exercício de atividade laborativa remunerada para o segurado obrigatório.

O artigo 18, § 2º, do RPS, restringe indevidamente a inscrição dos menores de 16 anos, apesar de o aprendiz poder ter 14 anos de idade, conforme previsão constitucional, sendo considerado segurado empregado.

No caso do *segurado especial*, a sua inscrição será feita de forma a vinculá-lo ao seu respectivo grupo familiar e conterá, além das informações pessoais, a identificação da propriedade em que desenvolve a atividade e a que título, se nela reside ou o município onde reside e, quando for o caso, a identificação e inscrição da pessoa responsável pela unidade familiar.

Vale frisar que **não serão consideradas a inscrição *post mortem* e as contribuições vertidas após a extemporânea inscrição para efeito de manutenção da qualidade de segurado.**

Esta vedação se destina ao segurado contribuinte individual que trabalha por conta própria, pois a sua filiação é condicionada ao pagamento tempestivo da contribuição previdenciária.

Logo, se um contribuinte individual que trabalha por conta própria não recolhe as contribuições previdenciárias, não se filiará ao RGPS. Ao falecer, como não era segurado, os seus dependentes não terão direito à pensão por morte, pois não será possível o recolhimento das contribuições em atraso e a inscrição após a morte do segurado.

▸ **Importante!**

Entretanto, será permitida a inscrição *post mortem* do segurado especial, desde que presentes os pressupostos da filiação, na forma do quanto expresso no artigo 18, §5º, do RPS, vez que a filiação dos segurados especiais ocorrerá com o exercício de atividade campesina ou pesqueira artesanal individualmente ou em regime de economia familiar para fins de subsistência, pois normalmente não há atividade laborativa com percepção de remuneração.

É muito comum a existência de segurados especiais na zona rural sem a inscrição no INSS, o que não irá gerar nenhum prejuízo, pois já se filiaram com a sua atividade laboral, apenas tomando a Previdência Social ciência da sua existência no momento da entrada do requerimento administrativo de aposentadoria, auxílio-doença ou pensão por morte normalmente.

Logo, se os dependentes comprovarem que o falecido era filiado ao RGPS como segurado especial, o INSS deverá promover a sua inscrição após a morte e pagar a pensão aos seus dependentes.

▸ **Como esse assunto foi cobrado em concurso?**

No concurso para Defensor Público da União em 2010, o CESPE considerou correto o seguinte enunciado: Considere que Lucas tenha exercido, individualmente, de modo sustentável, durante toda a vida, a atividade de seringueiro na região amazônica, tendo os frutos dessa atividade sido sua única fonte de renda. Após o falecimento dele, os herdeiros — demonstrados os pressupostos de filiação — poderão requerer a inscrição de Lucas, como segurado especial, no RGPS. Por sua vez, no concurso para Juiz do Trabalho da 6ª Região realizado em 2010, o examinador considerou correto o seguinte enunciado: É vedada a inscrição de segurado após sua morte (*post mortem*), exceto em caso de segurado especial.

No caso do **dependente**, apenas ocorrerá a sua **inscrição quando houver requerimento administrativo de benefício previdenciário**, a teor do artigo 17, §1º, da Lei 8.213/91 e do artigo 22, do RPS, mediante a apresentação dos documentos comprobatórios, a exemplo da certidão de casamento para demonstrar o matrimônio, não cabendo mais ao segurado inscrever previamente o dependente desde o advento do Decreto 4.079, de 10.01.2002.

Por fim, de acordo com o artigo 17, §2º, da Lei 8.213/91, o cancelamento da inscrição do cônjuge se processa em face de separação judicial ou divórcio sem direito a alimentos, certidão de anulação de casamento, certidão de óbito ou sentença judicial, transitada em julgado.

Como esse assunto foi cobrado em concurso?

No concurso para Defensor Público da Bahia em 2010, o CESPE considerou correto o seguinte enunciado: O cancelamento da inscrição do cônjuge do segurado é processado em face de separação judicial ou divórcio sem direito a alimentos, de certidão de anulação de casamento, de certidão de óbito ou de sentença judicial transitada em julgado.

No entanto, este parágrafo foi expressamente revogado pela Lei 13.135/2015 , vez que desde a Lei 10.403/2002 não mais existia a inscrição prévia do dependente feita pelo segurado, estando o §2º desatualizado, pois não mais havia inscrição prévia a cancelar, incumbindo ao dependente promover a sua inscrição quando do requerimento do benefício a que estiver habilitado.

Capítulo 5

Salário de contribuição

1. INTRODUÇÃO E DEFINIÇÃO

O salário de contribuição é um instituto exclusivo do Direito Previdenciário, regulado pelo artigo 28, da Lei 8.212/91, sendo utilizado para a fixação do salário de benefício e, por conseguinte, para o cálculo de todos os benefícios do RGPS, exceto o salário-família e o salário-maternidade, conforme será estudado no momento oportuno.

Outrossim, em algumas hipóteses previstas no artigo 73, da Lei 8.213/91, o salário-maternidade será calculado diretamente com base no salário de contribuição.

É um instituto imprescindível tanto para o Plano de Custeio quanto para o Plano de Benefícios do Regime Geral de Previdência Social, sendo estratégico para o bom estudo dominá-lo.

É uma parcela normalmente composta por **verbas remuneratórias do trabalho**, podendo também ser excepcionalmente formada por verbas teoricamente indenizatórias, apenas nos casos expressos previstos pela norma previdenciária, em que o legislador entendeu se tratar de remuneração disfarçada.

Logo, se um trabalhador filiado ao RGPS recebe mensalmente um salário de R$ 1.000,00, este valor será considerado como o salário de contribuição do segurado e será a base de cálculo para a incidência da sua contribuição previdenciária, mediante a aplicação da alíquota legal.

Entretanto, como o segurado facultativo não exerce trabalho remunerado, o seu salário de contribuição será o valor que ele declarar, observados os limites legais.

Deveras, todos os segurados da previdência social contribuirão com fundamento no salário de contribuição, **exceto o segurado especial**, pois neste caso o cálculo do tributo incidirá sobre a receita bruta proveniente da comercialização dos seus produtos, em regra, nos termos do artigo 25, da Lei 8.212/91.

> **Importante!**
>
> O salário-maternidade é o único benefício previdenciário considerado como salário de contribuição, pois sobre ele incidirá a contribuição previdenciária, o que não ocorrerá com os demais, previsão legal que não é tecnicamente justificável e decorre da herança trabalhista do benefício.

> **Como esse assunto foi cobrado em concurso?**
>
> No concurso do CESPE para Analista da SEGER/ES em 2013, foi considerado errado o seguinte enunciado: As parcelas de natureza remuneratória integram o salário de contribuição, mas não o salário-maternidade, que tem natureza indenizatória.

Outrossim, a contribuição previdenciária devida pelo empregador doméstico também tomará por base o salário de contribuição do empregado.

Dito isto, é possível definir o *salário de contribuição* como a base de cálculo sobre a qual incidirá a contribuição previdenciária do segurado empregado, doméstico, avulso, contribuinte individual e facultativo, assim como da cota patronal do empregador doméstico e do microempreendedor individual, normalmente formado por parcelas remuneratórias do labor, ou, no caso do segurado facultativo, o valor por ele declarado, observados os limites mínimos e máximos legais.

2. LIMITE MÍNIMO E MÁXIMO

O **limite mínimo** do salário de contribuição corresponde ao *piso salarial, legal ou normativo, da categoria* ***ou, inexistindo este, ao salário mínimo***, tomado no seu valor mensal, diário ou horário, conforme o ajustado e o tempo de trabalho efetivo durante o mês.

Deveras, se determinada categoria de trabalhadores teve a sua remuneração mensal mínima fixada mensalmente em R$ 800,00 por acordo coletivo, o menor salário de contribuição corresponderá a esse valor, e não ao salário mínimo vigente.

Outrossim, de acordo com o artigo 1º, da Lei Complementar 103/2000, os estados e o Distrito Federal ficam autorizados a instituir, mediante lei de iniciativa do Poder Executivo, o piso salarial de que trata o inciso V, do artigo 7º, da Constituição Federal, para os empregados que não tenham piso salarial definido em lei federal, convenção ou acordo coletivo de trabalho, podendo abarcar os empregados domésticos.

Como exemplo, no Estado de São Paulo, no ano de 2010, no mês de abril, o piso salarial foi fixado em R$ 560,00, enquanto o salário mínimo nacional foi de R$ 510,00. Já para o ano de 2012, através da Lei estadual 14.693/12, o Estado de São Paulo instituiu três pisos salariais, a depender da categoria de empregado, de R$ 690,00 , R$ 700,00 e de R$ 710,00.

Note-se que o salário mínimo se refere à jornada integral, podendo a remuneração mensal ser inferior a um salário mínimo para o segurado empregado e o avulso, a exemplo do pagamento referente a meio expediente ou parcela do mês.

Para o segurado contribuinte individual e o segurado facultativo o piso do salário de contribuição equivalerá ao salário mínimo.

▸ Como esse assunto foi cobrado em concurso?

No concurso do CESPE para Procurador do Estado do Piauí em 2014, foi considerado errado o seguinte enunciado: O salário de contribuição de empregado que, vinculado ao RGPS, integre categoria cuja remuneração mensal mínima seja fixada em R$ 800,00 por acordo coletivo é o salário mínimo.

Sobre o limite mínimo do salário de contribuição o tema pode ser assim sintetizado:

Segurados empregado e trabalhador avulso	ao piso salarial legal ou normativo da categoria ou ao piso estadual conforme definido na Lei Complementar nº 103, de 14 de julho de 2000, ou, inexistindo estes, ao salário mínimo, tomado no seu valor mensal, diário ou horário, conforme o ajustado, e o tempo de trabalho efetivo durante o mês;
Empregado doméstico	ao piso estadual conforme definido na Lei Complementar nº 103, de 2000, ou, inexistindo este, ao salário mínimo, tomados nos seus valores mensal, diário ou horário, conforme o ajustado. e o tempo de trabalho efetivo durante o mês;
Segurados contribuinte individual e facultativo	ao salário mínimo.

Originalmente, o artigo 28, § 5º, da Lei 8.212/91, previu a quantia de Cr$ 170.000,00 (cento e setenta mil cruzeiros) como o limite máximo do salário de contribuição, reajustado na mesma época e com os mesmos índices que os do reajustamento dos benefícios de prestação continuada da Previdência Social.

De acordo com o artigo 5º, da Lei 10.666/03, o contribuinte individual que prestar serviços à pessoa jurídica é obrigado a complementar, diretamente, a contribuição até o valor mínimo mensal do salário de contribuição, quando as remunerações recebidas no mês, por serviços prestados a pessoas jurídicas, forem inferiores a este, tendo em vista que o salário de contribuição desse segurado não poderá ser inferior a um salário mínimo.

O **limite máximo** fixado para o salário de contribuição pela Emenda 20/1998 foi de R$ 1.200,00, posteriormente majorado pela Emenda 41/2003 para R$ 2.400,00. Após alguns reajustes, para o ano de 2010, foi fixado em R$ 3.467,40 pela Lei 12.254, de 15.06.2010, a partir de 1º de janeiro de 2010.

Já para o ano de **2011**, a Portaria MPS/MF 568, de 31.12.2010, fixou o teto do salário de contribuição em **R$ 3.689,66**, fazendo incidir o INPC do ano anterior calculado de 6,41%.Posteriormente, em julho de 2011, foi feita uma correção para R$ 3.691,74 (Portaria MPS/MF 407/2011), pois o INPC de dezembro de 2010 havia sido subdimensionado.

Destarte, tomando por base o ano de 2011, se um segurado tiver uma remuneração mensal de R$ 10.000,00, será considerado como salário de contribuição a quantia de R$ 3.689,66, sendo esta a base de cálculo para a sua contribuição previdenciária, pois há um teto.

> **▸ Como esse assunto foi cobrado em concurso?**
>
> No concurso do CESPE para Advogado da Caixa Econômica em 2010, foi considerado errado o seguinte enunciado: Considere que Roberto seja titular de firma individual que atua na área de desenvolvimento de websites corporativos e que, nessa condição, preste serviços a diversas pessoas jurídicas, recebendo, por cada trabalho, o valor de R$ 1.500,00. Considere, ainda, que, no mês de janeiro de 2010, Roberto tenha prestado serviços a 4 empresas e que tenha recebido à vista por tais serviços. Nessa situação hipotética, será considerado salário-de-contribuição a totalidade dos rendimentos auferidos por Roberto durante o mês de janeiro.

Para o ano de 2012, o valor máximo do salário de contribuição foi reajustado para R$ 3.916,20 por intermédio da publicação da Portaria

MPS/MF 02/2012, incidindo o INPC de 2011 de 6,08%. **Já para o ano de 2013, o valor foi reajustado para R$ 4.159,00 pela Portaria MPS/MF 15/2013. Em 2014, o teto do salário de contribuição foi reajustado para R$ 4.390,24. Em 2015 foi reajustado para R$ 4.663,75.**

3. COMPOSIÇÃO

Conforme afirmado, em regra o salário de contribuição será composto por parcelas remuneratórias decorrentes do labor, *observados os limites mínimos e máximos acima expostos*, da seguinte forma:

A) **Para o segurado empregado e o trabalhador avulso** – a remuneração auferida em uma ou mais empresas, assim entendida a totalidade dos rendimentos **pagos, devidos ou creditados** a qualquer título, durante o mês, destinados a retribuir o trabalho, qualquer que seja a sua forma, **inclusive as gorjetas, os ganhos habituais sob a forma de utilidades** e os adiantamentos decorrentes de reajuste salarial, quer pelos serviços efetivamente prestados, quer pelo tempo à disposição do empregador ou tomador de serviços nos termos da lei ou do contrato ou, ainda, de convenção ou acordo coletivo de trabalho ou sentença normativa.

Para o empregado e o avulso, o salário de contribuição será formado pela remuneração mensal total, devida ou creditada, pela empresa que preste serviço, incluindo-se na definição de remuneração as gorjetas, tal qual o faz o artigo 457, da CLT, bem como as utilidades habituais pagas ao trabalhador.

Na forma do artigo 458, da CLT, além do pagamento em dinheiro, compreende-se no salário, para todos os efeitos legais, a alimentação, habitação, vestuário ou outras prestações "in natura" que a empresa, por força do contrato ou do costume, fornecer habitualmente ao empregado (utilidades), não sendo permitido em caso algum o pagamento com bebidas alcoólicas ou drogas nocivas.

▸ **Como esse assunto foi cobrado em concurso?**

No concurso do CESPE para Juiz Federal da 5ª Região em 2011, foi considerado errado o seguinte enunciado: O contrato de locação de automóveis firmado entre empregador e seus empregados configura salário-utilidade, não integrando, por conseguinte, para fins de incidência de contribuição tributária, o conceito de salário-de-contribuição, ainda que não caracterizada a gratuidade do benefício aos empregados.

De efeito, mesmo que a pessoa jurídica não pague a remuneração no mês, a quantia devida será considerada como salário de contribuição e deverá ser paga a respectiva contribuição previdenciária.

Da mesma forma, o adiantamento de remuneração referente aos meses subsequentes também integrará o salário de contribuição, se creditado antecipadamente (popularmente conhecido como "vale").

▸ **Importante:** Por força da Medida Provisória 680, publicada em 7 de julho de 2015, posteriormente convertida na Lei 13.189/2015, **irá incidir contribuição previdenciária sobre o valor da compensação pecuniária a ser paga no âmbito do Programa de Proteção ao Emprego (PPE), INTEGRANDO O SALÁRIO DE CONTRIBUIÇÃO**. Trata-se de compensação pecuniária equivalente a 50% do valor da redução salarial e limitada a 65% do valor máximo da parcela do seguro-desemprego, enquanto perdurar o período de redução temporária da jornada de trabalho, para as empresas que aderiram ao Programa de Proteção ao Emprego, que será custeada pelo Fundo de Amparo ao Trabalhador (FAP). Por força do Princípio da Noventena, esta disposição entrou em vigor a partir de 1º de novembro de 2015

Vale registrar que o **adicional noturno**, o **adicional de insalubridade** e de **periculosidade** pagos pela empresa são verbas que possuem natureza remuneratória em decorrência do trabalho à noite, nocivo à saúde e periculoso, devendo, destarte, incidir contribuição previdenciária.

▸ **Qual o entendimento do STJ sobre o assunto?**

"Integram o conceito de remuneração, sujeitando-se, portanto, à contribuição previdenciária o adicional de horas-extras, adicional noturno, salário-maternidade, adicionais de insalubridade e de periculosidade. Precedentes" (AgRg no AREsp 69958, de 12/06/2012).

▸ **Como esse assunto foi cobrado em concurso?**

No concurso do CESPE para Procurador do TCU em 2015, foi considerado ERRADO o seguinte enunciado: Não incide contribuição previdenciária sobre o adicional noturno pago pelo empregador.

A verba prevista no artigo 2º, §2º, da Lei 5.811/72, conhecida como **Hora Repouso Alimentação (HRA)**, integra a composição do salário de contribuição do segurado empregado pelo tempo que ficar à disposição da empresa.

É paga aos empregados que prestam serviços em atividades de exploração, perfuração, produção e refinação de petróleo, bem como na industrialização do xisto, na indústria petroquímica e no transporte de petróleo e seus derivados por meio de dutos, quando, para garantir a normalidade das operações ou para atender aos imperativos de segurança industrial, exige-se a disponibilidade do empregado no local de trabalho ou nas suas proximidades, durante o intervalo destinado a repouso e alimentação possui natureza remuneratória.

▸ **Qual o entendimento do STJ sobre o assunto?**

"11. A "Hora Repouso Alimentação - HRA", diversamente, é paga como única e direta retribuição pela hora em que o empregado fica à disposição do empregador. 12. Não há simplesmente supressão da hora de descanso, hipótese em que o trabalhador ficaria disponível 8 horas contínuas para a empresa e receberia por 9 horas (haveria uma "indenização" pela hora suprimida). O empregado fica efetivamente 9 horas ininterruptas trabalhando ou disponível para a empresa e recebe exatamente por este período, embora uma destas horas seja paga em dobro, a título de HRA. 13. A analogia possível é com a hora extra, a remuneração pelo tempo efetivamente trabalhado ou à disposição do empregador e sujeita à contribuição previdenciária. 14. É precisamente essa a orientação fixada pela Primeira Seção, em recurso repetitivo, ao julgar o caso da "Indenização por Horas Trabalhadas - IHT" paga pela Petrobras e decidir pela natureza remuneratória da verba para fins de aplicação do Imposto de Renda. 15. **A "Hora Repouso Alimentação - HRA" é, portanto, retribuição pelo trabalho ou pelo tempo à disposição da empresa e se submete à contribuição previdenciária, nos termos do art. 28 da Lei 8.212/1991"** (EDcl no REsp 1157849, de 01/03/2011).

▸ **Como esse assunto foi cobrado em concurso?**

No concurso do CESPE para Procurador do Estado do Piauí em 2014, foi considerado errado o seguinte enunciado: Consoante o entendimento do STJ, a verba denominada hora repouso alimentação não tem natureza remuneratória, não compondo, portanto, o salário de contribuição.

No que concerne à verba trabalhista popularmente conhecida como "salário-paternidade", que não ostenta a natureza jurídica de benefício previdenciário, sendo na verdade o salário pago ao empregado pela empresa durante cinco dias após o nascimento de seu filho (artigo 10, §1º, do ADCT da Constituição de 1988), esta integra o salário de contribuição, devendo incidir contribuição previdenciária.

> **Qual o entendimento do STJ sobre o assunto?**
>
> Recurso Especial 1.230.957, de 26/02/2014 – "O salário paternidade refere-se ao valor recebido pelo empregado durante os cinco dias de afastamento em razão do nascimento de filho (art. 7º, XIX, da CF/88, c/c o art. 473, III, da CLT e o art. 10, § 1º, do ADCT). Ao contrário do que ocorre com o salário maternidade, o salário paternidade constitui ônus da empresa, ou seja, não se trata de benefício previdenciário. Desse modo, em se tratando de verba de natureza salarial, é legítima a incidência de contribuição previdenciária sobre o salário paternidade. Ressalte-se que "o salário-paternidade deve ser tributado, por se tratar de licença remunerada prevista constitucionalmente, não se incluindo no rol dos benefícios previdenciários" (AgRg nos EDcl no REsp 1.098.218/SP, 2ª Turma, Rel. Min. Herman Benjamin, DJe de 9.11.2009).

Incide contribuição previdenciária a cargo da empresa sobre os valores pagos a título de licença casamento (art. 473, II, da CLT) e de licença para prestação de serviço eleitoral (art. 98 da Lei 9.504/1997) por possuírem caráter salarial.

> **Qual o entendimento do STJ sobre o assunto?**
>
> Incide contribuição previdenciária a cargo da empresa sobre os valores pagos a título de licença casamento (art. 473, II, da CLT) e de licença para prestação de serviço eleitoral (art. 98 da Lei 9.504/1997). Consoante a jurisprudência do STJ, o parâmetro para incidência da contribuição previdenciária é o caráter salarial da verba, já a não incidência ocorre nas verbas de natureza indenizatória. Posto isso, cumpre esclarecer que a licença para prestação do serviço eleitoral e a licença casamento não ostentam caráter indenizatório. Sua natureza estrutural remete ao inafastável caráter remuneratório, integrando parcela salarial cujo ônus é do empregador, sendo irrelevante a inexistência da efetiva prestação laboral no período, porquanto mantido o vínculo de trabalho, o que atrai a incidência tributária sobre as indigitadas verbas. (REsp 1.455.089-RS, Rel. Min. Humberto Martins, julgado em 16/9/2014).

Para o empregado e o avulso, quando no mandato de dirigente sindical, o seu salário de contribuição será a remuneração paga pela entidade sindical ou empresa de origem.

B) **Para o empregado doméstico** – a remuneração registrada na Carteira de Trabalho e Previdência Social.

▸ **Como esse assunto foi cobrado em concurso?**

No concurso do CESPE para Procurador do Estado do Ceará em 2007, foi considerado errado o seguinte enunciado: Telma é empregada doméstica e segurada da previdência social. Nessa situação, o salário de contribuição de Telma é o valor total recebido, incluindo os ganhos habituais na forma de utilidade, tais como alimentação e moradia.

Conquanto haja esta previsão legal expressa, entende-se que no caso da anotação feita pelo empregador doméstico constar um valor inferior ao realmente pago ao segurado, deverá prevalecer a importância real, apesar de normalmente ser exigida a literalidade do texto legal.

▸ **Como esse assunto foi cobrado em concurso?**

No concurso do CESPE para Procurador do Estado de Alagoas em 2008, foi considerado errado o seguinte enunciado: O salário-de-contribuição do empregado doméstico é o valor correspondente a um salário mínimo, ainda que ele receba mensalmente de seu empregador quantia superior.

C) **Para o contribuinte individual** – a remuneração auferida em uma ou mais empresas ou pelo exercício de sua atividade por conta própria, durante o mês.

Antes da vigência da Lei 9.876/99, o contribuinte individual (na época eram chamados de empresários, autônomos e equiparados) recolhia a sua contribuição previdenciária sobre o antigo *salário-base*, ficção legal desvinculada da remuneração real, dividido em 10 classes, partindo de um salário mínimo, onde o segurado progredia com o transcorrer do tempo, se estivesse em dia com as suas contribuições, até chegar à última classe, no período estimado em 27 anos.

A Lei 9.876/99 ainda manteve o salário-base para os antigos segurados como regra de transição, tendo sido definitivamente extinto com o advento da Lei 10.666/2003, pois hoje os contribuintes individuais também recolherão sobre a sua remuneração real, sem a ficção legal do salário-base.

Por força do §11 do artigo 28 da Lei 8.212/91, inserido pela Lei 13.202, de 8/12/2015, considera-se remuneração do contribuinte individual que trabalha como condutor autônomo de veículo rodoviário, como auxiliar de condutor autônomo de veículo rodoviário, em automóvel cedido em regime de colaboração, nos termos da Lei 6.094, de 30 de agosto de 1974, como operador de trator, máquina de terraplenagem, colheitadeira e assemelhados, o montante correspondente a 20% (vinte por cento) do valor bruto do frete, carreto, transporte de passageiros ou do serviço prestado, observado o limite máximo do salário de contribuição (esta disposição já era prevista na IN RFB 971/2009, artigo 55, § 2º).

D) **Para o segurado facultativo** – o valor por ele declarado, tendo também sido adotado o salário-base antes da Lei 9.876/99, que se encontra **extinto**.

> ▸ **Como esse assunto foi cobrado em concurso?**
> No concurso do CESPE para Procurador do Estado do Ceará em 2007, foi considerado errado o seguinte enunciado: Gilmar, em 2007, inscreveu-se facultativamente no RGPS. Nessa situação, o salário de contribuição de Gilmar deve seguir as faixas de salário-base, a exemplo do que ocorre com os contribuintes individuais.

4. PARCELAS INTEGRANTES E NÃO INTEGRANTES

Em regra, o salário de contribuição será composto pelas parcelas remuneratórias decorrentes do labor, inclusive **abarcando a gratificação natalina** (13º salário), por se tratar de verba remuneratória do empregado e doméstico, que apenas não será considerada para o cálculo do benefício.

> ▸ **Como esse assunto foi cobrado em concurso?**
> No concurso para Juiz do Trabalho da 9ª Região em 2009, foi considerado correto o seguinte enunciado: O 13º salário integra o salário-de-contribuição, exceto para o cálculo de benefício.

> ▸ **Qual o entendimento do STF sobre o assunto?**
> "Súmula 688 – É legítima a incidência da contribuição previdenciária sobre o 13º salário".

▸ **Como esse assunto foi cobrado em concurso?**

No concurso do CESPE para Advogado da Caixa Econômica em 2010, foi considerado correto o seguinte enunciado: Se um trabalhador segurado tiver recebido, no mês de dezembro de 2009, o valor de R$ 1.220,00 a título de décimo terceiro salário (gratificação natalina), então esse valor integrará o salário-de-contribuição desse segurado, em seu valor bruto, sem compensação de eventuais adiantamentos pagos.

Inclusive, após a Lei 8.620/93, é válida a incidência da contribuição previdenciária em separado sobre a gratificação natalina, pois passou a existir autorização legal:

▸ **Qual o entendimento do STJ sobre o assunto?**

De acordo com o STJ, "a Lei n.º 8.620/93, em seu art. 7.º, § 2.º autorizou expressamente a incidência da contribuição previdenciária sobre o valor bruto do 13.º salário, cuja base de cálculo deve ser calculada em **separado** do salário-de-remuneração do respectivo mês de dezembro" (REsp 1.066.682, de 09.12.2009).

Outrossim, conforme afirmado, por expressa determinação legal, **o salário-maternidade é considerado como salário de contribuição**, conquanto se trate de benefício previdenciário.

▸ **Qual o entendimento do STJ sobre o assunto?**

Revendo posicionamento de 2013, em 26 de fevereiro de 2014 a 1ª Seção do STJ no julgamento em Recurso Especial 1.230.957 restaurou a sua tradicional jurisprudência no sentido de que **o salário-maternidade integra o salário de contribuição**.

De acordo com o atual posicionamento do STJ, as férias gozadas também irão integrar a composição do salário de contribuição.

▸ **Qual o entendimento do STJ sobre o assunto?**

O pagamento de férias gozadas possui natureza remuneratória e salarial, nos termos do art. 148 da CLT, e integra o salário de contribuição" (STJ, AgRg nos EDcl no REsp 1205592, de 12/08/2014).

Vale ressaltar que deverá ser cobrada das empresas de seguro privado a contribuição previdenciária incidente sobre o valor da comissão que a seguradora paga aos corretores por prestarem serviços de intermediação no contrato de seguro, independentemente da inexistência de contrato de trabalho vinculando o corretor à Seguradora, pois essa quantia integra o salário de contribuição por ser remuneratória.

▸ Qual o entendimento do STJ sobre o assunto?

De acordo com a Súmula 458, do STJ, "a contribuição previdenciária incide sobre a comissão paga ao corretor de seguros".

▸ Importante!

O total das diárias de viagem integrará o salário de contribuição, se excedentes a 50% da remuneração mensal, conquanto se trate teoricamente de verba indenizatória, mas neste caso o valor é tão alto que o legislador o presumiu como remuneração disfarçada, seguindo o regime do artigo 457, §2º, da CLT.

▸ Como esse assunto foi cobrado em concurso?

No concurso do CESPE para Analista da SEGER/ES em 2013, foi considerado errado o seguinte enunciado: Nenhum valor de diária, destinado a indenizar despesas do empregado com alimentação, hospedagem e deslocamento, quando este precisar se deslocar transitoriamente a serviço da empresa, integra o salário de contribuição.

Tradicionalmente entendia-se que o terço de férias gozadas fazia parte do salário de contribuição, pois se pregava a sua natureza remuneratória. Entretanto, começou a se difundir tese contrária, pois o aposentado não recebe terço de férias na inatividade, sendo este o posicionamento dos tribunais superiores.

▸ Qual o entendimento do STF sobre o assunto?

Para a Suprema Corte, o valor recebido a título de terço de férias gozadas não compõe o salário de contribuição, pois somente as parcelas incorporáveis ao salário sofrem a incidência da contribuição previdenciária (AI 712880 AgR, de 26.05.2009 - RE 587.941 AgR, de 30.09.2008). "O Supremo Tribunal Federal, em sucessivos julgamentos, firmou entendimento no sentido da não incidência de contribuição social sobre o adicional de um terço (1/3), a que se refere o art. 7º, XVII, da Constituição Federal" (RE 587.941 AgR, de 30.09.2008).

▸ Qual o entendimento do STJ sobre o assunto?

Uniformizando o seu posicionamento, "após o julgamento da Pet 7.296/DF, o STJ realinhou sua jurisprudência para acompanhar o STF pela não-incidência de contribuição previdenciária sobre o terço constitucional de férias" (AgRg no REsp 1.210.517, de 02.12.2010). "As Turmas que compõem a Primeira Seção do STJ consolidaram o entendimento no sentido de afastar a contribuição previdenciária do terço de férias também de empregados celetistas" (EDcl no AgRg no AREsp 85.096, de 26.06.2012). Em 26 de fevereiro de 2014 este entendimento do STJ se consolidou na 1ª Seção no julgamento do Recurso Especial 1.230.957 com o rito dos recursos repetitivos.

▸ Como esse assunto foi cobrado em concurso?

No concurso do CESPE para Procurador do BACEN em 2009, foi considerado errado o seguinte enunciado: De acordo com a jurisprudência dos tribunais superiores, é legítima a incidência da contribuição previdenciária sobre o 13.º salário e sobre o adicional de férias.

Da mesma forma, no concurso do CESPE para Juiz Federal da 5ª Região em 2011, foi considerado errado o seguinte enunciado: Com fundamento no princípio do equilíbrio financeiro-atuarial, a jurisprudência do STJ firmou-se no sentido de que incide contribuição previdenciária sobre o terço constitucional de férias, a despeito de tal verba não se incorporar à remuneração para fins de aposentadoria.

No concurso do CESPE para Analista da SEGER/ES em 2013, foi considerado correto o seguinte enunciado: Conforme jurisprudência do STJ, incide contribuição previdenciária sobre o valor relativo às férias gozadas durante a vigência do contrato de trabalho, com exceção do terço constitucional de férias, dada a sua natureza indenizatória.

▸ Qual o entendimento do STF sobre o assunto?

De acordo com o **Súmula 241, do STF**, editada ainda no regime previdenciário anterior, mas que ainda possui aplicabilidade, **"a contribuição previdenciária incide sobre o abono incorporado ao salário"**, vez que se trata de parcela remuneratória do labor.

As **horas extras** pagas aos empregados e domésticos que ultrapassam a jornada diária de trabalho possuem natureza remuneratória, razão pela qual integram o salário de contribuição.

▸ Qual o entendimento do STJ sobre o assunto?

Informativo 514: "Incide contribuição previdenciária sobre os valores pagos a título de horas extras. A incidência decorre do fato de que o adicional de horas extras integra o conceito de remuneração. Precedentes citados: AgRg no REsp 1.311.474-PE, DJe 17/9/2012, e AgRg no AREsp 69.958-DF, DJe 20/6/2012. AgRg no REsp 1.222.246-SC, Rel. Min. Humberto Martins, julgado em 6/12/2012".

PARCELAS INCLUÍDAS NA COMPOSIÇÃO DO SALÁRIO DE CONTRIBUIÇÃO TEXTO LEGAL E JURISPRUDÊNCIA DO STJ
• Parcelas remuneratórias do labor, a exemplo dos salários e abonos incorporados, do décimo terceiro salário e da comissão paga ao corretor de seguros.
• Diárias de viagem, quando excedentes a 50% da remuneração mensal.
• Salário-maternidade.
• Férias gozadas.
• Salário-paternidade.
• Horas extras.
• Adicional noturno.
• Adicional de insalubridade.
• Adicional de periculosidade.
• Hora Repouso Alimentação – HRA.
• Aviso prévio gozado.

Por sua vez, com base no artigo 28, §9º, da Lei 8.212/91, que presume a natureza indenizatória de inúmeras parcelas, ***não integram o salário de contribuição***:

A) **Os benefícios da previdência social, exceto o salário maternidade;**

Assim, não haverá desconto de contribuição previdenciária sobre nenhum benefício pago no âmbito do RGPS, **exceto o salário-maternidade**, único benefício considerado como salário de contribuição em razão de herança do tempo em que era uma prestação trabalhista.

▸ Qual o entendimento do STJ sobre o assunto?

Revendo posicionamento de 2013, em 26 de fevereiro de 2014 a 1ª Seção do STJ no julgamento em Recurso Especial 1.230.957 restaurou a sua tradicional jurisprudência no sentido de que **o salário-maternidade integra o salário de contribuição.**

Inclusive, o artigo 195, inciso II, da Constituição Federal, instituiu uma imunidade, ao prever que as contribuições previdenciárias não incidirão sobre as aposentadorias e pensões pagas no Regime Geral de Previdência Social.

▸ Como esse assunto foi cobrado em concurso?

No concurso para Juiz do Trabalho da 9ª Região em 2009, foi considerado correto o seguinte enunciado: O salário-maternidade é considerado salário-de-contribuição.

Insta salientar que **o auxílio-acidente não compõe o salário de contribuição para efeito de custeio da Previdência Social**, pois inexiste desconto de contribuição previdenciária sobre o seu valor.

Apenas para efeito do cálculo da aposentadoria é que o valor do auxílio-acidente é considerado como salário de contribuição, nos termos do artigo 31, da Lei 8.213/91, pois a partir da Lei 9.528/97 o auxílio-acidente não mais pôde ser acumulado com qualquer espécie de aposentadoria.

B) As ajudas de custo e o adicional mensal recebidos pelo aeronauta nos termos da Lei nº 5.929, de 30 de outubro de 1973 (hipóteses de transferência provisória ou permanente);

C) **A parcela "in natura"** recebida de acordo com os **programas de alimentação** aprovados pelo Ministério do Trabalho e da Previdência Social, nos termos da Lei nº 6.321, de 14 de abril de 1976;

O Programa de Alimentação ao Trabalhador (PAT) é aquele aprovado e gerido pelo Ministério do Trabalho e Emprego, nos termos da Lei nº 6.321/1976. Não integra a remuneração, a parcela *in natura*, sob forma de utilidade alimentação, fornecida pela empresa regularmente inscrita no PAT aos trabalhadores por ela diretamente contratados, de conformidade com os requisitos estabelecidos pelo órgão gestor competente.

▸ **Qual o entendimento do STJ sobre o assunto?**

Auxílio-alimentação em pecúnia – "Se as parcelas referentes ao auxílio-alimentação forem pagas em pecúnia, em caráter habitual e remuneratório, mediante depósito em conta-corrente dos respectivos valores, integrarão a base de cálculo da contribuição previdenciária" (REsp 584.740, de 16.06.2005). Entrementes, no final de 2010, o Superior Tribunal de Justiça alterou integralmente o seu posicionamento, a exemplo do julgamento do recurso especial 1.185.685, de 17.12.2010, 1ª Turma, passando a decidir que mesmo o vale alimentação pago em dinheiro não integra o salário de contribuição.

Auxílio-alimentação *in natura* sem inscrição no PAT – "Quando o pagamento é efetuado *in natura*, ou seja, o próprio empregador fornece a alimentação aos seus empregados, com o objetivo de proporcionar o aumento da produtividade e eficiência funcionais,não sofre a incidência da contribuição previdenciária, sendo irrelevante se a empresa está ou não inscrita no Programa de Alimentação ao Trabalhador – PAT" (REsp 1.051.294, de 10.02.2009).

▸ **Qual o entendimento da TNU sobre o assunto?**

Entretanto, a TNU possui entendimento oposto ao do STJ. Em 29 de setembro de 2012 a Turma Nacional publicou a Súmula 67: "O auxílio-alimentação recebido em pecúnia por segurado filiado ao Regime Geral da Previdência Social integra o salário de contribuição e sujeita-se à incidência de contribuição previdenciária".

D) As importâncias recebidas a guisa de aviso prévio indenizado, férias e terço indenizados, licença-prêmio indenizada, incentivo à demissão e multa de 40% sobre o FGTS, pois ostentam natureza indenizatória;

▸ **Como esse assunto foi cobrado em concurso?**

No concurso do CESPE para Advogado da Caixa Econômica em 2010, foi considerado errado o seguinte enunciado: A indenização compensatória, correspondente a 40% do montante depositado em sua conta vinculada do FGTS, recebida por trabalhador demitido sem justa causa integra o salário-de-contribuição desse trabalhador, observado o limite máximo legalmente previsto.

A Lei 8.212/91 é silente no que concerne ao aviso prévio indenizado integrar ou não o salário de contribuição. Até o advento do Decreto 6.727/2009, o Regulamento previa que o aviso prévio indenizado não compunha o salário de contribuição. No entanto, o citado dispositivo foi revogado (artigo 214, §9º, inciso V, letra F), passando o Regulamento a também silenciar a respeito, em uma tentativa frustrada de o Poder Executivo da União de fazer incidir contribuição previdenciária sobre o aviso prévio indenizado.

Vale frisar que o aviso prévio indenizado possui natureza não remuneratória, razão pela qual não comporá o salário de contribuição, não podendo o Regulamento da Previdência Social, por ser ato legal secundário, dispor em sentido contrário.

▸ **Qual o entendimento do STJ sobre o assunto?**

De acordo com a Corte Superior, "a indenização decorrente da falta de aviso prévio visa reparar o dano causado ao trabalhador que não fora alertado sobre a futura rescisão contratual com a antecedência mínima estipulada na CLT, bem como não pôde usufruir da redução da jornada a que fazia jus (arts. 487 e segs. da CLT). Não incide contribuição previdenciária sobre os valores pagos a título de aviso prévio indenizado, por não se tratar de verba salarial" (REsp 1.198.964/PR, Rel. Min. Mauro Campbell Marques, DJe 04.10.10).

"O valor pago ao trabalhador a título de aviso prévio indenizado, por não se destinar a retribuir o trabalho e possuir cunho indenizatório, não está sujeito à incidência da contribuição previdenciária sobre a folha de salários. Precedentes do STJ" (AgRg nos EDcl no AREsp 135682, 2ª Turma, de 29/05/2012). Em 26 de fevereiro de 2014, a 1ª Seção do STJ no julgamento em Recurso Especial 1.230.957 confirmou o entendimento de que o aviso prévio indenizado não integra o salário de contribuição.

E) As importâncias referentes aos ganhos eventuais e os abonos expressamente desvinculados do salário; indenização por tempo de serviço, anterior a 05 de outubro de 1988, do empregado não optante pelo Fundo de Garantia do Tempo de Serviço – FGTS;

F) A parcela recebida a título de vale-transporte, na forma da legislação própria;

▸ **Importante!**

O STJ entendia que se o vale-transporte fosse pago em dinheiro comporia o salário de contribuição, pois não observou a legislação própria. Todavia, mudou o seu posicionamento para se alinhar à jurisprudência da Suprema Corte, razão pela qual pago ou não em dinheiro o valor do vale-transporte não irá compor o salário de contribuição.

▸ **Qual o entendimento do STF sobre o assunto?**

De acordo como STF, "a cobrança de contribuição previdenciária sobre o valor pago, em dinheiro, a título de vales-transporte, pelo recorrente aos seus empregados afronta a Constituição, sim, em sua totalidade normativa". Entendeu que "pago o benefício de que se cuida neste recurso extraordinário em vale-transporte ou em moeda, isso não afeta o caráter não salarial do benefício "RE 478.410, de 10.03.2010).

▸ **Qual o entendimento do STJ sobre o assunto?**

"Em razão do pronunciamento do Plenário do STF, declarando a inconstitucionalidade da incidência da contribuição previdenciária sobre as verbas referentes a auxílio-transporte, mesmo que pagas em pecúnia, faz-se necessária a revisão da jurisprudência do STJ para alinhar-se à posição do Pretório Excelso" (REsp 1.194.788, de 19.08.2010).

▸ **Como esse assunto foi cobrado em concurso?**

No concurso do CESPE para Procurador do Estado do Piauí em 2014, foi considerado correto o seguinte enunciado: Segundo entendimento do STF, a indenização de transporte paga em dinheiro não integra o salário de contribuição.

Por sua vez, a **Advocacia-Geral da União**, cujo entendimento vincula a Administração Pública federal no Poder Executivo, aderiu ao STF e fez publicar a **Súmula 60**: "Não há incidência de contribuição previdenciária sobre o vale transporte pago em pecúnia, considerando o caráter indenizatório da verba".

G) A ajuda de custo, **em parcela única**, recebida exclusivamente em decorrência de mudança de local de trabalho do empregado, na forma do art. 470 da CLT;

▸ **Como esse assunto foi cobrado em concurso?**

No concurso do CESPE para Juiz Federal da 5ª Região em 2007, foi considerado correto o seguinte enunciado: Sobre a ajuda de custo paga pelo empregador em cinco parcelas e recebida exclusivamente em decorrência de mudança de local de trabalho do empregado incide contribuição previdenciária.

H) As **diárias para viagens,** desde que não excedam a 50% da remuneração mensal;

I) A importância recebida a título de bolsa de complementação educacional de estagiário, quando paga nos termos da Lei nº 6.494, de 07 de dezembro de 1977 (esta norma foi substituída pela Lei 11.788/08);

J) A **participação nos lucros** ou resultados da empresa, quando paga ou creditada de acordo com lei específica;

▸ **Como esse assunto foi cobrado em concurso?**

No concurso do CESPE para Advogado da Caixa Econômica em 2010, foi considerado errado o seguinte enunciado: A parcela paga, anualmente, aos empregados de pessoa jurídica a título de participação nos lucros e resultados da empresa integra o salário-de-contribuição dos empregados, se for paga ou creditada em consonância com lei específica.

Vale ressaltar que o artigo 2º, da Lei 10.101/2000, exige que a participação nos lucros ou resultados seja objeto de negociação entre a empresa e seus empregados, através de comissão ou acordo/convenção coletiva.

Outrossim, é vedado o pagamento de qualquer antecipação ou distribuição de valores a título de participação nos lucros ou resultados da empresa em mais de 2 (duas) vezes no mesmo ano civil e em periodicidade inferior a 1 (um) trimestre civil (Lei 12.832/2013).

Ou seja, se os ditames da Lei 10.101/2000 forem desrespeitados, a quantia paga a título de participação nos lucros da empresa comporá o salário de contribuição.

▸ **Qual o entendimento do STJ sobre o assunto?**

De acordo com o entendimento do STJ, a ausência da intervenção do sindicato ou mesmo do registro do acordo não tem o condão de alterar a natureza da participação dos lucros da empresa, que não deverá compor o salário de contribuição, desde que comprovada à participação dos empregados na fixação da participação dos lucros (REsp 865489, de 26.10.2010).

K) O **abono** do Programa de Integração Social - **PIS** e do Programa de Assistência ao Servidor Público - **PASEP**;

L) Os valores correspondentes a transporte, alimentação e habitação fornecidos pela empresa ao empregado contratado para trabalhar em localidade distante de sua residência, em canteiro de obras ou local que, por força da atividade, exija deslocamento e estada, observadas as normas de proteção estabelecidas pelo Ministério do Trabalho e Emprego;

> **Importante!**
> Dica – Em vários casos abaixo, o legislador valeu-se da seguinte premissa: se a parcela paga é extensível a todos os empregados e dirigentes da empresa, não irá compor o salário de contribuição. Caso limitada a alguns, a *contrario sensu*, irá integrar o salário de contribuição, pois será uma remuneração disfarçada.

M) A importância paga ao empregado a título de **complementação ao valor do auxílio-doença**, desde que este direito seja extensivo à **totalidade dos empregados da empresa**;

É que, de acordo com o artigo 63, parágrafo único, da Lei 8.213/91, a empresa que garantir ao segurado licença remunerada ficará obrigada a pagar-lhe durante o período de auxílio-doença a eventual diferença entre o valor deste e a importância garantida pela licença.

> **Como esse assunto foi cobrado em concurso?**
> No concurso do CESPE para Juiz do Trabalho da 5ª Região em 2006, foi considerado errado o seguinte enunciado: De acordo com a normatização previdenciária, não integra a base de cálculo de contribuição a complementação ao valor do auxílio-doença paga apenas aos empregados expostos a agentes nocivos.

N) As parcelas destinadas à assistência ao trabalhador da agroindústria canavieira, de que trata o art. 36 da Lei nº 4.870, de 1º de dezembro de 1965;

O) O valor das **contribuições efetivamente pago pela pessoa jurídica relativo a programa de previdência complementar**, aberto ou fechado, desde que **disponível à totalidade de seus empregados e dirigentes**, observados, no que couber, os arts. 9º e 468 da CLT;

> ▸ **Como esse assunto foi cobrado em concurso?**
>
> No concurso do CESPE para Procurador do Estado do ceará em 2007, foi considerado errado o seguinte enunciado: Marcos trabalha em uma empresa que, entre outras vantagens, oferece programa de previdência complementar aberta, disponível a todos os empregados e dirigentes. Nessa situação, pelo fato de esses valores serem dedutíveis do imposto de renda da pessoa física beneficiária, a legislação previdenciária considera tais rubricas como salário de contribuição.

Trata-se do patrocínio promovido voluntariamente pela empresa em favor dos seus empregados e dirigentes para entidade de previdência privada. De acordo com a Lei Complementar 109/2001 (art. 16), a normatização atual determina que esse direito seja oferecido pela empresa em favor de todos os seus empregados e dirigentes, sem restrições.

P) O valor relativo à assistência prestada por **serviço médico ou odontológico**, próprio da empresa ou por ela conveniado, inclusive o reembolso de despesas com medicamentos, óculos, aparelhos ortopédicos, despesas médico-hospitalares e outras similares, **desde que a cobertura abranja a totalidade dos empregados e dirigentes da empresa;**

Q) O valor correspondente a vestuários, equipamentos e outros acessórios fornecidos ao empregado e utilizados no local do trabalho para prestação dos respectivos serviços;

R) O ressarcimento de despesas pelo uso de veículo do empregado e o **reembolso creche** pago em conformidade com a legislação trabalhista, observado o limite máximo de seis anos de idade, quando devidamente comprovadas as despesas realizadas;

> ▸ **Qual o entendimento do STJ sobre o assunto?**
>
> "Súmula 310: O auxílio-creche não integra o salário de contribuição".

> ▸ **Como esse assunto foi cobrado em concurso?**
>
> No concurso do CESPE para Procurador do Município de Natal em 2008, foi considerado correto o seguinte enunciado: O auxílio-creche não integra o salário-de-contribuição.

S) O valor relativo a **plano educacional, ou bolsa de estudo,** que vise à educação básica de **empregados e seus dependentes** e, desde que vinculada às atividades desenvolvidas pela empresa, à educação profissional e tecnológica de empregados, nos termos da Lei 9.394, de 20 de dezembro de 1996, desde que não seja utilizado em substituição de parcela salarial.

Este dispositivo da Lei 8.212/91 (artigo 28, §9º, letra T) teve a sua redação alterada pela Lei 12.513/2011, pois, para ser excluído da composição do salário de contribuição, o valor mensal do plano educacional ou bolsa de estudo, considerado individualmente, não poderá agora ultrapassar a 5% da remuneração do segurado a que se destina ou o valor correspondente a uma vez e meia o valor do limite mínimo mensal do salário de contribuição, **valendo o que for maior**.

Antes da Lei 12.513/2011, não existia um valor máximo das despesas com o plano educacional para a sua exclusão do cômputo do salário de contribuição, bastando que não fosse utilizado como substituição de parcela salarial e acessível a todos os empregados e dirigentes da empresa.

Logo, atualmente não mais se exige que o plano educacional ou a bolsa de estudo seja acessível a todos os empregados e dirigentes da empresa para a exclusão dos seus valores do salário de contribuição.

Ademais, com o novo regramento, passou a ser previsto expressamente que as referidas despesas educacionais também podem aproveitar os dependentes dos segurados. Outrossim, também as despesas com as **bolsas de estudo** passaram a ser excluídas da composição do salário de contribuição, observadas as exigências acima referidas, vez que anteriormente eram previstos apenas os gastos com o plano educacional.

T) A importância recebida a título de **bolsa de aprendizagem** garantida ao adolescente até quatorze anos de idade, de acordo com o disposto no art. 64 da Lei nº 8.069, de 13 de julho de 1990;

Esta disposição que consta no artigo 28, §9º, letra U, da Lei 8.212/91, está em desacordo com a Emenda 20/1998, pois a idade mínima do menor aprendiz passou dos 12 para os 14 anos de idade, de acordo com a atual redação do artigo 7º, XXXIII, da Constituição. É que, antigamente, era assegurada bolsa de aprendizagem ao adolescente até quatorze anos de idade.

U) Os valores recebidos em decorrência da cessão de **direitos autorais**;

V) O valor da multa prevista no § 8º do art. 477 da CLT (inobservância do prazo legal para o pagamento das verbas rescisórias);

X) o valor correspondente ao vale-cultura.

O rol acima referenciado é meramente **exemplificativo**, podendo ser composto por outras parcelas indenizatórias não previstas no artigo 28, §9º, da Lei 8.212/91, pois a legislação não teria como prever todas as parcelas de cunho indenizatório percebidas pelos segurados.

Por fim, de acordo com o STJ, a parcela prevista no artigo 60, §3º, da Lei 8.213/91, que determina que a empresa arque com os 15 (quinze) primeiros dias de "salário" do empregado incapaz para o exercício do seu trabalho habitual possui natureza indenizatória , não devendo incidir contribuição previdenciária.

Registre-se que a MP 664/2014 tentou, sem sucesso, dobrar a obrigação da empresa para trinta dias de pagamento do salário do empregado incapaz, mas a Lei 13.135/2015 retirou esta modificação.

▸ **Qual o entendimento do STJ sobre o assunto?**

Recurso Especial 1.230.957, de 26/02/2014 – No que se refere ao segurado empregado, durante os primeiros quinze dias consecutivos ao do afastamento da atividade por motivo de doença, incumbe ao empregador efetuar o pagamento do seu salário integral (art. 60, § 3º, da Lei 8.213/91 com redação dada pela Lei 9.876/99). Não obstante nesse período haja o pagamento efetuado pelo empregador, a importância paga não é destinada a retribuir o trabalho, sobretudo porque no intervalo dos quinze dias consecutivos ocorre a interrupção do contrato de trabalho, ou seja, nenhum serviço é prestado pelo empregado. Nesse contexto, a orientação das Turmas que integram a Primeira Seção/STJ firmou-se no sentido de que sobre a importância paga pelo empregador ao empregado durante os primeiros quinze dias de afastamento por motivo de doença não incide a contribuição previdenciária, por não se enquadrar na hipótese de incidência da exação, que exige verba de natureza remuneratória.

Parcelas excluídas da composição do salário de contribuição presumidas por lei como indenizatórias
• Os benefícios da previdência social, nos termos e limites legais, salvo o salário-maternidade.
• As ajudas de custo e o adicional mensal recebidos pelo aeronauta nos termos da Lei nº 5.929, de 30 de outubro de 1973 (hipóteses de transferência provisória ou permanente).
• A parcela "in natura" recebida de acordo com os programas de alimentação aprovados pelo Ministério do Trabalho e Emprego (Programa de Alimentação do Trabalhador).
• As importâncias recebidas a guisa de aviso prévio indenizado, férias e terço indenizados, licença-prêmio indenizada, incentivo à demissão e multa de 40% sobre o FGTS.
• As importâncias referentes aos ganhos eventuais e os abonos expressamente desvinculados do salário; indenização por tempo de serviço, anterior a 05 de outubro de 1988, do empregado não optante pelo Fundo de Garantia do Tempo de Serviço.
• A parcela recebida a título de vale-transporte, na forma da legislação própria.
• A ajuda de custo, em parcela única, recebida exclusivamente em decorrência de mudança de local de trabalho do empregado, na forma do art. 470 da CLT.
• As diárias para viagens, desde que não excedam a 50% da remuneração mensal.
• A importância recebida a título de bolsa de complementação educacional de estagiário para de acordo com a Lei 11.788/2008.
• A participação nos lucros ou resultados da empresa, quando paga ou creditada de acordo com lei específica (Lei 10.101/2000).
• O abono do Programa de Integração Social – PIS e do Programa de Assistência ao Servidor Público – PASEP.
• Os valores correspondentes a transporte, alimentação e habitação fornecidos pela empresa ao empregado contratado para trabalhar em localidade distante da de sua residência, em canteiro de obras ou local que, por força da atividade, exija deslocamento e estada, observadas as normas de proteção estabelecidas pelo Ministério do Trabalho.
• A importância paga ao empregado a título de complementação ao valor do auxílio-doença, desde que este direito seja extensivo à totalidade dos empregados da empresa.
• As parcelas destinadas à assistência ao trabalhador da agroindústria canavieira, de que trata o art. 36 da Lei nº 4.870, de 1º de dezembro de 1965.

Parcelas excluídas da composição do salário de contribuição presumidas por lei como indenizatórias
• O valor das contribuições efetivamente pago pela pessoa jurídica relativo a programa de previdência complementar, aberto ou fechado, desde que disponível à totalidade de seus empregados e dirigentes.
• O valor relativo à assistência prestada por serviço médico ou odontológico, próprio da empresa ou por ela conveniado, inclusive o reembolso de despesas com medicamentos, óculos, aparelhos ortopédicos, despesas médico-hospitalares e outras similares, desde que a cobertura abranja a totalidade dos empregados e dirigentes da empresa.
• O valor correspondente a vestuários, equipamentos e outros acessórios fornecidos ao empregado e utilizados no local do trabalho para prestação dos respectivos serviços.
• O ressarcimento de despesas pelo uso de veículo do empregado e o reembolso creche pago em conformidade com a legislação trabalhista, observado o limite máximo de seis anos de idade, quando devidamente comprovadas as despesas realizadas.
• o valor relativo a plano educacional, ou bolsa de estudo, que vise à educação básica de empregados e seus dependentes e, desde que vinculada às atividades desenvolvidas pela empresa, à educação profissional e tecnológica de empregados, nos termos da Lei nº 9.394, de 20 de dezembro de 1996, desde que não seja utilizado em substituição de parcela salarial e que o valor mensal do plano educacional ou bolsa de estudo, considerado individualmente, não ultrapasse 5% (cinco por cento) da remuneração do segurado a que se destina ou o valor correspondente a uma vez e meia o valor do limite mínimo mensal do salário-de-contribuição, o que for maior.
• A importância recebida a título de bolsa de aprendizagem garantida ao adolescente até quatorze anos de idade, de acordo com o disposto no art. 64 da Lei nº 8.069, de 13 de julho de 1990.
• Os valores recebidos em decorrência da cessão de direitos autorais.
• O valor da multa prevista no § 8º do art. 477 da CLT (inobservância do prazo legal para o pagamento das verbas rescisórias).
• O vale-cultura.

PARCELAS EXCLUÍDAS DA COMPOSIÇÃO DO SALÁRIO DE CONTRIBUIÇÃO PELA JURISPRUDÊNCIA DO SUPERIOR TRIBUNAL DE JUSTIÇA
• Aviso prévio indenizado;
• Transporte e alimentação pagos em dinheiro;
• Terço de férias gozadas;
• "Salário" pago pela empresa pelos primeiros 15 (quinze) dias de afastamento do empregado incapaz para o trabalho.

Capítulo 6

Contribuições previdenciárias no Regime Geral de Previdência Social

1. DESTINAÇÃO E ESPÉCIES

As contribuições previdenciárias constituem modalidade de contribuição para o custeio da seguridade social, afetadas ao pagamento dos benefícios do Regime Geral de Previdência Social, pois não poderão ter outra finalidade, conforme determina o artigo 167, inciso XI, da Constituição Federal.

De efeito, o pagamento das *contribuições previdenciárias* provém de duas fontes constitucionais:

1) **do trabalhador e demais segurados da previdência social**, não incidindo contribuição sobre as aposentadorias e pensões do RGPS (imunidade tributária), na forma do artigo 195, inciso II, da CRFB;

2) **do empregador, da empresa e da entidade equiparada na forma da lei**, incidente sobre a folha de salários, e demais rendimentos do trabalho pagos ou creditados, a qualquer título, à pessoa física que lhe preste serviço, mesmo sem vínculo empregatício, consoante previsão do artigo 195, inciso I, "a", da CRFB.

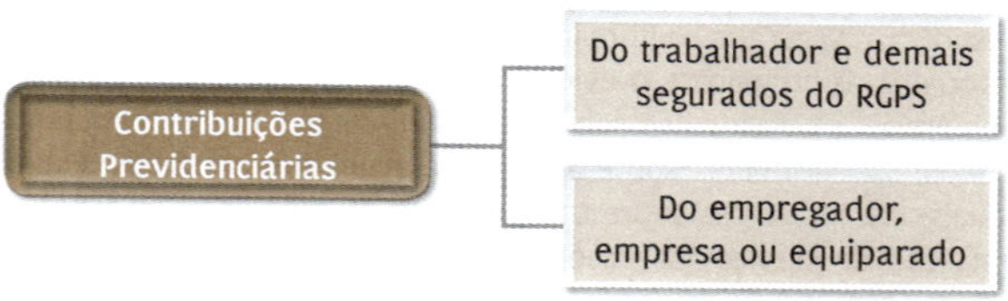

Esses recursos ingressarão no fundo previsto no artigo 250, da Constituição, instituído pelo artigo 68, da Lei Complementar 101/2000, sendo denominado de **Fundo do Regime Geral de Previdência Social**, vinculado ao Ministério da Previdência Social e gerido pelo INSS, com a finalidade de prover recursos para o pagamento dos benefícios desse regime previdenciário.

Ressalte-se que a União é a responsável pelo complemento dos recursos financeiros para o pagamento dos benefícios previdenciários do RGPS, na hipótese de insuficiência de fundos, na forma do artigo 16, parágrafo único, da Lei 8.212/91.

2. NATUREZA JURÍDICA E FATO GERADOR

É amplamente prevalente na doutrina a natureza tributária das contribuições para a seguridade social, inclusive as previdenciárias, sendo esta a posição adotada neste trabalho, pois se amolda perfeitamente à definição de tributo prevista no artigo 3º, do CTN, sendo toda prestação pecuniária compulsória, em moeda ou cujo valor nela se possa exprimir, que não constitua sanção de ato ilícito, instituída em lei e cobrada mediante atividade administrativa plenamente vinculada.

▶ **Qual o entendimento do STF sobre o assunto?**

De acordo com o entendimento remansoso da Suprema Corte, "as contribuições, inclusive as previdenciárias, têm natureza tributária e se submetem ao regime jurídico-tributário previsto na Constituição" (RE 556.664, de 12.06.2008).

De acordo com artigo 43, §2º, da Lei 8.212/91, inserido pela Lei 11.941/2009, artigo que trata das contribuições previdenciárias a serem arrecadadas na Justiça do Trabalho, considera-se ocorrido o **fato gerador** das **contribuições sociais** na **data da prestação do serviço.**

Assim sendo, se ainda havia qualquer dúvida acerca do momento da ocorrência do fato gerador em concreto das contribuições previdenciárias patronais e dos trabalhadores em geral, agora é indene de dúvida que a hipótese de incidência tributária se realiza na data da prestação do serviço, e não do seu pagamento ou de outro marco qualquer.

O que ocorre é que a legislação previdenciária concede um prazo para o pagamento da contribuição previdenciária, após o nascimento da obrigação tributária verificado na data da prestação do serviço, normalmente no mês subsequente ao da respectiva competência.

▶ **Qual o entendimento do STJ sobre o assunto?**

"A jurisprudência do STJ é firme no sentido de que as contribuições previdenciárias incidentes sobre remuneração dos empregados, em razão dos serviços prestados, devem ser recolhidas pelas empresas no mês seguinte ao efetivamente trabalhado, e não no mês subseqüente ao pagamento" (REsp 712.185, de 01.09.2009).

▶ **Qual o entendimento do STF sobre o assunto?**

"Aplica-se à tributação da pessoa jurídica, para as contribuições destinadas ao custeio da seguridade social, calculadas com base na remuneração, o regime de competência. Assim, o tributo incide no momento em que surge a obrigação legal de pagamento, independentemente se este irá ocorrer em oportunidade posterior." (RE 419.612-AgR, Rel. Min. Joaquim Barbosa, julgamento em 1º-3-2011, Segunda Turma, *DJE* de 6-4-2011).

▸ **Importante!**

Assim sendo, o *aspecto material* da hipótese de incidência das contribuições previdenciárias é a prestação do serviço remunerado pelos trabalhadores (exceto para os segurados facultativos), enquanto o *aspecto temporal* se realiza na data da prestação da atividade, apuradas mês a mês, concedendo-se um prazo para pagamento.

3. CONTRIBUIÇÕES PREVIDENCIÁRIAS DOS TRABALHADORES E DEMAIS SEGURADOS

A contribuição previdenciária dos trabalhadores incidirá sobre o salário de contribuição, este considerado como a base de cálculo para o recolhimento do tributo, *exceto para o segurado especial*, pois neste caso a sua contribuição incidirá sobre a receita decorrente da comercialização dos seus produtos, sendo descabido se falar em salário de contribuição nesta hipótese, em regra.

Insta lembrar que o salário de contribuição terá como *limite mínimo* o piso salarial, legal ou normativo da categoria ou, inexistindo este, o salário mínimo, e como *teto* a quantia de R$ 4.663,75 (valor atualizado para 2015).

Vale frisar que, por força do Princípio da Solidariedade e da regra do artigo 12, §4º, da Lei 8.212/91, o aposentado pelo Regime Geral de Previdência Social que estiver exercendo ou que voltar a exercer atividade abrangida por este Regime é segurado obrigatório em relação a essa atividade, ficando sujeito às contribuições de que trata esta Lei, para fins de custeio da Seguridade Social, mesmo sem poder gozar de nova aposentadoria neste regime previdenciário.

▸ **Como esse assunto foi cobrado em concurso?**

No concurso do CESPE para Procurador do BACEN em 2009, foi considerado errado o seguinte enunciado: O segurado aposentado pela previdência social, maior de 60 anos de idade, que retorne ao mercado formal de trabalho não necessita contribuir para o custeio do sistema, uma vez que tal contribuição teria efeito confiscatório.

3.1. Segurado empregado, trabalhador avulso e empregado doméstico

Na forma do quanto previsto no artigo 20, da Lei 8.212/91, a contribuição previdenciária desses segurados terá *alíquotas progressivas*, que variarão em faixas de acordo com o salário de contribuição, *de forma não cumulativa*, conforme a seguinte tabela com valores atualizados para o ano de 2015:

Salário-de-contribuição (R$)	Alíquota para fins de recolhimento
até 1.399,12	8,00%
de 1.399,13 até 2.331,88	9,00%
de 2.331,89 até 4.663,75	11,00%

Nestes casos (segurado empregado, trabalhador avulso e empregado doméstico), a responsabilidade tributária pelo recolhimento da contribuição previdenciária não será dos segurados e sim das empresas, empregadores e equiparados, que deverão perpetrar os descontos e repassar à Secretaria de Receita Federal do Brasil as respectivas quantias, sendo uma hipótese de *substituição tributária originária*, na forma do artigo 30, incisos I e V, da Lei 8.212/91.

Excepcionalmente, durante o período de licença-maternidade da segurada empregada e da empregada doméstica, caberá ao empregador apenas recolher a parcela da contribuição a seu cargo, pois será a segurada a responsável pelo recolhimento de sua cota.

No entanto, no que concerne à segurada empregada, este dispositivo perdeu parcialmente a sua aplicabilidade desde o advento da Lei 10.710/2003, pois desde então a empresa passou a ser responsável pelo pagamento do salário-maternidade da sua empregada gestante, sendo a responsável tributária pelo desconto da contribuição previdenciária sobre o salário-maternidade e repassá-lo à Previdência Social, a exceção dos casos em que o INSS deverá pagar diretamente o benefício à empregada (empregada de microempreendedor individual, adoção de criança e salário-maternidade derivado).

▸ **Como esse assunto foi cobrado em concurso?**

No concurso do CESPE para Juiz do Trabalho da 1ª Região em 2010, foi considerado errado o seguinte enunciado: O empregador doméstico é obrigado a arrecadar a contribuição do segurado empregado doméstico a seu serviço e a recolhê-la, assim como a parcela a seu cargo, salvo durante o período da licença-maternidade da empregada doméstica.

Com relação ao **segurado empregado e ao trabalhador avulso**, haverá *presunção absoluta de desconto* das suas contribuições previdenciárias pelo empregador, empresa ou equiparado, que deverá responder exclusivamente pelo pagamento, caso não tenha retido os valores ou não os repassado à União.

Deveras, prevê o artigo 33, §5º, da Lei 8.212/91, que "o **desconto de contribuição e de consignação legalmente autorizadas sempre se presume feito oportuna e regularmente pela empresa a isso obrigada**, não lhe sendo lícito alegar omissão para se eximir do recolhimento, ficando diretamente responsável pela importância que deixou de receber ou arrecadou em desacordo com o disposto nesta Lei".

Destarte, os segurados empregados e os trabalhadores avulsos não sofrerão prejuízo na concessão dos benefícios previdenciários nem poderão ser posteriormente cobrados pela União, caso a empresa não repasse ao Fisco as contribuições previdenciárias dos referidos trabalhadores, mesmo que não tenham sido descontadas, bastando aos segurados comprovar o vínculo laboral e o valor da remuneração percebida.

Nesse caminho, prevê a Súmula 18, do Conselho de Recursos da Previdência Social, que "não se indefere benefício sob fundamento de falta de recolhimento de contribuição previdenciária quando esta obrigação for devida pelo empregador".

▸ Como esse assunto foi cobrado em concurso?

No concurso do CESPE para Juiz Federal da 5ª Região em 2007, foi considerado correto o seguinte enunciado: O fato de o empregador deixar de repassar à previdência social as contribuições recolhidas dos contribuintes, no prazo e forma legal ou convencional, constitui crime; entretanto, mesmo que o empregador não tenha promovido o recolhimento, a administração não pode, sob o fundamento de que o empregador nada recolheu, indeferir requerimento de segurado empregado que apresente pedido de benefício.

Por força da Lei 13.189/2015, **irá incidir contribuição previdenciária sobre o valor da compensação pecuniária a ser paga no âmbito do Programa de Proteção ao Emprego (PPE).** Trata-se de compensação pecuniária equivalente a 50% do valor da redução salarial e limitada a 65% do valor máximo da parcela do seguro-desemprego, enquanto perdurar o período de redução temporária da jornada de trabalho, para as empresas que aderiram ao Programa de Proteção ao Emprego, que será custeada pelo Fundo de Amparo ao Trabalhador (FAP). Por força do Princípio da Noventena, esta disposição entra em vigor a partir de 1º de novembro de 2015.

Nos termos do artigo 35, da Lei 8.213/91 (antiga redação), ao segurado empregado e ao trabalhador avulso que tenham cumprido todas as condições para a concessão do benefício pleiteado, mas não possam comprovar o valor dos seus salários de contribuição no período básico de cálculo, será concedido o benefício de valor mínimo, devendo esta renda ser recalculada, quando da apresentação de prova dos salários-de-contribuição.

O mesmo não ocorria com os empregados domésticos, que eram discriminados pela legislação previdenciária, pois não gozavam da mencionada presunção absoluta de recolhimento das suas contribuições previdenciárias, apesar de ser de responsabilidade dos empregadores domésticos.

Para compensar essa situação, por força do artigo 36, da Lei 8.213/91, se satisfeitas as condições para a concessão do benefício, caso não comprovado o recolhimento das contribuições previdenciárias pelo empregador doméstico, será concedido o benefício previdenciário no valor mínimo, o que poderá prejudicar os empregados domésticos que poderiam fazer jus a um benefício acima desse valor.

No entanto, com o advento da Lei Complementar 150/2015, entende-se que os empregados domésticos passaram a gozar de presunção de recolhimento da sua contribuição previdenciária, mesmo nos casos de salário de contribuição acima de um salário mínimo.

Isso porque o artigo 35, da Lei 8.213/91, foi modificado, passando a prever que "o segurado empregado, **inclusive o doméstico**, e ao trabalhador avulso que tenham cumprido todas as condições para a concessão do benefício pleiteado, mas não possam comprovar o valor de seus salários de contribuição no período básico de cálculo, será concedido o benefício de valor mínimo, **devendo esta renda ser recalculada quando da apresentação de prova dos salários de contribuição**".

Ademais, o artigo 34, inciso I, da Lei 8.213/91, com a alteração da LC 150/2015, dispõe que para o "segurado empregado, **inclusive o doméstico**, e o trabalhador avulso, os salários de contribuição referentes aos meses de contribuições devidas, **ainda que não recolhidas** pela empresa ou **pelo empregador doméstico**, sem prejuízo da respectiva cobrança e da aplicação das penalidades cabíveis".

Logo, se o empregado doméstico demonstrar que possuía salários de contribuição de R$ 1.500,00, mas o seu empregador nunca recolheu a contribuição, após a LC 150/2015 deverá o INSS considerar os salários de contribuição de R$ 1.500,00 no cálculo do salário de benefício, e não mais conceder o benefício mínimo, tendo havido revogação tácita do artigo 36 da Lei 8.213/91.

No caso dos *empregados e avulsos*, as empresas deverão fazer os recolhimentos até o *dia 20* ao do mês subsequente ao da competência ou, se não for dia útil bancário, no imediatamente anterior, conforme inovação da Lei 11.933/2009, ao passo que o *empregador doméstico* terá até o ***dia* 7 (mudança da LC 150/2015)** do mês seguinte ao da competência para recolher a contribuição descontada do empregado doméstico, **ou o dia útil imediatamente anterior se no dia 7 não houver expediente bancário,** nos termos da Lei 13.202/2015.

Por força da Lei 13.202, de 4/12/2015, foi expressamente revogado o §6º do artigo 30 da Lei 8.212/91, que autorizava o *empregador doméstico* a recolher a contribuição do segurado empregado a seu serviço e a parcela a seu cargo relativas à *competência novembro até o* ***dia 20 de dezembro,*** juntamente com a contribuição referente à gratificação natalina - décimo terceiro salário - utilizando-se de um único documento de arrecadação. Esta exceção havia sido mantida pela Portaria Interministerial 822, de 30 de setembro de 2015 (art. 4º), mas diante da revogação da Lei 13.202/2015, **foi eliminada.**

3.2. Segurado contribuinte individual e facultativo

No caso destes segurados, **em regra**, a alíquota da contribuição previdenciária foi fixada em **20% sobre o salário de contribuição**, cabendo ao **próprio segurado** promover diretamente o **recolhimento** tempestivo do tributo, sob pena de não se filiar ao RGPS, até o **dia 15** ao do mês seguinte ao da competência, ou no dia útil imediatamente posterior.

Excepcionalmente, caso o salário de contribuição seja de um salário mínimo, será possível o recolhimento trimestral das contribuições previdenciárias, com vencimento no dia 15 do mês seguinte ao de cada trimestre civil.

O artigo 30, §4º, da Lei 8.212/91, incluído pela Lei 9.876/99, prevê que o contribuinte individual prestador de serviços à(s) empresa(s) poderá deduzir de sua contribuição mensal 45% da contribuição paga pela empresa, a fim de reduzir a contribuição do segurado para 11% do salário de contribuição, pois neste caso ainda existirá a contribuição previdenciária da pessoa jurídica.

▸ Importante!

Posteriormente, por força do artigo 4º, da Medida Provisória 83/2002, convertida na Lei 10.666/03, a partir da *competência de abril de 2003*, o **contribuinte individual prestador de serviços à pessoa jurídica deixou de ser o responsável tributário pelo recolhimento da sua contribuição previdenciária**, que passou a ser de responsabilidade da pessoa jurídica tomadora do serviço, à razão de **11% sobre o salário de contribuição**, e não mais de 20%, conforme explicitado no artigo 216, §26, do RPS, dispositivo também aplicável às cooperativas de trabalho. Apenas nestes casos o contribuinte individual também gozará da presunção absoluta de recolhimento, tal qual o segurado empregado e o trabalhador avulso, devendo a pessoa jurídica responder exclusivamente pelo pagamento, caso não tenha retido os valores ou não os repassado à União, na forma do artigo 33, §5º, da Lei 8.212/91.

Estas disposições do **artigo 4º, da Lei 10.666/03, não se aplicam** *ao contribuinte individual, quando contratado por outro contribuinte individual equiparado a empresa*, por *produtor rural pessoa física*, ou ainda por *missão diplomática* e *repartição consular* de carreira estrangeiras, e nem ao brasileiro civil que trabalha no exterior para organismo oficial internacional do qual o Brasil é membro efetivo.

▸ Como esse assunto foi cobrado em concurso?

No concurso do CESPE para Juiz do Trabalho da 1ª Região em 2010, foi considerado correto o seguinte enunciado: A missão diplomática está excluída da obrigação de arrecadar a contribuição do contribuinte individual, cabendo ao contribuinte recolher a própria contribuição.

Logo, nestes casos, deverá o contribuinte individual continuar a se valer da autorização do artigo 30, §4º, da Lei 8.212/91, deduzindo de sua contribuição mensal 45% da contribuição paga pelo equiparado a empresa.

Com base no discutível artigo 5º, da Lei 10.666/03, caso o contribuinte individual contratado por pessoa jurídica obrigada a proceder à arrecadação e ao recolhimento da contribuição por ele devida, cuja remuneração recebida ou creditada no mês, por serviços prestados a ela, for inferior ao limite mínimo do salário de contribuição, é obrigado a complementar sua contribuição mensal, diretamente, à razão de 20% sobre o valor resultante da subtração do valor das remunerações recebidas das pessoas jurídicas do valor mínimo do salário de contribuição mensal.

Se o contribuinte individual prestar serviços a entidade beneficente de assistência social, a alíquota de retenção será de 20%, e não de 11%, ante a inexistência de cota patronal pela incidência da imunidade, na esteia do previsto no artigo 216, §26, do RPS, incluído pelo Decreto 4.729/03, dispositivo de duvidosa validade, pois um mero ato regulamentar acabou transferindo o ônus da imunidade ao contribuinte individual.

Contudo, há precedentes contrários do Tribunal Regional Federal da 4ª Região, que já decidiu que "o fato de a tomadora dos serviços ser imune às contribuições previdenciárias não pode servir de motivo de discrímen contra o trabalhador. Cobrar do trabalhador a contribuição que, em regra, seria da empresa, significa, na prática, fazê-lo arcar com os ônus financeiros da anistia constitucional. Isso seria tão absurdo quanto cobrar dos empregados da empresa imune a contribuição patronal de cujo pagamento é ela dispensada"(Processo: 2003.71.00.034766-2 UF: RS Órgão Julgador: SEGUNDA TURMA, Data da decisão: 26/04/2005).

Na hipótese de o contribuinte individual prestar serviços a mais de uma pessoa jurídica e, uma vez somadas, as remunerações extrapolarem o teto do salário de contribuição, poderá o segurado escolher uma empresa para que esta faça a retenção e se responsabilize pessoalmente pelo recolhimento da quantia faltante, na forma do artigo 216, §29, do RPS, conquanto inexista previsão legal em sentido estrito.

Uma importante inovação foi promovida pela **Lei Complementar 123/2006**, em regulamentação aos §§12 e 13, do artigo 201, da Constituição Federal, insertos pela Emenda 47/2005, que tratam da *inclusão previdenciária dos trabalhadores de baixa renda.*

> **Importante!**
>
> A contribuição previdenciária do **contribuinte individual que trabalhe por conta própria sem relação de trabalho com empresa e equiparado**, bem como do **segurado facultativo**, poderá ser de **11% sobre o salário mínimo**, ao invés do tradicional desconto de 20%, mas esses segurados **não terão direito à aposentadoria por tempo de contribuição**, só podendo se aposentar por idade ou invalidez.

Nesta hipótese, caso queira se aposentar por tempo de contribuição posteriormente, ou levar o tempo de contribuição para algum Regime Próprio de Previdência Social (contagem recíproca), o contribuinte individual e o segurado facultativo deverão fazer o recolhimento retroativo dos 9% faltantes para integralizar os 20% sobre o salário de contribuição, com a incidência dos juros legais, sendo exigível o complemento a qualquer tempo (imprescritível), sob pena de indeferimento do benefício.

▸ **Importante!**

No entanto, o artigo 21, da Lei 8.212/91, foi alterado pela Medida Provisória 529/2011, que veio facilitar a inclusão previdenciária do microempreendedor individual, pois a sua contribuição previdenciária simplificada passou a ser de apenas 5% sobre o salário mínimo, e não mais de 11%, sem direito à aposentadoria por tempo de contribuição.

Nesse sentido, nos termos do artigo 18-A, da Lei Complementar 123/2006, "considera-se MEI o empresário individual a que se refere o art. 966 da Lei nº 10.406, de 10 de janeiro de 2002 – Código Civil, que tenha auferido receita bruta, no ano-calendário anterior, de até R$ 36.000,00 (trinta e seis mil reais), optante pelo Simples Nacional e que não esteja impedido de optar pela sistemática prevista neste artigo". Contudo, esse valor foi elevado para R$ 60.000,00 por força da Lei Complementar 139/2011.

Vale salientar que o MEI apenas poderá ter um único empregado que receba exclusivamente um salário mínimo ou o piso salarial da categoria profissional.

No caso do **MEI**, o prazo para o recolhimento da sua contribuição previdenciária será o **dia 20** do mês seguinte à respectiva competência, ou o primeiro dia útil **posterior**, se no dia 20 não houver expediente bancário.

É que o artigo 18-C, §3º, inciso II, da Lei Complementar 123/2006, prevê que o CGSN – Comitê Gestor do Simples Nacional poderá determinar, com relação ao MEI, a forma, a periodicidade e o prazo do recolhimento da sua contribuição previdenciária na condição de contribuinte individual.

Nesse sentido, de acordo com o artigo 18, da Resolução CGSN 51/2008, alterada pela Resolução CGSN 56/2009, o prazo para o recolhimento da contribuição previdenciária do MEI passou para o dia 20, sendo prorrogado para o primeiro dia útil seguinte se não for dia útil. **No mesmo sentido, o artigo 38, da Resolução CGSN 94/2011.**

> **Importante!**
> Com a conversão da MP 529/2011 na Lei 12.470, de 31/08/2011, o segurado facultativo sem renda própria que se dedique exclusivamente ao trabalho doméstico no âmbito de sua residência, desde que pertencente a família de baixa renda, também passou a ser beneficiário do regime "simplificadíssimo" de arrecadação de apenas 5% sobre o salário de contribuição no valor de um salário mínimo.

É considerada como baixa renda, neste caso, a família inscrita no Cadastro Único para Programas Sociais do Governo Federal (CadÚnico), cuja renda mensal seja de até 02 salários mínimos.

3.3. Segurado especial

A contribuição do segurado especial é diferenciada por força do artigo 195, §8º, da Constituição Federal, que determina que "o produtor, o parceiro, o meeiro e o arrendatário rurais e o pescador artesanal, bem como os respectivos cônjuges, que exerçam suas atividades em regime de economia familiar, sem empregados permanentes, **contribuirão para a seguridade social mediante a aplicação de uma alíquota sobre o resultado da comercialização da produção** e farão jus aos benefícios nos termos da lei".

> **Como esse assunto foi cobrado em concurso?**
> No concurso do CESPE para Juiz do Trabalho da 5ª Região em 2006, foi considerado correto o seguinte enunciado: A contribuição do segurado especial, beneficiando, inclusive, os respectivos cônjuges, é feita mediante a aplicação de uma alíquota sobre o resultado da comercialização da produção, e seus beneficiários farão jus aos benefícios que a lei determinar.

De efeito, a matéria foi regulamentada pelo artigo 25, da Lei 8.212/91, que determina que a contribuição previdenciária do segurado especial terá a alíquota total de **2,1%** sobre a **receita proveniente da comercialização de sua produção**, sendo 2,0% de contribuição básica e 0,1% para o custeio dos benefícios decorrentes dos acidentes de trabalho.

Ou seja, em regra, os segurados especiais **não contribuem com base no salário de contribuição** e sim sobre a receita proveniente da comercialização de sua produção.

Em regra, não caberá ao segurado especial a responsabilidade pelo recolhimento da sua contribuição previdenciária, e sim ao adquirente da produção, salvo se comercializada no exterior, diretamente no varejo a pessoa física, a produtor rural pessoa física ou a outro segurado especial, até o dia 20 do mês subsequente ao da competência ou no dia útil imediatamente anterior se não houver expediente bancário.

Outrossim, será o segurado especial responsável pelo recolhimento da contribuição previdenciária incidente sobre a receita bruta da comercialização dos artigos de artesanato elaborados com matéria-prima produzida pelo respectivo grupo familiar, de atividade artística, bem como de serviços prestados, de equipamentos utilizados e de produtos comercializados no imóvel rural, desde que em atividades turística e de entretenimento desenvolvidas no próprio imóvel, inclusive hospedagem, alimentação, recepção, recreação e atividades pedagógicas, bem como taxa de visitação e serviços especiais.

▶ **Importante!** Além da contribuição acima referida, **o segurado especial terá a faculdade de contribuir como contribuinte individual sem perder o seu enquadramento**, na forma do artigo 25, §1º, da Lei 8.212/91, caso queira usufruir de um benefício com valor acima de um salário mínimo ou ter direito à aposentadoria por tempo de contribuição.

Conforme facultado pela Lei 11.718/2008, se o segurado especial contratar trabalhadores até 120 dias pessoas/dia no ano civil, será obrigado a recolher as contribuições previdenciárias dessas pessoas até o dia 20 do mês subseqüente ao da competência. Após a Lei 12.873/2013 (art. 32-C, §3º, da Lei 8.212/91), o prazo passou para o dia 7.

No mais, se o segurado especial laborar por até 120 dias por ano, conforme facultado pela Lei 11.718/2008, ou exercer mandato de vereador, esta atividade não provocará a alteração da sua qualidade de segurado especial, mas deverão ser vertidas as contribuições como se estivesse enquadrado em outra categoria, na forma do §13, do artigo 12, da Lei 8.212/91.

TABELA SIMPLIFICADA DAS CONTRIBUIÇÕES PREVIDENCIÁRIAS DOS TRABALHADORES:

Segurado	Alíquota	Base de cálculo	Responsabilidade pelo recolhimento	Presunção de recolhimento	Prazo
Empregado e avulso	8%, 9% ou 11%	Salário de contribuição	Empresa, empregador ou equiparado	Sim	Até o dia 20 do mês seguinte

Segurado	Alíquota	Base de cálculo	Responsabilidade pelo recolhimento	Presunção de recolhimento	Prazo
Empregado doméstico	8%, 9% ou 11%	Salário de contribuição	Empregador doméstico	Sim	Até o dia 07 do mês seguinte
Contribuinte individual (regra)	20%	Salário de contribuição	O próprio	Não	Até o dia 15 do mês seguinte
Contribuinte individual que presta serviços à pessoa jurídica	11%	Salário de contribuição	Empresa	Sim	Até o dia 20 do mês seguinte
Contribuinte individual que trabalhe por conta própria e segurado facultativo	11%	Salário de contribuição no valor de um salário mínimo	O próprio	Não. OBS- Não terá direito à aposentadoria por tempo de contribuição	Até o dia 15 do mês seguinte
Contribuinte individual enquadrado como MEI ou segurado facultativo de baixa renda que se dedique ao trabalho doméstico em sua residência	5%	Salário de contribuição no valor de um salário mínimo	O próprio	Não. OBS- Não terá direito à aposentadoria por tempo de contribuição	Até o dia 20 (MEI) e 15 (facultativo) do mês seguinte
Segurado especial	2,1%	Receita do produto da comercialização da produção	Em regra, dos adquirentes	Sim	Até o dia 20 do mês seguinte ao da operação
Segurado facultativo (regra)	20%	Salário de contribuição	O próprio	Não	Até o dia 15 do mês seguinte

4. CONTRIBUIÇÕES PREVIDENCIÁRIAS DAS EMPRESAS E EQUIPARADOS A EMPRESA

Inicialmente, deverão ser analisados os conceitos legais de empresa e de equiparado a empresa para fins previdenciários, contemplados no artigo 15, da Lei 8.212/91.

Considera-se **empresa** a firma individual ou sociedade que assume o risco de atividade econômica urbana ou rural, com fins lucrativos ou não, bem como os órgãos e entidades da administração pública direta, indireta e fundacional.

Com propriedade, se cuida de definição bastante abrangente, pois abarca as pessoas jurídicas com ou sem finalidades lucrativas, a firma individual ou mesmo os entes da Administração Pública Direta e Indireta, a exemplo dos municípios que não instituíram RPPS em favor dos seus servidores públicos efetivos e das empresas estatais.

Ademais, **equipara-se a empresa** o contribuinte individual em relação a segurado que lhe presta serviço, bem como a cooperativa, *a associação ou entidade de qualquer natureza ou finalidade*, a missão diplomática e a repartição consular de carreira estrangeiras.

Outrossim, equipara-se a empresa para fins previdenciários a pessoa física na condição de proprietário ou dono de obra de construção civil, em relação a segurado que lhe presta serviço. Esta previsão já constava do Decreto 3.048/99 (art. 12, parágrafo único, IV) e foi inserida no artigo 15, parágrafo único, da Lei 8.212/91 pela Lei 13.202, de 8/12/2015.

Ou seja, mesmo os contribuintes individuais, se contratarem a prestação de serviços de outro segurado, serão tratados pela legislação previdenciária como equiparados à empresa, a exemplo do dentista que trabalha por conta própria e emprega uma atendente.

Sequer escaparam as missões diplomáticas e as repartições consulares, que deverão arcar com o pagamento das contribuições previdenciárias que forem devidas, não gozando de qualquer imunidade ou isenção.

Essa contribuição previdenciária, em regra, é *incidente sobre a folha de salários, e demais rendimentos do trabalho* ***pagos ou creditados****, a qualquer título, à pessoa física que lhe preste serviço, mesmo sem vínculo empregatício*, na forma da previsão do artigo 195, I, "a", da Constituição Federal.

O *aspecto material do fato gerador* é realizado pelo *crédito jurídico* decorrente do labor dos prestadores de serviço, com ou sem vínculo empregatício, e *não o crédito contábil*, pois independe do efetivo pagamento das verbas.

Incluem-se na base de cálculo da contribuição previdenciária da empresa e equiparada as parcelas remuneratórias do trabalho, excluindo-se as de cunho indenizatório, a exemplo das listadas no §9º, do artigo 28, da Lei 8.212/91.

Ao contrário da contribuição dos segurados, com base de cálculo limitada ao teto do salário de contribuição, a contribuição previdenciária das empresas não possui um limitador, pois incidente sobre o total das remunerações das pessoas físicas que lhe prestam serviços.

▸ Como esse assunto foi cobrado em concurso?

No concurso do CESPE para Analista da SEGER/ES em 2013, foi considerado errado o seguinte enunciado: Aplica-se o limite máximo do salário de contribuição às contribuições do empregado e do empregador.

Por sua vez, não se considera como remuneração direta ou indireta, os valores despendidos pelas entidades religiosas e instituições de ensino vocacional com ministro de confissão religiosa, membros de instituto de vida consagrada, de congregação ou de ordem religiosa em face do seu mister religioso ou para sua subsistência *desde que fornecidos em condições que independam da natureza e da quantidade do trabalho executado.*

Assim, por exemplo, a quantia paga por uma entidade religiosa a um pastor não será considerada remuneração e, por conseguinte, não incidirá a contribuição previdenciária patronal sobre essa quantia.

Contudo, se a quantia puder sofrer variação de acordo com a natureza e quantidade de trabalho, é possível que seja considerada como remuneração, a exemplo da igreja que vincule essa quantia proporcionalmente ao montante total dos dízimos arrecadados no mês.

Por força da Lei 13.137/2015, os critérios informadores dos valores despendidos pelas entidades religiosas e instituições de ensino vocacional aos ministros de confissão religiosa, membros de vida consagrada, de congregação ou de ordem religiosa não são taxativos e sim exemplificativos. Por sua vez, os valores despendidos, ainda que pagos de forma e montante diferenciados, em pecúnia ou a título de ajuda de custo de moradia, transporte, formação educacional, vinculados exclusivamente à atividade religiosa não configuram remuneração direta ou indireta.

4.1. Incidentes sobre as remunerações dos empregados e avulsos

Conforme previsto no artigo 22, I, da Lei 8.212/91, será de **20%** sobre o **total** das **remunerações *pagas* mensalmente**, inclusive as gorjetas (remuneração variável) e as utilidades na forma de ganhos habituais, assim como sobre as ***devidas*** (dívidas) **ou *creditadas*** (adiantamentos) aos segurados **empregados** e **trabalhadores avulsos** pelos serviços prestados durante o mês.

Note-se que a Lei 8.212/91 foi mais longe do que o artigo 195, I, "a", da CRFB, ao prever não apenas a incidência da contribuição previdenciária patronal sobre as remunerações pagas ou creditadas pelas empresas, mas também as *devidas*.

Ou seja, se a empresa não pagar as remunerações mensais ou adiantá-las, mesmo assim incidirá a contribuição previdenciária patronal, pois se realiza a sua hipótese de incidência não só com as parcelas pagas, mas também com as devidas ou creditadas.

▸ **Importante:** Por força da Medida Provisória 680, publicada em 7 de julho de 2015, convertida na Lei 13.189/2015, **irá incidir contribuição previdenciária sobre o valor da compensação pecuniária a ser paga no âmbito do Programa de Proteção ao Emprego (PPE).** Trata-se de compensação pecuniária equivalente a 50% do valor da redução salarial e limitada a 65% do valor máximo da parcela do seguro-desemprego, enquanto perdurar o período de redução temporária da jornada de trabalho, para as empresas que aderiram ao Programa de Proteção ao Emprego, que será custeada pelo Fundo de Amparo ao Trabalhador (FAP). Por força do Princípio da Noventena, esta disposição entra em vigor a partir de 1º de novembro de 2015.

De seu turno, ao contrário do que ocorre com o salário de contribuição, que limita o valor das contribuições previdenciárias dos segurados do RGPS, **inexiste teto** para o pagamento das contribuições previdenciárias devidas pelas empresas e equiparadas.

As *instituições financeiras* deverão ainda pagar um *adicional de* 2,5%, perfazendo um total de 22,5%, em razão do maior lucro e automação do setor, na forma do artigo 22, §1º, da Lei 8.212/91, discrímen que realiza o Princípio da Equidade na Forma de Participação no Custeio da Seguridade Social.

▸ **Qual o entendimento do STF sobre o assunto?**

A Suprema Corte, no julgamento da medida cautelar na ação cível 1.109, de 31.05.2007, com fulcro no artigo 195, §9º, da CRFB, que admite a progressividade das alíquotas das contribuições para a seguridade social das empresas, validou o acréscimo de 2,5% na contribuição previdenciária patronal das instituições financeiras.

Deverá a empresa promover o recolhimento **até o dia 20** do mês subsequente ao da competência respectiva, conforme inovação da Lei 11.933/2009, ou no **dia útil imediatamente anterior**, se não houver expediente bancário, pois antes o prazo era até o dia 10 (Lei 11.488/2007) ou o dia 02 (Lei 9.063/95) no regime mais antigo.

> ▸ **Como esse assunto foi cobrado em concurso?**
> No concurso para Juiz do Trabalho da 1ª Região em 2008, foi considerado errado o seguinte enunciado: A empresa é obrigada a arrecadar as contribuições dos segurados empregados, mas não as dos trabalhadores avulsos que lhe prestam serviços, porque a estes a lei impõe aquela obrigação.

Por força do artigo 60, §3º, da Lei 8.213/91, que regula o benefício do auxílio-doença, durante os primeiros quinze dias consecutivos ao do afastamento da atividade por motivo de doença, incumbirá à empresa pagar ao segurado empregado o seu salário integral.

Entretanto, pelo fato de inexistir efetivo trabalho nesses 15 dias, a jurisprudência vem reconhecendo a natureza indenizatória do pagamento, razão pela qual não deverá a empresa pagar contribuição previdenciária sobre a quantia.

> ▸ **Qual o entendimento do STJ sobre o assunto?**
> O STJ entende que não incidirá contribuição previdenciária sobre essa parcela, a exemplo do julgamento do AGREsp 1.039.260, de 04.12.2008, pois não houve a efetiva prestação de serviço, sendo a verba de natureza indenizatória.

> ▸ **Como esse assunto foi cobrado em concurso?**
> No concurso do CESPE para Promotor de Justiça do Espírito Santo em 2010, foi considerado errado o seguinte enunciado: Consoante a jurisprudência do STJ, é devida a incidência da contribuição previdenciária sobre os valores pagos pela empresa ao segurado empregado durante os quinze primeiros dias que antecedem a concessão de auxílio-doença.

Frise-se que as contribuições previdenciárias descontadas pela massa falida, dos salários dos empregados, e não repassadas aos cofres previdenciários, devem ser restituídas antes do pagamento de qualquer crédito, ainda que trabalhista, porque se trata de bens que não integram o patrimônio do falido, e sim da Previdência Social.

> ▸ **Qual o entendimento do STJ sobre o assunto?**
> Esse é o entendimento consolidado do Superior Tribunal de Justiça, pois as contribuições previdenciárias descontadas pela massa falida, dos salários dos empregados, são do patrimônio da previdência social, a exemplo da decisão tomada no julgamento do REsp 1183383, de 05.10.2010.

> ▸ **Como esse assunto foi cobrado em concurso?**
> No concurso do CESPE para Promotor de Justiça do Espírito Santo em 2010, foi considerado correto o seguinte enunciado: Consoante jurisprudência do STJ, as contribuições previdenciárias descontadas dos salários dos empregados, pelo falido, e não repassadas aos cofres previdenciários devem ser restituídas antes do pagamento de qualquer crédito, ainda que trabalhista.

Com base no inciso II, do artigo 22, da Lei 8.212/91, sobre o total das remunerações pagas, devidas ou creditadas aos segurados empregados e trabalhadores avulsos, ainda incidirá um **adicional de 1%, 2% ou 3% para o custeio da aposentadoria especial e dos benefícios decorrentes de acidente de trabalho**.

Deveras, esses percentuais variarão a depender do nível de risco de acidentes de trabalho cuja atividade da empresa se enquadrar, sendo classificado em leve (1%), médio (2%) ou grave (3%), o que atende ao Princípio na Equidade na Forma de Participação no Custeio, pois o percentual é proporcional à probabilidade de acidentes de trabalho.

Conquanto atualmente não se destine apenas ao custeio do seguro de acidentes de trabalho (SAT), esta exação previdenciária adicional é tradicionalmente conhecida na doutrina e jurisprudência como **contribuição SAT**.

> ▸ **Como esse assunto foi cobrado em concurso?**
> No concurso do CESPE para Procurador do Estado de Alagoas em 2008, foi considerado errado o seguinte enunciado: As empresas deverão contribuir para o custeio do seguro de acidente do trabalho com uma alíquota fixa de 3%, incidente sobre o total da remuneração paga ou creditada a qualquer título, no decorrer do mês, aos segurados empregados e trabalhadores avulsos.

Ressalte-se que a Constituição assegura aos trabalhadores um seguro contra acidentes de trabalho, a cargo do empregador (artigo 7º, inciso XXXVIII), atividade que foi aberta à iniciativa privada pela Emenda 20/1998, que inseriu o §10, no artigo 201, da Constituição Federal, ainda pendente de regulamentação.

> **Importante!**
>
> O enquadramento do risco será de acordo com a *atividade preponderante da empresa*, assim considerada a que ocupa na empresa o maior número de segurados empregados e trabalhadores avulsos, devendo-se verificar os graus de risco constantes do anexo V, do RPS, delegação ao Poder Executivo que não viola a Constituição Federal de 1998, pois não foi incondicionada.

> **Qual o entendimento do STF sobre o assunto?**
>
> O STF, ao julgar o RE 343.446, de 20.03.2003, entendeu que "o fato de a lei deixar para o regulamento a complementação dos conceitos de 'atividade preponderante' e 'grau de risco leve, médio e grave', não implica ofensa ao princípio da legalidade genérica".

> **Qual o entendimento do STJ sobre o assunto?**
>
> O STJ vem decidindo que não deve se adotar o critério da atividade preponderante da empresa como um todo, devendo ser calculada a contribuição SAT em cada estabelecimento da pessoa jurídica (por cada CNPJ), caso possua mais de uma unidade. Nesse sentido, em 11.06.2008, o STJ aprovou a **Súmula 351**, que determina que **"a alíquota de contribuição para o Seguro de Acidente do Trabalho - SAT é aferida pelo grau de risco desenvolvido em cada empresa, individualizada pelo seu CNPJ, ou pelo grau de risco a atividade preponderante quando houver apenas um registro"**, utilizando a expressão "empresa" como sinônimo de estabelecimento.

Assim, suponha-se que uma pessoa jurídica possua dois estabelecimentos (cada um terá o seu CNPJ). O primeiro gera o enquadramento da contribuição SAT em 2%. Já o segundo, por desenvolver outra atividade, tem o enquadramento de 3%. De acordo com o STJ, não haverá a soma dos empregados e avulsos dos dois estabelecimentos, para se enquadrar a pessoa jurídica em 2% ou 3%, devendo ser feito o enquadramento em separado, em cada estabelecimento da empresa.

Entretanto, frise-se que a Secretaria de Receita Federal do Brasil matinha posicionamento contrário ao do Superior Tribunal de Justiça, pois pontificava que "a empresa com mais de 1 (um) estabelecimento e diversas atividades econômicas deverá somar o número de segurados alocados na mesma atividade em todos os estabelecimentos, prevalecendo como preponderante a atividade que ocupa o maior número de segurados empregados e trabalhadores avulsos, considerados todos os estabelecimentos". Mas, por força da Instrução Normativa RFB nº 1.453, de 24 de fevereiro de 2014, a Receita Federal aderiu ao posicionamento do STJ, aduzindo que "a empresa com mais de 1 (um) estabelecimento e com mais de 1 (uma) atividade econômica deverá apurar a atividade preponderante em cada estabelecimento".

▸ Como esse assunto foi cobrado em concurso?

No concurso do CESPE para Procurador Federal em 2010, foi considerado errado o seguinte enunciado: O STF decidiu que a cobrança da contribuição ao Seguro Acidente de Trabalho (SAT) incidente sobre o total das remunerações pagas tanto aos empregados quanto aos trabalhadores avulsos é ilegítima. Neste mesmo certame, foi considerado correto o seguinte enunciado: A alíquota da contribuição para o SAT deve corresponder ao grau de risco da atividade desenvolvida em cada estabelecimento da empresa, individualizado por seu CNPJ. Possuindo esta um único CNPJ, a alíquota da referida exação deve corresponder à atividade preponderante por ela desempenhada.

▸ Importante!

Posteriormente, por força do artigo 10, da Lei 10.666/2003, tornou-se possível que a **alíquota de 1%, 2% ou 3% da contribuição SAT sofra redução de até 50% ou majoração de até 100%**, em razão do desempenho da empresa em relação à respectiva atividade econômica, apurado em conformidade com os resultados obtidos a partir dos índices de frequência, gravidade e custo, calculados segundo metodologia aprovada pelo Conselho Nacional de Previdência Social.

A matéria vem regulada pelo *artigo 202-A, do RPS*, com redação alterada pelo Decreto 6.957/2009, que criou o **FAP - Fator Acidentário de Prevenção**, consistente em multiplicador variável (entre 0,5000 e 2,0000) que procederá à discriminação do desempenho da empresa, dentro da respectiva atividade econômica, a partir da criação de um índice composto pelos índices de gravidade, de frequência e de custo dos valores dos benefícios acidentários.

Na realidade, o que se busca é estimular as empresas a investirem em prevenção a acidentes de trabalho, através da extrafiscalidade, pois as que apresentarem um maior número de eventos dessa natureza pagarão um acréscimo à contribuição SAT, sendo também considerada a gravidade do acidente e o custo do pagamento dos benefícios previdenciários.

O Ministério da Previdência Social publicará anualmente, sempre no mesmo mês, no Diário Oficial da União, a lista dos percentuais de frequência, gravidade e custo por Subclasse da Classificação Nacional de Atividades Econômicas - CNAE **e divulgará na rede mundial de computadores o FAP de cada empresa**, com as respectivas ordens de frequência, gravidade, custo e demais elementos que possibilitem a esta verificar o respectivo desempenho dentro da sua CNAE - Subclasse.

> ▸ **Importante!**
>
> A teor do artigo 57, §6º, da Lei 8.213/91, **as alíquotas da contribuição SAT ainda poderão ser acrescidas de 6%, 9% ou 12% (adicional SAT), se o segurado empregado ou trabalhador avulso desenvolver atividade enquadrada como *especial*, que leva a uma aposentadoria diferenciada com apenas 25, 20 ou 15 anos de contribuição, respectivamente.**

Logo, se o empregado ou avulso se encontra exposto a agentes físicos, químicos, biológicos ou outros prejudiciais à sua saúde ou integridade física, ele fará jus ao benefício denominado de aposentadoria especial, que exige um menor tempo de contribuição para a aposentação, a depender do enquadramento regulamentar.

A justificativa para o adicional SAT é que o segurado empregado e o trabalhador avulso se aposentarão mais cedo e naturalmente permanecerão recebendo aposentadoria por mais tempo que os demais segurados, o que gerará um maior ônus à previdência social.

Excepcionalmente, **caso o empregador seja um microempreendedor individual**, que é equiparado à empresa para fins previdenciários, a sua cota previdenciária patronal será de apenas **3% (três por cento) sobre o salário de contribuição** do seu empregado, a teor do artigo 18-C, §1º, III, da Lei Complementar 123/2006, inserido pela Lei Complementar 139/2011. Vale salientar que o MEI apenas poderá ter um único empregado que receba exclusivamente um salário mínimo ou o piso salarial da categoria profissional.

4.2. Incidentes sobre as remunerações dos contribuintes individuais

Esta contribuição previdenciária das empresas será de **20%** sobre o **total** das **remunerações pagas ou creditadas** a qualquer título, no decorrer do mês, **aos segurados contribuintes individuais** que lhe prestem serviços, na forma do artigo 22, inciso III, da Lei 8.212/91, inserido pela Lei 9.876/99, até o **dia 20** do mês subsequente ao da competência, ou, se não for dia útil, no imediatamente anterior.

Atualmente, esta previsão legal é válida, pois a Emenda 20/1998 alterou a redação do artigo 195, I, "a", da CRFB, que agora prevê a incidência da contribuição previdenciária patronal sobre todas as remunerações pagas pelas empresas, não mais se limitando aos pagamentos dos trabalhadores com vínculo empregatício.

Por esse motivo, no passado, o STF chegou a pronunciar a inconstitucionalidade do artigo 3º, I, da Lei 7.787/89, que estendeu a contribuição previdenciária das empresas sobre as remunerações pagas aos antigos autônomos, cuja fonte de custeio não contava com previsão constitucional, o que demandaria lei complementar (RE 177.296, de 15.09.1994), vício que posteriormente foi solucionado com a promulgação da Lei Complementar 84/1996.

Também neste caso as instituições financeiras deverão ainda pagar um adicional de 2,5%, em razão do maior lucro e automação, com base no artigo 22, §1º, da Lei 8.212/91.

> **Importante!**
> No caso das cooperativas de produção, estas deverão recolher uma contribuição adicional de 6%, 9%, ou 12% (adicional SAT) para o custeio da aposentadoria especial de 25, 20 ou 15 anos, respectivamente, caso se trate de atividade enquadrada como especial desenvolvida pelo cooperado (contribuinte individual) e que gere a citada aposentadoria com menos anos de contribuição, como prevê o artigo 1º, §2º, da Lei 10.666/2003.

Vale salientar que a bolsa de estudos paga ou creditada ao médico-residente participante do programa de residência médica de que trata o artigo 4º, da Lei nº 6.932/81, é considerada remuneração, incidindo a contribuição previdenciária, haja vista o enquadramento do residente como contribuinte individual.

> **Importante:**
> Por força do artigo 22, §15, da Lei 8.212/91, inserido pela Lei 13.202, de 8/11/2015, na contratação de serviços de transporte rodoviário de carga ou de passageiro, de serviços prestados com a utilização de trator, máquina de terraplenagem, colheitadeira e assemelhados, a base de cálculo da contribuição da empresa corresponde a 20% (vinte por cento) do valor da nota fiscal, fatura ou recibo, quando esses serviços forem prestados por condutor autônomo de veículo rodoviário, auxiliar de condutor autônomo de veículo rodoviário, bem como por operador de máquinas (esta disposição já era prevista na IN RFB 971/2009, artigo 55, §2º).

4.3. Incidentes sobre o valor bruto da nota fiscal ou fatura da prestação de serviços das cooperativas de trabalho

No caso das empresas que contratem trabalhadores cooperados por intermédio de cooperativa de trabalho, a contribuição previdenciária patronal será de **15%** sobre o **valor bruto da nota fiscal ou fatura** de prestação de serviços, na forma do artigo 22, IV, da Lei 8.212/91, disposição que afasta a regra geral dos 20% sobre o total das remunerações pagas ou creditadas, na forma do artigo 201, §19, do RPS.

Entende-se como *cooperativa de trabalho*, espécie de cooperativa também denominada cooperativa de mão-de-obra, a sociedade formada por operários, artífices, ou pessoas da mesma profissão ou ofício ou de vários ofícios de uma mesma classe, que, na qualidade de associados, prestam serviços a terceiros por seu intermédio.

A empresa tomadora dos serviços será contribuinte e responsável tributária pelo seu recolhimento até o **dia 20** do mês subsequente ao da competência, ou até o dia útil imediatamente anterior, se não houver expediente bancário naquele dia.

Note-se que a base de cálculo desta contribuição previdenciária das empresas é o valor bruto da nota fiscal ou fatura de prestação de serviços, mas decorre da remuneração paga aos trabalhadores cooperados, e não às cooperativas, sendo fonte de custeio prevista no artigo 195, I, "a", da CRFB, razão pela qual a jurisprudência vinha validando esta previsão que não demanda lei complementar.

▸ **Qual o entendimento do STF sobre o assunto?**

No entanto, a posição se inverteu em 2014. **É que o Supremo Tribunal Federal, em 23 de abril, pronunciou a inconstitucionalidade do inciso IV do artigo 22 da Lei 8.212/91**, com base em quatro fundamentos: desconsideração inconstitucional da personalidade jurídica das cooperativas de trabalho, que deveriam ser as responsáveis tributárias pelo recolhimento da contribuição, e não o terceiro (tomador de serviços); ausência de lei complementar, pois a base de cálculo desta contribuição não é prevista no artigo 195, da Constituição Federal; afronta ao Princípio da Capacidade Contributiva, vez que os pagamentos efetuados por terceiros às cooperativas de trabalho, em face de serviços prestados por seus associados, não se confundiriam com os valores efetivamente pagos ou creditados aos cooperados; ocorrência de *bis in idem* na tributação do faturamento da cooperativa de trabalho (RE 595.838).

> ▸ **Importante!**
> Esta contribuição poderá ainda sofrer um acréscimo de 5, 7 ou 9% para o custeio da aposentadoria especial de 25, 20 ou 15 anos, respectivamente, no caso de cooperado exposto a agentes nocivos à sua saúde, cuja atividade se enquadrar como especial, a cargo da empresa tomadora de serviços, a teor do artigo 1º, §1º, da Lei 10.666/2003. Este dispositivo não foi apreciado expressamente pelo STF no julgamento do RE 595.838, mas contém os mesmos vícios apontados pela Suprema Corte constantes do inciso IV do artigo 22 da Lei 8.212/91.

Neste caso, será emitida nota fiscal ou fatura de prestação de serviços específica para a atividade exercida pelo cooperado que permita a concessão de aposentadoria especial, exceto se todos os cooperados desenvolverem atividade especial com mesmo período para a aposentação.

Por sua vez, a cooperativa de trabalho é obrigada a descontar 11% do valor da quota distribuída ao cooperado por serviços por ele prestados, por seu intermédio, a empresas, assim como 20% em relação aos serviços prestados por outras pessoas físicas, na forma do artigo 216, §31, do RPS.

No entanto, em razão da decisão tomada pelo STF no RE 595.838, que afastou a contribuição de 15% da cooperativa de trabalho sobre o valor bruto da nota fiscal ou fatura de prestação de serviços, a Secretaria da Receita Federal do Brasil editou o Ato Declaratório Interpretativo 5, de 25 de maio de 2015, elevando a contribuição do cooperado do trabalho para 20% do salário de contribuição, haja vista a inexistência de contribuição da cooperativa, pronunciada inconstitucional.

5. CONTRIBUIÇÃO PREVIDENCIÁRIA DO EMPREGADOR DOMÉSTICO

Será enquadrado como **empregador doméstico** *a pessoa ou família que admite a seu serviço, sem finalidade lucrativa, empregado doméstico*, na forma do artigo 15, inciso II, da Lei 8.212/91.

A legislação acerca dos empregados domésticos foi renovada. Em 2 de junho de 2015 foi publicada a Lei Complementar 150, sendo previsto expressamente que a configuração do vínculo de emprego doméstico é configurado quando se presta serviços de forma contínua, subordinada, onerosa e pessoal e de finalidade não lucrativa à pessoa ou à família, no âmbito residencial destas, **por mais dois dias por semana**.

Ademais, houve redução da contribuição previdenciária do empregador doméstico e do dia do recolhimento por força dos artigos 35 e 36 da LC 150/2015. Antes, a contribuição era de 12% do salário de contribuição do empregado doméstico e o dia para recolhimento era 15.

> **Importante:**
>
> Agora, a contribuição previdenciária patronal do empregador doméstico será no total de 8,8% do salário de contribuição, sendo 8% de contribuição patronal previdenciária para a seguridade social, a cargo do empregador doméstico, nos termos do art. 24 da Lei nº 8.212, de 24 de julho de 1991 e 0,8% de contribuição social para financiamento do seguro contra acidentes do trabalho (contribuição SAT).

Isso porque pontifica o artigo 34 da LC 150/2015 que o Simples Doméstico assegurará o recolhimento mensal, mediante documento único de arrecadação, dos seguintes valores:

> I - 8% (oito por cento) a 11% (onze por cento) de contribuição previdenciária, a cargo do segurado empregado doméstico, nos termos do art. 20 da Lei nº 8.212, de 24 de julho de 1991;
>
> II - 8% (oito por cento) de contribuição patronal previdenciária para a seguridade social, a cargo do empregador doméstico, nos termos do art. 24 da Lei nº 8.212, de 24 de julho de 1991;
>
> III - 0,8% (oito décimos por cento) de contribuição social para financiamento do seguro contra acidentes do trabalho;
>
> IV - 8% (oito por cento) de recolhimento para o FGTS;
>
> V - 3,2% (três inteiros e dois décimos por cento), na forma do art. 22 desta Lei; e
>
> VI - imposto sobre a renda retido na fonte de que trata o inciso I do art. 7º da Lei nº 7.713, de 22 de dezembro de 1988, se incidente.

A aplicabilidade do Simples Doméstico se deu a partir da competência Outubro de 2015, com recolhimento até 7 de novembro (POR PROBLEMA DO E-SOCIAL PRORROGOU ATÉ 30/11/2015, EXCEPCIONALMENTE, NESTE MÊS). Acaso o dia 7 não seja dia útil, **será antecipado para o primeiro dia útil anterior, e não posterior**.

A inscrição do empregador e a entrada única de dados cadastrais e de informações trabalhistas, previdenciárias e fiscais no âmbito do Simples Doméstico dar-se-á mediante registro no Sistema de Escrituração Digital das Obrigações Fiscais, Previdenciárias e Trabalhistas - eSocial, instituído pelo Decreto 8.373, de 11 de dezembro de 2014.

Esta contribuição de 8,8% sobre o **salário de contribuição** do empregado doméstico, que agora deverá ser recolhida até o **dia 7** do mês subsequente ao da competência, ou, se não for dia útil, **no primeiro imediatamente anterior** (Portaria Interministerial 822, de 30 de setembro de 2015 e Lei 13.202/2015 nesse sentido), juntamente com a contribuição descontada do salário do empregado, valendo ressaltar que se cuida da única contribuição patronal que incidirá sobre o salário de contribuição, tendo, destarte, um **teto**, assim como ocorre com a empresa enquadrada como MEI.

Foi criado o regime unificado de pagamento de tributos, de contribuições e dos demais encargos do empregador doméstico (Simples Doméstico), com inscrição do empregador e entrada única de dados cadastrais e de informações trabalhistas, previdenciárias e fiscais no âmbito do Simples Doméstico dando-se mediante registro em sistema eletrônico a ser disponibilizado em portal na internet, conforme regulamento.

Para espancar qualquer dúvida, a Lei 13.202, de 8/12/2015 ainda alterou o artigo 24 da Lei 8.212/91 que passou a sem compatibilizar com a LC 150/2015, passando a prever que "A contribuição do empregador doméstico incidente sobre o **salário de contribuição** do empregado doméstico a seu serviço é de: I - **8%** (oito por cento); e II - **0,8%** (oito décimos por cento) para o financiamento do seguro contra acidentes de trabalho".

> ▸ **Como esse assunto foi cobrado em concurso?**
>
> No concurso para Juiz do Trabalho da 1ª Região em 2008, foi considerado errado o seguinte enunciado: O empregado doméstico está obrigado a recolher apenas a parcela de contribuição a seu cargo, cabendo ao empregador doméstico recolher a parcela que lhe diz respeito.

Por força da Lei 13.202, de 4/12/2015, foi expressamente revogado o §6º do artigo 30 da Lei 8.212/91, que autorizava o *empregador doméstico* a recolher a contribuição do segurado empregado a seu serviço e a parcela a seu cargo relativas à *competência novembro até o* ***dia 20 de dezembro,*** juntamente com a contribuição referente à gratificação natalina - décimo terceiro salário - utilizando-se de um único documento de arrecadação. Esta exceção havia sido mantida pela Portaria Interministerial 822, de 30 de setembro de 2015 (art. 4º), mas diante da revogação da Lei 13.202/2015, **foi eliminada.**

Logo, desde 9 de dezembro de 2015 caiu o recolhimento da competência novembro até o dia 20 de dezembro, passando para o dia 7 de dezembro (somente aplicável para o ano de 2016, pois a alteração se deu tardiamente).

Era possível o **recolhimento trimestral** das contribuições previdenciárias pelo empregador doméstico, caso o salário de contribuição seja de um salário mínimo (art. 216, §16, do Decreto 3.048/99), disposição que parece ter sido revogada, antes a não reprodução na LC 150/2015. Vale frisar que a Portaria Interministerial 822, de 30 de setembro de 2015, que disciplina o Simples Doméstico, não prevê o recolhimento trimestral.

De acordo com o artigo 216, §1º, do RPS, o desconto da contribuição do segurado incidente sobre o valor bruto da gratificação natalina – décimo terceiro salário – é devido quando do pagamento **ou crédito da última parcela** e deverá ser calculado em separado.

▸ **Como esse assunto foi cobrado em concurso?**

No concurso para Juiz do Trabalho da 1ª Região em 2008, foi considerado errado o seguinte enunciado: O desconto da contribuição do segurado incidente sobre o valor bruto da gratificação natalina é devido quando do pagamento ou do crédito de cada parcela e deverá ser calculado em separado.

Vale frisar que a **Emenda Constitucional 72/2013** previu o pagamento da contribuição SAT pelos **empregadores domésticos**, sendo exigível somente com a regulamentação legal, o que permitirá a percepção de benefícios por acidente de trabalho pelos empregados domésticos. Esta regulamentação somente se operou em junho de 2015 com a publicação da LC 150.

TABELA SIMPLIFICADA DAS CONTRIBUIÇÕES PREVIDENCIÁRIAS PATRONAIS

Contribuintes	Alíquota	Base de cálculo	Prazo
Empresas ou equiparados	20% + 1, 2 ou 3% de contribuição SAT, que poderá ser acrescida de 6, 9 ou 12%, no caso de atividade especial	Sobre o total das remunerações pagas mensalmente, inclusive as gorjetas e as utilidades na forma de ganhos habituais, assim como sobre as devidas ou creditadas aos *segurados empregados* e *trabalhadores avulsos*	Até o dia 20 do mês subsequente ao da competência, ou, se não for dia útil, no imediatamente anterior

Contribuintes	Alíquota	Base de cálculo	Prazo
Empresas ou equiparados	20% que poderá ser acrescida de 6, 9 ou 12%, apenas no caso da cooperativa de produção, para o custeio da aposentadoria especial	Sobre o total das remunerações pagas ou creditadas a qualquer título, no decorrer do mês, aos segurados *contribuintes individuais* que lhe prestem serviços	Até o dia 20 do mês subsequente ao da competência, ou, se não for dia útil, no imediatamente anterior
Empresas que contratem trabalhadores cooperados por intermédio de cooperativa	15%, que poderá ser acrescida de 5, 7 ou 9%, para o custeio da aposentadoria especial	Sobre o valor bruto da nota fiscal ou fatura de prestação de serviços	Até o dia 20 do mês subsequente ao da competência, ou, se não for dia útil, no imediatamente anterior
Empregador doméstico	8,8% (8,0% básico + 0,8% de SAT)	Salário de contribuição	Até o dia 7 do mês subsequente ao da competência, ou, se não for dia útil, no imediatamente anterior
MEI	3%	Salário de contribuição	Até o dia 20 do mês subsequente ao da competência, ou, se não for dia útil, no imediatamente posterior

6. CONTRIBUIÇÕES SUBSTITUTIVAS DA COTA PATRONAL

6.1. Associações desportivas que mantêm equipe de futebol profissional

Em substituição à contribuição previdenciária de 20% incidente sobre o total das remunerações pagas, devidas ou creditadas aos **segurados empregados** e **avulsos** que lhe prestam serviços, bem como à contribuição SAT de 1, 2 ou 3%, a legislação instituiu em favor das associações desportivas que mantém times de futebol profissional uma contribuição substitutiva para beneficiá-las.

Com efeito, essa contribuição corresponderá a **5% da receita bruta decorrente dos espetáculos desportivos** de que participem em todo *território nacional* em qualquer modalidade desportiva, inclusive jogos internacionais, e de qualquer forma de **patrocínio, licenciamento** de uso de marcas e símbolos, **publicidade, propaganda e de transmissão de espetáculos desportivos**.

Contudo, *esta forma diferenciada de contribuição previdenciária apenas será aplicada às atividades diretamente relacionadas com a manutenção e administração de equipe profissional de futebol*, não se estendendo às outras atividades econômicas exercidas pelas referidas pessoas jurídicas.

Frise-se que esta contribuição não substituirá a incidente sobre as remunerações dos contribuintes individuais prestadores de serviços à associação desportiva, mas apenas no que concerne aos empregados e avulsos.

Por sua vez, caberá a entidade promotora do espetáculo a responsabilidade tributária de efetuar os descontos e repassar à União os recursos até 02 dias úteis após a realização do evento esportivo.

No caso de a associação desportiva receber recursos a título de patrocínio, licenciamento de uso de marcas e símbolos, publicidade, propaganda e transmissão de espetáculos, caberá à empresa pagadora a responsabilidade de reter e recolher o percentual de 5% da receita bruta decorrente do evento, inadmitida qualquer dedução, até o dia 20 do mês subsequente ao da competência.

De acordo com o atual regramento, esta contribuição substitutiva beneficiará as associações desportivas que mantenham equipe de futebol profissional e atividade econômica organizada para a produção e circulação de bens e serviços e que se organize regularmente, segundo um dos tipos disciplinados nos artigos 1.039 a 1.092, do Código Civil.

Antes, por força da Medida Provisória 358/2007, que alterou a redação do §11, do artigo 22, da Lei 8.212/91, era preciso que se tratasse de sociedade empresarial para gozar desta contribuição substitutiva, mas este dispositivo foi excluído da Lei de conversão (11.505/2007).

6.2. Produtor rural pessoa física

Em favor dos produtores rurais pessoas físicas, que são equiparados a empresa para fins previdenciários, para substituir a contribuição previdenciária sobre as remunerações dos seus empregados e avulsos e a respectiva contribuição SAT, a legislação previdência instituiu uma forma substitutiva de custeio.

Considera-se *produtor rural pessoa física* o **segurado especial** que contrate empregados ou avulsos de maneira não permanente (até 120 pessoas/dias/ano civil) e o **contribuinte individual rural.**

Com propriedade, a alíquota da contribuição será 2,0% sobre a receita bruta proveniente da comercialização da sua produção, sofrendo um acréscimo de 0,1% para financiamento das prestações por acidente do trabalho (contribuição SAT), **o que perfaz um total de 2,1%.**

Em regra, a responsabilidade tributária pelo recolhimento desta contribuição será do adquirente da produção, e não do produtor rural pessoa física, exceto nas hipóteses do artigo 30, incisos X e XII, da Lei 8.212/91, até o dia 20 do mês subsequente ao da operação ou consignação, ou, se não for dia útil bancário, no imediatamente anterior.

No entanto, quando o segurado especial contratar trabalhadores temporários na condição de produtor rural pessoa física, por força do artigo 32-C, §3º, da Lei 8.212/91, inserido pela Lei 12.873/2013, está obrigado a arrecadar as contribuições previstas nos incisos X, XII e XIII do caput do artigo 30 da Lei 8.212/91, os valores referentes ao FGTS e os encargos trabalhistas sob sua responsabilidade, **até o dia 7 (sete) do mês seguinte ao da competência**, ou no dia útil imediatamente anterior, se no dia 07 não houver expediente bancário, sendo uma regra especial que afasta o recolhimento até o dia 20 enquanto contribuição na condição de segurado.

Na hipótese do produtor rural pessoa física **contribuinte individual**, além da sua contribuição patronal substitutiva, ainda será preciso que pague mensalmente a sua contribuição previdenciária como segurado obrigatório do RGPS, no valor de 20% sobre o salário de contribuição.

Outrossim, o **segurado especial** também se enquadra como produtor rural pessoa física, mas neste caso a contribuição será única (como segurado e como patrão), diferentemente do que ocorre com o contribuinte individual também enquadrado como produtor rural, sendo de 2,1% sobre a receita decorrente da comercialização da sua produção.

Esta contribuição substitutiva está prevista no artigo 25, da Lei 8.212/91, com redação dada pelo artigo 1º, da Lei 8.540/92. Ou seja, foi editada antes da reforma constitucional promovida pela Emenda 20/98, que apenas previa o faturamento como fonte de custeio, e não a receita bruta (expressão mais ampla), a teor do artigo 195, I, da CRFB, em sua redação originária.

> **Qual o entendimento do STF sobre o assunto?**
>
> Em 03.02.2010, no julgamento do RE 363.852, o Plenário do STF, por unanimidade, pronunciou a inconstitucionalidade incidental da contribuição substitutiva do produtor rural pessoa física, em razão de se caracterizar como nova fonte de custeio, o que demandaria a edição de lei complementar, pois não prevista no artigo 195, inciso I, da Constituição Federal.
>
> Ademais, de acordo com o STF, através do voto do Ministro Marco Aurélio, o produtor rural pessoa física que contratar empregados estará sujeito ao pagamento da COFINS, cuja base de cálculo é a sua receita bruta, bem como a contribuição previdenciária de 2,1% sobre a receita decorrente de sua comercialização, entendendo o STF ter havido *bis in idem*.
>
> Também se pronunciou o STF no sentido de ter havido violação ao Princípio da Isonomia, por ocorrência de discriminação negativa dos empregadores rurais pessoas físicas, vez que os urbanos contribuem sobre a folha de salários.
>
> Outrossim, para a Suprema Corte, com base no artigo 195, §8º, da Constituição Federal, apenas os produtores rurais e pescadores artesanais sem empregados permanentes (segurados especiais) tem suporte constitucional para pagar as suas contribuições previdenciárias mediante a aplicação de uma alíquota sobre o resultado da comercialização da sua produção.
>
> De efeito, "o Tribunal, por unanimidade e nos termos do voto do Relator, conheceu e deu provimento ao recurso extraordinário para desobrigar os recorrentes da retenção e do recolhimento da contribuição social ou do seu recolhimento por subrrogação sobre a receita bruta proveniente da comercialização da produção rural de empregadores, pessoas naturais, fornecedores de bovinos para abate, **declarando a inconstitucionalidade do artigo 1º da Lei nº 8.540/92, que deu nova redação aos artigos 12, incisos V e VII, 25, incisos I e II, e 30, inciso IV, da Lei nº 8.212/91, com a redação atualizada até a Lei nº 9.528/97, até que legislação nova, arrimada na Emenda Constitucional nº 20/98**".

Após o julgamento, em que pese se tratar de decisão tomada em recurso extraordinário e não em ação direta de inconstitucionalidade, a União tentou modular a declaração de inconstitucionalidade, a fim de impedir a restituição do indébito tributário, tendo o pedido sido denegado.

Essa decisão do STF abre caminho para a restituição de bilhões de reais em ações individuais a serem propostas pelos contribuintes produtores rurais pessoas físicas, o que poderá gerar uma restituição de cerca de 11 bilhões de reais, que sairão do Fundo do RGPS, agravando o déficit da previdência rural.

No dia 1º de agosto de 2011 a Suprema Corte confirmou o entendimento acima detalhado, no julgamento do recurso extraordinário 596.177, conforme noticiado no Informativo 634.

No mais, **equipara-se ao empregador rural pessoa física o consórcio simplificado de produtores rurais**, formado pela união de produtores rurais pessoas físicas, que outorgar a um deles poderes para contratar, gerir e demitir trabalhadores para prestação de serviços, exclusivamente, aos seus integrantes, mediante documento registrado em cartório de títulos e documentos.

6.3. Produtor rural pessoa jurídica

De acordo com o artigo 25, da Lei 8.870/94, o empregador rural pessoa jurídica terá também uma contribuição previdenciária patronal substitutiva à incidente sobre as remunerações dos empregados e avulsos que contrate e a respectiva contribuição SAT.

A alíquota da contribuição será **2,5%** sobre a receita bruta proveniente da comercialização da sua produção, sofrendo um acréscimo de 0,1% para financiamento das prestações por acidente do trabalho (contribuição SAT), **o que perfaz um total de 2,6%**, sendo do próprio produtor rural pessoa jurídica a responsabilidade pelo seu recolhimento.

Tal qual o produtor rural pessoa física, o empregador rural pessoa jurídica enquadra-se como **contribuinte individual**, devendo também verter as suas contribuições previdenciárias como segurado obrigatório do RGPS.

Por sua vez, por força do artigo 22-A, da Lei 8.212/91, essa contribuição de 2,6% também beneficiará a **agroindústria**, considerada como o produtor rural pessoa jurídica cuja atividade econômica seja a industrialização de produção própria ou de produção própria e adquirida de terceiros, *não se aplicando às operações relativas à* *prestação de serviços a terceiros, bem como às sociedades cooperativas e às agroindústrias de piscicultura, carcinicultura, suinocultura e avicultura.*

Outrossim, este regime substitutivo não se aplica à pessoa jurídica que, relativamente à atividade rural, se dedique apenas ao florestamento e reflorestamento como fonte de matéria-prima para industrialização própria, mediante a utilização de processo industrial que modifique a natureza química da madeira ou a transforme em pasta celulósica.

A validade constitucional desta contribuição previdenciária patronal das agroindústrias está sendo questionada no STF, por intermédio do RE 611.601, que teve repercussão geral reconhecida no dia 04.06.2010.

TABELA SIMPLIFICADA DAS CONTRIBUIÇÕES SUBSTITUTIVAS DA PARTE PATRONAL INCIDENTES SOBRE AS REMUNERAÇÕES DOS EMPREGADOS E AVULSOS

Beneficiários	Alíquota	Base de cálculo	Responsabilidade pelo recolhimento	Prazo
Associações desportivas que mantêm times de futebol profissional	5%	Receita bruta decorrente dos espetáculos desportivos de que participem em todo território nacional; qualquer forma de patrocínio, licenciamento de uso de marcas e símbolos, publicidade, propaganda e de transmissão de espetáculos desportivos	Entidade promotora do espetáculo; empresa pagadora	Até 02 dias úteis após a realização do evento esportivo; até o dia 20 do mês subsequente ao da competência
Produtor rural pessoa física	2,1%	Receita bruta proveniente da comercialização da sua produção	Em regra, a responsabilidade tributária pelo recolhimento será do adquirente da produção	Até o dia 20 do mês subsequente ao da operação ou consignação
Produtor rural pessoa jurídica	2,6%	Receita bruta proveniente da comercialização da sua produção	Será do próprio produtor rural	Até o dia 20 do mês subsequente ao da operação ou consignação

7. A RETENÇÃO FEITA PELO CONTRATANTE DE SERVIÇOS DE CESSÃO DE MÃO DE OBRA

Com o intuito de otimizar a arrecadação das contribuições previdenciárias, inibindo a sonegação fiscal, o artigo 31, da Lei 8.212/91, prevê que a **empresa que contrate outra para a prestação de serviços de cessão de mão de obra**, mesmo que em regime de trabalho temporário, terá a responsabilidade tributária de **reter** a quantia equivalente a **11%** do valor bruto da nota fiscal ou fatura de prestação de serviços em nome da pessoa jurídica cedente de mão de obra("RETENÇÃO PARA A PREVIDÊNCIA SOCIAL"), até o dia 20 do mês subsequente ao da emissão da nota ou fatura, ou no dia útil imediatamente anterior, se não houver expediente bancário, a partir da competência 02.1999.

Não se trata diretamente de pagamento das contribuições previdenciárias patronais, e sim da técnica legal da **antecipação compensável**, pois posteriormente a quantia retida será utilizada para o pagamento das contribuições previdenciárias devidas pela prestadora de serviços de mão de obra.

▸ **Como esse assunto foi cobrado em concurso?**

No concurso da ESAF para Analista Tributário da RFB em 2009, foi considerada correta a letra E: A empresa contratante de serviços executados mediante cessão ou empreitada de mão-de-obra, inclusive em regime de trabalho temporário, deverá reter determinado valor e recolher a importância retida. Assinale a assertiva correta com relação a qual o valor a ser retido e em nome de quem será recolhido. a) Onze por cento do valor líquido da nota fiscal ou fatura de prestação de serviço; em nome da empresa cedente da mão-de-obra; b) Onze por cento do valor bruto dos salários pagos aos autônomos ou fatura de prestação de serviço; em nome do INSS; c) Onze por cento do valor líquido da nota fiscal ou fatura de prestação de serviço; em nome da empresa contratada; d) Onze por cento do valor bruto dos salários pagos aos autônomos ou fatura de prestação de serviço; em nome da empresa contratante; e) Onze por cento do valor bruto da nota fiscal ou fatura de prestação de serviço em nome da empresa cedente da mão-de-obra.

▸ **Qual o entendimento do STF sobre o assunto?**

Ao julgar o RE 393.946, de 03.11.2004, a Suprema Corte validou este dispositivo, por não vislumbrar ofenda aos artigos 150, § 7º;150, IV, 195, § 4º; 154, I e 148, todos da Constituição Federal. No dia 1º de agosto de 2011, a Suprema Corte corroborou a validade do artigo 31, da Lei 8.212/91, no julgamento do recurso extraordinário 603.191.

Posteriormente, será feito um confronto entre o valor retido e o devido pela empresa prestadora de serviços de mão de obra a guisa de contribuição previdenciária patronal, operando-se uma **compensação**, que poderá gerar o direito à restituição do que eventualmente sobre ou o pagamento do remanescente pela pessoa jurídica.

▸ **Como esse assunto foi cobrado em concurso?**

No concurso da ESAF para Auditor Fiscal da RFB em 2009, foi considerado correto o seguinte enunciado: A empresa contratante de serviços executados mediante cessão ou empreitada de mão-de-obra deverá reter onze por cento do valor bruto da nota fiscal, fatura ou recibo de prestação de serviços e recolher a importância retida em nome da empresa contratada.

O **desconto se presume feito** pela empresa tomadora dos serviços de cessão de mão de obra, de modo que, se esta for omissa e não promover o desconto destacado na nota fiscal, será responsabilizada exclusivamente pelo pagamento.

▸ **Qual o entendimento do STJ sobre o assunto?**

Ao julgar o REsp 1131047, de 24.11.2010, a 1ª Seção do STJ decidiu que, "a partir da vigência do art. 31 da Lei 8.212/91, com a redação dada pela Lei 9.711/98, a empresa contratante é responsável, com exclusividade, pelo recolhimento da contribuição previdenciária por ela retida do valor bruto da nota fiscal ou fatura de prestação de serviços, afastada, em relação ao montante retido, a responsabilidade supletiva da empresa prestadora, cedente de mão-de-obra".

As hipóteses de aplicação desta regra constam em um rol enunciado no artigo 219, §2º, do RPS, sendo também prevista a retenção nas hipóteses dos incisos I ao V, quando a prestação se der sob o regime de empreitada.

Será considerada como **cessão de mão-de-obra** a colocação à disposição do contratante, **em suas dependências ou nas de terceiros**, de segurados que realizem serviços contínuos, relacionados ou não com a atividade-fim da empresa, quaisquer que sejam a natureza e a forma de contratação.

Entrementes, **no contrato de empreitada de mão de obra**, após a Lei 9.711/98, mesmo não havendo tecnicamente cessão de mão de obra, aplica-se a retenção do artigo 31, da Lei 8.212/91, por força de expressa previsão do inciso III, do §4º, do referido artigo.

Ou seja, em regra, para a caracterização da cessão de mão de obra, **a legislação previdenciária exige efetivo deslocamento dos trabalhadores que prestam serviços**, seja para as instalações do tomador, seja para a de terceiros, a exemplo dos serviços de telemarketing.

Vale ressaltar que a retenção em comento não se aplica às empresas de pequeno porte prestadoras de serviços de cessão de mão de obra, pois há uma incompatibilidade lógica com o seu regime simplificado tributário.

▸ **Qual o entendimento do STJ sobre o assunto?**

Súmula: 425 - A retenção da contribuição para a seguridade social pelo tomador do serviço não se aplica às empresas optantes pelo Simples.

Por força do artigo 224-A, do RPS, esta antecipação compensável não se aplica à contratação de serviços por intermédio de cooperativa de trabalho, justamente porque neste caso já existe uma contribuição previdenciária patronal diferenciada, consistente em 15% sobre o valor bruto da nota fiscal ou fatura de prestação de serviços.

O RPS ainda prevê que a retenção de 11% será acrescida de quatro, três ou dois pontos percentuais, relativamente aos serviços prestados pelos segurados empregado, cuja atividade permita a concessão de aposentadoria especial, após quinze, vinte ou vinte e cinco anos de contribuição, respectivamente, na forma do seu §12, do artigo 219, em regulamentação ao artigo 6º, da Lei 10.666/2003.

8. HIPÓTESES DE RESPONSABILIZAÇÃO SOLIDÁRIA

Com o desiderato de aumentar as possibilidades de arrecadação das contribuições previdenciárias, alguns casos de responsabilidade solidária por seu adimplemento foram instituídos pela legislação.

De efeito, a solidariedade tributária não comporta benefício de ordem, respondendo cada devedor pela totalidade do débito perante a Secretaria de Receita Federal do Brasil.

Vale salientar que o artigo 13, da Lei 8.620/93, **previa a solidariedade** do *titular de firma individual* e dos *sócios das empresas com cotas de responsabilidade limitada* pelos débitos à seguridade social da pessoa jurídica, tendo sido **revogado** pela Lei 11.941/2009.

> **▸ Qual o entendimento do STJ sobre o assunto?**
>
> Mesmo antes da revogação, o STJ já vinha afastando a referida solidariedade, sob o argumento de ser tema afeto à lei complementar, por força do artigo 146, III, "b", da CRFB, bem como da exigência de culpa para a responsabilização dos sócios de sociedade limitada, a teor do artigo 1.016, do Código Civil, a exemplo do julgamento do AGRESP 200700948767, de 20.09.2007.

> **▸ Qual o entendimento do STF sobre o assunto?**
>
> Em 03.11.2010, ao julgar o RE 562.276, o STF pronunciou a inconstitucionalidade incidental do artigo 13, da Lei 8.620/93, na parte em que estabeleceu que os sócios das empresas por cotas de responsabilidade limitada respondem solidariamente, com seus bens pessoais, pelos débitos junto à seguridade social, por ofensa ao art. 146, III, b, da Constituição Federal, por ser tema afeto à lei complementar.

> **▸ Como esse assunto foi cobrado em concurso?**
>
> No concurso do CESPE para Juiz Federal da 5ª Região em 2011, foi considerado errado o seguinte enunciado: Não há inconstitucionalidade formal ou material em lei ordinária que vincule a simples condição de sócio à obrigação de responder solidariamente pelos débitos da sociedade limitada perante a seguridade social, visto que tal matéria não se inclui entre as normas gerais de direito tributário; além disso, unificar os patrimônios das pessoas jurídica e física, nesse caso, não compromete a garantia constitucional da livre iniciativa.

8.1. Construção civil

No ramo da **construção civil**, o artigo 30, inciso VI, da Lei 8.212/91 coloca o *proprietário*, o *incorporador*, o *dono da obra* ou *condômino da unidade imobiliária*, qualquer que seja a forma de contratação da construção, reforma ou acréscimo que *não envolva cessão de mão de obra*, como **responsáveis solidários com o construtor, e estes com a subempreiteira**, pelo cumprimento das obrigações para com a seguridade social.

> **▸ Como esse assunto foi cobrado em concurso?**
>
> No concurso da ESAF para Auditor Fiscal da RFB em 2009, foi considerado correto o seguinte enunciado: O proprietário, o incorporador definido na Lei n. 4.591, de 1964, o dono da obra ou condômino da unidade imobiliária cuja contratação da construção, reforma ou acréscimo não envolva cessão de mão-de-obra, são solidários com o construtor.

Posteriormente, restou ressalvado o seu *direito regressivo* contra o executor ou contratante da obra e *admitida à retenção* de importância a este devida para garantia do cumprimento dessas obrigações, não se aplicando, em qualquer hipótese, o benefício de ordem.

Esta hipótese de responsabilidade solidária apenas terá aplicabilidade quando não ocorrer cessão ou empreitada de mão de obra, conforme previsto no artigo 220, do RPS, pois nestes casos incidirá a retenção de 11% sobre o valor bruto da nota fiscal ou fatura de prestação de serviços em nome da pessoa jurídica cedente de mão de obra, na forma do artigo 31, da Lei 8.212/91.

▸ Importante!

Restou excluído da responsabilidade solidária perante a seguridade social o adquirente de prédio ou unidade imobiliária que realizar a operação com empresa de comercialização ou incorporador de imóveis, ficando estes solidariamente responsáveis com o construtor.

▸ Como esse assunto foi cobrado em concurso?

No concurso da ESAF para Auditor Fiscal da RFB em 2009, foi considerado correto o seguinte enunciado: Exclui-se da responsabilidade solidária perante a seguridade social o adquirente de prédio ou unidade imobiliária que realize a operação com empresa de comercialização.

Por fim, frise-se que a legislação previdenciária instituiu uma hipótese de não incidência das contribuições para a seguridade social, no caso de **construção residencial unifamiliar**, desde que destinada ao uso próprio, do tipo econômico, se executada sem mão de obra assalariada, se a área total não superar 70 metros quadrados.

▸ Como esse assunto foi cobrado em concurso?

No concurso da ESAF para Analista Tributário da RFB em 2009, foi considerada correta a letra C: Na busca da efetiva arrecadação da contribuição social,a legislação previdenciária de custeio dispõe sobre a responsabilidade solidária. Sabendo que a solidariedade nunca é presumida, resultando da lei ou da vontade das partes, assinale a assertiva **incorreta** com relação às pessoas solidárias pelo cumprimento das obrigações para com a Seguridade Social decorrentes de obra. a) O proprietário; b) O incorporador; c) O fiscal de obras da prefeitura; d) A empresa de comercialização de imóveis; e) O construtor.

8.2. Empresas mesmo grupo econômico

As empresas que integram o mesmo grupo econômico são solidariamente responsáveis pelo pagamento das contribuições para a seguridade social, a teor do artigo 30, inciso IX, da Lei 8.212/91.

Na forma do artigo 2º, §2º, da CLT, "sempre que uma ou mais empresas, tendo, embora, cada uma delas, personalidade jurídica própria, estiverem sob a direção, controle ou administração de outra, constituindo grupo industrial, comercial ou de qualquer outra atividade econômica, serão, para os efeitos da relação de emprego, solidariamente responsáveis a empresa principal e cada uma das subordinadas", sendo essa definição compatível com o Direito Previdenciário.

▸ **Como esse assunto foi cobrado em concurso?**

No concurso da ESAF para Auditor Fiscal da RFB em 2009, foi considerado errado o seguinte enunciado: As empresas que integram grupo econômico **cuja matriz tem sede em Brasília** respondem entre si, solidariamente, pelas obrigações decorrentes do disposto no Regulamento da Previdência Social.

8.3. Gestores dos entes da Administração Pública Indireta

Na forma do artigo 42, da Lei 8.212/91, os administradores das autarquias, fundações públicas, empresas públicas e sociedades de economia mista de todas as esferas poderão ser responsabilizados solidariamente pelo pagamento das contribuições para a seguridade social, caso se encontrem em mora por mais de 30 dias no seu recolhimento, limitado ao período em que já tinham poder de gestão, pois se cuida de responsabilidade pessoal.

Ante a ausência de previsão legal, esse dispositivo não poderá ser aplicado aos gestores públicos dos entes políticos, pois limitado à Administração Pública Indireta.

8.4. Administração Pública

De acordo com o artigo 71, §2º, da Lei 8.666/93, com redação dada pela Lei 9.032/95, **a Administração Pública responde solidariamente com o contratado pelos encargos previdenciários resultantes**

da execução do contrato, nos termos do artigo 31 da Lei nº 8.212, de 24 de julho de 1991.

Logo, a responsabilidade solidária do Poder Público será elidida se ele efetuou a retenção de 11% sobre o valor bruto da nota ou fatura de prestação de serviços, conforme determina o artigo 31, da Lei 8.212/91.

Vale destacar que o artigo 71, §2º, da Lei 8.666/93, apenas atribui responsabilidade solidária ao Poder Público para o pagamento das contribuições previdenciárias juntamente com o contratado no caso de cessão de mão de obra, pois o dispositivo faz remissão ao artigo 31, da Lei 8.212/91.

▸ **Qual o entendimento do STJ sobre o assunto?**

Para a Corte Superior, "seja do ponto de vista da literalidade do disposto no art. 71, § 2º, na redação dada pela Lei 9.032/95, que faz expressa remissão ao art. 31, da Lei 8.212/91, seja do ponto de vista da interpretação histórica e teleológica deste dispositivo, combinado com o disposto no art. 30, inciso VI, da mesma lei, **a única conclusão possível é aquela segundo a qual a atribuição da responsabilidade por débitos previdenciários ao Poder Público restringiu-se aos contratos de prestação de serviços mediante cessão de mão-de-obra, de sorte que é incabível a responsabilização da Administração Pública nas hipóteses de contratos que tiverem por objeto a realização de obra pública**, cuja previsão encontra-se no art. 30, inciso VI, da Lei 8.212/91" (passagem do julgamento da medida cautelar 15.410, de 03/09/2009.

8.5. Operador portuário e órgão gestor de mão de obra

O artigo 2º, §4º, da Lei 9.719/98, determina que o *operador portuário* e o órgão gestor de mão de obra são **responsáveis solidários pelo pagamento das contribuições para a seguridade social**, relativas à requisição de mão de obra dos trabalhadores avulsos, vedada a invocação do benefício de ordem.

Contudo, na hipótese do órgão gestor de mão de obra não elaborar a escalação dos trabalhadores avulsos, o operador portuário restará excluído da responsabilização solidária, devendo o OGMO responder sozinho pelo cumprimento das obrigações previdenciárias, pois inviabilizou a fiscalização a ser exercida pelo operador portuário.

▸ **Qual o entendimento do STJ sobre o assunto?**

No REsp 413168, de 18.08.2009, decidiu o STJ que "a interpretação conjunta dos arts. 5º e 6º da Lei 9.719/1998 determina que: a) o Órgão Gestor de Mão-de-Obra é o responsável pela escalação dos trabalhadores portuários; b) nos casos em que essa escala é feita, há responsabilidade solidária do OGMO e do operador portuário pela fiscalização do seu cumprimento; c) caso inexistente o rodízio, o OGMO é o único responsável pelo não-cumprimento da obrigação, rompendo-se a responsabilidade solidária pela fiscalização, uma vez que o operador portuário só pode fiscalizar o que foi previamente estabelecido".

8.6. Produtores rurais integrantes de consórcios simplificados

O artigo 25-A, da Lei 8.212/91, prevê o consórcio simplificado de produtores rurais, que é equiparado ao produtor rural pessoa física, formado pela união de produtores rurais pessoas físicas, que outorgar a um deles poderes para contratar, gerir e demitir trabalhadores para prestação de serviços, exclusivamente, aos seus integrantes, mediante documento registrado em cartório de títulos e documentos.

De efeito, os produtores rurais integrantes do referido consórcio serão responsáveis solidários em relação às obrigações previdenciárias.

9. ARRECADAÇÃO

Desde o advento da Lei 11.457/2007, a tributação, a fiscalização, a arrecadação, a cobrança e o recolhimento de todas as contribuições para a seguridade social passaram a ser da competência da Secretaria da Receita Federal do Brasil, órgão da União, integrante da estrutura do Ministério da Fazenda, nova denominação dada à antiga Secretaria da Receita Federal, após a extinção da Secretaria de Receita Previdenciária, que integrava o Ministério da Previdência Social, na forma do artigo 39, da Lei 8.212/91, na antiga redação dada pela Lei 11.098/2005.

Vale frisar que a Secretaria de Receita Federal do Brasil ainda tem competência para arrecadar, tributar, cobrar e fiscalizar contribuições sociais gerais em favor de terceiros, a exemplo de entidades privadas de serviço social e de formação profissional a que se refere o artigo 240 da Constituição Federal de 1988, criadas por lei federal e vinculadas ao sistema sindical; do Fundo Aeroviário; do Fundo de Desenvolvimento do Ensino Profissional Marítimo; do INCRA e do Fundo Nacional de Desenvolvimento da Educação.

Antes, as contribuições previdenciárias eram arrecadadas pela Secretaria de Receita Previdenciária em nome do INSS, integrando a Dívida Ativa da autarquia previdenciária. Com o advento do novo regramento, observada a regra de transição do artigo 16, da Lei 11.457/2007, **a Dívida Ativa passou a ser da União**, pois revogada a capacidade tributária ativa delegada ao INSS, encerrando a para fiscalidade, cabendo à Procuradoria-Geral da Fazenda Nacional a representação judicial da União na cobrança desses créditos.

Felizmente, em razão do veto presidencial do texto que buscava inserir o §4º, no artigo 6º, da Lei nº 10.593/02, acrescentado pelo artigo 9º, do projeto de lei que ensejou a promulgação da Lei 11.457/2007, **a fiscalização tributária continua podendo desconsiderar pessoa, ato ou negócio jurídico que implique reconhecimento de relação de trabalho, com ou sem vínculo empregatício, independentemente de decisão judicial**.

Logo, se o Auditor Fiscal da Receita Federal do Brasil constatar que o segurado contratado como contribuinte individual, trabalhador avulso, ou sob qualquer outra denominação, de fato tem relação de emprego ou outra prevista no artigo 9º, inciso I, do RPS, deverá desconsiderar o vínculo pactuado e efetuar o enquadramento como segurado empregado.

De seu turno, é facultado à União, antes de ajuizar a cobrança dos débitos previdenciários inscritos em Dívida Ativa, promover o **protesto do título dado em garantia**, que será recebido *pro solvendo*.

Ademais, com a promulgação da Emenda 20/98 e posteriormente da Emenda 45/2004, que incluiu o inciso VIII, no artigo 114, da CRFB, **a Justiça do Trabalho passou a ter competência para executar, de**

ofício, as contribuições previdenciárias patronais e dos trabalhadores, inclusive os respectivos acréscimos legais, **decorrentes das sentenças que proferir.**

▸ Qual o entendimento do STF sobre o assunto?

De acordo com o STF, a mencionada competência da Justiça do Trabalho restringe-se às **decisões condenatórias de verbas trabalhistas**, não devendo haver arrecadação das contribuições previdenciárias caso a sentença seja meramente declaratória do vínculo de emprego (AI 760.826 AgR, de 15.12.2009).

Evidentemente, a competência da Justiça do Trabalho também abarca a contribuição SAT (artigo 22, inciso II, da Lei 8.212/91) em razão da sua nítida natureza previdenciária.

▸ Qual o entendimento do TST sobre o assunto?

Nesse sentido, a **Orientação Jurisprudencial 414 da Subseção I Especializada em Dissídios Individuais do TST, publicada no DOU de 17.02.2012**: "414. COMPETÊNCIA DA JUSTIÇA DO TRABALHO. EXECUÇÃO DE OFÍCIO. CONTRIBUIÇÃO SOCIAL REFERENTE AO SEGURO DE ACIDENTE DE TRABALHO (SAT). ARTS. 114, VIII, E 195, I, "A", DA CONSTITUIÇÃO DA REPÚBLICA – Compete à Justiça do Trabalho a execução, de ofício, da contribuição referente ao Seguro de Acidente de Trabalho (SAT), que tem natureza de contribuição para a seguridade social (arts. 114, VIII, e 195, I, "a", da CF), pois se destina ao financiamento de benefícios relativos à incapacidade do empregado decorrente de infortúnio no trabalho (arts. 11 e 22 da Lei nº 8.212/1991)".

Entretanto, desde o advento da Lei 8.620/93, que alterou a redação dos artigos 43 e 44, da Lei 8.212/91, já existia a previsão legal da execução das contribuições previdenciárias pela Justiça do Trabalho, embora de duvidosa validade, pois não prevista constitucionalmente na época.

▸ Como esse assunto foi cobrado em concurso?

No concurso do CESPE para Procurador do Estado da Paraíba em 2008, foi considerado correto o seguinte enunciado: A justiça do trabalho detém competência para executar, de ofício, as contribuições previdenciárias decorrentes das sentenças que proferir, inclusive, quanto aos salários pagos sobre o período de vínculo reconhecido judicialmente por sentença ou por homologação de acordo.

O tema vem regulamentado pelo artigo 43, da Lei 8.212/91, que determina a atuação do juiz trabalhista de ofício visando o recolhimento das contribuições previdenciárias, que deverão obrigatoriamente ter o seu valor fixado na sentença, sob pena de responsabilidade funcional do magistrado, *regramento também aplicável às Comissões de Conciliação Prévia.*

Caso a sentença trabalhista seja omissa e não discrimine as parcelas devidas a guisa de contribuição previdenciária, mesmo assim deverão ser perpetrados os descontos em favor da União.

▸ **Qual o entendimento do TST sobre o assunto?**

De acordo com o **enunciado de súmula 401, do TST**, "os descontos previdenciários e fiscais devem ser efetuados pelo juízo executório, ainda que a sentença exequenda tenha sido omissa sobre a questão, dado o caráter de ordem pública ostentado pela norma que os disciplina. A ofensa à coisa julgada somente poderá ser caracterizada na hipótese de o título exequendo, expressamente, afastar a dedução dos valores a título de imposto de renda e de contribuição previdenciária".

No caso de condenação de empresa ao pagamento de verbas trabalhistas devidas ao prestador de serviços sem vínculo de emprego (contribuinte individual), a condenação deverá ser de 20% referente à cota da empresa e de 11% da parte do segurado.

▸ **Qual o entendimento do TST sobre o assunto?**

Nesse sentido, a Orientação Jurisprudencial 398, da Seção de Dissídios Individuais 1 do TST: "OJ-SDI1-398. CONTRIBUIÇÃO PREVIDENCIÁRIA. ACORDO HOMOLOGADO EM JUÍZO SEM RECONHECIMENTO DE VÍNCULO DE EM-PREGO. CONTRIBUINTE INDIVIDUAL. RECOLHIMENTO DA ALÍQUOTA DE 20% A CARGO DO TOMADOR E 11% A CARGO DO PRESTADOR DE SERVIÇOS. (DEJT divulgado em 02, 03 e 04.08.2010) - Nos acordos homologados em juízo em que não haja o reconhecimento de vínculo empregatício, é devido o recolhimento da contribuição previdenciária, mediante a alíquota de 20% a cargo do tomador de serviços e de 11% por parte do prestador de serviços, na qualidade de contribuinte individual, sobre o valor total do acordo, respeitado o teto de contribuição. Inteligência do § 4º do art. 30 e do inciso III do art. 22, todos da Lei n.º 8.212, de 24.07.1991".

As parcelas a título de contribuição previdenciária do trabalhador e do empregador, empresa ou equiparado, deverão ser

discriminadas na sentença ou no acordo a ser homologado, sob pena de incidência sobre o valor total apurado na liquidação ou da avença, devendo o recolhimento ser efetuado no mesmo prazo em que devam ser pagos os créditos encontrados em liquidação de sentença ou em acordo homologado, sendo que neste último caso o recolhimento será feito em tantas parcelas quantas as previstas no acordo, nas mesmas datas em que sejam exigíveis e proporcionalmente a cada uma delas.

▸ **Importante!**

Na hipótese de o acordo ter sido celebrado depois de proferida a decisão de mérito, a contribuição será calculada com base no valor do acordo, a teor do artigo 43, §5º, da Lei 8.212/91, incluído pela Lei 11.941/2009

▸ **Qual o entendimento do TST sobre o assunto?**

De acordo com entendimento do TST, este §5º abarca, inclusive, os acordos homologados após o trânsito em julgado de sentença condenatória trabalhista, pois a conciliação é objetivo a ser buscado pelo Poder Judiciário (CPC, art. 125, IV, e 448; CLT, art. 846), cabendo, no processo trabalhista, a qualquer momento (PROCESSO Nº TST-AIRR-9741-66.2007.5.03.0016, 3ª Turma, de 28/04/2010). No entanto, o acordo deverá respeitar a proporcionalidade entre as parcelas remuneratórias e as indenizatórias fixadas na decisão condenatória, nos termos da Orientação Jurisprudencial 376 do TST, publicada em 19/04/2010: "OJ 376. CONTRIBUIÇÃO PREVIDENCIÁRIA. ACORDO HOMOLOGADO EM JUÍZO APÓS O TRÂNSITO EM JULGADO DA SENTENÇA CONDENATÓRIA. INCIDÊNCIA SOBRE O VALOR HOMOLOGADO. É devida a contribuição previdenciária sobre o valor do acordo celebrado e homologado após o trânsito em julgado de decisão judicial, respeitada a proporcionalidade de valores entre as parcelas de natureza salarial e indenizatória deferidas na decisão condenatória e as parcelas objeto do acordo".

Suponha-se que a sentença trabalhista condenou a empresa a pagar R$ 200.000,00 ao empregado, sendo R$ 100.000,00 de parcelas remuneratórias (sobre as quais incidem as contribuições previdenciárias) e R$ 100.000,00 de parcelas indenizatórias (que não integram o salário de contribuição). Neste caso, a proporcionalidade foi de 50% de verbas remuneratórias e de 50% de indenizatórias.

Posteriormente, na execução, as partes entram em acordo para acelerar o processo e obtém homologação judicial da avença. O valor foi reduzido de R$ 200.000,00 para R$ 150.000,00. Neste caso, deverá ser mantida a proporção da sentença condenatória, incidindo a contribuição previdenciária sobre 50% do valor do acordo ulterior (R$ 75.000,00).

Contudo, neste caso, o termo que for lavrado não valerá como decisão irrecorrível para a Previdência Social quanto às contribuições que lhe forem devidas, na forma do artigo 831, parágrafo único, da CLT, pois os créditos tributários não poderão ser transacionados livremente por particulares à margem da primazia do interesse público.

Nesse sentido, pontifica o artigo 832, §5º, da CLT, que o acordo celebrado após o trânsito em julgado da sentença ou após a elaboração dos cálculos de liquidação de sentença não prejudicará os créditos da União.

A União será intimada pessoalmente (mediante a entrega dos autos com vista) das decisões homologatórias de acordos que contenham **parcela indenizatória**, facultada a interposição de recurso relativo aos tributos que lhe forem devidos, sendo representada pela Procuradoria-Geral Federal, órgão vinculado à Advocacia-Geral da União, que será intimado dos cálculos para concordância, impugnação ou recurso no prazo de 10 dias, sob pena de preclusão, a teor do artigo 879, §3º, da CLT, **não sendo necessária a inscrição do crédito em Dívida Ativa.**

> **▸ Como esse assunto foi cobrado em concurso?**
>
> No concurso do CESPE para Procurador do Estado da Paraíba em 2008, foi considerado correto o seguinte enunciado: Cabe à Procuradoria-Geral Federal representar judicialmente a União nos processos em curso perante a justiça do trabalho relacionados com a cobrança de contribuições previdenciárias e de imposto de renda retido na fonte em decorrência de condenação imposta por sentença ou resultante de acordo homologado por juiz ou tribunal do trabalho.

Entende-se que a responsabilidade pelo pagamento das contribuições previdenciárias do trabalhador é do empregador, ante a presunção de recolhimento que milita em favor dos empregados, avulsos e contribuintes individuais prestadores de serviços.

▸ **Qual o entendimento do TST sobre o assunto?**

Todavia, a orientação jurisprudencial do TST, cristalizada no **enunciado 363, da Seção de Dissídios Individuais I**, publicada em 23.05.2008, lamentavelmente dispõe diversamente: "A responsabilidade pelo recolhimento das contribuições social e fiscal, resultante de condenação judicial referente a verbas remuneratórias, é do empregador e incide sobre o total da condenação. Contudo, a culpa do empregador pelo inadimplemento das verbas remuneratórias não exime a responsabilidade do empregado pelos pagamentos do imposto de renda devido e da contribuição previdenciária que recaia sobre sua quota-parte". Contudo, frise-se que se cuida de tema altamente polêmico na seara trabalhista, existindo decisões do próprio TST em sentido contrário, em especial o **enunciado de súmula 368**, de 25.11.2005, que consigna nos seus itens II e III: "II- É do empregador a responsabilidade pelo recolhimento das contribuições previdenciárias e fiscais, resultante de crédito do empregado oriundo de condenação judicial, devendo ser calculadas, em relação à incidência dos descontos fiscais, mês a mês, nos termos do art. 12-A da Lei nº 7.713, de 22/12/1988. III – Em se tratando de descontos previdenciários, o critério de apuração encontra-se disciplinado no art. 276, §4º, do Decreto n º 3.048/1999 que regulamentou a Lei nº 8.212/1991 e determina que a contribuição do empregado, no caso de ações trabalhistas, seja calculada mês a mês, aplicando-se as alíquotas previstas no art. 198, observado o limite máximo do salário de contribuição. (ex-OJs nºs 32 e 228 da SBDI-1 – inseridas, respectivamente, em 14.03.1994 e 20.06.2001)".

Caso a sentença trabalhista tenha discriminado o recolhimento de contribuições previdenciárias indevidas ou além do valor correto, a Justiça Laboral não detém competência para julgar a ação de repetição do indébito tributário, e sim a Justiça Federal.

▸ **Qual o entendimento do TST sobre o assunto?**

Processo: RR – 558-97.2010.5.18.0000. Data de Julgamento: 10/08/2010, Relatora Juíza Convocada: Maria Doralice Novaes, 7ª Turma, Data de Publicação: DEJT 13/08/2010 – "Consoante o disposto no art. 109, I, da Constituição Federal, verifica-se que esta Justiça Especializada não tem competência para atuar como instância julgadora sobre a contribuição previdenciária, não podendo processar, muito menos julgar, ação de repetição do indébito movida contra a autarquia previdenciária, cuja competência jurisdicional é da Justiça Federal".

Apesar da omissão legal, é possível que a sentença trabalhista fixe o pagamento de contribuições previdenciárias já objeto de cobrança pela Secretaria de Receita Federal no Brasil em sede administrativa, ou mesmo em executivo fiscal ajuizado pela União na Justiça Federal, devendo naturalmente se operar o respectivo abatimento das parcelas pagas na Justiça do Trabalho.

Frise-se que a arrecadação trabalhista das contribuições previdenciárias, por si só, não vinculará o INSS a reconhecer o tempo de contribuição respectivo, pois algumas vezes trata-se de acordo fruto de lide simulada homologado em Juízo, com o propósito de gerar a concessão de benefícios previdenciários irregulares.

Ademais, a coisa julgada é ineficaz perante o INSS, que não foi parte no processo, sendo necessário o início de prova material não suprível com meros testemunhos, razão pela qual a sentença trabalhista apenas valerá como começo de prova para o INSS quando fundamentada em documentos, conforme determina o artigo 55, §3º, da Lei 8.213/91.

▸ Qual o entendimento do STJ sobre o assunto?

"1. A jurisprudência desta Corte é pacífica no sentido de que a sentença trabalhista pode ser considerada como início de prova material, mostrando-se hábil para a determinação do tempo de serviço previsto no artigo 55, § 3º, da Lei nº 8.213/1991, desde que fundada em elementos que evidenciem o exercício da atividade laborativa na função e períodos alegados na ação previdenciária, ainda que o INSS não tenha integrado a respectiva lide.

2. In casu, **a decisão da Justiça do Trabalho não serve como prova apta a autorizar o reconhecimento do alegado tempo de serviço, pois inexistentes quaisquer documentos a evidenciar o exercício da atividade laborativa**"(AgRg no REsp 1.053.909, de 19.08.2008). **"A jurisprudência do STJ é firme no sentido de que a sentença trabalhista pode ser considerada como início de prova material, sendo apta a comprovar o tempo de serviço prescrito no artigo 55, § 3º da Lei 8.213/91, desde que fundamentada em elementos que demonstrem o exercício da atividade laborativa nos períodos alegados, como no caso"** (STJ, 2ª Turma, AgRg no REsp 1307703, de 03/05/2012).

▸ Qual o entendimento da TNU sobre o assunto?

De acordo com a **Súmula 31, da TNU**, "a anotação na CTPS decorrente de sentença trabalhista homologatória constitui início de prova material para fins previdenciários".

▸ **Importante!**

Logo, a Súmula 31 da TNU deverá ser interpretada de acordo com a legislação previdenciária, pois deverá estar lastreada em início de prova material, mas não raro o seu texto é repetido em provas e deverá ser considerado verdadeiro o enunciado.

▸ **Como esse assunto foi cobrado em concurso?**

No concurso do CESPE para Defensor Público da União em 2007, foi considerado correto o seguinte enunciado: Francisco ajuizou reclamação trabalhista em face de seu ex-empregador, pleiteando o reconhecimento do vínculo laboral. Em decorrência de acordo homologado pela sentença, foi registrado o contrato de trabalho em sua CTPS. Assim, esse documento constituirá início de prova material para fins de comprovação de tempo de contribuição para a previdência social.

Vale salientar que inexiste competência para a Justiça do Trabalho determinar que o INSS averbe tempo de serviço ou de contribuição, ante a atual redação do artigo 114, da Constituição Federal.

▸ **Qual o entendimento do TST sobre o assunto?**

"É da competência da Justiça Federal, nos termos do artigo 109, I e § 3º, da CF, a averbação do tempo de serviço relativo a vínculo empregatício reconhecido em juízo, para fins previdenciários, visto que tal competência não se encontra taxativamente prevista no artigo 114 da CF, tampouco existe legislação em vigor que fixe a competência desta Justiça Especializada para determinar tal averbação. Recurso de revista conhecido e provido". (Processo: RR - 138700-43.2007.5.15.0009 Data de Julgamento: 24/11/2010, Relatora Ministra: Dora Maria da Costa, 8ª Turma, Data de Publicação: DEJT 26/11/2010)."

10. ENCARGOS DECORRENTES DO ATRASO E REGRAS DE PARCELAMENTO

O tema era tratado pelo artigo 34, da Lei 8.212/91, que foi revogado pela Lei 11.941/2009, sendo disciplinado atualmente pelo artigo 30, da Lei 10.522/02.

Com efeito, sobre os débitos vencidos e não pagos incidirão juros de mora equivalentes à **taxa** referencial do Sistema Especial de Liquidação e de Custódia – **SELIC** para títulos federais, acumulada mensalmente, até o último dia do mês anterior ao do pagamento, e de **1% no mês de pagamento.**

Na hipótese de restituição judicial mediante uma ação de repetição do indébito tributário, o termo inicial dos juros de mora será a coisa julgada.

▸ **Qual o entendimento do STF sobre o assunto?**

"Contribuição previdenciária - Natureza tributária - Incidência de juros de mora a partir do trânsito em julgado de decisão que determina a devolução de valores indevidamente recolhidos (CTN, art. 167, parágrafo único)." (AI 650.107, Rel. Min. Celso de Mello, julgamento em 26-8-2008, Segunda Turma, *DJE* de 3-10-2008).

Anteriormente, havia a incidência de 1% de juros no mês do vencimento e de 1% no mês do pagamento do débito, ao passo que agora somente será cobrado no mês do pagamento.

Por sua vez, as multas decorrentes do inadimplemento eram fixadas pelo artigo 35, da Lei 8.212/91, também revogado pela Lei 11.941/2009, sendo aplicável agora o artigo 61, da Lei 9.430/96, que fixa a **multa de mora à razão de 0,33% por dia de atraso, limitada a 20% ao mês.**

Entretanto, nas hipóteses de lançamento de ofício, as multas serão mais pesadas, devendo ser observado o regramento do artigo 44, da Lei 9.430/96.

Vale advertir que o artigo 41, da Lei 8.212/91, previa a responsabilidade pessoal dos gestores públicos pelo pagamento de multa aplicada por infrações aos dispositivos da Lei de Custeio, inclusive prevendo a obrigatoriedade do desconto na folha de pagamento, tendo sido revogado pela Lei 11.941/2009.

De seu turno, as regras de parcelamento das contribuições previdenciárias (e das contribuições para a seguridade social como um todo) constavam do artigo 38, da Lei 8.212/91, que foi revogado pela Lei 11.941/2009.

Agora, incidirão as regras gerais para os tributos da União trazidas pelos artigos 10 a 16, da Lei 10.522/2002, sendo possível o parcelamento em **até 60 parcelas mensais**, condicionado *ao pagamento da primeira parcela*, com previsão de garantia real ou fidejussória, caso o débito esteja inscrito em Dívida Ativa, sendo admitida a fiança bancária.

O pedido de parcelamento deferido constitui **confissão de dívida** e instrumento hábil e suficiente para a exigência do crédito tributário, podendo a exatidão dos valores parcelados ser objeto de verificação, cabendo ao devedor, enquanto o pedido estiver pendente de deferimento, recolher, a cada mês, como antecipação, valor correspondente a uma parcela.

O valor de cada prestação mensal, por ocasião do pagamento, será acrescido de **juros** equivalentes à taxa referencial do Sistema Especial de Liquidação e de Custódia – **SELIC** para títulos federais, acumulada mensalmente, calculados a partir do mês subsequente ao da consolidação até o mês anterior ao do pagamento, e de **1%** relativamente ao mês em que o **pagamento** estiver sendo efetuado.

É **proibido o parcelamento** das contribuições previdenciárias passíveis de retenção na fonte, de desconto de terceiros ou de sub-rogação, assim como os valores recebidos pelos agentes arrecadadores não recolhidos aos cofres públicos.

Outrossim, a pessoa jurídica com **falência** ou com **insolvência civil decretada não poderá parcelar** o pagamento das contribuições previdenciárias devidas à União.

Será possível o reparcelamento dos débitos, condicionado ao pagamento da primeira parcela, no valor equivalente a 10% do total dos débitos consolidados ou de 20% do total dos débitos consolidados, caso haja débito com histórico de reparcelamentos anteriores.

> **Importante!**
> O que chama a atenção é que não mais subsiste a proibição de parcelamento para os condenados por crime contra a Previdência Social, como era previsto no revogado artigo 38, §3º, da Lei 8.212/91.

Da mesma forma, as contribuições dos segurados e das empresas passíveis de **retenção na fonte, se esta não for perpetrada, também não mais poderão ser parceladas**, pois a legislação revogada apenas vedava o parcelamento das contribuições retidas de terceiros e não repassadas ao Fisco, o que inclusive poderá configurar o delito de apropriação indébita previdenciária.

Por fim, permanece em vigor o artigo 7º, da Lei 10.666/03, que preceitua que **não poderão ser objeto de parcelamento** as contribuições descontadas dos empregados, inclusive dos domésticos, dos trabalhadores avulsos, dos contribuintes individuais, as decorrentes da sub-rogação e as demais importâncias descontadas na forma da legislação previdenciária.

11. RESTITUIÇÃO E COMPENSAÇÃO DAS CONTRIBUIÇÕES PREVIDENCIÁRIAS

De acordo com o artigo 89, da Lei 8.212/91, com redação dada pela Lei 11.941/2009, o pagamento **indevido ou a maior** das contribuições previdenciárias faz com que o sujeito passivo da obrigação tributária tenha o direito à restituição do indébito perante a União, através da Secretaria de Receita Federal do Brasil, sendo aplicáveis as disposições do Decreto 70.235/72.

▸ Como esse assunto foi cobrado em concurso?

No concurso da FGV para Auditor do TCM-PA em 2008, foi considerado correto o seguinte enunciado: Poderá ser compensada ou restituída contribuição à Seguridade Social, na hipótese de recolhimento ou pagamento indevido.

A quantia a ser restituída será acrescida de juros pela **taxa SELIC** acumulada mensalmente até o mês anterior à restituição, bem como de **1% no mês da sua efetivação**. Na hipótese de restituição judicial mediante uma ação de repetição do indébito tributário, o termo inicial dos juros de mora será a coisa julgada.

▸ Qual o entendimento do STJ sobre o assunto?

Julgando um caso de restituição de contribuição previdenciária, decidiu o STJ que "a jurisprudência deste Tribunal Superior assenta-se no sentido de que os juros moratórios em sede de repetição do indébito, conforme dispõe o artigo 161, parágrafo único, do CTN, combinado com o artigo 167 do CTN, devem incidir na razão de 1% ao mês, a partir do trânsito em julgado" (EDcl no AgRg no REsp 772.824, de 14.10.2008).

▸ Qual o entendimento do STF sobre o assunto?

"Contribuição previdenciária – Natureza tributária – Incidência de juros de mora a partir do trânsito em julgado de decisão que determina a devolução de valores indevidamente recolhidos (CTN, art. 167, parágrafo único)." (AI 650.107, Rel. Min. Celso de Mello, julgamento em 26-8-2008, Segunda Turma, *DJE* de 3-10-2008.)

▸ **Como esse assunto foi cobrado em concurso?**

No concurso do CESPE para Juiz Federal da 5ª Região em 2011, foi considerado errado o seguinte enunciado: De acordo com o entendimento do STJ, com fundamento no princípio da especialidade, os juros moratórios, na repetição do indébito tributário, são devidos a partir do trânsito em julgado da sentença, regime não aplicável à repetição de indébito de contribuições previdenciárias.

Outrossim, caso o titular do direito de restituição possua débitos exigíveis perante a União, o valor a ser restituído será compensado total ou parcialmente, a fim de extingui-lo.

De seu turno, o **prazo prescricional** para a postulação da restituição será **de cinco anos**, a contar do pagamento, ou então da data em que se tornar definitiva a decisão administrativa ou passar em julgado a sentença judicial que tenha reformado, anulado ou revogado a decisão condenatória, a teor do artigo 253, do RPS, que não correrá contra os absolutamente incapazes e ausentes elencados no Código Civil, na forma do artigo 103, parágrafo único, da Lei 8.213/91.

O artigo 248, do RPS, em consonância com o artigo 166, do CTN, pontifica que a restituição de contribuição ou de outra importância recolhida indevidamente, que comporte, por sua natureza, a transferência de encargo financeiro, somente será feita àquele que provar ter assumido esse encargo ou, no caso de tê-lo transferido a terceiro, estar por este expressamente autorizado a recebê-la.

▸ **Importante!**

Com o advento da Lei 11.941/2009, foi revogada a regra constante do §3º, do artigo 89, da Lei 8.212/91, que limitava a compensação das contribuições previdenciárias a 30% do valor a ser recolhido em cada competência.

Outrossim, para a compensação de créditos decorrentes de pagamento a maior de contribuições previdenciárias, entende-se não ser mais obrigatório que se trate de contribuições da mesma espécie, ou seja, passou a ser possível compensar créditos de contribuições previdenciárias com débitos de outros tributos devidos à União. Ressalte-se que é um de tema polêmico !

Contudo, nesta hipótese, a União deverá repassar a quantia compensada ao Fundo do Regime Geral de Previdência Social, no máximo dois dias úteis após a data em que ela for promovida de ofício ou em que for deferido o respectivo requerimento, na forma do artigo 26, da Lei 11.457/2007.

Logo, **entende-se que não mais subsiste base legal para a referida vedação**, implicitamente autorizada pelo artigo 26, da Lei 11.457/2007, pois se este dispositivo busca restringir a compensação apenas entre contribuições previdenciárias, não haveria qualquer compensação ao fundo do RGPS, que não sofreria prejuízo.

Ressalte-se que parece que a Instrução Normativa 900/2008, da lavra da Secretaria de Receita Federal do Brasil, implicitamente autoriza a referida compensação, em que pese não ser suficientemente clara a respeito. No entanto, no entendimento da Secretaria da Receita Federal do Brasil esta compensação é indevida, tendo o STJ seguido este posicionamento ao interpretar o artigo 26 da Lei 11.457/2007.

▸ Qual o entendimento do STJ sobre o assunto?

3. "É ilegítima a compensação de créditos tributários administrados pela antiga Receita Federal (PIS e COFINS decorrentes de exportação) com débitos de natureza previdenciária antes administrados pelo INSS (art. 11 da Lei n. 8.212/91), ante a vedação legal estabelecida no art. 26 da Lei n. 11.457/07. Precedentes." (REsp 1.243.162/PR, Rel. Ministro Castro Meira, Segunda Turma, DJe 28/03/2012). 4. Recurso especial a que se nega provimento (RECURSO ESPECIAL Nº 1.449.713 - SC (2014/0091542-2)"

No mais, por força do artigo 170-A, do CTN, é vedada a compensação mediante o aproveitamento de tributo, objeto de contestação judicial pelo sujeito passivo, antes do trânsito em julgado da respectiva decisão judicial.

▸ Importante!

A empresa será **reembolsada** pelo pagamento do valor bruto do **salário-maternidade**, até o valor do subsídio dos Ministros do STF, incluída a gratificação natalina proporcional ao período da correspondente licença e das cotas do **salário-família** pagas aos segurados a seu serviço, mediante dedução do respectivo valor, no ato do recolhimento das contribuições devidas.

▸ **Como esse assunto foi cobrado em concurso?**

No concurso para Juiz do Trabalho da 1ª Região em 2008, foi considerado correto o seguinte enunciado: O salário-família será pago mensalmente pela empresa ao empregado, com o salário, efetivando-se a compensação quando do recolhimento das contribuições, conforme dispõe o Regulamento.

12. OBRIGAÇÕES ACESSÓRIAS DAS EMPRESAS

Além da previsão do cumprimento da obrigação tributária principal consistente na arrecadação das contribuições previdenciárias e respectivos consectários, a legislação previdenciária cominou às empresas obrigações acessórias, cujo objeto são prestações positivas e negativas em prol da arrecadação e fiscalização dos referidos tributos.

De acordo com o artigo 32, da Lei 8.212/91, a empresa é também obrigada a **preparar folhas de pagamento das remunerações pagas ou creditadas a todos os segurados a seu serviço**, de acordo com os padrões e normas estabelecidos pelo órgão competente da seguridade social.

Esta obrigação acessória visa quantificar todas as remunerações pagas pela empresa a fim de calcular a contribuição previdenciária patronal que incidirá à razão de 20 % sobre o total pago aos empregados, avulsos e contribuintes individuais prestadores de serviços.

Da mesma forma, **caberá à empresa lançar mensalmente em títulos próprios de sua contabilidade**, de forma discriminada, os **fatos geradores** de todas as contribuições, o **montante** das quantias descontadas, as **contribuições da empresa e os totais recolhidos**, devendo prestar à Secretaria da Receita Federal do Brasil todas as informações cadastrais, financeiras e contábeis de seu interesse, na forma por ela estabelecida, bem como os esclarecimentos necessários à fiscalização.

Excepcionalmente, estão dispensados da apresentação de escrituração contábil o pequeno comerciante, a pessoa jurídica tributada com base no lucro presumido, bem como a pessoa jurídica optante do sistema simplificado de arrecadação de tributos, desde que mantenha a escrituração do Livro Caixa e do Livro de Registro de Inventário.

Ademais, a empresa é obrigada a declarar à Secretaria da Receita Federal do Brasil e ao Conselho Curador do Fundo de Garantia do Tempo de Serviço – FGTS, na forma, prazo e condições estabelecidos por esses órgãos, dados relacionados a fatos geradores, base de cálculo e valores devidos da contribuição previdenciária e outras informações de interesse do INSS ou do Conselho Curador do FGTS.

De efeito, essa declaração se realiza através da GFIP – **Guia de Recolhimento do Fundo de Garantia por Tempo de Serviço e Informações à Previdência Social**, introduzida no nosso ordenamento jurídico por intermédio da Lei 9.528/97, obrigatória para todas as pessoas físicas ou jurídicas sujeitas ao recolhimento do FGTS, bem como às contribuições e/ou informações à Previdência Social.

Mesmo que não tenha se concretizado a hipótese de incidência de contribuições previdenciárias em determinado mês, a empresa será obrigada a apresentar a GFIP, sendo denominada de "GFIP sem movimento".

A GFIP deverá ser entregue na rede bancária até o dia 7 do mês seguinte àquele em que a remuneração foi paga, creditada ou se tornou devida ao trabalhador e/ou tenha ocorrido outro fato gerador de contribuição previdenciária.

Por se tratar de uma confissão de débito, caso a empresa declare a ocorrência da obrigação tributária principal, **a GFIP equivale ao lançamento por homologação e constitui instrumento hábil e suficiente para a exigência do crédito tributário**.

Ademais, as suas informações comporão a base de dados para fins de cálculo e concessão dos benefícios previdenciários do RGPS.

Estão desobrigados da apresentação da GFIP: o contribuinte individual sem segurado que lhe preste serviço; o segurado especial; os órgãos públicos em relação aos servidores estatutários filiados a regime próprio de previdência social; o empregador doméstico que não recolher o FGTS para o empregado doméstico e o segurado facultativo.

Vale salientar que a não apresentação da GFIP ou a declaração com incorreções sujeitará a empresa às penalidades pecuniárias previstas no artigo 32-A, da Lei 8.212/91.

Também se enquadra como acessória a obrigação de fornecimento, pelos **municípios**, à Secretaria de Receita Federal do Brasil, da **relação de alvarás para construção civil** e documentos de "habite-se" concedidos, visando auxiliar na fiscalização, bem como a obrigação do Titular do Cartório de Registro Civil de Pessoas Naturais de comunicar, até o dia 10 de cada mês, o registro dos óbitos ocorridos no mês imediatamente anterior, devendo da relação constar a filiação, a data e o local de nascimento da pessoa falecida.

Uma nova obrigação acessória para as empresas restou instituída pela **Lei 12.692/2012**, que inseriu o inciso VI, no artigo 32, da Lei 8.212/91. **Passou a ser dever das empresas comunicar, mensalmente, aos empregados, por intermédio de documento a ser definido em regulamento, os valores recolhidos sobre o total de sua remuneração ao INSS.**

O objetivo desta nova obrigação acessória é facilitar a fiscalização do recolhimento das contribuições previdenciárias, pois os empregados terão acesso mensal aos valores recolhidos sobre as suas remunerações, que se inexistir ou for inferior ao devido certamente ensejará uma atuação do próprio segurado perante a Receita Federal do Brasil, além de inibir a sonegação das contribuições previdenciárias pelas empresas.

Por sua vez, a Medida Provisória 589, de 13 de novembro de 2012, convertida na Lei 12.810/2013, inseriu o artigo 32-B na Lei 8.212/91, passando a exigir que os órgãos da administração direta, autarquias, fundações e empresas públicas da União, dos Estados, do Distrito Federal e dos Municípios, na forma estabelecida pela Secretaria da Receita Federal do Brasil do Ministério da Fazenda, apresentem a folha de pagamento até o dia 30 de abril do ano seguinte ao encerramento do exercício.

Este dispositivo objetiva controlar o recolhimento das contribuições para a seguridade social devidas pelo Poder Público, sendo mais um instrumento de fiscalização que a Receita Federal irá dispor. Na prática previdenciária, infelizmente, é comum que principalmente os municípios não recolham as contribuições previdenciárias do RGPS.

Por força do artigo 125-A, da Lei 8.213/91, ao INSS caberá a fiscalização do cumprimento das obrigações previdenciárias não tributárias, possuindo os seus agentes o poder de multar pelo descumprimento. No exercício doa fiscalização, a empresa deverá apresentar a documentação exigida pelo fiscal do INSS.

O artigo 126, por sua vez, que prevê que caberá recurso para o Conselho de Recursos da Previdência Social das decisões do INSS aplicar-se-á a este artigo.

No entanto, frise-se que constituir, mediante lançamento,o crédito tributário e de contribuições previdenciária é ato privativo da União, através dos Auditores da Receita.

De acordo com a exposição de motivos da MP 449/2008, convertida na Lei 11.941/09, "o art. 25 acrescenta o art. 125-A à Lei nº 8.213, de 1991, para possibilitar ao INSS efetuar diligências a fim de verificar o atendimento das obrigações não-tributárias impostas pela legislação previdenciária e impor multa por seu eventual descumprimento. Essa medida visa dotar o INSS de instrumentos necessários ao regular reconhecimento, manutenção, revisão ou extinção de direitos previdenciários, a exemplo das diligências destinadas à comprovação de vínculo empregatício".

13. CERTIDÃO NEGATIVA DE DÉBITO

A Certidão Negativa de Débito - CND da seguridade social é um ato administrativo que comprova a inexistência de débitos perante a União, com prazo de validade de até 180 dias, tendo sido unificada para todos os tributos federais arrecadados pela Secretaria da Receita Federal do Brasil.

A CND era disciplinada pelo Decreto 3.048/99 (Regulamento da Previdência Social) até o advento do Decreto 8.302/2014, que revogou os dispositivos a respeito do tema. Desde então, coube à Portaria Conjunta RFB/PGFN nº 1.751, de 2 de outubro de 2014 disciplinar a Certidão Negativa de Débito.

De efeito, a prova de regularidade fiscal perante a Fazenda Nacional será efetuada mediante apresentação de certidão expedida conjuntamente pela Secretaria da Receita Federal do Brasil (RFB) e pela Procuradoria-Geral da Fazenda Nacional (PGFN), referente a todos os créditos tributários federais e à Dívida Ativa da União (DAU) por elas administrados, tendo prazo de validade de 180 dias, contado a partir da sua emissão.

Na forma do artigo 47, da Lei 8.212/91, a CND será exigível da empresa na contratação com o Poder Público e no recebimento de benefícios ou incentivo fiscal ou creditício concedido por ele; na alienação ou oneração, a qualquer título, de bem imóvel ou direito a ele relativo; na alienação ou oneração, a qualquer título, de bem móvel de valor superior a R$ 48.144,19 (valor atualizado para ao ano de 2015) incorporado ao ativo permanente da empresa; no registro ou arquivamento, no órgão próprio, de ato relativo a baixa ou redução de capital de firma individual, redução de capital social, cisão total ou parcial, transformação ou extinção de entidade ou sociedade comercial ou civil e transferência de controle de cotas de sociedades de responsabilidade limitada.

Por sua vez, o proprietário, pessoa física ou jurídica, deverá exibir a CND na hipótese de obra de construção civil, quando de sua averbação no registro de imóveis, salvo no caso de constrição de residência unifamiliar.

▸ **Importante!**

Vale lembrar que a própria Constituição Federal proíbe o Poder Público de contratar ou conceder benefícios e incentivos fiscais ou creditícios à pessoa jurídica em débito com o sistema da seguridade social, a teor do seu artigo 195, §3º.

▸ **Como esse assunto foi cobrado em concurso?**

No concurso do CESPE para Procurador do Estado do Ceará em 2007, foi considerado errado o seguinte enunciado: Com o objetivo de incentivar a criação de empregos, a Constituição Federal eliminou qualquer restrição de acesso a benefícios fiscais ou creditícios, inclusive para empresas que estejam em débito com a seguridade social.

Deverá ser expedida *CND positiva com efeitos de negativa* quando o débito não esteja constituído em decisão definitiva; haja garantia do depósito integral ou parcelamento; tenha sido operada penhora suficiente para a satisfação do débito ou ocorrido outra forma de suspensão da exigibilidade do crédito securitário.

Caso o negócio jurídico celebrado exija a prévia apresentação da certidão negativa de débito e seja violado o artigo 47, da Lei 8.212/91, o ato praticado ou o seu registro acarretará a **responsabilidade solidária** dos contratantes e do oficial que lavrar ou registrar o instrumento, sendo o **ato nulo para todos os efeitos**.

> ▸ **Qual o entendimento do STJ sobre o assunto?**
>
> "TRIBUTÁRIO. RECURSO ESPECIAL. EXECUÇÃO FISCAL. EMPRESA CONCESSIONÁRIA DE SERVIÇO DE TRANSPORTE COLETIVO URBANO. CONTRATO. REDIRECIONAMENTO CONTRA AUTARQUIA MUNICIPAL. OMISSÃO DE DEVER LEGAL DE EXIGÊNCIA DE CERTIDÃO NEGATIVA DE DÉBITOS. ARTS. 47 E 48 DA LEI N.º 8.212/91.1. **O contratante que não exige a CND do contratado torna-se solidariamente responsável para com o mesmo face o cumprimento das obrigações tributárias inerentes à seguridade social** (arts. 47 e 48 da Lei n.º 8.212/91). (Precedente: Resp 819.023/BA, Rel. Ministro LuixFux, DJ 01/10/2007).2. Incide, de fato, o disposto no art.48 da Lei n.º 8.212/91, a saber: A prática de ato com inobservância do disposto no artigo anterior, ou o seu registro, acarretará a responsabilidade solidária dos contratantes e do oficial ou registrar o instrumento, sendo o ato nulo para todos os efeitos." (STJ,REsp 800685, de 15/10/2009).

No entanto, a Receita Federal do Brasil poderá autorizar a prática do ato, desde que o débito seja pago no ato ou o seu pagamento fique assegurado mediante confissão de dívida fiscal com o oferecimento de garantias reais suficientes.

Da mesma forma, o servidor, o serventuário da Justiça, o titular de serventia extrajudicial e a autoridade ou órgão que infringirem o disposto no artigo anterior incorrerão em multa calculada com base no artigo 92, da Lei 8.212/91.

A regularidade fiscal do Distrito Federal, dos estados e dos municípios é comprovada pela *CRP – Certificado de Regularidade Previdenciária*, regido pelo Decreto 3.788/2001, a ser emitido pelo Ministério da Previdência Social, sendo exigível para a realização de transferências voluntárias de recursos da União e celebração de ajustes, empréstimos e financiamentos, conforme exigência do artigo 56, da Lei 8.212/91.

Por sua vez, ante a revogação parcial do artigo 52, da Lei 8.212/91, pela Lei 11.941/2009, aplica-se às contribuições para a seguridade social o disposto no artigo 32, da Lei 4.357/64, que determina que *as empresas em débito não garantido com a União por falta de recolhimento tempestivo de tributo, não poderão distribuir quaisquer bonificações a seus acionistas.*

Outrossim, não poderão dar ou atribuir participação de lucros a seus sócios ou quotistas, bem como a seus diretores e demais membros de órgãos dirigentes, fiscais ou consultivos, sob pena de multa.

> **Importante!**
>
> Por fim, insta afirmar que **a não apresentação da** GFIP – Guia de Recolhimento do FGTS e de Informações Previdenciárias pelas **empresas impede a expedição da CND**, na forma do §10, do artigo 32, da Lei 8.212/91, inserto pela Lei 11.941/2009.

> **Qual o entendimento do STJ sobre o assunto?**
>
> No julgamento do REsp 1.042.585, de 12.05.2010, o STJ entendeu que a recusa de fornecer certidão negativa de débito (CND) porque descumprida a obrigação acessória de entregar a guia de recolhimento do FGTS e informações à Previdência Social (GFIP) deriva do art. 32, IV e § 10, da Lei n. 8.212/1991 (na redação que lhe deu a Lei n. 9.528/1997).
>
> **Súmula 446** – Declarado e não pago o débito tributário pelo contribuinte, é legítima a recusa de expedição de certidão negativa ou positiva com efeito de negativa.

Por outro lado, nos termos do artigo 47, §6º, da Lei 8.212/91, **independe de prova de inexistência de débito perante a seguridade social** a prática dos seguintes atos jurídicos:

a) a lavratura ou assinatura de instrumento, ato ou contrato que constitua retificação, ratificação ou efetivação de outro anterior para o qual já foi feita a prova;

b) a constituição de garantia para concessão de crédito rural, em qualquer de suas modalidades, por instituição de crédito pública ou privada, desde que o contribuinte referido no art. 25 (segurado especial), não seja responsável direto pelo recolhimento de contribuições sobre a sua produção para a Seguridade Social;

c) a averbação do proprietário, pessoa física ou jurídica, de obra de construção civil, quando de sua averbação no registro de imóveis, relativa a imóvel cuja construção tenha sido concluída antes de 22 de novembro de 1966;

d) o recebimento pelos Municípios de transferência de recursos destinados a ações de assistência social, educação, saúde e em caso de calamidade pública;

e) a averbação da construção civil localizada em área objeto de regularização fundiária de interesse social, na forma da Lei nº 11.977, de 7 de julho de 2009.

Capítulo 7

Acidente de trabalho, moléstias ocupacionais e eventos equiparados

Sumário • 1. Introdução – 2. Definição de acidente de trabalho – 3. Doenças ocupacionais (equiparadas) – 4. Acidente de trabalho por equiparação – 5. Reconhecimento – 6. Segurados com cobertura previdenciária – 7. Prescrição dos benefícios acidentários – 8. Principais consectários do reconhecimento do acidente de trabalho – 9. Responsabilidade civil da empresa perante a justiça do trabalho – 10. Ação regressiva do INSS contra a empresa negligente.

1. INTRODUÇÃO

Não é de hoje que a sociedade se preocupa em editar normas jurídicas que assegurem a incolumidade física e mental das pessoas no exercício do labor, sendo direito dos trabalhadores desenvolverem a sua atividade com segurança, pois a empresa é responsável pela adoção e uso das medidas coletivas e individuais de proteção e segurança da saúde do trabalhador, ante o reconhecimento constitucional da existência do meio ambiente do trabalho.

Já em 1919 foi aprovada a Lei 3.724, a primeira norma geral sobre acidentes de trabalho no Brasil, que apenas considerava como acidente de trabalho "o produzido por uma causa subita, violenta, externa e involuntaria no exercicio do trabalho, determinado lesões corporaes ou perturbações funccionaes, que constituam a causa unica da morte ou perda total, ou parcial, permanente ou temporaria, da capacidade para o trabalho ou a molestia contrahida exclusivamente pelo exercicio do trabalho, quando este fôr de natureza a só por si causal-a, e desde que determine a morte do operario, ou perda total, ou parcial, permanente ou temporaria, da capacidade para o trabalho".

O enquadramento do acidente de trabalho era bem restrito, pois a legislação de época exigia que o evento ou a moléstia decorressem do exercício do trabalho, este como a única causa da incapacidade laboral ou da morte.

Naquele tempo, uma vez ocorrido um acidente de trabalho, o patrão obrigava-se a pagar uma indenização tarifada ao trabalhador ou à sua família, excetuados apenas os casos de força maior, dolo da própria vítima ou de estranhos, sendo um direito trabalhista à época, adotando-se a responsabilidade objetiva pelo risco profissional.

Com o advento da **Lei 5.316/67, a proteção acidentária saiu da esfera trabalhista e adentrou a previdência social**, operando-se a estatização do seguro de acidentes de trabalho, onde se mantém até hoje, na forma no artigo 201, inciso I, da CRFB, que prevê a cobertura nos casos de doença, invalidez e morte, sendo a responsabilidade estatal objetiva.

Destarte, passou a se adotar o seguro social para proteger o trabalhador contra acidentes de trabalho, passando o INPS (atual INSS) a pagar as prestações previdenciárias em decorrência de acidente de trabalho, cabendo às empresas o pagamento de contribuição denominada "seguro de acidente de trabalho" para fazer frente às despesas, saindo de cena as seguradoras privadas.

> **▸ Como esse assunto foi cobrado em concurso?**
>
> No concurso do CESPE para Procurador do Estado do Ceará em 2007, foi considerado correto o seguinte enunciado: A inclusão do acidente de trabalho entre os eventos protegidos pela previdência social revela que o legislador constituinte adotou a teoria do seguro social para esse risco, circunstância que determina a responsabilidade objetiva do Estado, que deverá indenizar o segurado, independentemente da demonstração de culpa.

Vale frisar que, com o advento da **Emenda 20/1998**, passou a existir **autorização constitucional** no §10, do artigo 201 (ainda não regulamentada), para a **cobertura do risco de acidente de trabalho** *concorrentemente* pelo Regime Geral de Previdência Social e pelo **setor privado**.

> **▸ Como esse assunto foi cobrado em concurso?**
>
> No concurso do CESPE para Procurador do Estado de Alagoas em 2008, foi considerado errado o seguinte enunciado: A cobertura do risco de acidente do trabalho é de responsabilidade do RGPS, sendo vedada a atribuição de responsabilidade à previdência privada. No entanto, é possível a propositura de ação regressiva pela previdência social contra a empresa que, de forma negligente, contribua para a ocorrência do acidente.

De acordo com o artigo 19, §§ 1º e 2º, da Lei 8.213/91, a empresa é responsável pela adoção e uso das medidas coletivas e individuais de proteção e segurança da saúde do trabalhador, constituindo **contravenção penal**, punível com multa, deixar a empresa de cumprir as normas de segurança e higiene do trabalho, devendo o Ministério do Trabalho exercer a fiscalização.

2. DEFINIÇÃO DE ACIDENTE DE TRABALHO

A matéria atualmente é regulada pelos artigos 19 a 23 da Lei 8.213/91, tendo sido alvo de reforma pela Lei Complementar 150/2015, que passou a prever os benefícios previdenciários por acidente do trabalho em favor do empregado doméstico, pois foi criada a contribuição SAT a ser paga pelo empregador doméstico, no importe de 0,8% do salário de contribuição do empregado doméstico a seu serviço.

Por conseguinte, a LC 150/2015 modificou a redação dos artigos 19, 21-A e 22, todos da Lei 8.213/91, a fim de inserir a proteção acidentária em favor do empregado doméstico.

Desde então, passou a ser considerado legalmente como **acidente de trabalho** *o que ocorre pelo exercício do trabalho a serviço da empresa* ***ou de empregador doméstico*** *ou pelo exercício do trabalho dos segurados especiais, provocando lesão corporal ou perturbação funcional que cause a morte ou a perda ou redução, permanente ou temporária, da capacidade para o trabalho* (artigo 19).

De efeito, do referido conceito legal, agora ampliado para abarcar o empregado doméstico, é possível extrair os elementos caracterizadores do típico acidente de trabalho:

- Evento decorrente de trabalho a serviço da empresa ou do empregador doméstico, de atividade campesina ou pesqueira artesanal individualmente ou em regime de economia familiar para a subsistência, desenvolvida pelo segurado especial;
- Causação de lesão corporal ou funcional (psíquica);
- Ocorrência de morte do segurado, redução ou perda temporária ou definitiva da capacidade laboral.

Destarte, para a caracterização de um acidente de trabalho, é imprescindível que haja um nexo entre o exercício do trabalho e o evento que cause lesão física ou psicológica ao trabalhador.

A prevenção aos acidentes de trabalho é dever legal das empresas, que são responsáveis pela adoção e uso das medidas coletivas e individuais de proteção e segurança da saúde do trabalhador, sendo obrigatória a constituição de Comissão Interna de Prevenção de Acidentes (CIPA), de conformidade com instruções expedidas pelo Ministério do Trabalho, nos estabelecimentos ou locais de obra nelas especificadas, na forma do artigo 163, da CLT.

3. DOENÇAS OCUPACIONAIS (EQUIPARADAS)

As *doenças ocupacionais* também são **consideradas** pela legislação **como acidente de trabalho**, assim consideradas as que guardam nexo com o exercício da atividade laborativa.

As doenças ocupacionais se dividem em:

A) **Doença profissional ou tecnopatia** – a produzida ou desencadeada pelo exercício do trabalho peculiar a determinada atividade e constante da respectiva relação elaborada pelo Ministério da Previdência Social;

B) **Doença do trabalho ou mesopatia** – a adquirida ou desencadeada em função de condições especiais em que o trabalho é realizado e com ele se relacione diretamente, constante da relação acima mencionada.

> **▸ Como esse assunto foi cobrado em concurso?**
>
> No concurso do CESPE para Procurador do Estado do Piauí em 2014, foi considerada errada a seguinte alternativa: De acordo com a legislação acidentária, a doença profissional, também conhecida como doença do trabalho, é adquirida ou desencadeada em decorrência de condições especiais de trabalho, estando com elas diretamente relacionada.

As **doenças profissionais** (doenças ocupacionais típicas) são aquelas típicas do exercício de determinadas atividades laborativas (profissões), a exemplo da silicose, que normalmente assola os mineiros, que contraem esta espécie de pneumoconiose através da inalação da sílica nos túneis que trabalham, prejudicando o pulmão do trabalhador.

Por outro lado, as **doenças do trabalho** são compostas por enfermidades que também se fazem presentes em atividades que não guardam nexo com o trabalho, como a disacusia (surdez), que poderá decorrer ou não do exercício do trabalho (doenças ocupacionais atípicas).

De acordo com Hermes Arrais Alencar (2009, pg. 135), "nessa ordem de considerações, as moléstias típicas (tecnopatias) prescindem da demonstração do nexo de causalidade, porque se presume oriunda da atividade profissional (conforme visto supra, é o nexo causal um dos requisitos indispensáveis à configuração do acidente do trabalho). No que se reporta às mesopatias (doenças atípicas), não ocorre a mesma presunção, carecendo seja comprovado que a entidade mórbida adquirida é decorrência lógica do trabalho realizado pelo obreiro".

▸ Como esse assunto foi cobrado em concurso?

No concurso do CESPE para Procurador do Estado do Ceará em 2007, foi considerado errado o seguinte enunciado: Para os efeitos previstos na legislação acidentária e previdenciária, não há distinção entre doença do trabalho e doença profissional.

As *doenças ocupacionais* estão listadas no anexo II do RPS, que formam um **rol exemplificativo**, pois, excepcionalmente, se o INSS constatar que a enfermidade não listada resultou das condições especiais em que o trabalho é executado e com ele se relaciona diretamente, deverá considerá-la como acidente do trabalho.

▸ Como esse assunto foi cobrado em concurso?

No concurso do CESPE para Advogado do BRB em 2009, foi considerado correto o seguinte enunciado: Suponha que Marcos adquiriu enfermidade em função de condições especiais em que seu trabalho é executado e com ele se relaciona diretamente. Todavia, sua enfermidade não consta da relação elaborada pelo órgão competente. Nessa situação, considerando a legislação acidentária de regência, a Previdência Social deve considerar essa enfermidade um acidente de trabalho.

Atualmente, o anexo II do Regulamento da Previdência Social tem redação dada pelo Decreto 6.957/2009, onde consta um rol de agentes patogênicos que poderão causar doenças ocupacionais, assim como as Listas A, B e C.

É considerado como **dia do acidente, no caso de doença profissional ou do trabalho**, a data do início da incapacidade laborativa para o exercício da atividade habitual, o dia da segregação compulsória, ou o dia em que for realizado o diagnóstico, valendo para este efeito **o que ocorrer primeiro.**

▸ **Como esse assunto foi cobrado em concurso?**

No concurso do CESPE para Advogado da CEF em 2010, foi considerado errado o seguinte enunciado: Considere que César, em virtude de fortes dores no corpo, não tenha comparecido ao trabalho em 15/1/2010, e que, no dia 18/1/2010, por continuar sentido dor, tenha procurado um médico que diagnosticou enfermidade decorrente de intoxicação pelo uso de determinados produtos químicos, manipulados em seu ambiente de trabalho. Nessa situação hipotética, considera-se como dia do acidente o dia 18/1/2010, data em que foi realizado o diagnóstico.

▸ **Importante!**

De acordo com a legislação previdenciária, **não serão consideradas como doença do trabalho**: a) a doença degenerativa; b) a inerente a grupo etário; c) a que não produza incapacidade laborativa; d) a doença endêmica adquirida por segurado habitante de região em que ela se desenvolva, *salvo* comprovação de que é resultante de exposição ou contato direto determinado pela natureza do trabalho.

▸ **Como esse assunto foi cobrado em concurso?**

No concurso do CESPE para Advogado da CEF em 2010, foi considerado errado o seguinte enunciado: Se um engenheiro designado por pessoa jurídica que o emprega para trabalhar na construção de usina hidrelétrica na região amazônica for contaminado por malária enquanto acompanha e supervisiona a realização das obras da usina, exposto ao Sol e a insetos, não haverá que se falar, nesse caso, em moléstia profissional, já que a malária é considerada doença endêmica. Por sua vez, nesta mesma prova, foi considerado errado o seguinte enunciado: No caso de um empregado, em virtude de seu ambiente de trabalho estressante, adquirir doença degenerativa, configura-se doença laboral, haja vista a enfermidade ter sido desencadeada pelo exercício do trabalho.

Contudo, se ficar constatado pela perícia médica do INSS que a doença degenerativa guarda nexo com o trabalho, a exemplo da LER - Lesão por Esforço Repetitivo, deverá ser considerada como acidente de trabalho, podendo ser considerada concretamente como doença do trabalho.

Com o advento da LC 150/2015, o empregado doméstico passou a ser vítima das doenças ocupacionais, pois anteriormente não sofria acidente do trabalho.

4. ACIDENTE DE TRABALHO POR EQUIPARAÇÃO

Por sua vez, conforme listagem do artigo 21, da Lei 8.213/91, **determinados eventos são equiparados a acidente de trabalho**, pois o exercício da atividade laboral é considerado uma concausa para a sua ocorrência (causalidade indireta), concorrendo com outras alheias ao trabalho:

Art. 21. **Equiparam-se também ao acidente do trabalho**, para efeitos desta Lei:

> I - **o acidente ligado ao trabalho que, embora não tenha sido a causa única, haja contribuído diretamente para a morte do segurado, para redução ou perda da sua capacidade para o trabalho, ou produzido lesão que exija atenção médica para a sua recuperação;**
>
> II - **o acidente sofrido pelo segurado no local e no horário do trabalho**, em conseqüência de:
>
> a) ato de agressão, sabotagem ou terrorismo praticado por terceiro ou companheiro de trabalho;
>
> b) ofensa física intencional, inclusive de terceiro, por motivo de disputa relacionada ao trabalho;
>
> c) ato de imprudência, de negligência ou de imperícia de terceiro ou de companheiro de trabalho;
>
> d) ato de pessoa privada do uso da razão;
>
> e) desabamento, inundação, incêndio e outros casos fortuitos ou decorrentes de força maior;
>
> III - **a doença proveniente de contaminação acidental do empregado no exercício de sua atividade;**
>
> IV - **o acidente sofrido pelo segurado ainda que fora do local e horário de trabalho:**

a) na **execução de ordem ou na realização de serviço** sob a autoridade da empresa;

b) na **prestação espontânea de qualquer serviço à empresa para lhe evitar prejuízo ou proporcionar proveito**;

c) **em viagem a serviço da empresa**, inclusive para estudo quando financiada por esta dentro de seus planos para melhor capacitação da mão-de-obra, independentemente do meio de locomoção utilizado, inclusive veículo de propriedade do segurado;

d) **no percurso da residência para o local de trabalho ou deste para aquela, qualquer que seja o meio de locomoção, inclusive veículo de propriedade do segurado.**

O artigo 21, inciso I, da Lei 8.213/91, constitui uma hipótese aberta, razão pela qual a listagem deste dispositivo é meramente exemplificativa, pois equiparou a acidente de trabalho o acidente ligado ao trabalho que, embora não tenha sido a causa única, haja contribuído diretamente para a morte do segurado, para redução ou perda da sua capacidade para o trabalho, ou produzido lesão que exija atenção médica para a sua recuperação.

Logo, se um empregado se acidenta no exercício do labor, potencializando a sua lesão pelo fato de ser hemofílico, enfermidade que somada ao acidente gera a incapacidade laboral, configurado está o acidente de trabalho por equiparação.

Por outro lado, conforme dispõe expressamente o artigo 21, §2º, da Lei 8.213/91, **não é considerada agravação ou complicação de acidente do trabalho a lesão que, resultante de acidente de outra origem, se associe ou se superponha às consequências do anterior.**

Destarte, suponha-se que um empregado sofre uma torção de tornozelo no exercício do trabalho e fica incapacitado, configurando um acidente de trabalho. Contudo, quando ele está em casa se recuperando, a televisão cai sobre o seu pé e quebra os ossos do seu tornozelo. Neste caso, a segunda lesão não se configura como agravação ou complicação do acidente de trabalho, pois se superpôs à torção, lesão bem mais leve.

Ressalva o artigo 337, §2º, do RPS, que será considerado agravamento do acidente aquele sofrido pelo acidentado quanto estiver sob a responsabilidade da reabilitação profissional, vez que o segurado está sob a proteção da Previdência Social.

Impende salientar que nos **períodos destinados a refeição ou descanso**, ou por ocasião da satisfação de outras necessidades fisiológicas, no local do trabalho ou durante este, **o empregado é considerado no exercício do trabalho**.

Também é considerado como acidente de trabalho o infortúnio sofrido pelo segurado no local e horário de trabalho, tais como agressão, ofensa intencional ligada ao trabalho e atos decorrentes de fortuito ou força maior que gerem a incapacidade laboral ou a morte do trabalhador.

Ademais, em algumas situações acidentes ocorridos fora do local e horário de trabalho são equiparados a acidente de trabalho, pois existe um nexo com a atividade laboral, tais como os acidentes *in itinere* (no trânsito da residência para o trabalho ou vice-versa), na prestação de serviço espontâneo que objetiva trazer benefício para a empresa ou em viagem de trabalho.

Conquanto a LC 150/2015 não tenha modificado a redação do artigo 21, da Lei 8.213/91, entende-se pela sua aplicabilidade integral ao empregado doméstico, pois inexiste motivo para deixar desprotegido o empregado doméstico dos acidentes equiparados ao de trabalho.

Acidente de trabalho típico **Artigo 19, da Lei 8.213/91**	É o que ocorre pelo exercício do trabalho a serviço da empresa ou do empregador doméstico ou pelo exercício do trabalho dos segurados especiais, provocando lesão corporal ou perturbação funcional que cause a morte ou a perda ou redução, permanente ou temporária, da capacidade para o trabalho.
Moléstias ocupacionais **Artigo 20, da Lei 8.213/91**	I – doença profissional, assim entendida a produzida ou desencadeada pelo exercício do trabalho peculiar a determinada atividade e constante da respectiva relação elaborada pelo Ministério da Previdência Social; II – doença do trabalho, assim entendida a adquirida ou desencadeada em função de condições especiais em que o trabalho é realizado e com ele se relacione diretamente, constante da relação elaborada pelo Ministério da Previdência Social.
Acidente de trabalho por equiparação (atípico) **Artigo 21, da Lei 8.213/91**	O acidente ligado ao trabalho que, embora não tenha sido a causa única, haja contribuído diretamente para a morte do segurado, para redução ou perda da sua capacidade para o trabalho, ou produzido lesão que exija atenção médica para a sua recuperação. São exemplos os casos listados nos incisos II, III e IV.

▸ **Como esse assunto foi cobrado em concurso?**

No concurso do CESPE para Procurador do Estado de Roraima em 2010, foi considerado errado o seguinte enunciado: Se, durante seu intervalo para refeição, um empregado lesionar um dos seus joelhos enquanto joga futebol nas dependências da empresa, ficando impossibilitado de andar, tal evento, nos termos da legislação previdenciária, não poderá ser considerado como acidente de trabalho. Outrossim, no concurso para Procurador do Estado de Alagoas em 2008, o CESPE considerou errado o seguinte enunciado: Considere a seguinte situação hipotética. João, ex--segurado obrigatório do RGPS na qualidade de trabalhador avulso, ao ser admitido pela última empresa em que trabalhou, já era portador de hemofilia. Em calorosa discussão a respeito de questões profissionais, João foi levemente atingido com um estilete por um colega de trabalho, vindo a falecer em consequência da lesão, que foi potencializada pela sua particular condição fisiológica preexistente. Nessa situação hipotética, é correto afirmar que não ocorreu acidente de trabalho.

5. RECONHECIMENTO

No que concerne ao *segurado empregado*, empregado doméstico (LC 150/2015) e ao *trabalhador avulso*, caberá à empresa e ao empregador doméstico expedir a CAT – Comunicação de Acidente de Trabalho ao INSS até o primeiro dia útil seguinte ao da ocorrência e, em caso de morte, de imediato, sob pena de multa administrativa.

▸ **Como esse assunto foi cobrado em concurso?**

No concurso do CESPE para Procurador do Estado do Ceará em 2007, foi considerado errado o seguinte enunciado: Considere-se que César, agente de segurança privado de uma empresa de vigilância que presta serviços a diversas empresas, em um assalto na agência bancária em que trabalhava, leve um tiro e venha a falecer. Nessa situação, a empresa de vigilância terá até 5 dias, após a emissão do atestado de óbito, para comunicar o acidente de trabalho à previdência social.

A multa será variável entre o limite mínimo e o limite máximo do salário de contribuição, sucessivamente aumentada nas reincidências, sendo atualmente de competência da Secretaria da Receita Federal do Brasil.

Em caso de omissão da empresa ou do empregador doméstico, poderão promover a comunicação o próprio acidentado, seus dependentes, a entidade sindical competente, o médico que o assistiu ou qualquer autoridade pública, o que não exclui a multa a ser importa à empresa negligente.

Na hipótese do *segurado especial*, o acidente deverá ser comunicado pelo próprio, seus dependentes, a entidade sindical competente, o médico que o assistiu ou qualquer autoridade pública.

Deverá a CAT ser preenchida em 04 vias: primeira via ao INSS; segunda via ao segurado ou dependente; terceira via ao sindicato dos trabalhadores; quarta via à empresa.

Contudo, é comum que as empresas não expeçam a CAT visando encobrir a ocorrência do acidente de trabalho, razão pela qual foi editada a Medida Provisória 306/2006, convertida na Lei 11.430/2006, que inseriu o artigo 21-A na Lei 8.213/91, criando o **NTEP – Nexo Técnico Epidemiológico**.

▶ **Importante!**

Com propriedade, a perícia médica do INSS considerará caracterizada a natureza acidentária da incapacidade quando constatar ocorrência de nexo técnico epidemiológico entre o trabalho e o agravo, decorrente da relação entre a atividade da empresa e a entidade mórbida motivadora da incapacidade elencada na Classificação Internacional de Doenças – CID, conforme a lista C, do Decreto 3.048/99, alterado pelo Decreto 6.957/2009, sendo dispensável a emissão da CAT.

▶ **Como esse assunto foi cobrado em concurso?**

No concurso do CESPE para Procurador Federal em 2007, foi considerado correto o seguinte enunciado: Considera-se estabelecido o nexo entre o trabalho e o agravo quando se verifica nexo técnico epidemiológico entre a atividade da empresa e a entidade mórbida motivadora da incapacidade, elencada na Classificação Internacional de Doenças (CID).

A empresa ou o segurado poderão requerer a não aplicação do nexo técnico epidemiológico, de cuja decisão caberá recurso com efeito suspensivo ao Conselho de Recursos da Previdência Social.

Para a identificação do nexo entre o trabalho e o agravo, que caracteriza o acidente do trabalho, a perícia médica do INSS, se necessário, poderá ouvir testemunhas, efetuar pesquisa ou realizar vistoria do local de trabalho ou solicitar o perfil profissiográfico previdenciário diretamente ao empregador para o esclarecimento dos fatos.

Com o advento da LC 150/2015, o artigo 21-A da Lei 8.213/91 também foi modificado, passando a prever que a perícia médica do Instituto Nacional do Seguro Social (INSS) considerará caracterizada a natureza acidentária da incapacidade quando constatar ocorrência de nexo técnico epidemiológico entre o trabalho e o agravo, decorrente da relação entre a atividade da empresa **ou do empregado doméstico** e a entidade mórbida motivadora da incapacidade elencada na Classificação Internacional de Doenças (CID), em conformidade com o que dispuser o regulamento.

6. SEGURADOS COM COBERTURA PREVIDENCIÁRIA

O médico-residente, que se enquadra como contribuinte individual, também tinha direito aos benefícios acidentários por determinação expressa da Lei 8.138/90, que restou revogada pela Lei 10.405/2002.

Assim, antes do advento da LC 150/2015, *de acordo com a doutrina prevalente*, **apenas o segurado empregado, o trabalhador avulso e o segurado especial fazem jus aos benefícios por acidente de trabalho**, pois nestes casos a empresa paga a contribuição SAT de 1, 2 ou 3% sobre as remunerações dos empregados e avulsos e o segurado especial é contribuinte de 0,1% sobre a receita decorrente da comercialização de sua produção.

Nesse sentido, conforme restringia o artigo 18, §1º, da Lei 8.213/91, apenas os segurados empregados, trabalhadores avulsos e segurados especiais farão jus ao auxílio-acidente, o mais típico benefício por acidente de trabalho, em que pese ter sido estendido aos acidentes em geral.

> **Importante:**
>
> Com o advento da Emenda Constitucional 72/2013 passou a existir previsão na Lei Maior para que os empregadores domésticos pagassem contribuição SAT, o que foi regulamentado pela LC 150/2015 (0,8% do salário de contribuição), **razão pela qual os empregados domésticos passaram a ter direito aos benefícios previdenciários por acidente do trabalho, inclusive ao auxílio-acidente.**

Os benefícios pagos por acidente de trabalho ao empregado, empregado doméstico, ao trabalhador avulso e ao segurado especial, bem como aos dependentes, são os seguintes: pensão por morte por acidente de trabalho; auxílio-acidente por acidente de trabalho; auxílio-doença por acidente de trabalho e aposentadoria por invalidez por acidente de trabalho.

7. PRESCRIÇÃO DOS BENEFÍCIOS ACIDENTÁRIOS

De acordo com o artigo 104, da Lei 8.213/91, as ações referentes à prestação por acidente do trabalho prescrevem em cinco anos, contados da data:

I. do acidente, quando dele resultar a morte ou a incapacidade temporária, verificada esta em perícia médica a cargo da Previdência Social; ou

II. em que for reconhecida pela Previdência Social, a incapacidade permanente ou o agravamento das seqüelas do acidente.

Note-se que, em se tratando de benefícios previdenciários, ocorre a prescrição progressiva e não a do fundo do direito, pois apenas as parcelas vencidas antes do quinquênio anterior ao ajuizamento da demanda ou do pedido administrativo restarão fulminadas pelo lustro prescricional.

> **▸ Qual o entendimento do STJ sobre o assunto?**
>
> Em se tratando de ação proposta com o fito de obter revisão de benefício previdenciário, relação de trato sucessivo e natureza alimentar, a prescrição que incide é aquela prevista na **Súmula 85/STJ**: "Nas relações jurídicas de trato sucessivo em que a Fazenda Pública figure como devedora, quando não tiver sido negado o próprio direito reclamado, a prescrição atinge apenas as prestações vencidas antes do quinquênio anterior à propositura da ação." **Inocorrência da chamada prescrição do fundo de direito** (REsp 251.696, de 11.03.2003).

8. PRINCIPAIS CONSECTÁRIOS DO RECONHECIMENTO DO ACIDENTE DE TRABALHO

O reconhecimento de um acidente de trabalho ou equiparado, e, por consequência, a concessão de benefício previdenciário acidentário, tem como principais consequências:

A) O evento entrará na estatística da empresa para majoração em até 100% da contribuição de 1, 2 ou 3% sobre as remunerações dos segurados empregados e avulsos (contribuição SAT), na forma do artigo 10, da Lei 10.666/03;

B) O empregado, após a cessação do auxílio-doença acidentário, tem garantida a estabilidade provisória no emprego por ao menos doze meses, na forma do artigo 118, da Lei 8.213/91, dispositivo legal validado pelo STF no julgamento da ADI 639, em 02/06/2005;

▸ **Como esse assunto foi cobrado em concurso?**

No concurso do CESPE para Procurador do Estado do Piauí em 2014, foi considerada correta a seguinte alternativa: De acordo com o entendimento do STF, é constitucional a norma que garante ao empregado, após a cessação do auxílio doença acidentário, a estabilidade provisória no emprego por, no mínimo, doze meses, independentemente da percepção de auxílio-acidente.

C) O empregador obriga-se a depositar a importância a título de FGTS, conforme previsto no artigo 15, §5º, da Lei 8.036/90;

D) Dispensa-se a carência para a concessão da aposentadoria por invalidez e do auxílio-doença;

E) A ação judicial eventualmente proposta contra o INSS será da competência originária da Justiça Estadual, por força do artigo 109, I, parte final, da CRFB, e não da Justiça Federal, mesmo em se tratando de acidente por equiparação ou doença ocupacional, bem como as respectivas ações revisionais.

Ressalte-se que com o advento da Lei 9.032/95 o cálculo dos benefícios acidentários passou a ser o mesmo dos benefícios previdenciários comuns, inexistindo diferenciação para a definição da sua renda mensal inicial.

9. RESPONSABILIDADE CIVIL DA EMPRESA PERANTE A JUSTIÇA DO TRABALHO

Nas hipóteses de dolo ou culpa, a teor do artigo 7º, XXVIII, da CRFB, o empregador responderá civilmente nas hipóteses de acidente de trabalho, em demanda a ser proposta pelo empregado na Justiça do Trabalho.

▸ **Como esse assunto foi cobrado em concurso?**

No concurso do CESPE para Procurador do Estado do Piauí em 2014, foi considerada errada a seguinte alternativa: Consoante a CF, o acidente de trabalho constitui risco social passível de proteção previdenciária, sendo o seguro de acidente de trabalho encargo exclusivo do empregador, dispensando-o do pagamento de indenização por dolo ou culpa.

▸ **Qual o entendimento do STF sobre o assunto?**

Súmula vinculante 22 – A Justiça do Trabalho é competente para processar e julgar as causas relativas a indenizações por danos morais e patrimoniais decorrentes de acidente de trabalho propostas por empregado contra empregador, alcançando-se, inclusive, as demandas que ainda não possuíam, quando da promulgação da EC nº 45/2004, sentença de mérito em primeiro grau.

▸ **Como esse assunto foi cobrado em concurso?**

No concurso do CESPE para Procurador Federal em 2010, foi considerado errado o seguinte enunciado: A competência para julgar ações de indenização por danos morais e materiais decorrentes de acidente de trabalho propostas pelo trabalhador, após a edição da Emenda Constitucional n.º 45/2004, é da justiça comum estadual.

Aliás, mesmo a ação proposta pela viúva contra o empregador por acidente de trabalho será de competência da Justiça do Trabalho, tendo o STJ revogado a Súmula 366, que dispunha em sentido contrário, no julgamento do conflito de competência 101.977, em 16.09.2009.

▸ **Como esse assunto foi cobrado em concurso?**

No concurso do CESPE para Procurador do Estado do Piauí em 2014, foi considerada errada a seguinte alternativa: Segundo o STJ, compete à justiça do trabalho julgar as causas relativas a indenizações por danos morais e materiais decorrentes de acidente de trabalho propostas pelo empregado contra o empregador, excetuadas as ações ajuizadas pelo cônjuge supérstite de empregado falecido em razão de acidente do trabalho.

Tema polêmico é saber se a responsabilidade do empregador poderá ser objetiva, se este desempenhar atividade naturalmente arriscada, consoante previsão do artigo 927, parágrafo único, do Código Civil.

Entende-se que sim, pois inexiste motivo para restringir o âmbito de aplicação da legislação civil, máxime para aumentar a proteção ao trabalhador, haja vista a natureza reparatória da ação a ser proposta contra o empregador na Justiça Laboral.

▸ **Qual o entendimento do TST sobre o assunto?**

Nesse sentido, no julgamento do RR 152400-71.2006.5.04.0771, de 15.12.2010, decidiu o TST que "esta Corte tem entendido que o artigo 7º, XXVIII, da Constituição Federal, ao assegurar, como direito indisponível do trabalhador, o *seguro contra acidente do trabalho, a cargo do empregador, sem excluir a indenização a que este está obrigado, quando incorrer em dolo ou culpa* -, **não obsta a aplicação da teoria da responsabilidade objetiva às lides trabalhistas, mormente quando a atividade desenvolvida pelo empregador pressupõe a existência de risco potencial à integridade física e psíquica do trabalhador** e o acidente tenha ocorrido após a entrada em vigência do novo Código Civil".

▸ **Qual o entendimento do STJ sobre o assunto?**

"Admitida a possibilidade de ampliação dos direitos contidos no art. 7º da CF, é possível estender o alcance do art. 927, parágrafo único, do CC/02 - que prevê a responsabilidade objetiva quando a atividade normalmente desenvolvida pelo autor do dano implicar, por sua natureza, risco para terceiros - aos acidentes de trabalho" (Recurso Especial 1.067.738, de 26.05.2009).

10. AÇÃO REGRESSIVA DO INSS CONTRA A EMPRESA NEGLIGENTE

De acordo com o artigo 120, da Lei 8.213/91, nos casos de **negligência** quanto às normas padrão de segurança e higiene do trabalho indicados para a proteção individual e coletiva, **a Previdência Social proporá ação regressiva contra os responsáveis**, pois o pagamento das prestações previdenciárias por acidente do trabalho não exclui a responsabilidade civil da empresa ou de outrem, nos termos do artigo 121, da Lei 8.213/91.

▶ **Como esse assunto foi cobrado em concurso?**

No concurso do CESPE para Procurador do Estado de Alagoas em 2010, foi considerado errado o seguinte enunciado: Segundo entendimento jurisprudencial majoritário do STJ, o pagamento, pela previdência social, das prestações por acidente do trabalho exclui a responsabilidade civil da empresa empregadora, uma vez que o segurado já foi ressarcido integralmente pelo Estado.

Ou seja, os acidentes de trabalho e eventos equiparados ocorridos por **culpa do empregador** em não seguir as normas vigentes sobre proteção do trabalhador gerarão a responsabilidade deste em ressarcir a Previdência Social o valor que for gasto no pagamento dos benefícios acidentários, até que ocorra a sua cessação, devendo ser aferida casuisticamente a ocorrência da culpa, especialmente com a perícia a ser realizada pelo Ministério do Trabalho.

▶ **Importante!**

Vale salientar que o pagamento da contribuição previdenciária para custeio dos acidentes de trabalho (contribuição SAT) não tem o condão de excluir a responsabilidade civil da empresa perante a Previdência Social, conforme entendimento jurisprudencial majoritário (TRF 1ª Região, AC 2000.01.00.069642-0, de 16.10.2006).

Outrossim, a ação regressiva será proposta na Justiça Federal, tendo em conta que o INSS tem a natureza jurídica de autarquia federal, com fulcro no artigo 109, inciso I, da Constituição Federal de 1988, vez que não envolve os seus segurados (TRF 4ª Região, AC 2004.72.07.006705-3, de 24.11.2009).

▶ **Como esse assunto foi cobrado em concurso?**

No concurso do CESPE para Promotor de Justiça do Espírito Santo em 2010, foi considerado errado o seguinte enunciado: As ações judiciais relativas a acidente do trabalho são de competência da justiça comum estadual, nos termos da Lei n. 8.213/1991. Desse modo, é correto afirmar que a ação regressiva, ajuizada pelo INSS contra o empregador, pleiteando ressarcimento dos gastos relativos a pagamento de benefício de aposentadoria por invalidez decorrente de acidente do trabalho, não é de competência da justiça federal.

> **Como esse assunto foi cobrado em concurso?**
>
> No concurso do CESPE para Procurador do Estado do Piauí em 2014, foi considerada errada a seguinte alternativa: O pagamento do seguro de acidente de trabalho pelo empregador não exclui a possibilidade de reconhecimento de responsabilidade civil da empresa perante a previdência social, em ação regressiva proposta na justiça estadual.

Por fim, vale destacar que a pretensão de reparação de danos ao Erário é imprescritível, conforme previsão expressa do §5º, do artigo 37, da Constituição de 1988, bem como a eleição pela Advocacia-Geral da União do dia 28 de abril como Dia Nacional das Ações Regressivas por Acidente de Trabalho. Contudo, este tema é polêmico, existindo jurisprudência no sentido de que existe a prescrição trienal progressiva, com arrimo no artigo 206, §3º, inciso V, do Código Civil (TRF da 2ª Região - AC - APELAÇÃO CIVEL - 497.363, de 21.03.2011 e TRF da 3ª Região (AC - APELAÇÃO CÍVEL - 1.676.274, de 07.02.2012).

> **Qual o entendimento do STJ sobre o assunto?**
>
> No entanto, no julgamento do EREsp 387.412, em 10 de setembro de 2013, julgado monocraticamente pelo Ministro Humberto Martins, o STJ adotou a tese da prescrição quinquenal, ao argumento de que a aplicação principiológica da isonomia, por si só, impõe a incidência recíproca do prazo do Decreto 20.910/32 nas pretensões deduzidas em face da Fazenda e desta em face do administrado.

Neste caso, entende-se que a prescrição quinquenal somente deverá começar a correr na data da concessão do benefício previdenciário, vez que é o momento em que o Erário da Previdência Social é lesado, sendo uma prescrição de trato sucessivo, e não de fundo do direito.

> **Qual o entendimento do STJ sobre o assunto?**
>
> Nas demandas ajuizadas pelo INSS contra o empregador do segurado falecido em acidente laboral, visando ao ressarcimento dos valores decorrentes do pagamento da pensão por morte, o termo a quo da prescrição quinquenal é a data da concessão do referido benefício previdenciário... Ressalte-se que a referida demanda ajuizada pelo INSS, por ser de

natureza ressarcitória, não possui qualquer pertinência com as normas previdenciárias. Não se aplicam, assim, os arts. 103 e 104 da Lei 8.213/1991, uma vez que a referida lei regula apenas as relações entre os segurados, seus dependentes e a Previdência Social, não atingindo terceiros que não integram esse específico regime jurídico. Diante disso, o termo a quo da prescrição da pretensão deve ser a data da concessão do referido benefício previdenciário, revelando-se absolutamente incompatível a aplicação da tese de que o lapso prescricional não atinge o fundo de direito. REsp 1.457.646-PR, Rel. Min. Sérgio Kukina, julgado em 14/10/2014 (Informativo 550).

Capítulo 8

8

Regras gerais do plano de benefícios e serviços do Regime Geral de Previdência Social

1. ESPÉCIES DE PRESTAÇÕES PREVIDENCIÁRIAS

As **prestações previdenciárias** abarcam os *benefícios* e os *serviços* devidos aos beneficiários do Regime Geral (segurados e seus dependentes), uma vez realizadas as hipóteses legais para a sua concessão.

> ▸ **Como esse assunto foi cobrado em concurso?**
>
> No concurso Juiz do Trabalho da 1ª Região em 2008, foi considerado correto o seguinte enunciado: As prestações, como gênero, compreendem benefícios e serviços.

Enquanto os benefícios previdenciários constituem obrigações de pagar quantia certa, os serviços são obrigações de fazer devidas pela Previdência Social.

O plano de prestações do RGPS aprovado pela Lei 8.213/91 prevê atualmente **oito benefícios** previdenciários em prol dos **segurados**: *aposentadoria por invalidez, aposentadoria por idade, aposentadoria por tempo de contribuição, aposentadoria especial, auxílio-doença, salário-família, salário-maternidade e auxílio-acidente.*

De sua vez, **os dependentes** farão jus a **dois benefícios**: *pensão por morte e auxílio-reclusão.*

Demais disso, existem **dois serviços** devidos tanto aos segurados quanto aos seus dependentes: *serviço social e reabilitação profissional.*

Dito isto, conclui-se que atualmente o plano de prestações do RGPS é formado por dez benefícios e dois serviços previdenciários.

2. DEPENDENTES DOS SEGURADOS

Os beneficiários das prestações previdenciárias são os segurados e os seus dependentes. Como estudado anteriormente, são segurados obrigatórios do RGPS o empregado, o trabalhador avulso, o segurado especial, o empregado doméstico e o contribuinte individual, conforme o artigo 12, da Lei 8.212/91.

Ademais, existe ainda a classe dos segurados facultativos, formada por aquelas pessoas que não exercem atividade laborativa remunerada, mas optaram em se filiar mediante a sua inscrição formalizada e o pagamento das contribuições previdenciárias (art. 14, Lei 8.212/91).

Neste momento, serão vistos os dependentes dos segurados do Regime Geral, previstos no **artigo 16, da Lei 8.213/91**, que farão jus à pensão por morte, ao auxílio-reclusão, ao serviço social e a reabilitação profissional.

Deveras, a *inscrição do dependente* ocorrerá no momento do requerimento da prestação previdenciária, mediante a apresentação dos documentos listados no artigo 22, do RPS.

Por óbvio, para que uma pessoa natural seja dependente no RGPS, é preciso que o falecido ou o preso seja segurado da Previdência Social para instituir a pensão por morte ou o auxílio-reclusão respectivamente, salvo na situação excepcional prevista na Súmula 416, do STJ (pensão por morte), que será estudada oportunamente. Isso porque a relação do dependente do segurado com a Previdência Social é derivada da relação jurídica entre o segurado e o Regime Geral de Previdência Social, não possuindo autonomia, em um primeiro momento.

▸ **Como esse assunto foi cobrado em concurso?**

No concurso do CESPE para Juiz Federal da 5ª Região em 2011, foi considerado errado o seguinte enunciado: No que se refere à concessão de benefícios previdenciários, a condição de dependente é autônoma em relação à de segurado, de forma que, tendo o falecido, na data do óbito, perdido a condição de segurado e não tendo cumprido os requisitos necessários para a aposentadoria, seus dependentes farão jus à pensão por morte, em valor proporcional ao tempo de contribuição do instituidor do benefício.

De efeito, a legislação previdenciária instituiu **três classes** de dependentes de segurados que possuíam a seguinte redação:

I. o cônjuge, a companheira, o companheiro e o filho não emancipado, de qualquer condição, menor de 21 (vinte e um) anos ou inválido ou que tenha deficiência intelectual ou mental que o torne absoluta ou relativamente incapaz, assim declarado judicialmente;

II. os pais;

III. o irmão não emancipado, de qualquer condição, menor de 21 (vinte e um) anos ou inválido ou que tenha deficiência intelectual ou mental que o torne absoluta ou relativamente incapaz, assim declarado judicialmente.

No entanto, houve mais de uma modificação na classe III com o advento da Lei 13.135/2015, mas nem todas entraram em vigor no dia da sua publicação operada em 18/6/2015 (art. 6º, da Lei 13.135). Nota-se que foi retirada a emancipação como causa de antecipação da maioridade previdenciária **(vigência em 18/6/2015)**; foi retirada a exigência de incapacidade civil do irmão com deficiência mensal ou intelectual, e excluída a necessidade de interdição judicial **(vigência em 18/6/2017)**; foi inserido como dependente o irmão com deficiência grave, nos termos do regulamento **(vigência em 180 dias, a contar de 18/6/2015)**.

Tentou se fazer a mesma modificação com a classe I, mas houve veto presidencial às mencionadas alterações na classe preferencial, que permanece com a sua redação anterior.

▸ **Importante:** Posteriormente, por incrível que pareça, nova modificação legal foi feita. Por força da Lei 13.146, publicada em 7 de julho de 2015, que aprovou o Estatuto da Pessoa com Deficiência e entrará em vigor em 180 dias após a sua publicação (início de janeiro de 2016 – estima-se em 3 de janeiro), houve a alteração do artigo 16, inciso III, da Lei 8.213/91, pois a classe III passará a ter a conseguinte redação: "o irmão **não emancipado**, de qualquer condição, menor de 21 (vinte e um) anos ou inválido ou que tenha deficiência intelectual ou mental ou deficiência grave". Logo, **em 3 de janeiro de 2016, a emancipação voltará a ser causa de antecipação da maioridade previdenciária do irmão do segurado.** O Estatuto do Deficiente ainda modificou o texto do inciso I do artigo 16 da Lei 8.213/91.

Logo, para os óbitos e prisões ocorridos a partir de 3 de janeiro de 2016, à luz do Princípio do *Tempus Regit Actum* (aplica-se a lei em vigor no dia da morte ou prisão do segurado para definir as regras da pensão por morte e do auxílio-reclusão), deve ser considerada a seguinte redação para o rol dos dependentes dos segurados de classe I e III, pois inexiste modificação na classe II:

> **I - o cônjuge, a companheira, o companheiro e o filho não emancipado, de qualquer condição, menor de 21 (vinte e um) anos ou inválido ou que tenha deficiência intelectual ou mental ou deficiência grave;**
>
> **III - o irmão não emancipado, de qualquer condição, menor de 21 (vinte e um) anos ou inválido ou que tenha deficiência intelectual ou mental ou deficiência grave.**

Existia uma quarta classe composta pelo menor de 21 anos de idade designado ou maior de 60 anos ou inválido, que foi revogada pela Lei 9.032/95.

▸ **Qual o entendimento da TNU sobre o assunto?**

Súmula 04- Não há direito adquirido à condição de dependente de pessoa designada, quando o falecimento do segurado deu-se após o advento da Lei 9.032/95.

▸ **Como esse assunto foi cobrado em concurso?**

No concurso do CESPE para Procurador do Estado do Ceará em 2007, foi considerado errado o seguinte enunciado: Selma, segurada da previdência social na qualidade de empregada, é solteira, não tem filhos e seus pais já faleceram. Nessa situação, Selma poderá designar um menor impúbere, com quem tenha muita afinidade, para ser seu dependente, bastando, para isso, declarar, por escrito, sua intenção à agência da previdência social.

2.1. Classe I

Os dependentes da classe I gozam de *presunção absoluta de dependência econômica*, ou seja, mesmo que o segurado instituidor da pensão por morte ou do auxílio-reclusão não provisse o seu sustento, mesmo assim farão jus a esses benefícios.

Deveras, o artigo 16, §4º, da Lei 8.213/91, fala apenas em presunção, sem especificar a sua natureza. Entretanto, é remansoso o entendimento de que se cuida de presunção absoluta, inclusive no âmbito do INSS.

> **▸ Como esse assunto foi cobrado em concurso?**
>
> No concurso do CESPE para Juiz Federal da 5ª Região em 2007, foi considerado correto o seguinte enunciado: Considere que Célia mantenha união estável com João, segurado da previdência social. Nessa situação, Célia é considerada, para fins previdenciários, dependente, sendo-lhe dispensada a comprovação da dependência econômica, mas exigida a comprovação da situação conjugal.

Ademais, os dependentes da classe I são *preferenciais*, afastando em caso de concurso os da classe II e III, não havendo posterior transferência de direito para as classes inferiores.

Além do cônjuge ou companheiro(a) do segurado, o *ex-cônjuge* e o *ex-companheiro(a)* também serão considerados como dependentes, desde que haja a *percepção de alimentos* por ocasião da separação judicial ou do divórcio.

> **▸ Qual o entendimento do STJ sobre o assunto?**
>
> De acordo com a Súmula 336, do STJ,"a mulher que renunciou aos alimentos na separação judicial tem direito à pensão previdenciária por morte do ex-marido, comprovada a necessidade econômica superveniente".

> **▸ Como esse assunto foi cobrado em concurso?**
>
> No concurso do CESPE para Procurador do Município de Natal em 2008, foi considerado correto o seguinte enunciado: A mulher que renunciou aos alimentos na separação judicial tem direito a pensão previdenciária por morte do ex-marido, desde que comprovada a necessidade econômica superveniente. Por sua vez, no concurso para Procurador do Estado de Alagoas em 2008, foi considerado errado o seguinte enunciado: A mulher que renunciou aos alimentos na separação judicial não tem direito à pensão por morte do ex-marido, ainda que comprove a necessidade econômica superveniente.

Com todo o respeito que merece a Corte Superior pelos relevantes serviços prestados ao país com a melhor interpretação e uniformização da legislação federal, não há como deixar de criticar a redação da Súmula 336.

Inicialmente, por isonomia, ao invés de se referir a "mulher", o enunciado deveria ter dito "pessoa", pois o mesmo entendimento é aplicável aos homens com o advento da Constituição de 1988 e da Lei 8.213/91. Ademais, esse entendimento não se limita à separação, sendo aplicável ao divórcio, como já decidiu o próprio STJ (REsp 472.742, DJ de 31.03.2003).

Demais disso, também na dissolução da união estável é possível a adoção dessa linha de pensamento, pois também é uma relação apta a instituir uma entidade familiar, sendo cada vez mais comum no Brasil, por sua praticidade e economicidade, conquanto ainda se tenha certa dificuldade probatória, que inexiste no casamento.

O mesmo entendimento também é extensível à parceria homoafetiva, pois, como será visto, a Corte Superior acertadamente coloca o parceiro como dependente preferencial do RGPS.

Vale destacar que a renúncia é um ato de disposição expresso dos alimentos, caso a mulher fizesse jus na separação judicial, bem como a necessidade econômica deverá ser comprovada no momento do óbito, pois é esta a ocasião em que se definem os dependentes, e não posteriormente.

Ainda se entende que os alimentos são prestações indisponíveis, não sendo tecnicamente adequado se falar em renúncia, com base no artigo 1.707, do Código Civil.

Insta argumentar que essa necessidade econômica superveniente deverá ser comprovada com a demonstração de que o segurado falecido prestava algum auxílio substancial ao ex-cônjuge, companheiro(a) ou parceiro homoafetivo supérstite, mesmo sem o pagamento formal de pensão alimentícia.

> **Importante!**
>
> Por tudo isso, crê-se que o enunciado deverá ser interpretado da seguinte forma: "A pessoa que não exerceu o direito à prestação alimentícia na separação judicial, no divórcio, na dissolução de união estável ou de relação homoafetiva, terá direito à pensão por morte em decorrência do falecimento do respectivo segurado, desde que demonstrada a necessidade econômica superveniente, até a data do óbito, através da prestação de alimentos *in natura* ou de qualquer outro auxílio substancial que conduzisse à dependência econômica".

Na hipótese de *separação de fato*, resta afastada a presunção de dependência econômica, devendo o cônjuge ou companheiro(a) que postular benefício comprová-la, na forma do artigo 76, §1º, da Lei 8.213/91.

> ▸ **Qual o entendimento do STJ sobre o assunto?**
> O cônjuge supérstite goza de dependência presumida, contudo, estando separado de fato e não percebendo pensão alimentícia, essa dependência deverá ser comprovada (REsp 411.194, de 17.04.2007).

O conceito de união estável adotado no §3º, do artigo 16, da Lei 8.213/91, é mais restritivo do que a definição do Código Civil, pois "considera-se companheira ou companheiro a pessoa que, sem ser casada, mantém união estável com o segurado ou com a segurada, de acordo com o § 3º do art. 226 da Constituição Federal".

Deveras, para a legislação previdenciária, apenas estaria configurada a união estável na hipótese das pessoas de sexos diversos não serem casadas, ao passo que o artigo 1.723 do Código Civil permite a união estável entre pessoas casadas, desde que separadas de fato.

Na prática, vem se adotando a definição do Código Civil, pois é irrazoável a restrição imposta pela legislação previdenciária, razão pela qual o artigo 16, §6º, do RPS, manda observar a definição civilista. O próprio INSS não mais adota a definição de união estável §3º, do artigo 16, da Lei 8.213/91, pois foi tacitamente revogada pelo Código Civil de 2002.

> ▸ **Como esse assunto foi cobrado em concurso?**
> No concurso do CESPE para Juiz Federal da 5ª Região em 2007, foi considerado correto o seguinte enunciado: A inscrição de companheira ou companheiro na qualidade de dependente pode ser feita inclusive se o segurado for casado.

No que concerne ao concubinato, assim considerada a relação que se desenvolve paralelamente ao casamento sem a separação dos cônjuges, quer de fato, quer judicialmente, tanto o STF quanto o STJ vem afastando sumariamente a condição de dependente do(a) concubino(a).

> ▸ **Qual o entendimento do STF sobre o assunto?**
> "A titularidade da pensão decorrente do falecimento de servidor público pressupõe vínculo agasalhado pelo ordenamento jurídico, mostrando-se impróprio o implemento de divisão a beneficiar, em detrimento da família, a concubina"(STF, RE 590.779, de 10.02.2009), entendimento aplicável ao RGPS.

▸ **Qual o entendimento do STJ sobre o assunto?**

"1. A jurisprudência do STJ prestigia o entendimento de que uma Existência de impedimento para o matrimônio, por Parte de um dos Companheiros pretensos, embaraça uma constituição da união estável, inclusive para fins previdenciários. 2. Afigura-se inviável, desse modo, reconhecer à recorrida o Direito à percepção da Pensão por morte em concurso com uma viúva, Haja vista que o de cujus, à época do óbito, casado com uma permanecia recorrente" (STJ, REsp 1.114.490, 5ª Turma, de 19.11.2009).

▸ **Como esse assunto foi cobrado em concurso?**

No concurso do CESPE para Procurador do TCU em 2015, foi considerado ERRADO o seguinte enunciado: No que concerne ao concubinato, relação desenvolvida paralelamente ao casamento sem a separação dos cônjuges, o STJ admite a condição de dependente do concubino.

Entretanto, a Suprema Corte irá reapreciar o tema no caso de concubinato de longa duração, pois admitiu em março de 2012 repercussão geral no RE 669.465, em que se discute a possível proteção previdenciária de uma concubina que manteve relação paralela ao casamento com segurado por mais de 20 anos, inclusive com a geração de prole.

É oportuno afirmar que também é possível a instituição de concubinato paralelamente à união estável, sendo aplicável o mesmo regramento. Sucede que, neste caso, como normalmente não há um documento que comprove a união estável, ao contrário do que ocorre no casamento, será bastante difícil saber quem é convivente e quem é concubino(a).

▸ **Qual o entendimento do STJ sobre o assunto?**

Sobre o tema, o STJ decidiu não ser possível a configuração simultânea de duas uniões estáveis, devendo um dos relacionamentos ser tratado como sociedade de fato, pois também existe o dever de lealdade entre os companheiros (REsp 1.157.273, de 18.05.2010).

Por questões de isonomia, **o parceiro homoafetivo também é considerado como dependente de segurado**, inclusive com **presunção de dependência econômica**, tendo em conta que essa relação afetiva entre pessoas do mesmo sexo também é apta a instituir uma entidade familiar.

Nesse sentido, o INSS passou a ser compelido a reconhecer o parceiro homoafetivo por força de liminar concedida na **ação civil pública 2000.71.00.009347-0**, proposta na Seção Judiciária de Porto Alegre – RS.

▸ **Qual o entendimento do STF sobre o assunto?**

Esta liminar foi mantida pelo STF no julgamento da Pet 1.984, tendo o Ministro Marco Aurélio, então Presidente do STF, indeferido a suspensão em 10.02.2003.

▸ **Qual o entendimento do STJ sobre o assunto?**

O mesmo caminho segue o STJ: "Diante do § 3º do art. 16 da Lei n. 8.213/91, verifica-se que o que o legislador pretendeu foi, em verdade, ali gizar o conceito de entidade familiar, a partir do modelo da união estável, com vista ao direito previdenciário, sem exclusão, porém, da relação homoafetiva" (passagem do REsp 395.904, de 13.12.2005).

Ressalte-se que, em 04.02.2010, ao julgar o REsp 1.026.981-RJ, o STJ estendeu o mesmo entendimento aos planos de previdência privada.

▸ **Como esse assunto foi cobrado em concurso?**

No concurso do CESPE para Procurador do BACEN em 2009, foi considerado errado o seguinte enunciado: A jurisprudência dos tribunais superiores pacificou-se no sentido da impossibilidade de cobertura previdenciária para ligações homoafetivas, ou seja, não considera possível, em matéria previdenciária, que o conceito de companheiro, previsto na CF inclua dependente do mesmo sexo.

Finalmente, em 01.06.2010, o Advogado-Geral da União homologou o Parecer 38/2009, da lavra do Departamento de Análise de Atos Normativos, órgão da Consultoria-Geral da União, que reconheceu o parceiro homoafetivo como dependente previdenciário, em razão da instituição de entidade familiar por essa união.

Vale ressaltar que o entendimento do Advogado-Geral da União vincula a interpretação de toda a Administração Pública federal, de modo que no âmbito do Regime Geral de Previdência Social, do Regime Próprio de Previdência Social dos servidores da União e do regime previdenciário dos militares federais deverá ser reconhecida a parceria homoafetiva, interpretando-se extensivamente os dispositivos que se referem à união estável para abarcá-la.

São também dependentes os menores de 21 anos de idade, exceto se emancipados pelas causas previstas no artigo 5º, do Código Civil, que contemplam hipóteses de emancipação voluntária e *ex lege*, quando a dependência cessará anteriormente aos 21 anos de idade (entre 16 e 18 anos de idade).

Por falta de previsão legal, ao contrário do que ocorre com o casamento, frise-se que a união estável não é causa de emancipação, sendo este, inclusive, o entendimento administrativo do INSS.

Antes da edição do Decreto 6.939/2009, o artigo 17, III, do RPS, mantinha a qualidade de dependente em uma hipótese de emancipação legal, consistente na colação de grau de curso superior antes dos 21 anos, ressalva que não mais é prevista genericamente no referido ato regulamentar.

Todavia, apenas para a percepção da pensão por morte, o dependente menor de 21 anos mantém a sua qualidade na improvável hipótese de colar grau em curso superior anteriormente, na forma do artigo 114, II, do RPS.

De acordo com uma interpretação apenas literal do texto regulamentar, apenas o dependente inválido que colar grau em curso superior antes de completar 21 anos de idade conservará a qualidade de dependente.

Ainda com base no artigo 114, II, do RPS, a emancipação de dependente inválido é causa de cessação da pensão por morte, o que evidentemente não se coaduna com o artigo 16, I, da Lei 8.213/91, pois a capacidade civil não retira necessariamente a invalidez para o trabalho do dependente do segurado.

Isso porque é dependente do segurado o filho não emancipado, de qualquer condição, menor de 21 (vinte e um) anos **OU** inválido, a teor do artigo 16, inciso I, da Lei 8.213/91.

Portanto, ao contrário do que reza o RPS, que não pode inovar para restringir a proteção previdenciária do dependente, entende-se que deve ser mantida a pensão por morte ao emancipado inválido para o trabalho, pois a capacidade civil difere da capacidade laboral.

Vamos a um exemplo prático. Mário é paraplégico e recebe pensão por morte do seu pai. Ele conhece Joana. Ambos se apaixonam loucamente e se casam. Neste caso, de acordo com o artigo 114, II, do Decreto 3.048/99, como o casamento é causa de emancipação, se eles celebrarem núpcias o benefício será cessado, disposição que claramente viola do artigo 16, I, da Lei 8.213/91, vez que Mário persistirá inválido para o trabalho, devendo prosseguir como pensionista no entendimento do autor desta obra.

> **Importante!**
>
> Aliás, o artigo 77, §2º, da Lei 8.213/91, com redação dada pela Lei 13.146/2015 e 13.135/2015 (incisos II e III, respectivamente), é claro ao afirmar que a parte individual da pensão extingue-se para o filho, a pessoa a ele equiparada ou o irmão, de ambos os sexos, pela emancipação ou ao completar 21 (vinte e um) anos de idade, salvo se for inválido ou tiver deficiência intelectual ou mental ou deficiência grave; para filho ou irmão inválido, pela cessação da invalidez.

Por sua vez, o filho inválido persiste como dependente mesmo quando realiza a maioridade previdenciária aos 21 anos de idade, desde que a invalidez tenha ocorrido antes (alíneas do artigo 17, inciso III, do RPS, incluído pelo Decreto 6.939/2009).

a) de completarem vinte e um anos de idade;

b) do casamento;

c) do início do exercício de emprego público efetivo;

d) da constituição de estabelecimento civil ou comercial ou da existência de relação de emprego, desde que, em função deles, o menor com dezesseis anos completos tenha economia própria; ou

e) da concessão de emancipação, pelos pais, ou de um deles na falta do outro, mediante instrumento público, independentemente de homologação judicial, ou por sentença do juiz, ouvido o tutor, se o menor tiver dezesseis anos completos.

> **Importante!**
>
> Logo, de acordo com a atual redação do artigo 17, do RPS, dada pelo Decreto 6.939/09, para se enquadrar como dependente do segurado, é indispensável que a invalidez tenha ocorrido antes dos 21 anos de idade ou, se houver, antes das causas de emancipação, sendo este o posicionamento adotado majoritariamente pelas bancas examinadoras até o momento, a exemplo do CESPE.

▸ Como esse assunto foi cobrado em concurso?

No concurso do CESPE para Procurador do Estado do Ceará em 2007, foi considerado **errado** o seguinte enunciado: Albano, quando tinha 16 anos de idade, perdeu seu pai, segurado do (RGPS), e passou a receber a pensão por morte, benefício que cessou quando completou 21 anos. Depois, perdeu sua mãe. Atualmente, Albano trabalha no mercado informal, tem 23 anos de idade, está na faculdade, mas não promoveu sua inscrição na previdência social. Nessa situação, caso Albano venha a ser acometido por doença que o torne inválido e, portanto, incapaz para a atividade laboral, poderá requerer ao INSS a restauração da pensão que recebia, tendo em vista sua atual condição de invalidez.

▸ Qual o entendimento da TNU sobre o assunto?

Entretanto, em 11 de outubro de 2010, em reunião em Recife, ao julgar incidente de uniformização no processo 2005.71.95.001467-0, a TNU decidiu que o maior de 21 anos inválido continua como dependente do segurado, mesmo sendo a invalidez posterior à maioridade previdenciária, mas com presunção relativa de dependência econômica, cabendo ao INSS desconstituí-la, como foi feito no processo em questão.

A condição do dependente inválido independe de qualquer ato judicial de interdição, bastando a manifestação positiva da perícia do INSS. Por outro lado, a interdição judicial não dispensa o exame médico a cargo da Previdência Social, pois o INSS sequer foi parte no processo que tramitou na Justiça Estadual, sendo-lhe ineficaz a coisa julgada.

Ademais, nem sempre as causas de interdição previstas no artigo 1.767 do Código Civil configuram hipóteses de invalidez, a exemplo do pródigo e do ébrio habitual, este a depender do grau de sua dependência.

Por outro lado, há forte **jurisprudência majoritária** que sustenta que a sentença de interdição prolatada pela Justiça Estadual vincula o INSS a reconhecer a invalidez do dependente.

Por força de inovação inaugurada pela Lei 12.470/2011, havia sido inserido como dependente do segurado o filho do segurado que tenha deficiência intelectual ou mental que o torne absoluta ou relativamente incapaz, assim declarado judicialmente, também manterá a sua qualidade mesmo após completar os 21 anos de idade.

Com propriedade, nos moldes dos artigos 3º e 4º, do Código Civil, são **absolutamente incapazes** para prática dos atos da vida civil os que, por enfermidade ou deficiência mental, não tiverem o necessário discernimento para a sua prática. Já aqueles que, por deficiência mental, tiverem o discernimento reduzido, enquadrar-se-ão como **relativamente incapazes**.

Assim, com a Lei 12.470/2011, perpetrou-se uma elevação da proteção previdenciária aos filhos dos segurados, pois os que possuam mais de 21 anos de idade e que não sejam inválidos para o trabalho, irão manter a condição de dependentes em razão de ostentar incapacidade civil relativa ou absoluta em decorrência de deficiência intelectual ou mental.

▸ **Importante!**

No entanto, com o advento da Lei 13.146/2015, a redação foi alterada, passando a ser dependente do segurado "o filho não emancipado, de qualquer condição, menor de 21 (vinte e um) anos ou inválido ou que tenha deficiência intelectual ou mental ou deficiência grave". **Foram perpetradas três alterações: 1- não se exige mais que a deficiência intelectual ou mental do filho gere incapacidade para a prática de atos da vida civil; 2- não se exige mais a sentença de interdição e 3- foi inserido o deficiente grave como dependente.**

Caberá ao Regulamento definir quais as situações de deficiência intelectual ou mental que gerarão a proteção previdenciária do filho maior de 21 do segurado, assim como qual o critério para enquadramento do deficiente grave, pois o texto tornou-se genérico e impreciso.

▸ **Importante!**

Ainda são **equiparados a filhos** pelo §2º, do artigo 16, da Lei 8.213/91, o ***enteado*** **e o** ***menor tutelado*****, mas não milita em seu favor a presunção de dependência econômica, que deverá ser comprovada.** Neste caso, é preciso a comprovação da inexistência de bens suficientes para o próprio sustento e educação, na forma do artigo 16, §3º, do RPS.

▸ **Importante!**

Até o advento da Medida Provisória 1.523, de 11.10.1996, convertida na Lei 9.528/97, o *menor sob guarda* **também era considerado dependente, tendo sido excluído desse rol** em razão do elevado número de avós que colocavam os seus netos sob guarda apenas para instituir eventual pensão por morte previdenciária.

Muito ainda se discute sobre a prevalência do Estatuto da Criança e do Adolescente sobre a legislação previdenciária, pois o seu artigo 33, §3º, prevê que a guarda confere à criança ou adolescente a condição de dependente, para todos os fins e efeitos de direito, inclusive previdenciários.

▸ **Qual o entendimento do STJ sobre o assunto?**

Após divergência interna, o STJ referendou a exclusão do menor sob guarda da lista dos dependentes do RGPS: **"Pensão por morte. Regime Geral de Previdência Social. Menor sob guarda. Incidência da lei previdenciária vigente ao tempo do óbito do instituidor do benefício. Inaplicabilidade do Estatuto da Criança e do Adolescente. Precedentes da Terceira Seção. Embargos de divergência conhecidos e recebidos"** (3ª Seção, EREsp 801.214, de 28.05.2008).

Após certa divergência, a Corte Especial do STJ EXCLUIU O MENOR SOB GUARDA no rol de equiparados a filho no julgamento do AgRg na SLS 1988, de 4/3/2015: "II - Hipótese em que a decisão cujos efeitos foram aqui suspensos discrepa da jurisprudência do Superior Tribunal de Justiça "no sentido de ser indevida pensão por morte a menor sob guarda se o óbito do segurado tiver ocorrido sob a vigência da MP nº 1.523/96, posteriormente convertida na Lei nº 9.528/97" (AgRg nos EDcl no REsp n. 1.104.494/RS, Relator o Ministro Nefi Cordeiro, DJ de 16/12/2014). III - Efeito multiplicador reconhecido, tendo em conta a probabilidade de que a decisão impugnada estimule o ajuizamento de novas ações com o mesmo objeto, e lesão à economia pública demonstrada pela irrepetibilidade dos proventos eventualmente pagos, considerando a natureza alimentícia do benefício de pensão por morte".

O tema será apreciado pelo Supremo Tribunal Federal. É que no dia 19 de novembro de 2012 a Procuradoria Geral da República propôs ação direta de inconstitucionalidade (ADI 4.878) contra a exclusão do menor sob guarda do rol de dependentes do RGPS.

Demais disso, inexiste previsão legal para incluir o curatelado na condição de dependente do segurado, sendo incabível interpretação extensiva para inseri-lo, conforme pronunciamento do TRF da 3ª Região (AC 719.556, de 27.03.2007).

É comum que filhos dependentes de segurado que completem 21 anos e ainda cursem universidade ingressem com ação judicial contra o INSS para manter normalmente a pensão por morte até completarem os 24 anos de idade.

A legislação previdenciária é taxativa a respeito, apenas sendo manutenida a condição de dependente de filho de segurado após os 21 anos de idade na hipótese de invalidez preexistente, sendo o tema pacífico na jurisprudência.

▸ **Qual o entendimento da TNU sobre o assunto?**

Súmula 37- A pensão por morte, devida ao filho até os 21 anos de idade, não se prorroga pela pendência do curso universitário.

▸ **Qual o entendimento do STJ sobre o assunto?**

A pensão pela morte do pai será devida até o limite de vinte e um anos de idade, salvo se inválido, não se podendo estender até os 24 anos para os estudantes universitários, pois não há amparo legal para tanto. Recurso provido (REsp 639.487, de 11.10.2005).

▸ **Como esse assunto foi cobrado em concurso?**

No concurso do CESPE para Juiz Federal da 5ª Região em 2007, foi considerado correto o seguinte enunciado: Cláudio, segurado da previdência social, morreu, e seu filho Sérgio, com 16 anos, passou a receber pensão por morte. Nessa situação, Sérgio terá direito ao recebimento da pensão somente até os 21 anos, improrrogável, independentemente de ainda estar cursando algum curso universitário.

▸ **Importante:** Por fim, por força da Lei 13.146, publicada em 7 de julho de 2015, que aprovou o Estatuto da Pessoa com Deficiência e **entrará em vigor em 180 dias após a sua publicação (3 de janeiro de 2016)**, houve a alteração do artigo 16, inciso I, da Lei 8.213/91, pois a classe I passará a ter a conseguinte redação: o cônjuge, a companheira, o companheiro e o filho não emancipado, de qualquer condição, menor de 21 (vinte e um) anos ou inválido ou que tenha deficiência intelectual ou mental ou deficiência grave. Logo, **em janeiro de 2016, o filho do segurado com deficiência grave passará a integrar a classe preferencial, cabendo ao Regulamento da Previdência Social definir futuramente o que é deficiência grave.**

Certamente para os editais de concursos públicos publicados a partir desta data (verifique as regras do concurso) deverá ser cobrada a nova redação do artigo 16 da Lei 8.213/91. **Logo, em 3 de janeiro de 2016, o filho do segurado com deficiência gravepassará a integrar a classe preferencial, cabendo ao Regulamento da Previdência Social definir futuramente o que é deficiência grave, assim como foi excluída a necessidade de incapacidade civil da deficiência intelectual ou mental e conseqüente sentença de interdição.**

Para os concursos públicos com edital publicado até 2 de janeiro de 2016 (confirme esta regra no edital) certamente valerá a redação antiga: I - o cônjuge, a companheira, o companheiro e o filho não emancipado, de qualquer condição, menor de 21 (vinte e um) anos ou inválido ou que tenha deficiência intelectual ou mental que o torne absoluta ou relativamente incapaz, assim declarado judicialmente.

2.2. Classe II

Na segunda classe se encontram os pais do segurado, que **apenas farão jus aos benefícios previdenciários caso inexista algum dependente preferencial**. Vale salientar que um benefício percebido por um dependente preferencial, uma vez cessado, não será transferido aos dependentes das classes inferiores (II e III).

Além disso, é preciso que **os pais demonstrem que dependiam economicamente do filho falecido ou preso**, sendo seu o ônus da prova.

> **▸ Como esse assunto foi cobrado em concurso?**
>
> No concurso do CESPE para Juiz Federal da 5ª Região em 2013, foi considerado errado o seguinte enunciado: Não se requer prova de dependência econômica para que cônjuge, companheira, companheiro, filho não emancipado com menos de vinte e um anos de idade ou **pais** do segurado façam jus aos benefícios previdenciários na condição de seu dependente.

A dependência econômica não é definida pela legislação previdenciária, mas certamente é mais do que um simples auxílio financeiro, pois é comum que os filhos que convivam com os genitores os auxiliem no pagamento das despesas domésticas.

É preciso mais do que mera colaboração financeira para a configuração da dependência econômica. De acordo com o Enunciado

13, do Conselho de Recursos da Previdência Social, a dependência econômica pode ser parcial, devendo, no entanto, representar um auxílio substancial, permanente e necessário, cuja falta acarretaria desequilíbrio dos meios de subsistência do dependente.

Na apelação cível no processo 2001.38.00.042.826-7, o TRF da 1ª Região a definiu como a "necessidade de auxílio, proteção, amparo, etc, por parte do segurado da previdência. Razão que justifica a necessidade da preservação desta proteção após a morte do mantenedor e deve ser comprovada através de elementos próprios a cada situação contextual".

De acordo com o artigo 143, do RPS, a justificação administrativa ou judicial, no caso de dependência econômica, identidade e de relação de parentesco, somente produzirá efeito quando baseada em início de prova material, não sendo admitida prova exclusivamente testemunhal, salvo as hipóteses de caso fortuito ou força maior.

Contudo, ao que parece, essa exigência regulamentar se afigura ilegal, pois o artigo 55, §3º, da Lei 8.213/91, apenas exige início de prova material para a comprovação de tempo de serviço, e não de dependência econômica ou parentesco.

▸ **Qual o entendimento do STJ sobre o assunto?**

"A Terceira Seção deste Superior Tribunal, no âmbito da Quinta e da Sexta Turma, já consolidou entendimento no sentido de que não se exige início de prova material para comprovação da dependência econômica de mãe para com o filho, para fins de obtenção do benefício de pensão por morte" (AGREsp 886,069, de 25.09.2008).

▸ **Qual o entendimento da TNU sobre o assunto?**

Súmula 63 – A comprovação de união estável para efeito de concessão de pensão por morte prescinde de início de prova material.

A percepção pelos pais do segurado falecido de remuneração ou de benefício previdenciário anterior já constituem indícios contrários à comprovação de dependência econômica, máxime quando os valores são superiores a um salário mínimo.

Desta forma, para que o pai do segurado, a mãe ou ambos percebam uma pensão por morte ou auxílio-reclusão de filho segurado morto ou preso, são necessários que dois requisitos sejam preenchidos simultaneamente: 1- ausência de dependente de classe preferencial e 2- prova de dependência econômica.

Mesmo que haja dependência econômica, o benefício será negado acaso exista ao menos um dependente de classe 1, que é preferencial.

2.3. Classe III

Nesta terceira e última classe se encontra o irmão do segurado. Para receber o benefício, é curial que **inexistam dependentes nas classes superiores, assim como se demonstre a concreta dependência econômica.**

Desta forma, para que o irmão do segurado perceba uma pensão por morte ou auxílio-reclusão, são necessários que dois requisitos sejam preenchidos simultaneamente: 1- ausência de dependente de classe um ou dois e 2- prova de dependência econômica.

Este inciso III do artigo 16, da Lei 8.213/91, sofreu mais de uma modificação com o advento da Lei 13.135/2015, mas nem todas entraram em vigor no dia da sua publicação operada em 18/6/2015 (art. 6º, da Lei 13.135), que passará a ter a seguinte redação no futuro:

> **III - o irmão de qualquer condição menor de 21 (vinte e um) anos ou inválido ou que tenha deficiência intelectual ou mental ou deficiência grave, nos termos do regulamento.**

Nota-se que foi retirada a emancipação como causa de antecipação da maioridade previdenciária **(vigência em 18/6/2015)**; foi retirada a exigência de incapacidade civil do irmão com deficiência mensal ou intelectual, e excluída a necessidade de interdição judicial **(vigência em 18/6/2017)**; foi inserido como dependente o irmão com deficiência grave, nos termos do regulamento **(vigência em 180 dias, a contar de 18/6/2015)**.

Posteriormente, nova modificação legal foi feita. Por força da Lei 13.146, publicada em 7 de julho de 2015, que aprovou o Estatuto da Pessoa com Deficiência e entrará em vigor em 180 dias após a sua publicação (início de janeiro de 2016), houve a alteração do artigo 16, inciso III, da Lei 8.213/91, pois a classe III passará a ter a conseguinte redação: "o irmão **não emancipado**, de qualquer condição, menor de 21 (vinte e um) anos ou inválido ou que tenha deficiência intelectual ou mental ou deficiência grave". Logo, **em janeiro de 2016, a emancipação voltará a ser causa de antecipação da maioridade previdenciária do irmão do segurado.**

A luz do Princípio do *Tempus Regit Actum* deve-se aplicar a regra em vigor no dia do óbito ou da prisão do segurado, a seguir simplificada:

Texto em vigor de 18/6/2015 até 14/12/2015 (Lei 13.135/2015)	irmão, de qualquer condição, menor de 21 anos ou inválido ou que tenha deficiência intelectual ou mental que o torne absoluta ou relativamente incapaz, assim declarado judicialmente
Texto em vigor de 15/12/2015 até 2 de janeiro de 2016 (Lei 13.135/2015)	irmão , de qualquer condição, menor de 21 anos ou inválido ou que tenha deficiência intelectual ou mental que o torne absoluta ou relativamente incapaz, assim declarado judicialmente, ou deficiência grave, nos termos do regulamento
Texto em vigor a partir de 3 de janeiro de 2016 (Lei 13.146/2015)	irmão não emancipado, de qualquer condição, menor de 21 (vinte e um) anos ou inválido ou que tenha deficiência intelectual ou mental ou deficiência grave

ORIENTAÇÃO PARA O CONCURSO DO INSS COM EDITAL PUBLICADO EM DEZEMBRO DE 2015

Considerando que o inciso III do artigo 16 da Lei 8.213/91 não foi atualizado pelo site oficial (Presidência da República), que ainda prevê como dependente **"III - o irmão não emancipado, de qualquer condição, menor de 21 (vinte e um) anos ou inválido ou que tenha deficiência intelectual ou mental que o torne absoluta ou relativamente incapaz, assim declarado judicialmente"** (acesso em 5/12/2015);

Considerando que ainda não existe jurisprudência sobre o texto em vigor;

Considerando que o INSS, através do Memorando-Circular Conjunto nº 54 DIRBEN/DIRAT/DIRSAT/PFE/INSS, de 6/11/2015, entendeu que o texto antigo deverá ser aplicado para óbitos ou reclusões ocorridos até 2 de janeiro de 2016, pois, na visão da autarquia previdenciária (pessoalmente discordo), a Lei 13.146/2015 revogou com retroação as alterações da Lei 13.135/2015;

Recomenda-se que seja utilizado o texto do inciso III do artigo 16 da Lei 8.213/91 (acima colacionado) desconsiderando as modificações perpetradas pela Lei 13.135/2015, haja vista que o edital está previsto para publicação antes de 3 de janeiro de 2016, quando iniciará a vigência da nova redação dada pela Lei 13.146/2015.

▸ **Importante:**

O texto em vigor para as mortes e prisões ocorridas a partir de 3 de janeiro de 2016 deverá considerar como dependente de classe 3 "o irmão não emancipado, de qualquer condição, menor de 21 (vinte e um) anos ou inválido ou que tenha deficiência intelectual ou mental ou deficiência grave".

Nota-se que o irmão do segurado com deficiência grave passará a integrar a classe preferencial, cabendo ao Regulamento da Previdência Social definir futuramente o que é deficiência grave, assim como foi excluída a necessidade de incapacidade civil da deficiência intelectual ou mental e conseqüente sentença de interdição.

Dependentes dos segurados – artigo 16, da Lei 8.213/91	
Classe I – Preferencial e com presunção de dependência econômica	O cônjuge, a companheira, o companheiro e o filho não emancipado, de qualquer condição, menor de 21 (vinte e um) anos ou inválido ou que tenha deficiência intelectual ou mental ou deficiência grave
Classe II – Sem presunção de dependência econômica	Os pais do segurado
Classe III – Sem presunção de dependência econômica	O irmão não emancipado, de qualquer condição, menor de 21 (vinte e um) anos ou inválido ou que tenha deficiência intelectual ou mental ou deficiência grave

3. TEMPO DE SERVIÇO E DE CONTRIBUIÇÃO, CONTAGEM RECÍPROCA E INDENIZAÇÃO AO INSS

Até o advento da Emenda 20/98, a legislação previdenciária se referia a tempo de serviço, assim considerado o período de exercício de atividade laborativa remunerada considerado para a concessão dos benefícios previdenciários, em especial das aposentadorias.

Entrementes, após a primeira reforma da previdência social, foi **extinto** o **tempo de serviço** e **criado** o **tempo de contribuição**, pois não mais basta o mero exercício do trabalho, e sim a existência de contribuições previdenciárias efetivamente pagas, ou, ao menos, com presunção de pagamento nas hipóteses de responsabilização tributária das empresas.

> ▶ **Importante!**
> Frise-se que, por força do *artigo 4º, da Emenda 20*, **exceto no que concerne às contagens fictícias** (a exemplo do cômputo em dobro), o tempo de serviço considerado pela legislação vigente para efeito de aposentadoria, cumprido até que a lei discipline a matéria, será contado como tempo de contribuição, não tendo sido editada até hoje a referida norma jurídica.

De acordo com o artigo 59, do RPS, considera-se **tempo de contribuição** o tempo, contado de data a data, desde o início até a data do requerimento ou do desligamento de atividade abrangida pela previdência social, descontados os períodos legalmente estabelecidos como de suspensão de contrato de trabalho, de interrupção de exercício e de desligamento da atividade.

Por sua vez, o direito à contagem recíproca do tempo de serviço já era previsto na Lei 6.226/75, sendo estampado expressamente na Constituição Federal de 1988 no seu artigo 201, §9º, ao dispor que, *"para efeito de aposentadoria, é assegurada a contagem recíproca do tempo de contribuição na administração pública e na atividade privada, rural e urbana, hipótese em que os diversos regimes de previdência social se compensarão financeiramente, segundo critérios estabelecidos em lei"*.

Por conseguinte, a **contagem recíproca** é o direito de os segurados computarem esse tempo de contribuição do RGPS, se houver migração para o RPPS, caso o trabalhador seja investido em cargo público efetivo de ente político que tenha criado um regime previdenciário para os seus servidores públicos permanentes, e vice-versa.

Poderá ainda haver contagem recíproca entre Regimes Próprios de Previdência Social de entes políticos diversos, ou mesmo com regimes previdenciários estrangeiros, se houver tratado internacional autorizando.

A regulamentação é promovida pelo artigo 94, da Lei 8.213/91, que autoriza a contagem recíproca do tempo de serviço (antes da Emenda 20/98) ou de contribuição, assim considerada como o direito do segurado de computar o período de filiação ao RGPS se houver migração para RPPS da União, estados, Distrito Federal ou municípios, e vice-versa, **para fins de obtenção de benefício previdenciário**, vedada a contagem de qualquer período fictício.

Vale salientar que a legislação previdenciária foi além da Constituição Federal, pois garante a contagem recíproca não apenas para a aposentadoria, mas para todos os benefícios previdenciários, observadas as suas exigências.

Logo, na hipótese de uma pessoa que tenha contribuído por 10 anos ao RGPS na condição de segurado obrigatório, caso logre êxito em concurso público e seja empossado em cargo público efetivo de ente político que tenha instituído RPPS, esse período será aproveitado no serviço público, sendo a recíproca também verdadeira.

Nas hipóteses de contagem recíproca, caberá aos diferentes regimes previdenciários se *compensarem financeiramente*, sendo feita ao sistema a que o interessado estiver vinculado ao requerer o benefício, consoante critérios aprovados pela Lei 9.796/99 e pelo Decreto 3.112/99, **não sendo essa compensação condição para a contagem recíproca.**

A compensação financeira funciona como um acerto de contas, sendo paga pelo regime de origem ao regime instituidor e calculada proporcionalmente ao período de serviço/contribuição objeto da contagem recíproca.

Para fins de contagem recíproca, deverá ser fornecida ao segurado uma *certidão de tempo de contribuição – CTC*, a ser emitida pelo INSS (RGPS) ou pelo órgão gestor do respectivo RPPS.

> **▸ Importante!**
>
> Contudo, excepcionalmente, **não será admitida a contagem recíproca do tempo de contribuição do segurado facultativo e do contribuinte individual que optem por recolher 11% sobre o salário de contribuição de um salário mínimo, ou 5% sobre um salário mínimo no caso do contribuinte individual enquadrado como MEI que fizer o recolhimento simplificado ou o segurado facultativo de baixa renda com atividades domésticas em sua residência**, conforme faculta § 2º, do artigo 21, da Lei nº 8.212/91, *exceto se recolhida retroativamente a qualquer tempo a complementação de 9% ou de 15%, com os respectivos encargos legais.*

▸ Importante!

Já no âmbito do RGPS, o tempo de serviço do segurado trabalhador rural prestado antes da vigência da Lei 8.213/91 será computado independentemente do recolhimento das contribuições a ele correspondentes, *exceto para efeito de carência*, nos termos do artigo 55, §2º, da Lei 8.213/91.

▸ Como esse assunto foi cobrado em concurso?

No concurso do CESPE para Promotor de Justiça do Espírito Santo em 2010, foi considerado errado o seguinte enunciado: O tempo de serviço rural anterior à vigência da Lei 8.213/1991 não será considerado para efeito de carência, mas poderá ser computado como tempo de contribuição, para efeito de aposentadoria, mediante o recolhimento das respectivas contribuições. De seu turno, no concurso do CESPE para Procurador Federal em 2010, no curso de formação, foi considerado errado o seguinte enunciado: No regime geral de previdência social, é permitido o cômputo do tempo de serviço rural exercido anteriormente à edição da Lei n.º 8.213/1991, inclusive para efeito de carência.

▸ Qual o entendimento da TNU sobre o assunto?

Súmula 05 – A prestação de serviço rural por menor de 12 a 14 anos, até o advento da Lei 8.213, de 24 de julho de 1991, devidamente comprovada, pode ser reconhecida para fins previdenciários, pois respeitado o regramento vigente à época.

Ademais, em termos de contagem recíproca, com base no artigo 96, da Lei 8.213/91 e no artigo 127, do RPS:

A) **é vedada a contagem de tempo de contribuição no serviço público com o de contribuição na atividade privada, quando concomitantes** (salvo nas hipóteses constitucionais que admitem a acumulação de cargos, empregos ou funções públicas a teor do artigo 130, §12, do Decreto 3.048/99);

▸ Como esse assunto foi cobrado em concurso?

No concurso do CESPE para Promotor de Justiça do Espírito Santo em 2010, foi considerado correto o seguinte enunciado: Para efeito de aposentadoria, é assegurada a contagem recíproca do tempo de contribuição na administração pública e na atividade privada, rural e urbana, hipótese na qual os diversos regimes de previdência social se compensarão financeiramente; entretanto, é vedada a contagem de tempo de serviço público com o de atividade privada, quando concomitantes.

B) não será contado por um regime o tempo de contribuição utilizado para concessão de aposentadoria por outro regime;

C) não será admitida a contagem em dobro ou em outras condições especiais (as atividades que conduzem à aposentadoria especial em 15, 20 ou 25 anos).

A contagem recíproca do tempo de contribuição pressupõe o cômputo de um período contributivo de um regime previdenciário básico em outro regime previdenciário básico (RGPS em RPPS ou vice-versa) **prestado em épocas diversas**.

Em regra, se uma pessoa é segurada do RGPS e do RPPS na mesma época, exercendo atividade laboral no serviço público efetivo e na iniciativa privada simultaneamente, é evidente que descabe a contagem recíproca do tempo de contribuição.

Esta regra apenas é excepcionada nos casos de acumulação de cargos ou empregos públicos admitidos pela Constituição, a teor do artigo 130, §12, do Decreto 3.048/99. Isso porque, neste caso, a contagem recíproca objetivará apenas a consideração das remunerações prestadas em um regime previdenciário em outro para elevar a renda da aposentadoria.

Demais disso, se um segurado do RGPS utilizou o tempo de contribuição para se aposentar no RGPS, esse mesmo período contributivo não poderá ser levado ao RPPS, porquanto já considerado.

Também não se admite para fins contagem recíproca a contagem em dobro ou em outras condições especiais, razão pela qual mesmo que o segurado exerça atividades nocivas à saúde este período contributivo não será computado de maneira diferenciada em outro regime previdenciário básico.

Por força da Lei 13.135/2015, conforme será visto no próximo Capítulo, em regra, a pensão por morte vitalícia ou temporária para ser deferida ao cônjuge, companheiro ou companheira pressupõe o recolhimento de 18 contribuições mensais. Acaso inexistam 18 contribuições mensais vertidas pelo falecido segurado, a pensão por morte será paga por apenas 4 meses.

▸ **Importante:**

Nesse sentido, de acordo com o novel artigo 77, §5º, da Lei 8.213/91, inserido pela Lei 13.135/2015, o tempo de contribuição a Regime Próprio de Previdência Social (RPPS) será considerado na contagem das 18 (dezoito) contribuições mensais.

▸ **Qual o entendimento do STF e do STJ sobre o assunto?**

Todavia, *antes da instituição do regime jurídico único*, que ocorreu na esfera federal com a Lei 8.112/90, entende o STF que o tempo celetista prestado em condições especiais pelo servidor público (federal, estadual, distrital ou municipal) será contado com a respectiva conversão prevista na legislação previdenciária (RE 255.827, de 25.10.2005). Este também é o posicionamento do STJ: "Os servidores públicos federais que trabalhavam em condições consideradas insalubres antes da edição da Lei 8.112/90 têm direito à contagem especial de tempo de serviço prestado nessa situação, nos termos da legislação vigente à época" (AGREsp 963.475, de 06.05.2008).

▸ **Como esse assunto foi cobrado em concurso?**

No concurso do CESPE para Procurador do BACEN em 2009, foi considerado errado o seguinte enunciado: Considerando que um servidor do BACEN tenha trabalhado, na qualidade de celetista, sob condições especiais em atividade considerada insalubre, o tempo de serviço como celetista não se incluirá na contagem especial de tempo de serviço, uma vez que a CF veda a contagem de tempo fictício para fins previdenciários.

De sua vez, pontifica o artigo 98, da Lei 8.213/91, que quando a soma dos tempos de contribuição ultrapassar a 30 trinta anos, se do sexo feminino, e a 35 anos, se do sexo masculino, o excesso não será considerado para qualquer efeito.

▸ **Qual o entendimento do STJ sobre o assunto?**

Para a Corte Superior, no julgamento do recurso especial 200401363047, de 26.04.2005, "o art. 98 da Lei n.º 8.213/91 deve ser interpretado restritivamente, dentro da sua objetividade jurídica. A vedação contida em referido dispositivo surge com vistas à reafirmar a revogação da norma inserida na Lei n.º 5.890/73, que permitia o acréscimo de percentual a quem ultrapassasse o tempo de serviço máximo, bem como para impedir a utilização do tempo excedente para qualquer efeito no âmbito da aposentadoria concedida".

Entende-se que o artigo 98, da Lei 8.213/91, carece de fundamento constitucional de validade, pois afronta de maneira irrazoável o artigo 201, §9º, da Lei Maior, limitando indevidamente a contagem recíproca do tempo de contribuição, pois não permite que o período contributivo excedente seja computado em outro regime previdenciário.

É plenamente possível que um segurado obtenha mais de uma aposentadoria por *regimes diversos*, desde que preencha os requisitos de cada uma e sem a utilização simultânea de tempo de serviço ou de contribuição da mesma atividade, observado o teto do subsídio dos Ministros do STF, por força do artigo 40, §11, da CRFB.

▸ **Qual o entendimento do STJ sobre o assunto?**

"De acordo com o entendimento de ambas as Turmas que compõem a Terceira Seção do Superior Tribunal de Justiça, a concessão de aposentadoria pelo Regime Geral da Previdência Social a segurado aposentado em regime próprio não ofende o disposto nos arts. 96 e 98 da Lei nº 8.213/1991, se o autor permaneceu vinculado ao RGPS e cumpriu os requisitos para nova aposentadoria, excluído o tempo de serviço utilizado para a primeira jubilação". (AGREsp 924.423, de 15.04.2008).

Na hipótese de filiado do RPPS migrar para o RGPS será possível a contagem recíproca do tempo de contribuição sem a necessidade de integralização de carência dentro do RGPS, pois o artigo 95, da Lei 8.213/91, foi revogado pela Medida Provisória 2.187-13/2001.

Logo, as contribuições pagas ainda no RPPS valem para efeito de carência do RGPS, pois inexiste proibição legal nesse sentido, que precisa ser urgentemente editada.

Vale ressaltar que os períodos de trabalho prestados no exterior e que geraram a filiação aos regimes previdenciários estrangeiros apenas serão considerados pelo RGPS na hipótese de celebração de tratado internacional com previsão de reciprocidade.

Ademais, é comum que os segurados do RGPS, para cômputo do tempo de serviço (antes da Emenda 20/98) ou de contribuição, queiram considerar períodos nos quais exerceram atividade laborativa remunerada, mas encontram obstáculo em razão da inexistência do pagamento das contribuições previdenciárias, **nas hipóteses em que a responsabilidade tributária pelo recolhimento lhes é atribuída.**

Esse fato poderá ocorrer por diversas hipóteses, a exemplo do contribuinte individual que desenvolvia atividade laborativa remunerada e não honrou com o pagamento das respectivas contribuições previdenciárias em razão da sua falta de cautela com o futuro ou por carência de recursos disponíveis.

Outrossim, é possível que determinada categoria, conquanto desenvolvesse trabalho remunerado no período a ser reconhecido, não era enquadrada como segurada obrigatória da Previdência Social, sendo a adesão apenas facultativa na época, a exemplo dos empregados domésticos antes da edição do Decreto 71.785/73.

Entende-se como **reconhecimento de filiação** o direito de o segurado ter reconhecido, em qualquer época, o tempo de exercício de atividade anteriormente abrangida pela previdência social, na forma do artigo 121, do RPS.

> **Importante!**
>
> O tema vem disciplinado genericamente pelo artigo 96, inciso IV, da Lei 8.213/91, ao dispor que o tempo de serviço anterior ou posterior à obrigatoriedade de filiação à Previdência Social *só será contado mediante indenização da contribuição correspondente ao período respectivo*, com acréscimo de juros moratórios de 0,5% ao mês, capitalizados anualmente, e multa de 10%.

Vale destacar que a indenização ao INSS é uma espécie de ressarcimento pelo não pagamento da contribuição previdenciária, tendo necessariamente **caráter subsidiário**, ou seja, se ainda for juridicamente possível o adimplemento da contribuição previdenciária, não se admitirá a indenização previdenciária.

A filiação ao RGPS de contribuinte individual que trabalhe por conta própria é condicionada ao recolhimento tempestivo das contribuições previdenciárias, que se forem sonegadas pelo trabalhador forçarão a Secretaria da Receita Federal do Brasil a lançá-las de ofício, aplicando as penalidades respectivas e os juros de mora.

Caso o segurado contribuinte individual manifeste interesse em recolher contribuições relativas a período anterior à sua inscrição, a retroação da data do início das contribuições será autorizada, desde que comprovado o exercício de atividade remunerada no respectivo período.

Todavia, é comum que não haja essa atuação do órgão de arrecadação, em razão das dificuldades de fiscalização desses segurados, operando-se a decadência quinquenal para o lançamento das contribuições previdenciárias.

Logo, **uma vez consumada a decadência**, o contribuinte individual apenas contará esse tempo de serviço ou de contribuição para a percepção de benefício previdenciário se indenizar o INSS (retroação da data de início das contribuições), **exceto para fins de carência**, pois esta pressupõe o recolhimento tempestivo do tributo, conforme previsto no artigo 45-A, da Lei 8.212/91, inserido pela Lei Complementar 128/2008.

Essa indenização, que poderá ter pagamento facilitado em até 60 parcelas, observado o disposto no artigo 244, do RPS, também será necessária para a contagem recíproca do tempo de contribuição, ou seja, quando o segurado quiser aproveitar o período de filiação do RGPS no RPPS, e vice-versa.

Outrossim, há hipóteses de pessoas que hoje estão enquadradas como contribuintes individuais ou outras categorias, mas, no passado, não eram consideradas como segurados obrigatórios do RGPS, a exemplo dos ministros de confissão religiosa (antes da Lei 6.696/79), devendo indenizar o INSS para o cômputo desse período, na forma do artigo 96, inciso IV, da Lei 8.213/91.

O valor dessa indenização corresponderá a **20%** (por mês a ser reconhecido):

I. da média aritmética simples dos maiores salários-de-contribuição, reajustados, correspondentes a 80% (oitenta por cento) de todo o período contributivo decorrido desde a competência julho de 1994; ou

II. da remuneração sobre a qual incidem as contribuições para o regime próprio de previdência social a que estiver filiado o interessado, no caso de indenização para fins da contagem recíproca de que tratam os arts. 94 a 99 da Lei nº 8.213, de 24 de julho de 1991, observados o limite máximo previsto no art. 28 e o disposto em regulamento.

Destarte, quando cabível, a indenização ao INSS é condição inafastável ao reconhecimento do tempo de serviço ou de contribuição. De acordo com o TRF da 3ª Região, "a ocorrência de decadência do prazo para o INSS apurar e constituir o crédito tributário, ou de prescrição, não liberam o segurado do ônus de recolher contribuições caso queira ver reconhecida a contagem recíproca do tempo de serviço. – O INSS não é obrigado a reconhecer tempo de serviço àqueles que não contribuíram. – Indenização necessária de modo a repor o patrimônio da autarquia, na exata dimensão do que deixou de receber na época própria"(AMS 283.954, de 18.02.2008).

Sobre a indenização ainda incidirão **juros moratórios de 0,5% ao mês, capitalizados anualmente, limitados ao percentual máximo de 50%, e multa de 10%**, não sendo exigíveis esses encargos nos períodos anteriores a 11.10.1996, ante a inexistência de previsão legal.

▸ **Qual o entendimento do STJ sobre o assunto?**

De acordo com a Corte Superior, "para se apurar os valores da indenização, devem ser considerados os critérios legais existentes ao momento sobre o qual se refere a contribuição" (AgRg no REsp. 760.592 – RS, DJU de 02.05.2006), em decorrência do Princípio do *Tempus Regit Actum*.

Nesse sentido, para fins de concessão dos benefícios do RGPS, **o tempo de serviço prestado pelo trabalhador rural anteriormente à competência novembro de 1991 será reconhecido, desde que devidamente comprovado, independentemente de indenização**, pois é respeitado o regramento da época, **salvo para fins de carência**, a teor do §2º, do artigo 55, da Lei 8.213/91:

> "2º O tempo de serviço do segurado trabalhador rural, anterior à data de início de vigência desta Lei, será computado independentemente do recolhimento das contribuições a ele correspondentes, **exceto para efeito de carência**, conforme dispuser o Regulamento".

▸ **Qual o entendimento da TNU sobre o assunto?**

Súmula 24- O tempo de serviço do segurado trabalhador rural anterior ao advento da Lei nº 8.213/91, sem o recolhimento de contribuições previdenciárias, pode ser considerado para a concessão de benefício previdenciário do Regime Geral de Previdência Social (RGPS), exceto para efeito de carência, conforme a regra do art. 55, §2º, da Lei nº 8.213/91.

Isto porque se trata do tempo de serviço prestado à Previdência Social Rural, regulada pela revogada Lei Complementar 11/1971, em que não era necessário o efetivo recolhimento da contribuição ao FUNRURAL, optando o legislador em considerar esse período como tempo de serviço para fins de concessão da aposentadoria por tempo de contribuição, ressalvada a sua não contagem no período de carência.

> ▸ **Importante!**
>
> Entretanto, na forma do artigo 123, parágrafo único, combinado com o artigo 127, V, ambos do RPS, para fins de *contagem recíproca*, ou seja, de consideração em RPPS, o tempo de serviço prestado pelo trabalhador rural anteriormente à competência novembro de 1991 será reconhecido apenas se houver indenização ao INSS.

> ▸ **Qual o entendimento do STJ e do STF sobre o assunto?**
>
> O STJ vem validando essa exigência: "A jurisprudência da Terceira Seção do Superior Tribunal de Justiça é firme no sentido de que ser imperiosa a indenização ao Regime Geral de Previdência Social do período exercido na atividade rural, anterior à filiação obrigatória, para cômputo em regime próprio de servidor público". Este também é posicionamento do STF, a exemplo do julgamento do MS 26872/DF, rel. Min. Marco Aurélio, 19.5.2010.

> ▸ **Como esse assunto foi cobrado em concurso?**
>
> No concurso do CESPE para Procurador Federal em 2010, no curso de formação, foi considerado correto o seguinte enunciado: O tempo de trabalho rural do servidor público, para ser averbado pelo INSS e utilizado na contagem recíproca de tempo de serviço para o regime próprio de previdência social, depende de prévia indenização a essa autarquia previdenciária. Por sua vez, no concurso para Procurador do Estado de Pernambuco em 2009, foi considerado errado o seguinte enunciado: O STJ firmou a compreensão de que não é exigível a indenização, ao regime geral de previdência social, do período exercido na atividade rural, anterior à filiação obrigatória, para cômputo em regime estatutário.

É importante ressaltar que a indenização era tratada nos §§3º, 4º e 5º, do artigo 45, da Lei 8.212/91, que foi declarado inconstitucional pelo STF juntamente com o artigo 46, por preverem a decadência e a prescrição em 10 anos, tema afeto apenas à lei complementar (súmula vinculante 08).

Ao que parece, ele foi reputado inconstitucional por indevido arrastamento, pois não se exige que a indenização seja tema tratado por lei complementar, vez que a Suprema Corte não apreciou expressamente a sua incompatibilidade vertical, mas apenas dos prazos decenais de prescrição para cobrança e de decadência para o lançamento das contribuições para a seguridade social.

Por isso, plenamente válido é o novel artigo 45-A, da Lei 8.212/91, trazido, por cautela, pela Lei Complementar 128/2008, que grosso modo manteve as mesmas regras de antes.

De arremate, impende aduzir que a indenização não será devida pelo contribuinte individual que preste serviço à pessoa jurídica a partir da competência 04/2003, pois desde então a responsabilidade pelo recolhimento da sua contribuição previdenciária passou a ser exclusivamente da empresa tomadora, por força do artigo 4º, da Lei 10.666/2003.

> **Importante!**
> Pelo exposto, fica fácil definir a *indenização de tempo de serviço ou contribuição* como a quantia devida ao INSS como condição inafastável para o cômputo de período de exercício de atividade laborativa remunerada, exceto para fins de carência, visando à concessão de benefício do RGPS ou consideração em outro regime previdenciário (contagem recíproca), quer pelo não pagamento de contribuições previdenciárias já decaídas, quer pela atividade na época não se enquadrar como de filiação obrigatória.

4. MANUTENÇÃO DA QUALIDADE DE SEGURADO NO PERÍODO DE GRAÇA

É certo que a previdência social brasileira é contributiva, exigindo o pagamento das contribuições previdenciárias para a ocorrência e manutenção da filiação. Contudo, em observância ao Princípio da Solidariedade, pedra fundamental do nosso regime previdenciário, não seria justo que após a cessação das contribuições a pessoa perdesse imediatamente a condição de segurada, deixando de estar coberta pelo seguro social, justamente no momento em que enfrenta grandes dificuldades, em especial por não mais desenvolver atividade laborativa remunerada.

Por isso, o artigo 15, da Lei 8.213/91, prevê **lapsos temporais** *em que a pessoa mantém a qualidade de segurada, mesmo sem verter contribuições ao fundo previdenciário*, sendo esse período intitulado doutrinariamente de **período de graça**.

Para o **segurado obrigatório** do RGPS, o **período de graça básico** será de até **12 meses** após a cessação das contribuições previdenciárias. Neste caso, será possível uma prorrogação de 12 meses, caso o segurado tenha pagado mais de 120 contribuições mensais sem interrupção que acarrete a perda da qualidade de segurado.

> **▸ Como esse assunto foi cobrado em concurso?**
>
> No concurso do CESPE para Juiz Federal da 5ª Região em 2013, foi considerado correto o seguinte enunciado: O segurado que deixa de exercer atividade remunerada abrangida pela previdência social mantém a qualidade de segurado até doze meses após a cessação das contribuições, independentemente do pagamento de novas contribuições.

Outrossim, poderá ocorrer mais uma **prorrogação de 12 meses** para o segurado **desempregado**, desde que comprovada essa situação por **registro no órgão próprio do Ministério do Trabalho e Emprego**, a exemplo da percepção do seguro-desemprego, que o pressupõe, independentemente da prorrogação referida anteriormente.

Questão tormentosa é saber se o desemprego poderá ser comprovado por outros meios de prova que não o registro no Ministério do Trabalho e Emprego. O INSS não vem aceitando outra comprovação na esfera administrativa.

> **▸ Qual o entendimento da TNU sobre o assunto?**
>
> A TNU editou o enunciado de Súmula 27, aduzindo que "a ausência de registro em órgão do Ministério do Trabalho não impede a comprovação do desemprego por outros meios admitidos em Direito".

> **▸ Qual o entendimento do STJ sobre o assunto?**
>
> Em 10.03.2010, a divergência interna que existia foi uniformizada pela 3ª Seção do STJ, no julgamento da Pet 7.115, aderindo o STJ ao posicionamento da TNU: "Esse registro não deve ser tido como o único meio de prova da condição de desempregado do segurado, especialmente considerando que, em âmbito judicial, prevalece o livre convencimento motivado do Juiz e não o sistema de tarifação legal de provas. Assim, o registro perante o Ministério do Trabalho e da Previdência Social poderá ser suprido quando for comprovada tal situação por outras provas constantes dos autos, inclusive a testemunhal".

Ou seja, a 3ª Seção do STJ aderiu ao entendimento da TNU ao admitir que a comprovação do desemprego seja feita por outros meios de prova além do registro em órgão do Ministério do Trabalho e Emprego, para fins de prorrogação do período de graça do segurado obrigatório em 12 meses.

Por outro lado, a 3ª Seção entendeu que a ausência de anotação laboral na CTPS do segurado não é suficiente para comprovar a sua situação de desemprego, já que não afasta a possibilidade do exercício de atividade remunerada na informalidade.

▸ Como esse assunto foi cobrado em concurso?

No concurso do CESPE para Procurador do TCU em 2015, foi considerado CERTO o seguinte enunciado: Para fins de prorrogação do período gratuito para o segurado desempregado, entende o STJ que a ausência de anotação laboral na CTPS do segurado não é suficiente para comprovar a sua situação de desemprego.

▸ Qual o entendimento da TNU sobre o assunto?

Posteriormente ao posicionamento tomado pelo STJ, a TNU resolveu interpretar a Súmula 27 de acordo com o entendimento uniformizado pela Corte Superior, no sentido de que "a falta de registro de vínculo empregatício em CTPS ou no CNIS não é suficiente à comprovação do desemprego, que pode ser demonstrado por outros meios de prova admitidos em Direito" (PEDILEF 2007.71.95.016880-3, de 14.06.2011).

▸ Como esse assunto foi cobrado em concurso?

No concurso do CESPE para Oficial Técnico de Inteligência da ABIN em 2010, foi considerado correto o seguinte enunciado: Considerando a jurisprudência do STJ e a legislação acerca do RGPS, julgue o item seguinte. Para efeito de ampliação do período de graça, a ausência de registro em órgão do Ministério do Trabalho e Emprego não impede a comprovação do desemprego por outros meios admitidos em direito.

▸ Como esse assunto foi cobrado em concurso?

No concurso do CESPE para Juiz Federal da 5ª Região em 2011, foi considerado errado o seguinte enunciado: De acordo com a jurisprudência do STJ, no que se refere à tarifação legal de provas, o registro no Ministério do Trabalho e Emprego deve servir como o único meio de prova da condição de desempregado do segurado, o que representa exceção à prevalência do livre convencimento motivado do juiz.

> **Importante!**
>
> Assim, com as duas prorrogações de 12 meses, é possível que o período de graça do segurado obrigatório chegue a 36 meses.

Por outro lado, para o **segurado facultativo**, o **período de graça** será de até **06 meses**, *sem direito a qualquer prorrogação.*

> **Como esse assunto foi cobrado em concurso?**
>
> No concurso do CESPE para Juiz do Trabalho da 5ª Região em 2006, foi considerado correto o seguinte enunciado: Considere que Gilmar, síndico de um condomínio residencial, sem remuneração, tenha promovido sua inscrição na previdência social. Nessa situação, caso venha a deixar de contribuir por 6 meses consecutivos, perderá a qualidade de segurado da previdência.

Ainda são previstos prazos e termos iniciais específicos para o cômputo do período de graça em hipóteses especiais:

A) até 12 (doze) meses após cessar a segregação, o segurado acometido por doença de segregação compulsória;

B) até 12 (doze) meses após o livramento, o segurado retido ou recluso;

> **Como esse assunto foi cobrado em concurso?**
>
> No concurso do CESPE para Juiz do Trabalho da 5ª Região em 2006, foi considerado correto o seguinte enunciado: Gerson, empregado de uma grande empresa de energia, foi processado, julgado por prática de infração criminal e condenado a cumprir 6 anos de reclusão. Após sujeitar-se a mais de 36 meses da pena, obteve livramento condicional. Nessa situação, sua qualidade de beneficiário será mantida durante os 12 meses seguintes ao livramento.

C) até 3 (três) meses após o licenciamento, o segurado incorporado às Forças Armadas para prestar serviço militar.

> **Como esse assunto foi cobrado em concurso?**
>
> No concurso do CESPE para Juiz Federal da 1ª Região em 2009, foi considerado errado o seguinte enunciado: O segurado incorporado às Forças Armadas para prestar serviço militar mantém a qualidade de segurado, independentemente de contribuições, até 6 meses após o licenciamento.

Insta salientar que **não correrá o período de graça para os segurados em gozo de benefício previdenciário** ou, caso tenha se iniciado a sua contagem, haverá a suspensão do prazo, que voltará a correr após a cessação do benefício.

Por isso, na forma da Súmula 26, da Advocacia-Geral da União, "para a concessão de benefício por incapacidade, não será considerada a perda da qualidade de segurado decorrente da própria moléstia incapacitante".

Logo, o importante é fixar a data de início da incapacidade (DII), para ver se nessa data a pessoa ainda era ou não segurada da Previdência Social.

▶ **Como esse assunto foi cobrado em concurso?**

No concurso do CESPE para Promotor de Justiça do Espírito Santo em 2010, foi considerado errado o seguinte enunciado: Considere que Pedro, que exercia atividade remunerada abrangida pela previdência social, tenha sofrido um acidente e, em decorrência disso, recebido auxílio-doença por 24 meses. Nessa situação hipotética, é correto afirmar que ele manteve a qualidade de segurado durante todo o período em que recebeu o auxílio-doença, **desde que ele tenha comprovado a situação de desempregado pelo registro no órgão próprio do Ministério do Trabalho e Emprego.** Outrossim, no concurso do CESPE para Juiz Federal da 5ª Região em 2011, foi considerado errado o seguinte enunciado: O trabalhador que, em razão de estar incapacitado para o trabalho, deixar de contribuir para a previdência social por mais de doze meses consecutivos perderá a qualidade de segurado, pois incapacidade não é hipótese legalmente prevista para a manutenção da qualidade de segurado do trabalhador que deixe de exercer atividade remunerada.

No caso de fuga do recolhido à prisão, será descontado do prazo de manutenção da qualidade de segurado a partir da data da fuga, o período de graça já usufruído anteriormente ao recolhimento.

Insta salientar que se houver exercício de atividade dentro do período de fuga, o mesmo será considerado para a verificação da perda ou não da qualidade de segurado, nos termos do artigo 117, §3º, do Regulamento da Previdência Social.

O início do prazo para definir o momento da perda da qualidade ocorrerá no dia seguinte ao término do prazo do recolhimento da competência do mês anterior. O RPS, no seu artigo 14, fixou uma data única para todos os segurados, que é o dia seguinte à data final de recolhimento do contribuinte individual, que se operará até o dia 15 do mês seguinte ao da competência, ou, se não houver expediente bancário, no dia útil posterior, na forma do artigo 30, inciso II, da Lei 8.212/91.

▸ **Importante!**

Logo, o termo inicial do período de graça não será a data de cessação do exercício de atividade laborativa remunerada, e sim o dia seguinte à data máxima de recolhimento de contribuição previdenciária não promovida, entendimento mais favorável aos segurados, inclusive.

Contudo, as questões de prova até o momento não vem sendo técnicas neste ponto, pois realmente é um tema ligado à prática previdenciária e constante em normas internas do INSS. Por exemplo, a questão do CESPE abaixo colacionada considerou que o período de graça começará a ser contado a partir do dia em que o segurado deixa de exercer atividade laboral remunerada.

▸ **Como esse assunto foi cobrado em concurso?**

No concurso do CESPE para Advogado do BRB em 2009, foi considerado correto o seguinte enunciado: Pedro trabalhou para uma pessoa jurídica desde 1995, ininterruptamente, tendo contribuído mensalmente para o custeio da seguridade social, durante todo este período, na condição de segurado obrigatório. Em 11/1/2010, Pedro foi demitido sem justa causa. Nessa circunstância e considerando a legislação previdenciária em vigor, Pedro manterá sua qualidade de segurado, independentemente de contribuições, até 11/1/ 2012.

Como exemplo, suponha-se o caso de um segurado contribuinte individual que tenha deixado de trabalhar em 31.03.2007. Nesta hipótese, partindo da premissa que a competência de março foi recolhida até o dia 15 de abril, conforme determina a legislação previdenciária, o *diesa quo* do período de graça será 16 de maio, pois a competência de abril não foi recolhida até o dia 15 de maio.

Abaixo se colaciona parte da tabela de cálculo do período de graça, que reflete o posicionamento administrativo do INSS (anexo XXIV da IN INSS 77/2015), que referenda o nosso entendimento:

Situação	A partir de 6/3/1997 (Decreto nº 2.172, de 5 de março de 1997)
Até 120 contribuições	Dia 16 do 14º mês.
Mais de 120 contribuições	Dia 16 do 26º mês.
Em gozo de benefício	Dia 16 do 14º ou 26º mês.
Recluso	Dia 16 do 14º mês.
Facultativo (a partir da Lei nº 8.213/91)	Dia 16 do 8º mês
Segurado Especial	Dia 16 do 14º mês
Serviço Militar	Dia 16 do 5º mês

Contudo, no ano de 2010, no concurso para o provimento dos cargos de Perito-médico do INSS, o CESPE foi técnico e seguiu o regramento da autarquia previdenciária para calcular o período de graça, que, inclusive, é mais benéfico ao segurado.

▸ Como esse assunto foi cobrado em concurso?

No concurso para Perito do INSS elaborado pelo CESPE em 2010, foi considerado errado o seguinte enunciado: Denise requereu exoneração do cargo que ocupava na administração pública federal, fato que se consumou em 16/11/2009. A partir dessa data, ela passou a viajar pelo Brasil, sem exercer qualquer atividade econômica, e não se filiou ao RGPS na qualidade que lhe seria legalmente permitida então. Nessa situação, se sofrer um acidente em 27/12/2010, Denise não poderá pleitear, perante o INSS, nenhum benefício por incapacidade, pois não possuirá a qualidade de segurado.

Na questão de prova referida, Denise era segura empregada do RGPS, pois titular de cargo em comissão, sendo a responsabilidade tributária pelo recolhimento da contribuição previdenciária da empresa. A cessação do vínculo deu-se em 16/11/2009. Logo, a competência 11/2009 foi paga no mês de dezembro de 2009 pela empresa. Já a competência de dezembro de 2009 não foi paga para Denise em janeiro de 2010, pois em dezembro ela não mais trabalhava. Logo, considerando que o RPS fixou o dia 15 como prazo final para o recolhimento, a partir de 16/01/2010 começou a correr o período de graça de Denise por 12 meses.

Por tudo isso, tecnicamente o enunciado foi considerado errado pelo CEPSE, pois até o dia 15/01/2011 Denise estava dentro do período de graça, tendo direito ao benefício, pois o acidente ocorreu antes (em 27/12/2010).

Durante o **período de graça** o segurado **conservará todos os direitos perante a Previdência Social**, na forma do artigo 15, §3º, da Lei 8.213/91 e, por consequência, também os seus dependentes.

Assim sendo, qualquer previsão do Regulamento que restrinja ou retire a concessão de benefícios previdenciários no período de graça será ilegal, como aconteceu no passado com o auxílio-acidente e o salário-maternidade, corrigidos, respectivamente, com a publicação dos Decretos 6.722/2008 e 6.122/2007.

Porém, o artigo 88, inciso IV, do RPS, ainda prevê que o salário-família cessará pelo desemprego do segurado, carecendo, portanto, de fundamento de validade, enquanto o segurado desempregado estiver dentro do período de graça.

▸ Importante!

Excepcionalmente, a concessão da aposentadoria por idade, especial ou por tempo de contribuição não mais exige a manutenção da qualidade de segurado, desde que o segurado preencha todos os requisitos legais, mesmo que não simultaneamente, a teor do artigo 3º, da Lei 10.666/2003.

▸ Como esse assunto foi cobrado em concurso?

No concurso do CESPE para Procurador Federal em 2007, foi considerado correto o seguinte enunciado: A perda da qualidade de segurado não prejudica o direito à aposentadoria se todos os requisitos para a sua concessão já tiverem sido preenchidos e estiverem de acordo com a legislação em vigor à época em que esses requisitos foram atendidos.

<table>
<tr><th colspan="3">Período de graça</th></tr>
<tr><td rowspan="3">Regra geral</td><td rowspan="2">12 meses: Segurados obrigatórios</td><td>+12 meses: Segurado desempregado com registro no MTE. (Ver Súmula 27 da TNU.)</td></tr>
<tr><td>+ 12 meses: Segurado com mais de 120 contribuições mensais. (É preciso que não tenha havido perda da qualidade de segurado.)</td></tr>
<tr><td colspan="2">6 meses: Segurados facultativos</td></tr>
<tr><td rowspan="3">Casos específicos</td><td colspan="2">12 meses: Após cessar a segregação compulsória por doença</td></tr>
<tr><td colspan="2">12 meses: Após o livramento do preso</td></tr>
<tr><td colspan="2">3 meses: Após o licenciamento do incorporado às forças armadas</td></tr>
</table>

5. CARÊNCIA

Com o intuito de resguardar o equilíbrio financeiro e atuarial do sistema, bem como prevenir a ocorrência de fraudes, a concessão de alguns benefícios previdenciários depende do prévio pagamento de um número mínimo contribuições previdenciárias em dia, o que se intitula de carência.

> **Como esse assunto foi cobrado em concurso?**
>
> No concurso da FCC para Juiz do Trabalho do TRT da 18ª Região em 2014, foi considerada correta a letra B: A carência no sistema previdenciário: a) visa verificar o grau de sinistralidade do segurado. b) tem como fundamento a busca do equilíbrio financeiro atuarial. c) é exigida para todos os benefícios não acidentários. d) é exigida para todos os benefícios acidentários. e) é de 120 contribuições mensais, para o benefício aposentadoria por idade.

A definição legal de carência, conforme capitulado no artigo 24, da Lei 8.213/91, é posta como *o número mínimo de contribuições mensais indispensáveis para que o beneficiário faça jus ao benefício, consideradas a partir do transcurso do primeiro dia dos meses de suas competências.*

Todavia, esse conceito legal é incompleto, pois ainda será preciso que as contribuições previdenciárias sejam pagas tempestivamente para fins de carência, sendo imprestáveis as recolhidas com atraso. **Ou seja, a carência se realizará não apenas como o pagamento das contribuições previdenciárias, mas também com o seu recolhimento em dia**.

Para os segurados que possuem presunção de recolhimento da contribuição previdenciária não se há de falar de recolhimento em atraso, devendo a carência ser computada a contar do mês da filiação, independentemente do recolhimento, a saber: empregado, empregado doméstico, trabalhador avulso e contribuinte individual que presta serviços à empresa.

A inserção do empregado doméstico neste rol se deu apenas por força da Lei Complementar 150/2015, que modificou o artigo 27, da Lei 8.213/91.

Já o contribuinte individual que trabalha por conta própria e o segurado facultativo, por serem os responsáveis tributários pelo recolhimento da sua contribuição não possuem presunção de recolhimento, de modo que o período de carência será contado apenas da data de efetivo pagamento da primeira contribuição sem atraso, não sendo consideradas para este fim as contribuições recolhidas com atraso referentes a competências anteriores.

Nesse sentido, de acordo com o artigo 18-A, §15, da Lei Complementar 123/2006, inserido pela Lei Complementar 139/2011, no caso do contribuinte individual filiado como microempreendedor individual, a inadimplência do recolhimento do valor da sua contribuição previdenciária tem como consequência a não contagem da competência em atraso para fins de carência para obtenção dos benefícios previdenciários respectivos.

Logo, o pagamento de contribuições previdenciárias em atraso pelo contribuinte individual e pelo segurado facultativo não servirá para fins de carência, mas apenas serão computadas como tempo de contribuição.

▸ **Como esse assunto foi cobrado em concurso?**

No concurso do CESPE para Promotor de Justiça do Espírito Santo em 2010, foi considerado errado o seguinte enunciado: As contribuições que o segurado contribuinte individual pagar em atraso não serão consideradas para efeito de carência **nem serão computadas como tempo de contribuição para efeito de aposentadoria**, ainda que comprovado o exercício de atividade abrangida pela previdência social.

No entanto, é certo que o artigo 27, II, da Lei 8.213/91 possui uma redação dúbia, ao estatuir que para cômputo do período de carência, **serão consideradas as contribuições realizadas a contar da data do efetivo pagamento da primeira contribuição sem atraso, não sendo consideradas para este fim as contribuições recolhidas com atraso referentes a competências anteriores**, no caso dos segurados contribuinte individual, especial (que recolhe sobre o salário de contribuição) e facultativo.

Assim, surgiu uma corrente doutrinária e jurisprudencial no sentido de que o recolhimento das contribuições atrasadas antes da inscrição não se prestam para fins de carência, mas, por outro lado, se forem contribuições recolhidas em atraso após a inscrição e a primeira paga em dia, estas são consideradas para integralização do período de carência, sendo necessário não ter havido a perda da qualidade de segurado.

Nesse sentido, em interpretação do artigo 27, da Lei 8.213/91, a TNU vem entendendo que a partir da 1ª contribuição paga sem atraso, às demais poderão ser pagas com atraso para fins de carência.

▸ **Qual o entendimento da TNU sobre o assunto?**

"EMENTA PREVIDENCIÁRIO. CARÊNCIA. CONTRIBUINTE INDIVIDUAL. RECOLHIMENTO COM ATRASO DAS CONTRIBUIÇÕES POSTERIORES À PRIMEIRA. AUSÊNCIA DE PERDA DA QUALIDADE DE SEGURADO. POSSIBILIDADE DE CÔMPUTO DAS CONTRIBUIÇÕES ATRASADAS. 1. **Devem ser consideradas, para efeito de carência quanto à obtenção do benefício de auxílio-doença, as contribuições previdenciárias recolhidas com atraso, desde que posteriores à primeira paga sem atraso**. 2. A possibilidade do cômputo, para efeito de carência, dessas contribuições recolhidas em atraso decorre diretamente da interpretação do disposto no art. 27, II, da Lei nº 8.213/91. Importa, para que esse pagamento seja considerado, que não haja perda da qualidade de segurado. Precedente do STJ (REsp 642243/PR, Rel. Ministro Nilson Naves, Sexta Turma, julgado em 21/03/2006, DJ 05/06/2006 p. 324). Incidente 200772500000920, de 21.11.2008.

No entanto, a própria TNU entende que as contribuições atrasadas após a primeira paga em dia somente se prestam para fins de carência se ainda recolhidas dentro do período de graça, vez que se na data do recolhimento já tiver se dado a perda da qualidade de segurado serão imprestáveis para fins de carência.

▸ **Qual o entendimento da TNU sobre o assunto?**

"As contribuições previdenciárias recolhidas com atraso devem ser consideradas para efeito de carência desde que posteriores à primeira paga sem atraso e que o atraso não importe nova perda da condição de segurado (PEDILEF n.º 200670950114708 PR, Rel. Juiz Fed. Élio Wanderley de Siqueira Filho, DJ 14 abr. 2008).- Hipótese na qual o recorrente alega que o acórdão da Turma Recursal de origem, mantendo a sentença de procedência do pedido de aposentadoria por idade, divergiria da jurisprudência dominante da TNU, segundo a qual é possível o recolhimento de contribuições em atraso, desde que haja a manutenção da qualidade de segurado.- **A TNU já firmou o entendimento quanto à possibilidade de cômputo das contribuições previdenciárias recolhidas a posteriori pelo contribuinte individual para efeitos de carência, se não houver perda da**

qualidade de segurado. No caso, o acórdão recorrido afirmou expressamente não haver mais obrigatoriedade do requisito qualidade de segurado, de forma que, pagas as contribuições, mesmo a destempo, seria possível o seu cômputo para fins de carência e, consequentemente, para obtenção da aposentadoria por idade, o que diverge da jurisprudência desta TNU.

Como a recorrida não mais detinha a qualidade de segurada quando do pagamento das contribuições em atraso, referentes às competências de janeiro de 2002 até setembro de 2009, uma vez que passou mais de quatro anos sem contribuir, e tendo pago todo o período a partir do dia que completou a idade exigida para a concessão da aposentadoria por idade, tais contribuições recolhidas em atraso, após perda da qualidade de segurado, não podem ser computadas como carência, mas apenas como tempo de contribuição.- Incidente de Uniformização conhecido e provido para reformar a sentença e o acórdão impugnados, julgando improcedente o pedido da autora" (PEDILEF 50389377420124047000, de 08/03/2013).

▸ **Qual o entendimento do STJ sobre o assunto?**

1. É da data do efetivo pagamento da primeira contribuição sem atraso que se inicia a contagem do período de carência quando se tratar de contribuinte individual. **2. As contribuições previdenciárias recolhidas em atraso, em período anterior ao primeiro pagamento sem atraso, não podem ser consideradas para o cômputo do período de carência, nos termos do art. 27, II, da Lei n. 8.213/1991.** Precedentes. 3.Recurso especial" (STJ, 2ª Turma, REsp 1376961, de 28/05/2013).

▸ **Como esse assunto foi cobrado em concurso?**

No concurso do CESPE para Defensor Público do Tocantins em 2013, foi considerado correto o seguinte enunciado: Considere que, ao contratar um empregado doméstico, o empregador tenha recolhido sem atraso a primeira contribuição. Nessa situação, as contribuições referentes às competências posteriores serão sempre consideradas para efeito de carência, ainda que pagas com atraso.

Ademais, para o *segurado especial*, a carência será realizada pelo exercício da atividade campesina ou pesqueira artesanal para subsistência, no período equivalente ao número de contribuições mensais exigidas, não sendo necessário o efetivo recolhimento da contribuição sobre a produção rural ou pesqueira, ante da ficção normativa de filiação automática do segurado especial.

Neste ponto, andou melhor o artigo 26 do RPS, que define carência como *o tempo correspondente ao número mínimo de contribuições mensais indispensáveis para que o beneficiário faça jus ao benefício, consideradas a partir do transcurso do primeiro dia dos meses de suas competências*, ou, para o segurado especial, *o tempo mínimo de efetivo exercício de atividade rural, ainda que de forma descontínua, igual ao número de meses necessário à concessão do benefício requerido.*

Deveras, note-se que **o termo inicial** da carência será o **primeiro dia** da competência recolhida. Logo, se um contribuinte individual recolhe a competência de fevereiro até o dia 15 de março, será considerado o dia 1º de fevereiro como o *dies a quo* do cálculo da carência, mesmo que o exercício do trabalho tenha se operado no fim do mês.

> **Importante!**
> Não será computado para efeito de carência o tempo de atividade do trabalhador rural anterior à competência novembro de 1991, por expressa exclusão do artigo 26, §3º, do RPS.

O período de carência será computado:

I. **para o segurado empregado, o empregado doméstico, o trabalhador avulso e o contribuinte individual que presta serviços a pessoa jurídica (este a partir da competência 04/2003)**, da data de filiação ao Regime Geral de Previdência Social, ou seja, a partir do exercício de atividade laborativa remunerada;

II. **para o segurado contribuinte individual que não presta serviços à pessoa jurídica, o facultativo e o segurado especial que contribui da mesma forma que o contribuinte individual**, da data do efetivo recolhimento da primeira contribuição sem atraso, não sendo consideradas para esse fim as contribuições recolhidas com atraso referentes a competências anteriores;

III. **para o segurado especial,** a partir do efetivo exercício da atividade rural ou pesqueira artesanal para fins de subsistência sem o auxílio de empregados permanentes.

Ou seja, para o segurado empregado, o empregado doméstico (LC 150/2015), o trabalhador avulso e o contribuinte individual prestador de serviços à pessoa jurídica (este a partir da competência de 04.2003), basta o exercício da atividade remunerada para se iniciar o cômputo da carência, vez que a responsabilidade tributária pelo pagamento das contribuições previdenciárias é exclusiva da empresa, a teor do artigo 33, §5º, da Lei 8.212/91, presumindo-se de maneira absoluta o pagamento.

Por outro lado, o contribuinte individual que trabalha por conta própria e o segurado facultativo deverão comprovar o recolhimento tempestivo das contribuições previdenciárias para integralização da carência.

No caso do segurado facultativo e do contribuinte individual que trabalha por conta própria a justificativa dessa regra é que é deles a responsabilidade tributária pelo pagamento, pois inexiste empresa a ser responsabilizada.

Já para o segurado especial, para a realização da carência, bastará a demonstração do efetivo exercício da atividade rural ou pesqueira artesanal para fins de subsistência sem o auxílio de empregados permanentes.

▸ **Importante!**

Depende de carência a concessão dos seguintes benefícios previdenciários:

I. 10 contribuições mensais - salário-maternidade, para as seguradas contribuinte individual, especial e facultativa;

II. 12 contribuições mensais - auxílio-doença e aposentadoria por invalidez (em regra);

III. 180 contribuições mensais - aposentadoria por idade, tempo de contribuição e especial.

▸ **Como esse assunto foi cobrado em concurso?**

No concurso do CESPE para Juiz Federal da 5ª Região em 2009, foi considerado errado o seguinte enunciado: Em regra, independe de carência a concessão das seguintes prestações: pensão por morte, auxílio-reclusão, aposentadoria por invalidez e auxílio-acidente.

Assim, em regra, a concessão dos benefícios por incapacidade laborativa (auxílio-doença e aposentadoria por invalidez) dependerá da integralização de 12 contribuições mensais a título de período de carência, salvo nas três exceções que serão vistas.

Em caso de parto antecipado, o período de carência para o salário-maternidade será reduzido em número de contribuições equivalente ao número de meses em que o parto foi antecipado.

Portanto, se uma segurada especial, contribuinte individual ou facultativa tiver bebê com apenas 07 meses de gestação, a carência será de 08 contribuições mensais, e não de 10 recolhimentos.

A Medida Provisória 664/2014 chegou a inserir, como regra geral, carência de 24 recolhimentos mensais para a pensão por morte e o auxílio-reclusão, mas a lei de conversão (13.135/2015) restaurou a redação anterior, dispensando a carência para os benefícios dos dependentes.

Contudo, nas hipóteses das aposentadorias por idade, tempo de contribuição e especial, para os filiados ao RGPS até 24.07.1991, existe uma regra de transição para a integralização da carência, pois no regime anterior exigia-se apenas 60 contribuições mensais.

Assim, levando-se em conta o ano em que o segurado implementar todas as condições necessárias à obtenção do benefício, será obedecida a seguinte tabela, inserta no artigo 142, da Lei 8.213/91:

Ano de implementação das condições	Meses de contribuição exigidos
1991	60 meses
1992	60 meses
1993	66 meses
1994	72 meses
1995	78 meses
1996	90 meses
1997	96 meses
1998	102 meses
1999	108 meses
2000	114 meses

Ano de implementação das condições	Meses de contribuição exigidos
2001	120 meses
2002	126 meses
2003	132 meses
2004	138 meses
2005	144 meses
2006	150 meses
2007	156 meses
2008	162 meses
2009	168 meses
2010	174 meses
2011	180 meses

Note-se que a regra de transição incidiu até o ano de 2010, pois os segurados antigos que preencheram os requisitos em 2011 em diante terão que realizar a carência de 180 contribuições mensais.

A atual jurisprudência dominante do STJ passou a adotar um posicionamento mais favorável ao segurado, no sentido de que, para os inscritos na mudança do regime, mesmo que tenha havido a perda e a reaquisição da qualidade de segurado após o advento da Lei 8.213/91, há de se aplicar a tabela do artigo 142 da Lei 8.213/91.

▸ **Qual o entendimento do STJ sobre o assunto?**

Informativo 539 - "O inscrito no RGPS até 24/7/1991, mesmo que nessa data não mais apresente condição de segurado, caso restabeleça relação jurídica com o INSS e volte a ostentar a condição de segurado após a Lei 8.213/1991, tem direito à aplicação da regra de transição prevista no art. 142 do mencionado diploma, devendo o requisito da carência, para a concessão de aposentadoria urbana por idade, ser definido de acordo com o ano em que o segurado implementou apenas o requisito etário – e não conforme o ano em que ele tenha preenchido, simultaneamente, tanto o requisito da carência quanto o requisito etário". **REsp 1.412.566-RS, Rel. Min. Mauro Campbell Marques, 2ª Turma, julgado em 27/3/2014".**

Para a concessão da aposentadoria por idade, vale ressaltar que o entendimento da Previdência Social para a incidência da transcrita tabela tem sido mais favorável aos segurados, pois está sendo considerado o ano em que o segurado completou a idade mínima para o deferimento do benefício, mesmo que a carência tenha sido integralizada posteriormente (**"congelamento" da carência**), conforme explicitado na questão 21, do Parecer CONJUR/MPS 616/2010.

Logo, como a aposentadoria por idade para os homens será concedida aos 65 anos de idade, em regra, se um segurado completou essa idade em 1993 terá que realizar a carência de 66 contribuições mensais, mesmo que apenas em 1995 integralize a carência, não sendo necessário atingir 78 contribuições mensais.

▸ Qual o entendimento da TNU sobre o assunto?

Súmula 44 – "Para efeito de aposentadoria por idade urbana, a tabela progressiva de carência prevista no art. 142 da Lei nº 8.213/91 deve ser aplicada em função do ano em que o segurado completa a idade mínima para concessão do benefício, ainda que o período de carência só seja preenchido posteriormente" (precedente: PEDILEF 0022551-92208.4.01.3600, de 24.11.2011).

▸ Qual o entendimento do STJ sobre o assunto?

"PREVIDENCIÁRIO. APOSENTADORIA POR IDADE. TRABALHADORA URBANA. SEGURADA INSCRITA NO RGPS ANTES DA EDIÇÃO DA LEI 8.213/91. APLICAÇÃO DA REGRA DE TRANSIÇÃO PREVISTA NO ART. 142 DA LEI DE BENEFÍCIOS. CARÊNCIA MÍNIMA CUMPRIDA. AGRAVO REGIMENTAL A QUE SE NEGA PROVIMENTO.

1. Para a concessão da aposentadoria por idade, de acordo com o artigo 48 da Lei 8.213/91, o segurado urbano deve preencher dois requisitos: a) idade mínima de 65 (sessenta e cinco) anos, se homem e 60 (sessenta) anos, se mulher; b) cumprimento da carência mínima exigida por lei.

2. Aplica-se aos segurados urbanos inscritos no RGPS antes de 24 de julho de 1991, data da publicação da Lei 8.213, a regra de transição prevista no artigo 142 da citada Lei.

3. De acordo com a regra de transição do artigo 142 da Lei 8.213/91, o segurado que, no ano de 2001, implementar todas as condições necessárias à obtenção do benefício precisará comprovar 120 (cento e vinte) meses de contribuição.

4. A agravada se filiou ao RGPS em 1986 e em 2001, quando completou 60 (sessenta) anos de idade, apresentava carência de 121 (cento e vinte e um) meses de contribuição.

> X - nefropatia grave;
> XI - estado avançado da doença de Paget (osteíte deformante);
> XII - síndrome da deficiência imunológica adquirida - Aids;
> XIII - contaminação por radiação, com base em conclusão da medicina especializada; e
> XIV - hepatopatia grave.
> Art. 2º O disposto no artigo 1º só é aplicável ao segurado que for acometido da doença ou afecção após a sua filiação ao RGPS".

No entanto, com a Lei 13.135/2015, o artigo 151 da Lei 8.213/91 foi restaurado, passando a inserir uma nova doença grave para dispensar a carência dos benefícios por incapacidade, qual seja, a **esclerose múltipla**:

> Art. 151. Até que seja elaborada a lista de doenças mencionada no inciso II do art. 26, independe de carência a concessão de auxílio-doença e de aposentadoria por invalidez ao segurado que, após filiar-se ao RGPS, for acometido das seguintes doenças: tuberculose ativa, hanseníase, alienação mental, **esclerose múltipla**, hepatopatia grave, neoplasia maligna, cegueira, paralisia irreversível e incapacitante, cardiopatia grave, doença de Parkinson, espondiloartrose anquilosante, nefropatia grave, estado avançado da doença de Paget (osteíte deformante), síndrome da deficiência imunológica adquirida (aids) ou contaminação por radiação, com base em conclusão da medicina especializada.

Já o salário-maternidade poderá ou não ter carência de 10 contribuições mensais, a depender do enquadramento da segurada. Para a empregada, a trabalhadora avulsa e para a empregada doméstica a carência foi legalmente dispensada.

Vale ressaltar que até o advento da Lei 9.876/99, a carência do salário-maternidade da segurada especial era de 12 meses, não se aplicando mais a previsão do artigo 39, parágrafo único, da Lei 8.213/91, por força da nova redação do artigo 25, III, da Lei 8.213/91.

Conquanto inexista previsão legal ou regulamentar expressa, de acordo com a **jurisprudência dominante, o período em que o segurado percebeu benefício por incapacidade será considerado para fins de carência**, em que pese inexistir o pagamento de contribuição previdenciária, pois o filiado esteve impedido de desenvolver atividade laboral, conforme entendimento do TRF da 2ª Região (AMS 37037, de

21.09.2004), 3ª Região (AMS 272378, de 12.08.2008) e da 4ª Região (AC 2001.04.01.075498-6, de 29.07.2008).

▸ **Qual o entendimento da TNU sobre o assunto?**

Para a TNU, o período em que o segurado percebeu benefício por incapacidade será considerado para fins de carência, a exemplo da decisão tomada no PEDILEF 200763060010162, de 23.06.2008.

Entretanto, para a Previdência Social, esse período não deverá ser computado para fins de carência, que pressupõe efetivo recolhimento das contribuições previdenciárias, não se confundindo percepção de benefício com o pagamento das contribuições previdenciárias (nesse sentido, o Parecer/CONJUR/MPS 616/2010, aprovado pelo Ministro da Previdência Social em 23.12.2010)

▸ **Qual o entendimento do STJ sobre o assunto?**

Na atualidade, a jurisprudência do STJ se firmou no sentido de que é possível a consideração dos períodos em que o segurado esteve em gozo de auxílio-doença ou de aposentadoria por invalidez como carência para a concessão de aposentadoria por idade, se intercalados com períodos contributivos (2ª Turma, REsp 1422081, de 24/04/2014 - 6ª Turma, AgRg no REsp 1271928, de 16/10/2014).

▸ **Qual o entendimento do STF sobre o assunto?**

"Nesse sentido: ARE 802.877, Rel. Min. Teori Zavascki, DJe 1º.4.2014 e ARE 746.835-AgR, Rel. Min. Dias Toffoli, 1ª Turma, DJe 07.10.2014, com a seguinte ementa: "Agravo regimental no recurso extraordinário com agravo. Previdenciário. Aposentadoria por invalidez. Cômputo do tempo de gozo de auxílio-doença para fins de carência. Possibilidade. Precedentes. 1. O Supremo Tribunal Federal decidiu nos autos do RE nº 583.834/PR-RG, com repercussão geral reconhecida, que devem ser computados, para fins de concessão de aposentadoria por invalidez, os períodos em que o segurado tenha usufruído do benefício de auxílio-doença, desde que intercalados com atividade laborativa. 2. A Suprema Corte vem-se pronunciando no sentido de que o referido entendimento se aplica, inclusive, para fins de cômputo da carência, e não apenas para cálculo do tempo de contribuição. Precedentes: ARE 802.877/RS, Min. Teori Zavascki, DJe de 1/4/14; ARE 771.133/RS, Min. Luiz Fux, DJe de 21/2/2014; ARE 824.328/SC, Min. Gilmar Mendes, DJe de 8/8/14; e ARE 822.483/RS, Min. Cármem Lúcia, DJe de 8/8/14. 3. Agravo regimental não provido."

TABELA DA CARÊNCIA

COM CARÊNCIA	PRESTAÇÃO
180 contribuições	Aposentadoria por idade, especial e por tempo de contribuição.
12 contribuições	Aposentadoria por invalidez e auxílio-doença, em regra.
10 contribuições	Salário-maternidade da contribuinte individual, segurada especial e facultativa.
SEM CARÊNCIA	Salário-família; auxílio-acidente; pensão por morte ; auxílio-reclusão ; serviço social; reabilitação profissional; salário-maternidade da empregada, avulsa e doméstica; aposentadoria por invalidez e auxílio-doença decorrentes de acidentes de qualquer natureza, moléstia ocupacional ou doença grave listada pela Previdência Social e Ministério da Saúde

▸ Como esse assunto foi cobrado em concurso?

No concurso do CESPE para Juiz Federal da 5ª Região em 2013, foi considerado errado o seguinte enunciado: Independe de carência a concessão de salário-maternidade para mulher que presta serviço de natureza urbana ou rural, em caráter eventual, a uma ou mais empresas, sem relação de emprego.

▸ Importante!

É muito comum no meio previdenciário que se confundam os institutos do período de carência e do tempo de contribuição que, embora possuam similitudes, podem ser claramente diferenciados a partir de uma análise técnica.

O principal traço comum é que o recolhimento da contribuição previdenciária tempestivamente realiza tanto o tempo de contribuição quanto o período de carência.

No entanto, é possível apontar as seguintes diferenças:

A) No caso dos segurados que são responsáveis pelo recolhimento da sua contribuição previdenciária (segurado facultativo e contribuinte individual que trabalha por conta própria), o recolhimento em atraso é computado como tempo de contribuição, mas não será considerado para efeitos de carência;

B) O período de carência sempre será contado a partir do dia 1º da respetiva competência. Já o tempo de contribuição inicia o seu cômputo somente a contar do dia da filiação, não retroagindo ao dia primeiro;

C) Existem benefícios previdenciários que exigem a carência, mas não o tempo de contribuição, a exemplo da aposentadoria por idade. Já outros exigem simultaneamente a carência e um tempo mínimo de contribuição, como a aposentadoria por tempo de contribuição e a aposentadoria especial. Há também os benefícios que dispensam a carência, como o auxílio-acidente e o salário-família.

Suponha-se que Odorico seja um contribuinte individual que trabalhe por conta própria e que tenha recolhido 35 anos de contribuições previdenciárias. No entanto, por ser uma pessoa relapsa, todos os recolhimentos foram intempestivos, pois efetuados fora do prazo legal (até o dia 15 do mês seguinte de cada competência ou dia útil posterior se no dia 15 não houver expediente bancário).

Nesta situação hipotética, na visão do INSS, Odorico não fará jus à aposentadoria por tempo de contribuição, pois conquanto possua o equivalente a 35 anos de contribuição, não terá realizado a carência, haja vista que nenhuma contribuição foi arrecadada no prazo.

Outro caso para ilustrar. Larissa é contribuinte individual que trabalha por conta própria e há um ano não recolhe nenhuma contribuição previdenciária. Se ela recolher de vez as 12 contribuições em atraso, estas serão consideradas como um ano de contribuição, mas não servirão para a integralização do período de carência.

6. FATOR PREVIDENCIÁRIO

Ao contrário do que ocorreu nos Regimes Próprios de Previdência Social com o advento da promulgação da Emenda 20/98, no RGPS continua sendo possível a concessão de aposentadoria sem a exigência de idade mínima do segurado, a exemplo da aposentadoria

Apenas as pessoas com idade mais avançada e com grande tempo de contribuição se favorecerão do fator previdenciário, pois neste caso ele tende a ser superior a 1,0.

Eis a fórmula para o cálculo do fator previdenciário:

$$f = \frac{Tc \times a}{Es} \times \left[1 + \frac{(Id + Tc \times a)}{100}\right]$$

onde:

f = fator previdenciário;

Es = expectativa de sobrevida no momento da aposentadoria;

Tc = tempo de contribuição até o momento da aposentadoria;

Id = idade no momento da aposentadoria; e

a = alíquota de contribuição correspondente a 0,31.

Para efeito da aplicação do fator previdenciário ao tempo de contribuição do segurado serão adicionados:

I. cinco anos, quando se tratar de mulher; ou

II. cinco ou dez anos, quando se tratar, respectivamente, de professor ou professora, que comprovem exclusivamente tempo de efetivo exercício das funções de magistério na educação infantil e no ensino fundamental e médio.

▸ Como esse assunto foi cobrado em concurso?

No concurso do CESPE para Juiz Federal da 5ª Região em 2013, foi considerado correto o seguinte enunciado: Tratando-se de mulher, para aplicação do fator previdenciário, cujo cálculo baseia-se na idade, na expectativa de sobrevida e no tempo de contribuição do segurado ao se aposentar, adicionam-se ao tempo de contribuição cinco anos.

Quanto maior o fator previdenciário melhor para o segurado. O fator superior a 1,0 irá aumentar o salário de benefício, ao passo que o fator inferior a 1,0 irá reduzi-lo. Ademais, quanto maior a idade e o tempo de contribuição maior será o fator previdenciário.

▸ Como esse assunto foi cobrado em concurso?

No concurso do CESPE para Defensor Público do Tocantins em 2013, foi considerado errado o seguinte enunciado: Para efeito do cálculo do salário de benefício na aposentadoria por tempo de contribuição, o valor do fator previdenciário será **inversamente** proporcional ao tempo de contribuição.

Tomando por base a tabela de 2011 do fator previdenciário, um homem que conte com 35 anos de contribuição e 53 anos de idade terá um fator previdenciário de 0,668, ou seja, o seu salário de benefício sofrerá uma redução de 33,2%.

Já outro segurado com 65 anos de idade e 35 anos de contribuição terá um fator previdenciário de 1,072, tendo um acréscimo de 7,2% no cálculo do seu salário de benefício.

Por força do artigo 5º, da Lei 9.876/99, observando o Princípio da Segurança Jurídica, a aplicação do fator previdenciário foi progressiva ao longo de cinco anos, incidindo sobre um sessenta avos por mês que se seguir à sua publicação, expirando-se para os benefícios com data de início a partir de 01.12.2004.

Foi assegurado o **direito adquirido** de todos os segurados que preencheram os requisitos para a aposentadoria por tempo de contribuição até 28.11.1999, dia anterior ao da publicação da Lei 9.876/99, ao cálculo da sua aposentadoria por tempo de contribuição sem a incidência do fator previdenciário.

> ▸ **Como esse assunto foi cobrado em concurso?**
>
> No concurso do CESPE para Procurador Federal em 2010, no curso de formação, foi considerado errado o seguinte enunciado: O fator previdenciário se aplica a todas as aposentadorias por tempo de contribuição concedidas a partir da lei que o instituiu, ainda que os requisitos para a concessão da aposentadoria tenham sido preenchidos antes da vigência da referida lei.

> ▸ **Qual o entendimento do STF sobre o assunto?**
>
> O fator previdenciário teve a sua validade constitucional questionada no STF por intermédio das ADI's 2.110 e 2.111, por suposta inserção indevida de mais um requisito no cálculo da aposentadoria não previsto no artigo 201, da CRFB, tendo a medida cautelar sido indeferida.

Cuida-se de instituto que é concretização do Princípio do Equilíbrio Financeiro e Atuarial da Previdência Social, na medida em que inibe aposentadorias precoces, pois inexistente risco social a ser coberto.

Entende-se que o melhor caminho é a instituição de idade mínima para a aposentadoria por tempo de contribuição (60 anos e 55

que o segurado recebia ou daquela a que teria direito se estivesse aposentado por invalidez na data de seu falecimento.

Conforme regra de transição contida artigo 3º, da Lei 9.876/99, para os segurados com filiação anterior a 29.11.1999, apenas serão utilizados os salários de contribuição a partir da competência de **julho de 1994**, ou seja, após a criação da atual moeda.

Na hipótese de segurado em gozo do auxílio-acidente, desde o advento da Lei 9.528/97, o valor do referido benefício integrará o salário de contribuição para o cálculo do salário de benefício da aposentadoria. No regime anterior, era possível a percepção conjunta da aposentadoria com o auxílio-acidente, restando apenas resguardados os direitos adquiridos.

Os **salários de contribuição** considerados no cálculo do valor do benefício serão **corrigidos** mês a mês de acordo com a variação integral do Índice Nacional de Preços ao Consumidor - INPC, calculado pela Fundação Instituto Brasileiro de Geografia e Estatística - IBGE, **até o mês anterior ao do início do benefício**.

Trata-se de conquista do atual ordenamento constitucional, na forma do previsto no artigo 201, §3º, pois anteriormente nem todos os salários de contribuição eram atualizados, o que gerava uma defasagem na renda mensal inicial em tempos de altíssima inflação.

Com fulcro no artigo 29-A, da Lei 8.213/91, o INSS utilizará as informações constantes no Cadastro Nacional de Informações Sociais - CNIS sobre os vínculos e as remunerações dos segurados, para fins de cálculo do salário de benefício, comprovação de filiação ao Regime Geral de Previdência Social, tempo de contribuição e relação de emprego.

O CNIS é um banco de dados previdenciários mantidos pela DATAPREV, sendo abastecido pela GFIP - Guia de Recolhimento do FGTS e de Informações Previdenciárias e pelo RAIS - Relatório Anual de Informações Sociais, dentre outras fontes. É uma ferramenta indispensável para boa presentação judicial do INSS promovida pelos Procuradores Federais, pois traz subsídios para a defesa.

Havendo dúvida sobre a regularidade do vínculo incluído no CNIS e inexistência de informações sobre remunerações e contribuições, o INSS exigirá a apresentação dos documentos que serviram de base à anotação, sob pena de exclusão do período.

▸ **Importante!**

O salário de benefício possui **limites mínimos e máximos, não podendo ser inferior a um salário mínimo** nem superior ao teto do salário de contribuição da data de início do benefício, atualizado para **R$ 4.663,75**, desde 01.01.2015.

▸ **Importante!**

No entanto, caso o salário de benefício seja limitado em um caso concreto ao teto legal, na hipótese de a média aritmética dos salários de contribuição superar o limite máximo, deverá ser promovida a sua readequação no primeiro reajuste pelo INSS, observado o novo valor máximo, como ocorreu com os novos tetos inaugurados pelas Emendas 20/1998 (R$ 1.200,00) e 41/2003 (R$ 2.400,00).

▸ **Qual o entendimento do STF sobre o assunto?**

De acordo com a Suprema Corte, no julgamento do recurso extraordinário 564.354, de 08.09.2010, "não ofende o ato jurídico perfeito a aplicação imediata do art. 14 da Emenda Constitucional n. 20/1998 e do art. 5º da Emenda Constitucional n. 41/2003 aos benefícios previdenciários limitados a teto do regime geral de previdência estabelecido antes da vigência dessas normas, de modo a que passem a observar o novo teto constitucional".

▸ **Como esse assunto foi cobrado em concurso?**

No concurso do CESPE para Juiz Federal da 5ª Região em 2011, foi considerado correto o seguinte enunciado: É possível a aplicação imediata de novo teto previdenciário fixado por emenda constitucional aos benefícios pagos com base em limitador anterior, considerados os salários de contribuição utilizados para os cálculos iniciais, pois não se trata de majoração do valor do benefício sem a correspondente fonte de custeio, mas apenas da declaração do direito de o segurado ter a sua renda mensal de benefício calculada com base em limitador mais alto.

No caso do **segurado especial**, desde a vigência da Lei 11.718/2008, **o salário de benefício é fixado em um salário mínimo**, exceto se ele adotou o regime de recolhimento do contribuinte individual, consoante facultado pelo artigo 25, §1º, da Lei 8.212/91, ou ainda se recolheu

termos do art. 32 da Lei 8.213/1991, o desempenho de atividades concomitantes por parte do segurado pode lhe garantir que o salário de benefício seja (a) o resultado da soma dos salários de contribuição efetivados em cada atividade cujas condições foram totalmente satisfeitas (inciso I), ou (b) será a soma do salário de contribuição da atividade cuja condição foi totalmente satisfeita (atividade principal) acrescido de um percentual decorrente dos valores recolhidos das demais atividades (incisos II, "a" e "b", e III). **Nesse contexto, o fato de o segurado ao RGPS ter prestado atividade concomitante secundária vinculada a regime próprio não afasta o direito à soma do percentual estipulado para efetivação do cálculo do salário de benefício de aposentadoria vinculada àquele regime, visto que a norma contida no art. 32 da Lei de Benefícios Previdenciários não se restringe às atividades concomitantes exercidas exclusivamente no RGPS.** Ressalte-se, ainda, que o art. 94 da referida lei garante a compensação financeira entre os sistemas existentes. **REsp 1.428.981-PR, Rel. Min. Humberto Martins, julgado em 2/6/2015, DJe 6/8/2015".**

Em todas as hipóteses, deverá ser observado o **teto** de **R$ 4.663,75** (valor atualizado para 2015), pois a soma não poderá ultrapassar esta quantia.

Antes do advento da Emenda 20/1998 e da Lei 9.876/99, o salário de benefício consistia na média aritmética simples de todos os últimos salários de contribuição dos meses imediatamente anteriores ao do afastamento da atividade ou data de entrada do requerimento, até o máximo de 36, apurados em período não superior a 48 meses.

No caso da aposentadoria por tempo de serviço, especial ou por idade, caso o segurado contasse com menos de 24 contribuições no referido período, o salário de benefício correspondia a 1/24 da soma dos salários de contribuição apurados.

Outrossim, antes da Lei 9.032/95, o cálculo dos benefícios decorrentes de acidente de trabalho era diferenciado, se mais vantajoso ao segurado, pois era considerado o salário de contribuição do dia do acidente.

Essas regras, apesar de revogadas, são ultra-ativas, pois em razão do Princípio do *Tempus Regit Actum* os benefícios concedidos na sua vigência deverão ser revisados de acordo com essas regras, caso caiba alguma majoração.

8. RENDA MENSAL INICIAL DOS BENEFÍCIOS PREVIDENCIÁRIOS

Exceto o salário-família e o salário-maternidade, que têm outras fórmulas de cálculo, **todos os benefícios do RGPS serão cálculos através da aplicação de um percentual sobre o salário de benefício**.

Apenas para ilustrar, pois os benefícios previdenciários em espécie serão estudados no próximo Capítulo, eis o valor das rendas mensais iniciais:

A) **Auxílio-acidente**: 50% do salário de benefício;

B) **Aposentadoria por idade**: 70% do salário de benefício, acrescido de 1% a cada grupo de 12 contribuições mensais, até o limite máximo de 100%;

C) **Auxílio-doença**: 91% do salário de benefício;

D) **Aposentadoria por invalidez, especial e por tempo de contribuição**: 100% do salário de benefício.

> ▸ **Como esse assunto foi cobrado em concurso?**
>
> No concurso do CESPE para Juiz Federal da 5ª Região em 2011, foi considerado errado o seguinte enunciado: O salário de benefício da aposentadoria por invalidez será igual a 91% do valor do salário de benefício do auxílio-doença anteriormente recebido, reajustado pelos índices de correção dos benefícios previdenciários.

A **pensão por morte** é também calculada com o manejo do salário de benefício, mas indiretamente, pois ela equivalerá a cem por cento do valor da aposentadoria que o segurado recebia ou daquela a que teria direito se estivesse aposentado por invalidez na data de seu falecimento.

Por sua vez, o **auxílio-reclusão** terá o mesmo valor da pensão por morte, sendo, portanto, também calculada por via transversa pelo salário de benefício.

> ▸ **Importante!**
>
> A **renda mensal** do benefício de prestação continuada que **substituir o salário de contribuição ou o rendimento do trabalho** do segurado **não terá valor inferior ao do salário mínimo**, consoante determinação do artigo 201, §2º, da Constituição de 1988, que contempla um enorme avanço de proteção social no Brasil.

▸ **Como esse assunto foi cobrado em concurso?**

No concurso do CESPE para Promotor de Justiça do Espírito Santo em 2010, foi considerado correto o seguinte enunciado: Ao indivíduo que tenha sofrido acidente de trabalho e implementado todos os requisitos necessários à concessão de aposentadoria por invalidez, mas não possua salários-de-contribuição no período básico de cálculo, será concedida aposentadoria por invalidez com renda mensal no valor de um salário mínimo.

Por fim, para a definição das regras de cálculo da renda mensal inicial dos benefícios incidirá o Princípio do *Tempus Regit Actum*, sendo aplicáveis as normas em vigor na data do preenchimento de todos os requisitos.

▸ **Qual o entendimento do STF sobre o assunto?**

De acordo com o entendimento do STF, "os benefícios previdenciários devem regular-se pela lei vigente ao tempo em que preenchidos os requisitos necessários à sua concessão. Incidência, nesse domínio, da regra "tempus regit actum", que indica o estatuto de regência ordinariamente aplicável em matéria de instituição e/ou de majoração de benefícios de caráter previdenciário" (AI 625.446 AgR, de 12.08.2008).

▸ **Como esse assunto foi cobrado em concurso?**

No concurso do CESPE para Procurador Federal em 2010, no curso de formação, foi considerado errado o seguinte enunciado: Conforme a jurisprudência pacificada no âmbito do STF, julgue o item abaixo. O cálculo da renda mensal inicial do benefício previdenciário pode ser revisto para aplicação de lei superveniente à sua concessão, desde que mais benéfica ao segurado.

Com base no Princípio do *Tempus Regit Actum* e da Precedência da Fonte de Custeio, novos critérios de cálculo dos benefícios não se aplicam aos concedidos anteriormente, mesmo que sejam mais benéficos.

▸ **Qual o entendimento do STF sobre o assunto?**

"Em matéria previdenciária, a jurisprudência do Supremo Tribunal Federal firmou-se no sentido de que a lei de regência é a vigente no tempo de concessão do benefício (*tempus regit actum*). 2. Lei nova (Lei n. 9.032/95 para os beneficiados antes do seu advento e Lei n. 8.213 para aqueles que obtiveram a concessão em data anterior a 1991), que não tenha fixado a retroatividade de seus efeitos para os casos anteriormente aperfeiçoados, submete-se à exigência normativa estabelecida no art. 195, § 5º, da Constituição: "Nenhum benefício ou serviço da seguridade social poderá ser criado, majorado ou estendido sem a correspondente fonte de custeio total." (RE 320.179, de 09.02.2007).

▸ Como esse assunto foi cobrado em concurso?

No concurso do CESPE para Advogado da União em 2012, no curso de formação, foi considerado errado o seguinte enunciado: Em face do princípio constitucional da irredutibilidade do valor dos benefícios previdenciários, a aplicação de novos critérios de cálculo mais benéficos estabelecidos em lei deve ser automaticamente estendida a todos os benefícios cuja concessão tenha corrido sob regime legal anterior.

Benefícios dos dependentes
Pensão por morte
Auxílio-reclusão

Vale ressaltar que **o seguro-desemprego não é um benefício previdenciário**, pois foi excluído expressamente pelo artigo 9º, §1º, da Lei 8.213/91, sendo gerenciado no âmbito do Ministério do Trabalho e Emprego, e não da Previdência Social, conquanto o risco social "desemprego involuntário" esteja previsto no artigo 201, inciso III, da Constituição Federal, como tutelável pelo RGPS. **Contudo, frise-se se tratar de tema deveras polêmico e que ultimamente não vem sendo cobrado em prova.**

▸ Como esse assunto foi cobrado em concurso?

No concurso do CESPE para Juiz Federal da 5ª Região em 2006, foi considerado errado o seguinte enunciado: Marcelo trabalha para a pessoa jurídica Alfa, exercendo o cargo de auxiliar administrativo. Em 10/2/2006, Marcelo teve seu contrato individual de trabalho com a empresa Alfa rescindido. Nessa situação, por sua condição de segurado obrigatório da previdência social, Marcelo terá direito ao benefício previdenciário denominado seguro desemprego.

De seu turno, vários benefícios previstos na Lei 8.213/91 foram posteriormente **extintos**, como o auxílio-natalidade, o auxílio-funeral, o pecúlio, do abono de permanência em serviço e as aposentadorias especiais do jornalista profissional, do jogador de futebol profissional, do telefonista, do juiz classista e do aeronauta.

▸ Como esse assunto foi cobrado em concurso?

No concurso do CESPE para Procurador do Tribunal de Contas da Bahia em 2010, foi considerado errado o seguinte enunciado: Se um empregado de uma fábrica tivesse cumprido todos os requisitos para a aposentadoria por tempo de contribuição em setembro de 2009, ele teria direito ao abono de permanência em serviço a contar da data do requerimento.

Ademais, existem benefícios pagos no RGPS que serão previstos em normas especiais **(benefícios especiais)**, a exemplo da aposentadoria do ex-combatente da 2ª Guerra Mundial, da aposentadoria ou pensão excepcional do anistiado político, da pensão especial vitalícia para as vítimas da Talidomida, da pensão mensal vitalícia dos seringueiros, da pensão mensal das vítimas da hemodiálise de Caruaru e da pensão mensal das vítimas da Hanseníase.

No que tange aos *serviços previdenciários*, são listados **apenas dois**, que poderão ser prestados tanto aos segurados quanto aos seus dependentes.

Serviços dos segurados e dos dependentes
Serviço social
Reabilitação profissional

De logo, vale registrar que a concessão de aposentadoria espontânea não tem o condão de extinguir o contrato de trabalho, não mais prevalecendo a redação do artigo 453, da CLT, pois seria uma hipótese de despedida arbitrária, o que atenta contra o artigo 7º, inciso I, da Constituição Federal.

▸ **Qual o entendimento do STF sobre o assunto?**

Este é o entendimento pacificado pela Suprema Corte, desde o julgamento da ADI/MC 1.721, em 19.12.1997, que se mantém até a atualidade.

▸ **Como esse assunto foi cobrado em concurso?**

No concurso do CESPE para Procurador do BACEN em 2009, foi considerado errado o seguinte enunciado: A mera concessão da aposentadoria voluntária ao trabalhador tem por efeito extinguir, instantânea e automaticamente, o seu vínculo de emprego.

▸ **Como esse assunto foi cobrado em concurso?**

No concurso para Procurador do Estado do Acre em 2012, foi cobrada a seguinte questão dissertativa: Discorra sobre os efeitos da aposentadoria por invalidez e aposentadoria espontânea no contrato de trabalho, e, em relação à última, esclareça qual tem sido o entendimento que prevalece no Supremo Tribunal Federal, inclusive em relação ao empregado público.

▸ **Importante!**

Uma **dica** para o estudo das prestações previdenciárias é a similitude de direitos entre o segurado empregado e o trabalhador avulso, que normalmente são os mesmos. Na verdade, a Lei 8.213/91 nada mais fez do que concretizar a Constituição Federal, que prevê no artigo 7º, inciso XXXIV, a igualdade de direitos entre o trabalhador com vínculo empregatício permanente e o trabalhador avulso.

▸ **Qual o entendimento da TNU sobre o assunto?**

"Súmula 78- Comprovado que o requerente de benefício é portador do vírus HIV, cabe ao julgador verificar as condições pessoais, sociais, econômicas e culturais, de forma a analisar a incapacidade em sentido amplo, em face da elevada estigmatização social da doença".

▸ **Importante!**

Em regra, a concessão da aposentadoria por invalidez pressupõe a realização de carência de 12 contribuições mensais, que será *excepcionalmente dispensada* nas hipóteses de invalidez decorrente de acidente de qualquer natureza, doença profissional, do trabalho ou das moléstias graves listadas em ato regulamentar.

▸ **Como esse assunto foi cobrado em concurso?**

No concurso do CESPE para Procurador do BACEN em 2009, foi considerado errado o seguinte enunciado: A aposentadoria por invalidez é benefício de pagamento continuado, de risco imprevisível, razão pela qual, conforme a legislação, não se exige período de carência para concedê-la.

De acordo com o artigo 151, da Lei 8.213/91, com redação dada pela Lei 13.135/2015, "até que seja elaborada a lista de doenças mencionada no inciso II do art. 26, independe de carência a concessão de auxílio-doença e de aposentadoria por invalidez ao segurado que, após filiar-se ao RGPS, for acometido das seguintes doenças: tuberculose ativa, hanseníase, alienação mental, **esclerose múltipla**, hepatopatia grave, neoplasia maligna, cegueira, paralisia irreversível e incapacitante, cardiopatia grave, doença de Parkinson, espondiloartrose anquilosante, nefropatia grave, estado avançado da doença de Paget (osteíte deformante), síndrome da deficiência imunológica adquirida (aids) ou contaminação por radiação, com base em conclusão da medicina especializada", **tendo a novidade sido a inserção de esclerose múltipla.**

No entanto, para que haja a dispensa de carência, é necessário que o segurado seja acometido da doença ou afecção após a sua filiação ao Regime Geral de Previdência Social.

Insta lembrar que para o **segurado especial** a carência será integralizada com a comprovação do exercício da atividade campesina ou pesqueira artesanal para fins de subsistência, sem a utilização de empregados permanentes, no período imediatamente anterior ao infortúnio que o tornou inválido.

A condição de inválido dependerá de apreciação da perícia médica do INSS, sendo **obrigado** o segurado a se submeter a **exames médicos periódicos** (a cada dois anos), **reabilitação profissional e tratamento dispensado gratuitamente**, na forma do artigo 101, da Lei 8.213/91.

Neste ponto a Lei 8.213/91 é aparentemente contraditória. O artigo 42 coloca a impossibilidade de reabilitação profissional como condição para a concessão da aposentadoria por invalidez, ao passo que o artigo 101 determina que o aposentado por invalidez se submeta a processo de reabilitação profissional, sob pena de suspensão do benefício.

Com o advento da Lei 13.063, de 30 de dezembro de 2014, que modificou o artigo 101 da Lei 8.213/91, **o aposentado por invalidez estará isento do exame pericial a cargo do INSS após completar 60 anos de idade**, salvo nas seguintes hipóteses:

> I - verificar a necessidade de assistência permanente de outra pessoa para a concessão do acréscimo de 25% (vinte e cinco por cento) sobre o valor do benefício, conforme dispõe o art. 45 da Lei 8.213/91;
>
> II - verificar a recuperação da capacidade de trabalho, mediante solicitação do aposentado que se julgar apto;
>
> III - subsidiar autoridade judiciária na concessão de curatela.

Logo, com a acertada alteração normativa, pois era irrazoável o cancelamento de uma aposentadoria por invalidez de um idoso, **o benefício deixou de ser precário após o segurado completar 60 anos de idade**, somente podendo ser cancelado se o aposentado por invalidez requerer expressamente por se julgar apto ao trabalho.

Por outro lado, a perícia poderá ser feita no aposentado maior de 60 anos para fins de prova no processo judicial de curatela ou para avaliação do auxílio-acompanhante de 25% sobre a renda da aposentadoria, se o segurado necessitar da assistência permanente de terceira pessoa, podendo este acréscimo ser cancelado se cessado o pressuposto legal mesmo após o segurado ter atingido 60 anos de idade.

Constatada a capacidade para o trabalho, o segurado ou seu representante legal deverá ser notificado por escrito para, se não concordar com a decisão, requerer novo exame médico-pericial no prazo de trinta dias, que será realizado por profissional diferente daquele que efetuou o último exame.

Todavia, **a realização de cirurgia e de transfusão de sangue é facultativa**, sendo defeso que o INSS condicione o pagamento do benefício à sujeição a esses procedimentos.

> **Importante!**
>
> Vale ressaltar que **a aposentadoria por invalidez não é definitiva (salvo para os maiores de 60 anos de idade, que estão isentos da perícia, desde que não voltem a exercer atividade remunerada)**, devendo cessar a qualquer tempo caso o segurado recupere a sua capacidade laborativa, a exemplo de cura após tratamento cirúrgico que se submeteu espontaneamente.

> **Como esse assunto foi cobrado em concurso?**
>
> No concurso do CESPE para Procurador do Município de Aracaju em 2007, foi considerado errado o seguinte enunciado: Considere que Carlos, segurado do RGPS, após sofrer acidente de trabalho, tenha sido, naquele momento, considerado incapaz e insuscetível de reabilitação para o exercício de atividade profissional que lhe garanta a subsistência. Nessa situação, Carlos não terá seu benefício revertido ou suspenso, dada a natureza permanente de sua incapacidade.

Caberá a cessação do benefício pela mera recuperação da capacidade laboral do segurado, constada por perícia médica do INSS, não sendo nem necessário que ele volte a trabalhar.

Ademais, dispõe o artigo 46 da Lei 8.213/91 que o aposentado por invalidez que retornar voluntariamente à atividade terá sua aposentadoria automaticamente cancelada, a partir da data do retorno.

▸ **Como esse assunto foi cobrado em concurso?**

No concurso da FCC para Juiz do Trabalho do TRT da 18ª Região em 2014, foi considerada correta a letra A: A aposentadoria por invalidez NÃO é benefício: a) de caráter definitivo. b) de caráter permanente. c) devido a segurados facultativos. d) cuja alíquota corresponda ordinariamente a 100% do salário de benefício. e) cujo valor tenha de ser superior ao salário mínimo.

Isso porque a concessão deste benefício pressupõe a incapacidade laborativa total e permanente para o exercício do trabalho. Se há exercício de atividade laboral pelo segurado, significa que a manutenção da aposentadoria por invalidez é indevida.

Crê-se que o exercício de mandato eletivo deve gerar o cancelamento da aposentadoria por invalidez, pois se trata de exercício de atividade laboral remunerada. Isso porque as atividades políticas exigem uma capacidade de trabalho bastante similar a uma série de profissões.

Ao menos, em situações extremas, durante o exercício do mandato eletivo deveria ser suspenso o pagamento do benefício, sob pena de se consumar uma anomalia jurídica, pois haveria o recolhimento de contribuições previdenciárias como segurado obrigatório empregado e, ao mesmo tempo, o pagamento da aposentadoria por invalidez.

▸ **Qual o entendimento do STJ sobre o assunto?**

No âmbito do STJ, o tema é polêmico: "PREVIDENCIÁRIO. RECURSO ESPECIAL. APOSENTADORIA POR INVALIDEZ. CUMULAÇÃO COM SUBSÍDIO DECORRENTE DO EXERCÍCIO DE MANDATO ELETIVO. POSSIBILIDADE. 1. É possível a percepção conjunta do subsídio decorrente do exercício de mandato eletivo (vereador), por tempo determinado, com o provento de aposentadoria por invalidez, por se tratarem de vínculos de natureza diversa, uma vez que a incapacidade para o trabalho não significa, necessariamente, invalidez para os atos da vida política" (1ª Turma, REsp 1377728, de 18/06/2013)."PREVIDENCIÁRIO. RECURSO ESPECIAL. APOSENTADORIA POR INVALIDEZ. CANCELAMENTO. RETORNO DO SEGURADO AO TRABALHO. EXERCÍCIO DE MANDATO ELETIVO (PREFEITO).1. De acordo com o art. 46 da Lei 8.213/91, o retorno do segurado ao trabalho é causa de cessação da aposentadoria por invalidez, devendo ser respeitado, entretanto, o devido processo legal, com a garantia da ampla defesa e do contraditório.

2. Na hipótese de o segurado voltar ao trabalho para desempenhar atividade diversa da que exercia, a aposentadoria será gradualmente mantida, até o cancelamento definitivo, nos termos descritos no inciso II do art. 47 da Lei 8.213/91 .3. A aposentadoria por invalidez é uma garantia de amparo ao Trabalhador Segurado da Previdência Social que, em virtude de incapacidade laborativa total e definitiva, não possa prover suas necessidades vitais básicas. No caso, não mais subsistem as causas que ampararam a concessão do benefício, já que o recorrente possui condições de manter sua subsistência por meio de atividade remunerada, exercendo, inclusive, o cargo de Prefeito Municipal. 4. Recurso Especial do particular improvido" (5ª Turma, REsp 966736, de 23/08/2007).

Entende-se que mesmo que a concessão da aposentadoria por invalidez seja judicial, poderá a Previdência Social revê-la na via administrativa, caso se constate a recuperação da capacidade laboral por perícia médica, pois a decisão judicial está sujeita à cláusula *rebus sic stantibus* (enquanto as coisas estão assim).

▸ **Qual o entendimento do STJ sobre o assunto?**

No entanto, existem precedentes do STJ que exigem autorização judicial: "PREVIDENCIÁRIO. APOSENTADORIA POR INVALIDEZ. CONCESSÃO POR ATO JUDICIAL. CANCELAMENTO ADMINISTRATIVO. IMPOSSIBILIDADE. NECESSIDADE DE AÇÃO JUDICIAL PARA REVISÃO DE BENEFÍCIO CONCEDIDO JUDICIALMENTE. ANÁLISE DE VIOLAÇÃO DE MATÉRIA CONSTITUCIONAL. COMPETÊNCIA DO STF. AGRAVO REGIMENTAL A QUE SE NEGA PROVIMENTO. 1. Deferida a aposentadoria por invalidez judicialmente, pode a autarquia previdenciária rever a concessão do benefício, uma vez tratar-se de relação jurídica continuativa, desde que por meio de ação judicial, nos termos do art. 471, inciso I, do Código de Processo Civil, e em respeito ao princípio do paralelismo das formas. (REsp 1201503 / RS, Relatora Ministra MARIA THEREZA DE ASSIS MOURA, SEXTA TURMA, Data do Julgamento 19/11/2012, DJe 26/11/2012)". AgRg no REsp 1267699, de 16/05/2013.

Outrossim, a anterior percepção de auxílio-doença não é condição para a concessão da aposentadoria por invalidez, pois poderá este benefício ser concedido diretamente, quando o INSS constatar que a enfermidade ou o acidente é tão grave que já tornou o segurado inválido, sem possibilidade de reabilitação profissional.

▸ **Importante!**

A renda mensal inicial da aposentadoria por invalidez será de 100% do salário de benefício em qualquer hipótese.

Na hipótese de o segurado ter se filiado ao RGPS já inválido não haverá cobertura securitária, inexistindo direito à percepção da aposentadoria por invalidez, pois a lesão ou enfermidade preexistiam à cobertura securitária.

Todavia, caso a lesão ou enfermidade preexistiam à filiação, mas não ao ponto de tornar o segurado incapaz para o trabalho, tendo a invalidez se realizado após a filiação e em decorrência da progressão da doença ou lesão, fará jus o segurado à percepção da aposentadoria por invalidez, uma vez realizada a carência de 12 contribuições mensais, exceto nas hipóteses em que esta é dispensada.

Diz o texto legal que a doença ou lesão de que o segurado já era portador ao filiar-se ao Regime Geral de Previdência Social não lhe conferirá direito à aposentadoria por invalidez, salvo quando a incapacidade sobrevier por motivo de progressão ou agravamento dessa doença ou lesão.

▸ **Como esse assunto foi cobrado em concurso?**

No concurso do CESPE para Analista da SEGER/ES em 2013, foi considerado errado o seguinte enunciado: A aposentadoria por invalidez, uma vez cumprida, quando for o caso, a carência exigida, será devida, sem ressalvas, ao segurado que, estando ou não em gozo de auxílio-doença, for considerado incapaz e insuscetível de reabilitação para o exercício de atividade que lhe garanta a subsistência, ainda que a incapacidade decorra de doença ou lesão anterior à sua filiação ao RGPS

▸ **Qual o entendimento da TNU sobre o assunto?**

Súmula 53 – Não há direito a auxílio-doença ou a aposentadoria por invalidez quando a incapacidade para o trabalho é preexistente ao reingresso do segurado no Regime Geral de Previdência Social.

▸ Como esse assunto foi cobrado em concurso?

No concurso do CESPE para Procurador Federal em 2010 (curso de formação), foi considerado correto o seguinte enunciado: Quando o segurado, ao se filiar ao sistema previdenciário, já for portador de doença ou lesão, fará jus à aposentadoria por invalidez apenas se a incapacidade decorrer de agravamento ou progressão dessa doença ou de lesão posterior à filiação. Por sua vez, no concurso para Procurador do BACEN em 2009, foi considerado errado o seguinte enunciado: A doença ou lesão de que o segurado já era portador ao filiar-se ao RGPS não lhe conferirá direito à aposentadoria por invalidez, ainda quando a incapacidade sobrevier por motivo de progressão ou agravamento dessa doença ou lesão.

Em regra, a data de início do benefício (DIB) será a data da incapacidade, marco inicial do pagamento a ser promovido pelo INSS. Contudo, se entre a data da incapacidade e a data de entrada do requerimento (DER) se passar mais de 30 dias, a data de início do benefício será a data de entrada do requerimento na Previdência Social.

▸ Importante!

Apenas no caso do segurado empregado a regra será diferente, tendo em vista a obrigação legal da empresa de pagar ao segurado o seu salário durante os 15 primeiros dias do afastamento. A MP 664/2014 chegou a alterar a obrigação da empresa de pagamento do salário para 30 dias, mas a Lei 13.135/2015 restaurou os 15 dias.

Logo, para o segurado empregado, a data de início do benefício não será a data da incapacidade, e sim o 16º dia seguinte. Excepcionalmente, se entre a data da incapacidade e a data de entrada do requerimento se passar mais de 30 dias, a data de início do benefício também será a data de entrada do requerimento na Previdência Social.

No caso de concessão judicial, em decorrência do INSS ter negado o benefício na esfera administrativa, se por questões clínicas a perícia judicial não conseguir definir a data de início da incapacidade, a data de início do benefício será a data de juntada do laudo pericial aos autos.

▸ Qual o entendimento do STJ sobre o assunto?

De acordo com o atual posicionamento do STJ, "na ausência de prévio requerimento administrativo, o termo inicial para a implantação da aposentadoria por idade rural deve ser a data da citação válida do INSS - e não a data do ajuizamento da ação. No julgamento do REsp 1.369.165-SP, submetido ao rito do artigo 543-C do CPC, a Primeira Seção do STJ firmou compreensão segundo a qual, na ausência de prévio requerimento administrativo, o termo inicial para a implantação da aposentadoria por invalidez deve ser a data da citação da autarquia previdenciária federal, ao invés da data da juntada do laudo médico-pericial que atestou a invalidez do segurado". REsp 1.450.119-SP, Rel. originário Min. Mauro Campbell Marques, Rel. para acórdão Min. Benedito Gonçalves, julgado em 08/10/2014, DJe 1º/7/2015 (Informativo 565).

▸ **Importante!**

O valor da aposentadoria por invalidez do segurado que necessitar da assistência permanente de outra pessoa será **acrescido de 25% (auxílio-acompanhante)**, se assim comprovado em perícia médica do INSS.

▸ **Qual o entendimento da TNU sobre o assunto?**

Embora a Lei 8.213/91 apenas preveja o acréscimo de 25% para a aposentadoria por invalidez, no caso de o aposentado necessitar constantemente da assistência de terceira pessoa, a TNU estendeu o auxílio-acompanhante para a aposentadoria por idade no julgamento do processo 0501066-93.2014.4.05.8502, de 22 de março de 2015.

▸ **Qual o entendimento do STJ sobre o assunto?**

O STJ negou a extensão do auxílio-acompanhante para a aposentadoria por tempo de contribuição, vez que a Lei 8.213/91 apenas o previu para a aposentadoria por invalidez: "O segurado já aposentado por tempo de serviço e/ou por contribuição que foi posteriormente acometido de invalidez que exija assistência permanente de outra pessoa não tem direito ao acréscimo de 25% sobre o valor do benefício que o aposentado por invalidez faz jus em razão de necessitar dessa assistência (art. 45, caput, da Lei 8.213/1991). Isso porque o mencionado dispositivo legal restringiu sua incidência ao benefício de aposentadoria por invalidez, não podendo, assim, ser estendido a outras espécies de benefícios previdenciários. REsp 1.533.402-SC, Rel. Min. Sérgio Kukina, julgado em 1º/9/2015, DJe 14/9/2015"..

Vale lembrar que esse acréscimo poderá extrapolar o teto de pagamento dos benefícios do RGPS, sendo um valor fixo recalculado juntamente com o reajuste da aposentadoria por invalidez, tendo índole personalíssima, vez que o seu valor não será incorporado na pensão por morte eventualmente instituída pelo aposentado.

> ▸ **Como esse assunto foi cobrado em concurso?**
>
> No concurso do CESPE para Juiz Federal da 5ª Região em 2009, foi considerado errado o seguinte enunciado: O valor da aposentadoria por invalidez de segurado que necessitar da assistência permanente de outra pessoa será acrescido de valor específico pago em parcela fixa, que não será recalculada quando o benefício que lhe deu origem for reajustado. Outrossim, no concurso para Juiz Federal da 2ª Região em 2009, o CESPE considerou errado o seguinte enunciado: Nos casos de aposentadoria por invalidez em que o segurado necessite de assistência permanente de outra pessoa, o valor do benefício previdenciário não pode ser superior ao limite máximo do salário-de-contribuição na data inicial do benefício.

Esse acréscimo deverá ser pago desde a data de início do benefício, caso o aposentado por invalidez já necessitasse do auxílio permanente de outra pessoa naquele momento ou, sendo superveniente, a partir da data de entrada do requerimento administrativo, não gerando efeitos financeiros antes da provação administrativa.

> ▸ **Qual o entendimento do STJ sobre o assunto?**
>
> Informativo 483: "A jurisprudência do STJ é pacífica no sentido de que, quanto ao *dies a quo* da aposentadoria por invalidez, os efeitos financeiros do reconhecimento da moléstia devem retroagir à data do requerimento administrativo. Do mesmo modo, a percepção do acréscimo previsto no art. 45 da lei supradita pressupõe a demonstração da necessidade de assistência permanente, aferível somente com a postulação administrativa do próprio interessado e o consequente exame médico-pericial do INSS" (REsp 897.824-RS, Rel. Min. Sebastião Reis Júnior, julgado em 20/9/2011).

O anexo I, do RPS, traz um rol das situações que ensejam o acréscimo:

1. Cegueira total.
2. Perda de nove dedos das mãos ou superior a esta.
3. Paralisia dos dois membros superiores ou inferiores.
4. Perda dos membros inferiores, acima dos pés, quando a prótese for impossível.
5. Perda de uma das mãos e de dois pés, ainda que a prótese seja possível.

6. Perda de um membro superior e outro inferior, quando a prótese for impossível.
7. Alteração das faculdades mentais com grave perturbação da vida orgânica e social.
8. Doença que exija permanência contínua no leito.
9. Incapacidade permanente para as atividades da vida diária.

Impende ressaltar que o auxílio-acompanhante poderá ser cancelado mesmo após o aposentado por invalidez atingir os 60 anos de idade, sendo possível a realização de perícia médica para esse fim por força do artigo 103, §2º, inciso I, da Lei 8.213/91, alterada pela Lei 13.063/2014

Considerando que o artigo 45, da Lei 8.213/91, não lista as hipóteses em que o aposentado por invalidez fará jus ao acréscimo, entende-se que o referido rol é exemplificativo, pois não poderá o Regulamento prever todas as hipóteses que ensejem a necessidade de assistência permanente de outra pessoa.

A recuperação da capacidade laborativa pelo aposentado por invalidez poderá gerar o pagamento de um "prêmio" por seu esforço, pois o segurado ainda receberá algumas parcelas do benefício por alguns meses, sendo intitulado pela doutrina de **mensalidades de recuperação**.

De efeito, **quando a recuperação ocorrer dentro de 05 anos**, contado da data do início da aposentadoria por invalidez ou do auxílio-doença que a antecedeu sem interrupção, o benefício cessará após tantos meses quantos forem os anos de duração do auxílio-doença ou da aposentadoria por invalidez, para segurado empregado doméstico, trabalhador avulso, segurado especial, contribuinte individual e segurado facultativo.

No caso do segurado empregado, a cessação do pagamento será imediata, caso ele tenha direito a retornar à função que desempenhava na empresa quando se aposentou, na forma da legislação trabalhista.

▸ Como esse assunto foi cobrado em concurso?

No concurso do CESPE para Procurador do Estado do Ceará em 2007, foi considerado correto o seguinte enunciado: Considere que José, segurado empregado, aposentado por invalidez há quatro anos, após reabilitação, obteve êxito e recuperou integralmente sua capacidade para o exercício de atividade laboral, recebendo alta da perícia médica do INSS. Nessa situação, considerando a existência do direito de retornar ao trabalho na empresa em que desempenhava sua função antes da aposentadoria, cessará, de imediato, o benefício de José por invalidez.

Por outro lado, quando a recuperação ocorrer após os referidos 05 anos, ou, mesmo antes, se for parcial ou se o segurado for declarado apto para o exercício de trabalho diverso do qual habitualmente exercia, a aposentadoria será mantida, sem prejuízo da volta à atividade, da seguinte forma:

A) no seu valor integral, durante 06 meses contados da data em que for verificada a recuperação da capacidade;

B) com redução de 50%, no período seguinte de 06 meses;

C) com redução de 75%, também por igual período de 06 meses, ao término do qual cessará definitivamente.

Saliente-se que o empregado que for aposentado por invalidez terá suspenso o seu contrato de trabalho durante o prazo fixado pelas leis de previdência social para a efetivação do benefício, assegurado o direito à função que ocupava ao tempo da aposentadoria, facultado, porém, ao empregador, o direito de indenizá-lo por rescisão do contrato de trabalho, a teor do artigo 475, da CLT.

O artigo 55, do RPS, admitia a transformação da aposentadoria por invalidez em aposentadoria por idade, a pedido do segurado, desde que contasse com a carência e idade mínima, mas este dispositivo foi estranhamente revogado pelo Decreto 6.722/2008, não se vislumbrando base legal para tanto.

Inclusive, o entendimento administrativo expresso do INSS é pela vedação da transformação de aposentadoria por invalidez ou auxílio-doença em aposentadoria por idade para requerimentos efetivados a partir de 31 de dezembro de 2008, data da publicação do Decreto nº 6.722, de 2008, haja vista a revogação do art. 55 do RPS.

Certamente o que motivou a autarquia previdenciária a editar essa vedação é o fato de não aceitar o período de gozo de auxílio-doença ou aposentadoria por invalidez para o cômputo da carência da aposentadoria por idade, ante a ausência do pagamento das contribuições previdenciárias, existindo jurisprudência dominante em sentido contrário, conforme explicitado no estudo da carência.

▸ Qual o entendimento do STJ sobre o assunto?

Vale destacar **que a jurisprudência do STJ é firme no sentido da impossibilidade da conversão da aposentadoria por invalidez em aposentadoria por idade sob a vigência da Lei 8.213/91**, que não previu expressamente esta possibilidade: 5ª Turma, REsp 493.470, de 23.09.2003; 6ª Turma, AgRg no REsp 441.779, de 31.08.2005; 2ª REsp REsp 1422081, de 24/4/2014.

▸ Como esse assunto foi cobrado em concurso?

No concurso do CESPE para Procurador do TCU em 2015, foi considerado ERRADO o seguinte enunciado: Conforme a legislação previdenciária atual, a conversão da aposentadoria por invalidez em aposentadoria por idade ocorre de modo automático e sem quaisquer requisitos.

▸ Qual o entendimento da TNU sobre o assunto?

Já a TNU somente admite a citada conversão "acaso implementados os requisitos autorizadores durante a vigência do art. 55 do Decreto n.° 3.048/99 - revogado pelo Decreto n.° 6.722/08" (PEDILEF 200972540044001, de 29.03.2012).

Quadro sintético – Aposentadoria por invalidez	
Cabimento	segurado incapaz e insusceptível de reabilitação para o exercício de atividade que lhe garanta a subsistência.
Beneficiários	todos os segurados.
Carência	12 contribuições mensais (segurado especial 12 meses de atividade rurícola ou pesqueira em regime de economia familiar para a subsistência), salvo acidente de qualquer natureza, doença profissional ou do trabalho e doenças graves listadas em ato regulamentar.

Valor	100% do salário de benefício.
Outras informações	A) não é definitiva , salvo para os maiores de 60 anos de idade, se não voltarem a exercer atividade laboral;; B) é possível um acréscimo de 25%, inclusive extrapolando o teto, se o segurado necessitar de assistência permanente de outra pessoa; C) o segurado é obrigado a se submeter a exames médicos periódicos (a cada 02 anos), salvo se maior de 60 anos de idade e reabilitação profissional, mas não a cirurgia e transfusão de sangue; D) será devida desde a incapacidade (salvo empregado), se requerida até 30 dias. Se após, a data de início será a data do requerimento; no caso do segurado empregado, o empregador deve arcar com os salários por quinze dias antes da concessão da aposentadoria.

3. APOSENTADORIA POR IDADE

Regulamentação básica: artigo 201, §7º, inciso II, da Constituição Federal; artigos 48/51, da Lei 8.213/91; artigos 51/54, do RPS (Decreto 3.048/99).

Código de concessão: 41 – Aposentadoria por idade.

> ▸ **Importante!**
>
> Em regra, a aposentadoria por idade será devida ao **segurado homem** que completar **65 anos de idade** e a **mulher** com **60 anos de idade**, desde que comprovem a **carência de 180 contribuições mensais** pagas tempestivamente.

> ▸ **Como esse assunto foi cobrado em concurso?**
>
> No concurso do CESPE para Procurador do Município de Aracaju em 2007, foi considerado errado o seguinte enunciado: Considere que Pedro, com 62 anos de idade, perdeu o emprego há seis anos e não conseguiu retornar ao mercado de trabalho, perdendo, por isso, a qualidade de segurado do RGPS, apesar de ter contribuído por mais de vinte anos. Nessa situação hipotética, Pedro poderá requerer o benefício de aposentadoria por idade pelo fato de ter contribuído por tempo superior à carência.
>
> No concurso do CESPE para Juiz Federal da 5ª Região em 2011, foi considerado errado o seguinte enunciado: Para fins de aposentadoria por idade, é necessário que o trabalhador rural comprove atividade rurícola contínua, no período imediatamente anterior ao requerimento administrativo ou judicial, por período equivalente à **metade do prazo de carência** legalmente exigido aos demais trabalhadores.

Há previsão de concessão da aposentadoria por idade a todas as classes de segurados do RGPS, uma vez realizados os requisitos legais.

▸ **Importante!**

Conforme determinação constitucional, haverá redução de idade em 05 anos para os trabalhadores rurais de ambos os sexos e para os que exerçam suas atividades em regime de economia familiar, nestes incluídos o produtor rural, o garimpeiro e o pescador artesanal.

Ou seja, serão agraciados os segurados especiais, o garimpeiro (contribuinte individual) e produtor rural também enquadrado como contribuinte individual, bem como o empregado rural e o trabalhador avulso rural.

▸ **Como esse assunto foi cobrado em concurso?**

No concurso do CESPE para Juiz Federal da 5ª Região em 2009, foi considerado errado o seguinte enunciado: A aposentadoria por idade serádevida ao segurado que, cumprida a carência exigida pela lei, completar 65 anos de idade, se homem, e 60, se mulher, reduzindo-se tal prazo em 5 anos para os professores que pretendam receber o referido benefício e comprovem exclusivamente tempo de efetivo exercício das funções de magistério na educação infantil e no ensino fundamental e médio.

▸ **Importante!**

Contudo, para a integralização da carência, caso o trabalhador rural tenha que computar período no qual se enquadrava em outra categoria, não será aplicada a redução de idade em 05 anos, na forma do artigo 48, §3º, da Lei 8.213/91. Trata-se da popular aposentadoria por idade híbrida, em que se permite a soma da carência rural com urbana.

▸ **Como esse assunto foi cobrado em concurso?**

No concurso do CESPE para Advogado da CEF em 2010, foi considerado errado o seguinte enunciado: Marcone pagou 180 contribuições mensais, sendo 140 delas na condição de trabalhador rural e as demais na condição de trabalhador avulso. Nessa situação, Marcone poderá requerer sua aposentadoria por idade quando completar 60 anos de idade.

▸ **Qual o entendimento do STJ sobre o assunto?**

Para a 2ª Turma do STJ, a aposentadoria por idade híbrida poderá ser concedida também a trabalhador urbano que, na época do requerimento administrativo, ostente essa qualidade e pretenda computar período pretérito de carência na qualidade de trabalhador rural: "Seja qual for a predominância do labor misto no período de carência ou o tipo de trabalho exercido no momento do implemento do requisito etário ou do requerimento administrativo, o trabalhador tem direito a se aposentar com as idades citadas no § 3º do art. 48 da Lei 8.213/1991, desde que cumprida a carência com a utilização de labor urbano ou rural" (passagem do julgamento do REsp 1407613, de 14/10/2014). O mesmo entendimento foi adotado pela 1ª Turma do STJ (REsp 1.476.383-PR, Rel. Min. Sérgio Kukina, julgado em 1º/10/2015) De acordo com a 1ª Turma do STJ, é possível considerar o tempo de serviço rural anterior ao advento da Lei 8.213/1991 para fins de carência de aposentadoria híbrida por idade, sem que seja necessário o recolhimento de contribuições previdenciárias para esse fim (REsp 1.476.383-PR, Rel. Min. Sérgio Kukina, julgado em 1º/10/2015).

▸ **Importante!**

Com o advento da Lei Complementar 142/2013, que veio a regulamentar a aposentadoria especial dos segurados deficientes, estes também passaram a ter direito à redução em 05 anos na idade na concessão da sua aposentadoria por idade, independentemente do grau da sua deficiência, desde que comprovada à deficiência pelo período de carência de 15 anos.

Embora não seja um tema pacificado, admite-se jurisprudencialmente o cômputo como período de carência da aposentadoria por idade período em que o segurado percebeu auxílio-acidente:

▸ **Qual o entendimento do STJ sobre o assunto?**

"1. O auxílio-acidente - e não apenas o auxílio-doença e a aposentadoria por invalidez - pode ser considerado como espécie de "benefício por incapacidade", apto a compor a carência necessária à concessão da aposentadoria por idade. 2. In casu, é de ser observada a vetusta regra de hermenêutica, segundo a qual "onde a lei não restringe, não cabe ao intérprete restringir" e, portanto, não havendo, nas normas que regem a matéria, a restrição imposta pelo Tribunal a quo, não subsiste o óbice imposto ao direito à pensão por morte" (REsp1.243.760, de 02/04/2013).

Tendo em vista que o regime jurídico anterior previa a carência de apenas 60 contribuições mensais, há uma regra de transição esculpida no artigo 142, da Lei 8.213/91, para o segurado "**inscrito**" na Previdência Social Urbana até 24 de julho de 1991, bem como para o trabalhador e o empregador rural cobertos pela Previdência Social Rural, pontificando que a carência da aposentadoria por idade obedecerá à seguinte tabela, levando-se em conta o ano em que o segurado implementou todas as condições necessárias à obtenção do benefício:

Ano de implementação das condições	Meses de contribuição exigidos
1991	60 meses
1992	60 meses
1993	66 meses
1994	72 meses
1995	78 meses
1996	90 meses
1997	96 meses
1998	102 meses
1999	108 meses
2000	114 meses
2001	120 meses
2002	126 meses
2003	132 meses
2004	138 meses
2005	144 meses
2006	150 meses
2007	156 meses
2008	162 meses
2009	168 meses
2010	174 meses
2011	180 meses

A regra de transição do artigo 142, da Lei 8.213/91, é imperfeita. Ao se referir à inscrição, quis o legislador tratar da filiação, pois é com este instituto que a condição de segurado ocorrerá, vez que a inscrição é o mero ato de cadastro do segurado ou dependente no INSS.

Logo, para a incidência da tabela de transição, valerá a data da filiação, pois esse dispositivo deverá ser interpretado sistematicamente, consoante todo o ordenamento previdenciário.

Todavia, para a concessão da aposentadoria por idade, vale ressaltar que o entendimento da Previdência Social para a incidência da transcrita tabela tem sido mais favorável aos segurados, pois está sendo considerado o ano em que o segurado completou a idade mínima para o deferimento do benefício, mesmo que a carência tenha sido integralizada posteriormente (**"congelamento" da carência**), conforme explicitado na questão 21, do Parecer CONJUR/MPS 616/2010.

Logo, como a aposentadoria por idade para os homens será concedida aos 65 anos de idade, em regra, se um segurado completou essa idade em 1993 terá que realizar a carência de 66 contribuições mensais, mesmo que apenas em 1995 integralize a carência, não sendo necessário atingir 78 contribuições mensais.

A carência para os trabalhadores rurais de 180 contribuições mensais, mormente para os enquadrados como segurados especiais, será demonstrada pelo exercício da atividade campesina em regime de economia familiar para a subsistência, observada a tabela de transição.

De efeito, essa atividade deverá ser comprovada através do **início de prova material (documentos) produzido contemporaneamente ao período probando, mesmo que de maneira descontínua**, no período de 180 meses imediatamente anterior ao requerimento do benefício ou à data do implemento da idade mínima.

> **Qual o entendimento da TNU sobre o assunto?**
>
> De acordo com a **Súmula 34**, "para fins de comprovação do tempo de labor rural, o início de prova material deve ser contemporâneo à época dos fatos a provar". **Súmula 54** – "Para a concessão de aposentadoria por idade de trabalhador rural, o tempo de exercício de atividade equivalente à carência deve ser aferido no período imediatamente anterior ao requerimento administrativo ou à data do implemento da idade mínima."

Por outro lado, não se exige que o trabalhador rural tenha documentos correspondentes a todo o período de carência.

▸ Qual o entendimento da TNU sobre o assunto?

Na forma da Súmula 14, "para a concessão de aposentadoria rural por idade, não se exige que o início de prova material, corresponda a todo o período equivalente à carência do benefício".Outrossim, prevê a Súmula 06 que "a certidão de casamento ou outro documento idôneo que evidencie a condição de trabalhador rural do cônjuge constitui início razoável de prova material da atividade rurícola".

▸ Como esse assunto foi cobrado em concurso?

No concurso do CESPE para Defensor Público Federal em 2007, foi considerado errado o seguinte enunciado: Para a concessão de aposentadoria rural por idade, não se exige que o início de prova material corresponda a todo o período equivalente à carência do benefício, sendo que, para a comprovação de tempo de serviço rural, é imprescindível documento em nome do próprio interessado.

Vale registrar que a jurisprudência dominante vem admitindo o reconhecimento de tempo rural anterior ao início de prova material mais remoto, desde que complementado por testemunhas idôneas.

▸ Qual o entendimento do STJ sobre o assunto?

No julgamento do REsp1.348.633/SP, sob o rito do art. 543-C do CPC (recursos repetitivos), a 1ª Seção do STJ em 28/08/2013 reconheceu o tempo de serviço rural mediante apresentação de um início de prova material sem delimitar o documento mais remoto como termo inicial do período a ser computado, contanto que corroborado por testemunhos idôneos. No caso julgado, Arnaldo Esteves Lima, Ministro Relator, concluiu que as provas testemunhais juntadas para complementar o início de prova material, tanto do período anterior ao mais antigo, quanto posterior ao mais recente, eram válidas. Para ele, mesmo que não haja nenhum documento que comprove a atividade rural anterior à certidão de casamento do segurado, ocorrido em 1974, os testemunhos colhidos em juízo sustentam a alegação de que ele trabalha no campo desde 1967.

No caso do segurado especial trabalhador rural, o exercício de curtos períodos de trabalho urbano intercalados com o serviço campesino não irá descaracterizar a sua condição, especialmente porque desde a Lei 11.718/2008 a *lex* previdenciária passou a permitir literalmente que durante a entressafra o segurado especial pode trabalhar em outra atividade por até 120 dia no ano, sem perder a sua filiação.

▸ **Qual o entendimento da TNU sobre o assunto?**

Súmula 46 – O exercício de atividade urbana intercalada não impede a concessão de benefício previdenciário de trabalhador rural, condição que deve ser analisada no caso concreto.

É que **o tempo de serviço ou de contribuição não poderá ser livremente comprovado através do meio de prova testemunhal**, por força do artigo 55, § 3º, da Lei 8.213/91, salvo configuração concreta de força maior, sendo uma exceção ao Princípio do Livre Convencimento Motivado, se constituindo em resquício do sistema da tarifação da prova, diante do elevado número de testemunhos falsos que lamentavelmente ocorrem na prática administrativa e judicial previdenciária.

▸ **Qual o entendimento do STJ sobre o assunto?**

De acordo com a **Súmula 149**, "a prova exclusivamente testemunhal não basta à comprovação da atividade rurícola, para efeito da obtenção de benefício previdenciário". Por sua vez, em termos de aposentadoria por idade do trabalhador rural, "é prescindível que o início de prova material se refira a todo período de carência legalmente exigido, se prova testemunhal for capaz de ampliar sua eficácia probatória"(**AGREsp 1.117.709, de 25.05.2010**). Ademais, a jurisprudência do STJ vem admitindo documentos em nome de terceiros para a comprovação da carência para a concessão da aposentadoria por idade do segurado especial: "É sedimentado o entendimento das Turmas que integram a Egrégia Terceira Seção no sentido de que as atividades desenvolvidas em regime de economia familiar, podem ser comprovadas através de documentos em nome do pai de família, que conta com a colaboração efetiva da esposa e filhos no trabalho rural." (REsp 386.538/RS, Quinta Turma, DJ de 07/04/2003).

Com propriedade, de acordo com o artigo 106, da Lei 8.213/91, a comprovação do exercício de atividade rural será feita, alternativamente, por meio de:

> I – contrato individual de trabalho ou Carteira de Trabalho e Previdência Social;
>
> II – contrato de arrendamento, parceria ou comodato rural;
>
> III – declaração fundamentada de sindicato que represente o trabalhador rural ou, quando for o caso, de sindicato ou

colônia de pescadores, desde que homologada pelo Instituto Nacional do Seguro Social - INSS;

IV - comprovante de cadastro do Instituto Nacional de Colonização e Reforma Agrária - INCRA, no caso de produtores em regime de economia familiar;

V - bloco de notas do produtor rural;

VI - notas fiscais de entrada de mercadorias, de que trata o § 7° do art. 30 da Lei nº 8.212, de 24 de julho de 1991, emitidas pela empresa adquirente da produção, com indicação do nome do segurado como vendedor;

VII - documentos fiscais relativos a entrega de produção rural à cooperativa agrícola, entreposto de pescado ou outros, com indicação do segurado como vendedor ou consignante;

VIII - comprovantes de recolhimento de contribuição à Previdência Social decorrentes da comercialização da produção;

IX - cópia da declaração de imposto de renda, com indicação de renda proveniente da comercialização de produção rural; ou

X - licença de ocupação ou permissão outorgada pelo Incra.

Considera-se início de prova material, para fins de comprovação da atividade rural, documentos que contêm a profissão ou qualquer outro dado que evidencie o exercício da atividade rurícola **e seja contemporâneo ao fato nele declarado**.

Na prática previdenciária, o mais comum é a certidão de casamento em que conste a profissão de lavrador; atestado de frequência escolar em que conste a profissão e o endereço rural; declaração do Tribunal Regional Eleitoral; declaração de ITR; contrato de comodato etc.

▸ Qual o entendimento do STJ sobre o assunto?

"Para fins previdenciários, embora seja admissível a comprovação de atividade rural mediante a qualificação de lavrador do marido na certidão de casamento, é inaceitável a utilização desse documento como início de prova material quando se constata, como no caso em apreço, que o cônjuge, apontado como rurícola, vem a exercer posteriormente atividade urbana aposentando-se, inclusive, nessa condição" (AgRg no REsp 947.379/SP, STJ, Min. LAURITA VAZ, Quinta Turma, DJ 26.11.2007).

> ▸ **Qual o entendimento da TNU sobre o assunto?**
>
> "A certidão de cadastro de imóvel rural perante o INCRA expedida em nome do pai do requerente serve como início de prova material da atividade rural em regime de economia familiar" (PEDILEF 200771640000720, de 29.02.2012).

O INSS também fará uma entrevista para verificar a condição de rurícola, sendo elemento indispensável à comprovação do exercício da atividade rural e da forma como ela foi exercida, inclusive para confirmação dos dados contidos em declarações sindicais e de autoridades, com vistas ao reconhecimento ou não do direito ao benefício pleiteado, sendo obrigatória a sua realização, independente dos documentos apresentados.

> ▸ **Qual o entendimento da TNU sobre o assunto?**
>
> De acordo com a **Súmula 05, da TNU**, em aplicação ao Princípio do *Tempus Regit Actum*, "a prestação de serviço rural por menor de 12 a 14 anos, até o advento da Lei 8.213, de 24 de julho de 1991, devidamente comprovada, pode ser reconhecida para fins previdenciários".

> ▸ **Como esse assunto foi cobrado em concurso?**
>
> No concurso para Juiz Federal da 4ª Região em 2010, foi cobrada a seguinte questão dissertativa: Discorra sobre aposentadoria rural por idade no Regime Geral de Previdência Social.

> ▸ **Importante!**
>
> Em regra, a renda mensal inicial (RMI) da aposentadoria por idade será de **70% do salário de benefício, acrescida de 1% a cada grupo de 12 contribuições mensais, no máximo de 100% do salário de benefício.**

Destarte, salvo no caso da tabela de transição, como a carência para o benefício é de 15 anos de recolhimentos tempestivos, a RMI equivalerá a 85% do salário de benefício.

Vale lembrar que no cálculo do salário de benefício da aposentadoria por idade a multiplicação da média aritmética simples dos 80% maiores salários de contribuição do período básico de cálculo pelo **fator previdenciário é facultativa**, ou seja, esse índice somente será utilizado se benéfico ao segurado, para majorar o valor mensal da prestação (art. 7º, Lei 9.876/99).

Uma questão controversa é saber se a averbação de tempo de serviço rural sem o recolhimento das contribuições previdenciárias prestado anteriormente à Lei 8.213/91 com base no artigo 55, §2º, da citada norma, será considerado para fins de elevação da renda da aposentadoria por idade, à razão de 1% por ano de serviço rural prestado.

A despeito da controvérsia, entende-se que não, pois esse período é considerado apenas para fins de cômputo de tempo de serviço, inexistindo autorização legal para considerá-lo no cálculo da renda mensal da aposentadoria por idade, máxime porquanto não contributivo.

Isso no caso de incidência do artigo 48, §3º, da Lei 8.213/91, que permite o cômputo de carência rural na concessão de aposentadoria por idade urbana, mas sem o redutor de cinco anos na idade do segurado.

▸ **Qual o entendimento da TNU sobre o assunto?**

Súmula 76- "A averbação de tempo de serviço rural não contributivo não permite majorar o coeficiente de cálculo da renda mensal inicial de aposentadoria por idade previsto no art. 50 da Lei nº 8.213/91". O STJ possui o mesmo posicionamento da TNU.

▸ **Como esse assunto foi cobrado em concurso?**

No concurso do CESPE para Procurador do TCU em 2015, foi considerado ERRADO o seguinte enunciado: Conforme entendimento do STJ, a averbação de tempo de serviço rural sem o recolhimento das contribuições previdenciárias prestado anteriormente à Lei n.º 8.213/1991 poderá ser computada para fins de elevação da renda da aposentadoria por idade, à razão de 1% por ano de atividade rural prestada.

▸ **Importante!**

No que concerne ao segurado especial, o valor da aposentadoria por idade é fixado em um salário mínimo, exceto se ele fez os recolhimentos como se fosse contribuinte individual, conforme faculdade do artigo 25, §1º, da Lei 8.212/91, quando haverá o cálculo na forma acima descrita.

Por força do artigo 3º, §1º, da Lei 10.666/2003, **a perda da qualidade de segurado não será considerada para a concessão da aposentadoria por idade**, desde que o segurado conte com, no mínimo, o tempo de contribuição correspondente ao exigido para efeito de carência na data do requerimento do benefício.

Logo, não mais é preciso que uma pessoa mantenha a qualidade de segurada para se aposentar por idade, desde que preencha os demais requisitos legais, a exemplo de um homem que trabalhou como empregado apenas dos 30 aos 45 anos de idade, tendo, destarte, 180 contribuições mensais previdenciárias pagas tempestivamente.

Essa pessoa, ao completar 65 anos de idade, fará jus à aposentadoria por idade, mesmo não sendo mais segurada há mais de uma década.

Uma vez realizada a idade mínima e a carência, o benefício será devido desde a data de entrada do requerimento no INSS. **No caso do segurado empregado, a data de início do benefício será a do desligamento do emprego, se requerida até 90 dias.**

> **▸ Como esse assunto foi cobrado em concurso?**
>
> No concurso do CESPE para Procurador do BACEN em 2009, foi considerado errado o seguinte enunciado: A aposentadoria por idade será devida ao segurado empregado, **exceto o doméstico**, a partir da data do desligamento do emprego, quando requerida até essa data ou até 90 dias depois dela.

Caso não haja desligamento do emprego ou se requerida depois de transcorridos 90 dias da extinção do vinculo empregatício, o benefício será devido desde o requerimento administrativo.

No caso do segurado empregado, a legislação previdenciária ainda prevê a esdrúxula figura da **aposentadoria por idade compulsória**, a ser postulada facultativamente pela empresa quando o segurado completar 70 anos de idade, se homem, ou 65 anos, se mulher, desde que realizada a carência, caso em que será garantida ao empregado a indenização prevista na legislação trabalhista, considerada como data da rescisão do contrato de trabalho a imediatamente anterior à do início da aposentadoria.

> **▸ Como esse assunto foi cobrado em concurso?**
>
> No concurso do CESPE para Procurador do Município de Natal em 2008, foi considerado correto o seguinte enunciado: A aposentadoria por idade pode ser requerida pela empresa, desde que o segurado empregado tenha cumprido o período de carência e completado 70 anos de idade, se do sexo masculino, ou 65 anos de idade, se do sexo feminino,caso em que deve ser garantida ao empregado a indenização prevista na legislação trabalhista.

Considerando o atual entendimento do STF de que a aposentadoria não é causa de extinção do contrato de trabalho, entende-se que o artigo 51, da Lei 8.213/91, que contempla a aposentadoria por idade compulsória, não possui base constitucional, embora não tenha se identificado jurisprudência específica a respeito, pois na prática as empresas não se valem desse instituto.

De acordo com a regra de transição do artigo 143, da Lei 8.213/91, o **trabalhador rural enquadrado como segurado especial, empregado rural ou contribuinte individual rural** (antigo autônomo) terá direito à aposentadoria por idade, no valor de um salário mínimo, durante quinze anos, contados a partir da data de vigência desta Lei, desde que comprove o exercício de atividade rural, ainda que descontínua, no período imediatamente anterior ao requerimento do benefício, em número de meses idêntico à carência do referido benefício.

Trata-se de regra de transição que veio beneficiar os trabalhadores rurais em geral enquadrados nas referidas classes, vez que a aposentadoria por velhice rural independia de contribuição efetiva, na forma da Lei Complementar 11/1971, que instituiu no Programa de Assistência ao Trabalhador Rural (PRO-RURAL), sendo similar ao atual regime de custeio do segurado especial.

Esse prazo foi prorrogado por mais 02 anos pela Medida Provisória 312/2006, convertida na Lei 11.368/2006 e, posteriormente, até o dia 31.12.2010, pelo artigo 2º, da Lei 11.718/2008.

Vale salientar que existia dúvida sobre a aplicação desta regra de transição ao contribuinte individual rural (aquele que presta serviços de natureza rural, em caráter eventual, a uma ou mais empresas, sem relação de emprego), dirimida com a resposta positiva trazida pelo artigo 2º, parágrafo único, da Lei 11.718/2008.

A partir de 2011, o empregado rural e o contribuinte individual rural deverão observar a seguinte regra de transição, contida no artigo 3º, da Lei 11.718/2008:

> II – de janeiro de 2011 a dezembro de 2015, cada mês comprovado de emprego, multiplicado por 3 (três), limitado a 12 (doze) meses, dentro do respectivo ano civil; e
>
> III – de janeiro de 2016 a dezembro de 2020, cada mês comprovado de emprego, multiplicado por 2 (dois), limitado a 12 (doze) meses dentro do respectivo ano civil.

Ou seja, **a partir de 2011**, serão adotadas as seguintes regras para a aposentadoria por idade do empregado rural e contribuinte individual rural: **de 2011 até 2015**, terão que recolher 04 contribuições por ano; **de 2016 até 2020**, terão que comprovar o recolhimento de 06 contribuições por ano; **a contar de 2021**, segue-se a regra geral de 12 contribuições por ano.

Quadro sintético – Aposentadoria por idade	
Cabimento	devida ao segurado homem com 65 anos de idade e mulher com 60 anos de idade, com redução de 05 anos para o produtor rural, o segurado especial e o garimpeiro. O segurado deficiente também terá direito à redução em 05 anos na idade.
Beneficiários	todos os segurados.
Carência	180 contribuições mensais, observada a tabela de transição do artigo 142, da Lei 8.213/91.
Valor	70% do salário de benefício, acrescido de 1% a cada grupo de 12 contribuições mensais, no máximo de 100%, sendo facultativa a utilização do fator previdenciário; no caso do segurado especial, será de um salário mínimo, salvo se este contribuiu como contribuinte individual.
Outras informações	será devida desde o requerimento administrativo, exceto para o empregado e o doméstico, se requerida até 90 dias, sendo devida para estes após o desligamento do emprego.

4. APOSENTADORIA POR TEMPO DE CONTRIBUIÇÃO

Regulamentação básica: artigo 201, §7º, inciso I, da Constituição Federal; artigos 52/56, da Lei 8.213/91; artigos 56/63, do RPS (Decreto 3.048/99).

Códigos de concessão: 42 - Aposentadoria por tempo de contribuição e 57 - Aposentadoria por tempo de contribuição de professor.

A aposentadoria por tempo de serviço foi extinta pela Emenda 20/1998, surgindo em seu lugar a aposentadoria por tempo de contribuição, em decorrência da substituição do tempo de serviço pelo de contribuição, não mais bastando apenas o exercício do serviço remunerado, sendo curial a arrecadação das contribuições previdenciárias de maneira real ou presumida.

Por outro lado, em respeito ao direito adquirido, o tempo de serviço considerado pela legislação vigente para efeito de aposentadoria, cumprido até que a lei discipline a matéria, será contado como tempo de contribuição, **exceto as contagens de tempo fictícias**, a exemplo daquelas em dobro perpetradas no passado (artigo 4º, da Emenda 20/1998).

▸ **Qual o entendimento do STJ sobre o assunto?**

Apesar da ressalva feita pelo artigo 4º, da Emenda 20, a jurisprudência do STJ admite o direito adquirido às contagens de tempo de serviço fictícias até o seu advento, a exemplo da decisão tomada no ROMS 20.855, de 14/06/2007.

De efeito, o estudo da aposentadoria por tempo de contribuição deverá ser iniciado pelos dispositivos constitucionais, haja vista que vários artigos da Lei 8.213/91 não foram adaptados à primeira reforma constitucional previdenciária, a começar pelo título do benefício, que permanece como "aposentadoria por tempo de serviço".

Considera-se tempo de contribuição o tempo, contado de data a data, desde o início até a data do requerimento ou do desligamento de atividade abrangida pela previdência social, descontados os períodos legalmente estabelecidos como de suspensão de contrato de trabalho, de interrupção de exercício e de desligamento da atividade.

Ademais, não será computado como tempo de contribuição o já considerado para concessão de qualquer aposentadoria prevista no RGPS ou por outro regime de previdência social.

Dentre outros períodos previstos no artigo 55, da Lei 8.213/91, assim como no artigo 60, do RPS, serão considerados como tempo de contribuição, até que lei específica discipline a matéria:

> "I – **o período de exercício de atividade remunerada abrangida pela previdência social urbana e rural, ainda que anterior à sua instituição, respeitado o disposto no inciso XVII;**
>
> II – **o período de contribuição efetuada por segurado depois de ter deixado de exercer atividade remunerada que o enquadrava como segurado obrigatório da previdência social;**
>
> III – **o período em que o segurado esteve recebendo auxílio-doença ou aposentadoria por invalidez, entre períodos de atividade;**

IV – o tempo de serviço militar, salvo se já contado para inatividade remunerada nas Forças Armadas ou auxiliares, ou para aposentadoria no serviço público federal, estadual, do Distrito Federal ou municipal, ainda que anterior à filiação ao Regime Geral de Previdência Social, nas seguintes condições:

a) obrigatório ou voluntário; e

b) alternativo, assim considerado o atribuído pelas Forças Armadas àqueles que, após alistamento, alegarem imperativo de consciência, entendendo-se como tal o decorrente de crença religiosa e de convicção filosófica ou política, para se eximirem de atividades de caráter militar;

V – **o período em que a segurada esteve recebendo salário-maternidade;**

VI – **o período de contribuição efetuada como segurado facultativo**;

VII – **o período de afastamento da atividade do segurado anistiado** que, em virtude de motivação exclusivamente política, foi atingido por atos de exceção, institucional ou complementar, ou abrangido pelo Decreto Legislativo nº 18, de 15 de dezembro de 1961, pelo Decreto-Lei nº 864, de 12 de setembro de 1969, ou que, em virtude de pressões ostensivas ou expedientes oficiais sigilosos, tenha sido demitido ou compelido ao afastamento de atividade remunerada no período de 18 de setembro de 1946 a 5 de outubro de 1988;

VIII- o tempo de serviço público federal, estadual, do Distrito Federal ou municipal, inclusive o prestado a autarquia ou a sociedade de economia mista ou fundação instituída pelo Poder Público, regularmente certificado na forma da Lei nº 3.841, de 15 de dezembro de 1960, desde que a respectiva certidão tenha sido requerida na entidade para a qual o serviço foi prestado até 30 de setembro de 1975, véspera do início da vigência da Lei nº 6.226, de 14 de junho de 1975;

IX- **o período em que o segurado esteve recebendo benefício por incapacidade por acidente do trabalho, intercalado ou não**;

X- **o tempo de serviço do segurado trabalhador rural anterior à competência novembro de 1991**;

XI- o tempo de exercício de mandato classista junto a órgão de deliberação coletiva em que, nessa qualidade, tenha havido contribuição para a previdência social;

XII- **o tempo de serviço público prestado à administração federal direta e autarquias federais, bem como às estaduais,**

do Distrito Federal e municipais, quando aplicada a legislação que autorizou a contagem recíproca de tempo de contribuição;

XIII – o período de **licença remunerada**, desde que tenha havido desconto de **contribuições**;

XIV – o período em que o segurado tenha sido colocado pela empresa em **disponibilidade remunerada**, desde que tenha havido desconto de **contribuições**;

XV – o tempo de serviço prestado à Justiça dos Estados, às serventias extrajudiciais e às escrivanias judiciais, desde que não tenha havido remuneração pelos cofres públicos e que a atividade não estivesse à época vinculada a regime próprio de previdência social;

XVI – o tempo de atividade patronal ou autônoma, exercida anteriormente à vigência da Lei nº 3.807, de 26 de agosto de 1960, desde que indenizado conforme o disposto no art. 122;

XVII – o período de atividade na condição de empregador rural, desde que comprovado o recolhimento de contribuições na forma da Lei nº 6.260, de 6 de novembro de 1975, com indenização do período anterior, conforme o disposto no art. 122;

XVIII – o período de atividade dos auxiliares locais de nacionalidade brasileira no exterior, amparados pela Lei nº 8.745, de 1993, anteriormente a 1º de janeiro de 1994, desde que sua situação previdenciária esteja regularizada junto ao Instituto Nacional do Seguro Social;

XIX – **o tempo de exercício de mandato eletivo federal, estadual, distrital ou municipal, desde que tenha havido contribuição em época própria e não tenha sido contado para efeito de aposentadoria por outro regime de previdência social**;

XX – o tempo de trabalho em que o segurado esteve exposto a agentes nocivos químicos, físicos, biológicos ou associação de agentes prejudiciais à saúde ou à integridade física, observado o disposto nos arts. 64 a 70;

XXI – o tempo de contribuição efetuado pelo servidor público de que tratam as alíneas "i", "j" e "l" do inciso I do caput do art. 9º e o § 2º do art. 26,com base nos arts. 8º e 9º da Lei nº 8.162, de 8 de janeiro de 1991, e no art. 2º da Lei nº 8.688, de 21 de julho de 1993;

XXII – **o tempo exercido na condição de aluno-aprendiz referente ao período de aprendizado profissional realizado em escola técnica, desde que comprovada a remuneração, mesmo que indireta, à conta do orçamento público e o vínculo empregatício"** (g.n.).

De acordo com o artigo 55, II, da Lei 8.213/91, será considerado como tempo de serviço o tempo intercalado em que o segurado esteve em gozo de auxílio-doença ou de aposentadoria por invalidez, razão pela qual o período de percepção de benefício previdenciário por incapacidade apenas será considerado se intercalado por períodos contributivos.

No entanto, de acordo com 61, inciso III, do Decreto 3.048/99, caso de trate de benefício de aposentadoria por invalidez ou auxílio-doença decorrente de acidente de trabalho, não será necessário ser intercalado por contribuições para que seja considerado como tempo de contribuição.

Logo, para fins de cômputo de tempo de contribuição ou mesmo de carência, o benefício por incapacidade não oriundo de acidente de trabalho será considerado, desde que intercalado por contribuições, dispensando-se tal requisito se decorrente do acidente de trabalho.

▸ Qual o entendimento da TNU sobre o assunto?

Súmula 73 – "O tempo de gozo de auxílio-doença ou de aposentadoria por invalidez não decorrentes de acidente de trabalho só pode ser computado como tempo de contribuição ou para fins de carência quando intercalado entre períodos nos quais houve recolhimento de contribuições para a previdência social".

▸ Qual o entendimento do STJ sobre o assunto?

1. Ação civil pública que tem como objetivo obrigar o INSS a computar, como período de carência, o tempo em que os segurados estão no gozo de benefício por incapacidade (auxílio-doença ou aposentadoria por invalidez). 2. É possível considerar o período em que o segurado esteve no gozo de benefício por incapacidade (auxílio-doença ou aposentadoria por invalidez) para fins de carência, desde que intercalados com períodos contributivos. 3. Se o período em que o segurado esteve no gozo de benefício por incapacidade é excepcionalmente considerado como tempo ficto de contribuição, não se justifica interpretar a norma de maneira distinta para fins de carência, desde que intercalado com atividade laborativa (AgRg no REsp 1271928, de 16/10/2014).

▸ Importante!

Será devida ao homem com 35 anos de contribuição e a mulher com 30 anos de contribuição, observada a carência de 180 contribuições mensais, ressalvada a tabela de transição de carência do artigo 142, da Lei 8.213/91, para aqueles segurados filiados ao regime previdenciário pretérito.

▶ **Como esse assunto foi cobrado em concurso?**

No concurso do CESPE para Defensor Público da Bahia em 2010, foi considerado errado o seguinte enunciado: Ao segurado homem garante-se a aposentadoria no regime geral de previdência social após trinta e cinco anos de contribuição e sessenta e cinco anos de idade, reduzido em cinco anos o limite etário para os professores dos ensinos fundamental e médio.

Inexiste idade mínima para a concessão da aposentadoria por tempo de contribuição no Brasil, sendo fato jurídico raro no Direito Comparado. É preciso urgentemente a aprovação de uma idade mínima para a concessão deste benefício, pois em muitos casos inexiste risco social a ser tutelado, pois os segurados prosseguem trabalhando.

▶ **Como esse assunto foi cobrado em concurso?**

No concurso do CESPE para Defensor Público da União em 2010, foi considerado correto o seguinte enunciado: A aposentadoria por tempo de contribuição sofre constantes ataques da doutrina, e número razoável de especialistas defende sua extinção, o que se deve ao fato de esse benefício não ser tipicamente previdenciário, pois não há, nesse caso, risco social sendo protegido, já que o tempo de contribuição não gera presunção de incapacidade para o trabalho.

▶ **Importante!**

O tempo mínimo de contribuição será **reduzido** em **05 anos** para o **professor** que comprove **exclusivamente** tempo de efetivo exercício das funções de magistério na educação infantil e no ensino fundamental e médio (educação básica).

Logo, os **professores** se aposentarão com **30 anos** de contribuição e as **professoras** com **25 anos** de contribuição, destacando que este benefício não mais privilegia os professores do ensino superior desde o advento da Emenda 20/1998, bem como é curial que o tempo seja integralizado **exclusivamente** no magistério para que haja a redução.

▶ **Importante!**

Também serão beneficiados os professores do ensino infantil, fundamental e médio que estejam exercendo atividades de **direção de unidade escolar, coordenação e assessoramento pedagógico, a teor do artigo 1º, da Lei 11.301/2006**.

▸ **Qual o entendimento do STF sobre o assunto?**

Contra a Lei 11.301/2006 foi proposta a ADI 3.772 pelo Procurador-Geral da República, sob o argumento de violação ao artigo 201, §8º, da Constituição Federal. Por sua vez, em 29.10.2008, o STF declarou a validade da referida norma, mas determinou a sua interpretação conforme a Constituição, pois "as funções de direção, coordenação e assessoramento pedagógico integram a carreira do magistério, desde que exercidos, em estabelecimentos de ensino básico, por professores de carreira, excluídos os especialistas em educação". Logo, para as atividades de direção de unidade escolar, coordenação e assessoramento pedagógico não tem mais aplicabilidade a **Súmula 726, do STF**, que prevê que "para efeito de aposentadoria especial de professores, não se computa o tempo de serviço prestado fora da sala de aula".

Conquanto tenham direito a uma aposentadoria por tempo de contribuição com redutor de 05 anos, não se trata mais de atividade enquadrada como especial desde o advento da Emenda 18/1981.

▸ **Qual o entendimento do STF sobre o assunto?**

Consoante a jurisprudência do STF, é vedada a contagem proporcional de tempo de serviço no magistério para fins de aposentadoria comum (RE nº 486.155/MG-AgR, Primeira Turma, Relator o Ministro Ricardo Lewandowski, DJe de 1º/2/2011).

Vale ressaltar que a aposentadoria por tempo de contribuição **não demanda idade mínima** (nem idade máxima), sendo criticada por muitos especialistas por não cobrir necessariamente um risco social, vez que é comum que pessoas por volta dos 50 anos de idade já passem a receber este benefício.

No entanto, no Brasil, durante curto espaço de tempo, a antiga aposentadoria por tempo de serviço demandou a idade mínima de 55 anos de idade para a sua concessão, quando surgiu a Lei 3.807/60 (Lei Orgânica da Previdência Social - artigo 32), requisito revogado pela Lei 4.130/62.

Tentou-se instituir a idade mínima para a aposentadoria por tempo de contribuição (60 anos de idade para homens e 55 anos de idade para mulheres) na aprovação da Emenda 20/98, mas por apenas um voto na Câmara dos Deputados não se atingiu o quórum mínimo de 308 votos (3/5) para a inserção dessa exigência.

▸ Importante!

Mas não serão todos os segurados que terão direito à aposentadoria por tempo de contribuição. Inicialmente, por falta de previsão legal em seu favor, o **segurado especial** não se aposentará por tempo de contribuição, exceto se optou pelo recolhimento das contribuições previdenciárias de acordo com o regime do contribuinte individual.

▸ Qual o entendimento do STJ sobre o assunto?

"**Súmula 272** - O trabalhador rural, na condição de segurado especial, sujeito à contribuição obrigatória sobre a produção rural comercializada, somente faz jus à aposentadoria por tempo de serviço, se recolher contribuições facultativas".

▸ Como esse assunto foi cobrado em concurso?

No concurso do CESPE para Juiz do Trabalho da 5ª Região em 2006, foi considerado correto o seguinte enunciado: O trabalhador rural, na condição de segurado especial, sujeito à contribuição obrigatória sobre a produção rural comercializada, somente faz jus à aposentadoria por tempo de serviço se recolher contribuições facultativas.

▸ Importante!

Outrossim, o contribuinte individual que trabalhe por conta própria sem vinculação a pessoa jurídica e o segurado facultativo que optaram pelo regime simplificado de recolhimento, ou seja, arrecadaram 11% sobre o salário mínimo, ao invés de 20%, ou 5% sobre um salário mínimo no caso do microempreendedor individual e do segurado facultativo de baixa renda com atividades domésticas em sua residência,também não terão direito a se aposentar por tempo de contribuição, na forma do artigo 21, §2º, da Lei 8.212/91.

▸ Como esse assunto foi cobrado em concurso?

No concurso da FCC para Juiz do Trabalho da 1ª Região em 2012, foi considerada correta a letra B: Pode optar pela proteção previdenciária mínima, com exclusão do direito ao benefício de aposentadoria por tempo de contribuição, visando pagar contribuição previdenciária mensal pela alíquota de apenas 5% incidente sobre o limite mínimo mensal do salário-de-contribuição, o pertencente a família de baixa renda na condição de segurado: a) empregado ou avulso. b) facultativo sem renda própria, que se dedique exclusivamente ao trabalho doméstico no âmbito de sua residência. c) empregado doméstico. d) contribuinte individual que trabalhe por conta própria, sem relação de trabalho com empresa ou equiparado. e) contribuinte individual, desde que enquadrado como diarista doméstico eventual.

Ou seja, apenas nesta situação excepcional, o contribuinte individual e o segurado facultativo não terão direito à aposentadoria por tempo de contribuição.

▸ **Como esse assunto foi cobrado em concurso?**

No concurso do CESPE para Procurador Federal em 2007, foi considerado errado o seguinte enunciado: O contribuinte individual que trabalha por conta própria, sem relação de emprego, não faz jus à aposentadoria por tempo de contribuição.

Todavia, caso esses segurados se arrependam, poderão complementar o recolhimento dos 9% ou dos 15% com os respectivos juros legais para que possam se aposentar por tempo de contribuição, sendo essa contribuição exigida a qualquer tempo, sob pena de indeferimento do benefício.

▸ **Importante!**

A aposentadoria por tempo de contribuição será de **100% do salário de benefício**, lembrando que no cálculo do salário de benefício é **obrigatório o manejo do fator previdenciário**, o que acaba reduzindo bastante a renda mensal inicial dos benefícios das pessoas que se aposentam ainda muito jovens.

▸ **Importante!**

Por força do artigo 3º, da Lei 10.666/2003, a perda da qualidade de segurado não será considerada para a concessão da aposentadoria por tempo de contribuição, bastando que a pessoa tenha o necessário tempo de contribuição e a carência de 180 contribuições pagas tempestivamente.

De acordo com as regras em vigor para os novos segurados, foi extinta a aposentadoria por tempo de serviço proporcional, que era devida aos homens com 30 anos de serviço, bem como às mulheres com 25 anos, com renda de 70% do salário de benefício, acrescida de 6% por cada ano completo adicional de atividade, até o máximo de 100% do salário de benefício.

Por sua vez, foi garantida a contagem do tempo de serviço do segurado trabalhador rural anterior à data de início de vigência da Lei 8.213/91, independentemente do recolhimento das contribuições a ele correspondentes, exceto para efeito de carência, haja vista ser comum a inexistência de contribuições previdenciárias efetivamente recolhidas para as aposentadorias rurais no regime da Lei Complementar 11/1971.

▶ **Importante!**

A comprovação do tempo de serviço ou de contribuição, inclusive mediante justificação administrativa ou judicial, só produzirá efeito quando baseada em início de prova material, não sendo admitida prova exclusivamente testemunhal, salvo na ocorrência de motivo de força maior ou caso fortuito, conforme previsão do artigo 55, §3º, da Lei 8.213/91.

▶ **Qual o entendimento do STF sobre o assunto?**

"A teor do disposto no § 3º do artigo 55 da Lei nº 8.213/91, o tempo de serviço há de ser revelado mediante início de prova documental, não sendo admitida, exceto ante motivo de força maior ou caso fortuito, a exclusivamente testemunhal. Decisão em tal sentido não vulnera os preceitos dos artigos 5º, incisos LV e LVI, 6º e 7º, inciso XXIV, da Constituição Federal" (RE 226.588, de 15.08.2000).

Caracteriza *motivo de força maior ou caso fortuito* a verificação de ocorrência notória, tais como incêndio, inundação ou desmoronamento, que tenha atingido a empresa na qual o segurado alegue ter trabalhado, devendo ser comprovada mediante registro da ocorrência policial feito em época própria ou apresentação de documentos contemporâneos dos fatos, e verificada a correlação entre a atividade da empresa e a profissão do segurado, na forma do artigo 143, §2º, do RPS.

▶ **Como esse assunto foi cobrado em concurso?**

No concurso do CESPE para Juiz Federal da 5ª Região em 2011, foi considerado errado o seguinte enunciado: Tratando-se de trabalhador rural informal, a exigência de início de prova material para a comprovação do exercício da atividade agrícola deve ser interpretada com temperamento, mas não pode ser dispensada, ainda que em casos extremos, sob pena de se contrariar o princípio do equilíbrio financeiro-atuarial do sistema previdenciário.

▸ **Qual o entendimento do STJ sobre o assunto?**

Frise-se que, de acordo com a Súmula 242, "cabe ação declaratória para reconhecimento de tempo de serviço para fins previdenciários".

É possível a comprovação do tempo de serviço ou de contribuição do segurado empregado com a apresentação da Carteira de Trabalho assinada na época do vínculo e sem rasuras, pois a prova documental precisa ser contemporânea.

Entretanto, o registro na CTPS não gera presunção absoluta de veracidade do registro, mas sim relativa, podendo ser desconstituída pela Previdência Social na hipótese de erro de preenchimento, fraude ou anotação extemporânea.

▸ **Qual o entendimento do TST sobre o assunto?**

Sobre o tema, pontifica a Súmula 12, do TST, que "as anotações apostas pelo empregador na Carteira Profissional do empregado não geram presunção *jure et de jure*, mas apenas *juris tantum*".

▸ **Qual o entendimento do STF sobre o assunto?**

Outrossim, diz a *Súmula 225, do STF*, que "não é absoluto o valor probatório das anotações da carteira profissional".

▸ **Qual o entendimento da TNU sobre o assunto?**

Súmula 75 – "A Carteira de Trabalho e Previdência Social (CTPS) em relação à qual não se aponta defeito formal que lhe comprometa a fidedignidade goza de presunção relativa de veracidade, formando prova suficiente de tempo de serviço para fins previdenciários, ainda que a anotação de vínculo de emprego não conste no Cadastro Nacional de Informações Sociais (CNIS)".

Uma vez realizado o tempo de contribuição e a carência, o benefício será devido desde a data de entrada do requerimento no INSS. No caso do segurado empregado e do empregado doméstico, a data de início do benefício será a do desligamento do emprego, se requerida até 90 dias.

Caso não haja desligamento do emprego ou se requerido depois de transcorridos 90 dias da extinção do vínculo empregatício, o benefício será devido desde o requerimento administrativo.

▸ **Qual o entendimento da TNU sobre o assunto?**

Súmula 33 - "Quando o segurado houver preenchido os requisitos legais para concessão da aposentadoria por tempo de serviço na data do requerimento administrativo, esta data será o termo inicial da concessão do benefício".

O benefício de aposentadoria por tempo de contribuição será devido aos segurados amparados pelos Acordos de Previdência Social bilateral que o Brasil mantém com Portugal, Espanha, Grécia, Argentina, Uruguai e Cabo Verde, desde que preencham todos os requisitos para concessão desse benefício, utilizando períodos cumpridos naquele outro Estado, sendo que, nos casos da Argentina e Uruguai, considerando que no Acordo Multilateral de Seguridade Social do Mercosul não há previsão expressa desse tipo de benefício, somente serão reconhecidos, por força do direito adquirido, aqueles que comprovarem a implementação dos requisitos necessários no período em que estiveram em vigência os acordos bilaterais dos dois países.

A Emenda 20/1998 assegurou (artigo 3º) a concessão de aposentadoria e pensão, a qualquer tempo, aos servidores públicos e aos segurados do regime geral de previdência social, bem como aos seus dependentes, que, até a data da sua publicação (16/12/1998), tenham cumprido os requisitos para a obtenção destes benefícios, com base nos critérios da legislação então vigente.

Regras de transição – Aposentadoria por tempo de contribuição proporcional
Para as pessoas que eram seguradas do RGPS em 16.12.1998, data de vigência da Emenda 20, a aposentadoria por tempo de contribuição proporcional foi mantida em regra de transição, à razão de 70% do salário de benefício, somado a 5% por ano de contribuição que supere a soma de 30 anos (homem) ou 25 anos de contribuição (mulher) com o "pedágio", até o limite de 100% do salário de benefício.
Mas o artigo 9º, da Emenda 20/1998, exige dois pressupostos para a concessão da aposentadoria por tempo de contribuição proporcional para os antigos segurados: A) contar no mínimo com 53 anos de idade, se homem, e 48 anos de idade, se mulher; B) um período adicional de contribuição equivalente a 40% do tempo que, na data da publicação da Emenda, faltaria para atingir o limite de tempo constante da alínea anterior ("pedágio").

Regras de transição – Aposentadoria por tempo de contribuição proporcional
Assim, suponha-se que uma mulher contava com 20 anos de serviço em 16.12.1998. Para se beneficiar da regra de transição, além de atingir a idade mínima de 48 anos de idade na data de requerimento do benefício, ela teria que pagar um "pedágio" de 02 anos de contribuição, que equivale a 40% do que faltava para atingir 25 anos de serviço, totalizando 27 anos de contribuição, com renda mensal inicial de 70% do salário de benefício.
Vale frisar que esta regra de transição apenas vem beneficiando os segurados que, em 16.12.1998, faltavam menos de 12 anos de contribuição para se aposentar proporcionalmente, pois 40% de 12 anos equivalem a 05 anos de contribuição, já se aplicando a regra atual mais benéfica (35 ou 30 anos de contribuição, se homem ou mulher), sendo inócua a regra de transição.
De acordo com o entendimento administrativo do INSS, mais favorável aos segurados, esta regra de transição também será aplicável ao segurado filiado ao RGPS até 16 de dezembro de 1998, que perder a qualidade de segurado e vier a reingressar no respectivo regime a partir de 17 de dezembro de 1998, inclusive na hipótese de haver filiação para outro regime de Previdência Social, conquanto teoricamente a perda da qualidade de segurado exclua o direito de gozar da regra de transição, pois rompida a relação previdenciária.

Para os **professores em geral**, a regra de transição para a aposentadoria por tempo de contribuição proporcional foi diferenciada. Com propriedade, eles terão o tempo de serviço exercido até a publicação da Emenda 20/98 contado com o acréscimo de 17%, se homem, e de 20%, se mulher, desde que se aposentem, exclusivamente, com tempo de efetivo exercício de atividade de magistério.

Ressalte-se que as regras de transição para a aposentadoria integral são inócuas, pois mais rígidas que as vigentes, em razão de não ter sido aprovada a idade mínima para a aposentadoria por tempo de contribuição na votação da Emenda 20/98.

▸ Como esse assunto foi cobrado em concurso?

No concurso para Defensor Público do Pará em 2015, foi considerada correta a letra E: Após a promulgação da EC 20, de 15 de dezembro de 1998, pode-se afirmar que: I - a única aposentadoria possível ao homem será quando comprovada a carência exigida em lei e 35 anos de contribuição. II - a única aposentadoria possível à mulher será quando comprovada a carência exigida em lei e 30 anos de contribuição. III - será possível a aposentadoria por tempo de contribuição, seja integral ou proporcional, se o segurado, além do tempo de serviço, 30 anos a mulher e 35 anos o homem, acrescentar 20% sobre o tempo que faltava para completar os 30 e 35 anos, respectivamente, em 15/12/98. IV - será possível a aposentadoria proporcional ao segurado do sexo masculino quando, contando com a carência na forma da lei, possuir 53 anos de idade, 30 anos de contribuição e um período adicional de contribuição equivalente a 40% sobre o tempo que lhe faltava para atingir trinta anos de serviço em 15/12/98. V - que será possível a aposentadoria proporcional à segurada quando, contando com a carência exigida na lei, possuir 48 anos de idade, 25 anos de contribuição e um período adicional de contribuição equivalente a 40% sobre o tempo que lhe faltava para atingir 25 anos de serviço em 15/12/98. Indique a alternativa CORRETA:

a) Apenas as assertivas I e II estão corretas. b) Apenas a assertiva III está correta. c) Apenas as assertivas III e IV estão corretas. d) Apenas as assertivas III e V estão corretas. e) Apenas as assertivas IV e V estão corretas.

▸ **Importante:**

Coube à **Medida Provisória 676, publicada em 18 de junho de 2015**, instituir a regra alternativa 85(mulher)/95 (homem) para tornar facultativo o fator previdenciário nesta aposentadoria. **Posteriormente esta regra foi modificada pela Lei 13.183, de 4/11/2015.**

O segurado que preencher o requisito para a aposentadoria por tempo de contribuição poderá optar pela não incidência do fator previdenciário no cálculo de sua aposentadoria, quando o total resultante da soma de sua idade e de seu tempo de contribuição, incluídas as frações, na data de requerimento da aposentadoria, for: I - igual ou superior a noventa e cinco pontos, se homem, observando o tempo mínimo de contribuição de trinta e cinco anos; ou II - igual ou superior a oitenta e cinco pontos, se mulher, observado o tempo mínimo de contribuição de trinta anos.

De acordo com a literalidade do texto normativo, "as somas de idade e de tempo de contribuição previstas no caput serão majoradas em um ponto em:

I - 31 de dezembro de 2018;

II - 31 de dezembro de 2020;

III - 31 de dezembro de 2022;

IV - 31 de dezembro de 2024; e

V - 31 de dezembro de 2026".

Acredita-se que a intenção do legislador seja mudar a faixa em 31 de dezembro dos referidos anos para a aplicação da nova a partir de 1º de janeiro, pois é ilógico mudar o regime jurídico no dia 31 de dezembro, ao invés de 1º de janeiro, o que seria prejudicial aos segurados que faltassem uma competência para integralizar o tempo de contribuição, como o segurado facultativo e o contribuinte individual.

Logo, **sem revogar a regra ordinária da aposentadoria por tempo de contribuição sem idade mínima e com aplicação compulsória do fator previdenciário**, foi criada regra progressiva para a concessão de aposentadoria por tempo de contribuição com aplicação facultativa do fator previdenciário, observado o tempo mínimo de contribuição (30 anos mulher e 35 anos homem), desde que a soma com a idade do segurado atinja a:

Até 31/12/2018–85(MULHER)/95(HOMEM)
- De 01/01/2019 até 31/12/2020 – 86/96-
De 01/01/2021 até 31/12/2022 – 87/97
- De 01/01/2023 até 31/12/2024 - 88/98
De 01/01/2025 até 31/12/2026 – 89/99
- De 01/01/2027 em diante 90/100.

No entanto, para uma questão literal de concurso público, o candidato deverá considerar a mudança de faixa no dia 31 de dezembro até que o INSS e a jurisprudência deliberem sobre o tema.

À luz do direito adquirido, ao segurado que alcançar o requisito necessário ao exercício da opção com base na tabela acima e deixar de requerer aposentadoria será assegurado o direito à opção com a aplicação da pontuação exigida na data do cumprimento dos requisitos.

Como exemplo, suponha-se que um segurado homem que em 2015, 2016, 2017 ou 2018 conte com 37 anos de tempo de contribuição e idade de 58 anos (37 + 58=95). Neste caso ele preencherá esta regra e poderá se aposentar sem o fator previdenciário (não se aplicará o fator quando for para reduzir a renda, mas apenas para majorar).

Suponha-se que uma mulher em 2023 ou 2024 tenha 30 anos de tempo de contribuição e 58 anos de idade (30 + 58=88). Ela preencherá a regra aludida.

No entanto, há uma regra especial para o **professor exclusivo do ensino básico**. O tempo mínimo de contribuição do professor e da professora que comprovarem exclusivamente tempo de efetivo exercício de magistério na educação infantil e no ensino fundamental e médio será de, respectivamente, **trinta e vinte e cinco anos**, e serão **acrescidos cinco pontos à soma da idade com o tempo de contribuição.**

Suponha-se que em 2015, 2016, 2017 ou 2018 um professor do sexo masculino do ensino básico possua 30 anos de tempo de contribuição exclusivamente como professor e 60 anos de idade. Neste caso, ele terá direito à regra 95 (30+60+5) com a aplicação facultativa do fator previdenciário.

Nota-se que a tabela foi esticada pela Lei 13.183/2015 em comparação ao texto originário da MP 676/2015, assim como houve a redução do tempo de contribuição em 5 anos em favor do professor exclusivo do ensino básico, o que não acontecia no texto da MP 676/2015.

Quadro sintético – Aposentadoria por tempo de contribuição	
Cabimento	homem com 35 anos de contribuição ou mulher com 30 anos de contribuição, com redução de cinco anos de contribuição para o professor que comprove exclusivo exercício em sala de aula na educação infantil, ensino fundamental e médio, incluídas as atividades de coordenação e assessoramento pedagógico (Lei 11.301/06).
Beneficiários	todos os segurados, exceto o segurado especial (se não recolher como contribuinte individual) e o contribuinte individual ou segurado facultativo que recolha 11% sobre o salário mínimo (ou 5% no caso do MEI e segurado facultativo doméstico de baixa renda), conforme facultado pela Lei Complementar 123/2006, ao invés de 20%.
Carência	180 contribuições mensais, observada a tabela de transição do artigo 142, da Lei 8.213/91.
Valor	100% do salário de benefício, sendo obrigatório o manejo do fator previdenciário, salvo regra 85/95.
Outras informações	**A)** Apenas existe a aposentaria por tempo de contribuição proporcional em regra de transição da EC 20/1998; **B)** A comprovação do tempo de contribuição (antigo tempo de serviço) demanda início de prova material, nos termos do artigo 55, §3º, da Lei 8.213/91.

5. APOSENTADORIAS ESPECIAIS

De acordo com o §1º, do artigo 201, da CRFB, com redação dada pela Emenda 20/98 e posteriormente alterada pela Emenda 47/05, "é vedada a adoção de requisitos e critérios diferenciados para a concessão de aposentadoria aos beneficiários do regime geral de previdência social, **ressalvados** os casos de **atividades exercidas sob condições especiais que prejudiquem a saúde ou a integridade física** e quando se tratar de **segurados portadores de deficiência**, nos termos definidos em **lei complementar**".

▸ **Como esse assunto foi cobrado em concurso?**

No concurso do CESPE para Defensor Público da Bahia em 2010, foi considerado correto o seguinte enunciado: É vedada a adoção de requisitos e critérios diferenciados para a concessão de aposentadoria aos beneficiários do regime geral de previdência social, ressalvados os casos de atividades que, exercidas sob condições especiais, prejudiquem a saúde ou a integridade física, e quando se tratar de segurados portadores de deficiência, nos termos definidos em lei complementar.

Assim, em regra, o legislador constituinte reformador proibiu a adoção de requisitos diferenciados para a aposentadoria, salvo as atividades especiais prejudiciais à saúde ou integridade física do segurado, bem como no caso do trabalho prestado pelos portadores de deficiência física, em aplicação ao Princípio da Isonomia, pois se cuidam de situações diferenciadas que merecem um tratamento privilegiado.

De efeito, no que concerne ao trabalho especial que prejudica a saúde e integridade física do trabalhador, o tema já era regulado pelos artigos 57 e 58, da Lei 8.213/91, que preveem o benefício da aposentadoria especial, tendo esses dispositivos normativos sido recebidos com força de lei complementar com o advento da Emenda 20/1998.

Já a aposentadoria especial dos segurados portadores de deficiência passou a gozar de previsão constitucional somente com o advento da Emenda 47/2005, tendo sido regulamentada pela Lei Complementar 142/2013.

5.1. Aposentadoria especial por exposição ao agentes nocivos

Regulamentação básica: artigos 57/58, da Lei 8.213/91; artigos 64/70, do RPS (Decreto 3.048/99).

Código de concessão: 46 – Aposentadoria especial.

> **▸ Importante!**
> Será devida a aposentadoria especial ao segurado que tiver trabalhado sujeito a condições especiais que prejudiquem a saúde ou a integridade física, **durante 15, 20 ou 25 anos de contribuição, observada a carência de 180 contribuições mensais**, ressalvada a tabela de transição de carência do artigo 142, da Lei 8.213/91, para aqueles segurados filiados ainda no regime previdenciário pretérito.

> **▸ Como esse assunto foi cobrado em concurso?**
> No concurso do CESPE para Procurador do Estado de Alagoas em 2008, foi considerado errado o seguinte enunciado: Em regra, o período de carência para a aposentadoria especial é de 120 contribuições mensais.

Assim como ocorre com a aposentadoria por tempo de contribuição, para a concessão da aposentadoria especial não se exige idade mínima para o segurado.

> **▸ Como esse assunto foi cobrado em concurso?**
> No concurso do CESPE para Analista da SEGER/ES em 2013, foi considerado errado o seguinte enunciado: Uma vez cumprida a carência exigida, a aposentadoria especial será devida ao empregado que tiver trabalhado sujeito a condições especiais que prejudiquem a saúde ou a integridade física, durante quinze, vinte ou vinte e cinco anos, e que, na data do requerimento do benefício, **conte com, no mínimo, cinquenta e cinco anos de idade, se homem, e cinquenta anos de idade, se mulher**.

O enquadramento das atividades especiais é feito pelo **anexo IV, do RPS**, que enumera os casos de aposentadoria especial com 15, 20 ou 25 anos de contribuição, conforme os agentes nocivos a que estão expostos os segurados.

O agente nocivo poderá ser *apenas qualitativo*, sendo a nocividade presumida e independente de mensuração, constatada pela simples presença do agente no ambiente de trabalho, conforme constante nos Anexos 6, 13, 13-A e 14 da Norma Regulamentadora nº 15 - NR-15 do MTE, e no Anexo IV do RPS, para os agentes iodo e níquel.

Poderá também o agente nocivo ser *quantitativo*, sendo a nocividade considerada pela ultrapassagem dos limites de tolerância ou doses, dispostos nos Anexos 1, 2, 3, 5, 8, 11 e 12 da NR-15 do MTE, por meio da mensuração da intensidade ou da concentração, consideradas no tempo efetivo da exposição no ambiente de trabalho.

Nesse sentido, o Decreto 8.123/2013 previu que se consideram condições especiais que prejudiquem a saúde e a integridade física aquelas nas quais a exposição ao agente nocivo ou associação de agentes presentes no ambiente de trabalho esteja acima dos limites de tolerância estabelecidos segundo critérios **quantitativos** ou esteja caracterizada segundo os critérios da avaliação **qualitativa**.

Ainda por força do Decreto 8.123/2013, a presença no ambiente de trabalho de agentes nocivos reconhecidamente **cancerígenos em humanos**, listados pelo Ministério do Trabalho e Emprego, será suficiente para a comprovação de efetiva exposição do trabalhador.

A esmagadora maioria das atividades especiais prevê a aposentadoria com 25 anos de contribuição. Apenas tem previsão de 20 anos o tempo especial de mineração subterrânea cujas atividades sejam exercidas afastadas das frentes de produção (item 4.0.1), assim como a exposição aos asbestos ou amianto (item 1.0.2), enquanto os trabalhos em atividades permanentes no subsolo de minerações subterrâneas em frentes de produção farão com que os segurados se aposentem com apenas 15 anos de contribuição, em razão da enorme lesividade à saúde (item 4.0.2).

Na hipótese de atividades concomitantes sob condições especiais, no mesmo ou em outro vínculo empregatício, será considerada aquela que exigir menor tempo para a aposentadoria especial.

Na forma do quanto previsto no próprio anexo IV, do Decreto 3.048/99, o que determina o direito ao benefício é a exposição do trabalhador ao agente nocivo presente no ambiente de trabalho e no processo produtivo, **em nível de concentração superior aos limites de tolerância estabelecidos.**

▸ **Importante!**

O rol de agentes nocivos é exaustivo, enquanto que as atividades listadas, nas quais poderá haver a exposição, são exemplificativas, sendo este o entendimento da Previdência Social. Ao contrário do que acontecia antes da promulgação da Lei 9.032/95, **o enquadramento de uma atividade como especial não mais é feita presumidamente por categoria profissional**, exigindo-se a efetiva demonstração em concreto da exposição do segurado aos agentes nocivos à saúde.

Portanto, de acordo com o atual regramento, apenas a exposição permanente a um agente nocivo à saúde previsto no RPS dá direito à aposentadoria especial, cujo rol forma um *numerus clausus* (fechado).

▸ **Qual o entendimento do STJ sobre o assunto?**

No entanto, o atual posicionamento do STJ é contrário ao da Previdência Social, pois a Corte Superior considera como **exemplificativo** o rol de agentes nocivos listados pelo Anexo IV do Regulamento da Previdência Social: "É possível o reconhecimento do tempo de serviço como especial desde que a atividade exercida com exposição aos fatores de risco, ainda REsp 1.267.323, de 02.08.2012, 6ª Turma). "Consoante os precedentes desta Corte, em que pese a presunção absoluta de especialidade para o agente nocivo eletricidade se encerrasse com a edição do Decreto nº 2.172/1997, estando devidamente demonstrado por outros meios probantes o exercício do labor em condições especiais, é possível reconhecer a especialidade, ainda que seja em período laborado após o advento do referido decreto, porquanto o rol de atividades consideradas prejudiciais à saúde é meramente exemplificativo" (AgRg no REsp 1.168.455, de 12.06.2012, 5ª Turma). Outrossim, a 1ª e 2ª Turma do STJ em julgamentos monocráticos vêm declarando que o rol de agentes nocivos é exemplificativo (REsp 1.329.778, de 21.09.2012 - EDcl no REsp 1.327.309, de 05.09.2012).

▸ **Como esse assunto foi cobrado em concurso?**

No concurso do CESPE para Procurador do TCU em 2015, foi considerado ERRADO o seguinte enunciado: De acordo com o STJ, para fins de aposentadoria especial, é taxativo o rol de agentes nocivos listados em regulamento.

No regime anterior, bastava para algumas categorias profissionais estarem listadas em regulamento (Decretos 53.831/64 e 83.080/79)para que o seu trabalho fosse considerado como especial, com presunção absoluta de exposição, a exemplo das telefonistas nas atividades prestadas até 28 de abril de 1995.

> **Como esse assunto foi cobrado em concurso?**
>
> No concurso do CESPE para Procurador Federal (curso de formação) em 2010, foi considerado correto o seguinte enunciado: Pelo ordenamento jurídico atualmente vigente, a concessão de aposentadoria especial exige a comprovação da exposição efetiva, habitual e permanente do segurado aos agentes agressivos, não sendo suficiente apenas o seu enquadramento em determinada categoria profissional.

A jurisprudência costuma elastecer as categorias profissionais que possuíam direito à aposentadoria especial até a Lei 9.032/95. Tome-se como exemplo o código 1.3.2 do Decreto 53.831/64:

1.3.2	GERMES INFECCIOSOS OU PARASITÁRIOS HUMANOS - ANIMAIS Serviços de Assistência Médica, Odontológica e Hospitalar em que haja contato obrigatório com organismos doentes ou com materiais infecto-contagiantes.	**Trabalhos permanentes expostos ao contato com doentes ou materiais infecto-contagiantes - assistência médico, odontológica, hospitalar e outras atividades afins.**	Insalubre	25 anos	Jornada normal ou especial fixada em Lei. Lei nº 3.999, de 15-12-61. Art. 187 CLT. Portaria Ministerial 262, de 6-8-62.

Neste caso, além de beneficiar profissionais da área de saúde, existe forte jurisprudência para alcançar profissionais correlatos, que trabalhavam nos serviços gerais de hospitaos.

> **Qual o entendimento da TNU sobre o assunto?**
>
> Súmula 82- O código 1.3.2 do quadro anexo ao Decreto n.º 53.831/64, além dos profissionais da área da saúde, contempla os trabalhadores que exercem atividades de serviços gerais em limpeza e higienização de ambientes hospitalares.

> **Importante!**
>
> Neste benefício, inexiste distinção entre homens e mulheres, sendo a sua renda mensal inicial de **100% do salário de benefício**, não incidindo o fator previdenciário.

Por força do artigo 3º, da Lei 10.666/2003, a perda da qualidade de segurado não será considerada para a concessão da aposentadoria especial, bastando que a pessoa tenha o necessário tempo de contribuição enquadrado como especial e a carência de 180 contribuições pagas tempestivamente.

O aposentado especial que retornar a atividade especial terá o benefício suspenso, mas a lei não veda o retorno à atividade comum com perda da aposentadoria. Entretanto, a cessação do benefício deverá ser precedida de procedimento que garanta o contraditório e a ampla defesa do segurado.

▸ **Como esse assunto foi cobrado em concurso?**

No concurso do CESPE para Procurador do Estado de Alagoas em 2008, foi considerado errado o seguinte enunciado: O segurado que obteve o benefício de aposentadoria especial após 15 anos de serviço poderá retornar ao mercado de trabalho para o desempenho de atividade que o exponha a agentes nocivos, podendo cumular nova aposentadoria após o mesmo prazo.

▸ **Importante!**

Prevê o artigo 64, do RPS, que apenas o *segurado empregado*, o *trabalhador avulso* e o *contribuinte individual cooperado filiado à cooperativa de trabalho ou de produção* fazem jus à aposentadoria especial, pois apenas nestes casos há prévia fonte de custeio específica, consistente nas contribuições previdenciárias pagas pelas empresas, na forma do artigo 57, §6º, da Lei 8.213/91 e do artigo 1º, da Lei 10.666/2003.

▸ **Como esse assunto foi cobrado em concurso?**

No concurso do CESPE para Advogado da CEF em 2010, foi considerado errado o seguinte enunciado: Segurado especial, na condição de trabalhador rural, faz jus à percepção de aposentadoria especial, uma vez cumprido o período de carência.

Porém, inexiste esta restrição na Lei 8.213/91, razão pela qual é discutível a validade da referida restrição regulamentar, já tendo sido pronunciada a sua ilegalidade pelo TRF da 2ª Região, ao afirmar que, "no que concerne ao fato de ser o proprietário do estabelecimento comercial, ressalte-se que o Plano de Benefícios não distinguiu espécies de segurado, para efeito da concessão de aposentadoria especial, pelo que se infere ser esta devida tanto ao trabalhador que ostenta a condição de empregado quanto àquele que se insere na categoria de contribuinte individual" (AC 309.759, de 04.02.2004).

> **Qual o entendimento da TNU sobre o assunto?**
>
> A TNU acolheu a tese da ilegalidade do artigo 64, do RPS, ao admitir que contribuinte individual não cooperado possa ter direito à aposentadoria especial: **Súmula 62**- O segurado contribuinte individual pode obter reconhecimento de atividade especial para fins previdenciários, desde que consiga comprovar exposição a agentes nocivos à saúde ou à integridade física.

Favoravelmente ao artigo 64, do RPS, pode-se invocar o **Princípio da Precedência da Fonte de Custeio**, tendo em conta que apenas a aposentadoria especial do empregado, do avulso e do contribuinte individual filiado à cooperativa de trabalho ou de produção possui o prévio pagamento de contribuições previdenciárias específicas.

> **Qual o entendimento do STJ sobre o assunto?**
>
> Em 17 de setembro de 2015, a 2ª Turma do STJ pronunciou a ilegalidade do artigo 64 do Decreto 3.048/99, no julgamento do Recurso Especial 1.436.794:"o artigo 64 do Decreto 3.048/1999, ao limitar a concessão do benefício aposentadoria especial ao segurado empregado, trabalhador avulso e contribuinte individual cooperado, extrapola os limites da Lei de Benefícios que se propôs regulamentar, razão pela qual deve ser reconhecida sua ilegalidade".

Uma vez realizado o tempo de contribuição especial e a carência, o benefício será devido desde a data de entrada do requerimento no INSS. No caso do segurado empregado, a data de início do benefício será a do desligamento do emprego, se requerida até 90 dias.

Caso não haja desligamento do emprego ou se requerida depois de transcorridos 90 dias da extinção do vínculo empregatício, o benefício será devido desde o requerimento administrativo.

> **Importante!**
>
> Para fazer jus ao benefício, a atividade deverá se enquadrar como especial, assim considerado o **tempo de trabalho permanente, não ocasional nem intermitente, em condições especiais que prejudiquem a saúde ou a integridade física do segurado**, a ser comprovado perante o INSS.

▸ **Como esse assunto foi cobrado em concurso?**

No concurso do CESPE para Juiz Federal da 5ª Região em 2009, foi considerado errado o seguinte enunciado: A concessão da aposentadoria especial dependerá de comprovação, pelo segurado, perante o INSS, do tempo de trabalho exigido pela lei, **ainda que de forma intermitente**, em condições especiais que prejudiquem a saúde ou a integridade física, durante o período mínimo fixado. Outrossim, no concurso para Procurador do Município de Natal em 2008, o CESPE considerou errado o seguinte enunciado: A concessão de aposentadoria especial depende de comprovação pelo segurado, perante o Instituto Nacional do Seguro Social (INSS), do tempo de trabalho permanente, **ocasional ou intermitente**, em condições especiais que prejudiquem a saúde ou a integridade física, durante o período mínimo fixado.

Vale registrar que a exposição permanente ao agente nocivo previsto no Regulamento surgiu com a Lei 9.032/95, não sendo aplicado ao tempo especial anterior.

▸ **Qual o entendimento da TNU sobre o assunto?**

"**Súmula 49** – Para reconhecimento de condição especial de trabalho antes de 29/4/1995, a exposição a agentes nocivos à saúde ou à integridade física não precisa ocorrer de forma permanente".

A atividade especial pressupõe a exposição aos agentes nocivos químicos, físicos, biológicos ou associação de agentes prejudiciais à saúde ou à integridade física, pelo período equivalente ao exigido para a concessão do benefício.

Considera-se como atividade especial os períodos de descanso determinados pela legislação trabalhista, inclusive férias, os de afastamento decorrentes de gozo de benefícios de auxílio-doença ou aposentadoria por invalidez acidentária, bem como aos de percepção de salário-maternidade, desde que, à data do afastamento, o segurado estivesse exercendo atividade considerada especial.

▸ **Importante!**

A comprovação da efetiva exposição do segurado aos agentes nocivos será feita mediante **formulário** emitido pela empresa ou seu preposto, com base em **laudo técnico de condições ambientais do trabalho**, expedido por médico do trabalho ou engenheiro de segurança do trabalho, nos termos da legislação trabalhista.

▸ **Qual o entendimento do STJ sobre o assunto?**

Exceto para o agente nocivo ruído que já o exigia, o laudo técnico de condições ambientais passou a ser pressuposto obrigatório para o preenchimento do formulário com o advento do Decreto 2.172/97 (para o tempo especial a partir de 06.03.97), que regulamentou a nova redação artigo 58, da Lei 8.213/91, dada pela Lei 9.528/97 (REsp 354. 737, de 18.11.2008).

▸ **Importante!**

Desde 01.01.2004, o formulário utilizado pela legislação previdenciária é o PPP – Perfil Profissiográfico Previdenciário, por força da IN INSS DC 95/2003,assim considerado o documento histórico-laboral do trabalhador, segundo modelo instituído pelo Instituto Nacional do Seguro Social, que, entre outras informações, deve conter registros ambientais, resultados de monitoração biológica e dados administrativos, que deverá sofrer atualização sempre que houver informações que impliquem na mudança do seu conteúdo, a ser feita pelo menos uma vez ao ano.

A legislação previdenciária não exige que o formulário e o laudo técnico de condições ambientais sejam produzidos contemporaneamente ao tempo de contribuição especial a ser comprovado.

▸ **Qual o entendimento da TNU sobre o assunto?**

Súmula 68- O laudo pericial não contemporâneo ao período trabalhado é apto à comprovação da atividade especial do segurado.

O PPP deverá ser emitido pela empresa empregadora, no caso de empregado; pela cooperativa de trabalho ou de produção, no caso de cooperado filiado; pelo órgão gestor de mão-de-obra, no caso de trabalhador avulso portuário e pelo sindicato da categoria, no caso de trabalhador avulso não portuário.

Deverá ser impresso por ocasião da rescisão do contrato de trabalho ou da desfiliação da cooperativa, sindicato ou órgão gestor de mão-de-obra, em duas vias, com fornecimento de uma das vias para o trabalhador, mediante recibo.

Para as atividades exercidas até 31 de dezembro de 2003, serão aceitos os antigos formulários, desde que emitidos até essa data, observando as normas de regência vigentes nas respectivas datas de emissão.

Vale destacar que a empresa deverá elaborar e manter atualizado perfil profissiográfico previdenciário, abrangendo as atividades desenvolvidas pelo trabalhador e fornecer a este, quando da rescisão do contrato de trabalho ou do desligamento do cooperado, cópia autêntica deste documento, sob pena da multa.

Com propriedade, as **avaliações ambientais** deverão considerar a classificação dos agentes nocivos e os limites de tolerância estabelecidos pela legislação trabalhista, bem como a **metodologia** e os procedimentos de avaliação estabelecidos pela Fundação Jorge Duprat Figueiredo de Segurança e Medicina do Trabalho – **FUNDACENTRO** e os limites de tolerância estabelecidos pela NR-15, do MTE.

Frise-se que o PPP e o laudo técnico emitidos em data anterior ou posterior ao exercício da atividade do segurado poderão ser aceitos para garantir direito relativo ao enquadramento de tempo especial, após avaliação por parte do INSS.

Caso a empresa não forneça o PPP ou o apresente com incorreções, o segurado poderá ajuizar ação contra a empresa na Justiça do Trabalho cominatória de obrigação de fazer, a fim de disponibilizar o formulário que é imprescindível à concessão da aposentadoria especial.

▸ **Qual o entendimento do TST sobre o assunto?**

"**RECURSO DE REVISTA DO RECLAMANTE. ENTREGA DO PERFIL PSICOGRÁFICO PREVIDENCIÁRIO PELO EMPREGADOR**. O Perfil Profissiográfico é um documento que deve ser mantido pelo empregador e no qual são registradas as condições de trabalho, atividades e funções desenvolvidas pelo empregado. Tal documento deve ser devidamente atualizado durante o contrato de trabalho, na medida em que as circunstâncias operacionais relativas às atividades laborais sofrerem modificação. O documento, devidamente preenchido e atualizado, somente é disponibilizado ao trabalhador na data da sua rescisão contratual. Portanto, no termos do § 4.º do artigo 58 da Lei n.º 8.213/91, deve o Reclamado fornecer o Perfil Profissiográfico Previdenciário ao Reclamante. Recurso de Revista parcialmente conhecido e provido". (RR - 189700-06.2008.5.02.0043, Relatora Ministra: Maria de Assis Calsing, Data de Julgamento: 20/03/2013, 4ª Turma, Data de Publicação: 26/03/2013).

▶ **Qual o entendimento do STJ sobre o assunto?**

De acordo com o Corte Superior, "a prova pericial é o meio adequado e necessário para atestar a sujeição do trabalhador a agentes nocivos à saúde para seu enquadramento legal em atividade especial. Diante do caráter social da previdência, o trabalhador segurado não pode sofrer prejuízos decorrentes da impossibilidade de produção da prova técnica. 4. Quanto ao tema, a Segunda Turma já teve a oportunidade de se manifestar, reconhecendo nos autos do Recurso Especial1.397.415/RS, de Relatoria do Ministro Humberto Martins, a **possibilidade de o trabalhador se utilizar de perícia produzida de modo indireto, em empresa similar àquela em que trabalhou, quando não houver meio de reconstituir as condições físicas do local onde efetivamente prestou seus serviços**. 5. É exatamente na busca da verdade real/material que deve ser admitida a **prova técnica por similaridade**. A aferição indireta das circunstâncias de labor, quando impossível a realização de perícia no próprio ambiente de trabalho do segurado é medida que se impõe. 6. A perícia indireta ou por similaridade é um critério jurídico de aferição que se vale do argumento da primazia da realidade, em que o julgador faz uma opção entre os aspectos formais e fáticos da relação jurídica sub judice, para os fins da jurisdição. 7. O processo no Estado contemporâneo tem de ser estruturado não apenas consoante as necessidades do direito material, mas também dando ao juiz e à parte a oportunidade de se ajustarem às particularidades do caso concreto" (RESP 1.370.229, de 25/02/2014).

Destaque-se que o simples recebimento do adicional de insalubridade, verba trabalhista, não gera necessariamente a contagem do tempo especial, tendo em vista serem diversas as sistemáticas do direito trabalhista e previdenciário.

▶ **Qual o entendimento do STJ sobre o assunto?**

A Corte Superior adotou esse posicionamento no julgamento do EARESP 200702630250, de 17.02.2009.

Questão polêmica é saber se o fornecimento de equipamento de proteção individual pela empresa ao segurado exclui ou não o enquadramento da atividade especial.

▸ **Qual o entendimento do STJ sobre o assunto?**

O STJ já se pronunciou no sentido de que "o fato de a empresa fornecer ao empregado o Equipamento de Proteção Individual – EPI, ainda que tal equipamento seja devidamente utilizado, não afasta, de per se, o direito ao benefício da aposentadoria com a contagem de tempo especial, devendo cada caso ser apreciado em suas particularidades" (REsp 720.082, de 15.12.2005).

▸ **Qual o entendimento da TNU sobre o assunto?**

Súmula 09 – "O uso de Equipamento de Proteção Individual (EPI), ainda que elimine a insalubridade, no caso de exposição a ruído, não descaracteriza o tempo de serviço especial prestado".

▸ **Como esse assunto foi cobrado em concurso?**

No concurso do CESPE para Procurador Federal em 2010, foi considerado errado o seguinte enunciado: De acordo com entendimento da Turma Nacional de Uniformização da Jurisprudência dos Juizados Especiais Federais, para fins de aposentadoria especial, o uso de equipamento de proteção individual, no caso de exposição a ruído, apenas descaracterizará o tempo de serviço especial prestado se houver a eliminação da insalubridade.

Logo, nota-se que é preciso a análise de cada situação concreta a fim de verificar se a utilização do EPI reduziu ou não a exposição do segurado aos agentes nocivos para níveis abaixo dos padrões de tolerância, pois uma atividade apenas se enquadrará como especial se houver lesividade à saúde ou integridade física do trabalhador, a fim de justificar a concessão antecipada da proteção previdenciária.

O meu entendimento sobre essa polêmica é o seguinte: se o agente nocivo for *apenas qualitativo*, sendo a nocividade presumida e independente de mensuração, o uso de EPI não descaracteriza o tempo especial; se o agente nocivo for *quantitativo*, sendo a nocividade considerada pela ultrapassagem dos limites de tolerância ou doses, a concessão de EPI eficaz que reduza a exposição para aquém dos limites de tolerância, não haverá atividade especial a ser considerada.

▸ **Qual o entendimento do STF sobre o assunto?**

No julgamento do Recurso Extraordinário com Agravo (ARE) 664335 concluído em 04 de dezembro de 2014, decidiu a Suprema Corte que "o direito à aposentadoria especial pressupõe a efetiva exposição do trabalhador a agente nocivo a sua saúde, de modo que se o Equipamento de Proteção Individual (EPI) for realmente capaz de neutralizar a nocividade, não haverá respaldo à concessão constitucional de aposentadoria especial". Esta foi a primeira tese aprovada.

No entanto, no caso do agente nocivo ruído, "na hipótese de exposição do trabalhador a ruído acima dos limites legais de tolerância, a declaração do empregador no âmbito do Perfil Profissiográfico Previdenciário (PPP), no sentido da eficácia do Equipamento de Proteção Individual (EPI), não descaracteriza o tempo de serviço especial para a aposentadoria". Esta foi a segunda tese aprovada.

Assim sendo, o STF admitiu em abstrato a tese de que o EPI realmente eficaz afastará a concessão da aposentadoria especial. No entanto, no caso do ruído, por não admitir a eficácia real do EPI (tema cientificamente controverso), o seu uso não irá descaracterizar o tempo especial prestado, adotando-se o mesmo entendimento da Súmula 09 da TNU.

Para o segurado que houver exercido sucessivamente duas ou mais atividades sujeitas a condições especiais prejudiciais à saúde ou à integridade física, sem completar em qualquer delas o prazo mínimo exigido para a aposentadoria especial, os respectivos períodos serão somados após conversão, conforme tabela abaixo, extraída do artigo 66, do RPS, considerada a atividade preponderante:

	Multiplicadores		
Tempo a converter	**Para 15**	**Para 20**	**Para 25**
De 15 anos	-	1,33	1,67
De 20 anos	0,75	-	1,25
De 25 anos	0,60	0,80	-

Suponha-se que *Allan* tenha trabalho por 10 anos em uma atividade especial sujeita à aposentadoria especial com 20 anos de contribuição. Posteriormente, ele se desligou desse emprego e passou a trabalhar em atividade especial que conduz à aposentadoria com 25 anos de contribuição.

Neste caso, conforme a tabela acima, os 10 anos trabalhados serão multiplicados pelo fator 1,25, sendo transformados em 12,5 anos. Logo, Allan precisará trabalhar mais 12,5 anos na atividade especial sujeita à aposentadoria com 25 anos de contribuição, e não mais 15 anos.

Outrossim, **será possível a conversão de tempo de atividade sob condições especiais em tempo de atividade comum**, conforme a seguinte tabela do artigo 70, do RPS:

	Multiplicadores	
Tempo a converter	**Mulher (para 30)**	**Homem (para 35)**
De 15 anos	2,00	2,33
De 20 anos	1,50	1,75
De 25 anos	1,20	1,40

Suponha-se que *Pedro* tenha trabalhado por 10 anos em atividade sujeita à aposentadoria especial de 25 anos de contribuição, tendo deixado o seu emprego. Em seguida, passou a trabalhar em atividade comum, em que a aposentadoria por tempo de contribuição ocorrerá em 35 anos.

Neste caso, observada a tabela acima colacionada, os 10 anos de contribuição deverão ser multiplicados pelo fator 1,4, transformando-se em 14 anos de contribuição. Consequentemente, Pedro deverá trabalhar em atividade comum por mais 21 anos, e não por mais 25 anos.

Vale registrar que esses fatores são extraídos por uma regra de três simples. Por exemplo, como 35 anos é 40% maior que 55 anos de contribuição, o fator de conversão será de 1,4.

O principal objetivo da conversão do tempo especial em comum é a concessão da aposentadoria por tempo de contribuição, tendo em vista o segurado não completar os 15, 20 ou 25 anos para a aposentadoria especial.

De acordo com o artigo 70, §2º, do Regulamento, as regras de conversão de tempo de atividade sob condições especiais em tempo de atividade comum (tabela de conversão) aplicam-se ao trabalho prestado em qualquer período.

▸ **Qual o entendimento da TNU sobre o assunto?**

Súmula 55- A conversão do tempo de atividade especial em comum deve ocorrer com aplicação do fator multiplicativo em vigor na data da concessão da aposentadoria.

De acordo com a AGU, que possui o mesmo entendimento da TNU, "para concessão de aposentadoria no Regime Geral de Previdência Social - RGPS, a conversão de tempo de serviço/contribuição especial em comum deve observar o fator de conversão vigente à época em que requerido o benefício, devendo ser desconsiderado, para esta finalidade, o fator de conversão vigente à época da prestação da atividade laboral" (**Enunciado AGU Nº 80, de 17 de novembro de 2015**).

Com o advento do Decreto 4.827/2003, que inseriu o §2º, no artigo 70, do RPS, **o INSS passou a admitir a conversão de tempo especial em comum a qualquer tempo, inclusive após 25.05.1998**, pois continua em vigor o artigo 57, §5º, da Lei 8.213/91.

É que a Lei 9.711/98 decorre de uma série de Medidas Provisórias reeditadas. Em 25.05.1998, foi publicada a MP 1.663-10, que expressamente revogou o §5º, do artigo 57, da Lei 8.213/91, que previa a conversão do tempo especial em comum.

▸ **Qual o entendimento do STJ sobre o assunto?**

"4. A partir de 3/9/2003, com a alteração dada pelo Decreto n. 4.827 ao Decreto n. 3.048, a Previdência Social, na via administrativa, passou a converter os períodos de tempo especial desenvolvidos em qualquer época pelas novas regras da tabela definida no artigo 70, que, para o tempo de serviço especial correspondente a 25 anos, utiliza como fator de conversão, para homens, o multiplicador 1, 40 (art. 173 da Instrução Normativa n. 20/2007). 5. A Autarquia, embora possua orientação administrativa no sentido adotado pelo acórdão recorrido, na via judicial busca impugná-la, em desacordo com o determinado em seu Regulamento aprovado pelo Decreto n. 3.048/1999, ao qual está vinculada. 6. A Terceira Seção desta Corte já decidiu no sentido de que, judicialmente, há de se dar a mesma solução administrativa, sob pena de tratar com desigualdade segurados que se encontram em situações idênticas (EREsp n. 412.351/RS).

▸ **Qual o entendimento da TNU sobre o assunto?**

"Súmula 50 - É possível a conversão do tempo de serviço especial em comum do trabalho prestado em qualquer período".

▸ **Importante!**

Vale salientar que não **há mais previsão legal para a conversão do tempo comum em especial**, que inclusive é proibida pelo artigo 249, da Instrução Normativa INSS PRES 77/2015.

Até o advento da Lei 9.032/95, era possível a conversão de tempo comum em especial, devendo ser respeitado este regramento para o tempo de serviço prestado até a sua vigência, em respeito ao Princípio do *Tempus Regit Actum*.

Por sua vez, a partir da Emenda Constitucional nº 18, de 30 de junho de 1981, não é permitida a conversão do tempo de exercício de magistério para qualquer espécie de benefício, exceto se o segurado implementou todas as condições até 29 de junho de 1981.

Frise-se que para o reconhecimento do tempo de contribuição especial incidirá o Princípio do *Tempus Regit Actum*, de modo que será aplicada a legislação previdenciária vigente no momento da sua prestação.

▸ **Qual o entendimento do STJ sobre o assunto?**

De acordo com a Corte Superior, "o tempo de serviço é disciplinado pela lei vigente à época em que efetivamente prestado, por força do princípio *tempus regit actum*. Desta forma, integra, como direito autônomo, o patrimônio jurídico do trabalhador. A lei nova que venha a estabelecer restrição ao cômputo do tempo de serviço não pode ser aplicada retroativamente" (REsp 1.205.482, de 23.11.2010).

▸ **Como esse assunto foi cobrado em concurso?**

No concurso do CESPE para Promotor de Justiça do Espírito Santo em 2010, foi considerado correto o seguinte enunciado: O reconhecimento da atividade exercida como especial é disciplinado pela lei vigente à época da prestação do serviço, por força do princípio tempus regit actum, passando a integrar, como direito adquirido, o patrimônio jurídico do trabalhador, não se aplicando retroativamente legislação nova mais restritiva.

Por isso, deverá ser observada a seguinte tabela:

Período	Enquadramento
Até 28/4/1995	Quadro Anexo ao Decreto nº 53.831, de 1964. Anexos I e II do RBPS, aprovado pelo Decreto nº 83.080, de 1979. Formulário; CP/CTPS; LTCAT, obrigatoriamente para o agente físico ruído.

Período	Enquadramento
De 29/4/1995 a 13/10/1996	Código 1.0.0 do Quadro Anexo ao Decreto nº 53.831, de 1964. Anexo I do RBPS, aprovado pelo Decreto nº 83.080, de 1979. Formulário; LTCAT ou demais Demonstrações Ambientais, obrigatoriamente para o agente físico ruído.
De 14/10/1996 a 5/3/1997	Código 1.0.0 do Quadro Anexo ao Decreto nº 53.831, de 1964. Anexo I do RBPS, aprovado pelo Decreto nº 83.080, de 1979. Formulário; LTCAT ou demais Demonstrações Ambientais, para todos os agentes nocivos
De 6/3/1997 a 31/12/1998	Anexo IV do RBPS, aprovado pelo Decreto nº 2.172, de 1997. Formulário; LTCAT ou demais Demonstrações Ambientais, para todos os agentes nocivos.
De 1º/1/1999 a 6/5/1999	Anexo IV do RBPS, aprovado pelo Decreto nº 2.172, de 1997. Formulário; LTCAT ou demais Demonstrações Ambientais, para todos os agentes nocivos, que deverão ser confrontados com as informações relativas ao CNIS para homologação da contagem do tempo de serviço especial, nos termos do art. 19 e § 2º do art. 68 do RPS, com redação dada pelo Decreto nº 4.079, de 2002.
De 7/5/1999 a 31/12/2003	Anexo IV do RPS, aprovado pelo Decreto nº 3.048, de 1999. Formulário; LTCAT ou demais Demonstrações Ambientais, para todos os agentes nocivos, que deverão ser confrontados com as informações relativas ao CNIS para homologação da contagem do tempo de serviço especial, nos termos do art. 19 e § 2º do art. 68 do RPS, com redação dada pelo Decreto nº 4.079, de 2002.
A partir de 1º/1/2004	Anexo IV do RPS, aprovado pelo Decreto nº 3.048, de 1999. Formulário, que deverá ser confrontado com as informações relativas ao CNIS para homologação da contagem do tempo de serviço especial, nos termos do art. 19 e § 2º do art. 68 do RPS, com redação dada pelo Decreto nº 4.079, de 2002.

* **LTCAT** – Laudo Técnico das Condições Ambientais de Trabalho

No caso de exposição ao ruído, deverão ser observadas as seguintes regras para enquadramento da atividade como especial, conforme a regulamentação em vigor na época da sua prestação:

A) **Antes de 05/03/1997**, é considerada nociva a atividade sujeita a ruídos superiores a **80 dB**, conforme previsão do Decreto 53.831/64;

B) **A partir de 06/03/1997 até 18/11/2003**, por força do Decreto 2.172/97, deve ser considerado o nível de ruído acima de **90 dB**;

C) **A partir de 19/11/2003**, somente se considera nocivo o ruído superior a **85 dB**, conforme alteração perpetrada no Decreto 3.048/99, trazida pelo Decreto 4.882/2003.

> **Como esse assunto foi cobrado em concurso?**
> No concurso do CESPE para Procurador do Estado de Alagoas em 2008, foi considerado errado o seguinte enunciado: Não se considera como especial o tempo de trabalho laborado com exposição a ruídos, ainda que para simples conversão em tempo comum.

Nesse sentido, dispõe a Súmula 32 da Advocacia-Geral da União: "O tempo de trabalho laborado com exposição a ruído é considerado especial, para fins de conversão em comum, nos seguintes níveis: superior a 80 decibéis, na vigência do Decreto n. 53.831/64 (1.1.6); superior a 90 decibéis, a partir de 5 de março de 1997, na vigência do Decreto n. 2.172/97; superior a 85 decibéis, a partir da edição do Decreto n. 4.882, de 18 de novembro de 2003".

> **Qual o entendimento do STJ sobre o assunto?**
> O STJ possui o mesmo entendimento da AGU a respeito: É firme o entendimento da Terceira Seção desta Corte de Justiça no sentido de que é considerada especial a atividade exercida com exposição a ruídos superiores a 80 decibéis até a edição do Decreto nº 2.171/97, sendo considerado prejudicial, após essa data, o nível de ruído superior a 90 decibéis. A partir da entrada em vigor do Decreto nº 4.882, em 18.11.2003, o limite de tolerância ao agente físico ruído reduziu para 85 decibéis (EDcl nos EDcl no REsp 1100191 / SC, de 27.09.2011).

> **Qual o entendimento na TNU sobre o assunto?**
> Com o cancelamento da Súmula 32 da TNU na sessão de 09 de outubro de 2013, este Colegiado aderiu ao posicionamento do STJ.

Logo, o entendimento é que a partir de 06/03/1997 até 18/11/2003, por força do Decreto 2.172/97, deve ser considerado o nível de ruído acima de 90 dB. Após, será considerada como especial a exposição acima de 85 dB, com base no Decreto 4.882/2003.

Impende salientar que a aposentadoria especial nasceu apenas com o advento da Lei Orgânica da Previdência Social (Lei 3.807/1960), não devendo ser reconhecido como especial o tempo de contribuição anterior à LOPS, em aplicação ao Princípio do *Tempus Regit Actum*, razão pela qual incabível também qualquer conversão em comum.

▸ **Qual o entendimento do STJ sobre o assunto?**

No âmbito do STJ o tema não foi uniformizado. Para a 5ª Turma (recurso especial 1.205.482, de 23.11.2010), "verifica-se que antes da Lei Orgânica da Previdência Social (LOPS), não existia a possibilidade de concessão do benefício aposentadoria especial. Considerando que o tempo de serviço é disciplinado pela lei vigente à época em que efetivamente prestado, impossível retroagir norma regulamentadora sem expressa previsão legal, sob pena de ofensa ao disposto no artigo 6ª da Lei de Introdução ao Código Civil". Por outro lado, a 6ª Turma entende que "se de fato ocorreu a especialidade do tempo de serviço, com exercício em data anterior à legislação que criou a aposentadoria especial, é possível o reconhecimento da atividade especial em período anterior a legislação instituidora" (AGRESP 200702972508, de 16.12.2010).

▸ **Como esse assunto foi cobrado em concurso?**

Este tema não poderia ter sido cobrado em prova objetiva até a sua uniformização pelo STJ. Todavia, no concurso do CESPE para Juiz Federal da 5ª Região em 2011, foi considerado errado o seguinte enunciado: No que se refere à concessão de benefícios, a legislação previdenciária deve ser interpretada de forma restrita, razão pela qual não é possível o reconhecimento do exercício de atividade especial em data anterior à legislação que a teria incluído no mundo jurídico, o que representaria a possibilidade de aplicação retroativa de lei nova, em violação ao princípio tempus regit actum. Com a uniformização do STJ, na atualidade, concorda-se com o gabarito errado.

Quadro sintético – Aposentadoria especial por agentes nocivos	
Cabimento	segurado (não importa o sexo) que tiver trabalhado sujeito a condições especiais que prejudiquem a saúde ou a integridade física, de maneira permanente, não ocasional nem intermitente, durante 15 (quinze), 20 (vinte) ou 25 (vinte e cinco) anos, a depender da atividade, conforme lista regulamentar.
Beneficiários	a Lei 8.213/91 não restringe os segurados beneficiários. Contudo, o artigo 64 do Regulamento da Previdência Social aduz que apenas o empregado, o avulso e o contribuinte individual cooperado (cooperativa de produção ou trabalho) farão jus ao benefício, pois nestes casos há contribuição previdenciária para o seu custeio (adicional SAT).

Quadro sintético – Aposentadoria especial por agentes nocivos	
Carência	180 contribuições mensais, observada a tabela de transição do artigo 142, da Lei 8.213/91.
Valor	100% do salário de benefício, sem a incidência do fator previdenciário.
Outras informações	**A)** a comprovação da efetiva exposição do segurado aos agentes nocivos será feita mediante formulário (perfil profissiográfico previdenciário), na forma estabelecida pelo Instituto Nacional do Seguro Social - INSS, emitido pela empresa ou seu preposto, com base em laudo técnico de condições ambientais do trabalho expedido por médico do trabalho ou engenheiro de segurança do trabalho, nos termos da legislação trabalhista; **B)** O aposentado especial que retornar a atividade especial terá o benefício suspenso, mas a lei não veda o retorno à atividade comum com perda da aposentadoria; **C)** De acordo com a Súmula 09, da TNU-JEF, "O uso de Equipamento de Proteção Individual (EPI), ainda que elimine a insalubridade, no caso de exposição a ruído, não descaracteriza o tempo de serviço especial prestado." **D)** Antes da Lei 9.032/95 (24.09.95), o tempo especial era contado de acordo com a categoria profissional, independentemente de exposição aos agentes nocivos, havendo presunção absoluta (Decretos 53.831/64 e 83.080/79) das atividades listadas, ou então deveria haver efetiva comprovação, caso a atividade não fosse listada. No caso de ruído, era necessária perícia técnica para comprovar exposição acima de 80 DB. **E)** Caso o segurado tenha laborado em condições especiais e passe a trabalhar em atividade comum, é plenamente possível a conversão do tempo especial em comum, proporcionalmente, conforme tabela constante no Regulamento.

5.2. Aposentadoria especial dos deficientes

Regulamentação básica: Lei Complementar 142/2013.

A aposentadoria com regras especiais em favor dos segurados deficientes passou a ter previsão na Constituição de 1988 somente com o advento da Emenda 47/2005. Coube à **Lei Complementar 142, de 08 de maio de 2013**, regulamentar a concessão de aposentadoria com critérios especiais aos referidos segurados, mas que apenas entrou em vigor após transcorridos seis meses da sua publicação, perpetrada no dia 09/05/2013.

Por sua vez, o Decreto 8.145, de 03 de dezembro de 2013, publicado nesse mesmo dia, promoveu a sua regulamentação.

A aposentadoria especial do deficiente dependerá do **grau de deficiência** (grave, moderada ou leve), cabendo ao Regulamento da Previdência Social defini-las e ao INSS atestar o grau de deficiência por sua perícia médica, observada a seguinte tabela:

	DEFICIÊNCIA GRAVE	DEFICIÊNCIA MODERADA	DEFICIÊNCIA LEVE
HOMENS	25 anos de contribuição	29 anos de contribuição	33 anos de contribuição
MULHERES	20 anos de contribuição	24 anos de contribuição	28 anos de contribuição

É possível que o grau de deficiência seja alterado ao longo do tempo. Uma deficiência leve pode progredir e se tornar moderada ou grave, ou vice-versa.

Neste caso, se o segurado, após a filiação ao RGPS, tornar-se pessoa com deficiência, ou tiver seu grau de deficiência alterado, os parâmetros serão proporcionalmente ajustados, considerando-se o número de anos em que o segurado exerceu atividade laboral sem deficiência e com deficiência, observado o grau de deficiência correspondente.

Certamente por um lapso do legislador, a norma não previu expressamente o período de carência da aposentadoria especial do deficiente, que deve ser considerada em 180 recolhimentos mensais por analogia às demais aposentadorias.

A existência de deficiência anterior à data da vigência da LC 142/2013 deverá ser certificada, inclusive quanto ao seu grau, por ocasião da **primeira avaliação no INSS**, sendo obrigatória a fixação da data provável do início da deficiência.

No entanto, a norma não fixa até quando terá efeitos retroativos. Uma primeira possibilidade seria reconhecer o tempo contributivo especial do segurado deficiente desde a Emenda 47/2005.

Mas certamente essa retroação não será limitada, fazendo jus o segurado deficiente ao reconhecimento do seu tempo de contribuição especial independentemente da época da prestação.

De seu turno, a comprovação de tempo de contribuição na condição de segurado com deficiência em período anterior à entrada em vigor da LC 142/2013 não será admitida por meio de prova exclusivamente testemunhal, sendo excepcionado o Princípio do Livre Convencimento Motivado.

Para efeito de concessão da aposentadoria da pessoa com deficiência, compete à perícia própria do INSS, nos termos de ato conjunto do Ministro de Estado Chefe da Secretaria de Direitos Humanos da Presidência da República, dos Ministros de Estado da Previdência Social, da Fazenda, do Planejamento, Orçamento e Gestão e do Advogado-Geral da União:

I. avaliar o segurado e fixar a data provável do início da deficiência e o seu grau; e
II. identificar a ocorrência de variação no grau de deficiência e indicar os respectivos períodos em cada grau.

> **Importante!**
> Esta aposentadoria especial terá a renda de 100% do salário de benefício, apenas havendo a incidência do fator previdenciário se for benéfico ao segurado.

Logo, ao contrário do que ocorre na aposentadoria especial por agentes nocivos, em que não há a aplicação do fator previdenciário em nenhuma hipótese, na aposentadoria especial dos deficientes será possível a sua incidência, desde que superior a 1,0, pois somente assim haverá elevação no valor do salário de benefício.

A aposentadoria especial do deficiente é devida ao **empregado, trabalhador avulso, empregado doméstico, contribuinte individual e segurado facultativo**. Por sua vez, o **segurado especial** apenas terá direito se fizer recolhimentos sobre o salário de contribuição, na forma do Decreto 8.145/2013, pois a contribuição de 2,1% sobre a receita da produção não dá direito a este benefício.

Considera-se como **pessoa com deficiência** aquela que tem impedimentos de longo prazo de natureza física, mental, intelectual ou sensorial, os quais, em interação com diversas barreiras, podem obstruir sua participação plena e efetiva na sociedade em igualdade de condições com as demais pessoas, sendo adotada a mesma definição da Lei 8.742/93, alterada pela Lei 12.470/2011.

> ▸ **Importante:**
> Por sua vez, a Lei Complementar 142/2013 abriu outro regramento diferenciado para os segurados deficientes, consistente na **redução em cinco anos na idade para o deferimento do benefício de aposentadoria por idade.**

Logo, independentemente do grau de deficiência, observada a carência de 180 recolhimentos mensais, o homem deficiente se aposentará por idade aos 60 anos e a mulher aos 55 anos de idade, com renda de 70% do salário de benefício, mais 1% por grupo de 12 contribuições mensais, até o máximo de 30%, sendo facultativa a incidência do fator previdenciário, que apenas será aplicado se benéfico ao segurado.

Vale registar que a LC 142/2013 não previu nenhuma contribuição previdenciária adicional para custear a aposentadoria especial dos deficientes, sendo forçoso concluir que foi violado o Princípio da Precedência da Fonte de Custeio.

Contudo, como se trata de norma negociada entre os Poderes Legislativo e Executivo da União, é certo que inexiste vontade política na sua pronúncia de inconstitucionalidade, pois teve uma excelente recepção social e veio a regulamentar uma determinação constitucional.

A Lei 8.213/91 terá aplicação à aposentadoria especial do segurado deficiente no que for compatível, sendo-lhe garantida a percepção de qualquer outra espécie de aposentadoria estabelecida na **Lei nº 8.213, de 24 de julho de 1991**, que lhe seja mais vantajosa do que as opções apresentadas na LC 142/2013.

> ▸ **Importante:**
> Não é possível ao segurado deficiente se valer, cumulativamente, das regras do artigo 57, da Lei 8.213/91 e da LC 142/2013.

É que determina o seu artigo 10 que "a redução do tempo de contribuição prevista nesta Lei Complementar não poderá ser acumulada, no tocante ao mesmo período contributivo, com a redução assegurada aos casos de atividades exercidas sob condições especiais que prejudiquem a saúde ou a integridade física".

Logo, caso o segurado deficiente possua período contributivo especial por exposição aos agentes nocivos à saúde previstos no Regulamento, deverá optar pela sistemática que lhe for mais favorável, não podendo acumular as regras especiais de ambos os diplomas referidos.

De acordo com o Decreto 8.145/2013, será observada a carência de 180 recolhimentos mensais para a aposentadoria especial por tempo de contribuição do segurado deficiente. Para o segurado que, após a filiação ao RGPS, tornar-se pessoa com deficiência, ou tiver seu grau alterado, os parâmetros serão proporcionalmente ajustados e os respectivos períodos serão somados após conversão, conforme as tabelas abaixo, considerando o grau de deficiência preponderante:

Mulher				
Tempo a converter	**Multiplicadores**			
	Para 20	**Para 24**	**Para 28**	**Para 30**
De 20 anos	1,00	1,20	1,40	1,50
De 24 anos	0,83	1,00	1,17	1,25
De 28 anos	0,71	0,86	1,00	1,07
De 30 anos	0,67	0,80	0,93	1,00
Homem				
Tempo a converter	**Multiplicadores**			
	Para 25	**Para 29**	**Para 33**	**Para 35**
De 25 anos	1,00	1,16	1,32	1,40
De 29 anos	0,86	1,00	1,14	1,21
De 33 anos	0,76	0,88	1,00	1,06
De 35 anos	0,71	0,83	0,94	1,00

Assim, suponha-se que um segurado **homem sem deficiência** conte com 10 anos de contribuição, considerando que a aposentadoria por tempo de contribuição do homem se dá aos 35 anos de contribuição.

Posteriormente, esse segurado teve um acidente e passa para a condição de deficiente grave, com aposentadoria especial com 25 anos. Neste caso, os 10 anos serão convertidos pelo fator 0,71, equivalendo a 17,75 anos de contribuição para uma aposentadoria especial de 25 anos.

É garantida a conversão do tempo de contribuição cumprido em condições especiais que prejudiquem a saúde ou a integridade física do segurado, inclusive da pessoa com deficiência, para fins da aposentadoria especial do deficiente, se resultar mais favorável ao segurado, conforme tabela abaixo:

Mulher					
Tempo a converter	Multiplicadores				
	Para 15	Para 20	Para 24	Para 25	Para 28
De 15 anos	1,00	1,33	1,60	1,67	1,87
De 20 anos	0,75	1,00	1,20	1,25	1,40
De 24 anos	0,63	0,83	1,00	1,04	1,17
De 25 anos	0,60	0,80	0,96	1,00	1,12
De 28 anos	0,54	0,71	0,86	0,89	1,00
Homem					
Tempo a converter	Multiplicadores				
	Para 15	Para 20	Para 25	Para 29	Para 33
De 15 anos	1,00	1,33	1,67	1,93	2,20
De 20 anos	0,75	1,00	1,25	1,45	1,65
De 25 anos	0,60	0,80	1,00	1,16	1,32
De 29 anos	0,52	0,69	0,86	1,00	1,14
De 33 anos	0,45	0,61	0,76	0,88	1,00

No entanto, é vedada a conversão do tempo de contribuição da pessoa com deficiência para fins de concessão da aposentadoria especial por exposição aos agentes nocivos à saúde.

Assim sendo, tempo de contribuição especial por exposição a agentes nocivos à saúde converte-se em tempo de contribuição do deficiente. Todavia, a recíproca não é verdadeira.

▸ **Importante:**

O Decreto 8.145/2013 instituiu uma espécie de regra de transição sem previsão na LC 142/2013. Isso porque o seu artigo 2º previu que a pessoa com deficiência poderá, a partir de 03 de dezembro de 2013 (data da publicação do citado decreto), solicitar o agendamento de avaliação médica e funcional, a ser realizada por perícia própria do INSS, para o reconhecimento do direito às aposentadorias por tempo de contribuição ou por idade.

Até dois anos após a entrada em vigor do Decreto 8.145/2013 será realizada a avaliação pericial para o segurado que requerer o benefício de aposentadoria e contar com os seguintes requisitos: **no mínimo vinte anos de contribuição, se mulher, e vinte e cinco anos de contribuição, se homem.**

Assim, para quem requerer o benefício até 03 de dezembro de 2015, independentemente do grau de deficiência, que não é exigido do artigo 2º, é assegurada a concessão da aposentadoria especial ao deficiente com o cumprimento de 20 anos de contribuição (mulheres) e 25 anos de contribuição (homens).

Quadro sintético – Aposentadoria especial dos deficientes	
Cabimento	segurado deficiente do sexo masculino aos 25 (deficiência grave), 29 (moderada) ou 33 (leve) anos de contribuição. Seria devida à segurada do sexo feminino aos 20 (deficiência grave), 24 (moderada) ou 28 (leve) anos de contribuição.
Beneficiários	segurados deficientes.
Carência	180 recolhimentos mensais.
Valor	100% do salário de benefício, apenas com a incidência do fator previdenciário se benéfico ao segurado.
Outras informações	A) se for benéfico ao deficiente, este poderá requerer a aposentadoria por idade com redução em cinco anos na sua idade, independentemente do grau de deficiência.

6. AUXÍLIO-DOENÇA

Regulamentação básica: artigos 59/63, da Lei 8.213/91; artigos 71/80, do RPS (Decreto 3.048/99).

Códigos de concessão: 91 – Auxílio-doença por acidente do trabalho e 31 – Auxílio-doença previdenciário (sem decorrer de acidente de trabalho).

▸ **Importante!**

Trata-se de benefício não programado devido ao segurado que ficar incapacitado para o seu trabalho ou para a sua atividade habitual por mais de 15 dias consecutivos. O segurado em gozo de auxílio-doença, insuscetível de recuperação para sua atividade habitual, se possível, deverá submeter-se a processo de reabilitação profissional para o exercício de outra atividade, exceto o tratamento cirúrgico e a transfusão de sangue, que são facultativos.

▸ **Como esse assunto foi cobrado em concurso?**

No concurso do CESPE para Procurador Federal (curso de formação) em 2010, foi considerado errado o seguinte enunciado: Somente será devido o auxílio-doença se a incapacidade do segurado impedir que ele exerça atividade que lhe garanta subsistência. Assim, o impedimento ao exercício de atividade habitual não assegura o recebimento desse auxílio.

Não cessará o benefício até que seja dado como habilitado para o desempenho de nova atividade que lhe garanta a subsistência ou, quando considerado não recuperável, for aposentado por invalidez.

▸ **Como esse assunto foi cobrado em concurso?**

No concurso do CESPE para Juiz Federal da 5ª Região em 2009, foi considerado correto o seguinte enunciado: O segurado em gozo de auxílio-doença e insuscetível de recuperação para sua atividade habitual deverá submeter-se a processo de reabilitação profissional para o exercício de outra atividade. Não cessará esse benefício até que seja dado como habilitado para o desempenho de nova atividade que lhe garanta a subsistência ou, quando considerado não recuperável, for aposentado por invalidez. Outrossim, no concurso do CESPE para Analista da SEGER/ES em 2013, foi considerado correto o seguinte enunciado: O segurado em gozo de auxílio-doença e insuscetível de recuperação para sua atividade habitual deverá submeter-se a processo de reabilitação profissional para o exercício de outra atividade, e o auxílio-doença não cessará até que o segurado seja considerado habilitado para o desempenho de nova atividade que lhe garanta a subsistência ou, quando considerado não recuperável, for aposentado por invalidez.

Com o advento da Medida Provisória 664, de 30 de dezembro de 2014, algumas regras do auxílio-doença foram alteradas, mas as modificações foram retiradas da Lei 13.135/2015, retornando-se ao texto anterior.

Insta afirmar que mesmo a **incapacidade laborativa parcial** para o trabalho habitual enseja a concessão do auxílio-doença, *ex vi* da Súmula 25 da Advocacia-Geral da União: "Será concedido auxílio-doença ao segurado considerado **temporariamente** incapaz para o trabalho ou sua atividade habitual, de forma total **ou parcial**, atendidos os demais requisitos legais, **entendendo-se por incapacidade parcial aquela que permita sua reabilitação para outras atividades laborais**".

▸ **Qual o entendimento do STJ sobre o assunto?**

"RECURSO ESPECIAL. PREVIDENCIÁRIO. LEI 8.213/91. CONCESSÃO. AUXÍLIO-DOENÇA. INCAPACIDADE. TOTAL. PARCIAL. **A Lei 8.213/91 não faz distinção quanto à incapacidade, se deve ser total ou parcial; assim, não é possível restringir o benefício ao segurado, deferindo-o, tão-somente, quando a desventurada incapacidade for parcial.** Recurso desprovido" (REsp 699920/SP, de 17/02/2005).

De acordo com o Manual de Perícia Médica da Previdência Social, "a **incapacidade laborativa** é a impossibilidade de desempenho das funções específicas de uma atividade ou ocupação, em consequência de alterações morfopsicofisiológicas provocadas por doença ou acidente".

De efeito, entende-se que **incapacidade parcial** é aquela que prejudica o desenvolvimento de algumas atividades laborativas habituais do segurado, mas não de todas, sem risco de vida do segurado ou agravamento maior.

Entretanto, a Súmula 25 da AGU a define como aquela que permita reabilitação para outras atividades laborais. Entende-se que a definição da referida Súmula é equivocada, pois é possível que haja incapacidade parcial e não seja necessária a reabilitação, caso possa o segurado se recuperar para o trabalho habitual.

Por tudo isto, crê-se que é possível a concessão do auxílio-doença em duas hipóteses:

A) ***Incapacidade temporária parcial ou total para o trabalho habitual por mais de 15 dias consecutivos***, sendo plenamente possível a recuperação do segurado para desenvolver a mesma atividade;

B) ***Incapacidade permanente parcial ou total do segurado para o trabalho habitual por mais de 15 dias consecutivos***, não sendo possível a recuperação do segurado para continuar desenvolvendo o trabalho habitual, mas plenamente viável a reabilitação profissional para outra atividade que lhe garanta a subsistência.

Na primeira hipótese, considere-se que um segurado do RGPS tenha contraído a gripe H1N1, ficando impossibilitado de exercer o seu trabalho habitual por 30 dias. Neste caso, é plenamente possível a sua recuperação clínica, não sendo cabível a reabilitação profisional.

No segundo caso, enquadra-se a situação de um estivador que apresenta problema em sua coluna, não sendo possível a sua recuperação para o trabalho habitual, que exige o levantamento de muito peso.

Logo, trata-se de incapacidade permanente para o trabalho habitual, devendo o segurado receber o auxílio-doença e ser encaminhado ao serviço de reabilitação profissional, caso seja possível desenvolver outra atividade laborativa que lhe garanta a subsistência, respeitadas as suas limitações clínicas.

Por tudo isso, é possível promover as seguintes classificações da incapacidade laborativa:

A) **Quanto ao grau**, poderá ser *total* ou *parcial*;

B) **Quanto à duração**, será *temporária* (prazo previsível para a recuperação) ou de *duração indefinida* (prazo imprevisível).

Ainda é possível realizar uma classificação da incapacidade laboral de acordo com a **profissão desenvolvida**:

A) **uniprofissional:** aquela em que o impedimento alcança apenas uma atividade específica;

B) **multiprofissional:** aquela em que o impedimento abrange diversas atividades profissionais;

c) **omniprofissional:** aquela que implica a impossibilidade do desempenho de toda e qualquer atividade laborativa, sendo conceito essencialmente teórico, salvo quando em caráter transitório.

> **▸ Importante!**
>
> De efeito, **a incapacidade laborativa por até 15 dias não ensejará o pagamento do auxílio-doença**, pois se cuida de risco social não coberto pelo Plano de Benefícios do RGPS, em observância ao Princípio da Seletividade (art. 59, da Lei 8.213/91), restaurado pela Lei 13.135/2015).

> **▸ Importante!**
>
> Também não será devido o auxílio-doença ao segurado que se filiar ao Regime Geral de Previdência Social já portador da doença ou da lesão invocada como causa para o benefício, **salvo quando a incapacidade sobrevier por motivo de progressão ou agravamento dessa doença ou lesão**.

> **▸ Como esse assunto foi cobrado em concurso?**
>
> No concurso do CESPE para Juiz Federal da 5ª Região em 2013, foi considerado errado o seguinte enunciado: O auxílio-doença não será devido ao segurado que se filiar ao regime geral de previdência social com doença preexistente e a invocar para a concessão do benefício, mesmo que a incapacidade sobrevier por motivo de progressão da doença.

> **▸ Qual o entendimento da TNU sobre o assunto?**
>
> **Súmula 53** – Não há direito a auxílio-doença ou a aposentadoria por invalidez quando a incapacidade para o trabalho é preexistente ao reingresso do segurado no Regime Geral de Previdência Social.

Suponha-se que Cornélio trabalhe por conta própria sem nunca ter recolhido contribuição previdenciária. Após se acidentar e se tornar incapaz para o trabalho temporariamente, Cornélio se filiou ao RGPS como contribuinte individual mediante o recolhimento de contribuição previdenciária.

Neste caso, deverá o INSS indeferir o benefício de auxílio-doença, vez que a incapacidade laboral é preexistente à filiação de Cornélio.

Por outro lado, suponha-se que Maria seja portadora de câncer no momento da sua filiação ao RGPS. Conquanto portadora da referida patologia, no momento em que se filiou ao regime previdenciário, Maria ainda gozava de plenas condições laborais.

Contudo, um ano após a filiação, o mal se agravou e Maria passou a ser incapaz para o trabalho de maneira parcial. Neste caso, o INSS deverá deferir o auxílio-doença, pois a incapacidade laboral decorreu de progressão da enfermidade verificada após a filiação.

Vale ressaltar que o período de graça não correrá ou, se já iniciado, será suspenso durante o período de incapacidade laboral do segurado, com base no artigo 15, I, da Lei 8.213/91.

Nesse sentido, em 09.06.2008, foi editada a Súmula 26 da AGU, que pontifica:

> "Súmula 26 - Para a concessão de benefício por incapacidade, não será considerada a perda da qualidade de segurado decorrente da própria moléstia incapacitante".

▸ **Qual o entendimento do STJ sobre o assunto?**

"AGRAVO REGIMENTAL NO RECURSO ESPECIAL. APOSENTADORIA POR INVALIDEZ. PERDA DA QUALIDADE DE SEGURADO ANTES DA OCORRÊNCIA DA MOLÉSTIA INCAPACITANTE. BENEFICIO INDEVIDO. REEXAME FÁTICO-PROBATÓRIO. AGRAVO DESPROVIDO. I- A aposentadoria por invalidez é devida ao segurado que, após cumprida a carência e conservando a qualidade de segurado, for considerado incapaz para o trabalho e insuscetível de reabilitação em atividade que lhe garanta subsistência. II- A jurisprudência desta Corte Superior de Justiça é firme no sentido de que o segurado que deixa de contribuir para a Previdência Social, por estar incapacitado para o labor, não perde a qualidade de segurado. III- Ocorre que, no caso sub examine, tendo restado consignado ser a incapacidade do autor muito posterior ao fim de seu vínculo previdenciário, o reconhecimento da perda da qualidade de segurado e, consequentemente, o indeferimento do pedido de acidentário é medida que se impõe" (AgRg no REsp 1245217 / SP, de 12/06/2012).

▸ **Importante!**

Logo, é necessário avaliar se na data do início da incapacidade laborativa ainda havia a manutenção da qualidade de segurado. Se havia, o auxílio-doença será deferido. Caso contrário, será negado.

Isso porque nos casos em que o segurado deixa de recolher a contribuição por estar incapacitado, não haverá a perda da sua qualidade, pois a partir do momento em que houver a incapacidade para o trabalho habitual , já nascerá o direito ao auxílio-doença, mesmo que este só será requerido muito posteriormente.

Vamos supor que Rosângela é contribuinte individual que trabalha por conta própria. Ela possui 20 contribuições previdenciárias vertidas mensalmente em dia. A partir de janeiro de 2012, torna-se incapaz para o seu trabalho habitual por largo período, deixando de recolher as contribuições.

Por desconhecimento da legislação previdenciária, Rosângela apenas requereu o benefício em abril de 2013, quando ainda estava impossibilitada de exercer o seu trabalho habitual, época em que já não contribuía há mais de 12 meses.

Conquanto na data do requerimento administrativa ela aparentemente já tenha perdido a qualidade de segurada (se passou o período de graça de 12 meses sem novos recolhimentos), se a perícia médica do INSS apontar o início da incapacidade em janeiro de 2012, o benefício deverá ser concedido, pois naquele mês havia a manutenção da condição de segurada.

É que, de acordo com o STJ, o INSS e a AGU, o segurado que deixar de contribuir para a Previdência Social, por estar incapacitado para o labor, não perde a sua qualidade.

É curial que seja feito um elo entre a enfermidade ou lesão que acomete o segurado e o seu trabalho ou atividade habitual, pois o mesmo infortúnio poderá gerar o pagamento do benefício para um segurado, mas não para outro, desde que atue em atividade laborativa diversa.

Suponha-se que dois segurados da mesma idade possuam uma idêntica lesão lombar. O primeiro é trabalhador avulso, atuando na função de estivador, ao passo que o segundo é segurado empregado, exercendo a função de porteiro de edifício.

É plenamente possível que o primeiro perceba o auxílio-doença e o segundo não, caso este possa compatibilizar a sua enfermidade com o exercício do seu trabalho, desde que não haja vedação clínica de que o tratamento seja processado sem a interrupção do labor.

Apenas no caso do **segurado empregado**, durante os **primeiros 15 dias** consecutivos ao do afastamento da atividade por motivo de doença, **incumbirá à empresa pagar o seu salário integral.**

Contudo, se concedido novo benefício decorrente da mesma doença dentro de 60 dias contados da cessação do benefício anterior, a empresa fica desobrigada do pagamento relativo aos quinze primeiros dias de afastamento, prorrogando-se o benefício anterior e descontando-se os dias trabalhados, se for o caso.

▸ Como esse assunto foi cobrado em concurso?

No concurso do CESPE para Advogado do BRB em 2009, foi considerado correto o seguinte enunciado: Fernando é empregado de pessoa jurídica e, em virtude de enfermidade, ficou incapacitado para o seu trabalho por mais de quinze dias, passando a perceber, a partir do décimo sexto dia, o benefício previdenciário denominado auxílio-doença. Após dois meses, a perícia do INSS constatou que Fernando já estava apto para retornar às suas atividades, e determinou a cessação de seu benefício. Um mês após a cessação do referido benefício, Fernando, acometido pela mesma doença, ficou novamente impossibilitado para o trabalho. Nessa circunstância, a pessoa jurídica fica desobrigada ao pagamento relativo aos quinze primeiros dias de afastamento, prorrogando-se o benefício anterior.

Se o segurado empregado, por motivo de doença, afastar-se do trabalho durante 15 dias, retornando à atividade no décimo sexto dia, e se dela voltar a se afastar dentro de 60 dias desse retorno, em decorrência da mesma doença, fará jus ao auxílio-doença a partir da data do novo afastamento.

▸ Qual o entendimento do STJ sobre o assunto?

Tendo em conta que nesses 15 dias o empregado não trabalhou, o STJ vem entendendo que a quantia paga pela empresa tem natureza indenizatória, e não remuneratória, não se realizando a hipótese de incidência das contribuições previdenciárias respectivas (AGREsp 1.107.898, de 09.03.2010).

▸ Importante!

O auxílio-doença é um benefício previsto para todos os segurados, tendo a renda mensal inicial de **91% do salário de benefício**, não podendo ser inferior a um salário mínimo, pois visa substituir a remuneração do beneficiário. Em regra, o auxílio-doença pressupõe a realização de **carência de 12 contribuições mensais**, que será excepcionalmente dispensada nas hipóteses de invalidez decorrente de acidente de qualquer natureza, doença profissional, do trabalho ou das moléstias graves listadas em ato regulamentar. No entanto, a Lei 13.135/2015 instituiu um novo teto para o valor do auxílio-doença, ao inserir o §10 no artigo 29 da Lei 8.213/91, que determina que **"o auxílio-doença não**

> poderá exceder a média aritmética simples dos últimos doze salários-de-contribuição, inclusive no caso de remuneração variável, ou, se não alcançado o número de doze, a média aritmética simples dos salários-de-contribuição existentes".

Isto posto, o auxílio-doença não poderá superar a média aritmética simples dos 12 últimos salários de contribuição do segurado ou, se inexistentes 12 salários de contribuição no período básico de cálculo (a partir de julho de 1994), deverá ser feita a média aritmética simples de todos os salários de contribuição existentes, sempre com a óbvia incidência da correção monetária.

Certamente o motivo desta nova regra é aproximar o valor do auxílio-doença da remuneração percebida pelo segurado nos 12 últimos meses, a fim de evitar que o benefício fique com renda superior se o segurado possuir altos salários de contribuição no passado, o que poderá gerar a acomodação do segurado, se o auxílio-doença superar a sua remuneração mensal habitual.

A legislação previdenciária não fixa um prazo máximo para a manutenção do auxílio-doença, mas é certo que não deverá permanecer ativo por muito tempo, visto que é precário por natureza.

De efeito, o auxílio-doença cessará com o retorno do segurado ao trabalho ou, caso necessite, com a sua reabilitação profissional. Caso contrário, a depender do caso concreto, deverá ser convertido em auxílio-acidente ou aposentadoria por invalidez, podendo, ainda, ser transformado em outra aposentadoria, caso o segurado já tenha preenchido os requisitos para tanto.

Vale salientar que ao segurado que exercer mais de uma atividade abrangida pela Previdência Social, e estando incapacitado para uma ou mais atividades, inclusive em decorrência de acidente do trabalho, **será concedido um único benefício**.

Em regra, a data de início do benefício (DIB) será a data da incapacidade, marco inicial do pagamento a ser promovido pelo INSS. Contudo, se entre a data da incapacidade e a data de entrada do requerimento (DER) se passar mais de 30 dias, a data de início do benefício será a data de entrada do requerimento na Previdência Social.

> **▸ Como esse assunto foi cobrado em concurso?**
>
> No concurso do CESPE para Procurador do Município de Aracaju em 2007, foi considerado correto o seguinte enunciado: O segurado contribuinte individual do RGPS que sofrer acidente que o impeça de trabalhar por vários dias tem direito ao benefício de auxílio-doença com início a partir do dia da incapacidade, desde que o auxílio tenha sido requerido até trinta dias após a ocorrência do infortúnio.

> **▸ Importante:**
>
> Apenas no caso do segurado empregado a regra será diferente, tendo em vista a obrigação legal da empresa de pagar ao segurado o seu salário durante os 15 primeiros dias do afastamento. Logo, para o segurado empregado, a data de início do benefício não será a data da incapacidade, e sim o 16º dia seguinte. Excepcionalmente, se entre a data da incapacidade e a data de entrada do requerimento se passar mais de 30 dias, a data de início do benefício será a data de entrada do requerimento na Previdência Social.

No caso de concessão judicial, em decorrência do INSS ter negado o benefício na esfera administrativa, se por questões clínicas a perícia judicial não conseguir definir a data de início da incapacidade, a data de início do benefício será a data de juntada do laudo pericial.

> **▸ Como esse assunto foi cobrado em concurso?**
>
> No concurso do CESPE para Promotor de Justiça do Espírito Santo em 2010, foi considerado errado o seguinte enunciado: Suponha que Caio tenha requerido, administrativamente, em 10/8/2009, o benefício de auxílio-doença, que foi indeferido pelo INSS, motivo pelo qual ajuizou, em 14/11/2009, uma ação ordinária pleiteando o referido benefício, sendo que o laudo médico pericial, juntado aos autos em 20/2/2010, reconheceu a incapacidade de Caio. Nessa situação hipotética, o termo inicial do auxílio-doença a ser concedido judicialmente será o dia 14/11/2009.

> **▸ Qual o entendimento do STJ sobre o assunto?**
>
> No entanto, observou-se uma mudança de posicionamento na jurisprudência da Corte Superior RECURSO ESPECIAL Nº 1.311.665 - SC, 1ª Turma, de 02/09/2014), dominando, na atualidade, o entendimento de que a data de início do benefício por incapacidade será a data da citação, e não a data da juntada do laudo pericial judicial, quando não possível retroagir ao requerimento administrativo.

A Previdência Social deverá **processar de ofício o benefício**, quando tiver ciência da incapacidade do segurado sem que este tenha requerido auxílio-doença, na forma do artigo 76, do RPS.

O segurado empregado em gozo de auxílio-doença será considerado pela empresa como licenciado, nos termos do artigo 476, da CLT. O mesmo entendimento foi estendido ao empregado doméstico por força da LC 150/2015.

Ademais, a empresa que garantir ao segurado licença remunerada ficará obrigada a pagar-lhe durante o período de auxílio-doença a eventual diferença entre o valor deste e a importância garantida pela licença (**complemento de auxílio-doença**).

> ▸ **Como esse assunto foi cobrado em concurso?**
>
> No concurso do CESPE para Advogado da CEF em 2010, foi considerado correto o seguinte enunciado: A pessoa jurídica Epta Ltda., em virtude de convenção coletiva de trabalho, paga aos seus empregados licença remunerada, pelo prazo de três meses, para tratamento de saúde do empregado, em casos de comprovada necessidade e quando autorizada pela empresa. Nessa situação, se algum empregado de Epta sofrer acidente de trabalho e passar a perceber auxílio-doença, a Epta deverá arcar com a diferença entre o valor do benefício e o salário efetivo do empregado, como se esse empregado estivesse licenciado.

O auxílio-doença poderá ser comum (código B 31) ou acidentário (B 91), se decorrer de acidente de trabalho, doença profissional, do trabalho ou evento equiparado, uma vez emitida a Comunicação de Acidente de Trabalho ou reconhecido o nexo técnico epidemiológico entre a enfermidade e o exercício do labor.

> ▸ **Importante!**
>
> Neste caso, após a cessação do benefício acidentário, o segurado (empregado) terá garantido, pelo prazo mínimo de doze meses, a manutenção do seu contrato de trabalho na empresa, independentemente de percepção de auxílio-acidente, na forma do artigo 118, da Lei 8.213/91. **Este direito não foi estendido ao empregado doméstico pela LC 150/2015.**

> ▸ **Qual o entendimento do TST sobre o assunto?**
>
> "Súmula nº 378 do TST
>
> ESTABILIDADE PROVISÓRIA. ACIDENTE DO TRABALHO. ART. 118 DA LEI Nº 8.213/1991. (inserido item III) - Res. 185/2012, DEJT divulgado em 25, 26 e 27.09.2012

I - É constitucional o artigo 118 da Lei nº 8.213/1991 que assegura o direito à estabilidade provisória por período de 12 meses após a cessação do auxílio-doença ao empregado acidentado. (ex-OJ nº 105 da SBDI-1 - inserida em 01.10.1997)

II - São pressupostos para a concessão da estabilidade o afastamento superior a 15 dias e a conseqüente percepção do auxílio-doença acidentário, salvo se constatada, após a despedida, doença profissional que guarde relação de causalidade com a execução do contrato de emprego. (primeira parte - ex-OJ nº 230 da SBDI-1 - inserida em 20.06.2001)

III - O empregado submetido a contrato de trabalho por tempo determinado goza da garantia provisória de emprego decorrente de acidente de trabalho prevista no art. 118 da Lei nº 8.213/91".

▸ **Como esse assunto foi cobrado em concurso?**

No concurso do CESPE para Procurador do Estado de Alagoas em 2008, foi considerado correto o seguinte enunciado: O segurado empregado, exceto o doméstico, que sofrer acidente de trabalho que o deixe incapacitado para a atividade laboral por prazo superior a quinze dias terá garantida, pelo prazo mínimo de doze meses, a manutenção do seu contrato de trabalho na empresa, após a cessação do auxílio-doença acidentário.

O auxílio-doença do segurado que exercer mais de uma atividade abrangida pela previdência social será devido mesmo no caso de incapacidade apenas para o exercício de uma delas, devendo a perícia médica ser conhecedora de todas as atividades que o mesmo estiver exercendo, podendo ser inferior a um salário mínimo, desde que somado às demais remunerações recebidas resultar valor superior a este.

Quando o segurado que **exercer mais de uma atividade** se incapacitar definitivamente para uma delas, **deverá o auxílio-doença ser mantido indefinidamente**, não cabendo sua transformação em aposentadoria por invalidez, enquanto essa incapacidade não se estender às demais atividades.

O artigo 78, do RPS, com redação dada pelo Decreto 5.844/06, prevê o polêmico instituto da **alta programada ou COPES - Cobertura Previdenciária Estimada**, em que o INSS poderá estabelecer, mediante avaliação médico-pericial, o prazo que entender suficiente para a recuperação da capacidade para o trabalho do segurado, **dispensada nessa hipótese a realização de nova perícia.**

Caso o prazo concedido para a recuperação se revele insuficiente, o segurado poderá solicitar a realização de nova perícia médica, perpetrando pedido de prorrogação (PP) do benefício, nos 15 dias anteriores a alta programada.

No âmbito dos Tribunais Regionais Federais é polêmica a validade legal da COPES. O TRF da 3ª Região já decidiu que "o procedimento conhecido como COPES – Cobertura Previdenciária Estimada – é compatível com a disciplina legal do auxílio-doença, em especial artigos 60 e 101 da Lei nº 8.213/91 (AI 303.954, de 04.05.2009).

Por outro lado, para o TRF da 5ª Região já se pronunciou pela "impossibilidade de a Autarquia Previdenciária realizar o cancelamento de benefício de auxílio-doença com base no Programa de Cobertura Previdenciária Estimada, tendo em vista a necessidade de constatação, por prévia perícia médica, do pronto restabelecimento do segurado, realizada em processo administrativo com observância do devido processo legal" (AMS 98033, de 15.09.2009).

Entende-se pela validade da COPES, desde que o INSS permita que o segurado seja avaliado pelo médico perito antes ou logo após a cessação programada do benefício por incapacidade, a fim de que não fique sem cobertura previdenciária por meses, caso ainda incapaz para o desenvolvimento do seu trabalho habitual.

▸ **Importante:**

A Lei 13.135/2015 abriu a porta para a terceirização da perícia médica do INSS, até então privativa para os peritos-médicos previdenciários, servidores efetivos. Isso porque Nos casos de impossibilidade de realização de perícia médica pelo órgão ou setor próprio competente, assim como de efetiva incapacidade física ou técnica de implementação das atividades e de atendimento adequado à clientela da previdência social, o INSS poderá, sem ônus para os segurados, celebrar, nos termos do regulamento, convênios, termos de execução descentralizada, termos de fomento ou de colaboração, contratos não onerosos ou acordos de cooperação técnica para realização de perícia médica, por delegação ou simples cooperação técnica, sob sua coordenação e supervisão, com órgãos e entidades públicos ou que integrem o Sistema Único de Saúde (SUS).

Durante a percepção do auxílio-doença, o segurado deverá se afastar do exercício da atividade laboral para a qual se encontra incapacitado a fim de se recuperar, ou para ser reabilitado para outra profissão, se for o caso.

No entanto, no caso de indeferimento irregular do benefício pelo INSS, não raro muitos segurados persistem trabalhando mesmo não possuindo condições de fazê-lo, inclusive com prejuízo da sua saúde, a fim de manter o seu sustento e da família.

Excepcionalmente, nestes casos de erro administrativo da autarquia previdenciária, quando o segurado obtém a condenação judicial do benefício por incapacidade, é possível que durante um interstício haja a cumulação de percepção de remuneração com benefício por incapacidade.

▸ **Qual o entendimento da TNU sobre o assunto?**

Súmula 72 - "É possível o recebimento de benefício por incapacidade durante período em que houve exercício de atividade remunerada quando comprovado que o segurado estava incapaz para as atividades habituais na época em que trabalhou".

Quadro sintético – Auxílio-doença	
Cabimento	segurado que ficar incapacitado para o seu trabalho ou para a sua atividade habitual por mais de 15 dias consecutivos.
Beneficiários	todos os segurados.
Carência	12 contribuições mensais (segurado especial 12 meses de atividade rurícola ou pesqueira em regime de economia familiar para a subsistência), salvo acidente de qualquer natureza, doença profissional ou do trabalho e doenças graves constantes de ato regulamentar.
Valor	91% do salário de benefício.
Outras informações	**A)** O auxílio-doença será considerado como acidentário, independentemente da expedição da CAT - Comunicação de Acidente de Trabalho, quando ocorrer o nexo epidemiológico entre o trabalho e o evento, gerando uma presunção relativa, podendo ser impugnada pela empresa ou pelo empregador doméstico (artigo 21-A, da Lei 8.213/91). Isso influenciará na fixação do FAP - Fator Acidentário de Prevenção para majorar a contribuição SAT - Seguro de Acidente do Trabalho (art. 202-A, do RPS). **B)** Não será devido auxílio-doença ao segurado que se filiar ao Regime Geral de Previdência Social já portador da doença ou da lesão invocada como causa para o benefício, salvo quando a incapacidade sobrevier por motivo de progressão ou agravamento dessa doença ou lesão. **C)** Para o empregado, a empresa deverá arcar com os primeiros 15 (quinze) dias de incapacidade (o STJ entende que não incidirá contribuição previdenciária patronal nesse período - AGRESP 1039260, de 04.12.2008); para os demais, em regra, o benefício será devido desde a incapacidade, se requerido em até 30 dias.

7. SALÁRIO-FAMÍLIA

Regulamentação básica: artigos 65/70, da Lei 8.213/91; artigos 81/92, do RPS (Decreto 3.048/99).

> **Importante!**
> Cuida-se de benefício previdenciário que não visa substituir a remuneração dos segurados, mas apenas complementar as despesas domésticas com os **filhos menores de 14 anos de idade ou inválidos de qualquer idade**.

Ou seja, é benefício de segurado pago em razão da existência dos referidos dependentes, **na respectiva proporção**.

Também será devido o benefício se o segurado possuir como dependente um **enteado ou tutelado** menor de 14 anos ou inválido, pois equiparados a filho, sendo necessária a comprovação de dependência econômica que não é presumida, na forma do artigo 16, §2º, da Lei 8.213/91.

> **Importante!**
> Não serão todos os segurados que farão jus ao salário-família, mas apenas o empregado, o trabalhador avulso, o aposentado por invalidez ou por idade e os demais aposentados com 65 anos ou mais de idade, se do sexo masculino, ou com 60 anos ou mais, se do feminino. **Por força da Lei Complementar 150/2015, o empregado doméstico passou a ter direito ao salário-família, regulamentando a Emenda Constitucional 72/2013.**

> **Como esse assunto foi cobrado em concurso?**
> No concurso do CESPE para Procurador do Estado do Ceará em 2007, foi considerado correto o seguinte enunciado: Considere que Teresa, segurada da previdência social na qualidade de empregada doméstica, receba um salário mínimo mensal de seus empregadores. Nessa situação, apesar de ter dois filhos menores de 14 anos, Teresa não tem o direito de receber salário-família. **Após a LC 150, a questão passou a ser falsa.**
> Outrossim, no concurso para Juiz do Trabalho da 9ª Região em 2009, foi considerado correto o seguinte enunciado: O aposentado por invalidez ou por idade e os demais aposentados com 65 anos ou mais de idade, se do sexo masculino, ou 60 anos ou mais, se do feminino, terão direito ao salário-família, pago juntamente com a aposentadoria.

Impende esclarecer que a legislação previdenciária não deixa claro se apenas os aposentados que se filiaram como empregados e trabalhadores avulsos terão direito ao salário-família, ou se todas as categorias terão direito.

Contudo, a despeito da obscuridade do artigo 65, da Lei 8.213/91, é forçoso concluir que apenas os aposentados na condição de empregados, empregados domésticos (LC 150/2015) e trabalhadores avulsos recebem o salário- família, conforme se depreende da análise dos artigos 359 e 360, da IN INSS 77/2015, que, inclusive, é pago durante a percepção do auxílio-doença e do salário-maternidade.

Mas não basta ser segurado empregado, empregado doméstico, trabalhador avulso ou aposentado (observada à espécie de aposentadoria ou idade mínima) e ter filhos ou equiparados menores de 14 anos ou inválidos de qualquer idade para a percepção do salário-família.

▸ **Importante!**

Por força da Emenda 20/1998, apenas os segurados enquadrados como baixa renda perceberão o salário-família, a teor da nova redação do inciso IV, do artigo 201, da Constituição Federal.

▸ **Como esse assunto foi cobrado em concurso?**

No concurso para Juiz do Trabalho da 6ª Região em 2010, foi considerado errado o seguinte enunciado: A concessão do salário-família e a do auxílio-reclusão para os dependentes dos segurados que recebam remuneração até o teto de contribuição do Instituto Nacional do Seguro Social estão entre algumas das situações cobertas pela previdência social.

De maneira transitória, o artigo 13, da Emenda 20/98, fixou a caracterização de baixa renda com a percepção de até R$ 360,00 por mês de remuneração bruta, quantia que vem sendo atualizada anualmente, fixada em **R$ 1.089,72** a partir de 01.01.2015.

Deveras, já com a atualização para este ano, **o benefício terá dois valores fixos, pago por filho ou equiparado menor de 14 anos de idade ou inválido de qualquer idade**, de acordo com as referidas faixas de renda:

Faixa de renda	Valor do benefício
Até R$ 725,02	R$ 37,18
De R$ 725,03 até R$ 1.089,72	R$ 26,20

▸ **Como esse assunto foi cobrado em concurso?**

No concurso para Juiz do Trabalho da 1ª Região em 2008, foi considerado errado o seguinte enunciado: Somente o filho ou equiparado de qualquer condição, até o limite de quatorze anos de idade, enseja o pagamento da cota do salário-família.

Logo, o cálculo da renda mensal inicial do salário-família não é feito com base no salário de benefício do segurado, ao tempo em que **inexiste carência**.

Vale salientar que é **possível a percepção de dois salários-família em razão do mesmo filho**, desde que ambos os pais sejam responsáveis pelo infante e se caracterizem separadamente como baixa renda.

▸ **Como esse assunto foi cobrado em concurso?**

No concurso para Juiz do Trabalho da 1ª Região em 2008, foi considerado errado o seguinte enunciado: Quando o pai e a mãe são segurados empregados ou trabalhadores avulsos, somente um tem direito ao salário-família.

Da mesma forma, o terceiro responsável pelo menor poderá receber o salário-família, uma vez realizados os pressupostos legais, a exemplo do tutor.

O salário-família poderá ser pago diretamente pela empresa, na hipótese de beneficiar o segurado empregado, proporcionalmente ao número de dias trabalhados no mês, efetivando-se o reembolso mediante a compensação no recolhimento das contribuições previdenciárias patronais.

▸ **Como esse assunto foi cobrado em concurso?**

No concurso para Juiz do Trabalho da 1ª Região em 2008, foi considerado correto o seguinte enunciado: O salário-família será pago mensalmente pela empresa ao empregado, com o salário, efetivando-se a compensação quando do recolhimento das contribuições, conforme dispõe o Regulamento.

Quando o pagamento do salário não for mensal, o salário-família será pago juntamente com o último pagamento relativo ao mês.

Por força da LC 150/2015, as cotas do salário-família serão pagas pelo empregador doméstico, mensalmente, junto com o salário, efetivando-se a compensação quando do recolhimento das contribuições, conforme dispuser o Regulamento.

No caso do trabalhador avulso, mediante convênio, poderá ser recebido pelo sindicato de classe respectivo, que se incumbirá de elaborar as folhas correspondentes e de distribuí-lo, independentemente do número de dias trabalhados no mês, devendo o seu pagamento corresponder ao valor integral da cota.

Deverá o segurado firmar termo de responsabilidade, no qual se comprometa a comunicar à empresa ou ao INSS qualquer fato ou circunstância que determine a perda do direito ao benefício, ficando sujeito, em caso do não cumprimento, às sanções penais e trabalhistas.

A **data de início do benefício** será a data da apresentação da certidão de nascimento à Previdência Social, empregador doméstico, empresa ou sindicato.

> **Importante!**
>
> O pagamento do benefício será condicionado à apresentação **anual de atestado de vacinação obrigatória**, no caso de crianças de até 06 anos de idade, e de **comprovação semestral de frequência à escola do filho ou equiparado**, a partir dos 07 anos de idade, sob pena de suspensão, até que a documentação seja apresentada. **No entanto, no caso do empregado doméstico a LC 150/2015 apenas exige a apresentação da certidão de nascimento ao seu empregador, não devendo ser exigidos os aludidos atestados.**

A caderneta anual de vacinação deverá ser apresentada no mês de novembro, ao passo que o atestado de comprovação semestral de frequência escolar nos meses de maio e novembro.

Não será devido o pagamento do salário-família no período entre a suspensão do benefício motivada pela falta de comprovação da frequência escolar e o seu reativamento, salvo se provada a frequência escolar regular no período.

Se após a suspensão do pagamento do salário-família, o segurado comprovar a vacinação do filho, ainda que fora de prazo, caberá o pagamento das cotas relativas ao período suspenso.

De seu turno, tendo havido divórcio, separação judicial ou de fato dos pais, ou em caso de abandono legalmente caracterizado ou perda do poder familiar , o salário-família passará a ser pago diretamente àquele a cujo cargo ficar o sustento do menor, ou a outra pessoa, se houver determinação judicial nesse sentido, na forma do artigo 87, do RPS.

Deveria o RPS ter previsto expressamente que, no caso de separação ou divórcio com fixação de alimentos em favor do menor, o pai ou mãe devedor dos alimentos continuasse a perceber o salário-família, pois persistiria colaborando para o seu sustento.

A despeito da omissão legal, entende-se que na hipótese de rompimento da relação conjugal e sendo fixada a guarda compartilhada do infante, o salário-família deverá ser pago a ambos os pais, se preenchidos os pressupostos legais.

Deverá cessar automaticamente o benefício nas seguintes hipóteses:

I. por morte do filho ou equiparado, a contar do mês seguinte ao do óbito;

II. quando o filho ou equiparado completar quatorze anos de idade, salvo se inválido, a contar do mês seguinte ao da data do aniversário;

III. pela recuperação da capacidade do filho ou equiparado inválido, a contar do mês seguinte ao da cessação da incapacidade.

De acordo com o artigo 88, IV, do RPS, o desemprego involuntário é causa de cessação do salário-família. Contudo, considerando que durante o período de graça o segurado mantém todos os direitos perante a Previdência Social, à luz do artigo 15, §3º, da Lei 8.213/91, entende-se que essa previsão regulamentar carece de fundamento legal enquanto o empregado mantiver a sua condição de segurado.

Por fim, ressalte-se que as cotas do salário-família não serão incorporadas, para qualquer efeito, ao salário ou ao benefício. Este dispositivo reflete o caráter provisório do pagamento do salário-família. Como se trata de benefício previdenciário, não se confunde com a remuneração do segurado.

Ademais, o segurado não possuirá direito à percepção permanente do salário-família, devendo ser cancelado o benefício quando os pressupostos legais cessarem, a exemplo do segurado que não mais possuir filhos ou equiparados menores de 14 anos ou inválidos, ou então deixar de ser de baixa renda.

Quadro sintético – Salário-família	
Cabimento	determinados segurados que tenham filhos/equiparados menores de 14 anos ou inválidos, condicionado à apresentação do atestado anual de vacinação (até 06 anos de idade) ou semestral de frequência escolar (maiores de 07 anos).
Beneficiários	será devido apenas aos segurados baixa renda , especificamente ao segurado empregado , empregado doméstico, ao avulso, ao aposentado por invalidez, ao aposentado por idade e aos demais aposentados com idade mínima de 65 anos (homem) ou 60 anos (mulher).
Carência	não há.
Valor	será pago em duas cotas fixas atualizadas anualmente, de acordo com a renda do segurado, por filho menor de 14 anos ou inválido.
Outras informações	A) É possível a percepção de dois salários-família por um filho, desde que ambos os pais sejam responsáveis pelo infante. B) No caso de separação, divórcio ou abandono, o segurado não receberá o benefício se não ficar com a guarda. C) A DIB - Data de Início do Benefício será a data da apresentação da certidão de nascimento(art. 84, RPS).

8. SALÁRIO-MATERNIDADE

Regulamentação básica: artigos 71/73, da Lei 8.213/91; artigos 93/103, do RPS (Decreto 3.048/99).

Código de concessão: 80 - Salário-maternidade.

> **Importante!**
> O salário-maternidade é um benefício previdenciário **devido a todas as seguradas do RGPS, sem exceção**, que visa a substituir a sua remuneração em razão do **nascimento do seu filho ou da adoção de uma criança**, pois nesse período é preciso que a mulher volte toda a sua atenção ao infante, sendo presumida legalmente a sua incapacidade temporária de trabalhar.

▸ Como esse assunto foi cobrado em concurso?

No concurso do CESPE para Juiz Federal da 5ª Região em 2011, foi considerado errado o seguinte enunciado: Havendo antinomia entre norma principiológica e norma infraconstitucional, a questão se resolve pela sobreposição da norma constitucional à legal, razão pela qual o STF declarou a inconstitucionalidade formal da Lei n.º 9.876/1999, na parte que estendeu o salário-maternidade às contribuintes individuais, sob o argumento de que a CF somente prevê o benefício expressamente às empregadas urbanas, rurais e domésticas e às trabalhadoras avulsas.

Por ausência de previsão legal, o INSS não pagava o salário-maternidade aos homens, mesmo no caso de falecimento das suas esposas por ocasião do parto. Nesses casos extremos, entendia-se que a legislação previdenciária deve ser alterada, a fim de conceder o benefício ao segurado do sexo masculino, pois a criança precisa ser amparada em tempo integral por seu genitor, o que somente foi feito com o advento da Lei 12.873/2013, conforme será visto.

Entretanto, um importante precedente foi aberto no Conselho de Recursos da Previdência Social no dia 28 de agosto de 2012 através da 1ª Câmara de Julgamento. Isso porque o referido órgão do Ministério da Previdência Social reconheceu o direito a um casal de segurados que mantinham relação homoafetiva que adotaram uma criança.

De acordo com o artigo 103, do RPS, **a segurada aposentada que retornar à atividade fará jus ao pagamento do salário-maternidade**, o que é bem factível na hipótese de adoção. Ou seja, será possível a acumulação da aposentadoria com o salário-maternidade.

▸ Como esse assunto foi cobrado em concurso?

No concurso do CESPE para Juiz Federal da 5ª Região em 2007, foi considerado correto o seguinte enunciado: Célia é aposentada pelo regime geral de previdência social e retornou à atividade na qualidade de empregada, razão pela qual passou a sujeitar-se novamente às contribuições previdenciárias. Nessa situação, apesar de voltar a contribuir, Célia não terá direito a nova aposentadoria, mas terá direito ao salário-maternidade.

No caso de empregos concomitantes, a segurada fará jus ao salário-maternidade relativo a cada emprego.

> **Importante!**
> Deveras, **em regra, o salário-maternidade será pago pelo período de 120 dias**, com data de início no 28º dia que anteceda o parto, até 91 dias após o referido evento.

Contudo, entende o INSS que o parto (e não o 28º dia anterior ao parto) é o fato gerador do salário maternidade, sendo a data de início do benefício.

Apesar disso, é preciso que a segurada demonstre a sua condição no 28º dia antes do parto, e não na data do parto, sendo irrelevante a perda posterior da qualidade de segurada, conforme reconhecido pelo Ministério da Previdência Social (Parecer/CONJUR/MPS 616/2010).

Em casos excepcionais, é possível que o salário-maternidade seja pago por mais de 120 dias. Mediante atestado médico específico, os períodos de repouso anterior e posterior ao parto podem ser aumentados de **mais duas semanas**.

Insta salientar que a prorrogação dos períodos de repouso anterior e posterior ao parto consiste em excepcionalidade, compreendendo as situações em que exista algum risco para a vida do feto ou criança ou da mãe, devendo o atestado médico ser apreciado pela Perícia Médica do INSS, exceto nos casos de segurada empregada, que é pago diretamente pela empresa.

Logo, é possível que o período de pagamento do salário-maternidade alcance 148 dias, caso haja as suas prorrogações previstas no RPS.

Poderá o salário-maternidade ser requerido no prazo de cinco anos, a contar da data do parto, haja vista **a ausência de fixação de prazo máximo para o seu requerimento**, pois após esse período começará a se operar a prescrição quinquenal progressiva das parcelas.

Outrossim, o salário-maternidade também será pago nas hipóteses de **adoção ou de guarda judicial para fins de adoção**, cujo período variava de acordo com a idade do adotado:

Idade	Período do benefício
Até 01 ano	120 dias
Entre 01 e 04 anos	60 dias
Entre 04 e 08 anos	30 dias

Este dispositivo era bastante criticado, pois a adoção de crianças de idade mais avançada também demanda uma atenção especial, haja vista já terem convívios sociais anteriores, não tendo sido razoável se limitar a idade aos 08 anos de idade, especialmente no caso de deficientes físicos ou mentais adotandos.

O salário-maternidade não é devido quando o termo de guarda não contiver a observação de que é para fins de adoção ou só contiver o nome do cônjuge ou companheiro.

Contudo, por força de decisão judicial tomada na **ação civil pública 5019632-23.2011.404.7200**, da lavra da Vara Federal da Seção Judiciária de Santa Catarina, com aplicação em âmbito nacional, o INSS foi obrigado a conceder o salário-maternidade na adoção por 120 dias, independentemente da idade da criança ou do adolescente adotando. A referida sentença declarou *incidenter tantum* a inconstitucionalidade do artigo 71- A, caput, segunda parte da Lei 8.213/91, por ofensa aos princípios e regras insculpidos no artigo 6º, caput, no artigo 203, I, e no art. 227, caput e § 6º, todos da Constituição Federal (no que diz respeito ao fracionamento do salário-maternidade e sua previsão em período inferior a 120 (cento e vinte) dias.

Colaciona-se abaixo nota pública do INSS a respeito do caso:

> DECISÃO JUDICIAL: INSS publica sentença da ACP nº 5019632-23.2011.404.7200, sobre salário-maternidade para mães adotantes
>
> 01/06/2012 - 15:51:00
>
> O INSTITUTO NACIONAL DO SEGURO SOCIAL - INSS torna público que, em cumprimento à sentença de procedência proferida na ACP nº 5019632-23.2011.404.7200, em trâmite perante a 1ª Vara Federal de Florianópolis/SC, os benefícios de

salário-maternidade em manutenção ou concedidos com fundamento no art. 71-A da Lei nº 8.213/91 (casos de adoção ou obtenção de guarda judicial para fins de adoção), passarão a ser devidos pelo prazo de 120 (cento e vinte dias), independentemente da idade do adotado, desde que cumpridos os demais requisitos legais para a percepção do benefício. Nos casos de salário-maternidade em manutenção, a prorrogação do prazo para 120 dias será efetivada de ofício pelo INSS, independentemente de requerimento administrativo da segurada.

▸ **Importante!**

Posteriormente, por força da Medida Provisória 619/2013, a redação do artigo 71-A foi alterada, sendo garantido o salário-maternidade na adoção ou na guarda judicial para fins de adoção por 120 dias, independentemente da idade da criança. **Em seguida, com a conversão da referida MP da Lei 12.873/2013, foi estendida a concessão do salário-maternidade aos homens segurados da Previdência Social.**

Logo, desde a Lei 12.873/2013, ao **segurado** ou segurada da Previdência Social que adotar ou obtiver guarda judicial para fins de adoção de criança é devido salário-maternidade pelo período de 120 (cento e vinte) dias, benefício a ser pago diretamente pelo INSS, mesmo em se tratando de segurado(a) empregado(a).

▸ **Como esse assunto foi cobrado em concurso?**

No concurso do CESPE para Procurador do TCU em 2015, foi considerado CORRETO o seguinte enunciado: O salário-maternidade é um benefício previdenciário devido a toda segurada do RGPS, sem exceção, que, em razão do nascimento do seu filho ou da adoção de uma criança, visa substituir a sua remuneração.

No entanto, ressalvado o pagamento do salário-maternidade à mãe biológica, não poderá ser concedido o benefício a mais de um segurado, decorrente do mesmo processo de adoção ou guarda, ainda que os cônjuges ou companheiros estejam submetidos a Regime Próprio de Previdência Social.

Portanto, será concedido apenas um salário-maternidade por adoção, cabendo ao casal a escolha de quem irá perceber o benefício, caso ambos os adotantes sejam segurados do RGPS.

Na hipótese de um adotante ser um segurado do RGPS e o outro do RPPS, somente poderá ser concedido um benefício de salário-maternidade.

Por sua vez, a Lei 12.873/2013 ainda inseriu os artigos 71-B e 71-C na Lei 8.213/91, com período de vacância de 90 dias após a sua publicação operada em 25/10/2013.

O artigo 71-B garante que, no caso de falecimento da segurada ou segurado que fizer jus ao recebimento do salário-maternidade, o benefício será pago, por todo o período ou pelo tempo restante a que teria direito, ao cônjuge ou companheiro sobrevivente que tenha a qualidade de segurado, exceto no caso do falecimento do filho ou de seu abandono, observadas as normas aplicáveis ao salário-maternidade.

Este disposto também se aplicação ao segurado que adotar ou obtiver guarda judicial para fins de adoção. Todavia, o pagamento do benefício deverá ser requerido até o último dia do prazo previsto para o término do salário-maternidade originário.

Assim sendo, podemos apontar os seguintes requisitos cumulativos para a concessão de **salário-maternidade derivado**:

A) Falecimento de um segurado ou uma segurada do RGPS que tenha direito ao salário-maternidade, estando ou não em gozo do mesmo;

B) Existência de cônjuge, companheiro ou companheira que tenha a qualidade de segurado no dia da morte;

C) Manutenção da vida do filho, que não foi abandonado pelo cônjuge, companheiro ou companheira;

D) Apresentação de requerimento ao INSS do salário-maternidade derivado até o último dia do prazo previsto para o término do salário-maternidade originário.

▸ Como esse assunto foi cobrado em concurso?

No concurso da FCC para Juiz do Trabalho do TRT da 18ª Região em 2014, foi considerada correta a letra B: No caso de falecimento da segurada que fizer jus ao recebimento do salário-maternidade, o benefício: a) cessará, uma vez que a prestação é devida exclusivamente à segurada. b) será pago, por todo o período ou pelo tempo restante a que teria direito, ao cônjuge ou companheiro sobrevivente que tenha a qualidade de segurado. c) será pago aos representantes legais da criança, caso tenham a qualidade de segurado. d) será transformado em pensão por morte. e) será transformado em pecúlio.

Vale registrar que o salário-maternidade derivado não será do mesmo valor do originário. Isso porque a Lei 12.873/2013 previu um novo cálculo, sendo pago diretamente pela Previdência Social durante o período entre a data do óbito e o último dia do término do salário-maternidade originário,que será da seguinte forma:

> I - a remuneração integral, para o empregado e trabalhador avulso;
>
> II - o último salário-de-contribuição, para o empregado doméstico;
>
> III - 1/12 (um doze avos) da soma dos 12 (doze) últimos salários de contribuição, apurados em um período não superior a 15 (quinze) meses, para o contribuinte individual, facultativo e desempregado; e
>
> IV - o valor do salário mínimo, para o segurado especial.

Ademais, o novel artigo 71-C da Lei 8.213/91 determina que a percepção do salário-maternidade, inclusive o derivado, **está condicionada ao afastamento do segurado do trabalho ou da atividade desempenhada**, sob pena de suspensão do benefício.

▸ Importante!

Vale ressaltar que a licença-maternidade é um instituto trabalhista e não se confunde com o salário-maternidade, benefício previdenciário, razão pela qual as suas eventuais alterações não afetarão o prazo de pagamento do salário-maternidade.

▸ Importante!

O salário-maternidade poderá ou não exigir carência, a depender do enquadramento da segurada. Para a *empregada, empregada doméstica* e *trabalhadora avulsa* não haverá carência. Ao revés, a *contribuinte individual*, a *segurada especial* e a *facultativa* **deverão comprovar a carência de 10 contribuições mensais anteriormente ao parto**, que se for antecipado será reduzido em número de contribuições equivalente ao número de meses do nascimento prematuro.

▸ Como esse assunto foi cobrado em concurso?

No concurso do CESPE para Juiz Federal da 5ª Região em 2011, foi considerado errado o seguinte enunciado: É de dez contribuições mensais o período de carência exigido para a concessão de salário-maternidade à empregada doméstica; à segurada da previdência social que adotar criança até um ano de idade será devido esse benefício por cento e vinte dias, à que adotar criança com idade entre um e quatro anos, por sessenta dias, e à que adotar criança com idade entre quatro a oito anos, por trinta dias.

Logo, uma contribuinte individual que teve criança aos sete meses de gestação deverá cumprir a carência de 08 contribuições previdenciárias mensais, e não de 10 contribuições, em razão da antecipação em 02 meses.

▸ **Como esse assunto foi cobrado em concurso?**

No concurso do CESPE para Advogado do BRB em 2009, foi considerado errado o seguinte enunciado: Maria, contribuinte individual do Regime Geral de Previdência Social, em virtude de problemas em sua gestação, teve que antecipar seu parto em dois meses. Nessa situação, considerando a legislação previdenciária de regência, Maria deve ter pago no mínimo dez contribuições mensais para ter direito ao benefício previdenciário denominado salário-maternidade.

Destaque-se mais uma vez que a carência da segurada especial se realiza com o desenvolvimento da atividade campesina ou pesqueira artesanal em regime de subsistência pelo prazo de 10 meses antes do parto, **ainda que de maneira descontínua**.

Considerando que o salário-maternidade é um benefício substitutivo da remuneração, não poderá ter valor inferior a um salário mínimo. É importante ressaltar que a renda mensal inicial do salário-maternidade, da mesma forma que o salário-família, **não é calculada com espeque no salário de benefício**.

▸ **Como esse assunto foi cobrado em concurso?**

No concurso do CESPE para Oficial Técnico de Inteligência da ABIN em 2010, foi considerado errado o seguinte enunciado: A renda mensal inicial do salário-maternidade é calculada com base no salário de benefício.

Com propriedade, o cálculo variará de acordo com o enquadramento da segurada:

Segurada	Fórmula de cálculo
Empregada e avulsa	O valor da sua remuneração mensal
Empregada doméstica	O valor correspondente ao do seu último salário de contribuição

Segurada especial	Um doze avos do valor sobre o qual incidiu sua última contribuição anual, garantido, ao menos, um salário mínimo mensal
Contribuinte individual e segurada facultativa	Um doze avos da soma dos doze últimos salários de contribuição, apurados em um período não superior a quinze meses

▸ **Qual o entendimento do STF sobre o assunto?**

No caso da **segurada empregada** e da **trabalhadora avulsa, *o valor do salário-maternidade* poderá superar o teto do RGPS** para o pagamento dos demais benefícios previdenciários, por força de entendimento do STF, que aplicou o Princípio da Isonomia na época, a fim de excluir a referida prestação do teto de R$ 1.200,00, instituído pela Emenda 20/98, conforme trecho abaixo colacionado (ADI/MC 1.946, de 29.04.1999, com liminar confirmada em 03.04.2003).

▸ **Como esse assunto foi cobrado em concurso?**

No concurso do CESPE para Procurador do TCU em 2015, foi considerado ERRADO o seguinte enunciado: No caso de segurada empregada e da trabalhadora avulsa, o valor do salário-maternidade não poderá superar o teto do RGPS, conforme entendimento do STF.

Por outro lado, o salário-maternidade da segurada empregada e da trabalhadora avulsa não poderá superar o teto do funcionalismo público, que é o subsídio dos Ministros do STF, na forma do artigo 248, da Constituição Federal, cabendo à empresa arcar com a eventual diferença.

Deverá ser adotada para a segurada empregada uma renda mensal igual à sua remuneração no mês do seu afastamento, ou se for o caso de salário total ou parcialmente variável, na igualdade da média aritmética simples dos seus seis últimos salários, apurada de acordo com a lei salarial ou o dissídio coletivo da categoria, excetuando-se o décimo terceiro-salário, adiantamento de férias e as rubricas constantes do § 9º do art. 214 do RPS.

Para a trabalhadora avulsa o salário-maternidade corresponderá ao valor de sua última remuneração integral equivalente a um mês de trabalho.

▶ **Como esse assunto foi cobrado em concurso?**

No concurso da FCC para Procurador de Recife em 2014, foi considerada correta a letra E: É correto afirmar que o salário-maternidade: A) em se tratando de empregada doméstica, é pago diretamente pelo empregador, sendo assegurado o valor de um salário-mínimo. B) é devido à segurada da Previdência Social, durante 150 dias, com início no período entre 28 dias antes do parto e a data de ocorrência deste, observadas as situações e condições previstas na legislação no que concerne à proteção à maternidade. C) é devido à segurada da Previdência Social que adotar ou obtiver guarda judicial para fins de adoção de criança pelo período de 4 meses. D) devido à trabalhadora avulsa e à empregada do microempreendedor individual será pago diretamente pelo empregador, que poderá compensar este valor quando do recolhimento das contribuições incidentes sobre a folha de salários e demais rendimentos pagos ou creditados, a qualquer título, à pessoa física que lhe preste serviço. E) à segurada empregada ou trabalhadora avulsa consistirá numa renda mensal igual à sua remuneração integral.

Considerava-se **parto** na tradicional normatização do INSS o evento ocorrido a partir da 23ª semana de gestação, **inclusive natimorto, salvo interrupção criminosa.** Em caso de **aborto não criminoso** (antes da 23ª semana), comprovado mediante atestado médico, a segurada terá direito ao salário-maternidade correspondente a **duas semanas.**

No entanto, com o advento da Instrução Normativa INSS 77/2015 (artigo 343, §3º), por questões de praticidade, para fins de concessão do salário-maternidade, **considera-se parto o evento que gerou a certidão de nascimento ou certidão de óbito da criança.**

Assim, a Previdência Social não mais irá aferir o número de semanas de gestação, e sim requerer da segurada a apresentação pela segurada da certidão de nascimento ou de óbito da criança para pagamento do benefício por 120 dias. Caso contrário (não houve registro público de nascimento ou óbito), será um aborto, pagando-se o benefício por duas semanas.

Em caso de **aborto não criminoso** , comprovado mediante atestado médico, a segurada terá direito ao salário-maternidade correspondente a **duas semanas.**

O salário-maternidade é devido à segurada independentemente de a mãe biológica ter recebido o mesmo benefício quando do nascimento da criança.

Vale lembrar que **o salário-maternidade é o único benefício previdenciário considerado como salário de contribuição**, incidindo sobre ele a contribuição previdenciária da segurada e da empresa.

> **▸ Como esse assunto foi cobrado em concurso?**
>
> No concurso do CESPE para Procurador Federal em 2007, foi considerado errado o seguinte enunciado: Considere que Maria receba salário-maternidade. Nessa situação, não haverá desconto da contribuição previdenciária do valor desse benefício. De seu turno, no concurso do CESPE para Juiz Federal da 5ª Região em 2011, foi considerado correto o seguinte enunciado: O salário-maternidade tem natureza salarial, motivo pelo qual integra a base de cálculo da contribuição previdenciária; por outro lado, não tem natureza remuneratória a quantia paga a título de auxílio-doença e auxílio-acidente nos quinze primeiros dias do benefício.

Caberá à empresa pagar diretamente o salário-maternidade da segurada empregada gestante, que posteriormente será reembolsada através da compensação da quantia no pagamento de suas contribuições previdenciárias à União.

Inclusive, essa obrigação da empresa subsiste mesmo se ocorrida à extinção do contrato de trabalho temporário durante o pagamento do salário-maternidade, salvo se o termo final do contrato for anterior à data de início do benefício, bem como no caso de demissão no curso da estabilidade gestacional, cabível neste caso a reintegração ao emprego ou indenização correspondente.

> **▸ Qual o entendimento do STJ sobre o assunto?**
>
> No entanto, com razoabilidade, para de logo amparar a segurada demitida sem justa causa durante a gestão, evitando-se um longo litígio contra a empresa, já decidiu a Corte Superior que **é do INSS – e não do empregador – a responsabilidade pelo pagamento do salário-maternidade à segurada demitida sem justa causa durante a gestação.** Isso porque, ainda que o pagamento de salário-maternidade, no caso de segurada empregada, constitua atribuição do empregador, essa circunstância não afasta a natureza de benefício previdenciário da referida prestação. Com efeito, embora seja do empregador a responsabilidade, de forma direta, pelo pagamento dos valores correspondentes ao benefício, deve-se considerar que, nessa hipótese, o empregador tem direito a efetuar a compensação dos referidos valores com aqueles correspondentes às contribuições incidentes sobre a folha de salários e demais rendimentos (Informativo 524 - REsp 1.309.251-RS, Rel. Min. Mauro Campbell Marques, julgado em 21/5/2013).

▸ Importante!

Entretanto, por força da Lei 12.470/2011, com o objetivo de aliviar o MEI (equiparado a empresa), o salário-maternidade da segurada empregada do microempreendedor individual passou a ser pago diretamente pelo INSS.

No caso de adoção por segurada empregada, competirá ao INSS pagar diretamente o benefício, e não a empresa.

Com o advento da Lei 11.718/2008, a partir de 24.06.2008, a idade mínima para a realização da carência para a segurada especial perceber o salário-maternidade passou para 16 anos de idade, pois essa norma previu expressamente a referida idade mínima para a filiação.

▸ Qual o entendimento do STJ sobre o assunto?

O não preenchimento do requisito etário exigido para a filiação ao RGPS como segurado especial não constitui óbice à concessão de salário-maternidade a jovem menor de dezesseis anos impelida a exercer trabalho rural em regime de economia familiar (art. 11, VII, "c" e § 6º da Lei 8.213/1991). Realmente, a Lei 8.213/1991 fixou a idade mínima de dezesseis anos para que se ostente a condição de segurado especial a que se refere o art. 11, VII, "c" e § 6º, desse mesmo diploma legal. Além disso, a idade mínima de dezesseis anos constitui o limite constitucional para o trabalho (art. 7º, XXXIII, da CF) e o marco etário para filiação ao RGPS. Apesar disso, não se pode admitir, na hipótese, que o não preenchimento do requisito etário para filiação ao RGPS prejudique o acesso ao benefício previdenciário do salário-maternidade. REsp 1.440.024-RS, Rel. Min. Napoleão Nunes Maia Filho, julgado em 18/8/2015, DJe 28/8/2015" (Informativo 567).

O salário-maternidade não poderá ser acumulado com benefício por incapacidade, devendo este último ser suspenso, ou então ter a sua data de início protelada, devendo ser restabelecido no dia seguinte ao da cessação do salário-maternidade.

Em razão do artigo 15, §3º, da Lei 8.213/91, assegurar aos segurados todos os direitos previdenciários durante o período de graça, o artigo 97, do RPS, foi alterado pelo Decreto 6.122/2007, assegurando à segurada empregada o pagamento do salário-maternidade diretamente pelo INSS nas hipóteses de demissão antes da gravidez, ou, durante a gestação, nas hipóteses de dispensa por justa causa ou a pedido.

Lamentavelmente, o Ministério da Previdência Social (Parecer/CONJUR/MPS 616/2010) não reconhece a incidência retroativa do Decreto 6.122/07, conquanto tenha sido editado para sanar ilegalidade do RPS, pois durante o período de graça é devido o salário-maternidade à desempregada.

Mesmo o salário-maternidade pago com atraso em razão da demora da segurada requerer o benefício, deverá o INSS fazer incidir a correção monetária, a fim de manter o seu poder aquisitivo.

▸ **Qual o entendimento da TNU sobre o assunto?**

Súmula 45, aprovada em 24.11.2011: "o salário-maternidade deve receber correção monetária desde a época do parto, independentemente da data do requerimento administrativo".

Quadro sintético – Salário-maternidade	
Cabimento	será devido à segurada da Previdência Social, durante 120 dias, com início de vigência no 28º dia antes do parto, assim como ao segurado ou segurada no caso de adoção de criança.
Beneficiárias	todas as seguradas.
Carência	para a segurada empregada, doméstica e trabalhadora avulsa não há carência; para as demais (contribuinte individual, facultativa e especial), será de 10 contribuições mensais ou 10 meses de atividade rurícola/pesqueira em regime de economia familiar para a subsistência (segurada especial).
Valor	para a empregada e a avulsa, o valor equivalerá a uma remuneração mensal, não se sujeitando ao teto do RGPS (STF, ADI-MC 1.946), mas deve observar o teto federal (artigo 248, da CRFB), cabendo a empresa arcar com a eventual diferença; para a empregada doméstica, será o último salário de contribuição; no caso da segurada especial, equivalerá em um doze avos do valor sobre o qual incidiu sua última contribuição anual, ou 01 salário mínimo, ao menos; para a contribuinte individual e a facultativa, consistirá na média aritmética dos 12 últimos salários de contribuição, apurados em período não superior a 15 meses.

Quadro sintético – Salário-maternidade	
Outras informações	A) Para o segurado ou a segurada da Previdência Social que adotar ou obtiver guarda judicial para fins de adoção de criança é devido salário-maternidade pelo período de 120 (cento e vinte) dias. No caso de falecimento da segurada ou segurado que fizer jus ao recebimento do salário-maternidade, o benefício será pago, por todo o período ou pelo tempo restante a que teria direito, ao cônjuge ou companheiro sobrevivente que tenha a qualidade de segurado, exceto no caso do falecimento do filho ou de seu abandono, observadas as normas aplicáveis ao salário-maternidade. No entanto, o pagamento do benefício deverá ser requerido até o último dia do prazo previsto para o término do salário-maternidade originário. B) É considerado parto o evento que gerou a certidão de nascimento ou de óbito da criança. C) Em caso de aborto não criminoso , comprovado mediante atestado médico, a segurada terá direito ao salário-maternidade correspondente a duas semanas (RPS, 93, §5º). D) Em casos excepcionais, os períodos de repouso anterior e posterior ao parto podem ser aumentados de mais duas semanas, mediante atestado médico específico (RPS, 93, §3º). E) O salário-maternidade não pode ser acumulado com benefício por incapacidade (art. 102, RPS). F) A segurada aposentada que retornar à atividade fará jus ao pagamento do salário-maternidade (art. 103, RPS).

9. AUXÍLIO-ACIDENTE

Regulamentação básica: artigo 86, da Lei 8.213/91; artigo 104, do RPS (Decreto 3.048/99).

Códigos de concessão: 94 – Auxílio-acidente por acidente do trabalho e 36 – Auxílio-acidente previdenciário.

▸ **Importante!**

Por força do artigo 18, §1º, da Lei 8.213/91, apenas terão direito à percepção do auxílio-acidente o segurado **empregado, o trabalhador avulso e o segurado especial. Por força da LC 150/2015, o empregado doméstico passou a ter direito ao auxílio-acidente.**

▸ **Como esse assunto foi cobrado em concurso?**

No concurso do CESPE para Procurador Federal em 2010, foi considerado correto o seguinte enunciado: Somente poderão beneficiar-se do auxílio-acidente os seguintes segurados: o empregado, o trabalhador avulso e o especial. Da mesma forma, na prova de 2007 do mesmo concurso, foi considerado correto o seguinte enunciado: O contribuinte individual e o empregado doméstico não fazem jus ao benefício de auxílio-acidente.

Diante de uma controvérsia interna do STJ, muito embora o INSS conceda na via administrativa, surgiu uma dúvida sobre o direito de percepção do auxílio-acidente pelo segurado especial, pois o artigo 39, I, da Lei 8.213/91, não o previa. No entanto, para espancar qualquer dúvida, a Lei 12.873/2013 alterou o referido dispositivo, que desde então passou a prever expressamente a concessão do auxílio-acidente ao segurado especial.

▸ **Como esse assunto foi cobrado em concurso?**

No concurso do CESPE para Procurador do TCU em 2015, foi considerado ERRADO o seguinte enunciado: O segurado especial só terá direito a perceber o auxílio-acidente se efetuar recolhimentos sobre o salário de contribuição.

Essa restrição legal justifica-se na medida em que apenas para esses três segurados é prevista a contribuição para o custeio dos benefícios por incapacidade (chamada por parte da doutrina de contribuição SAT), a teor do artigo 22, II e 25, II, ambos da Lei 8.212/91. Para o doméstico, a LC 150 criou o SAT de 0,8%.

Vale frisar que o médico-residente, que é filiado como contribuinte individual, apenas fará jus ao auxílio-acidente quando o acidente tiver ocorrido até 26 de novembro de 2001, data da publicação do Decreto nº 4.032, de 26 de novembro de 2001.

▸ **Importante!**

O auxílio-acidente é o único benefício previdenciário com natureza exclusivamente indenizatória, não se destinando a substituir a remuneração do segurado, e sim servir de acréscimo aos seus rendimentos, em decorrência de um infortúnio que reduziu a sua capacidade laborativa.

▸ Como esse assunto foi cobrado em concurso?

No concurso do CESPE para Procurador Federal em 2010 (curso de formação), foi considerado correto o seguinte enunciado: O auxílio-acidente tem caráter indenizatório, ao contrário do auxílio-doença e da aposentadoria por invalidez, que têm caráter substitutivo do salário do segurado.

▸ Importante!

Com efeito, será concedido ao segurado quando, após **consolidação das lesões** decorrentes de **acidente de qualquer natureza**, resultarem **sequelas** que impliquem **redução da capacidade para o trabalho que habitualmente exercia ou mesmo impossibilidade de desempenho dessa atividade**, uma vez possível a reabilitação profissional para outra que garanta a subsistência do segurado.

Assim, para o pagamento do auxílio-acidente, será preciso que:

A) Ocorra um acidente de qualquer natureza, independentemente de ser decorrente do trabalho;

B) Haja sequela;

C) Ocorra perda funcional para o trabalho que o segurado habitualmente desenvolvia **ou** impossibilidade de desempenho da atividade que exercia a época do acidente, porém permita o desempenho de outra, após processo de reabilitação profissional, nos casos indicados pela perícia médica do INSS.

▸ Como esse assunto foi cobrado em concurso?

No concurso do CESPE para Procurador Federal em 2010 (curso de formação), foi considerado errado o seguinte enunciado: Será devido o auxílio-acidente ao segurado se este sofrer perda total e definitiva da capacidade para o trabalho.

Na forma do artigo 30, parágrafo único, do RPS, entende-se como **acidente de qualquer natureza ou causa** aquele de origem traumática e por exposição a agentes exógenos (físicos, químicos e biológicos), que acarrete lesão corporal ou perturbação funcional que cause a morte, a perda, ou a redução permanente ou temporária da capacidade laborativa.

Até o advento da Lei 9.032/95, o auxílio-acidente só era devido em razão de acidente de trabalho ou eventos equiparados, sendo estendido aos acidentes de qualquer natureza.

> **▸ Como esse assunto foi cobrado em concurso?**
>
> No concurso do CESPE para Procurador Federal em 2010 (curso de formação), foi considerado correto o seguinte enunciado: É devido o auxílio-acidente ao segurado mesmo que o acidente causador da sua incapacidade para o trabalho não se relacione com sua atividade laboral, bastando que do acidente resultem sequelas que impliquem redução da habitual capacidade para o trabalho.

> **▸ Qual o entendimento do STJ sobre o assunto?**
>
> Conforme já se posicionou a Corte Superior (AGA 585.768, de 16.09.2004), também será devido o auxílio-acidente se a sequela que acometer o segurado empregado, avulso ou especial decorrer de **moléstia ocupacional** (doença do trabalho ou profissional), pois equiparada legalmente ao acidente de trabalho, haja vista a existência de nexo causal entre a enfermidade e o labor.

De acordo com o Dicionário Aurélio da Língua Portuguesa, **sequela** é qualquer lesão anatômica ou funcional que permaneça depois de encerrada a evolução clínica de uma doença, inclusive de um traumatismo. Logo, a sequela pressupõe lesão permanente, a exemplo da perda de um dedo.

> **▸ Qual o entendimento do STJ sobre o assunto?**
>
> Entretanto, o STJ tem se posicionado pelo pagamento do auxílio-acidente mesmo que seja reversível a lesão acidentária, a exemplo do julgamento do AGA 1.108.738, de 16.04.2009, pois entende a Corte Superior que a irreversibilidade da moléstia não constitui requisito legal para a concessão de auxílio-acidente

> **▸ Como esse assunto foi cobrado em concurso?**
>
> No concurso do CESPE para Procurador do TCU em 2015, foi considerado ERRADO o seguinte enunciado: Para a concessão do auxílio-acidente, é imprescindível que a moléstia seja irreversível, de acordo com entendimento do STJ.

É preciso que, em decorrência do acidente, haja perda funcional para o trabalho habitual ou mesmo impossibilidade total de desempenhar a mesma função, desde que possível a reabilitação profissional para outra atividade.

Destarte, o segurado empregado que desempenhe a função de digitador de textos, se for acidentado e perder um dos dedos da mão, certamente receberá o auxílio-acidente, vez que perdeu parte de sua capacidade funcional para o trabalho habitual.

Ao revés, se esse mesmo segurado acidentou-se e perdeu um dedo do pé, é provável que o benefício seja negado pelo INSS, pois não se afigura redução de capacidade funcional para o trabalho de digitador.

De acordo com o artigo 104, §4º, inciso II, do RPS, o auxílio-acidente não será devido na hipótese de mudança de função, mediante readaptação profissional promovida pela empresa, como medida preventiva, em decorrência de inadequação do local de trabalho.

Entende-se que essa previsão regulamentar é desprovida de base legal, pois em nenhum momento o artigo 86, da Lei 8.213/91, autorizou a exclusão do pagamento do auxílio-acidente nesta hipótese.

▸ **Importante!**

Em caráter excepcional, na hipótese de **perda de audição**, a legislação previdenciária foi bem mais rígida para o pagamento do auxílio-acidente. Neste caso, em qualquer grau de deficiência auditiva, só será devido o benefício quando a redução ou perda da capacidade para o trabalho que o segurado habitualmente exercia tenha **nexo causal entre o trabalho e a doença**.

Logo, **não será qualquer acidente que ensejará o pagamento do auxílio-acidente em razão da perda de audição, mas apenas os decorrentes de acidente de trabalho e equipados**, como as doenças ocupacionais (profissionais e do trabalho).

▸ **Qual o entendimento do STJ sobre o assunto?**

No julgamento do REsp 1.108.298, de 15.02.2010, decidiu a Corte Superior que "para a concessão de auxílio-acidente fundamentado na perda de audição, é necessário que a sequela seja ocasionada por acidente de trabalho e que haja uma diminuição efetiva e permanente da capacidade para a atividade que o segurado habitualmente exercia, conforme dispõe o art. 86, *caput* e § 4º, da Lei n. 8.213/1991", conforme narrado no Informativo 434.

▸ **Qual o entendimento do STJ sobre o assunto?**

De acordo com a Súmula 44, do STJ, editada em 1992, "a definição, em ato regulamentar, de grau mínimo de disacusia, não exclui, por si só, a concessão do benefício previdenciário". Vale frisar que este entendimento continua sendo aplicado pela Corte Superior na atualidade, a exemplo do julgamento do recurso especial 1.095.523, de 26.08.2009.

▸ **Importante!**

Trata-se de benefício que **independe de carência**, tendo renda mensal inicial fixada em **50% do salário de benefício** pela Lei 9.032/95, **podendo ter valor inferior a um salário mínimo**, pois não objetiva substituir a remuneração do empregado, empregado doméstico, trabalhador avulso ou segurado especial.

▸ **Como esse assunto foi cobrado em concurso?**

No concurso do CESPE para Procurador do Estado do Espírito Santo em 2008, foi considerado errado o seguinte enunciado: O empregado incapacitado temporariamente para o trabalho em razão de acidente do trabalho faz jus ao auxílio-acidente, a partir do 16.º dia do afastamento das atividades, no percentual correspondente a 91% do salário-de-benefício, nunca inferior ao valor do salário mínimo.

A legislação previdenciária pressupõe o pagamento do auxílio-doença antes do auxílio-acidente, sendo este devido no dia seguinte ao da cessação do auxílio-doença, uma vez consolidada a lesão que acarretou perda funcional para o trabalho habitual, sendo benefícios que não poderão ser acumulados pela mesma causa.

Contudo, caso o segurado não tenha requerido o auxílio-doença, e ingressado com ação judicial para postular o auxílio-acidente, este será devido a partir da citação do INSS.

▸ Qual o entendimento do STJ sobre o assunto?

"A Terceira Seção desta Corte, no julgamento do EREsp nº 735.329/RJ, Relator o Ministro Jorge Mussi, DJ de 6/5/2011, pacificou o entendimento de que, não havendo concessão de auxílio-doença, bem como ausente o prévio requerimento administrativo para a percepção do auxílio-acidente, como no caso, o termo a quo para o recebimento desse benefício é a data da citação" (AgRg no AgRg no Ag 1.239.697, de 09.08.2011).

No cálculo do auxílio-acidente, será utilizado o mesmo salário de benefício manejado para a renda mensal inicial do auxílio-doença, apenas reduzindo-se o percentual de 91% para 50%.

No caso de reabertura de auxílio-doença por acidente de qualquer natureza que tenha dado origem a auxílio-acidente, este será suspenso até a cessação do auxílio-doença reaberto, quando será reativado.

O artigo 124, inciso V, da Lei 8.213/91, **veda o recebimento conjunto de mais de um auxílio-acidente**. Assim, quando o segurado em gozo de auxílio-acidente fizer jus a um novo auxílio-acidente, em decorrência de outro acidente ou de doença, serão comparadas as rendas mensais dos dois benefícios e mantido o benefício mais vantajoso.

Originariamente, o artigo 86 da Lei 8.213/91 previa o valor do auxílio-acidente em 30%, 40% ou 60% do salário de contribuição do dia do acidente de trabalho, a ser fixado proporcionalmente ao grau da sequela.

Sucede que, com o advento da lei 9.032/95, a sua renda mensal inicial restou fixada em 50% do salário de benefício, razão pela qual os segurados que o percebiam em 30% ou 40% (do salário de contribuição do dia do acidente de trabalho, conforme regramento anterior) começaram a postular judicialmente a sua revisão para 50% do salário de benefício, pois o INSS passou a indeferir o pleito na via administrativa.

Vale salientar que a alteração perpetrada pela Lei 9.032/95 não foi apenas no percentual do auxílio-acidente, mas também na base de cálculo, que passou a ser o salário de benefício, e não o salário de contribuição do dia do acidente.

Entende-se que não é devida a referida revisão à luz do Princípio do *Tempus Regit Actum* e do Princípio da Precedência de Fonte de Custeio.

▸ Qual o entendimento do STF sobre o assunto?

Inclusive, esse é o entendimento manifestado pelo STF, acolhendo a tese da Advocacia-Geral da União, em representação ao INSS, quando reconheceu repercussão geral no RE 597.389, em 22.04.2009 e praticamente já definiu o seu julgamento.

▸ Qual o entendimento do STJ sobre o assunto?

Entretanto, apesar da manifestação expressa do STF, a 3ª Seção do STJ reiterou a sua jurisprudência contrária, no sentido de ser cabível a revisão do auxílio-acidente de 30% ou 40% do salário de contribuição do dia do acidente para o percentual de 50% do salário de benefício, no julgamento do REsp 1.096.244, em 10.02.2010. Contudo, no dia 20 de outubro de 2011, ao julgar o recurso especial 868.025, a 5ª Turma do STJ passou a aderir ao posicionamento do STF, o que indica uma futura mudança de posicionamento da 3ª Seção.

▸ Qual o entendimento da TNU sobre o assunto?

No dia 02.12.2010, ao julgar o incidente no processo 2008.70.51.00.0495-8, a TNU seguiu o posicionamento do STF no sentido de que não é cabível a revisão do auxílio-acidente para 50% do salário de benefício.

▸ Importante!

Desde o advento da Medida Provisória 1.596-14, convertida na Lei 9.528/97, o auxílio-acidente não mais será acumulado com a aposentadoria do segurado, passando a integrar o salário de contribuição para fins do cálculo do salário de benefício da aposentadoria, na forma do artigo 31, da Lei 8.213/91, salvo direito adquirido.

▸ **Como esse assunto foi cobrado em concurso?**

No concurso do CESPE para Advogado da CEF em 2010, foi considerado errado o seguinte enunciado: Considere que Jonas recebia auxílio-acidente quando requereu sua aposentadoria por idade, já que os requisitos legais haviam sido preenchidos. Nessa situação, ante a permanência do estado mórbido que culminou na concessão do auxílio-doença, Jonas faz jus ao recebimento dos dois benefícios previdenciários cumulativamente. Outrossim, no concurso do CESPE para Juiz Federal da 5ª Região em 2013, foi considerado errado o seguinte enunciado: Veda-se a acumulação de auxílio-acidente com proventos de aposentadoria, mesmo nos casos em que a manifestação da lesão incapacitante, ensejadora da concessão do auxílio, e o início da aposentadoria sejam anteriores ao ano de 1997.

Essa inovação prejudica os segurados que tenham o salário de benefício atingido o teto, após a soma do valor do auxílio-acidente com os salários de contribuição do segurado, pois antes eles podiam receber a aposentadoria até o teto e o auxílio-acidente separadamente.

Contudo, conforme o entendimento administrativo da Previdência Social, em respeito ao direito adquirido e ao Princípio do Tempus Regit Actum, para a acumulação do auxílio-acidente com proventos de aposentadoria, a consolidação das lesões decorrentes de acidentes de qualquer natureza, que resulte sequelas definitivas, nos termos do art. 86 da Lei nº 8.213/91, e a concessão da aposentadoria devem ser anteriores às alterações inseridas no art. 86, § 2º da Lei nº 8.213/91, pela Medida Provisória nº 1.596-14, convertida na Lei nº 9.528/97, nos termos da Súmula 75 da AGU.

▸ **Qual o entendimento do STJ sobre o assunto?**

"A jurisprudência do STJ firmou-se no sentido de que a possibilidade de acumulação do auxílio-acidente com proventos de aposentadoria requer que a lesão incapacitante e a concessão da aposentadoria sejam anteriores às alterações promovidas pela Lei n. 9.528/97" (Recurso Especial 1.244.257, de 13.03.2012). Posteriormente, foi editada a **Súmula 507: "A acumulação de auxílio-acidente com aposentadoria pressupõe que a lesão incapacitante e a aposentadoria sejam anteriores a 11/11/1997, observado o critério do artigo 23 da Lei 8.213/91 para definição do momento da lesão nos casos de doença profissional ou do trabalho".**

O anexo III, do RPS, traz um rol de hipóteses aptas a ensejar o pagamento do auxílio-acidente, entendendo-se ser uma listagem exemplificativa.

Deverá ser pago o auxílio-acidente durante o período de graça, haja vista que o segurado mantém todos os direitos previdenciários. Para se adaptar a essa determinação legal, o §7º, do artigo 104, do RPS, foi corretamente modificado por intermédio do Decreto 6.722/2008.

É comum que os alunos confundam o auxílio-acidente com o auxílio-doença. No entanto, existem diversas diferenças entre os citados benefícios, sendo as principais apontadas no quadro abaixo:

AUXÍLIO-ACIDENTE	AUXÍLIO-DOENÇA
- É indenizatório	- Substitui o salário de contribuição ou a remuneração do segurado
- É recebido junto com a remuneração pelo labor do segurado (não exige afastamento do trabalho)	- Exige incapacidade laboral para o trabalho habitual por mais de 15 dias seguidos (afastamento do trabalho)
- É de 50% do salário de benefício	- É de 91% do salário de benefício
- Pode ser inferior a um salário mínimo	- Não pode ser inferior a um salário mínimo, salvo no caso de atividades concomitantes
- Dispensa sempre a carência	- Exige, em regra, carência de 12 contribuições mensais
- Apenas é devido ao empregado, empregado doméstico, trabalhador avulso e segurado especial (benefício restrito)	- É devido a todos os segurados (benefício irrestrito)

Quadro sintético – Auxílio-acidente	
Cabimento	será devido, como indenização, ao segurado quando, após consolidação das lesões decorrentes de acidente de qualquer natureza, resultarem sequelas que impliquem redução da capacidade para o trabalho que habitualmente exercia **ou** impossibilidade de desempenho da atividade que exercia a época do acidente, porém permita o desempenho de outra, após processo de reabilitação profissional.

Quadro sintético – Auxílio-acidente	
Beneficiários	apenas o segurado empregado, empregado doméstico (LC150/2015), o trabalhador avulso e o segurado especial (art. 18, §1º, da Lei 8.213/91).
Carência	não há.
Valor	50% do salário de benefício.
Outras informações	**A)** É o único benefício previdenciário exclusivamente indenizatório. **B)** O auxílio-acidente será devido a partir do dia seguinte ao da cessação do auxílio-doença, independentemente de qualquer remuneração ou rendimento auferido pelo acidentado, vedada sua acumulação com qualquer aposentadoria.
Outras informações	**C)** A perda da audição, em qualquer grau, somente proporcionará a concessão do auxílio-acidente, quando, além do reconhecimento de causalidade entre o trabalho e a doença, resultar, comprovadamente, na redução ou perda da capacidade para o trabalho que habitualmente exercia. **D)** O STJ entende que não é imprescindível que a moléstia seja irreversível para a concessão deste benefício (REsp 1.112.866, de 25.11.09).

10. PENSÃO POR MORTE

Regulamentação básica: artigos 74/79, da Lei 8.213/91; artigos 105/115, do RPS (Decreto 3.048/99).

Códigos de concessão: 93 - Pensão por morte por acidente do trabalho e 21 - Pensão por morte previdenciária.

A pensão por morte é um benefício previdenciário dos dependentes dos segurados, assim consideradas as pessoas listadas no artigo 16, da Lei 8.213/91, devendo a condição de dependente ser aferida no momento do óbito do instituidor, e não em outro marco , pois é com o falecimento que nasce o direito.

> **Importante!**
>
> Todos os segurados poderão instituir pensão por morte se deixarem dependentes, sendo que o benefício **independe sempre de carência**. Frise-se que a MP 664/2014 chegou a inserir carência de 24 recolhimentos mensais, mas a Lei 13.135/2015 restabeleceu a dispensa de carência para a pensão por morte (art. 26, I, da Lei 8.213/91).

Vale relembrar que os dependentes da **classe I** (artigo 16, da Lei 8.213/91) são preferenciais e possuem presunção absoluta de dependência econômica: "o cônjuge, a companheira, o companheiro e o filho não emancipado, de qualquer condição, menor de 21 (vinte e um) anos ou inválido ou que tenha deficiência intelectual ou mental que o torne absoluta ou relativamente incapaz, assim declarado judicialmente" (*redação com efeitos a partir de 3 de janeiro de 2016 - Lei 13.146/2015*).

▸ Qual o entendimento do STJ sobre o assunto?

Consoante densamente comentado anteriormente entende o STJ que "a mulher que renunciou aos alimentos na separação judicial tem direito à pensão previdenciária por morte do ex-marido, comprovada a necessidade econômica superveniente" (Súmula 336).

▸ Como esse assunto foi cobrado em concurso?

No concurso do CESPE para Procurador do Município de Natal em 2008, foi considerado correto o seguinte enunciado: A mulher que renunciou aos alimentos na separação judicial tem direito a pensão previdenciária por morte do ex-marido, desde que comprovada a necessidade econômica superveniente. Por outro lado, no concurso para Procurador do Estado de Alagoas em 2008, foi considerado errado o seguinte enunciado: A mulher que renunciou aos alimentos na separação judicial não tem direito à pensão por morte do ex-marido, ainda que comprove a necessidade econômica superveniente.

Também serão dependentes preferenciais o parceiro homoafetivo e o ex-cônjuge ou companheiro(a) que perceba alimentos, assim como os equiparados a filho (enteado e tutelado), estes dois sem presunção de dependência econômica.

O cônjuge separado de fato apenas fará jus à pensão por morte se demonstrar a dependência econômica, inclusive em concorrência com eventual companheiro(a).

A Lei 8.213/91 não exige que a comprovação da união estável se dê através do início de prova material, podendo ser comprovada apenas por testemunhos, vigorando o Princípio do Livre Convencimento Motivado, razão pela qual a previsão do artigo 143 do Regulamento da Previdência Social é ilegal neste ponto.

▸ **Qual o entendimento da TNU sobre o assunto?**

Súmula 63 – A comprovação de união estável para efeito de concessão de pensão por morte prescinde de início de prova material.

A pensão por morte somente será devida ao filho e ao irmão cuja invalidez tenha ocorrido antes da emancipação ou de completar a idade de vinte e um anos, nos termos do Regulamento da Previdência Social, desde que reconhecida ou comprovada, pela perícia médica do INSS, a continuidade da invalidez até a data do óbito do segurado.

É obrigatório que o pensionista inválido se submeta a exame médico a cargo da previdência social, processo de reabilitação profissional por ela prescrito e custeado e tratamento dispensado gratuitamente, exceto o cirúrgico e a transfusão de sangue, que são facultativos, independentemente de sua idade, sob pena de suspensão do benefício.

No entanto, desde o advento da Lei 13.063, de 30 de dezembro de 2014, que alterou o artigo 101 da Lei 8.213/91, o pensionista inválido estará isento do exame pericial após completar 60 (sessenta) anos de idade, salvo se o próprio pensionista solicitar a realização do exame para verificar a recuperação da sua capacidade de trabalho, caso se julgue apto.

De acordo com o artigo 114, II, do RPS, o pagamento da cota individual da pensão por morte cessa para o pensionista menor de idade, ao completar vinte e um anos, salvo se for inválido, ou pela emancipação, ainda que inválido, exceto, neste caso, se a emancipação for decorrente de colação de grau científico em curso de ensino superior.

Por isso, de acordo com a literalidade do Regulamento, apenas no caso de invalidez do dependente, a emancipação decorrente de colação de grau em curso superior antes dos 21 anos de idade não retira a qualidade de dependente.

Destaque-se que o posicionamento do STF e do STJ é pela ausência da condição de dependente de segurado do(a) concubino(a), pois se cuida de relação paralela ao matrimônio, conforme visto anteriormente.

Conforme já estudado anteriormente, a pendência em curso universitário após os 21 anos de idade não é causa de prorrogação da pensão por morte no RGPS, sendo esta a posição do STJ e da TNU.

▸ **Qual o entendimento da TNU sobre o assunto?**

Súmula 37: "A pensão por morte, devida ao filho até os 21 anos de idade, não se prorroga pela pendência do curso universitário".

▸ **Como esse assunto foi cobrado em concurso?**

No concurso do CESPE para Procurador do TCU em 2015, foi considerado ERRADO o seguinte enunciado: A pensão por morte, devida ao filho até os vinte e um anos de idade, prorroga-se pela pendência do curso universitário até os vinte e quatro anos de idade, conforme entendimento do STJ.

Já na **classe II** figuram os pais, ao passo que na **classe III** estão os irmãos do segurado, conforme detidamente explicado no Capítulo 8.

No entanto, houve mais de uma modificação na classe III com o advento da Lei 13.135/2015. Caso haja mais de um dependente dentro da mesma classe, haverá o rateio em partes iguais da pensão por morte e, na medida em que cesse a dependência de algum, os remanescentes irão acrescendo proporcionalmente as suas cotas.

Outrossim, não haverá transferência de benefício entre as classes, de modo que um filho menor de 21 anos que alcance a maioridade previdenciária não fará com que os dependentes da classe II ou III sejam beneficiários da prestação.

▸ **Importante!**

De acordo com o antigo §4º, do artigo 77, da Lei 8.213/91, "a parte individual da pensão do dependente com deficiência intelectual ou mental que o torne absoluta ou relativamente incapaz, assim declarado judicialmente, que exerça atividade remunerada, será reduzida em 30% (trinta por cento), devendo ser integralmente restabelecida em face da extinção da relação de trabalho ou da atividade empreendedora". **No entanto, este parágrafo foi revogado pela Lei 13.135/2015, deixando de existir juridicamente.**

Por força do §6º do artigo 77 da Lei 8.213/91, inserido pela Lei 13.183/2015, o exercício de atividade remunerada, inclusive na condição de microempreendedor individual, não impede a concessão ou manutenção da parte individual da pensão do dependente com deficiência intelectual ou mental ou com deficiência grave.

No caso de pensão por morte paga a mais de um dependente, cada cota poderá ser inferior a um salário mínimo, mas o benefício, no valor total, será de um salário mínimo ao menos, pois substitui o salário de contribuição.

▶ **Importante!**

A pensão por morte será paga no mesmo valor da aposentadoria que o segurado recebia ou daquela a que teria direito se estivesse aposentado por invalidez na data de seu falecimento (100% do salário de benefício), inexistindo carência. A MP 664/2014 chegou a reduzi-la, mas a Lei 13.135/2015 restabeleceu a redação do artigo 75, da Lei 8.213/91, voltando a pensão por morte a ser integral.

▶ **Como esse assunto foi cobrado em concurso?**

No concurso do CESPE para Promotor de Justiça do Espírito Santo em 2010, foi considerado correto o seguinte enunciado: João, que era casado com Maria e tinha um filho menor não emancipado chamado Júnior, exercia, quando veio a falecer, atividade abrangida pelo RGPS, como empregado de uma fábrica há oito meses, recebendo, nesse período, um salário de R$ 700,00. Morava ainda com o casal e o filho menor a mãe de João. Se Maria, sua sogra e Júnior requererem pensão por morte, o benefício será concedido apenas a Maria e Júnior, em partes iguais, sendo que a parte de cada um poderá ser menor que um salário mínimo.

Destarte, indiretamente, a pensão por morte também será calculada com o manejo do salário de benefício.

▶ **Importante!**

Em regra, a pensão por morte será paga a partir do óbito do segurado. Contudo, se postulada administrativamente após 90 (noventa)dias do falecimento, será devida apenas a partir da data de entrada do requerimento administrativo, nos termos do artigo 74 da Lei 8.213/91, modificado pela Lei 13.183/2015. Antes, para os efeitos financeiros retroagirem ao óbito, o prazo era de 30 dias.

Vale ressaltar que, mesmo nos casos em que o requerimento do benefício é protocolizado após 90 (noventa)dias do óbito, a data de início do benefício será o dia do falecimento, mas apenas serão devidas as parcelas a contar da data do requerimento.

É que no dia da morte é que nasce o direito, independentemente de quando foi requerido o benefício. Nesse sentido, dispõe o artigo

105, inciso I, do RPS, que no caso de requerimento após noventa dias do falecimento do segurado, a data de início do benefício será a data do óbito, aplicados os devidos reajustamentos até a data de início do pagamento, não sendo devida qualquer importância relativa ao período anterior à data de entrada do requerimento.

No caso dos **absolutamente incapazes**, pois contra eles não correrá a prescrição, a jurisprudência e o próprio INSS vem entendendo que o benefício será devido desde a data do falecimento, mesmo que o requerimento seja protocolizado após 30 dias (atuais 90 dias) do óbito, equiparando-se ao menor de 16 anos os incapazes de exercer pessoalmente os atos da vida civil, conforme o artigo 3º, do Código Civil.

▸ Como esse assunto foi cobrado em concurso?

No concurso do CESPE para Advogado da CEF em 2010, foi considerado correto o seguinte enunciado: Túlio, menor impúbere com 15 anos de idade, foi reconhecido judicialmente como filho e único herdeiro de Adalberto, que havia falecido quando Túlio tinha três anos de idade. Nessa situação, uma vez reconhecida a paternidade, se Adalberto for segurado obrigatório da previdência social, Túlio terá direito à percepção do benefício previdenciário denominado pensão por morte, podendo pleitear as prestações vencidas devidas pela previdência social desde a data do falecimento de seu genitor.

▸ Qual o entendimento do STJ sobre o assunto?

No entanto, o Superior Tribunal de Justiça não vem acatando o entendimento do INSS. Isso porque vem utilizando como critério de menoridade os 18 anos de idade, e não os 16 anos de idade, conquanto se saiba que a prescrição corre para os relativamente incapazes: Informativo 546 – "DIREITO PREVIDENCIÁRIO. TERMO INICIAL DE PENSÃO POR MORTE REQUERIDA POR PENSIONISTA MENOR DE DEZOITO ANOS. A pensão por morte será devida ao dependente menor de dezoito anos desde a data do óbito, ainda que tenha requerido o benefício passados mais de trinta dias após completar dezesseis anos. De acordo com o inciso II do art. 74 da Lei 8.213/1991, a pensão por morte será devida ao conjunto dos dependentes do segurado que falecer, aposentado ou não, a contar da data do requerimento, caso requerida após trinta dias do óbito. Entretanto, o art. 79 da referida lei dispõe que tanto o prazo de decadência quanto o prazo de prescrição são inaplicáveis ao "pensionista menor". A menoridade de que trata esse dispositivo só desaparece com a maioridade, nos termos do art. 5º do CC – segundo o qual "A menoridade cessa aos dezoito anos completos, quando a pessoa fica habilitada à prática de todos os atos da vida civil" –, e não aos dezesseis anos de idade. REsp 1.405.909-AL, Rel. Min. Sérgio Kukina, Rel. para acórdão Min. Ari Pargendler, julgado em 22/5/2014".

No entanto, não haverá retroação se algum dependente já havia se habilitado, pois o INSS não poderá pagar em duplicidade se não sabia da existência do menor que não se habilitou a bom tempo.

▸ **Qual o entendimento do STJ sobre o assunto?**

Informativo 566- DIREITO PREVIDENCIÁRIO. HABILITAÇÃO TARDIA DE PENSIONISTA MENOR. Ainda que o beneficiário seja "pensionista menor", a pensão por morte terá como termo inicial a data do requerimento administrativo - e não a do óbito - na hipótese em que, postulado após trinta dias do óbito do segurado, o benefício já vinha sendo pago integralmente a outro dependente previamente habilitado. A jurisprudência prevalente do STJ é no sentido de que, comprovada a absoluta incapacidade do requerente, faz ele jus ao pagamento das parcelas de pensão por morte desde a data do óbito do segurado, ainda que não haja postulação administrativa no prazo de trinta dias (REsp 1.405.909-AL, Primeira Turma, DJe 9/9/2014; REsp 1.354.689-PB, Segunda Turma, DJe 11/3/2014). Isso porque, nos termos do art. 79 da Lei 8.213/1991, está claro que tanto o prazo de decadência quanto o prazo de prescrição previstos no art. 103 da referida Lei são inaplicáveis ao pensionista menor, situação esta que só desaparece com a maioridade, nos termos do art. 5º do Código Civil. Contudo, o dependente menor que não pleiteia a pensão por morte no prazo de trinta dias a contar da data do óbito do segurado (art. 74 da Lei 8.213/1991) não tem direito ao recebimento do referido benefício a partir da data do falecimento do instituidor, na hipótese em que a pensão houver sido integralmente paga a outros dependentes que já estavam previamente habilitados perante o INSS. Com efeito, a habilitação posterior do dependente menor somente deverá produzir efeitos a contar desse episódio, de modo que não há que falar em efeitos financeiros para momento anterior à sua inclusão (art. 76 da Lei 8.213/1991). Ressalta-se, inclusive, que admitir o contrário implicaria em inevitável prejuízo à autarquia previdenciária, que seria condenada a pagar duplamente o valor da pensão. Precedente citado: REsp 1.377.720-SC, Segunda Turma, DJe 5/8/2013. REsp 1.513.977-CE, Rel. Min. Herman Benjamin, julgado em 23/6/2015, DJe 5/8/2015.

Na hipótese de morte presumida, a pensão por morte será devida desde a prolação da respectiva decisão judicial, valendo ressaltar que "o reconhecimento da morte presumida, com o fito de concessão de pensão previdenciária, não se confunde com a declaração de ausência regida pelos diplomas cível e processual. *In casu*, obedece-se ao disposto no artigo 78, da Lei 8.213/91" (STJ, REsp 232.893, de 23.05.2000).

▸ Como esse assunto foi cobrado em concurso?

No concurso do CESPE para Juiz Federal da 5ª Região em 2009, foi considerado errado o seguinte enunciado: A pensão por morte será devida ao conjunto dos dependentes do segurado que falecer, aposentado ou não, a contar da data do requerimento do benefício, no caso de morte presumida.

▸ Como esse assunto foi cobrado em concurso?

No concurso da FCC para Analista do TRF da 3ª Região em 2014, foi considerada correta a letra D: Considere as seguintes hipóteses: I. Pensão por morte requerida no vigésimo dia após o óbito. II. Pensão por morte requerida no trigésimo quinto dia após o óbito. III. Pensão por morte requerida no décimo quinto dia do óbito. IV. Pensão por morte requerida após sessenta dias do óbito. De acordo com a Lei nº 8.213/91, a pensão por morte será devida a partir da data do requerimento APENAS nas hipóteses: a) I, II e IV. b) II e III. c) I. d) II e IV. e) I e III. :

Por outro lado, se comprovado o desaparecimento do segurado em consequência de acidente, desastre ou catástrofe, seus dependentes farão jus à pensão provisória independentemente da declaração de ausência, pois se presume a morte do segurado, sendo devido o benefício desde a data da ocorrência do evento, se requerida em até noventa dias.

Vale ressaltar que a ação judicial para reconhecer a morte presumida para fins de percepção da pensão será de competência da Justiça Federal.

> **Qual o entendimento do STJ sobre o assunto?**
>
> Esse posicionamento foi adotado pela Corte Superior no julgamento do conflito de competência 20.120, de 14.10.1998.

A morte presumida será declarada pela autoridade judicial competente, depois de 06 meses de ausência, sendo concedida pensão provisória e pago o benefício a contar da data de prolação da sentença declaratória.

Contudo, se o desaparecimento do segurado decorrer de acidente, desastre ou catástrofe, seus dependentes farão jus à pensão provisória independentemente da declaração, a partir da data do desaparecimento.

Caso o segurado reapareça, o pagamento da pensão cessará imediatamente, desobrigados os dependentes da reposição dos valores recebidos, salvo comprovada má-fé.

> **Como esse assunto foi cobrado em concurso?**
>
> No concurso do CESPE para Advogado da CEF em 2010, foi considerado errado o seguinte enunciado: Renato desapareceu após sofrer trágico acidente automobilístico e, em virtude desse fato, seus dependentes requereram, observados os preceitos legais pertinentes, pensão provisória por morte presumida. Após dois anos, Renato reapareceu, depois de ter-se recuperado de perda de memória decorrente do referido acidente. Nessa situação, verificado o reaparecimento do segurado, o pagamento da pensão cessará imediatamente, sendo obrigados os dependentes a repor os valores recebidos a título provisório.

Ademais, **a concessão da pensão por morte não será protelada pela falta de habilitação de outro possível dependente**, e qualquer inscrição ou habilitação posterior que importe em exclusão ou inclusão de dependente só produzirá efeito a contar da data da inscrição ou habilitação.

Isso quer dizer que o INSS não poderá aguardar a habilitação de todos os dependentes para conceder o benefício, devendo, de logo, deferir ao primeiro que se habilitar, promovendo a inserção posterior de outros eventuais dependentes que requerem o benefício.

▸ **Como esse assunto foi cobrado em concurso?**

No concurso do CESPE para Advogado da CEF em 2010, foi considerado errado o seguinte enunciado: Considere que, quando faleceu, Alberto estava impugnando ação de reconhecimento de paternidade que tramitava contra ele e que, à época de seu falecimento, sua mãe era sua única dependente declarada. Nessa situação, havendo a possibilidade de posterior habilitação de possível dependente, que importaria na exclusão da mãe de Alberto dessa condição, a concessão da pensão por morte poderá ser protelada, a critério da autoridade competente.

De acordo com o artigo 77, §2º, da Lei 8.213/91, modificado pela Lei 13.135/2015, a pensão por morte cessará:

> I - pela morte do pensionista;
>
> II - para o filho, a pessoa a ele equiparada ou o irmão, de ambos os sexos, pela emancipação ou ao completar 21 (vinte e um) anos de idade, salvo se for inválido ou tiver deficiência intelectual ou mental ou deficiência grave (*redação dada pela Lei 13.146/2015*);
>
> III - para filho ou irmão inválido, pela cessação da invalidez;
>
> IV - para filho ou irmão que tenha deficiência intelectual ou mental ou deficiência grave, pelo afastamento da deficiência, nos termos do regulamento (este inciso vigorará em 18/6/2017).

▸ **Importante:**

No entanto, o inciso II foi modificado pela Lei 13.183/2015, que passou a seguinte redação: *"para o filho, a pessoa a ele equiparada ou o irmão, de ambos os sexos, ao completar vinte e um anos de idade, salvo se for inválido ou tiver deficiência intelectual ou mental ou deficiência grave"*. Logo, embora a emancipação seja considerada na concessão do benefício (a mudança no artigo 16 foi vetada), pela última alteração normativa a emancipação não será considerada para o seu cancelamento, o que acaba sendo uma antinomia e incongruência.

▸ **Importante:**

Após a publicação da Medida Provisória 664/2014, convertida na Lei 13.135/2015, a pensão por morte no Regime Geral de Previdência Social para cônjuges, companheiros e companheiras passou a ser temporária ou vitalícia, a depender da idade do pensionista no dia do óbito do segurado.

Anteriormente, para os citados dependentes, a pensão por morte era vitalícia, vedada a acumulação de mais de uma pensão deixada por cônjuge ou companheiro, ressalvada a opção pela mais vantajosa.

A Lei 13.135/2015 em muito modificou a MP 664/2014, tendo as novas regras entrado em vigor em 18 de junho de 2015. As alterações sobre o prazo para percepção da pensão por morte alcançaram os cônjuges, companheiros e companheiras, e não os demais dependentes, nada mudando para o filho, os pais e os irmãos.

> **Importante:**
>
> Em regra, se o óbito ocorrer sem que o segurado tenha vertido 18 (dezoito) contribuições mensais ou se o casamento ou a união estável tiverem sido iniciados em menos de 2 (dois) anos antes do óbito do segurado, a pensão por morte será paga por apenas 4 (quatro) meses ao cônjuge, companheiro ou companheira, salvo se o óbito do segurado decorrer de acidente de qualquer natureza ou de doença profissional ou do trabalho.

Logo, se o segurado morreu com apenas 5 contribuições vertidas ou com menos de 2 anos de casamento ou união estável, a pensão por morte durará por apenas 4 meses, a não ser que a morte decorra de acidente de qualquer natureza ou de doença profissional ou do trabalho, hipótese na qual serão aplicados os prazos a seguir vistos.

A Lei 13.135/2015 admitiu expressamente que o tempo de contribuição a Regime Próprio de Previdência Social (RPPS) será considerado na contagem das 18 (dezoito) contribuições mensais, acaso o segurado não possua 18 recolhimentos no Regime Geral de Previdência Social.

Por sua vez, transcorridos os seguintes períodos, estabelecidos de acordo com a idade do beneficiário na data de óbito do segurado, **se o óbito ocorrer depois de vertidas 18 (dezoito) contribuições mensais e pelo menos 2 (dois) anos após o início do casamento ou da união estável, ou se então o óbito do segurado decorrer de acidente de qualquer natureza ou de doença profissional ou do trabalho,** a pensão terá a seguinte duração, sendo vitalícia apenas se o pensionista tiver 44 anos de idade no dia da morte:

1) **3 (três) anos**, com menos de 21 (vinte e um) anos de idade;
2) **6 (seis) anos**, entre 21 (vinte e um) e 26 (vinte e seis) anos de idade;
3) **10 (dez) anos**, entre 27 (vinte e sete) e 29 (vinte e nove) anos de idade;
4) **15 (quinze) anos**, entre 30 (trinta) e 40 (quarenta) anos de idade;

5) **20 (vinte) anos**, entre 41 (quarenta e um) e 43 (quarenta e três) anos de idade;

6) **vitalícia**, com 44 (quarenta e quatro) ou mais anos de idade.

> ▸ **Importante:**
>
> No entanto, há uma regra especial para o pensionista inválido ou com deficiência cônjuge ou companheiro(a), pois neste caso a pensão por morte apenas será cancelada pela cessação da invalidez ou pelo afastamento da deficiência. Se não houver recuperação do pensionista, portanto, será vitalícia, mesmo que **o segurado não tenha vertido 18 (dezoito) contribuições mensais ou se o casamento ou a união estável tiverem menos de 2 (dois) anos antes do óbito do segurado.** Caso o pensionista inválido ou deficiente se recupere, serão respeitados, ao menos, os prazos anteriores apresentados.

Vale frisar que a partir de junho de 2018 existe a possibilidade de mudanças nas faixas da pensão temporária e vitalícia, por ato do Ministro da Previdência Social, desde que haja o incremento mínimo de um ano inteiro na média nacional única, para ambos os sexos, correspondente à expectativa de sobrevida da população brasileira ao nascer, limitado o acréscimo na comparação com as idades anteriores ao referido incremento.

Notem, queridos alunos, que o assunto ficou bem mais complexo do que antes e que o texto do artigo 77, da Lei 8.213/91 não ajuda muito, pois é bastante confuso. Por tudo isto, vamos sintetizar as novas regras na tabela abaixo:

Regra 1	- Se o óbito ocorrer sem que o segurado tenha vertido 18 (dezoito) contribuições mensais ou se o casamento ou a união estável tiverem sido iniciados em menos de 2 (dois) anos antes do óbito do segurado, a pensão por morte será paga por apenas 4 (quatro) meses **(regra geral)**.
Regra 2	- Se o óbito ocorrer depois de vertidas 18 (dezoito) contribuições mensais e pelo menos 2 (dois) anos após o início do casamento ou da união estável, a pensão terá a seguinte duração, sendo vitalícia apenas se o pensionista tiver 44 anos de idade no dia da morte: 1) 3 (três) anos, com menos de 21 (vinte e um) anos de idade; 2) 6 (seis) anos, entre 21 (vinte e um) e 26 (vinte e seis) anos de idade; 3) 10 (dez) anos, entre 27 (vinte e sete) e 29 (vinte e nove) anos de idade; 4) 15 (quinze) anos, entre 30 (trinta) e 40 (quarenta) anos de idade; 5) 20 (vinte) anos, entre 41 (quarenta e um) e 43 (quarenta e três) anos de idade; 6) vitalícia, com 44 (quarenta e quatro) ou mais anos de idade **(regra geral)**.

Regra 3	Se o óbito decorrer de acidente de qualquer natureza ou de doença profissional ou do trabalho, mesmo que não haja 2 anos de casamento ou união estável ou não tenham sido recolhidas 18 (dezoito) contribuições mensais pelo segurado até o dia da morte, a pensão terá a seguinte duração, sendo vitalícia apenas se o pensionista tiver 44 anos de idade no dia da morte: 1) 3 (três) anos, com menos de 21 (vinte e um) anos de idade; 2) 6 (seis) anos, entre 21 (vinte e um) e 26 (vinte e seis) anos de idade; 3) 10 (dez) anos, entre 27 (vinte e sete) e 29 (vinte e nove) anos de idade; 4) 15 (quinze) anos, entre 30 (trinta) e 40 (quarenta) anos de idade; 5) 20 (vinte) anos, entre 41 (quarenta e um) e 43 (quarenta e três) anos de idade; 6) vitalícia, com 44 (quarenta e quatro) ou mais anos de idade. Logo, neste caso especial, a pensão não durará apenas 4 meses **(regra especial)**.
Regra 4	Para o pensionista inválido ou com deficiência, a pensão por morte apenas será cancelada pela cessação da invalidez ou pelo afastamento da deficiência. Se não houver recuperação do pensionista, portanto, será vitalícia, mesmo que o segurado não tenha vertido 18 (dezoito) contribuições mensais ou se o casamento ou a união estável tiverem menos de 2 (dois) anos antes do óbito do segurado. Caso o pensionista inválido ou deficiente se recupere, serão respeitados, ao menos, os prazos anteriores apresentados **(regra especial)**.

▸ **Importante:**

É sabido que no Brasil existem simulações e fraudes envolvendo casamentos e uniões estáveis apenas com o objetivo de instituir a pensão por morte. Por força da Lei 13.135/2015, **perde o direito à pensão por morte o cônjuge, o companheiro ou a companheira se comprovada, a qualquer tempo, simulação ou fraude no casamento ou na união estável, ou a formalização desses com o fim exclusivo de constituir benefício previdenciário, apuradas em processo judicial no qual será assegurado o direito ao contraditório e à ampla defesa.**

De acordo com a atual legislação, **o novo casamento do pensionista não fará cessar a pensão por morte**, como ocorria no regramento pretérito, em que o casamento do pensionista do sexo feminino extinguia a pensão. Aliás, antigamente apenas o marido inválido tinha direito à pensão por morte, o que foi alterado com a nova legislação.

Em obediência ao Princípio do *Tempus Regit Actum*, tendo em vista que é no momento do óbito que nasce o direito ao benefício, a lei em vigor na data da morte definirá o regime jurídico da pensão por morte, pouco importando a data de entrada do requerimento administrativo ou outro marco qualquer.

▸ **Qual o entendimento do STJ sobre o assunto?**

Súmula 340 – A lei aplicável à concessão de pensão previdenciária por morte é aquela vigente na data do óbito do segurado.

▸ **Como esse assunto foi cobrado em concurso?**

No concurso do CESPE para Defensor Público da União em 2010, foi considerado correto o seguinte enunciado: A jurisprudência consolidou o entendimento de que a concessão da pensão por morte é regida pela norma vigente ao tempo da implementação da condição fática necessária à concessão do benefício, qual seja, a data do óbito do segurado. Outrossim, no concurso para Procurador do Município de Natal em 2008, foi considerado correto o seguinte enunciado: A lei aplicável à concessão de pensão previdenciária por morte é aquela vigente na data de óbito do segurado. Por outro lado, no concurso para Juiz Federal da 1ª Região em 2009, foi considerado errado o seguinte enunciado: A lei aplicável à concessão de pensão previdenciária por morte é a que esteja vigente na data do requerimento administrativo formulado pelos beneficiários, e não a vigente à data do óbito do segurado.

Ademais, considerando que a concessão da aposentadoria por idade, tempo de contribuição e especial independente da manutenção da condição de segurado, a teor do artigo 3º, da Lei 10.666/2003, desde que o segurado já preenchesse os requisitos para se aposentar, os seus dependentes terão direito à pensão por morte.

▸ **Qual o entendimento do STJ sobre o assunto?**

Súmula 416- É devida a pensão por morte aos dependentes do segurado que, apesar de ter perdido essa qualidade, preencheu os requisitos legais para a obtenção de aposentadoria até a data do seu óbito.

▸ **Como esse assunto foi cobrado em concurso?**

No concurso do CESPE para Defensor Público da União em 2007, foi considerado correto o seguinte enunciado: Atualmente, é possível a concessão de pensão por morte aos dependentes, mesmo que o segurado tenha falecido após perder a qualidade de segurado. Para isso, é indispensável que os requisitos para obtenção da aposentadoria tenham sido preenchidos de acordo com a legislação em vigor à época em que os requisitos foram atendidos.

Para exemplificar o caso, suponha-se que Alex tenha completado 65 anos de idade e já tenha a carência de 180 contribuições mensais para se aposentar por idade. Contudo, como não estava mais trabalhando há muitos anos e por desconhecimento da legislação previdenciária, ele faleceu sem sequer sonhar que tinha direito ao benefício.

Neste caso, se tiver deixado dependentes, estes terão direito à pensão por morte, pois passou a ser irrelevante o fato de Alex não mais ser segurado do RGPS, bastando o preenchimento dos pressupostos para a aposentação, como ocorreu na hipótese.

▸ **Como esse assunto foi cobrado em concurso?**

No concurso para Juiz Federal da 2ª Região em 2011, foi cobrada a seguinte questão dissertativa: Asdrúbal vive com Cleopatra, com quem é casado desde 1970. Desde 1998, Asdrúbal, à margem do casamento, mantém um relacionamento amoroso com Juanita. Esta é sustentada por Asdrúbal, que lhe alugou um apartamento e arca com praticamente a totalidade de suas despesas. Em janeiro de 2012, Asdrúbal, que tinha 67 anos, e Cleopatra morrem em um acidente de carro. Juanita ajuíza ação ordinária em face do Instituto Nacional do Seguro Social - INSS, na qual postula a condenação da autarquia federal a conceder-lhe pensão pela morte de Asdrúbal em razão da sua qualidade de companheira. Citado, o INSS pleiteia, na contestação, a improcedência do pedido, sustentando que: (i) Juanita não se insere no rol de dependentes previsto na legislação previdenciária; (ii) ao tempo do óbito, Asdrúbal não ostentava mais a qualidade de segurado, visto que, conforme as alegações contidas na petição inicial, os documentos apresentados pela autora e as informações constantes do Cadastro Nacional de Informações Sociais - CNIS, o falecido somente teve, em toda sua vida, um único vínculo empregatício, com a respectivas contribuições, no período compreendido entre janeiro de 1989 e dezembro de 2005, não havendo a comprovação de qualquer outra das hipóteses previstas nos artigos 11 e 13 da Lei n. 8.213/91. Presumindo-se a veracidade dos fatos narrados na questão, analise a pertinência dos argumentos de defesa da autarquia para o indeferimento da concessão do benefício previdenciário pretendido, com a indicação dos dispositivos legais ou constitucionais pertinentes.

Este, inclusive, é o atual posicionamento administrativo do INSS, sendo concedida pensão aos dependentes mesmo que o óbito tenha ocorrido após a perda da qualidade de segurado, desde que o instituidor do benefício tenha implementado todos os requisitos para obtenção de uma aposentadoria até a data do óbito ou fique reconhecido o direito, dentro do período de graça, à aposentadoria por invalidez, a qual deverá ser verificada por meio de parecer médico-pericial do INSS com base em atestados ou relatórios médicos, exames complementares, prontuários ou outros documentos equivalentes, referentes ao ex-segurado, que confirmem a existência de incapacidade permanente até a data do óbito.

▸ Como esse assunto foi cobrado em concurso?

No concurso do CESPE para Juiz Federal da 1ª Região em 2009, foi considerado errado o seguinte enunciado: Maria, segurada obrigatória do RGPS, preenchia todos os requisitos para a obtenção da aposentadoria por tempo de serviço, de acordo com as exigências previstas na Lei n.º 8.213/1991. Entretanto, no momento de requerer a aposentadoria, ela desistiu. Pouco tempo depois, por não concordar mais com as ordens emitidas por seu empregador, Maria resolveu deixar o emprego. Após 38 meses sem contribuir para a previdência social, Maria sofreu um ataque cardíaco e faleceu, sem haver requerido aposentadoria. Nessa situação hipotética, com relação ao benefício da pensão por morte, os dependentes de Maria não terão direito de recebê-lo, nos termos da Lei n.º 8.213/1991, uma vez que Maria não havia requerido aposentadoria à previdência social. Por outro lado, foi considerado correto o seguinte enunciado: Nessa situação hipotética, com relação ao benefício da pensão por morte, os dependentes de Maria terão direito de recebê-lo, pois Maria havia preenchido todos os requisitos para requerer a aposentadoria por tempo de serviço.

No que concerne ao contribuinte individual que trabalha por conta própria, a sua filiação não ocorre tão somente com o exercício de atividade laborativa remunerada, sendo condicionada ao recolhimento da contribuição previdenciária, não sendo válidos recolhimentos após a morte para a regularização da sua condição de segurado para fins de deferimento da pensão por morte aos seus dependentes (vedação à inscrição *post mortem* do contribuinte individual que trabalha por conta própria).

▸ Qual o entendimento da TNU sobre o assunto?

Súmula 52 – Para fins de concessão de pensão por morte, é incabível a regularização do recolhimento de contribuições de segurado contribuinte individual posteriormente a seu óbito, exceto quando as contribuições devam ser arrecadadas por empresa tomadora de serviços.

▸ **Qual o entendimento do STJ sobre o assunto?**

"Em relação ao recolhimento *post mortem* das contribuições previdenciária, esta Corte vem firmando orientação no sentido de que é imprescindível o recolhimento das contribuições respectivas pelo próprio segurado quando em vida para que seus dependentes possam receber o benefício de pensão por morte. Desta forma, não há base legal para uma inscrição *post mortem* ou para que sejam regularizadas as contribuições pretéritas, não recolhidas em vida pelo de cujus." (REsp1.346.852, de 21/05/2013).

Questão que traz polêmica é saber se o segurado em gozo de auxílio-acidente, benefício exclusivamente indenizatório, que não mais desenvolve atividade laborativa remunerada, poderá ou não instituir pensão por morte pelo seu falecimento.

O INSS, na via administrativa, indefere a pensão por morte. Todavia, a Lei 8.213/91 não traz qualquer restrição, pois o segurado em gozo de benefício mantém a qualidade de segurado, mesmo sem verter contribuições previdenciárias, a teor do artigo 15, I, da Lei 8.213/91.

Deveria a Lei 8.213/91 ter excluído a concessão da pensão por morte para os dependentes de segurado em gozo de auxílio-acidente que não mais desenvolve atividade remunerada, por se tratar de verba indenizatória, pois não visa substituir a remuneração.

Assim sendo, diante da lacuna legal, a jurisprudência vem deferindo a pensão por morte nesta hipótese, a exemplo do posicionamento do Tribunal Regional Federal da 3ª Região, no julgamento da APELREE 2002.61.04.009993-1, de 01.12.2008.

Foi dito anteriormente que a renda mensal inicial da pensão por morte é no mesmo valor da aposentadoria percebida pelo segurado ou, se ativo, no montante da aposentadoria por invalidez que teria direito (100% do salário de benefício).

Mas nem sempre a pensão por morte era paga no valor integral no RGPS, sendo inovação da Lei 9.032/95, que alterou a redação do artigo 75, da Lei 8.213/91.

Na vigência da Lei 3.807/60 (Lei Orgânica da Previdência Social), o valor básico era 50% do valor da aposentadoria que o segurado percebia ou daquela a que teria direito se na data do seu falecimento fosse aposentado, e mais tantas parcelas iguais, cada uma, a 10% do valor da mesma aposentadoria quantos forem os dependentes do segurado, até o máximo de cinco.

Posteriormente, o originário artigo 75, da Lei 8.213/91, previu o valor da pensão por morte em 80% do valor da aposentadoria que o segurado recebia ou teria direito, mais 10% por dependente, até o máximo de 100%, exceto no que concerne ao falecimento decorrente de acidente de trabalho, cujo pagamento era integral.

Por conseguinte, os pensionistas que não recebiam a pensão por morte integral, pois com data de início anterior à vigência da Lei 9.032/95, começaram a propor as respectivas ações judiciais revisionais, tendo em conta o indeferimento administrativo perpetrado pelo INSS.

A jurisprudência se posicionava pacificamente pela possibilidade de revisão, inclusive o STJ. Mas o tratamento do tema mudou drasticamente com o posicionamento do STF.

▸ Qual o entendimento do STF sobre o assunto?

A Suprema Corte acolheu os argumentos do INSS, que sustentava a impossibilidade jurídica da revisão da pensão por morte para 100% do salário de benefício, pois inexistente prévia fonte de custeio para a majoração, devendo também prevalecer o Princípio do *Tempus Regit Actum*, posicionamento tomado no julgamento do RE 415.454.

▸ Como esse assunto foi cobrado em concurso?

No concurso do CESPE para Procurador do Tribunal de Contas da Bahia em 2010, foi considerado correto o seguinte enunciado: Segundo entendimento do STF, lei nova mais benéfica que altere a forma de cálculo da renda mensal inicial da pensão por morte, aumentando seu percentual, não se aplicará aos benefícios previdenciários concedidos antes de sua vigência.

Há uma regra especial de sucessão na legislação previdenciária que afasta os dispositivos do Código Civil por sua especialidade. Deveras, de acordo com o artigo 112, da Lei 8.213/91, o valor não recebido em vida pelo segurado só será pago aos seus dependentes habilitados à pensão por morte ou, na falta deles, aos seus sucessores na forma da lei civil, independentemente de inventário ou arrolamento.

Hipótese comum no foro é a pensão por morte apenas deferida ao filho do(a) falecido(a), mas não em favor do(a) companheiro(a) pela não comprovação de união estável, sendo questionado judicialmente quando o filho completa 21 anos de idade e o benefício é naturalmente cessado.

Neste caso, uma vez comprovada à união estável, o(a) companheiro(a) terá direito à percepção da pensão por morte, mas sem direito à percepção das parcelas no período que o filho recebeu.

É que o benefício foi revertido em favor do lar, sacado pelo(a) companheiro(a) do instituidor na condição de representante legal do menor previdenciário, conforme a melhor jurisprudência (TRF da 4ª Região, AC 2008.71.99.001312-4, de 25.08.2008).

Questão curiosa e que desperta a atenção dos alunos em sala de aula é a possibilidade do deferimento de pensão por morte a dependente que praticou delito de homicídio contra o instituidor.

Talvez o caso mais comum seja o da popular "viúva negra". Vale registrar que expressamente a Lei 8.213/91 não vedava o pagamento de pensão por morte nesta hipótese, pois é omissa a respeito.

Contudo, entendia-se que em se tratando de homicídio doloso há fundamento no ordenamento jurídico para impedir a concessão do benefício, pois ninguém poderá se locupletar da própria torpeza, expressão consagrada como princípio geral do Direito.

De efeito, era possível tomar de empréstimo o artigo 220, da Lei 8.112/90, que prevê que "não faz jus à pensão o beneficiário condenado pela prática de crime doloso de que tenha resultado a morte do servidor".

▸ **Importante:**

Posteriormente, aduziu a Lei 13.135/2015 que perde o direito à pensão por morte, após o trânsito em julgado, o condenado pela prática de crime de que tenha dolosamente resultado a morte do segurado.

Quadro sintético – Pensão por morte	
Cabimento	óbito do segurado da Previdência Social que deixar dependentes.
Beneficiários	os dependentes, observada a ordem preferencial das classes do artigo 16, da Lei 8.213/91.
Carência	dispensada.
Valor	o mesmo da aposentadoria percebida pelo instituidor ou da que teria direito se aposentado por invalidez (100% do salário de benefício).
Outras informações	**A)** A condição de dependente será aferida no momento do óbito, e não posteriormente. **B)** Será devida desde o falecimento ou do requerimento, se postulada após noventa dias; no caso de morte presumida, após a decisão judicial. **C)** Havendo mais de um dependente da mesma classe, será divida em partes iguais, excluídos os da classe inferior. **D)** Com a morte, a cessação da invalidez, a emancipação ou a maioridade, a cota da pensão será revertida para o outro dependente, não se transmitindo para os dependentes de classe inferior. **E)** De acordo com o artigo 114, II, do RPS, a emancipação por colação de grau em curso superior antes dos 21 anos não faz cessar a pensão por morte. **F)** *Súmula 340, STJ*: A lei aplicável à concessão de pensão previdenciária por morte é aquela vigente na data do óbito do segurado. **G)** *Súmula 336, STJ*: A mulher que renunciou aos alimentos na separação judicial tem direito à pensão previdenciária por morte do ex-marido, comprovada a necessidade econômica superveniente. **H)** *Súmula 416, STJ*- É devida a pensão por morte aos dependentes do segurado que, apesar de ter perdido essa qualidade, preencheu os requisitos legais para a obtenção de aposentadoria até a data do seu óbito.

11. AUXÍLIO-RECLUSÃO

Regulamentação básica: artigo 80, da Lei 8.213/91; artigo 2º, da Lei 10.666/2003; artigos 116/119, do RPS (Decreto 3.048/99).

Código de concessão: 25 – Auxílio-reclusão.

▸ Importante!

Trata-se de benefício previdenciário devido aos dependentes de segurado recolhido à prisão, desde que o segregado não esteja recebendo remuneração da empresa, aposentadoria de qualquer espécie, abono de permanência em serviço ou auxílio-doença. Com o advento da Emenda 20/98, houve uma restrição da proteção social do auxílio-reclusão, passando a ser exigido que o segurado preso seja enquadrado como baixa renda, conforme nova redação do artigo 201, inciso IV, da Constituição Federal.

▸ Como esse assunto foi cobrado em concurso?

No concurso do CESPE para Advogado da CEF em 2010, foi considerado errado o seguinte enunciado: Considere que Murilo estivesse em gozo de auxílio-doença quando foi condenado a três anos de reclusão pela prática de crime e que, por causa disso, tenha sido recolhido a instituição carcerária em dezembro de 2009, onde permanece até os dias atuais. Nessa situação hipotética, os dependentes de Murilo têm direito à percepção de auxílio-reclusão, o qual é concedido nas mesmas condições da pensão por morte. Outrossim, no concurso do CESPE para Analista da SEGER/ES em 2013, foi considerado errado o seguinte enunciado: Os dependentes de segurado de baixa renda aposentado que for recolhido à prisão terão direito a auxílio-reclusão, nas mesmas condições da pensão por morte.

▸ Qual o entendimento do STF sobre o assunto?

Vale ressaltar que o STF ratificou que para a instituição deste benefício, o baixa renda deverá ser o segurado, e não os seus dependentes, no julgamento do recurso extraordinário RE 587.365, de 25.03.2009.

▸ Como esse assunto foi cobrado em concurso?

No concurso do CESPE para Promotor de Justiça do Espírito Santo em 2010, foi considerado errado o seguinte enunciado: Conforme a jurisprudência do STF, em se tratando de auxílio-reclusão, benefício previdenciário concedido para os dependentes dos segurados de baixa renda, nos termos da CF, a renda a ser observada para a concessão é a dos dependentes e não a do segurado recolhido à prisão. Por outro lado, no concurso para Defensor Público da Bahia em 2010, foi considerado correto o seguinte enunciado: Segundo a jurisprudência do STF, deve-se utilizar, como parâmetro para a concessão do benefício de auxílio-reclusão, a renda do segurado preso, e não, a de seus dependentes. Outrossim, no concurso do CESPE para Defensor Público do Tocantins em 2013, foi considerado errado o seguinte enunciado: Suponha que um segurado, em virtude de condenação pelo cometimento de crime, tenha sido recolhido à prisão para início do cumprimento de pena em regime fechado e solicitado auxílio-reclusão. Nessa situação, segundo a jurisprudência do STF, é necessária a comprovação de situação de necessidade, devendo-se utilizar como parâmetro a renda dos dependentes, sendo irrelevante a renda auferida pelo segurado preso.

Ademais, nada impede que a segurada presa receba o salário-maternidade e os seus dependentes recebam o auxílio-reclusão concomitantemente, pois a legislação previdenciária não traz essa vedação, embora devesse existir.

Conforme atualização feita para o ano de **2015** pela Portaria Interministerial do MPS/MF , será instituidor do auxílio-reclusão o segurado que receber remuneração mensal de até **R$ 1.089,72**, na forma do artigo 13, da Emenda 20/1998, sendo considerado o seu último salário de contribuição antes do encarceramento.

▸ **Qual o entendimento do STJ sobre o assunto?**

No entanto, o STJ já flexibilizou o limite constitucional de baixa renda no julgamento do Recurso Especial 1479564 pela 1ª Turma, julgado em 06/11/2014. No caso concreto, a segurada reclusa teve como último salário de contribuição uma remuneração de R$ 10, 82 acima do limite da baixa renda. Argumentou o STJ que a semelhança do caso com a jurisprudência firmada pelo STJ em relação ao Benefício de Prestação Continuada permite ao julgador flexibilizar também o critério econômico para deferimento do auxílio-reclusão, ainda que o salário de contribuição do segurado supere o valor legalmente fixado para configurar baixa renda.

Na hipótese de inexistir salário de contribuição na data do recolhimento à prisão, será considerado o último salário de contribuição do segurado de acordo com o texto do Regulamento da Previdência Social.

▸ **Qual o entendimento do STJ sobre o assunto?**

No entanto, o STJ entende que "na análise de concessão do auxílio-reclusão a que se refere o art. 80 da Lei 8.213/1991, o fato de o recluso que mantenha a condição de segurado pelo RGPS (art. 15 da Lei 8.213/1991) estar desempregado ou sem renda no momento do recolhimento à prisão indica o atendimento ao requisito econômico da baixa renda, independentemente do valor do último salário de contribuição" (Informativo 550 - REsp 1.480.461-SP, Rel. Min. Herman Benjamin, julgado em 23/9/2014.

▸ **Importante!**

Vale ressaltar que o auxílio-reclusão apenas será pago nas condenações impostas sob regime fechado ou semi-aberto, pouco importando a natureza do delito, **não sendo devido o benefício na hipótese de regime aberto**, na forma do artigo 116, §5º, do RPS, haja vista a determinação do detento trabalhar fora do estabelecimento prisional, consoante o artigo 36, do Código Penal, apenas sendo recolhido no período noturno e durante os dias de folga.

▸ **Como esse assunto foi cobrado em concurso?**

No concurso do CESPE para Defensor Público da União em 2007, foi considerado errado o seguinte enunciado: O auxílio-reclusão será devido, nas mesmas condições da pensão por morte, aos dependentes do segurado recolhido à prisão, exceto se esta se deu em decorrência do cometimento de crime hediondo.

Apesar da omissão regulamentar, **será cabível o benefício nos casos de prisão cautelar** (temporária, em flagrante e preventiva), pois o segurado baixa renda não poderá exercer atividade laborativa para sustentar os seus dependentes, conforme se pronuncia a jurisprudência (TRF 3ª Região, APELREE 1.262.920, de 09.06.2008).

Também **deverá ser pago** o benefício na hipótese de **medida sócio-educativa de internação do adolescente** enquadrado como segurado de baixa renda, conforme entendimento administrativo do INSS, previsto no artigo 112, inciso VI, da Lei 8.069/90, pois se equipara à situação de recolhimento à prisão.

Por outro lado, na hipótese de prisão civil por dívida decorrente de prestação alimentícia, não será pago o auxílio-reclusão, pois esta segregação é um meio de coerção para o pagamento dos alimentos, não sendo punitiva.

> **Importante!**
>
> A mudança do termo inicial dos efeitos financeiros da pensão por morte promovida pela Lei 13.183/2015 repercutiu por derivação do auxílio-reclusão, que é pago nas mesmas condições da pensão por morte. Assim, se o requerimento for promovido em até noventa dias da prisão, o INSS pagará o benefício de maneira retroativa, não se aplicando mais o prazo de 30 dias.

Preceitua o artigo 119, do RPS, ser vedada a concessão do auxílio-reclusão após a soltura do segurado. Contudo, esse dispositivo regulamentar aparentemente carece de base legal, pois o que importa é a data de entrada do requerimento administrativo ou judicial do benefício. Nessa trilha, o correto entendimento da jurisprudência (TRF da 3ª Região, AC 282.942, de 28.08.2001 - TRF da 4ª Região, AC 2003.04.01.027618-0, de 28.02.2007).

> **Importante!**
>
> A renda mensal inicial do auxílio-reclusão será a mesma da pensão por morte. Isso porque as regras da pensão por morte aplicam-se ao auxílio-reclusão, no que couber, vez que o artigo 80 da Lei 8.213/91 dispõe que o auxílio-reclusão será pago nas mesmas condições da pensão por morte. Logo, o auxílio-reclusão será sempre de 100% do salário de benefício, mesmo valor da aposentadoria por invalidez, tendo em vista que a redução instituída pela MP 664/2014 foi rejeitada pela Lei 13.135/2015.

> **Como esse assunto foi cobrado em concurso?**
>
> No concurso do CESPE para Defensor Público da União em 2007, foi considerado correto o seguinte enunciado: Considere que Silvano seja segurado não-aposentado da previdência social e tenha sido condenado pela prática de crime que determinou o início do cumprimento da pena em regime fechado. Nessa situação, a renda mensal inicial do auxílio-reclusão devida aos dependentes é calculada de acordo com o modelo de cálculo a ser utilizado em caso de aposentadoria por invalidez.

Isso porque, se o segurado preso estiver aposentado, o auxílio-reclusão não será concedido, de modo que sempre a renda mensal do auxílio-reclusão tomará como base a renda de potencial aposentadoria por invalidez devida ao segurado do dia da segregação prisional.

▸ **Importante!**

O auxílio-reclusão dispensa sempre a carência, a teor do artigo 26, I, da Lei 8.213/91, tendo sido frustrada a tentativa da MP 664/2014 de inserir carência, pois não aprovada na Lei 13.135/2015.

▸ **Importante!**

Considerando que o auxílio-reclusão é pago nas mesmas condições da pensão por morte, conclui-se que, **no que couber**, as mudanças promovidas pela Lei 13.135/2015 na pensão por morte se estenderam ao auxílio-reclusão.

A Lei 13.135/2015 em muito modificou a MP 664/2014, tendo as novas regras entrado em vigor em 18 de junho de 2015. As alterações sobre o prazo para percepção da pensão por morte alcançaram os cônjuges, companheiros e companheiras, e não os demais dependentes, nada mudando para o filho, os pais e os irmãos. **Estas mudanças são aplicáveis ao auxílio-reclusão, devendo ser devidamente adaptadas.**

▸ **Importante:**

Em regra, se a prisão ocorrer sem que o segurado tenha vertido 18 (dezoito) contribuições mensais ou se o casamento ou a união estável tiverem sido iniciados em menos de 2 (dois) anos antes do óbito do segurado, o auxílio-reclusão será pago por apenas 4 (quatro) meses ao cônjuge, companheiro ou companheira.

Logo, se o segurado foi preso com apenas 5 contribuições vertidas ou com menos de 2 anos de casamento ou união estável, o auxílio-reclusão durará, no máximo, por apenas 4 meses, podendo ser cessado antes pela soltura do preso.

A Lei 13.135/2015 admitiu expressamente que o tempo de contribuição a Regime Próprio de Previdência Social (RPPS) será considerado na contagem das 18 (dezoito) contribuições mensais, acaso o segurado não possua 18 recolhimentos no Regime Geral de Previdência Social no dia da prisão.

Por sua vez, transcorridos os seguintes períodos, estabelecidos de acordo com a idade do dependente na data da prisão do segurado, **se a segregação prisional ocorrer depois de vertidas 18 (dezoito) contribuições mensais e pelo menos 2 (dois) anos após o início do casamento ou da união estável**, o auxílio-reclusão terá a seguinte duração máxima (pode ser menor se o segurado for solto antes, obviamente), sendo de prazo indefinido apenas se o dependente tiver 44 anos de idade ou mais no dia da prisão do segurado:

1) até **3 (três) anos**, com menos de 21 (vinte e um) anos de idade;
2) até **6 (seis) anos**, entre 21 (vinte e um) e 26 (vinte e seis) anos de idade;
3) até **10 (dez) anos**, entre 27 (vinte e sete) e 29 (vinte e nove) anos de idade;
4) até **15 (quinze) anos**, entre 30 (trinta) e 40 (quarenta) anos de idade;
5) até **20 (vinte) anos**, entre 41 (quarenta e um) e 43 (quarenta e três) anos de idade;
6) **prazo indefinido**, com 44 (quarenta e quatro) ou mais anos de idade.

▸ **Importante:**

No entanto, há uma regra especial para o dependente cônjuge ou companheiro(a) inválido ou com deficiência, pois neste caso o auxílio-reclusão apenas será cancelado pela cessação da invalidez ou pelo afastamento da deficiência, salvo se houver soltura anterior. Se não houver recuperação do dependente, portanto, será de prazo indefinido o auxílio-reclusão enquanto perdurar a prisão, mesmo que **o segurado não tenha vertido 18 (dezoito) contribuições mensais ou se o casamento ou a união estável tiverem menos de 2 (dois) anos antes da prisão do segurado.** Caso o dependente inválido ou deficiente se recupere, serão respeitados, ao menos, os prazos anteriores apresentados, salvo se a soltura ocorrer primeiro.

O requerimento do auxílio-reclusão deverá ser instruído com a **certidão do efetivo recolhimento à prisão**, sendo obrigatória, para a manutenção do pagamento do benefício, a apresentação de declaração de permanência na condição de presidiário (**atestado trimestral**), sob pena de suspensão.

Para que os dependentes do segurado façam jus ao benefício, será naturalmente preciso que o preso seja segurado, ou seja, esteja contribuindo ao fundo do RGPS ou, ao menos, se encontre durante o período de graça.

Vale salientar que o exercício de atividade remunerada do segurado recluso em cumprimento de pena em regime fechado ou semi-aberto, gerando contribuições na condição de contribuinte individual ou segurado facultativo, não acarreta a perda do direito ao recebimento do auxílio-reclusão para seus dependentes, na forma do artigo 2º, da Lei 10.666/03.

Entretanto, neste caso, o segurado recluso não terá direito aos benefícios de auxílio-doença e de aposentadoria durante a percepção, pelos dependentes, do auxílio-reclusão, ainda que, nessa condição, contribua como contribuinte individual ou facultativo, permitida a opção, desde que manifestada, também, pelos dependentes, ao benefício mais vantajoso.

Se o detento tiver recolhido contribuições previdenciárias na condição de segurado facultativo ou contribuinte individual, na hipótese de sua morte, o valor da pensão devida a seus dependentes será obtido mediante a realização de cálculo, com base nos novos tempos de contribuição e salários de contribuição correspondentes, nele incluídas as contribuições recolhidas enquanto recluso, facultada a opção pelo valor do auxílio-reclusão.

Destaque-se que a atual redação do RPS prevê que o preso apenas poderá se filiar ao RGPS como segurado facultativo, mesmo que exerça atividade remunerada, o que aparentemente viola o artigo 2º, da Lei 10.666/03, conforme anteriormente estudado no capítulo que versou sobre os segurados da Previdência Social.

▸ **Importante!**

Na hipótese de fuga, o benefício será suspenso e, se houver a recaptura do segurado, será restabelecido a contar da data em que esta ocorrer, desde que esteja ainda mantida a qualidade de segurado.

Ou seja, com a fuga será iniciado o período de graça e se a recaptura se efetivar após a perda da condição de segurado, não mais será devido o auxílio-reclusão aos dependentes, lembrando que o período de graça será de 12 meses após o livramento, a teor do artigo 15, IV , da Lei 8.213/91.

De acordo com o entendimento administrativo do INSS, que se afigura tecnicamente correto, se for realizado casamento durante o recolhimento do segurado à prisão, o auxílio-reclusão não será devido ao cônjuge que não está preso, pois a dependência foi superveniente ao fato gerador do benefício, sendo este o posicionamento atual do TRF da 3ª Região (AC 1.330.685, de 13.10.2008).

Com efeito, é comum que o casamento ocorra com detentos apenas para o pagamento do auxílio-reclusão, o que atenta contra o Princípio do Equilíbrio Financeiro e Atuarial da Previdência Social, prejudicando os demais segurados, dependentes e toda a sociedade, pois caberá à União arcar supletivamente com a insuficiência de recursos do fundo do RGPS.

Vale frisar que o filho nascido durante o recolhimento do segurado à prisão terá direito ao benefício de auxílio-reclusão a partir da data do seu nascimento (artigo 387, da Instrução Normativa INSS PRES 77/2015).

Destaque-se que na hipótese de falecimento do preso, **deverá o INSS converter automaticamente o auxílio-reclusão em pensão por morte**, assim que for apresentada a respectiva certidão de óbito.

Quadro sintético – Auxílio-reclusão	
Cabimento	será devido aos dependentes do segurado baixa renda recolhido à prisão, que não receber remuneração da empresa nem estiver em gozo de auxílio-doença, abono de permanência em serviço ou aposentadoria.
Beneficiários	os dependentes do segurado baixa renda .
Carência	sem carência.
Valor	o mesmo da pensão por morte.

Quadro sintético – Auxílio-reclusão	
Outras informações	**A)** A DIB será a data do recolhimento, salvo de requerido após 90 (noventa) dias. **B)** O requerimento do auxílio-reclusão deverá ser instruído com certidão do efetivo recolhimento à prisão, sendo obrigatória, para a manutenção do benefício, a apresentação de declaração de permanência na condição de presidiário (atestado trimestral). **C)** Só será cabível para o regime fechado, semi-aberto, medida sócio-educativa de internação e nas prisões cautelares (exclui o regime aberto e a prisão civil). **D)** Art. 117, § 2º do RPS – no caso de fuga, o benefício será suspenso e, se houver recaptura do segurado, será restabelecido a contar da data em que esta ocorrer, desde que esteja ainda mantida a qualidade de segurado. **E)** Art. 117, § 3º do RPS – se houver exercício de atividade dentro do período de fuga, o mesmo será considerado para a verificação da perda ou não da qualidade de segurado. **F)** Art. 118, do RPS – falecendo o segurado detido ou recluso, o auxílio-reclusão que estiver sendo pago será automaticamente convertido em pensão por morte. **G)** O baixa renda deverá ser o segurado, e não o dependente, conforme ratificado pelo STF, no RE 587.365, de 25.03.2009 (Informativo 540).

TABELA DOS BENEFÍCIOS – BENEFICIÁRIOS, RENDA MENSAL E CARÊNCIA

Benefícios	Beneficiários	Renda mensal	Carência
Aposentadoria por invalidez	Todos os segurados	100% do salário de benefício	12 contribuições mensais (regra)
Aposentadoria por idade	Todos os segurados	70% do SB, acrescido de 1% a cada grupo de 12 contribuições mensais (fator previdenciário facultativo). *Segurado especial* – 01 salário mínimo	180 contribuições mensais

Benefícios	Beneficiários	Renda mensal	Carência
Aposentadoria por tempo de contribuição	Todos os segurados, exceto o segurado especial (em regra) e o contribuinte individual/facultativo que optaram pelo recolhimento simplificado	100% do SB (fator previdenciário obrigatório)	180 contribuições mensais
Aposentadoria especial por agentes nocivos	Empregado, trabalhador avulso e contribuinte individual filiado à cooperativa de trabalho ou de produção	100% do SB	180 contribuições mensais
Aposentadoria especial do deficiente	Todos os segurados, exceto o segurado especial (em regra) e o contribuinte individual/facultativo que optaram pelo recolhimento simplificado	100% do SB com fator previdenciário facultativo	180 contribuições mensais
Auxílio-doença	Todos os segurados	91% do SB	12 contribuições mensais (regra)
Salário-família	Apenas os seguintes segurados de baixa renda: empregado, empregado doméstico, avulso, aposentado por invalidez, idade e demais aposentados com idade mínima de 65 anos (homens) ou 60 anos de idade (mulheres)	**R$ 37,18 ou R$ 26,20** por filho ou equiparado menor de 14 anos ou inválido de qualquer idade	Não há
Salário-maternidade	Todas as seguradas	*Empregada e avulsa*: última remuneração mensal. *Doméstica*: último salário de contribuição. *Segurada especial*: um salário mínimo. *Demais*: um doze avos da soma dos doze últimos salários de contribuição.	Não há para a empregada, doméstica e avulsa. Para as demais, 10 contribuições mensais

Benefícios	Beneficiários	Renda mensal	Carência
Auxílio-acidente	Empregado, empregado doméstico, trabalhador avulso e segurado especial	50% do SB	Não há
Pensão por morte	Dependentes	o valor mensal da pensão por morte será de cem por cento do valor da aposentadoria que o segurado recebia ou daquela a que teria direito se estivesse aposentado por invalidez na data de seu falecimento.	Não há
Auxílio-reclusão	Dependentes dos segurados de baixa renda	A mesma da pensão por morte.	Não há

12. ABONO ANUAL

Regulamentação básica: artigo 40, da Lei 8.213/91; artigo 120, do RPS (Decreto 3.048/99).

Conquanto a Lei de Benefícios não o faça expressamente, o Regulamento da Previdência Social colocou o abono anual no rol dos benefícios previdenciários (Seção VI – Dos Benefícios – Subseção XI).

Trata-se do **direito anual** dos beneficiários da Previdência Social de perceber uma **quantia correspondente ao respectivo benefício previdenciário, tomando por base o valor pago no mês de dezembro**, sendo calculado, no que couber, da mesma forma que a gratificação natalina dos trabalhadores.

Todos os segurados e dependentes farão jus ao abono anual, **exceto no que concerne ao salário-família, que não gera o seu pagamento**, sendo o pagamento proporcional ao número de meses de percepção da aposentadoria, auxílio-acidente, auxílio-doença, auxílio-reclusão ou pensão por morte.

No caso do salário-maternidade, o abono anual será pago, em cada exercício, juntamente com a última parcela do benefício nele devida.

Assim, embora o artigo 40, da Lei 8.213/91, equivocadamente não tenha previsto o pagamento do abono anual para o salário-maternidade, o lapso foi corrigido pelo artigo 120, do RPS.

Caso a aposentadoria por invalidez sofra o acréscimo de 25%, se o segurado necessitar da assistência permanente de outra pessoa, o abono anual será calculado considerando o valor do auxílio-acompanhante.

De acordo com o artigo 396, §2º, da Instrução Normativa INSS 77/2015, o período igual ou superior a quinze dias, dentro do mês, será considerado como mês integral para efeito de cálculo do abono anual.

13. SERVIÇO SOCIAL

Fundamentação básica: artigo 88, da Lei 8.213/91; artigo 161, do RPS (Decreto 3.048/99).

É um serviço previdenciário devido aos segurados e seus dependentes, **não se exigindo carência para o seu gozo**, constituindo-se como atividade auxiliar do seguro social.

Tem por **objetivo** esclarecer junto aos beneficiários seus direitos sociais e os meios de exercê-los e estabelecer conjuntamente com eles o processo de solução dos problemas que emergirem da sua relação com a Previdência Social, tanto no âmbito interno da instituição como na dinâmica da sociedade.

Terá prioridade neste serviço os segurados em benefício por incapacidade temporária e atenção especial os aposentados e pensionistas, tendo como diretriz a participação do beneficiário na implementação e fortalecimento da política previdenciária, em articulação com associações e entidades de classes.

São colocados como instrumentos de operacionalização do serviço social a intervenção técnica, a assistência de natureza jurídica, a ajuda material, os recursos sociais, o intercâmbio com empresas e a pesquisa social, inclusive mediante a celebração de convênios, acordos ou contratos.

Os recursos técnicos utilizados pelo Assistente Social são, entre outros, o parecer social, a pesquisa social, o cadastro das organizações da sociedade e a avaliação social da pessoa com deficiência aos requerentes do Benefício de Prestação Continuada - BPC/LOAS, estabelecida pelo Decreto 6.214, de 26 de dezembro de 2007.

Quadro sintético – Serviço social	
Objetivo	esclarecer junto aos beneficiários seus direitos sociais e os meios de exercê-los e estabelecer conjuntamente com eles o processo de solução dos problemas que emergirem da sua relação com a Previdência Social, tanto no âmbito interno da instituição como na dinâmica da sociedade.
Beneficiários	todos os segurados e dependentes.
Carência	inexiste.
Outras informações	Será dada prioridade aos segurados em benefício por incapacidade temporária e atenção especial aos aposentados e pensionistas.

14. HABILITAÇÃO E REABILITAÇÃO PROFISSIONAL

Regulamentação básica: artigo 89/93, da Lei 8.213/91; artigos 136/141, do RPS (Decreto 3.048/99).

> **▸ Importante!**
> É um serviço previdenciário devido aos **segurados e seus dependentes** de maneira **obrigatória, independentemente de carência**, desde que incapacitados parcial ou totalmente para o trabalho.

Logo, ante a compulsoriedade deste serviço previdenciário, um segurado em gozo do auxílio-doença que se recuse a se submeter aos processos de habilitação ou reabilitação profissional, terá o pagamento do benefício suspenso.

Ademais, não sendo possível a recuperação do segurado em gozo do auxílio-doença para desenvolver a sua atividade laborativa habitual, não cessará o benefício enquanto não reabilitado o segurado.

Serão encaminhados para o Programa de Reabilitação Profissional, por ordem de prioridade (Artigo 399, da IN INSS 77/2015):

> I - o segurado em gozo de auxílio-doença, acidentário ou previdenciário;
>
> II - o segurado sem carência para a concessão de auxílio-doença previdenciário, incapaz para o trabalho;
>
> III - o segurado em gozo de aposentadoria por invalidez;
>
> IV - o segurado em gozo de aposentadoria especial, por tempo de contribuição ou idade que, em atividade laborativa, tenha reduzida sua capacidade funcional em decorrência de doença ou acidente de qualquer natureza ou causa;
>
> V - o dependente do segurado; e
>
> VI - as Pessoas com Deficiência - PcD.

Será obrigatório o atendimento pela Reabilitação Profissional aos beneficiários descritos nos incisos I, II, III e IV, ficando condicionado às possibilidades administrativas, técnicas, financeiras e às características locais, o atendimento aos beneficiários relacionados aos incisos V, VI e VII acima arrolados.

> **Importante!**
>
> Consiste o serviço em assistência (re)educativa e de (re)adaptação profissional aos beneficiários do RGPS incapazes, objetivando fornecer os meios indicados para proporcionar o reingresso no mercado de trabalho e no contexto em que vivem, a exemplo da participação de cursos e treinamentos.

Compete ao INSS promover a sua prestação aos segurados, inclusive aposentados, e, de acordo com as possibilidades administrativas, técnicas, financeiras e as condições locais do órgão, aos seus dependentes, preferencialmente mediante a contratação de serviços especializados.

Quando indispensáveis ao desenvolvimento do processo de reabilitação profissional, o INSS fornecerá aos segurados, inclusive aposentados, em caráter obrigatório, **prótese e órtese**, seu reparo ou substituição, instrumentos de auxílio para locomoção, bem como equipamentos necessários à habilitação e à reabilitação profissional, transporte urbano e alimentação e, na medida das possibilidades da autarquia, aos seus dependentes.

▸ **Qual o entendimento do STJ sobre o assunto?**

Informativo 566- "**O INSS é parte legítima para figurar no polo passivo de demanda cujo escopo seja o fornecimento de órteses e próteses a segurado incapacitado parcial ou totalmente para o trabalho, não apenas quando esses aparelhos médicos sejam necessários à sua habilitação ou reabilitação profissional, mas, também, quando sejam essenciais à habilitação social.** Isso porque, em conformidade com o Princípio Fundamental da Dignidade da Pessoa Humana e com os valores sociais buscados pela República Federativa do Brasil, a norma jurídica que exsurge do texto legal (art. 89, parágrafo único, "a", da Lei 8.213/1991) exige que a habilitação e a reabilitação não se resumam ao mercado de trabalho, mas que também abarquem a vida em sociedade com dignidade. **REsp 1.528.410-PR, Rel. Min. Herman Benjamin, julgado em 2/6/2015, DJe 12/8/2015**".

Após a conclusão do processo de habilitação ou reabilitação social e profissional, o INSS emitirá **certificado individual**, indicando as atividades que poderão ser exercidas pelo beneficiário, nada impedindo que este exerça outra atividade para a qual se capacitar.

▸ **Importante!**

Vale salientar que **não constitui obrigação do INSS a manutenção do segurado no mesmo emprego ou a sua colocação em outro para o qual foi reabilitado**, cessando o processo de reabilitação profissional com a emissão do certificado.

Frise-se que este serviço, além de ter natureza previdenciária, possui forte carga assistencialista, pois também é devido aos portadores de deficiência física, mesmo que não sejam beneficiários do RGPS.

Por fim, **a empresa com 100 ou mais empregados está obrigada a preencher de 2% a 5% dos seus cargos com beneficiários reabilitados ou pessoas portadoras de deficiência, habilitadas**, na seguinte proporção:

	2%	3%	4%	5%
Empregados	até 200	de 201 a 500	de 501 a 1.000	de 1.001 em diante

▸ Como esse assunto foi cobrado em concurso?

No concurso do CESPE para Juiz Federal da 5ª Região em 2009, foi considerado correto o seguinte enunciado: A dispensa de trabalhador reabilitado ou de deficiente habilitado ao final de contrato por prazo determinado de mais de noventa dias, e a imotivada, no contrato por prazo indeterminado, só poderá ocorrer após a contratação de substituto de condição semelhante. Outrossim, na prova de 2006 do mesmo concurso, foi considerado correto o seguinte enunciado: A pessoa jurídica Beta possui mais de 200 empregados. Renato, após ter concluído processo de reabilitação profissional, realizado pelo INSS, foi contratado pela pessoa jurídica Beta, por prazo indeterminado, para exercer a função de ascensorista. Após 6 meses de trabalho, Renato foi demitido, sem justa causa. Nessa situação, a demissão de Renato somente será considerada válida se precedida da contratação de um substituto que também tenha concluído processo de reabilitação profissional.

Por força da Lei 13.146, publicada em 7 de julho de 2015, que aprovou o Estatuto da Pessoa com Deficiência e entrará em vigor em 180 dias após a sua publicação (**início de janeiro de 2016**), o artigo 93 da Lei 8.213/91 terá a sua redação modificada, passando a prever que a dispensa de **pessoa com deficiência ou de beneficiário reabilitado** da Previdência Social ao final de contrato por prazo determinado de mais de 90 (noventa) dias e a dispensa imotivada em contrato por prazo indeterminado somente poderão ocorrer após a contratação de outro **trabalhador com deficiência ou beneficiário reabilitado da Previdência Social, assim como incumbirá ao** Ministério do Trabalho e Emprego estabelecer a sistemática de fiscalização, bem como gerar dados e estatísticas sobre o total de empregados e as vagas preenchidas por pessoas com deficiência e por beneficiários reabilitados da Previdência Social, fornecendo-os, quando solicitados, aos sindicatos, às entidades representativas dos empregados ou aos cidadãos interessados, sedo que, para a reserva de cargos será considerada somente a contratação direta de pessoa com deficiência, excluído o aprendiz com deficiência de que trata a Consolidação das Leis do Trabalho (CLT), aprovada pelo Decreto-Lei nº 5.452, de 10 de maio de 1943.

Até janeiro de 2016 se mantém a atual redação, que prevê que a dispensa de trabalhador reabilitado ou de deficiente habilitado ao final de contrato por prazo determinado de mais de 90 (noventa) dias, e a imotivada, no contrato por prazo indeterminado, só poderá ocorrer após a contratação de substituto de condição semelhante, assim como o Ministério do Trabalho e da Previdência Social (atual Ministério do Trabalho e Emprego) deverá gerar estatísticas sobre o total de empregados e as vagas preenchidas por reabilitados e deficientes habilitados, fornecendo-as, quando solicitadas, aos sindicatos ou entidades representativas dos empregados.

Quadro sintético – Habilitação e reabilitação profissional	
Objetivo	proporcionar ao beneficiário incapacitado parcial ou totalmente para o trabalho, e às pessoas portadoras de deficiência, os meios para a (re)educação e de (re)adaptação profissional e social indicados para participar do mercado de trabalho e do contexto em que vivem.
Beneficiários	todos os segurados e dependentes, assim como as pessoas portadoras de deficiência.
Carência	inexiste.
Outras informações	**A)** A reabilitação profissional compreende: I) o fornecimento de aparelho de prótese, órtese e instrumentos de auxílio para locomoção quando a perda ou redução da capacidade funcional puder ser atenuada por seu uso e dos equipamentos necessários à habilitação e reabilitação social e profissional; II) a reparação ou a substituição dos aparelhos mencionados no inciso anterior, desgastados pelo uso normal ou por ocorrência estranha à vontade do beneficiário; III) o transporte do acidentado do trabalho, quando necessário. **B)** A prestação de que trata o artigo anterior é devida em caráter obrigatório aos segurados, inclusive aposentados e, na medida das possibilidades do órgão da Previdência Social, aos seus dependentes.
Outras informações	**C)** Concluído o processo de habilitação ou reabilitação social e profissional, a Previdência Social emitirá certificado individual, indicando as atividades que poderão ser exercidas pelo beneficiário, nada impedindo que este exerça outra atividade para a qual se capacitar. **D)** Na forma do artigo 140, §1º, do RPS, não constitui obrigação da previdência social a manutenção do segurado no mesmo emprego ou a sua colocação em outro para o qual foi reabilitado, cessando o processo de reabilitação profissional com a emissão do certificado.

15. ACUMULAÇÃO DE BENEFÍCIOS

O tema é tratado de maneira não exauriente pelo artigo 124, da Lei 8.213/91, pois existem outros dispositivos legais que precisam ser analisados.

> **Importante!**
>
> Em regra, é possível a acumulação de benefícios previdenciários pelo mesmo segurado ou dependente, salvo nas hipóteses proibidas pela legislação previdenciária de maneira expressa ou implícita.

Todavia, **deverá ser respeitado o direito adquirido à acumulação**, na hipótese de o segurado ou dependente ter acumulado benefícios que, posteriormente, passaram a não mais poder ser acumulados.

Logo, a possibilidade ou não de acumulação de benefícios deverá ser aferida à luz da lei em vigor no momento da sua ocorrência, em respeito ao Princípio do *Tempus Regit Actum*.

Conforme expressa proibição do referido dispositivo, **não poderão ser acumulados no âmbito do RGPS**:

A) **aposentadoria e auxílio-doença**;

B) **mais de uma aposentadoria** (exceto com data de início anterior a janeiro de 1967, de acordo com o Decreto-Lei nº 72, de 21 de novembro de 1966, pois respeitado o direito adquirido);

C) **salário-maternidade e auxílio-doença**;

D) **mais de um auxílio-acidente**;

> **Como esse assunto foi cobrado em concurso?**
>
> No concurso do CESPE para Defensor Público da União em 2007, foi considerado correto o seguinte enunciado: De acordo com a legislação previdenciária, salvo no caso de direito adquirido, não é permitido o recebimento conjunto, pelo RGPS, dos seguintes benefícios: mais de uma aposentadoria; salário-maternidade e auxílio-doença; assim como mais de um auxílio-acidente.

E) **mais de uma pensão deixada por cônjuge ou companheiro**, ressalvado o direito de opção pela mais vantajosa (exceto se o óbito tenha ocorrido até 28 de abril de 1995, véspera da publicação da Lei nº 9.032, de 1995, período em que era permitida a acumulação);

F) **o recebimento conjunto do seguro-desemprego com qualquer benefício de prestação continuada da Previdência Social**, exceto pensão por morte ou auxílio-acidente;

> ▸ **Como esse assunto foi cobrado em concurso?**
>
> No concurso do CESPE para Procurador do Estado de Roraima em 2010, foi considerado correto o seguinte enunciado: É vedado o recebimento conjunto do seguro-desemprego com qualquer benefício de prestação continuada da previdência social, exceto pensão por morte ou auxílio-acidente. Outrossim, no concurso para Procurador do BACEN em 2009, foi considerado correto o seguinte enunciado: É vedado o recebimento conjunto do seguro-desemprego com qualquer benefício de prestação continuada da previdência social, exceto pensão por morte ou auxílio-acidente, ressalvadas, ainda, as situações de direito adquirido.

G) **Aposentadoria com abono de permanência em serviço.**

Vale ressaltar a inovação do artigo 167, §2º, do RPS, que permite a acumulação do seguro-desemprego com o auxílio-reclusão.

Apenas é proibida a acumulação de mais de uma pensão deixada por cônjuge ou companheiro. Logo, nada impede a acumulação de mais de uma pensão em outros casos, a exemplo da instituída por cônjuge e por filho do segurado.

Caso a segurada esteja em gozo de auxílio-doença, este deverá ser suspenso durante a percepção do salário-maternidade, pois os benefícios são inacumuláveis, devendo ser reativado ulteriormente, caso a segurada ainda se encontre incapaz para o trabalho por causas alheias à gravidez.

Outrossim, **ainda não poderão ser acumulados:**

A) **Auxílio-acidente com aposentadoria** (após a Lei 9.528/97);

B) **Amparo assistencial do idoso ou deficiente com benefício previdenciário** (artigo 20, §4º, da Lei 8.742/93), exceto com as pensões especiais indenizatórias (artigo 5º, do Decreto 6.214/2007);

C) **Auxílio-doença com auxílio-acidente, se a causa for a mesma**, vez que a percepção do auxílio-acidente pressupõe a cessação do auxílio-doença (artigo 86, §2º, da Lei 8.213/91);

D) **Aposentadoria, abono de permanência em serviço ou auxílio-doença do segurado baixa renda recluso com o auxílio-reclusão dos seus dependentes** (artigo 80, da Lei 8.213/91);

E) **Mais de um auxílio-doença**, mesmo que o segurado mantenha vínculos concomitantes , devendo haver a soma dos salários de contribuição para o cálculo da renda mensal inicial;

F) **Renda mensal vitalícia com qualquer outra espécie de benefício da Previdência Social**;

G) **Mais de um auxílio-reclusão de instituidor cônjuge ou companheiro**, para evento ocorrido a partir de 29 de abril de 1995, data da publicação da Lei nº 9.032, de 1995, facultado o direito de opção pelo mais vantajoso;

H) **Benefício assistencial com benefício da Previdência Social ou de qualquer outro regime previdenciário**, exceto a Pensão Especial Mensal aos Dependentes das Vítimas da Hemodiálise em Caruaru prevista na Lei nº 9.422, de 24 de dezembro de 1996;

I) **Auxílio-suplementar com aposentadoria ou auxílio-doença**.

Vale ressaltar que **não há mais proibição de acumulação de aposentadoria rural e pensão por morte de trabalhador rural**, como ocorria quando vigorava o artigo 6º, §2º, da Lei Complementar 16/1973, que proibia a acumulação de benefícios do FUNRURAL, devendo se aplicar o Princípio do *Tempus Regit Actum*, conforme correta compreensão do TRF da 1ª Região (AR 5.525, de 11.02.2010).

▸ **Qual o entendimento da TNU sobre o assunto?**

Súmula 36- "Não há vedação legal à cumulação da pensão por morte de trabalhador rural com o benefício da aposentadoria por invalidez, por apresentarem pressupostos fáticos e fatos geradores distintos".

Aliás, no âmbito do RGPS, não há nenhum impedimento legal de acumulação de qualquer espécie de aposentadoria com a pensão por morte.

▸ **Como esse assunto foi cobrado em concurso?**

No concurso do CESPE para Procurador Federal em 2010, foi considerado correto o seguinte enunciado: Por apresentarem pressupostos fáticos e fatos geradores distintos, não há vedação legal à cumulação da pensão por morte de trabalhador rural com o benefício da aposentadoria por invalidez. Ao revés, no concurso para Juiz Federal da 5ª Região em 2009, foi considerado errado o seguinte enunciado: É vedada a cumulação do recebimento de pensão por morte de trabalhador rural com o de benefício de aposentadoria por invalidez.

No concurso do CESPE para Juiz Federal da 5ª Região em 2011, foi considerado correto o seguinte enunciado: É juridicamente aceitável a acumulação de pensão por morte com aposentadoria por invalidez, pois esses benefícios têm naturezas distintas e fatos geradores diferentes.

Também é plenamente possível a acumulação de salários-maternidade, no caso de empregos concomitantes, fazendo jus a segurada ao salário-maternidade relativo a cada emprego, a teor do artigo 98, do RPS.

É permitida a acumulação dos benefícios previstos no RGPS com o benefício de que trata a Lei nº 7.070, de 20 de dezembro de 1982, concedido aos portadores da deficiência física conhecida como «Síndrome da Talidomida», não sendo possível a acumulação com o amparo assistencial do idoso ou deficiente físico e com a renda mensal vitalícia, pois pagos com recursos da União.

Por fim, vale frisar que a jurisprudência do STJ admite a acumulação de benefício previdenciário com a pensão civil *ex delicto*. Isso porque possuem naturezas distintas, sendo o benefício previdenciário contributivo e substitutivo da remuneração do segurado, ao passo que a aludida pensão civil é reparatória:

▶ Qual o entendimento do STJ sobre o assunto?

Informativo 542- DIREITO CIVIL E PREVIDENCIÁRIO. ACUMULAÇÃO DE PENSÃO DECORRENTE DE ATO ILÍCITO COM O BENEFÍCIO PREVIDENCIÁRIO DE PENSÃO POR MORTE. É possível a cumulação do benefício previdenciário de pensão por morte com pensão civil ex delicto. A jurisprudência do STJ é pacífica no sentido de que "o benefício previdenciário é diverso e independente da indenização por danos materiais ou morais, porquanto, ambos têm origens distintas. Este, pelo direito comum; aquele, assegurado pela Previdência. A indenização por ato ilícito é autônoma em relação a qualquer benefício previdenciário que a vítima receba" (AgRg no AgRg no REsp 1.292.983-AL, Segunda Turma, DJe 7/3/2012). Precedentes citados: AgRg no REsp 1.295.001-SC, Terceira Turma, DJe 1º/7/2013; e AgRg no AREsp 104.823-SP, Quarta Turma, DJe 17/9/2012. REsp 776.338-SC, Rel. Min. Raul Araújo, julgado em 6/5/2014.

▶ Como esse assunto foi cobrado em concurso?

No concurso do CESPE para Procurador do TCU em 2015, foi considerado ERRADO o seguinte enunciado: Não é possível a acumulação do benefício previdenciário de pensão por morte com a pensão civil ex delicto, nos termos do STJ.

Capítulo 10

Temas finais sobre benefícios do Regime Geral de Previdência Social

1. PROCESSO ADMINISTRATIVO PREVIDENCIÁRIO

De acordo com o INSS, considera-se **processo administrativo previdenciário** o conjunto de atos administrativos praticados através dos Canais de Atendimento da Previdência Social, iniciado em razão de requerimento formulado pelo interessado, de ofício pela Administração ou por terceiro legitimado, e concluído com a decisão definitiva no âmbito administrativo.

Ainda com base na normatização da autarquia previdenciária, o processo administrativo previdenciário será dividido nas seguintes fases:

A) Fase inicial;

B) Fase instrutória;

C) Fase decisória;

D) Fase recursal;

E) Fase de cumprimento das decisões administrativas.

Em regra, caberá ao segurado ou ao seu dependente requerer ao INSS a concessão da prestação previdenciária que entenda fazer jus, juntando a respectiva documentação pertinente, bem como prestando todos os esclarecimentos solicitados pela Previdência Social.

O requerimento administrativo poderá ser feito diretamente em umas das agências do INSS, pela internet (www.previdencia.gov.br) ou por telefone (135), quando será feito um agendamento para o atendimento, sendo considerada como data de entrada do requerimento a data do agendamento.

Em caráter excepcional, o artigo 76 do RPS determina que **o INSS processe de ofício o auxílio-doença**, na hipótese de a autarquia federal tomar conhecimento da incapacidade laboral de segurado sem que este tenha requerido.

Outrossim, o artigo 118, do RPS, **obriga o INSS a converter automaticamente o auxílio-reclusão em pensão por morte**, na hipótese de falecimento do segurado segregado.

> **Importante!**
>
> Com efeito, não poderá o INSS se recusar a receber requerimento de benefício previdenciário, caso a documentação oferecida se revele incompleta, na forma do artigo 105, da Lei 8.213/91.

> **Como esse assunto foi cobrado em concurso?**
>
> No concurso do CESPE para Oficial Técnico de Inteligência da ABIN em 2010, foi considerado errado o seguinte enunciado: Caso uma senhora requeira, em agência da previdência social, aposentadoria por idade, mas apresente documentação incompleta, o servidor do INSS deverá recusar o protocolo do requerimento do benefício.

Caso se trate de benefício por incapacidade, deverá o postulante se sujeitar ao exame pericial a ser promovido por médico habilitado, que deverá ser servidor público integrante dos quadros da Previdência Social, na forma do artigo 2º, da Lei 10.876/04.

Deveras, todos os meios de prova lícitos são admitidos no processo administrativo previdenciário, exceto nas hipóteses em que a legislação previdenciária exigir forma especial, a exemplo da comprovação do tempo de serviço e de contribuição, que demanda início de prova material, com espeque no artigo 55, §3º, da Lei 8.213/91.

Se for necessária, será perpetrada uma *entrevista* com o requerente, que é comum nos benefícios requeridos por segurados especiais, em que serão esclarecidos fatos pertinentes ao pedido ofertado, especialmente sobre o efetivo exercício da atividade campesina ou pesqueira artesanal para fins de subsistência.

Para o cálculo do salário de benefício, da comprovação de filiação ao Regime Geral de Previdência Social, do tempo de contribuição e da relação de emprego, o INSS utilizará as informações constantes no **Cadastro Nacional de Informações Sociais - CNIS** sobre os vínculos e as remunerações dos segurados.

Caso não apresentada toda a documentação indispensável ao processamento do benefício ou do serviço, o servidor deverá emitir uma **carta de exigências**, com prazo mínimo de trinta dias para cumprimento, com o registro da exigência no sistema corporativo de benefícios, devendo ser proferida a decisão pela autoridade administrativa com ou sem o atendimento.

▸ **Importante!**

De acordo com a Súmula 05, do Conselho de Recursos da Previdência Social, "a Previdência Social deve conceder o melhor benefício a que o segurado fizer jus, cabendo ao servidor orientá-lo nesse sentido," entendimento repetido no artigo 687, da Instrução Normativa INSS 77/2015.

Logo, se um segurado requereu a aposentadoria por idade, mas também tinha direito à aposentadoria por tempo de contribuição com melhor renda mensal, o INSS deverá deferir este último benefício.

A decisão administrativa deverá ser fundamentada, sob pena de nulidade, com indicação dos documentos e dos elementos que levaram à concessão ou ao indeferimento do benefício ou serviço.

Da decisão tomada pelo INSS nos processos de interesse dos beneficiários, caberá **recurso ordinário** no prazo de 30 dias ao Conselho de Recursos da Previdência Social - CRPS, órgão colegiado integrante da estrutura do Ministério da Previdência Social, na forma do artigo 126, da Lei 8.213/91, que o julgará através de uma das suas **29 Juntas de Recursos**, com eficácia suspensiva e devolutiva, se tempestivo.

▸ Como esse assunto foi cobrado em concurso?

No concurso da FCC para Técnico do INSS em 2012, foi considerada correta a letra C: Maria requereu aposentadoria especial e teve seu pedido indeferido pela Agência da Previdência Social. Nessa situação, Maria poderá interpor recurso para: (A) Câmara de Julgamento. (B) Ministério da Previdência Social. (C) Junta de Recursos da Previdência Social. (D) Gerência Executiva. (E) Juizado Especial Federal.

Também competirá às Juntas de Recursos do CRPS apreciar recurso contra decisão do INSS acerca da configuração do Nexo Técnico Epidemiológico Previdenciário – NTEP. Após a interposição do recurso pelo segurado ou seu dependente, o INSS apresentará razões de contrariedade, também no prazo de 30 dias.

Todavia, após a análise das razões recursais, caso o INSS se convença de que assiste razão ao recorrente, deverá exercer o **juízo de retratação**, revendo o seu ato administrativo e deixando de encaminhar o recurso a uma das Juntas do CRPS.

Frise-se- que o não conhecimento do recurso pela intempestividade não impede a revisão de ofício pelo INSS, quando verificada a incorreção da decisão administrativa.

Com o advento do **Decreto 7.126/2010**, que alterou a redação do artigo 303, do RPS, não mais competirá às Juntas de Recursos do CRPS o julgamento dos recursos que envolvam a apuração do Fator Acidentário de Prevenção – FAP, que passou para a Secretaria de Políticas de Previdência Social, a quem competirá o julgamento de recurso interposto contra decisão da lavra do Departamento de Políticas de Saúde e Segurança Ocupacional.

Por tudo isso, salvo no que concerne à apuração do FAP, nota-se que o INSS é a 1ª instância administrativa e as Juntas de Recursos do CRPS são a 2ª instância.

Ademais, em determinadas hipóteses, as decisões tomadas pelas Juntas de Recursos poderão ser impugnadas através de **recurso especial** dirigido a umas das **04 Câmaras de Julgamento do CRPS**, que funcionará como órgão de 3ª instância.

As Juntas e as Câmaras, presididas por representante do Governo, são compostas por quatro membros, denominados conselheiros, nomeados pelo Ministro da Previdência Social, sendo dois representantes do Governo, um das empresas e um dos trabalhadores, com mandato de 02 anos, permitida a recondução.

Entende-se que deveria também existir um representante dos aposentados, em aplicação ao Princípio da Gestão Quadripartite da Seguridade Social, devendo futuramente ser modificada a legislação previdenciária para se adaptar a essa importante norma constitucional.

De efeito, na forma do artigo 16, do Regimento Interno do CRPS, com as alterações promovidas pela Portaria MPS 311/2009, o INSS voltou a ter direito de interpor recurso especial ao lado dos administrados, a fim de impugnar para uma das Câmaras de Julgamento decisão de Junta de Recursos.

É que a Portaria MPS/GM 112/2008 havia restringido a legitimidade para a interposição do recurso especial apenas as empresas e beneficiários do RGPS.

Todavia, na forma do artigo 16, do atual Regimento Interno do CRPS, aprovado pela Portaria MPS 548/2011, o *recurso especial* a ser proposto pelo INSS a uma das Câmaras de Julgamento contra decisão de Junta de Recursos tem causa de pedir tarifada, sob pena de não conhecimento, devendo versar sobre decisões que:

> I – violarem disposição de lei, de decreto ou de portaria ministerial;
>
> II – divergirem de súmula ou de parecer do Advogado Geral da União;
>
> III – divergirem de pareceres da Consultoria Jurídica do MPS ou da Procuradoria Federal Especializada – INSS, aprovados pelo procurador-Chefe;
>
> IV – divergirem de enunciados editados pelo Conselho Pleno do CRPS;
>
> V – tiverem sido fundamentadas em laudos ou pareceres médicos divergentes emitidos pela Assessoria Técnico-Médica da Junta de Recursos e pelos Médicos peritos do INSS;
>
> VI – contiverem vício insanável, considerado como tal as ocorrências elencadas no § 1º do art. 60.

Determinadas decisões tomadas pelas Juntas de Recursos não poderão ser revistas em 3ª instância recursal, não cabendo recurso especial para uma das Câmaras de Julgamento nas seguintes hipóteses:

> I – fundamentada exclusivamente em matéria médica, quando os laudos ou pareceres emitidos pela Assessoria Técnico-Médica da junta de Recursos e pelos Médicos Peritos do INSS apresentarem resultados convergentes;
>
> II – proferida sobre reajustamento de benefício em manutenção, em consonância com os índices estabelecidos em lei, exceto quando a diferença na Renda Mensal Atual – RMA decorrer de alteração da Renda Mensal Inicial – RMI.

Frise-se que o CRPS ainda é composto pelo **Conselho Pleno**, que tem competência para uniformizar a jurisprudência previdenciária mediante enunciados de súmula, tendo efeito vinculante em relação aos demais órgãos julgadores do CRPS, sendo vedado a estes decidir casos concretos em sentido diverso.

Competirá ao Conselho Pleno dirimir, em caso concreto, as divergências de entendimento jurisprudencial entre as Câmaras de Julgamento, **por provocação de qualquer Conselheiro integrante das Câmaras ou da parte**, por meio de **pedido de uniformização de jurisprudência**, reformando ou mantendo a decisão originária, mediante a emissão de resolução.

Ainda são previstos no artigo 58, do Regimento Interno do CRPS, os **embargos declaratório**s, cabíveis quando existir no acórdão obscuridade, ambiguidade ou contradição entre a decisão e os seus fundamentos ou quando for omitido ponto sobre o qual deveria pronunciar-se o órgão julgador.

Poderão ser interpostos no prazo de 30 dias, interrompendo o prazo para cumprimento do acórdão, sendo restituído todo o prazo de trinta dias após a sua solução, salvo na hipótese de embargos manifestamente protelatórios, ocasião em que a decisão deverá ser executada no prazo máximo de cinco dias da ciência.

Quando solicitado pelas partes, o órgão julgador deverá informar o local, data e horário de julgamento, para fins de sustentação oral das razões do recurso.

Vale frisar que o INSS poderá, em qualquer fase do processo, reconhecer expressamente o direito do interessado e reformar sua decisão, deixando de encaminhar o recurso à instância competente, ou, caso o recurso esteja em andamento perante o órgão julgador, será necessário comunicar-lhe sua nova decisão, para fins de extinção do processo com apreciação do mérito, por reconhecimento do pedido.

Ademais, em qualquer fase do processo o recorrente poderá, voluntariamente, desistir do recurso interposto.

> **Importante!**
>
> Na forma do artigo 126, §3º, da Lei 8.213/91, a propositura, pelo beneficiário ou contribuinte, de ação que tenha por objeto idêntico pedido sobre o qual versa o processo administrativo, importa em renúncia ao direito de recorrer na esfera administrativa e desistência do recurso interposto.

Considera-se idêntica a ação judicial que tenha as mesmas partes, a mesma causa de pedir e o mesmo pedido do processo administrativo, devendo o INSS dar ciência ao interessado ou seu representante legal para que se manifeste no prazo de trinta dias.

Se houver decisão judicial transitada em julgado com o mesmo objeto do processo administrativo, conforme orientação da Procuradoria Federal Especializada, a coisa julgada prevalecerá sobre a decisão administrativa (artigo 36, §6º, do Regimento Interno do CRPS).

Por outro lado, sendo a decisão administrativa definitiva favorável ao interessado e não existindo decisão judicial transitada em julgado, o INSS comunicará o fato à Procuradoria Federal Especializada para:

> I – orientar como proceder em relação ao cumprimento da decisão administrativa; e
>
> II – se for o caso, estabelecer entendimento com o autor da ação judicial objetivando a extinção do litígio.

As inexatidões materiais constantes de decisões proferidas pelos órgãos "jurisdicionais" do CRPS, decorrentes de erros de grafia, numéricos, de cálculos ou, ainda, de outros equívocos semelhantes, serão saneadas pelo respectivo Presidente da unidade julgadora ou pelo Presidente do CRPS, de ofício ou a requerimento das partes.

Em decorrência do poder de autotutela, conforme previsto no artigo 60, do novel Regimento Interno do CRPS aprovado em 2011, **as Câmaras de Julgamento e Juntas de Recursos poderão rever suas próprias decisões, de ofício**, enquanto não ocorrer à decadência de que trata o artigo 103-A, da Lei nº 8.213/91, quando:

> I – violarem literal disposição de lei ou decreto;

II – divergirem dos pareceres da Consultoria Jurídica do MPS, aprovados pelo Ministro de Estado da Previdência Social, bem como do Advogado-Geral da União, na forma da Lei Complementar nº 73, de 10 de fevereiro de 1993;

III – divergirem de enunciado editado pelo Conselho Pleno; e

IV – for constatado vício insanável.

Caberá ao INSS efetuar o **primeiro pagamento** do benefício até **45 dias** após a data da apresentação, pelo segurado, da documentação necessária à sua concessão, podendo ser creditado diretamente na conta corrente do beneficiário.

Ademais, **as decisões do CRPS vinculam o INSS**, sendo vedado à autarquia federal escusar-se de cumprir as diligências solicitadas pelo CRPS, bem como deixar de dar cumprimento às decisões definitivas daquele colegiado, reduzir ou ampliar o seu alcance ou executá-las de modo que contrarie ou prejudique seu evidente sentido, na forma do artigo 308, §2º, do RPS, **sob pena de reclamação**.

A decisão do CRPS deverá ser cumprida pelo INSS em até 30 dias, contados do recebimento do processo, sob pena de responsabilização funcional do servidor que der causa ao retardamento.

Contudo, a decisão da instância recursal excepcionalmente poderá deixar de ser cumprida no prazo estipulado, se após o julgamento pela Junta ou Câmara, for demonstrado pelo INSS que ao beneficiário foi deferido outro benefício mais vantajoso, desde que haja opção expressa do interessado, dando-se ciência ao órgão julgador.

O INSS poderá suscitar junto ao Conselho Pleno do CRPS a uniformização em tese da jurisprudência administrativa previdenciária, mediante a prévia apresentação de estudo fundamentado sobre a matéria a ser uniformizada, no qual deverá ser demonstrada a existência de relevante divergência jurisprudencial ou de jurisprudência convergente reiterada, nos termos do Regimento Interno do CRPS.

Em decorrência do Princípio da Segurança Jurídica, não será efetuada a cobrança administrativa referente ao período em que o beneficiário recebeu valores correspondentes a benefício que foi concedido ou reativado em grau de recurso, mas que, por força de revisão de acórdão foi cessado, exceto se a decisão de revogação do acórdão de primeira instância se der em decorrência de fraude, dolo ou má-fé por parte do segurado, com conivência ou não do servidor, ou se, depois de notificado sobre a revogação da decisão de última e definitiva instância, o beneficiário continuar recebendo valores referentes ao benefício (artigo 550, §3º, da IN INSS 77/2015).

Por fim, conclui-se o processo administrativo com a decisão administrativa não mais passível de recurso, ressalvado o direito de o requerente pedir a revisão da decisão no prazo decadencial previsto na lei de benefícios.

2. JUSTIFICAÇÃO ADMINISTRATIVA

Mediante justificação processada perante a Previdência Social, poderá ser suprida a falta de documento ou provado ato do interesse de beneficiário ou empresa, salvo no que se refere a registro público.

Com propriedade, deverá o interessado protocolar requerimento expondo clara e minuciosamente os pontos que pretende justificar, indicando testemunhas idôneas, em número não inferior a três nem superior a seis, cujos depoimentos possam levar à convicção da veracidade do que se pretende comprovar.

Entrementes, **em regra, não será cabível a justificação para a comprovação de tempo de serviço ou de contribuição**, pois o artigo 55, §3º, da Lei 8.213/91, exige início de prova material (documentos), apenas dispensável em hipóteses comprovadas de caso fortuito ou de força maior.

Da mesma forma, **não será admitida a justificação** nas demais hipóteses em que houver qualquer exigência de **forma especial probatória** pela legislação previdenciária, a exemplo do casamento, que se comprova com a certidão cartorial.

▸ Como esse assunto foi cobrado em concurso?

No concurso do CESPE para Juiz Federal da 2ª Região em 2009, foi considerado errado o seguinte enunciado: A justificação administrativa deve ser admitida ainda que o fato a comprovar dependa de registro público de casamento, de idade ou de óbito. Outrossim, no concurso para Juiz Federal da 5ª Região em 2006, foi considerado errado o seguinte enunciado: Aloísio, segurado obrigatório da previdência social, faleceu em Brasília, em 14/5/2006. Ana, alegando ser esposa de Aloísio, requereu perante o INSS do local do falecimento a concessão do benefício previdenciário denominado pensão por morte. Ana afirmou que não pôde juntar ao requerimento a certidão de casamento, comprobatória de sua condição de viúva de Aloísio, por tê-la perdido e em virtude de o registro público ter sido efetivado no cartório de registro civil de pessoas naturais do município de Rio Branco - AC, local do casamento, o que dificultaria sobremaneira a obtenção de uma segunda via. Nessa situação, Ana poderá requerer a realização de audiência de justificação administrativa para produzir prova de sua condição de dependente do de cujus.

Caracteriza motivo de força maior ou caso fortuito a verificação de ocorrência notória, tais como incêndio, inundação ou desmoronamento, que tenha atingido a empresa na qual o segurado alegue ter trabalhado, devendo ser comprovada mediante registro da ocorrência policial feito em época própria ou apresentação de documentos contemporâneos dos fatos, verificada a correlação entre a atividade da empresa e a profissão do segurado.

Como prevê o artigo 151, do RPS, **somente será admitido o processamento de justificação administrativa** na hipótese de ficar evidenciada a **inexistência de outro meio capaz** de configurar a verdade do fato alegado, e o início de prova material apresentado levar à convicção do que se pretende comprovar. Ou seja, a justificação é a última *ratio*.

Ressalte-se que o artigo 108, do RPS, determina que a justificação administrativa ou judicial, no caso de dependência econômica, identidade e de relação de parentesco, somente produzirá efeito quando baseada em início de prova material, não sendo admitida prova exclusivamente testemunhal.

Sucede que esta previsão regulamentar é desprovida de base legal, pois apenas se exige início de prova material para a comprovação de tempo de serviço ou de contribuição, razão pela qual a dependência, a identidade ou relação de parentesco poderá ser comprovada por todos os meios de prova não proibidos em Direito, em aplicação ao Princípio do Livre Convencimento Motivado.

▸ Qual o entendimento do STJ sobre o assunto?

"A Terceira Seção deste Superior Tribunal, no âmbito da Quinta e da Sexta Turma, já consolidou entendimento no sentido de que não se exige início de prova material para comprovação da dependência econômica de mãe para com o filho, para fins de obtenção do benefício de pensão por morte" (AGREsp 886.069, de 25.09.2008).

Saliente-se que a homologação da justificação judicial processada com base em prova exclusivamente testemunhal dispensa a justificação administrativa, **se complementada com início razoável de prova material.**

▸ Como esse assunto foi cobrado em concurso?

No concurso do CESPE para Juiz Federal da 2ª Região em 2009, foi considerado errado o seguinte enunciado: A homologação da justificação judicial processada com base em prova exclusivamente testemunhal dispensa a justificação administrativa, em vista da autoridade da coisa julgada constituída.

Vale ressaltar que **não caberá recurso** da decisão da autoridade competente do INSS que considerar eficaz ou ineficaz a justificação administrativa.

▸ Como esse assunto foi cobrado em concurso?

No concurso do CESPE para Juiz Federal da 2ª Região em 2009, foi considerado correto o seguinte enunciado: Contra a decisão da autoridade competente do INSS que opinar pela eficácia ou pela ineficácia da justificação administrativa não caberá recurso.

Por fim, é possível que o processo de justificação contra o INSS corra na Justiça Estadual, investida de jurisdição federal, se na localidade não funcionar Vara Federal, conforme autoriza o artigo 15, II, da Lei 5.010/66.

▸ Como esse assunto foi cobrado em concurso?

No concurso do CESPE para Juiz Federal da 5ª Região em 2009, foi considerado errado o seguinte enunciado: A justificação judicial destinada a instruir pedido perante órgãos da União deve ser processada e julgada perante juizado especial federal da capital do estado quando a comarca não for sede de vara federal. De seu turno, no concurso do CESPE para Juiz Federal da 5ª Região em 2011, foi considerado errado o seguinte enunciado: A justiça comum estadual não tem competência para processar e julgar ação de justificação judicial para habilitação de benefício previdenciário, mesmo na hipótese de o domicílio do justificante não ser sede de vara federal, uma vez que se trata de competência indelegável dos juízes federais.

Restará encerrado o processo administrativo com a decisão administrativa não mais passível de recurso, ressalvado o direito de o requerente pedir a revisão da decisão no prazo decadencial previsto na Lei de Benefícios (10 anos).

3. CANCELAMENTO E SUSPENSÃO DE BENEFÍCIOS

A legislação previdenciária prevê hipóteses específicas que autorizam o INSS a suspender ou mesmo cancelar benefícios previdenciários, uma vez observado o devido processo legal administrativo, em especial o Princípio do Contraditório.

De efeito, o segurado em gozo de auxílio-doença, aposentadoria por invalidez e o pensionista inválido estão obrigados, **sob pena de suspensão do benefício**, a submeter-se a exame médico a cargo da Previdência Social, processo de reabilitação profissional por ela prescrito e custeado e tratamento dispensado gratuitamente, **exceto o cirúrgico e a transfusão de sangue, que são facultativos**, na forma do artigo 101, da Lei 8.213/91.

Outrossim, o aposentado especial que retornar à atividade especial deverá ter o seu benefício suspenso, assim como o aposentado por invalidez que volte a desempenhar trabalho remunerado, a teor do artigo 57, §8º, da Lei 8.213/91, sendo neste caso cancelado.

Demais disso, deverá o auxílio-reclusão ter o seu pagamento suspenso na hipótese de não apresentação do atestado trimestral de encarceramento, ou no caso de fuga do detento, voltando a ser pago na hipótese de recaptura, se ainda houver a manutenção da condição de segurado (artigo 117, do RPS).

Entretanto, nos moldes do artigo 2º, da Lei 10.666/03, o exercício de atividade remunerada do segurado recluso em cumprimento de pena em regime fechado ou semi-aberto que contribuir na condição de contribuinte individual ou facultativo não acarreta a perda do direito ao recebimento do auxílio-reclusão para seus dependentes.

Também será suspenso o pagamento do salário-família se o segurado não apresentar o atesto de vacinação (anual) ou de frequência escolar (semestral) do filho ou menor equiparado de 14 anos ou inválido de qualquer idade.

Da mesma forma, deverá ser cessado o pagamento da pensão por morte na hipótese de reaparecimento do segurado presumidamente morto, na forma do artigo 78, §2º, da Lei 8.213/91.

Por sua vez, o exercício de atividade laboral remunerada durante o recebimento do salário-maternidade implica na suspensão do benefício, tanto na gestação, na adoção de criança ou o salário-maternidade derivado, nos termos do artigo 71-C, da Lei 8.213/1991.

Isso porque o benefício substituiu a remuneração do(a) segurado(a), em razão de ficção legal de incapacidade laboral temporária para cuidar da criança recém nascida ou adotada durante o prazo do benefício por 120 dias.

Outrossim, a pensão por morte será cessada pelo decurso do prazo após a Lei 13.135/2015, acaso o cônjuge ou companheiro não possua 44 anos de idade no dia da morte do segurado, sendo temporária.

Salvo direito adquirido formado antes do advento da Lei 9.528/97, o auxílio-acidente deverá ser cancelado quando da concessão de aposentadoria ao segurado, independentemente de sua espécie, nos moldes do artigo 86, §2º, da Lei 8.213/91.

Em decorrência do dever-poder de autotutela, há previsão no artigo 11, da Lei 10.666/03, para que o Ministério da Previdência Social e o INSS mantenham programa permanente de revisão da concessão e da manutenção dos benefícios da previdência social, a fim de apurar irregularidades e falhas existentes.

Se houver indício de irregularidade na concessão ou na manutenção de benefício, a Previdência Social notificará o beneficiário para apresentar defesa, provas ou documentos de que dispuser, no prazo de 10 dias. Caso o beneficiário não compareça nem apresente defesa, será suspenso o benefício, com notificação ao beneficiário.

Posteriormente, decorrido o prazo concedido pela notificação postal, sem que tenha havido resposta, ou caso seja considerada pela Previdência Social como insuficiente ou improcedente a defesa apresentada, o benefício será cancelado, dando-se conhecimento da decisão ao beneficiário.

Vale frisar que, de acordo com o artigo 1º, da Lei 11.720/2008, o recadastramento de segurados da Previdência Social, por qualquer motivo, não poderá ser precedido de prévio bloqueio de pagamento de benefícios.

▸ **Como esse assunto foi cobrado em concurso?**

No concurso da FCC para Técnico do INSS em 2012, foi considerada correta a alternativa E – Segundo a legislação previdenciária NÃO é considerado caso de suspensão ou de cancelamento automático do benefício previdenciário: (A) o retorno voluntário ao trabalho de segurado aposentado por invalidez. (B) a não apresentação do segurado beneficiário de aposentadoria por invalidez para a realização de exame médico-pericial periódico a cargo do INSS. (C) o reaparecimento do segurado considerado falecido por decisão judicial que havia declarado morte presumida que originou o pagamento de pensão provisória aos dependentes. (D) a continuidade do exercício de trabalho ou atividade que sujeite o segurado beneficiário de aposentadoria especial a condições nocivas à saúde ou à integridade física que foram considerados para fins da concessão da aposentadoria especial. (E) o exercício de atividade remunerada pelo segurado recluso em cumprimento de pena em regime fechado ou semi-aberto que contribuir na condição de segurado contribuinte individual ou facultativo, em relação ao recebimento do auxílio-reclusão pelos seus dependentes.

4. AUTOTUTELA DA PREVIDÊNCIA SOCIAL

É certo que a Administração Pública tem o dever de anular os seus próprios atos quando eivados de vícios legais não passíveis de convalidação, em atenção ao interesse público primário, independentemente de provocação, aplicando de ofício o Princípio da Legalidade, na forma da Súmula 473, do STF.

Entrementes, caso a retirada do ato administrativo do mundo jurídico interfira na esfera patrimonial de terceiros, é curial o exercício prévio do contraditório antes da autotutela pelo Poder Público.

Atualmente há regra especial de prazo para o exercício da autotutela pela Previdência Social, esculpida no artigo 103-A, da Lei 8.213/91, inserido pela Lei 10.839/2004, fruto da conversão da Medida Provisória 138/2003:

> "Art. 103-A. **O direito da Previdência Social de anular os atos administrativos de que decorram efeitos favoráveis para os seus beneficiários decai em dez anos, contados da data em que foram praticados, salvo comprovada má-fé.**
>
> §1º No caso de efeitos patrimoniais contínuos, o prazo decadencial **contar-se-á da percepção do primeiro pagamento.**
>
> §2º Considera-se exercício do direito de anular qualquer medida de autoridade administrativa que importe impugnação à validade do ato".

▸ Como esse assunto foi cobrado em concurso?

No concurso da FCC para Procurador de Recife em 2014, foi considerada correta a letra B: Considerando os prazos decadenciais e prescricionais relacionados aos benefícios previdenciários, é correto afirmar: A) As ações referentes à prestação por acidente do trabalho prescrevem em 10 anos, contados da data do acidente, quando dele resultar a morte ou a incapacidade temporária, verificada esta em perícia médica a cargo da Previdência Social. B) No caso de efeitos patrimoniais contínuos, o prazo decadencial contar-se-á da percepção do primeiro pagamento. C) Prescreve em dez anos, a contar da data em que deveriam ter sido pagas, toda e qualquer ação para haver prestações vencidas ou quaisquer restituições ou diferenças devidas pela Previdência Social, salvo o direito dos menores, incapazes e ausentes, na forma do Código Civil. D) O direito da Previdência Social de anular os atos administrativos de que decorram efeitos favoráveis para os seus beneficiários decai em cinco anos, contados da data em que foram praticados, salvo comprovada má-fé. E) É de cinco anos o prazo de decadência de todo e qualquer direito ou ação do segurado ou beneficiário para a revisão do ato de concessão de benefício, a contar do dia primeiro do mês seguinte ao do recebimento da primeira prestação ou, quando for o caso, do dia em que tomar conhecimento da decisão indeferitória definitiva no âmbito administrativo.

Destarte, o INSS terá o prazo decadencial de 10 anos, a partir do primeiro pagamento, para anular atos administrativos ilegais (a exemplo da concessão de benefícios previdenciários indevidos ou com renda a maior) com efeitos continuados com eficácia favorável aos administrados, salvo comprovada má-fé dos beneficiários, hipótese em que a ilegalidade poderá ser pronunciada a qualquer tempo.

▸ Como esse assunto foi cobrado em concurso?

No concurso do CESPE para Advogado da CEF em 2010, foi considerado errado o seguinte enunciado: Após analisar procedimento administrativo apresentado por Maria, na condição de representante de Humberto, menor impúbere, a autoridade competente da previdência social deferiu o pedido de pagamento, em benefício de Humberto, de pensão por morte do seu genitor. Nessa situação, o prazo decadencial para a previdência social anular o referido ato administrativo será de cinco anos, a contar da data de sua publicação.

A instituição de um prazo legal decorre do Princípio da Segurança Jurídica, haja vista que o administrado não poderá ficar sujeito indefinidamente à anulação do ato ilegítimo, desde que não concorra maliciosamente para a sua prática.

5. DECADÊNCIA DECENAL PARA A REVISÃO OU IMPUGNAÇÃO DE ATO DE INDEFERIMENTO DE BENEFÍCIO PREVIDENCIÁRIO E PRESCRIÇÃO QUINQUENAL

A legislação previdenciária instituiu um prazo supostamente decadencial para a revisão de ato de concessão de benefício previdenciário ou impugnação de decisão de indeferimento definitivo administrativo, a teor do artigo 103, da Lei 8.213/91:

> "Art. 103. É de **dez anos** o prazo de **decadência** de todo e qualquer direito ou ação do segurado ou beneficiário para a **revisão do ato de concessão de benefício**, a contar do dia primeiro do mês seguinte ao do recebimento da primeira prestação ou, quando for o caso, do dia em que tomar conhecimento da **decisão indeferitória definitiva no âmbito administrativo**".

Logo, o prazo decadencial de 10 anos aplicar-se-á nas seguintes hipóteses:

A) **Decadência decenal para a revisão de benefício concedido,** *a contar do dia primeiro do mês seguinte ao do recebimento da primeira parcela.* Esta hipótese foi inserida no artigo 103, da Lei 8.213/91, através da Medida Provisória 1.523-9, de 27.06.1997, convertida na Lei 9.528/97. Posteriormente, a Lei 9.711/98 reduziu o prazo para 05 anos, que novamente foi fixado em 10 anos, através da Lei 10.839/2004;

> **Qual o entendimento do STJ sobre o assunto?**
>
> O Superior Tribunal de Justiça possuía uma interpretação ampliativa do artigo 103, da Lei 8.213/91. No julgamento do AgRg no REsp 1.298.511 , de 07/08/2012, decidiu a 2ª Turma da Corte Superior que "o comando legal estipula como suporte fático-jurídico de incidência do prazo decadencial todo e qualquer direito ou ação para a revisão do ato de concessão. O alcance é amplo e não abrange apenas revisão de cálculo do benefício, mas atinge o próprio ato de concessão e, sob a imposição da expressão 'qualquer direito', envolve o direito à renúncia do benefício". **No entanto, este entendimento não prevaleceu na 1ª Seção. No dia 28 de novembro de 2013, julgando caso sob o rito do recurso repetitivo, decidiu a Seção que a interpretação a ser dada ao instituto da decadência previsto no artigo 103 da Lei 8.213 deve ser restritiva, pois as hipóteses**

de decadência decorrem de lei ou de ato convencional – o que não é o caso do processo julgado que versava sobre a desaposentação, que não é revisão, e sim renúncia de benefício, não se sujeitando a prazo decadencial.

▸ Como esse assunto foi cobrado em concurso?

No concurso do CESPE para Procurador do TCU em 2015, foi considerado ERRADO o seguinte enunciado: Conforme entendimento do STJ, o prazo de decadência decenal para a revisão de benefícios previdenciários se aplica aos casos em que o segurado postula a declaração do direito de renúncia e o consequente desfazimento de sua aposentadoria por tempo de contribuição, com a averbação do tempo de serviço prestado após a inativação, para aferir aposentadoria mais vantajosa no mesmo regime de previdência.

▸ Qual o entendimento do STJ sobre o assunto?

"Na hipótese de existir reclamação trabalhista em que se reconhece parcelas remuneratórias, como a do presente caso, o STJ vem sedimentando entendimento no sentido de que o prazo de decadênciado direito à revisão do ato de concessão do benefício flui a partir do trânsito da sentença trabalhista" (Recurso Especial 1.440.868, de 24/04/2014).

▸ Como esse assunto foi cobrado em concurso?

No concurso do CESPE para Procurador do TCU em 2015, foi considerado CORRETO o seguinte enunciado: Na hipótese em que a ação revisional de benefício previdenciário se fundar em decisão da justiça do trabalho, o termo inicial da decadência decenal será a data da coisa julgada na seara trabalhista, de acordo com o STJ.

▸ Qual o entendimento do STF sobre o assunto?

O Supremo Tribunal Federal (STF) decidiu no dia 16/10/2013 (RE 626.489) que o prazo de dez anos para a revisão de benefícios previdenciários é aplicável aos benefícios concedidos antes da Medida Provisória (MP) 1.523-9/1997, que o instituiu. Por unanimidade, o Plenário deu provimento ao Recurso Extraordinário (RE) 626489, interposto pelo Instituto Nacional do Seguro Social (INSS), para reformar acórdão de Turma Recursal dos Juizados Especiais Federais da Seção Judiciária do Estado de Sergipe que entendeu inaplicável o prazo decadencial para benefícios anteriores à vigência da MP. A decisão estabeleceu também que, no caso, o prazo de dez anos para pedidos de revisão passa a contar a partir da vigência da MP, e não da data da concessão do benefício. "A jurisprudência do Supremo Tribunal Federal assentou entendimento, com repercussão geral, no sentido de que o prazo decadencial de dez anos, instituído pela Medida Provisória nº 1.523, de 28.06.1997, incide, inclusive, sobre benefícios concedidos anteriormente, sem que isso importe em retroatividade vedada pela Constituição (RE 626.489 - Tema 313). Agravo regimental a que se nega provimento" (ARE 794713 AgR, de 13/5/2014).

No caso de revisão de pensão por morte oriunda de aposentadoria, a TNU e o STJ possuem entendimento de que o prazo revisional conta a partir da concessão da pensão por morte, e não da aposentadoria

▸ **Qual o entendimento do STJ sobre o assunto?**

"O prazo decadencial do direito de revisar o valor do salário de benefício da pensão previdenciária por morte mediante o recálculo da renda mensal inicial do benefício originário de aposentadoria conta-se após o deferimento do ato de pensionamento. Isso porque, em decorrência do princípio da *actio nata*, a legitimidade do pensionista para propositura de ação de revisão advém apenas com o óbito do segurado, já que, por óbvio, aquele não era titular do benefício originário, direito personalíssimo.REsp 1.529.562-CE, Rel. Min. Herman Benjamin, julgado em 20/8/2015, DJe 11/9/2015" (Informativo 568).

B) **Decadência decenal para impugnar ato administrativo que indeferiu requerimento de benefício**, *a contar do dia da cientificação*. Esta hipótese também foi inserida no artigo 103, da Lei 8.213/91, através da Medida Provisória 1.523-9, de 27.06.1997, convertida na Lei 9.528/97. Posteriormente, a Lei 9.711/98 reduziu o prazo para 05 anos, que novamente foi fixado em 10 anos, através da Lei 10.839/2004.

Logo, se o INSS indeferiu um benefício previdenciário, terá o requerente o prazo de dez anos para solicitar a revisão judicial desse ato, a contar do dia da notificação do indeferimento, caso permaneça a mesma situação fática original.

▸ **Como esse assunto foi cobrado em concurso?**

No concurso do CESPE para Advogado da CEF em 2010, foi considerado errado o seguinte enunciado: Em 10/4/2004, o requerimento administrativo apresentado por Marcos, no qual pleiteava a revisão do ato de concessão do benefício previdenciário de aposentadoria por invalidez, foi indeferido, em decisão definitiva. Nessa situação, o direito de ação de Marcos para pleitear a referida revisão decaiu em 10/4/2009.

▸ **Qual o entendimento da TNU sobre o assunto?**

A TNU entendia que a decadência de 10 anos também se aplicava ao caso de ato de indeferimento de benefício previdenciário, a teor do revogada Súmula 64. No entanto, em 2015, foi alterado o entendimento, tendo se afastado a decadência para ato de indeferimento de benefício: Súmula 81 - "Não incide o prazo decadencial previsto no art. 103, caput, da Lei nº 8.213/91, nos casos de indeferimento e cessação de benefícios, bem como em relação às questões não apreciadas pela Administração no ato da concessão".

Esta Súmula 81 da TNU também afastou a decadência na revisão de benefícios nos casos em que as questões de fato ou de direito objeto de revisão não foram enfrentadas pelo INSS na concessão do benefício na via administrativa, existindo posicionamento do STJ no mesmo sentido.

▸ **Qual o entendimento do STJ sobre o assunto?**

"No caso, não tendo sido discutida certa questão jurídica quando da concessão do benefício (reconhecimento do tempo de serviço especial), não ocorre decadência para essa questão. Efetivamente, o prazo decadencial não pode alcançar questões que não se aventaram por ocasião do deferimento do benefício e que não foram objeto de apreciação pela Administração" (EDcl no REsp 1491868, de 24/2/2015).

A prescrição alcança a pretensão que nasce do direito subjetivo não realizado, após transcorrido *in albis* o lapso temporal legal. Em termos de Regime Geral de Previdência Social, o INSS tem o dever de deferir os benefícios previdenciários requeridos por seus segurados e dependentes, desde que tenha se realizado a hipótese legal de concessão.

Tradicionalmente, no Brasil, a prescrição das parcelas devidas pelo Poder Público ocorre em cinco anos. O lustro prescricional já era previsto desde o vetusto e vigente Decreto 20.910/1932, sendo esse prazo mantido para a Previdência Social, nos termos do artigo 103, parágrafo único, da Lei 8.213/91:

> "Parágrafo único. Prescreve em cinco anos, a contar da data em que deveriam ter sido pagas, toda e qualquer ação para haver prestações vencidas ou quaisquer restituições ou diferenças devidas pela Previdência Social, salvo o direito dos menores, incapazes e ausentes, na forma do Código Civil".

Tradicionalmente, o STJ reconhece que as demandas previdenciárias no RGPS se submetem ao regime da prescrição quinquenal de trato sucessivo, não prescrevendo o fundo do direito.

▸ **Qual o entendimento do STJ sobre o assunto?**

"1. A interpretação contextual do caput e do parágrafo único do art. 103 da Lei 8.213/1991 conduz à conclusão de que o prazo que fulmina o direito de revisão do ato de concessão ou indeferimento de benefício previdenciário é o decadencial de dez anos (caput), e não o lapso prescricional quinquenal (parágrafo único) que incide apenas sobre as parcelas sucessivas anteriores ao ajuizamento da ação.2. Não fosse assim, a aplicação do entendimento de que a prescrição quinquenal prevista no parágrafo único do art. 103 da Lei 8.213/1991 pode atingir o fundo de direito tornaria inócuo o instituto da decadência previsto no caput do mesmo artigo, que prevê prazo de dez anos para o exercício do direito de revisão de ato de indeferimento ou de concessão de benefício previdenciário" (REsp 1483177, de 17/3/2015).

Entende-se que o requerimento administrativo de benefício previdenciário tem o condão de suspender o curso prescricional, caso já iniciado, pois sinaliza a perseguição do direito prestacional violado, afastando a suposta contumácia do segurado ou do seu dependente.

▸ **Qual o entendimento da TNU sobre o assunto?**

Súmula 74- O prazo de prescrição fica suspenso pela formulação de requerimento administrativo e volta a correr pelo saldo remanescente após a ciência da decisão administrativa final.

▸ **Qual o entendimento do STJ sobre o assunto?**

De acordo com o STJ, a propositura de ação coletiva pelo Ministério Público tem o condão de interromper a prescrição em relação às demandas privadas com o mesmo objeto: "De acordo com a jurisprudência do STJ, a Ação Civil Pública ajuizada pelo Ministério Público objetivando a nulidade dos atos normativos expedidos no sentido de não admitir prova de tempo de serviço rural em nome de terceiros interrompeu a prescrição quinquenal das ações individuais propostas com a mesma finalidade (art. 219, caput e § 1º do CPC e art. 203 do CCB)" (STJ, REsp 1449964/RS, Rel. Ministro HERMAN BENJAMIN, SEGUNDA TURMA, julgado em 05/08/2014, DJe 13/10/2014).

▸ **Como esse assunto foi cobrado em concurso?**

No concurso do CESPE para Procurador do TCU em 2015, foi considerado ERRADO o seguinte enunciado: Segundo o STJ, a propositura de ação coletiva pelo MP com vistas, por exemplo, à nulidade dos atos normativos expedidos no sentido de não admitir prova do tempo de serviço rural em nome de terceiros não interrompe a prescrição quinquenal em relação às demandas individuais propostas com a mesma finalidade.

6. REAJUSTAMENTO DA RENDA MENSAL DOS BENEFÍCIOS

De acordo com o regramento atual, contido no artigo 41-A, da Lei 8.213/91, o valor dos benefícios em manutenção será reajustado, anualmente, na mesma data do reajuste do salário mínimo, ***pro rata***, de acordo com suas respectivas datas de início ou do último reajustamento, **com base no Índice Nacional de Preços ao Consumidor – INPC**, apurado pela Fundação Instituto Brasileiro de Geografia e Estatística – IBGE, que toma por base o rendimento de famílias com renda de um a oito salários mínimos, nas regiões metropolitanas do país, sendo o índice legal utilizado desde 2003.

Assim, se uma pessoa se aposentou no meio do ano, apenas terá direito ao primeiro reajuste subsequente **proporcionalmente** ao INPC acumulado a partir da sua aposentação, e não integralmente.

▸ **Como esse assunto foi cobrado em concurso?**

No concurso do CESPE para Promotor do Espírito santo em 2010, foi considerado errado o seguinte enunciado: No primeiro reajuste da renda mensal inicial da aposentadoria concedida na vigência da Lei nº 8.213/1991, deve-se aplicar integralmente o índice oficial de correção, independentemente do mês de concessão do benefício previdenciário.

Logo, na atualidade, este é o reajuste mínimo garantido por lei aos aposentados, pensionistas e demais segurados do RGPS, consistente na variação do INPC. Todavia, considerando que nenhum benefício que objetive substituir a remuneração do trabalhador ou o salário de contribuição poderá ser inferior a um salário mínimo, muitos segurados vêm se beneficiando de reajustes acima do INPC.

Insta salientar que **desde a promulgação da Lei 8.213/91 a renda mensal inicial dos benefícios previdenciários foi desvinculada do salário mínimo**, à exceção dos benefícios substitutivos da remuneração do segurado no valor mínimo.

> ▸ **Como esse assunto foi cobrado em concurso?**
>
> No concurso do CESPE para Juiz Federal da 5ª Região em 2006, foi considerado errado o seguinte enunciado: Luciano, aposentado por tempo de contribuição, tem sua renda mensal no valor de um salário mínimo.
>
> Em maio de 2006, o governo federal reajustou o salário mínimo em 20% e, por intermédio de decreto do Poder Executivo, reajustou os benefícios mantidos pela previdência social em 7,93%. Nessa situação, o valor do benefício de Luciano será reajustado em 27,93%.

7. DESCONTOS LEGALMENTE AUTORIZADOS NOS BENEFÍCIOS

Apenas poderão ser abatidos dos benefícios previdenciários os débitos do segurado ou dependentes autorizados pela legislação previdenciária.

De acordo com o artigo 115, da Lei 8.213/91, poderão ser descontados: I - **contribuições devidas pelo segurado à Previdência Social**; II - **pagamento de benefício além do devido**, a ser feito em parcelas, salvo comprovada má-fé; III - Imposto de Renda retido na fonte; IV - **pensão de alimentos** decretada em sentença judicial; V - **mensalidades de associações** e demais entidades de aposentados legalmente reconhecidas, desde que autorizadas por seus filiados; VI- pagamento de empréstimos, financiamentos, cartões de crédito e operações de arrendamento mercantil concedidos por instituições financeiras e sociedades de arrendamento mercantil, públicas e privadas, quando expressamente autorizado pelo beneficiário, até o limite de 35% (trinta e cinco por cento) do valor do benefício, sendo 5% (cinco por cento) destinados exclusivamente para: a) a amortização de despesas contraídas por meio de cartão de crédito; ou b) a utilização com a finalidade de saque por meio do cartão de crédito (Lei 13.172/2015).

Em caso de concorrência, vale ressaltar que os débitos do beneficiário em decorrência do pagamento de benefício além do devido terão preferência sobre os créditos consignados em favor de instituições financeiras em razão de empréstimos contratados pelo aposentado ou pensionista.

Caso o pagamento do benefício além do devido tenha decorrido de erro da Previdência Social, será feito o parcelamento em favor do beneficiário, não podendo cada parcela ultrapassar 30% do valor do benefício, no número de meses necessário ao pagamento do débito.

Outrossim, antes de efetuar o referido desconto, deverá o INSS instaurar processo administrativo em que seja assegurada ampla defesa do titular do benefício, sob pena de ilegalidade dos descontos

Havia uma divergência entre a 1ª e a 3ª Seção do STJ. O tema foi apreciado pela Corte Especial do STJ em 20 de novembro de 2013, tendo se adotado uma posição intermediária entre os entendimentos da 1ª e da 3ª Seção do Superior Tribunal de Justiça.

Nesse diapasão, se a reversão da antecipação de tutela se der nas instâncias ordinárias (em se de sentença ou acórdão proferido em sede de julgamento de recurso de apelação ou recurso inominado do JEF pelo Tribunal ou Turma Recursal), dever-se-á devolver à Previdência Social as parcelas já percebidas.

Por outro lado, se a revogação da tutela antecipada se operar nas instâncias extraordinárias (STF e STJ, em sede de recurso extraordinário ou especial) não haverá a restituição ao INSS, ao argumento de que já havia se criado a legítima expectativa de vitória ao segurado ou dependente, em razão de se tratar de recurso julgado em via não ordinária.

▸ **Qual o entendimento do STJ sobre o assunto?**

"PROCESSO CIVIL. EMBARGOS DE DIVERGÊNCIA EM RECURSO ESPECIAL. SENTENÇA QUE DETERMINA O RESTABELECIMENTO DE PENSÃO POR MORTE. CONFIRMAÇÃO PELO TRIBUNAL DE ORIGEM. DECISÃO REFORMADA NO JULGAMENTO DO RECURSO ESPECIAL. DEVOLUÇÃO DOS VALORES RECEBIDOS DE BOA-FÉ. IMPOSSIBILIDADE. PRECEDENTES DO STJ.

1. A dupla conformidade entre a sentença e o acórdão gera a estabilização da decisão de primeira instância, de sorte que, de um lado, limita a possibilidade de recurso do vencido, tornando estável a relação jurídica submetida a julgamento; e, de outro, cria no vencedor a legítima expectativa de que é titular do direito reconhecido na sentença e confirmado pelo Tribunal de segunda instância.

2. Essa expectativa legítima de titularidade do direito, advinda de ordem judicial com força definitiva, é suficiente para caracterizar a boa-fé exigida de quem recebe a verba de natureza alimentar posteriormente cassada, porque, no mínimo, confia - e, de fato, deve confiar - no acerto do duplo julgamento.

3. Por meio da edição da súm. 34/AGU, a própria União reconhece a irrepetibilidade da verba recebida de boa-fé, por servidor público, em virtude de interpretação errônea ou inadequada da Lei pela Administração.

Desse modo, e com maior razão, assim também deve ser entendido na hipótese em que o restabelecimento do benefício previdenciário dá-se por ordem judicial posteriormente reformada.

4. Na hipótese, impor ao embargado a obrigação de devolver a verba que por anos recebeu de boa-fé, em virtude de ordem judicial com força definitiva, não se mostra razoável, na medida em que, justamente pela natureza alimentar do benefício então restabelecido, pressupõe-se que os valores correspondentes foram por ele utilizados para a manutenção da própria subsistência e de sua família. Assim, a ordem de restituição de tudo o que foi recebido, seguida à perda do respectivo benefício, fere a dignidade da pessoa humana e abala a confiança que se espera haver dos jurisdicionados nas decisões judiciais.

5. Embargos de divergência no recurso especial conhecidos e desprovidos" (EREsp 1086154, Corte Especial, de 20/11/2013).

▸ Qual o entendimento da TNU sobre o assunto?

Súmula 51- Os valores recebidos por força de antecipação dos efeitos de tutela, posteriormente revogada em demanda previdenciária, são irrepetíveis em razão da natureza alimentar e da boa-fé no seu recebimento.

Na hipótese de desconto de contribuições previdenciárias devidas pelo titular do benefício à União, será preciso que tenham sido regularmente constituídas através do lançamento, bem como ainda não prescritas.

▸ Qual o entendimento do STJ sobre o assunto?

O STJ já decidiu que a restituição de benefícios previdenciários não constitui dívida ativa não tributária, não podendo ser inscrita em Dívida Ativa, sendo necessária uma ação específica para constituir o título executivo (REsp 1.172.126, de 21.09.2010). Este entendimento foi confirmado pela 1ª Seção em 12/06/2013, no julgamento do REsp 1350804 sob o rito dos recursos repetitivos.

Todavia, há jurisprudência firme no sentido de que o INSS não poderá descontar do benefício as parcelas pagas a maior ao segurado ou dependente por erro administrativo, se recebidas de boa-fé (TRF da 2ª Região, AC 412.799, de 25.05.2010 – TRF da 4ª Região, APELREEX 2008.71.09.000557-3, de 16.12.2009).

> **Como esse assunto foi cobrado em concurso?**
>
> No concurso do CESPE para Defensor Público da Bahia em 2010, foi considerado correto o seguinte enunciado: O julgamento pela ilegalidade do pagamento de benefício previdenciário previsto na legislação não implica a obrigatoriedade da devolução das importâncias recebidas, de boa-fé, pelo segurado.

8. DÉBITO DE CONTRIBUIÇÕES PREVIDENCIÁRIAS E A CONCESSÃO DE BENEFÍCIOS

De efeito, conquanto eventualmente exista a dívida, se o segurado ou dependente já preencheu todos os requisitos para a concessão do benefício, deverá o INSS deferi-lo, conforme pontifica o artigo 167, da IN INSS 77/2015.

Nesse sentido, dispõe o artigo 378, da Instrução Normativa INSS 77/2015, que caberá a concessão nas solicitações de pensão por morte em que haja débito decorrente do exercício de atividade do segurado contribuinte individual, desde que comprovada a manutenção da qualidade de segurado perante o RGPS na data do óbito.

É que a legislação previdenciária não prevê a inexistência de débitos previdenciários como condição para a concessão de benefícios.

Assim, deverá o INSS pagar o benefício e, se regularmente constituído e não prescrito o débito, descontar mensalmente da sua renda os valores devidos a guisa de contribuições previdenciárias inadimplidas.

9. DIREITO ADQUIRIDO

O direito adquirido é um dos temas mais relevantes em termos de legislação previdenciária, tendo em conta as inúmeras alterações feitas nas normas ao longo das últimas décadas.

Considera-se como direito adquirido o que se incorpora de maneira lícita ao patrimônio do seu titular, uma vez preenchidos todos os pressupostos legais para a sua concessão.

Com efeito, em termos de benefícios previdenciários,**caso preenchidos todos os requisitos para a sua concessão**, restará assegurado ao beneficiário a aplicação do regime jurídico do dia do nascimento do direito, mesmo que o segurado ou dependente não tenha requerido a prestação, não sendo aplicável o novo regramento, salvo por expressa possibilidade legal e por opção do beneficiário.

Destarte, cuida-se de instituto que tem nexo direto com o Princípio do *Tempus Regit Actum*. É dessa forma que tem sido traçado os contornos do direito adquirido no Brasil em termos de Regime Geral de Previdência Social, em especial à luz da Emenda 20/1998, que o previu no seu artigo 3º:

> "Art. 3º – É assegurada a concessão de aposentadoria e pensão, a qualquer tempo, aos servidores públicos e aos segurados do regime geral de previdência social, bem como aos seus dependentes, que, até a data da publicação desta Emenda, tenham cumprido os requisitos para a obtenção destes benefícios, com base nos critérios da legislação então vigente".

Logo, em que pese as importantes alterações perpetradas pela primeira reforma da previdência social, todos os segurados e dependentes do RGPS que tenham preenchido todos os requisitos legais para a concessão dos benefícios até 16.12.1998, terão direito adquirido à sua concessão, inclusive a fórmula de cálculo, ficando imunes à aplicação das novas regras.

Vale ressaltar que enquanto não completados os requisitos legais não há de se falar em direito adquirido, mas apenas em mera expectativa de direito. Apesar disso, as reformas costumam aprovar regras de transição para atenuar o novo regramento, em decorrência do Princípio da Segurança Jurídica, para aqueles já filiados ao RGPS na data da vigência das alterações.

Em termos de benefícios previdenciários, é comum que os segurados queiram adotar as regras que lhe são mais benéficas em mais de um regime jurídico, o que não é devido, pois importaria em cisão de normas.

▸ **Qual o entendimento do STF sobre o assunto?**

De acordo com a Suprema Corte, "inexiste direito adquirido a determinado regime jurídico, razão pela qual não é lícito ao segurado conjugar as vantagens do novo sistema com aquelas aplicáveis ao anterior. A superposição de vantagens caracteriza sistema híbrido, incompatível com a sistemática de cálculo dos benefícios previdenciários" (RE 575.089, de 10.09.2008).

▸ **Qual o entendimento do STJ sobre o assunto?**

Prevalece nesta Corte o entendimento de que inexiste "direito adquirido à preservação de regime jurídico previdenciário já revogado, devendo ser aplicada a lei vigente à época em que foram implementados os requisitos para a obtenção do benefício" (AGREsp 1.107.647, de 20.10.2009).

10. RENÚNCIA DA APOSENTADORIA (DESAPOSENTAÇÃO)

A desaposentação é a **renúncia da aposentadoria** por requerimento do segurado, com o intuito de **obter alguma vantagem previdenciária**.

Com efeito, de acordo com o artigo 11, §3º, da Lei 8.213/91, o aposentado que desenvolver atividade remunerada será filiado obrigatório no que concerne a essa atividade, devendo pagar as respectivas contribuições previdenciárias.

Essa disposição foi incluída pela Lei 9.032/95, em decorrência do Princípio da Solidariedade, em que pese ser proibida a acumulação de duas aposentadorias dentro do Regime Geral de Previdência Social.

Há uma série de hipóteses em que a desaposentação será útil ao segurado. É possível que o pagamento de novas contribuições previdenciárias após a aposentadoria eleve a renda mensal inicial do benefício, a depender do seu valor, com a incidência mais tênue do fator previdenciário, havendo interesse em renunciar a aposentadoria e requerer uma nova.

Outrossim, poderá o segurado pedir a renúncia de uma aposentadoria por tempo de contribuição proporcional para, posteriormente, requerer uma integral, utilizando novos salários de contribuição após a primeira aposentadoria.

É também possível que um aposentado do RGPS queira aproveitar esse tempo de contribuição para ter direito a uma aposentadoria no RPPS, caso tenha sido aprovado em concurso público de provimento de cargo efetivo, pois sem esse período não preencheria os requisitos para se aposentar no regime dos servidores públicos.

Embora não seja comum, o servidor público de RPPS poderá renunciar ao seu benefício de aposentadoria para computar o tempo de contribuição no RGPS, através da contagem recíproca.

Todavia, é preciso salientar que **a desaposentação carece de previsão legal expressa, sendo indeferida administrativamente pelo INSS**, vez que a Administração Pública apenas poderá agir quando exista autorização legal, à luz do Princípio da Legalidade Administrativa.

▸ **Qual o entendimento do STJ sobre o assunto?**

A Corte Superior vem **admitindo a desaposentação** com eficácia prospectiva, ou seja, **sem determinar que o segurado devolva as parcelas já percebidas a título de aposentadoria** (AGREsp 1.055.431, 6ª Turma, de 15.10.2009 - AGREsp 1.107.638, 5ª Turma, de 29.04.2009). Em 08/05/2013, a 1ª Seção do STJ, em julgamento de recurso repetitivo, confirmou o referido entendimento.

▸ **Como esse assunto foi cobrado em concurso?**

No concurso do CESPE para Procurador do BACEN em 2009, foi considerado errado o seguinte enunciado: Eurico obteve aposentadoria proporcional no âmbito do RGPS, mas continuou trabalhando e contribuindo para o INSS e, posteriormente, requereu à autarquia a utilização desse tempo para conseguir aposentadoria integral. Nessa situação, a jurisprudência do STJ admite tal possibilidade, **desde que Eurico devolva os benefícios já recebidos.**

Conquanto a posição prevalente seja a do STJ, vale frisar que o tema ainda não foi sacramentado, pois o STF ainda não se manifestou a respeito.

A questão está sendo julgada pelo STF, através do RE 381.367, relatado pelo Min. Marco Aurélio, que proferiu voto favorável à desaposentação, tendo o julgamento sido suspenso por pedido de vista do Min. Dias Toffoli. Considerando os Ministros que já se manifestaram a respeito, o placar está 2 x 2 e os julgamentos estão suspensos.

▸ **Como esse assunto foi cobrado em concurso?**

No concurso do CESPE para Juiz Federal da 5ª Região em 2011, foi cobrada a seguinte questão dissertativa: É possível a renúncia à aposentadoria proporcional, para fins de obtenção de aposentadoria integral, com o aproveitamento do tempo de serviço e das contribuições vertidas em razão de atividade desenvolvida durante a vigência do benefício originário? Fundamente sua resposta.

No entanto, **o STJ vem rejeitando a tese da despensão**, pois equivale a uma desaposentação após a morte para refletir na renda da pensão por morte, sendo a desaposentação é ato privativo do segurado.

▸ **Qual o entendimento do STJ sobre o assunto?**

INFORMATIVO 557- "DIREITO PREVIDENCIÁRIO E PROCESSUAL CIVIL. CARÁTER PERSONALÍSSIMO DO DIREITO À DESAPOSENTAÇÃO. Os sucessores do segurado falecido não têm legitimidade para pleitear a revisão do valor da pensão a que fazem jus se a alteração pretendida depender de um pedido de desaposentação não efetivado quando em vida pelo instituidor da pensão. De fato, é pacífica a jurisprudência do STJ no sentido de que, por se tratar de direito patrimonial disponível, o segurado pode renunciar à sua aposentadoria, com o propósito de obter benefício mais vantajoso, no Regime Geral de Previdência Social ou em regime próprio de Previdência, mediante a utilização de seu tempo de contribuição, sendo certo, ainda, que essa renúncia não implica a devolução de valores percebidos (REsp 1.334.488-SC, Primeira Seção, DJe 14/5/2013, julgado sob o rito do art. 543-C do CPC). Contudo, faz-se necessário destacar que o aludido direito é personalíssimo do segurado aposentado, pois não se trata de mera revisão do benefício de aposentadoria, mas sim, de renúncia, para que novo e posterior benefício, mais vantajoso, seja-lhe concedido. Dessa forma, os sucessores não têm legitimidade para pleitear direito personalíssimo não exercido pelo instituidor da pensão (renúncia e concessão de outro benefício), o que difere da possibilidade de os herdeiros pleitearem diferenças pecuniárias de benefício já concedido em vida ao instituidor da pensão (art. 112 da Lei 8.213/1991). AgRg no AREsp 436.056-RS, **Rel. Min. Assusete Magalhães, julgado em 3/3/2015, DJe 10/3/2015".**

11. O PRÉVIO REQUERIMENTO ADMINISTRATIVO COMO PRESSUPOSTO PARA A PROPOSITURA DE AÇÃO JUDICIAL CONTRA O INSS

Será preciso que o segurado ou seu dependente promova o requerimento administrativo de benefício previdenciário perante o INSS antes de ingressar com ação judicial em postulação à prestação previdenciária, sob pena de falta de interesse-necessidade de agir ?

Cuida-se de uma indagação que poderá inibir a instauração de milhões de processos judiciais contra a Previdência Social. Se é certo que não se afastará lesão ou ameaça a direito do crivo do Poder Judiciário, também existe a premissa de que é curial que a Previdência Social se manifeste previamente sobre o deferimento ou não de um benefício previdenciário, a fim de configurar uma lide.

É um tema que desafia até o Princípio da Separação dos Poderes, núcleo intangível da Constituição Federal de 1988, apesar de se saber que a separação de funções é relativa, havendo um sistema de freios e contrapesos, vez que o poder só é limitado pelo próprio poder.

Com efeito, compete ao Poder Judiciário controlar a legalidade dos atos comissivos e omissivos da Administração Pública, excluída a margem discricionária, nos atos não vinculados, em que existe conveniência e oportunidade na valoração do melhor caminho e momento da prática do ato administrativo.

Logo, a partir do momento que os beneficiários da previdência social passam a requerer diretamente os benefícios ao Poder Judiciário, de mero controlador de legitimidade dos atos administrativos, os juízes passam a exercer diretamente a função administrativa, o que não se coaduna com o Princípio da Separação dos Poderes.

De efeito, o caráter substitutivo da jurisdição apenas deverá se operar quando houver litígio, ou seja, pretensão dos beneficiários do RGPS resistida pelo INSS, a fim de que os atos da Administração Pública sejam validados ou revistos pelo Poder Judiciário.

Apenas nos casos em que inexista dilação probatória, no qual o segurado ou dependente é previamente sabedor do indeferimento do pedido pelo INSS, é que o requerimento administrativo deverá ser dispensado para a propositura da ação judicial, a exemplo da desaposentação.

Em termos de políticas públicas, os números falam por si. De acordo com o SUIB – Sistema Único de Informações de Benefícios, a esmagadora maioria dos benefícios previdenciários ativos é paga administrativamente pelo INSS, independentemente de ordem judicial.

Dos benefícios ativos, pouco mais de 90% foram implantados administrativamente, ao passo que menos de 10% foram instituídos por determinação judicial, o que demonstra que uma pequena parcela dos segurados e dependentes precisam recorrer ao Poder Judiciário.

Neste tema andou muito bem o FONAJEF. De acordo com o seu enunciado 77, o ajuizamento da ação de concessão de benefício da seguridade social reclama prévio requerimento administrativo.

Corretamente, o FONAJEF concluiu que apenas o ajuizamento da ação revisional de benefício da seguridade social que não envolva matéria de fato dispensa o prévio requerimento administrativo, nos termos do enunciado 78, exigência que também foi flexibilizada para os juizados itinerantes (enunciado 80).

Assim sendo, caberá ao INSS apenas arguir em contestação a ausência de interesse-necessidade de agir, devendo o juiz extinguir o processo sem o julgamento do mérito.

Ademais, em caráter excepcional, não deverá o presentante judicial da autarquia previdenciária aplicar o Princípio da Eventualidade, não devendo entrar no mérito da causa, vez que resistir à pretensão do autor derrubará a tese da carência de ação.

▸ Qual o entendimento do STF sobre o assunto?

Finalmente a questão foi decidida pelo Supremo Tribunal Federal no dia 27 de abril de 2014, quando o Plenário julgou o Recurso Extraordinário 631.240. Adotou-se a mesma linha de raciocínio sustentada nesta obra a fim de exigir, em regra, o prévio requerimento administrativo como condição de procedibilidade da ação judicial, sob pena de carência de interesse de agir e extinção do processo sem o julgamento do mérito. De efeito, excluiu-se da exigência do prévio requerimento administrativo pedidos em que seja notório o indeferimento pelo INSS (tese jurídica), pois nestes casos é certo que a autarquia previdenciária vai indeferir o pedido.

Outrossim, as ações de revisão de benefício previdenciário também dispensam o prévio requerimento, pois cabe ao INSS promover a revisão de ofício no exercício do dever-poder de autotutela, salvo quando haja a necessidade de alguma apreciação fática que seja ônus do segurado ou do seu dependente, a exemplo de revisão com base em decisão da

Justiça do Trabalho. Por sua vez, na sessão do dia 03 de setembro de 2014, definiu-se uma regra de transição para as ações judiciais já ajuizadas sem o prévio requerimento administrativo até o dia deste julgamento, fruto de acordo entre a Defensoria Pública da União e a Procuradoria Geral Federal

Deveras, dispensou-se o prévio requerimento nas ações intentadas em Juizados Itinerantes, justamente porque buscam segurados e dependentes em localidades mais distantes e que não possuem agência do INSS. Ademais, nas hipóteses em que o INSS apresentou contestação resistindo à pretensão posta em juízo, negando o direito do autor, dispensou-se o prévio requerimento administrativo, devendo as ações judiciais tramitar normalmente.

Nos demais casos, à exceção de teses notoriamente negadas pelo INSS e ações revisionais, o processo judicial será suspenso, sendo intimado o segurado (ou dependente) para requerer na via administrativa no prazo de 30 dias, sob pena de extinção do processo judicial sem julgamento do mérito.Uma vez formulado o pedido administrativo em 30 dias, o INSS terá 90 dias para julgá-lo, devendo este prazo ser suspenso se o segurado for notificado para juntar documentação (carta de exigências). Se negado o pleito pela autarquia previdenciária, a ação judicial voltará a correr. Caso concedido o benefício, a ação judicial será extinta sem a análise do mérito.

Na hipótese de o INSS, administrativamente, conceder parcialmente a prestação previdenciária, a ação judicial voltará a correr apenas no que concerne ao pedido controverso, devendo ser extinta sem o julgamento do mérito da parte incontroversa. Vale frisar que será considerada como data de início do benefício à data do processo judicial, existindo controvérsia não apreciada pelo STF se será a data do ajuizamento da ação ou a data da citação.

▸ **Qual o entendimento do STJ sobre o assunto?**

Com a pacificação do tema pelo STF, o STJ unificou o seu entendimento para se alinhar à Suprema Corte (1ª Turma, AgRg no AREsp 299351, de 18/11/2014 - 2ª Turma, REsp 1488940, de 18/11/2014).

Deveras, dispensou-se o prévio requerimento nas ações intentadas em Juizados Itinerantes, justamente porque buscam segurados e dependentes em localidades mais distantes e que não possuem agência do INSS.

Ademais, nas hipóteses em que o INSS apresentou contestação resistindo à pretensão posta em juízo, negando o direito do autor, dispensou-se o prévio requerimento administrativo, devendo as ações judiciais tramitar normalmente.

Nos demais casos, à exceção de teses notoriamente negadas pelo INSS e ações revisionais, o processo judicial será suspenso, sendo intimado o segurado (ou dependente) para requerer na via administrativa no prazo de 30 dias, sob pena de extinção do processo judicial sem julgamento do mérito.

Uma vez formulado o pedido administrativo em 30 dias, o INSS terá 90 dias para julgá-lo, devendo este prazo ser suspenso se o segurado for notificado para juntar documentação (carta de exigências). Se negado o pleito pela autarquia previdenciária, a ação judicial voltará a correr. Caso concedido o benefício, a ação judicial será extinta sem a análise do mérito.

Na hipótese de o INSS, administrativamente, conceder parcialmente a prestação previdenciária, a ação judicial voltará a correr apenas no que concerne ao pedido controverso, devendo ser extinta sem o julgamento do mérito da parte incontroversa.

Vale frisar que será considerada como data de início do benefício à data do processo judicial, existindo controvérsia não apreciada pelo STF se será a data do ajuizamento da ação ou a data da citação.

Por todo o exposto, pacificou-se o tema no sentido de exigir, em regra, o prévio requerimento administrativo como condição para a propositura da ação judicial contra o INSS, sob pena de extinção do processo sem o julgamento do mérito por carência de interesse-necessidade de agir.

De outro giro, **dispensou-se o prévio requerimento administrativo nas seguintes hipóteses**:

a) Tese jurídica notoriamente rejeitada pelo INSS;

b) Negativa comprovada de protocolo do pedido administrativo;

c) Nas ações de revisão de benefício previdenciário, salvo se depender de dilação probatória a cargo do segurado ou de seu dependente;

d) Apresentação de contestação de mérito pelo INSS resistindo à pretensão deduzida em Juízo;

e) Extrapolação do prazo para tomada da decisão administrativa na Agência do INSS (45 dias);

f) Ações judiciais propostas nos Juizados Itinerantes.

12. IMPENHORABILIDADE, INALIENABILIDADE E INDISPONIBILIDADE DOS BENEFÍCIOS PREVIDENCIÁRIOS

De acordo com o artigo 114, da Lei 8.213/91, tendo em vista o seu caráter alimentar, salvo quanto a valor devido à Previdência Social e a desconto autorizado por esta Lei, ou derivado da obrigação de prestar alimentos reconhecida em sentença judicial, o benefício não pode ser objeto de penhora, arresto ou sequestro, sendo nula de pleno direito a sua venda ou cessão, ou a constituição de qualquer ônus sobre ele, bem como a outorga de poderes irrevogáveis ou em causa própria para o seu recebimento.

13. COMPETÊNCIA JURISDICIONAL

O INSS tem a natureza jurídica de autarquia federal, com a função principal de gerenciar o Plano de Benefícios do RGPS. Dessa forma, em regra, as ações propostas contra o INSS serão de competência da Justiça Federal, por força do artigo 109, inciso I, da Constituição Federal.

Por se tratar de uma autarquia federal, o INSS se enquadra como entidade integrante do Poder Público, possuindo prerrogativas em Juízo, a exemplo da dispensa do depósito prévio.

▸ **Qual o entendimento do STJ sobre o assunto?**

Súmula 483 – O INSS não está obrigado a efetuar depósito prévio do preparo por gozar das prerrogativas e privilégios da Fazenda Pública.

Questão polêmica é definir a competência para julgar feito relativo ao reconhecimento da existência de união estável visando obtenção de benefício previdenciário. Entende-se que é da Justiça Federal, por existir flagrante interesse jurídico do INSS, mas há divergência jurisprudencial entre o STF e o STJ.

▸ **Qual o entendimento do STF sobre o assunto?**

Para a Suprema Corte, a competência será da Justiça Federal (RE 545.199 Agr, de 24.11.2009).

▸ **Qual o entendimento do STJ sobre o assunto?**

Para a Corte Superior, a competência será da Justiça Estadual (EDcl no AgRg no REsp 803.264-PE, Rel. Min. Og Fernandes, julgados em 30/6/2010).

Vale ressaltar que a ação poderá ser proposta contra a autarquia na Vara Federal do domicílio do beneficiário (Subseção Judiciária) ou na Vara da Capital do Estado (Seção Judiciária), cabendo ao segurado ou ao seu dependente a escolha.

▸ **Qual o entendimento do STF sobre o assunto?**

Súmula 689 – O segurado pode ajuizar ação contra a instituição previdenciária perante o juízo federal do seu domicílio ou nas varas federais da Capital do Estado-Membro.

▸ **Importante!**

Entretanto, as **ações acidentárias** propostas contra o INSS, ou seja, com causa de pedir consistente em acidente de trabalho, moléstia ocupacional ou evento equiparado, serão de **competência originária da Justiça Estadual.**

Isso porque a parte final do inciso I, do artigo 109, da Constituição Federal, excluiu expressamente as ações decorrentes de acidente de trabalho da competência da Justiça Federal, inclusive as ações revisionais de benefícios acidentários.

▸ **Qual o entendimento do STF sobre o assunto?**

Súmula 501 - "Compete à justiça ordinária estadual o processo e o julgamento, em ambas as instâncias, das causas de acidente do trabalho, ainda que promovidas contra a União, suas autarquias, empresas públicas ou sociedades de economia mista".

▸ **Como esse assunto foi cobrado em concurso?**

No concurso do CESPE para Defensor Público da Bahia em 2010, foi considerado correto o seguinte enunciado: Compete à justiça comum dos estados processar e julgar as ações acidentárias, as propostas, pelo segurado, contra o INSS, visando a benefício e aos serviços previdenciários correspondentes a acidente do trabalho. Por outro lado, no concurso para Procurador do Município de Natal em 2008, foi considerado errado o seguinte enunciado: Compete à justiça federal processar e julgar os litígios decorrentes de acidente do trabalho.

Todavia, na hipótese de mandado de segurança contra autoridade do INSS, mesmo que a causa de pedir seja decorrente de acidente de trabalho, a competência para o seu julgamento permanecerá na Justiça Federal, pois prevalece a competência funcional para o julgamento do *writ*.

> **Qual o entendimento do STJ sobre o assunto?**
>
> "CONFLITO NEGATIVO DE COMPETÊNCIA. PREVIDENCIÁRIO. MANDADO DE SEGURANÇA. RESTABELECIMENTO DE BENEFÍCIO ACIDENTÁRIO. **OBSERVÂNCIA DA QUALIFICAÇÃO DA AUTORIDADE IMPETRADA**. ATOS DE MÉDICO PERITO E DO SUPERINTENDENTE DO INSS. **COMPETÊNCIA DO JUÍZO DA JUSTIÇA FEDERAL**" (Conflito de Competência 123.518, julgado pela 1ª Seção e publicado em 19.09.2012).

Por sua vez, a Justiça Estadual também poderá julgar causas previdenciárias não acidentárias por **delegação de competência**, sendo investida de jurisdição federal, quando for conveniente ao segurado ou ao seu dependente.

> **Importante!**
>
> De acordo com o artigo 109, §3º, da Constituição Federal, serão processadas e julgadas na Justiça Estadual, no foro do domicílio dos segurados ou beneficiários, as causas em que forem parte instituição de previdência social e segurado, sempre que a comarca não seja sede de vara do juízo federal, e, se verificada essa condição, a lei poderá permitir que outras causas sejam também processadas e julgadas pela Justiça Estadual.

Esta hipótese de delegação de competência obviamente abarca não só as ações propostas pelos segurados contra o INSS, mas também as intentadas por seus dependentes, que se enquadram como beneficiários, se na sede da comarca inexistir vara federal.

Como não se trata de competência originária, mas de mera delegação, os **recursos** não serão direcionados ao Tribunal de Justiça, e sim ao **Tribunal Regional Federal** da respectiva Região.

Importante destacar que **a Justiça Estadual não poderá adotar o rito dos Juizados Especiais Federais**, nem poderá delegar os processos aos Juizados Estaduais, na forma do artigo 20, da Lei 10.259/01.

> **Como esse assunto foi cobrado em concurso?**
>
> No concurso do CESPE para Juiz Federal da 5ª Região em 2009, foi considerado errado o seguinte enunciado: À causa previdenciária de pequeno valor que tramita perante a justiça estadual, por delegação de competência, aplicam-se as disposições da lei que trata dos juizados especiais federais.

Outrossim, a criação de Juizado Especial Federal em localidade que não era dotada de Vara Federal não gera a remessa dos processos em curso, que continuarão a tramitar na Justiça Estadual, por força de determinação contida no artigo 25, da Lei 10.259/2001.

Por fim, vale frisar que a Justiça do Trabalho não tem competência para analisar pedido de concessão ou revisão de benefício previdenciário de qualquer natureza, mesmo que decorrente de acidente de trabalho, mas apenas de executar, de ofício, as contribuições previdenciárias e seus acréscimos legais, decorrentes das sentenças que proferir, na forma do artigo 114, inciso VIII, da Constituição Federal.

> **Como esse assunto foi cobrado em concurso?**
>
> No concurso do CESPE para Procurador do Estado de Alagoas em 2008, foi considerado errado o seguinte enunciado: Com o advento da EC n.º 45/2004, a competência para o processo e julgamento de ações judiciais em que se pleiteie a concessão do benefício previdenciário denominado auxílio-acidente passou a ser da justiça do trabalho. Por outro lado, no concurso para Juiz Federal da 5ª Região em 2009, foi considerado errado o seguinte enunciado: Compete à justiça federal, e não à justiça do trabalho, a execução das contribuições previdenciárias relativas ao objeto da condenação constantes das sentenças proferidas pela justiça trabalhista.

14. QUESTÕES PROCESSUAIS DOS JUIZADOS FEDERAIS

A esmagadora maioria das ações que tramitam contra o INSS na Justiça Federal é de competência dos Juizados Especiais Federais, que possui regramento específico dado pela Lei 10.259/2001, aplicando-se supletivamente, no que for compatível, a Lei 9.099/95.

O seu **principal critério de competência** é o **valor da causa**, fixado em até **60 salários mínimos**, ***que tem natureza absoluta***, assim considerado o valor do salário mínimo em vigor na data da propositura da ação, nos termos do enunciado 15, do FONAJEF – Fórum Nacional dos Juizados Federais.

Logo, quando o valor da causa for superior a 60 salários mínimos, os Juizados Federais serão absolutamente incompetentes para o julgamento do feito. Se pretender ver o seu processo tramitando nesse rito, deverá o autor renunciar expressamente ao excedente ao valor da alçada, sob pena de extinção do processo, sem o julgamento do mérito, a teor do artigo 51, III, da Lei 9.099/95.

▸ Qual o entendimento da TNU sobre o assunto?

De acordo com a Súmula 17, da TNU, "não há renúncia tácita no Juizado Especial Federal, para fins de competência", bem como "não cabe renúncia sobre parcelas vincendas para fins de fixação de competência nos Juizados Especiais Federais", nos moldes do enunciado 17, do FONAJEF.

▸ Como esse assunto foi cobrado em concurso?

No concurso do CESPE para Juiz Federal da 5ª Região em 2009, foi considerado errado o seguinte enunciado: Para fins de competência, o simples fato de a demanda ter sido ajuizada no juizado especial federal presume a renúncia tácita dos valores excedentes à quantia de sessenta salários mínimos.

Na hipótese de benefícios previdenciários, em que normalmente são postuladas parcelas vencidas e vincendas por tempo indeterminado, o valor da causa deverá ser calculado de acordo com o artigo 260, do CPC, sendo somadas as parcelas vencidas com doze vincendas.

▸ Qual o entendimento do STJ sobre o assunto?

De acordo com o Superior Tribunal de Justiça, no julgamento do AgRg no REsp 1.209.914, de 03/02/2011, "nos casos de litisconsórcio ativo, o valor da causa para fixação da competência é calculado dividindo-se o valor total pelo número de litisconsorte".

Independentemente do valor, também não terão os Juizados Federais competência para julgar as causas arroladas no artigo 3º, §1º, da Lei 10.259/2001.

No rito dos Juizados Federais, em favor do **Poder Público, não haverá prazos diferenciados nem reexame necessário** das decisões proferidas contra as pessoas jurídicas de direito público.

> **Como esse assunto foi cobrado em concurso?**
>
> No concurso do CESPE para Juiz Federal da 1ª Região em 2009, foi considerado errado o seguinte enunciado: Nas causas de competência do juizado especial federal cível, não haverá reexame necessário, salvo quando envolverem matéria previdenciária. Outrossim, nesse certame foi considerado errado o seguinte enunciado: Nos processos que tramitem perante o juizado especial federal cível, a lei ordinária fixa prazo diferenciado para a prática de atos processuais pelo INSS, inclusive quanto à interposição de recursos, sendo que a citação para audiência de conciliação deverá ser efetuada com antecedência mínima de trinta dias.

Da mesma forma, majoritariamente, vem se entendendo não ser cabível recurso adesivo e ação rescisória no rito dos Juizados Federais, conforme os enunciados 59 e 44, do FONAJEF.

O Juiz poderá, de ofício ou a requerimento das partes, deferir **medidas cautelares** no curso do processo, para evitar dano de difícil reparação, impugnáveis via **recurso inominado**. Na prática, normalmente não são concedidas liminares cautelares, e sim satisfativas, inclusive de ofício.

> **Como esse assunto foi cobrado em concurso?**
>
> No concurso do CESPE para Juiz Federal da 1ª Região em 2009, foi considerado errado o seguinte enunciado: Para evitar dano de difícil reparação, o juiz poderá, de ofício ou a requerimento das partes, deferir medidas cautelares no curso do processo, salvo quando estiver diante de questão previdenciária, como o cancelamento ou a suspensão indevida de benefício promovido pela autarquia previdenciária.

Quando as decisões não são impugnáveis via recurso, a exemplo da decisão de incidente processual na execução do julgado, deverá a parte prejudicada interpor mandado de segurança para a respectiva

Turma Recursal (órgão *ad quem*), conforme entendimento consolidado do STJ (EDROMS 200501035527, de 09.02.2010).

As restrições de liminares contra o Poder Público, previstas na Lei 8.437/92, validadas pelo STF no julgamento de ação declaratória de constitucionalidade nº 04, não são aplicáveis em demandas previdenciárias.

> **Qual o entendimento do STF sobre o assunto?**
>
> Súmula 729- A decisão na ADC-4 não se aplica à antecipação de tutela em causa de natureza previdenciária.

Vale ressaltar que os representantes judiciais da União, autarquias, fundações e empresas públicas federais, ficam autorizados a **conciliar, transigir ou desistir**, nos processos da competência dos Juizados Especiais Federais, com base no artigo 10, da Lei 10.259/2001.

No âmbito da Advocacia-Geral da União, o tema foi regulamentado pela Portaria 109/2007, especialmente em seu artigo 3º:

> "Art. 3° A transação ou a não interposição ou desistência de recurso poderá ocorrer quando:
>
> I - houver erro administrativo reconhecido pela autoridade competente ou, quando verificável pela simples análise das provas e dos documentos que instruem a ação, pelo advogado ou procurador que atua no feito, mediante motivação adequada; e
>
> II - inexistir controvérsia quanto ao fato e ao direito aplicado".

Logo, quando o Procurador Federal presentante do INSS verificar, de maneira indubitável, após a análise processual, a falha administrativa da autarquia federal, poderá propor conciliação ou não interpor recurso contra a decisão.

Vale salientar que a apresentação de proposta de acordo pelo réu não induz em confissão, nos moldes do enunciado 76, do FONAJEF.

A sentença proferida nos Juizados Especiais poderá ser impugnada por recurso inominado, quando antes não for cabível os embargos de declaração, nas hipóteses de omissão, contradição ou obscuridade, cuja interposição *suspende* (não interrompe) o prazo de interposição do recurso inominado, a teor do artigo 50, da Lei 9.099/95.

Ademais, **as sentenças serão necessariamente líquidas**, conforme exige o artigo 52, inciso I, da Lei 9.099/95, sob pena de nulidade.

▸ **Qual o entendimento da TNU sobre o assunto?**

"Não basta que a sentença seja exeqüível, uma vez que o procedimento aqui adotado exige que a sentença já consigne o valor da condenação, no que se refere ao valor do benefício concedido e das parcelas vencidas e vincendas, se for o caso, pois não haverá a fase de liquidação do julgado. 2 – Recurso do INSS provido. 3 – Sentença anulada"(PEDILEF 2003.38.00.702046-2, de 05.04.2003).

Admitir a prolação de sentenças ilíquidas nos Juizados Federais é atentar contra texto expresso de lei, bem como violar o Princípio da Celeridade. Demais disso, muitas vezes apenas na liquidação se descobre que a causa era, de fato, superior a 60 salários mínimos, não devendo tramitar sob o rito "sumaríssimo".

Em razão da celeridade do procedimento, não será cabível a intervenção de terceiros ou a assistência, a teor do enunciado 14, do FONAJEF.

Os recursos contra a sentença serão julgados pela Turma Recursal respectiva, formada por três juízes federais, que poderão manter a sentença, reformá-la ou anulá-la, total ou parcialmente.

De acordo com o enunciado 29, do FONAJEF, "cabe ao Relator, monocraticamente, atribuir efeito suspensivo a recurso, bem assim lhe negar seguimento ou dar provimento nas hipóteses tratadas no art. 557, caput e § 1-A, do CPC, e quando a matéria estiver pacificada em súmula da Turma Nacional de Uniformização, enunciado de Turma Regional ou da própria Turma Recursal".

Caso a decisão tomada pelo colegiado referente ao **direito material** divirja de outra Turma Recursal, poderá a parte prejudicada oferecer **pedido de uniformização de jurisprudência**.

De acordo com a TNU, "os Juizados Especiais orientam-se pela simplicidade e celeridade processual nas vertentes da lógica e da política judiciária de abreviar os procedimentos e reduzir os custos. Diante da divergência entre decisões de Turma Recursais de regiões diferentes, o pedido de uniformização tem a natureza jurídica de recurso, cujo julgado, portanto, modificando ou reformando, substitui a decisão ensejadora do pedido. A decisão constituída pela Turma de Uniformização servirá para fundamentar o juízo de retratação das ações com o processamento sobrestado ou para ser declarada a prejudicialidade dos recursos interpostos" (Questão de Ordem 01, de 12.11.2002).

Caso o acórdão paradigma seja oriundo de Turma Recursal da mesma Região, competirá à Turma Regional de Uniformização unificar a jurisprudência. Caso contrário, o pedido de uniformização será julgado pela Turma Nacional de Uniformização.

Também competirá à TNU o julgamento de divergência de entendimento sobre questão de direito material entre Turmas Recursais da mesma região, caso se trate de decisão proferida em contrariedade a súmula ou jurisprudência dominante do STJ.

▸ **Importante!**

Por tudo isso, **questões meramente processuais não serão objeto de pedido de uniformização.**

▸ **Como esse assunto foi cobrado em concurso?**

No concurso do CESPE para Juiz Federal da 1ª Região em 2009, foi considerado errado o seguinte enunciado: Quando a orientação acolhida pela turma de uniformização, em questões de direito material **ou processual**, incluídas as matérias previdenciárias, contrariar súmula ou jurisprudência dominante no STJ, a parte interessada poderá provocar a manifestação do STJ, que dirimirá a divergência.

▸ **Qual o entendimento da TNU sobre o assunto?**

Súmula 07 – Descabe incidente de uniformização versando sobre honorários advocatícios por se tratar de questão de direito processual.

Ademais, quando a orientação acolhida pela Turma Nacional de Uniformização, em questões de direito material, contrariar súmula ou jurisprudência dominante no Superior Tribunal de Justiça, a parte interessada poderá provocar a manifestação deste, que dirimirá a divergência.

Há uma grande dificuldade de um incidente de uniformização ser conhecido, quando se trata de questões concretas peculiares. É que será preciso demonstrar a divergência entre Turmas Recursais apontando um julgado paradigma, que muitas vezes considera questões específicas do caso.

De efeito, a TNU vem sendo muito rígida na admissão dos incidentes de uniformização, exigindo identidade de situações fáticas, o que em alguns casos é impossível, a exemplo da aposentadoria por idade rural e dos benefícios por incapacidade, nas hipóteses em que é preciso verificar os documentos comprobatórios do início de prova material e as peculiaridades da suposta incapacidade, respectivamente.

De acordo com a TNU, "é possível o não conhecimento do pedido de uniformização por decisão monocrática quando o acórdão recorrido não guarda similitude fática e jurídica com o acórdão paradigma" (questão de Ordem 22, de 26.10.2006).

Ressalte-se que as decisões tomadas pelas Turmas Recursais também poderão ser vergastadas através do recurso extraordinário, uma vez demonstrada a sua repercussão geral e umas das hipóteses de conhecimento contidas no artigo 102, incido III, da Constituição, não sendo cabível recurso especial por carência de previsão constitucional.

15. HONORÁRIOS ADVOCATÍCIOS NAS AÇÕES PREVIDENCIÁRIAS

▸ **Qual o entendimento do STJ sobre o assunto?**

De acordo com a **Súmula 111, do STJ, "os honorários advocatícios, nas ações previdenciárias, não incidem sobre prestações vincendas após a sentença".**

Assim, a base de cálculo sobre a qual incidirá o percentual fixado pelo julgador a título de honorários advocatícios, deverá se limitar às parcelas devidas até a data de prolação da decisão, com exclusão das posteriores.

▸ **Como esse assunto foi cobrado em concurso?**

No concurso do CESPE para Juiz Federal da 1ª Região em 2011, foi considerado correto o seguinte enunciado: O cálculo da verba de honorários advocatícios nas ações previdenciárias incide apenas sobre as prestações vencidas até a prolação da sentença que julgar total ou parcialmente procedente o pedido, excluindo-se, assim, as vincendas.

É bom lembrar que as condenações perpetradas em 1º grau nos Juizados Federais não abarcarão os honorários advocatícios, mas apenas as de 2º grau, por força do artigo 55, da Lei 9.099/05.

16. AÇÃO CIVIL PÚBLICA PREVIDENCIÁRIA

Tema dos mais controversos é definir se é possível a propositura de ação civil pública contra o INSS veiculando objeto ligado aos benefícios previdenciários, especialmente a sua concessão e revisão, tendo em vista o constante ajuizamento de ações dessa natureza pelo Ministério Público Federal.

Por força do artigo 127, da Constituição Federal de 1988, o Ministério Público apenas poderá veicular ação civil pública com o desiderato de proteger direitos individuais homogêneos indisponíveis.

Daí o correto entendimento sustentado por parte da jurisprudência no sentido de que não é possível a propositura de ação civil pública contra o INSS pelo Ministério Público, por veicular direitos individuais homogêneos disponíveis, inexistindo relação de consumo.

Todavia, uma ação civil pública poderá gerar grande economia processual e evitar a propositura de milhares ou milhões de ações contra o INSS, sendo este o objetivo da norma, que busca a tutela molecular do direito e não atômica.

▸ **Qual o entendimento do STJ sobre o assunto?**

Não há entendimento uniformizado no STJ a respeito. Em 01.12.2009, entendeu a 5ª Turma do STJ pela ilegitimidade ativa do órgão ministerial para propor ação civil pública previdenciária, no julgamento do recurso especial 766.541. Entretanto, no dia 07.12.2010, a 5ª Turma do STJ mudou inteiramente de posicionamento, no julgamento do recurso especial 1.142.630, passando a admitir a ação civil pública previdenciária. Sucede que a 6ª Turma não a vem admitindo, a exemplo do julgamento do AgRg no recurso especial 901.572, de 22.09.2009.

Qual o entendimento do STF sobre o assunto?

Certamente o que motivou a mudança de entendimento da 5ª Turma do STJ foi a decisão tomada pela 2ª Turma do STF, ao julgar o agravo regimental no agravo de instrumento 516.419, em 16.11.2010, de relatoria do Ministro Gilmar Mendes, em que a Suprema Corte reconheceu a legitimidade ativa do Ministério Público para propor ação para concessão/revisão de benefício previdenciário contra o INSS, por se tratar de interesse individual homogêneo com evidente relevo social, **sendo esta a posição de prova objetiva**. O mesmo posicionamento foi tomado pela 1ª Turma do STF, no julgamento do RE 475.010 AGR, de 02.08.2011, que admitiu uma ação civil pública proposta pelo Ministério Público Federal para a concessão de aposentadorias em favor de rurícolas.

Como esse assunto foi cobrado em concurso?

No concurso do CESPE para Juiz Federal da 1ª Região em 2011, foi considerado errado o seguinte enunciado: O MP não tem legitimidade para propor ação civil pública que veicule pretensões relativas a benefícios previdenciários.

Capítulo 11

Regras gerais dos Regimes Próprios de Previdência Social

1. DISPOSIÇÕES INICIAIS

Este Capítulo objetiva apenas analisar as normas gerais dos regimes de previdência social dos servidores públicos efetivos da União, dos estados, do Distrito Federal e dos municípios, assim como dos militares dos estados e do Distrito Federal, intitulados de **Regimes Próprios de Previdência Social**, cuja base normativa fundamental se encontra no **artigo 40, da Constituição Federal**, com as alterações e adições promovidas pelas Emendas Constitucionais 03/1993, 20/1998, 41/2003 e 47/2005.

Não serão abordados neste Capítulo os planos de benefícios em espécie dos RPPS's das entidades políticas, mas apenas as regras gerais, postas pela Constituição Federal e pelas Leis 9.717/98 e 10.887/04, que sofrem regulamentação pela Portaria 402/2008, da lavra do Ministério da Previdência Social, bem como pela Orientação Interna MPS/SPS 02/2009.

Ou seja, ao lado do artigo 40, da Constituição Federal, as Leis 9.717/98 e 10.887/04 traçam as regras gerais dos Regimes Próprios de Previdência Social, a serem obrigatoriamente observadas pela própria União, estados, Distrito Federal e municípios na instituição dos seus RPPS's por leis específicas, sob pena de inconstitucionalidade formal, por violação ao regramento geral.

Entretanto, ainda sobra muito espaço aos entes políticos, que deverão deliberar sobre vários temas, a exemplo dos seguintes:

- Aquisição e perda da qualidade de segurado;
- Indicação dos dependentes dos segurados;
- Inclusão de novos benefícios além dos previstos na Constituição Federal (aposentadorias e pensões), a exemplo do salário-família e do auxílio-reclusão, desde que haja um paralelo no RGPS, conforme restrição do artigo 5º, da Lei 9.717/98;
- Regulamentação do custeio do RPPS, como a definição da contribuição previdenciária do ente público, dos servidores efetivos, dos militares, dos aposentados e dos pensionistas;
- Definição do órgão gestor do RPPS.

Impende salientar que as normas estaduais, distritais e municipais editadas anteriormente à Lei 9.717/98 e 10.887/04 tornaram-se ineficazes no que for incompatível, por força do artigo 24, §4º, da Constituição Federal.

É que no interregno entre a promulgação da Constituição de 1988 e a edição das referidas normas gerais sobre Regimes Próprios, os demais entes políticos gozavam de competência legislativa plena, visando atender suas peculiaridades, ante a mora da União.

O Regime Próprio de Previdência Social – RPPS é o regime de previdência, estabelecido no âmbito da União, dos Estados, do Distrito Federal e dos Municípios que assegura, por lei, aos servidores titulares de cargos efetivos, pelo menos, os benefícios de aposentadoria e pensão por morte previstos no art. 40 da Constituição Federal.

Ressalte-se que o **Certificado de Regularidade Previdenciária – CRP**, a ser expedido pelo Ministério da Previdência Social, instituído pelo Decreto nº 3.788/01, atestará o cumprimento pelos Estados, Distrito Federal e Municípios, dos critérios e exigências estabelecidos na Lei nº 9.717/98 e na Lei nº 10.887/04.

▸ Importante!

De acordo com a cabeça do artigo 40 da Constituição, aos servidores titulares de cargos **efetivos** da União, dos Estados, do Distrito Federal e dos Municípios, incluídas suas autarquias e fundações, é assegurado regime de previdência de caráter **contributivo e solidário**, mediante **contribuição do respectivo ente público, dos servidores ativos e inativos e dos pensionistas**, observados critérios que preservem o **equilíbrio financeiro e atuarial**.

Considera-se **equilíbrio financeiro** a garantia de equivalência entre as receitas auferidas e as obrigações do RPPS em cada exercício financeiro, ao passo que **equilíbrio atuarial** a garantia de equivalência, a valor presente, entre o fluxo das receitas estimadas e das obrigações projetadas, apuradas atuarialmente, a longo prazo, devendo os RPPS passar por avaliações e reavaliações atuariais com o objetivo de dimensionar os compromissos do Plano de Benefícios e estabelecer o Plano de Custeio para a observância do equilíbrio financeiro e atuarial.

É vedado o pagamento de benefícios, mediante convênios ou consórcios entre Estados, entre Estados e Municípios e entre Municípios, por força do artigo 1º, inciso V, da Lei 9.717/98.

▸ Importante!

Por força da Emenda Constitucional 20/98, ao servidor ocupante, exclusivamente, de cargo em comissão declarado em lei de livre nomeação e exoneração, bem como de outro cargo temporário ou de emprego público, aplicar-se-á o Regime Geral de Previdência Social.

▸ Qual o entendimento do STF sobre o assunto?

"O sistema previdenciário dos ocupantes de cargos comissionados foi regulado pela Lei 8.647/1993. Posteriormente, com a EC 20/1998, o art. 40, § 13, da CF determinou a filiação obrigatória dos servidores sem vínculo efetivo ao regime geral de previdência. Como os detentores de cargos comissionados desempenham função pública a título precário, sua situação é incompatível com o gozo de quaisquer benefícios que lhes confira vínculo de caráter permanente, como é o caso da aposentadoria. Inadmissível, ainda, o entendimento segundo o qual, à míngua de previsão legal, não se deva exigir o preenchimento de requisito algum para a fruição da aposentadoria por parte daqueles que desempenham a função pública a título precário, ao passo que, para os que mantêm vínculo efetivo com a administração, exige-se o efetivo exercício no cargo por cinco anos ininterruptos ou dez intercalados (art. 193 da Lei 8.112/1990)." (RMS 25.039, Rel. Min. Joaquim Barbosa, julgamento em 14-2-2006, Segunda Turma, *DJE* de 18-4-2008.)

▸ Como esse assunto foi cobrado em concurso?

No concurso do CESPE para Analista Executivo da SEGER-ES em 2013, foi considerado errado o seguinte enunciado: A CF faculta a filiação ao RGPS ou ao respectivo RPPS aos servidores da União, de estado, do Distrito Federal ou de município que ocupem, exclusivamente, cargo em comissão, cargo temporário ou emprego público.

De efeito, em termos de RPPS, a competência legislativa é concorrente, competindo a União editar normas gerais, cabendo aos demais entes políticos instituir os seus respectivos regimes de previdência para os servidores públicos efetivos e militares.

Todavia, não poderá a União legislar sobre temas que interfiram na competência das demais pessoas políticas, como aparentemente ocorreu no artigo 9º, da Lei 9.717/98, que subordinou os Estados, Distrito Federal e Municípios ao Ministério da Previdência Social, inclusive possibilitando a imposição de penalidades como a suspensão das transferências voluntárias devidas pela União, das compensações previdenciárias e dos empréstimos e financiamentos por instituições financeiras federais, a teor do seu artigo 7º.

▸ Qual o entendimento do STF sobre o assunto?

Nesse sentido, o STF (ACO-TAR 830, de 29.10.2007), Relator Ministro Marco Aurélio analisou a inconstitucionalidade do artigo 9º, da Lei 9.717/98, entendendo que houve quebra de autonomia dos estados, Distrito Federal e municípios, pois os subordinou ao Ministério da Previdência Social, havendo clara ingerência administrativa indevida, afastando o dispositivo liminarmente no caso concreto, em ação proposta pelo Estado do Paraná e pela Paranaprevidência. Com propriedade, liminarmente, entendeu a Suprema Corte que a União ultrapassou a sua competência para editar normas gerais sobre a previdência dos servidores públicos, determinando a expedição do Certificado de Regularidade Previdenciário pelo MPS e dos respectivos repasses a título de compensação previdenciária.

▸ **Importante!**

Na hipótese de municípios que não instituíram o seu RPPS, os seus servidores efetivos vinculam-se obrigatoriamente ao RGPS, na condição de segurados empregados, sendo a entidade política enquadrada como empresa para fins previdenciários.

▸ **Importante!**

Frise-se que apenas será possível a criação de um RPPS por cada entidade política, havendo apenas uma unidade gestora, conforme determina o artigo 40, §20, da Constituição Federal, ressalvados os militares federais.

▸ **Como esse assunto foi cobrado em concurso?**

No concurso do CESPE para Procurador do Estado de Pernambuco em 2009, foi considerado errado o seguinte enunciado: É vedada a existência de mais de um regime próprio de previdência social para os servidores titulares de cargos efetivos, permitindo-se, no entanto, a criação de mais de uma unidade gestora do respectivo regime em cada ente estatal. Já no concurso do CESPE para Juiz Federal da 1ª Região em 2009, foi considerado correto o seguinte enunciado: A CF veda expressamente a existência de mais de um regime próprio de previdência social para os servidores titulares de cargos efetivos.

Entende-se por *unidade gestora* a entidade ou órgão integrante da estrutura da Administração Pública de cada ente federativo, que tenha por finalidade a administração, o gerenciamento e a operacionalização do RPPS, incluindo a arrecadação e gestão de recursos e fundos previdenciários, a concessão, o pagamento e a manutenção dos benefícios, facultada aos entes federativos a constituição de fundos integrados de bens, direitos e ativos com finalidade previdenciária.

Na esfera federal, essa unidade gestora será composta por um colegiado, com participação paritária de representantes e servidores dos Poderes da União, cabendo-lhes acompanhar e fiscalizar a sua administração.

▸ **Importante!**

Há uma tendência política de aproximar as normas dos Regimes Próprios às do Regime Geral de Previdência Social, sendo esse movimento visível na redação do §12, do artigo 40, da CRFB, ao prever que **o regime de previdência dos servidores públicos titulares de cargo efetivo observará, no que couber, os requisitos e critérios fixados para o regime geral de previdência social.** Logo, em caso de omissão, se houver compatibilidade, foi autorizada pela Constituição a utilização das normas das Leis 8.212/91 e 8.213/91 ao RPPS.

O artigo 94, da Lei 8.213/91, assegura a contagem ao RPPS do tempo de contribuição prestado no RGPS e vice-versa (contagem recíproca). Contudo, não será considerado no RPPS o tempo de contribuição do contribuinte individual que trabalhe por conta própria e do segurado facultativo que recolham 11% ou 5% sobre o salário mínimo, salvo se houver a complementação com os encargos legais, bem como o período prestado pelo trabalhador rural antes da Lei 8.213/91, salvo se indenizado, nos termos nos termos do artigo 127, V, do RPS.

▸ **Qual o entendimento do STJ sobre o assunto?**

A jurisprudência da Terceira Seção do Superior Tribunal de Justiça é firme no sentido de que ser imperiosa a indenização ao Regime Geral de Previdência Social do período exercido na atividade rural, anterior à filiação obrigatória, para cômputo em regime próprio de servidor público (AGREsp 958.190, de 04.08.2008).

▸ **Como esse assunto foi cobrado em concurso?**

No concurso do CESPE para Procurador do Estado de Pernambuco em 2009, foi considerado errado o seguinte enunciado: O STJ firmou a compreensão de que não é exigível a indenização, ao regime geral de previdência social, do período exercido na atividade rural, anterior à filiação obrigatória, para cômputo em regime estatutário.

▸ **Importante!**

O tempo de contribuição federal, estadual ou municipal será contado para efeito de aposentadoria e o tempo de serviço correspondente para efeito de disponibilidade, sendo **vedada qualquer contagem de tempo de contribuição fictício**.

▸ **Como esse assunto foi cobrado em concurso?**

No concurso do CESPE para Técnico do TRT do Rio Grande do Norte em 2010, foi considerado correto o seguinte enunciado: No que se refere ao regime de previdência de caráter contributivo e solidário assegurado aos servidores públicos, o tempo de contribuição federal, estadual ou municipal será contado para efeito de aposentadoria, e o tempo de serviço correspondente, para efeito de disponibilidade.

▸ **Qual o entendimento do STF sobre o assunto?**

A vedação à contagem do tempo de contribuição ficto foi instituída pela Emenda 20/1998, não tendo eficácia retroativa de acordo com o STF: "De acordo com a orientação firmada neste Tribunal, o servidor que completou o tempo de serviço para usufruir da licença-prêmio em momento anterior à vigência da EC 20/1998, e não o fez, tem direito a computar em dobro o tempo correspondente à licença para fins de aposentadoria." (AI 725.444-AgR, Rel. Min. Joaquim Barbosa, julgamento em 7-2-2012, Segunda Turma, *DJE* de 23-2-2012.)

Por sua vez, caso o servidor busque a averbação de tempo de serviço prestado em empresas públicas e sociedades de economia mista, este período será apenas considerado para fins de aposentadoria e disponibilidade, haja vista se tratar de tempo prestado à pessoa jurídica de direito privado, conquanto integrante da Administração Pública Indireta.

▸ **Qual o entendimento da TNU sobre o assunto?**

"Súmula 69- O tempo de serviço prestado em empresa pública ou em sociedade de economia mista por servidor público federal somente pode ser contado para efeitos de aposentadoria e disponibilidade".

▸ **Qual o entendimento do STJ sobre o assunto?**

Este também é o posicionamento do STJ, a afirmar que "não deve ser computado, para fins de percepção de gratificações ou adicionais, o tempo de serviço prestado anteriormente em sociedade de economia mista, dada a natureza privada dessa atividade" (ROMS 10.717, de 16/03/2000).

Na forma do artigo 123, parágrafo único, combinado com o artigo 127, V, ambos do RPS, para fins de *contagem recíproca*, ou seja, de consideração em RPPS, **o tempo de serviço prestado pelo trabalhador rural anteriormente à competência novembro de 1991 será reconhecido apenas de houver indenização ao INSS.**

A União, os Estados, o Distrito Federal e os Municípios publicarão, até 30 dias após o encerramento de cada bimestre, demonstrativo financeiro e orçamentário da receita e despesa previdenciárias acumuladas no exercício financeiro em curso.

> ▸ **Como esse assunto foi cobrado em concurso?**
>
> No concurso do CESPE para Procurador do Estado de Pernambuco em 2009, foi considerado errado o seguinte enunciado: A União, os estados, o DF e os municípios publicarão, até sessenta dias após o encerramento de cada trimestre, demonstrativo financeiro e orçamentário da receita e despesa previdenciárias acumuladas no exercício financeiro em curso.

2. SEGURADOS

São segurados do RPPS os servidores titulares de cargo de provimento efetivo, bem como os militares estaduais e distritais, sendo que a cessão de servidor ou militar dos Estados e do Distrito Federal (com ou sem ônus) não o retira do seu RPPS.

> ▸ **Importante!**
>
> Ou seja, desde a Emenda 20/1998, foram excluídos do RPPS os ocupantes de cargo em comissão sem vínculo efetivo, os titulares de mandato eletivo, os contratados por regime especial por excepcional interesse público e os empregados públicos.

> ▸ **Como esse assunto foi cobrado em concurso?**
>
> No concurso do CESPE para Juiz Federal da 1ª Região em 2009, foi considerado correto o seguinte enunciado: O RGPS será aplicado aos servidores que, de forma exclusiva, ocupem cargo em comissão, declarado em lei de livre nomeação e exoneração, bem como emprego público ou outro cargo temporário.

Na esfera federal, os titulares de cargo em comissão já eram vinculados ao RGPS desde o advento da Lei 8.647/93, o que foi estendido aos demais entes políticos pela referida reforma constitucional.

No caso dos militares da União, serão aplicáveis as disposições da Lei 6.880/80, que aprovou o Estatuto dos Militares, e não da Lei 9.717/98.

3. CONTRIBUIÇÕES PREVIDENCIÁRIAS

O custeio dos Regimes Próprios é feito por contribuições previdenciárias dos servidores públicos efetivos e dos militares, assim como dos recursos das respectivas entidades políticas, devendo ser observados critérios que preservem o equilíbrio financeiro e atuarial do sistema.

Com o advento da Emenda Constitucional 41/2003, o artigo 40 da Constituição Federal foi alterado a fim de permitir a incidência de contribuições previdenciárias a serem pagas pelos aposentados e pensionistas do RPPS, tendo em vista que apenas com o advento da Emenda 03/1993 todos os servidores (ativos) passaram a contribuir ao sistema.

▸ Importante!

De efeito, há autorização constitucional para que os aposentados e pensionistas do RPPS paguem contribuições previdenciárias sobre os seus proventos e pensões, mas apenas sobre a parcela que exceda ao teto do RGPS, com a mesma alíquota dos ativos.

Assim sendo, os beneficiários de aposentadorias e pensões em RPPS cuja renda não ultrapasse o teto do salário de contribuição do RGPS têm **imunidade** ao pagamento dos referidos tributos. Na hipótese de aposentado ou pensionista **portador de doença incapacitante**, apenas incidirá a contribuição previdenciária sobre o seu benefício se ele ultrapassar o **dobro** do teto do RGPS (imunidade dobrada), nos termos do artigo 40, §21, da Constituição.

▸ Qual o entendimento do STF sobre o assunto?

De acordo com decisão tomada pelo STF, no julgamento da Suspensão de Segurança AGR 3.679, de 04.02.2010, "enquanto não editada a lei a que se refere o § 21 do art. 40 da CF/88, vigem os diplomas estaduais que regem a matéria, que só serão suspensos se, e no que, forem contrários à lei complementar nacional".

▸ Como esse assunto foi cobrado em concurso?

No concurso do CESPE para Juiz Federal da 1ª Região em 2009, foi considerado correto o seguinte enunciado: Incide contribuição, com alíquota igual à estabelecida para os servidores titulares de cargos efetivos, sobre os proventos de aposentadorias e pensões concedidas pelo regime próprio dos servidores públicos que superarem o dobro do limite máximo estabelecido para os benefícios do RGPS, quando o beneficiário for portador de doença incapacitante, na forma da lei.

Vale destacar que a reforma constitucional não instituiu diretamente a contribuição dos inativos e pensionistas, mas apenas autorizou a sua cobrança, cabendo aos entes políticos fazê-lo por lei ordinária, observado o Princípio da Anterioridade Nonagesimal.

▸ Qual o entendimento do STF sobre o assunto?

O tema foi levado ao Supremo Tribunal Federal (ADI 3.105, de 18.08.2004), que validou a instituição de contribuições previdenciárias sobre aposentadorias e pensões dos beneficiários dos RPPS's, confirmando a Suprema Corte a inexistência de direito adquirido, de modo que todos devem se sujeitar ao novo regramento, inclusive aqueles já beneficiários de aposentadorias e pensões na data de vigência da reforma constitucional.

O STF apenas pronunciou a inconstitucionalidade de parte dos incisos I e II, do artigo 4º, da Emenda 41/2003, que criou uma situação discriminatória aos beneficiários de aposentadorias e pensões na data de publicação da reforma. É que a incidência da contribuição previdenciária não tomaria como base de cálculo os valores que excedessem ao teto do RGPS, e sim apenas 50% do referido limite (para os aposentados e pensionistas dos Estados, Distrito Federal e Municípios) e 60% (para os da esfera federal), colocando esses segurados em situação desfavorável com relação aos ativos, pois acabariam pagando maiores contribuições previdenciárias, ante a menor extensão da imunidade.

▸ Importante!

Vale ressaltar que as leis estaduais ou municipais que instituíram a contribuição dos inativos e pensionistas após a Emenda 20/1998 e antes do advento da Emenda 41/2003 são inválidas, pois inexiste constitucionalidade superveniente no sistema jurídico brasileiro, conforme declarado pelo STF no julgamento da ADI 2.158, em 15.09.2010.

Logo, entre as Emendas 20/1998 e 41/2003, a cobrança de contribuição previdenciária sobre aposentadorias e pensões no RPPS se revelou inconstitucional. Contudo, no período anterior ao advento da Emenda 20/1998, o STF chancelou a referida cobrança, pois apenas com o advento da Emenda 20 exsurgiu a vedação de cobrança que foi extinta com a Emenda 41.

▸ **Qual o entendimento do STF sobre o assunto?**

"O regime de previdência de caráter contributivo, a que se refere o art. 40, caput, da Constituição, na redação dada pela EC nº 20/98, foi instituído, unicamente, em relação "Aos servidores titulares de cargos efetivos...", inexistindo, desse modo, qualquer possibilidade jurídico-constitucional de se atribuir, a inativos e a pensionistas da União, a condição de contribuintes da exação prevista na Lei nº 9.783/99. Interpretação do art. 40, §§ 8º e 12, c/c o art. 195, II, da Constituição, todos com a redação que lhes deu a EC nº 20/98" (ADI-MC 2.010, de 30.09.1999).

É constitucional a cobrança, anterior ao advento da EC 20/1998, de contribuição previdenciária sobre os proventos de inativos e pensionistas, conforme jurisprudência firmada neste Supremo Tribunal Federal, restringindo-se a devolução das parcelas indevidamente descontadas ao período posterior ao da referida emenda (AI 283.491 AgR-ED, de 14.03.2006).

Na esfera federal, a contribuição dos aposentados e pensionistas foi instituída pela Medida Provisória 167, de 17.12.2004, convertida na Lei 10.887/04, cobrada a partir de 20 de maio de 2004, por determinação do seu artigo 16.

▸ **Importante!**

A alíquota da contribuição previdenciária dos servidores estaduais, distritais e municipais não poderá ser inferior à dos federais, que atualmente é fixada em 11% da sua remuneração total, na forma do artigo 4º, da Lei 10.887/2004.

▸ **Qual o entendimento do STF sobre o assunto?**

O Supremo Tribunal Federal confirmou a validade do artigo 4º, da Lei 10.887/04, no julgamento da ADI 3.138, de 14/09/2011: "1. A norma que fixa alíquota mínima (contribuição dos servidores titulares de cargos efetivos na União) para a contribuição a ser cobrada pelos Estados, pelo Distrito Federal e pelos Municípios de seus servidores, para o custeio, em benefício destes, do regime previdenciário de que trata o art. 40 da Constituição da República não contraria o pacto federativo ou configura quebra de equilíbrio atuarial. 2. A observância da alíquota mínima fixada na Emenda Constitucional n. 41/2003 não configura quebra da autonomia dos Estados Federados. O art. 201, § 9º, da Constituição da República, ao estabelecer um sistema geral de compensação, há ser interpretado à luz dos princípios da solidariedade e da contributividade, que regem o atual sistema previdenciário brasileiro".

No caso dos Estados, Distrito Federal e Municípios, caberá a suas normas disciplinar as parcelas sobre as quais incidirão as respectivas contribuições previdenciárias. A alíquota da contribuição previdenciária do servidor deve ser fixada por lei da respectiva entidade federativa, mas os critérios de seu cálculo não.

▸ **Qual o entendimento do STF sobre o assunto?**

De acordo com a Suprema Corte, "a alegação de que os critérios de cálculo de alíquota de contribuição previdenciária relativos a equilíbrio financeiro e atuarial deveriam ser necessariamente estabelecidos por lei em sentido formal foi rechaçada pelo Plenário do STF no julgamento da na ADI 2.034-MC, Rel. Min. Sydney Sanches." (RE 517.288-AgR, voto da Rel. Min Cármen Lúcia, julgamento em 22-2-2011, Primeira Turma, *DJE* de 18-3-2011).

Será incabível a adoção da progressividade de alíquotas das contribuições previdenciárias do servidor público, sob pena de utilização do tributo com efeito confiscatório.

▸ **Qual o entendimento do STF sobre o assunto?**

"Esta Corte já decidiu que a instituição de alíquotas progressivas para a contribuição previdenciária dos servidores públicos ofende o princípio da vedação à utilização de qualquer tributo com efeito de confisco (art. 150, inciso IV, da Constituição Federal). 2. Agravo regimental não provido" (STF, RE 346197 AgR, de 16/10/2012).

▸ **Como esse assunto foi cobrado em concurso?**

No concurso do CESPE para Procurador do TCU em 2015, foi considerado ERRADO o seguinte enunciado: De acordo com o STF, é cabível a adoção da progressividade de alíquotas das contribuições previdenciárias do servidor público.

O servidor ocupante de cargo efetivo poderá optar pela inclusão na base de contribuição de parcelas remuneratórias percebidas em decorrência de local de trabalho, do exercício de cargo em comissão ou de função de confiança, bem como daquelas recebidas a título de adicional noturno ou de adicional por serviço extraordinário e de Gratificação de Raio X, para efeito de cálculo do seu benefício, conforme autoriza o artigo 4º, §2º, da Lei 10.887/04, com redação dada pela Lei 12.688/2012.

▸ **Importante!**

No entanto, a jurisprudência se consolidou que **não incide contribuição previdenciária sobre o adicional de férias percebido pelo servidor**, por se tratar de parcela não incorporável à aposentadoria.

▸ **Qual o entendimento do STF sobre o assunto?**

No julgamento do AI 603.537/AgR, em 27.02.2007, aduziu a 2ª Turma do STF que "somente as parcelas incorporáveis ao salário do servidor sofrem a incidência da contribuição previdenciária", razão pela qual declarou a inexigibilidade da contribuição previdenciária sobre o adicional de férias.

▸ **Como esse assunto foi cobrado em concurso?**

No concurso do CESPE para Técnico do TRT do Rio Grande do Norte em 2010, foi considerado errado o seguinte enunciado: No regime de seguridade social do servidor público, o terço constitucional de férias pode sofrer a incidência da contribuição previdenciária. Já no concurso do CESPE para Procurador do BACEN em 2009, foi considerado correto o seguinte enunciado: Somente as parcelas incorporáveis ao salário do servidor sofrem a incidência de contribuição previdenciária, conforme entendimento do STF.

A contribuição das entidades políticas não poderá ser inferior à do servidor, nem superior ao dobro deste, na forma do artigo 2º, da Lei 9.717/98. No caso da União, suas autarquias e fundações, foi fixada no teto, em exatos 22% da remuneração do servidor federal, a teor do artigo 8º, da Lei 10.887/2004.

▸ **Como esse assunto foi cobrado em concurso?**

No concurso do CESPE para Procurador do Estado de Pernambuco em 2009, foi considerado correto o seguinte enunciado: A contribuição da União, dos estados, do DF e dos municípios, incluídas suas autarquias e fundações, aos regimes próprios de previdência social a que estejam vinculados seus servidores não poderá ser inferior ao valor da contribuição do servidor ativo, nem superior ao dobro dessa contribuição.

Ademais, caberá à respectiva entidade política cobrir a insuficiência de recursos para o pagamento de benefícios previdenciários, sendo que as contribuições previdenciárias irão para um Fundo Previdenciário, afetado ao pagamento dos benefícios, exceto despesas administrativas (taxa de administração).

> **▸ Como esse assunto foi cobrado em concurso?**
>
> No concurso do CESPE para Procurador do Estado de Pernambuco em 2009, foi considerado errado o seguinte enunciado: A União, os estados e o DF são responsáveis pela cobertura de eventuais insuficiências financeiras do respectivo regime próprio, decorrentes do pagamento de benefícios previdenciários, sendo certo que, em relação aos municípios, a responsabilidade cabe ao estado-membro em que estejam localizados.

Vale registrar que a contribuição previdenciária do servidor público em decorrência de determinação judicial não incidirá sobre os juros de mora, pois esta parcela possui natureza indenizatória em razão da mora da Administração Pública.

> **▸ Qual o entendimento do STJ sobre o assunto?**
>
> INFORMATIVO 513 - A contribuição para o PSS não incide sobre o valor correspondente aos juros de mora, ainda que estes sejam relativos a quantias pagas em cumprimento de decisão judicial. Os juros de mora não constituem remuneração pelo trabalho prestado ou pelo capital investido, possuindo sim natureza indenizatória, pois se destinam a reparar o prejuízo suportado pelo credor em razão da mora do devedor que não efetuou o pagamento nas condições estabelecidas pela lei ou pelo contrato. Além disso, o fato de incidir contribuição para o Plano de Seguridade Social (PSS) sobre os valores pagos em cumprimento de decisão judicial não justifica, por si só, a cobrança de contribuição sobre os juros de mora a eles referentes. Com efeito, ainda que se admita a integração da legislação tributária pelo princípio do direito privado segundo o qual, salvo disposição em contrário, o bem acessório segue o principal, tal integração não pode acarretar a exigência de tributo não previsto em lei, nem dispensa do pagamento de tributo devido. Ademais, mesmo que seja possível a incidência de contribuição social sobre quaisquer vantagens pagas aos servidores públicos federais (art. 4º, § 1º, da Lei n. 10.887/2004), não se admite sua incidência sobre as parcelas pagas a título de indenização, como é o caso dos juros de mora, haja vista que, conforme expressa previsão legal (art. 49, I e § 1º, da Lei n. 8.112/1990), tais parcelas não se incorporam ao vencimento ou provento. REsp 1.239.203-PR, Rel. Min. Mauro Campbell Marques, julgado em 12/12/2012".

4. CÁLCULO DOS BENEFÍCIOS

Com o advento da Emenda 41/2003, que alterou o §3º, do artigo 40, da CRFB, foi **extinta a paridade remuneratória entre ativos e inativos**, ou seja, os novos servidores públicos perderam o direito de se aposentar com a mesma remuneração percebida no cargo efetivo que ocupavam, salvo os beneficiados pela regra de transição da Emenda 47/2005.

Assim, a renda das aposentadorias e consequentemente das pensões por morte considerarão as remunerações utilizadas como base para as contribuições previdenciárias do servidor, similarmente como ocorre no RGPS.

> ▸ **Importante!**
>
> Determina o artigo 1º, da Lei 10.887/04, que seja promovida a média aritmética simples das maiores remunerações, utilizadas como base para as contribuições do servidor aos regimes de previdência a que esteve vinculado, correspondentes a 80% de todo o período contributivo desde a competência julho de 1994 ou desde a do início da contribuição, se posterior àquela competência, atualizadas pelo índice do RGPS, que atualmente é o INPC.

Vale ressaltar que a base de cálculo não poderá ser inferior a um salário mínimo nem superior ao teto do RGPS, se houver período fora do serviço público, garantindo-se a aposentadoria em, pelo menos, um salário mínimo.

Por outro lado, os proventos de aposentadorias e pensões, por ocasião de sua concessão, não poderão exceder a remuneração do respectivo servidor, no cargo efetivo em que se deu a aposentadoria ou que serviu de referência para a concessão da pensão.

O reajuste dos benefícios será anual e pelo índice utilizado no RGPS, que é o INPC, salvo os servidores que tiverem paridade assegurada, na forma do artigo 15, da Lei 10.887/2004, com redação da Lei 11.784/2008.

> ▸ **Qual o entendimento do STF sobre o assunto?**
>
> Contudo, no dia 28 de setembro de 2011, no julgamento da ADI 4.582, a Suprema Corte decidiu cautelarmente que o artigo 15, da Lei 10.887/2004, não se aplica aos estados, ao Distrito Federal e aos municípios, mas apenas à União, conferindo-lhe interpretação de acordo com a Constituição de 1988. Isso porque é concorrente a competência para legislar sobre os RPPS's, tendo a União invadido a competência dos demais entes políticos ao dispor sobre critério de reajuste dos benefícios previdenciários.

5. BENEFÍCIOS

Alguns benefícios dos RPPS's já gozam de previsão constitucional, conquanto os respectivos Planos de Benefícios possam instituir novas prestações, o que se verifica com as aposentadorias e pensões por morte.

> ▸ **Como esse assunto foi cobrado em concurso?**
>
> No concurso do CESPE para Advogado do IPAJM-ES em 2010, foi considerado errado o seguinte enunciado: A CF trata de aposentadoria e pensão de servidor submetido a RPPS, o que impede a instituição de outros benefícios pelos entes da Federação.

Todavia, de acordo com o artigo 5º, da Lei 9.717/98, "os **regimes próprios** de previdência social dos servidores públicos da União, dos Estados, do Distrito Federal e dos Municípios, dos militares dos Estados e do Distrito Federal **não poderão conceder benefícios distintos dos previstos no Regime Geral de Previdência Social**, de que trata a Lei nº 8.213, de 24 de julho de 1991, salvo disposição em contrário da Constituição Federal".

> ▸ **Como esse assunto foi cobrado em concurso?**
>
> No concurso do CESPE para Procurador do TC do DF em 2012, foi considerado errado o seguinte enunciado: Em respeito ao princípio da autonomia dos entes federados, em regra, o regime próprio de previdência social dos servidores públicos do DF poderá conceder aos seus filiados benefícios distintos dos previstos no RGPS, de que trata a Lei n.º 8.213/1991.

Trata-se de mais um dispositivo que visa aproximar (ou igualar) o RPPS ao RGPS, desconsiderando que as relações públicas têm peculiaridades que podem, em alguns casos, gerar benefícios diferenciados.

No caso de extinção do RPPS, a União, o Estado, o Distrito Federal e os Municípios assumirão integralmente a responsabilidade pelo pagamento dos benefícios concedidos durante a sua vigência, bem como daqueles benefícios cujos requisitos necessários à sua concessão foram implementados anteriormente à extinção do regime próprio de previdência social.

No âmbito do serviço público, entende-se que o ato de concessão de aposentadoria ou mesmo de pensão por morte classifica-se como **ato jurídico complexo**, pois formado pela junção da manifestação de vontade da autoridade administrativa e do respectivo Tribunal de Contas.

Com propriedade, compete ao Tribunal de Contas da União "apreciar, para fins de registro, a legalidade dos atos de admissão de pessoal, a qualquer título, na administração direta e indireta, incluídas as fundações instituídas e mantidas pelo Poder Público, excetuadas as nomeações para cargo de provimento em comissão, **bem como a das concessões de aposentadorias, reformas e pensões**, ressalvadas as melhorias posteriores que não alterem o fundamento legal do ato concessório", a teor do artigo 71, inciso III, da Constituição Federal, sendo uma norma de repetição obrigatórias para os demais entes políticos.

▸ Qual o entendimento do STF sobre o assunto?

O Supremo Tribunal Federal pacificou entendimento de que, sendo a aposentadoria ato complexo, que só se aperfeiçoa com o registro no Tribunal de Contas da União, o prazo decadencial da Lei n. 9.784/99 tem início a partir de sua publicação, a exemplo do julgamento do MS 25.552, de 007.04.2008.

▸ Qual o entendimento do STJ sobre o assunto?

De acordo com o STJ, "o prazo prescricional para revisão do ato de aposentadoria começa a transcorrer na data de sua publicação e não do seu registro no Tribunal de Contas, pois este possui natureza jurídica meramente declaratória" (REsp 1.032.428, de 29.09.2009). Entretanto, em 15 de agosto de 2012, **a Corte Especial do STJ adotou entendimento diverso**. Ao julgar o Mandado de Segurança 17.406, decidiu o órgão especial que, "sendo o ato de aposentadoria um ato complexo do qual se origina o direito à conversão em pecúnia da licença-prêmio, a prescrição somente se inicia com a integração de vontades da Administração, que se perfaz com a manifestação do órgão concedente em conjunto com a aprovação do Tribunal de Contas acerca de sua legalidade", conforme narrado no Informativo 502.

Inclusive, partindo da premissa que o ato não se perfaz com o registro na Corte de Contas, sequer há necessidade de concessão do contraditório e da ampla defesa do servidor ou do pensionista se o registro do benefício for negado.

▸ **Qual o entendimento do STF sobre o assunto?**

"Súmula vinculante 03 - Nos processos perante o Tribunal de Contas da União asseguram-se o contraditório e a ampla defesa quando da decisão puder resultar anulação ou revogação de ato administrativo que beneficie o interessado, excetuada a apreciação da legalidade do ato de concessão inicial de aposentadoria, reforma e pensão".

De acordo com a Súmula 106, do TCU, "o julgamento, pela ilegalidade, das concessões de reforma, aposentadoria e pensão, não implica por si só a obrigatoriedade da reposição das importâncias já recebidas de boa-fé, até a data do conhecimento da decisão pelo órgão competente". Entretanto, o Tribunal de Contas não poderá demorar muitos anos para registrar a aposentadoria concedida pela autoridade, pois tal mora atenta contra o Princípio da Segurança Jurídica.

▸ **Qual o entendimento do STF sobre o assunto?**

No mesmo sentido é o entendimento do STF, que entende que "o julgamento pela ilegalidade do pagamento do benefício previdenciário não importa na obrigatoriedade da devolução das importâncias recebidas de boa-fé." (AI 746.442-AgR, Min. Cármen Lúcia, julgamento em 25-8-2009, Primeira Turma, *DJE* de 23-10-2009).

▸ **Como esse assunto foi cobrado em concurso?**

No concurso do CESPE para Procurador do BACEN em 2009, foi considerado errado o seguinte enunciado: O princípio da autotutela confere à administração pública o poder-dever de rever a aposentadoria de servidor concedida sem observância dos requisitos legais, antes do prazo decadencial fixado em lei, devendo ser exigida do servidor, mesmo diante de sua boa-fé, a reposição dos valores recebidos em decorrência de inadequada interpretação da lei.

▸ **Qual o entendimento do STF sobre o assunto?**

O STF já flexibilizou a súmula vinculante 03, em um caso que o registro da aposentadoria levou mais de 05 anos para se realizar, concedendo direito de contraditório ao aposentado. Logo, caso a negativa de registro ultrapasse o prazo de 05 anos, deverá ser concedido direito de defesa ao aposentado ou pensionista (MS 26053/DF, rel. Min. Ricardo Lewandowski, 18.11.2010 – MS 25116/DF, rel. Min. Ayres Britto, 8.9.2010). Ainda entende a Suprema Corte que o termo *a quo* do prazo de cinco anos para que o Tribunal de Contas da União examine a legalidade dos atos concessivos de aposentadorias, reformas e pensões, conta-se a partir da data de chegada do processo administrativo na própria Corte de Contas (MS 24.781, de 02/03/2011).

▸ Como esse assunto foi cobrado em concurso?

No concurso do CESPE para Procurador do TCE da Bahia em 2010, foi considerado correto o seguinte enunciado: Antônio, filho de agricultores, trabalhou na atividade rural em regime de economia familiar e foi para a cidade, onde se tornou servidor público do MAPA, vindo a se aposentar em 2000. O TCU, analisando sua aposentadoria para fins de registro em 2009, considerou ilegal sua concessão, visto ter constatado que não houve o recolhimento das contribuições previdenciárias referentes ao período de atividade rural. Diante disso, o TCU determinou ao MAPA que providenciasse o cancelamento da aposentadoria de Antônio e o seu retorno ao serviço público. Com referência a essa situação hipotética e considerando a jurisprudência do STF acerca dessa questão, julgue os itens que se seguem. Como transcorreram mais de cinco anos, contados do ato concessório de aposentadoria até a análise de sua legalidade, a intimação de Antônio para participar do processo, assegurando-lhe o contraditório e a ampla defesa, é pressuposto de legitimidade da decisão do TCU.

O exercício do dever-poder de autotutela em 05 anos será contado do registro do Tribunal de Contas, haja vista a aposentadoria no RPPS se tratar de ato jurídico-administrativo complexo.

▸ Qual o entendimento do STJ sobre o assunto?

Demais disso, de acordo com o Corte Especial do STJ, "o termo inicial do prazo decadencial de cinco anos para que a Administração Pública anule ato administrativo referente à concessão de aposentadoria, previsto no art. 54 da Lei n. 9.784/1999, é a data da homologação da concessão pelo Tribunal de Contas. A concessão de aposentadoria tem natureza jurídica de ato administrativo complexo que somente se perfaz com a manifestação do Tribunal de Contas acerca da legalidade do ato. Precedentes citados: AgRg no REsp 1.284.915-SC, DJe 10/4/2012; REsp 1.264.053-RS, DJe 16/3/2012; AgRg no REsp 1.259.775-SC, DJe 16/2/2012, e AgRg no REsp 1.257.666-PR, DJe 5/9/2011. EREsp 1.240.168-SC, Rel. Min. João Otávio de Noronha, julgados em 7/11/2012.

▸ **Qual o entendimento do STF sobre o assunto?**

"MANDADO DE SEGURANÇA – AUTORIDADE COATORA – MODIFICAÇÃO. Mostra-se válido o redirecionamento subjetivo do mandado de segurança quando a inicial é aditada dentro do prazo de 120 dias da prática do ato impugnado. DECADÊNCIA – REVISÃO DE ATO ADMINISTRATIVO – APOSENTADORIA – ARTIGO 54 DA LEI Nº 9.784/99. **Enquanto não for aperfeiçoada a aposentadoria, a pressupor atos sequenciais, não incide a decadência quinquenal. APOSENTADORIA – SERVIÇO PÚBLICO – TEMPO DE ATIVIDADE RURAL – CÔMPUTO – SISTEMA CONTRIBUTIVO. O cômputo de tempo de atividade rural na aposentadoria em cargo público submete-se ao sistema contributivo"** (MS 26.391, de 13/04/2011).

▸ **Importante!**

De acordo com o artigo 40, §6º, da CRFB, com redação dada pela Emenda 20/1998, **ressalvadas as aposentadorias decorrentes dos cargos acumuláveis, é vedada a percepção de mais de uma aposentadoria à conta de cada Regime Próprio de Previdência Social.**

▸ **Como esse assunto foi cobrado em concurso?**

No concurso do CESPE para Técnico do TRT do Rio Grande do Norte em 2010, foi considerado errado o seguinte enunciado: Segundo jurisprudência do STF, não é possível a acumulação de proventos de aposentadoria e vencimentos de um cargo da ativa, ainda que se trate de cargos, funções ou empregos acumuláveis na atividade na forma prevista na CF.

▸ **Qual o entendimento do STF sobre o assunto?**

Por derivação, se não for possível a acumulação de duas aposentadorias, também não poderão ser instituídas duas pensões por morte em favor dos dependentes do servidor falecido (RE 584388/SC, rel. Min. Ricardo Lewandowski, 31.8.2011). Ademais, "a Constituição veda apenas o recebimento cumulativo de aposentadoria do regime próprio de previdência e de remuneração de cargo, emprego ou função pública, ressalvados os cargos acumuláveis da forma da própria Constituição, os cargos eletivos e os cargos em comissão. Em nenhum momento, na vedação, é feita referência à aposentadoria paga pelo RGPS. Ao ser necessário optar por um dos fundamentos, deveria prevalecer aquele em sintonia com a jurisprudência do STF sobre a matéria, ou seja, o acolhido pelo ato reclamado" (Informativo 808 - Rcl 8168/SC, rel. orig. Min. Ellen Gracie, red. p/ o acórdão Min. Edson Fachin, 19.11.2015).

Como a referida vedação surgiu apenas com a Emenda 20/1998, deve ser respeitado o direito adquirido dos servidores que até 16.12.1998 possuíam mais de uma aposentadoria não decorrentes de cargos acumuláveis.

▸ **Qual o entendimento do STJ sobre o assunto?**

"Segundo a Seção, entre outras questões, o servidor que se tornou inativo e retornou ao serviço público no período de vigência da CF/1988 (art. 99, § 4º), tendo-se aposentado novamente, agora sob a vigência da redação originária do art. 37 da CF/1988, ou seja, antes da EC n. 20/1998, tem direito à acumulação dos proventos" (MS 14.220-DF, Rel. Min. Jorge Mussi, julgado em 10/11/2010).

▸ **Qual o entendimento do STF sobre o assunto?**

O servidor que se tornou inativo e retornou ao serviço público no período em que o Direito Constitucional de 1969 permitia, havendo-se aposentado novamente sob a vigência do regime constitucional de 1988, em sua redação original, tem direito à acumulação dos proventos. Mandado de segurança concedido" (MS 24.952, de 07.04.2005).

▸ **Como esse assunto foi cobrado em concurso?**

No concurso do CESPE para Procurador do TCE da Bahia em 2010, foi considerado correto o seguinte enunciado: Tendo como base a jurisprudência do STF e o que dispõe a CF, julgue o item a seguir, relativo à seguridade social do servidor público. Considere a seguinte situação hipotética. Jorge, servidor militar, graduou-se no curso de direito no ano de 1980. Após sua reforma, em 1982, exerceu a advocacia até ingressar no cargo de juiz do trabalho. Jorge investiu-se nesse cargo em 1985, aposentando-se em 1995, ou seja, antes da Emenda Constitucional n.º 20/1998. Nessa situação, seria legítima a acumulação de provento militar com o provento civil.

A garantia da irredutibilidade do valor dos proventos de aposentadoria apenas protege as concessões legítimas, não tutelando o deferimento de benefício com valor acima do que a legislação permite.

▸ **Qual o entendimento do STF sobre o assunto?**

"A redução de proventos de aposentadoria, quando concedida em desacordo com a lei, não ofende o princípio da irredutibilidade de vencimentos. Precedentes." (MS 25.552, Rel. Min. Cármen Lúcia, julgamento em 7-4-2008, Plenário, *DJE* de 30-5-2008.)

As parcelas de cunho indenizatório que não sofrem desconto de contribuição previdenciária não se incorporam nos proventos da aposentadoria, como o transporte e a alimentação. Ademais, o reposicionamento de servidores ativos não beneficiará os inativos.

▸ **Qual o entendimento do STF sobre o assunto?**

"Súmula 680- O direito ao auxílio-alimentação não se estende aos servidores inativos". "O benefício do vale-alimentação, dada a sua natureza indenizatória, não integra a remuneração dos servidores públicos, não sendo devido, portanto, aos inativos." (AI 345.898-AgR, Rel. Min. Maurício Corrêa, julgamento em 26-2-2002, Segunda turma, *DJE* de 22-3-2002.) No mesmo sentido: AI 738.881, Rel. Min. Luiz Fux, decisão monocrática, julgamento em 29-2-2012, *DJE* de 6-3-2012.) "A jurisprudência da Corte é no sentido de que é inviável estender a servidores inativos as vantagens pecuniárias decorrentes de reposicionamento, na carreira, de servidores ativos, com fundamento no art. 40, § 8º, da Constituição." (STF, RE 522.570-AgR, Rel. Min. Ricardo Lewandowski, julgamento em 5-5-2009, Primeira Turma, *DJE* de 5-6-2009.)

▸ **Importante!**

Frise-se que não será possível a aposentadoria voluntária do servidor se ainda não aprovado no estágio probatório, pois ainda não há investidura definitiva no cargo.

▸ **Qual o entendimento do STF sobre o assunto?**

Constituindo o estágio probatório complemento do processo seletivo, etapa final deste, não pode o servidor, no curso do mesmo, aposentar-se, voluntariamente (MS 24.744, de 19.05.2004).

▸ **Como esse assunto foi cobrado em concurso?**

No concurso do CESPE da ABIN para Oficial Técnico de Inteligência-formação Direito em 2010, foi considerado correto o seguinte enunciado:

O servidor público concursado que preencha, antes de completar o estágio probatório, os requisitos legais para a aposentadoria voluntária deverá aguardar o término do referido estágio para obter o citado benefício.

Com efeito, se houver compatibilidade de horários, será possível a acumulação de dois cargos de professor, um de professor com um cargo técnico ou científico, assim como de dois cargos na área da saúde, com profissões regulamentadas, a teor do artigo 37, XVI, da Constituição Federal.

Na hipótese de cargos que poderão ser acumulados, a soma dos proventos não poderá ultrapassar o teto do funcionalismo público, que é o subsídio dos Ministros do STF, assim como a soma de remuneração com proventos de inatividade.

No entanto, existe posicionamento do STJ aduzindo que o teto deve ser avaliado de maneira separada em cada cargo acumulável:

▶ **Qual o entendimento do STJ sobre o assunto?**

"RECURSO ORDINÁRIO EM MANDADO DE SEGURANÇA. QUESTÃO DE ORDEM. MATÉRIA SUBMETIDA AO CRIVO DA PRIMEIRA SEÇÃO DESTE SUPERIOR TRIBUNAL. CONSTITUCIONAL E ADMINISTRATIVO. SERVIDOR PÚBLICO. CUMULAÇÃO DE CARGOS PERMITIDA CONSTITUCIONALMENTE. CARGOS CONSIDERADOS, ISOLADAMENTE, PARA APLICAÇÃO DO TETO REMUNERATÓRIO. 1. **"Tratando-se de cumulação legítima de cargos, a remuneração do servidor público não se submete ao teto constitucional, devendo os cargos, para este fim, ser considerados isoladamente"**. (Precedentes: AgRg no RMS 33.100/DF, Rel. Ministra ELIANA CALMON, DJe 15/05/2013 e RMS 38.682/ES, Rel. Ministro HERMAN BENJAMIN, DJe 05/11/2012). 2. Recurso Ordinário em Mandado de Segurança provido" (1ª Seção, ROMS 201001999461, de 26/06/2013).

Este tema está pendente de julgamento no STF, que irá julgar o RE 602.043. O Recurso Extraordinário foi interposto no STF pelo estado do Mato Grosso contra decisão do Tribunal de Justiça da região (TJMT), que reconheceu que o Secretário Estadual de Administração não agiu corretamente ao restringir a remuneração acumulada pelo mesmo servidor público, ao teto constitucional.

A concessão das aposentadorias voluntárias exigem dez anos de efetivo exercício no serviço público e cinco anos no cargo efetivo em que se dará a aposentadoria, nos termos do artigo 40, §1º, inciso III, da Constituição.

▶ **Qual o entendimento do STF sobre o assunto?**

Vale registrar que, de acordo com o STF, "a CF não exige que os cinco anos de efetivo exercício no cargo em que se dará a aposentadoria sejam ininterruptos." (RE 591.467-AgR, Rel. Min. Gilmar Mendes, julgamento em 10-4-2012, Segunda Turma, *DJE* de 25-4-2012), podendo, destarte, ser descontínuo.

5.1. Aposentadoria com critérios especiais

Trata-se de exceção à regra constitucional que proíbe a adoção de requisitos e critérios diferenciados para a concessão de aposentadoria, em aplicação ao Princípio da Isonomia.

Com propriedade, a aposentadoria com critérios especiais era prevista apenas para os servidores que exerciam atividades sob **condições especiais que prejudicassem a saúde ou a integridade física**, que não sofreu regulamentação até o momento.

Com o advento da Emenda 47/2005, houve uma expansão do benefício, que passou a abarcar também os servidores que desenvolvem **atividades de risco e os portadores de deficiência**, mas nunca foi editada a lei complementar exigida pelo artigo 40, §4º, da CRFB.

> **▸ Como esse assunto foi cobrado em concurso?**
>
> No concurso do CESPE para Advogado do IPAJM-ES em 2010, foi considerado errado o seguinte enunciado: É vedada a adoção de requisitos e critérios diferenciados para a concessão de aposentadoria aos abrangidos pelo RPPS, ressalvados os casos de servidores portadores de deficiência, de servidores que exerçam atividade de risco ou de servidores que tenham cargo ou emprego privativo de profissional de saúde.

Será necessária a edição de uma lei complementar nacional a ser editada pela União após a iniciativa do Presidente da República fixando os pressupostos para a concessão de aposentadoria com critérios especiais no RPPS. Nem mesmo os estados, o Distrito Federal e os municípios poderão suprir a lacuna federal, devendo aguardar a edição da lei complementar.

> **▸ Qual o entendimento do STF sobre o assunto?**
>
> "Aposentadoria especial de servidor público distrital. Art. 40, § 4º, III, da CR. (...) A competência concorrente para legislar sobre previdência social não afasta a necessidade de tratamento uniforme das exceções às regras de aposentadoria dos servidores públicos. Necessidade de atuação normativa da União para a edição de norma regulamentadora de caráter nacional." (MI 1.832-AgR, Rel. Min. Cármen Lúcia, julgamento em 24-3-2011, Plenário, *DJE* de 18-5-2011.)

De efeito, o artigo 5º, parágrafo único, da Lei 9.717/98, veda a concessão de aposentadoria especial até a edição de lei complementar para regular o tema.

▸ **Qual o entendimento do STF sobre o assunto?**

Contudo, ante a omissão do Congresso Nacional, o STF passou a prover os mandados de injunção a respeito, garantindo a concessão do benefício especial aos servidores públicos mediante a aplicação das regras do RGPS, constantes dos artigos 57 e 58, da Lei 8.213/91: "Inexistente a disciplina específica da aposentadoria especial do servidor, impõe-se a adoção, via pronunciamento judicial, daquela própria aos trabalhadores em geral - artigo 57, § 1º, da Lei nº 8.213/91." (MI 758, de 01.07.2008).

Logo, com o novo posicionamento da Suprema Corte, que não mais se limita a declarar a mora legiferante, a aposentadoria especial do servidor público efetivo filiado ao RPPS será devida nos mesmos termos do RGPS, ou seja, com 15, 20 ou 25 anos de contribuição, sem idade mínima, conforme enquadramento da atividade no Regulamento da Previdência Social, desde que desenvolva atividade especial de maneira permanente, não ocasional nem intermitente.

Com a aprovação da Lei Complementar 142/2013, que regulamentou a aposentadoria especial dos segurados deficientes do RGPS, esta norma deve ser aplicada à aposentadoria especial dos servidores deficientes, até que o tema seja regulamentado no RPPS.

▸ **Qual o entendimento do STF sobre o assunto?**

No julgamento do Mandado de Injunção/Agr 4.153, de 27/09/2013, o STF reconsiderou "parcialmente a decisão ora agravada para determinar a aplicação, ao caso, do disposto no art. 57 da Lei 8.213/1991 até a entrada em vigor da Lei Complementar 142/2013 para fins de verificação do preenchimento dos requisitos para a aposentadoria especial do servidor portador de deficiência. Após a vigência da LC nº 142/2013, a referida aferição será feita nos moldes previstos na aludida Lei Complementar".

▸ **Como esse assunto foi cobrado em concurso?**

No concurso do CESPE para Procurador do BACEN em 2009, foi considerado errado o seguinte enunciado: Caso uma auxiliar de enfermagem, servidora do Ministério da Saúde, impetre mandado de injunção no STF, por omissão do Poder Legislativo em regulamentar a norma constitucional que assegura a adoção de critérios diferenciados para a concessão de aposentadoria, caberá ao STF apenas emitir decisão reconhecendo a omissão legislativa, uma vez que viabilizar, no caso concreto, o exercício do direito postulado significaria ofensa ao princípio do equilíbrio financeiro e atuarial do sistema previdenciário.

▸ **Qual o entendimento do STF sobre o assunto?**

A Suprema Corte também passou a prover os mandados de injunção dos servidores públicos portadores de deficiência física, determinando a aplicação por analogia, no que couber, das regras do artigo 57, da Lei 8.213/91 (mandado de injunção 1.967, de 24/05/2011, Rel. Min. Celso de Mello).

Vale registrar que as decisões do STF se limitam a determinar que a autoridade administrativa aplique, no que couber, as regras do artigo 57, da Lei 8.213/91, não adentrando a Suprema Corte ao mérito no que concerne ao direito à aposentadoria especial.

Para dar eficácia vinculante ao seu entendimento, independentemente da interposição e determinação em sede de mandado de injunção, na sessão plenária de 09 de abril de 2014 o STF aprovou a súmula vinculante 33:

▸ **Qual o entendimento do STF sobre o assunto?**

Súmula Vinculante 33 - "Aplicam-se ao servidor público, no que couber, as regras do Regime Geral de Previdência Social sobre aposentadoria especial de que trata o artigo 40, parágrafo 4º, inciso III, da Constituição Federal, até edição de lei complementar específica".

Entende-se que a Suprema Corte poderia ter ido além. Isso porque a súmula vinculante 33 apenas determina a aplicação das regras do RGPS, no que couber, em favor dos servidores efetivos cujas atividades sejam exercidas sob condições especiais que prejudiquem a saúde ou a integridade física (artigo 40, §1º, inciso III, da Constituição).

Logo, ficaram de fora do espectro jurídico da súmula vinculante 33 os servidores portadores de deficiência (inciso I) e os que exercem atividade de risco (inciso II), razão pela qual nestas duas situações continua sendo necessário o ajuizamento de ação judicial para compelir à Administração Pública a aplicar, no que couber, as regras de aposentadoria especial no RGPS.

▸ Importante!

Entretanto, antes da instituição do regime jurídico único no serviço público, o que ocorreu na União com o advento do artigo 243, da Lei 8.112/90, o tempo prestado em condições especiais sob a égide celetista deverá ser convertido em comum para fins previdenciários.

▸ Qual o entendimento do STF sobre o assunto?

"1. Atividade insalubre, perigosa ou penosa. Contagem do tempo de serviço para fins de aposentadoria. Possibilidade. O tempo de serviço exercido alternadamente em atividade que seja ou venha a ser considerada perigosa, insalubre ou penosa é somado, após a respectiva conversão, segundo critérios de equivalência fixados pelo MPAS, para efeito de qualquer espécie de aposentadoria. Legislação previdenciária vigente à época da prestação laboral: Consolidação das Leis da Previdência Social, artigo 35, § 2º.2. Superveniência do Regime Jurídico Único: novo regime jurídico que, apesar de prever a edição de lei específica para regulamentar a concessão de aposentadoria para os agentes públicos que exercerem atividade em condições insalubres, perigosas ou penosas, não desconsiderou nem desqualificou o tempo de serviço prestado nos moldes da legislação anterior (Lei n. 8.112/90, artigo 103, V)". RE 431200 AgR, de 29.03.2005.

▸ Qual o entendimento da TNU sobre o assunto?

Súmula 66 – O servidor público ex-celetista que trabalhava sob condições especiais antes de migrar para o regime estatutário tem direito adquirido à conversão do tempo de atividade especial em tempo comum com o devido acréscimo legal, para efeito de contagem recíproca no regime previdenciário próprio dos servidores públicos.

No que concerne aos policiais, que são servidores efetivos que desenvolvem atividade de risco, nos termos da Lei Complementar 144/2014, garante-se a aposentadoria voluntária com proventos integrais, independentemente da idade, nas seguintes condições:

a) após 30 (trinta) anos de contribuição, desde que conte, pelo menos, 20 (vinte) anos de exercício em cargo de natureza estritamente policial, se homem;

b) após 25 (vinte e cinco) anos de contribuição, desde que conte, pelo menos, 15 (quinze) anos de exercício em cargo de natureza estritamente policial, se mulher.

5.2. Aposentadoria por invalidez

A aposentadoria por invalidez será devida em favor do servidor que apresentar incapacidade permanente para o trabalho, conforme definido em laudo médico pericial, devendo cessar se o aposentado voltar a exercer qualquer atividade laboral a partir da data do retorno, inclusive em caso de exercício de cargo eletivo.

▸ Importante!

É garantido constitucionalmente ao servidor o benefício da aposentadoria por invalidez permanente, sendo os **proventos proporcionais** ao tempo de contribuição, **exceto se decorrente de acidente em serviço, moléstia profissional ou doença grave, contagiosa ou incurável.**

Logo, os proventos serão proporcionais ao tempo de contribuição, exceto nas exceções descritas, que deverão ser regulamentadas pelos Planos de Benefícios, ante a lamentável omissão das Leis 9.717/98 e 10.887/04.

▸ Como esse assunto foi cobrado em concurso?

No concurso do CESPE para Advogado do IPAJM-ES em 2010, foi considerado errado o seguinte enunciado: Os servidores abrangidos pelo RPPS que se aposentarem por invalidez permanente terão proventos proporcionais ao tempo de contribuição. Tal regra somente pode ser afastada se a aposentadoria for **exclusivamente** decorrente de acidente em serviço, de moléstia profissional ou de doença grave ou contagiosa, na forma da lei.

▸ **Qual o entendimento do STF sobre o assunto?**

Absurdamente, a jurisprudência do STF entende que se a entidade política não editar lei listando as doenças graves, os proventos serão sempre proporcionais (RE 353.595, de 03.05.2005 – RE 175.980, de 09.03.1998).

Infelizmente, mesmo sabendo que a lista legal de doenças graves, contagiosas ou incuráveis normalmente não as exaure, **decidiu o STF que a lei do RPPS que previr o seu rol é taxativa.** Logo, mesmo que o servidor senha portador de doença notoriamente grave, contagiosa ou incurável, se a enfermidade não estiver listada pela lei da respectiva entidade política, os proventos da aposentadoria por invalidez serão proporcionais ao tempo de contribuição do servidor:

▸ **Qual o entendimento do STF sobre o assunto?**

Informativo 755-"Aposentadoria por invalidez com proventos integrais: doença incurável e rol taxativo - A concessão de aposentadoria por invalidez com proventos integrais exige que a doença incapacitante esteja prevista em rol taxativo da legislação de regência. Com base nessa orientação, o Plenário deu provimento a recurso extraordinário para reformar acórdão que deferira à recorrida aposentadoria com proventos integrais por invalidez decorrente de doença grave e incurável, embora a enfermidade da qual portadora não estivesse incluída em lei, tendo em conta que norma não poderia alcançar todas as hipóteses consideradas pela medicina como graves, contagiosas e incuráveis. Discutia-se a possibilidade de concessão de aposentadoria por invalidez com proventos integrais nos casos em que a moléstia incurável não estivesse especificada em lei. O Tribunal aduziu que o art. 40, § 1º, I, da CF assegura aos servidores públicos abrangidos pelo regime de previdência nele estabelecido o direito à aposentadoria por invalidez com proventos proporcionais ao tempo de contribuição. Registrou, no entanto, que esse benefício seria devido com proventos integrais quando a invalidez fosse decorrente de acidente em serviço, moléstia profissional ou doença grave, contagiosa ou incurável, "na forma da lei". Asseverou, desse modo, pertencer ao domínio normativo ordinário a definição das doenças e moléstias que ensejariam aposentadoria por invalidez com proventos integrais, cujo rol, segundo a jurisprudência do STF, teria natureza taxativa.RE 656860/MT, rel. Min. Teori Zavascki, 21.8.2014. (RE-656860)".

Contudo, por força da **Emenda Constitucional 70**, de 29 de março de 2012, aos servidores efetivos que tenham ingressado no serviço público até a data da publicação da Emenda 41/2003 (31.12.2003), existe uma fórmula especial para calcular a aposentadoria por invalidez.

De efeito, para esses servidores mais antigos e que tenham se aposentado ou venham a se aposentar por invalidez permanente, foi assegurado o **direito a proventos de aposentadoria calculados com base na remuneração do cargo efetivo em que se der a aposentadoria**, e não nas demais contribuições para o RPPS ou RGPS.

Logo, **apenas a remuneração do cargo efetivo em que se der a aposentação por invalidez será considerada no cálculo do benefício**, sendo que a Emenda 70 não trouxe qualquer inovação no que concerne aos proventos proporcionais, que continuam sendo a regra, salvo se a invalidez decorrer de acidente em serviço, moléstia profissional ou doença grave, contagiosa ou incurável.

Outra inovação da Emenda 70 foi à aplicação do artigo 7º, da Emenda 41/2003, às referidas aposentadorias por invalidez dos servidores que ingressaram no serviço público até 31.12.2003, **cujos benefícios serão revistos na mesma proporção e na mesma data**, sempre que se modificar a remuneração dos **servidores em atividade**, regra aplicável às pensões por morte decorrentes das aposentadorias por invalidez em comento.

Ainda foi prevista uma revisão administrativa a ser procedida em até 180 dias após a publicação da citada reforma constitucional, pois as aposentadorias por invalidez já concedidas aos servidores efetivos que ingressaram no serviço público até 31.12.2003 deverão ser revistas de acordo com as regras da Emenda 70/2012, mas com efeitos financeiros somente a contar da sua promulgação.

Este, inclusive, é o posicionamento do Ministério da Previdência Social, exteriorizado através da Orientação Normativa 01, de 30 de maio de 2012.

5.3. Aposentadoria compulsória

A aposentadoria compulsória do servidor público efetivo teve o seu regramento modificado pela Emenda Constitucional 88, de 7 de maio de 2015. Passou a ser prevista obrigatoriamente ao servidor efetivo, homem ou mulher, com proventos proporcionais ao tempo de contribuição, **aos 70 (setenta) anos de idade, ou aos 75 (setenta e cinco) anos de idade, na forma de lei complementar.**

Por sua vez, a Emenda 88/2015 criou regra de transição até até a edição da mencionada lei complementar, prevendo que os Ministros do Supremo Tribunal Federal, dos Tribunais Superiores e do Tribunal de Contas da União aposentar-se-ão, compulsoriamente, aos 75 (setenta e cinco) anos de idade, nas condições do art. 52 da Constituição Federal.

A aposentadoria será compulsória quando o servidor completar setenta anos de idade, homem ou mulher, salvo Ministros do Supremo Tribunal Federal, dos Tribunais Superiores e do Tribunal de Contas da União, que será aos 75 anos de idade, com **proventos proporcionais** ao tempo de contribuição, garantindo-se o benefício ao menos no valor de um salário mínimo, devendo a Administração Pública aposentar o servidor, independentemente da sua vontade.

Logo, para os servidores em geral, até a edição da lei complementar específica, a aposentadoria compulsória continua se dando aos 70 anos de idade, à exceção dos Ministros dos mencionados Tribunais Superiores e do TCU.

▸ **Qual o entendimento do STF sobre o assunto?**

Informativo 786 – STF – "O Plenário, por maioria, deferiu pedido de medida cautelar em ação direta de inconstitucionalidade para: a) suspender a aplicação da expressão "nas condições do art. 52 da Constituição Federal" contida no art. 100 do ADCT, introduzido pela EC 88/2015, por vulnerar as condições materiais necessárias ao exercício imparcial e independente da função jurisdicional, ultrajando a separação dos Poderes, cláusula pétrea inscrita no art. 60, § 4º, III, da CF; b) fixar a interpretação, quanto à parte remanescente da EC 88/2015, de que o art. 100 do ADCT não pudesse ser estendido a outros agentes públicos até que fosse editada a lei complementar a que alude o art. 40, § 1º, II, da CF, a qual, quanto à magistratura, é a lei complementar de iniciativa do STF, nos termos do art. 93 da CF; c) suspender a tramitação de todos os processos que envolvessem a aplicação a magistrados do art. 40, § 1º, II, da CF e do art. 100 do ADCT, até o julgamento definitivo da ação direta em comento; e d) declarar sem efeito todo e qualquer pronunciamento judicial ou administrativo que afastasse, ampliasse ou reduzisse a literalidade do comando previsto no art. 100 do ADCT e, com base neste fundamento, assegurasse a qualquer outro agente público o exercício das funções relativas a cargo efetivo após ter completado 70 anos de idade. A norma impugnada — introduzida no ADCT pela EC 88/2015 — dispõe que, "até que entre em vigor a lei complementar de que trata o inciso II do § 1º do art. 40 da Constituição Federal, os Ministros do Supremo Tribunal Federal, dos Tribunais Superiores e do Tribunal de Contas da União aposentar-se-ão, compulsoriamente, aos 75 (setenta e cinco) anos de idade, nas condições do art. 52 da Constituição Federal". Alegava-se, na espécie, que a expressão "nas condições do art. 52 da Constituição Federal" incorreria em vício material por ofensa à garantia da vitaliciedade (CF, art. 93, "caput") e à separação dos Poderes (CF, art. 2º), exorbitando dos limites substantivos ao poder de reforma da Constituição" (CF, art. 60, §4º, III e IV). ADI 5316 MC/DF, rel. Min. Luiz Fux, 21.5.2015. (ADI-5316).

Na ADI 5316 o STF afastou a remissão ao artigo 52, da Constituição, por não se tratar de regra referente à aposentadoria dos Ministros dos Tribunais Superiores e do TCU. Ademais, aduziu que somente com a edição da lei complementar os demais agentes públicos poderão se aposentar compulsoriamente aos 75 anos de idade, visto que vários Desembargadores de Tribunais de Justiça estavam conseguindo liminares para permanecer no cargo após os 70 anos de idade.

▸ **Importante!**

Com o advento da Lei Complementar 152, que iniciou vigência em 4 de dezembro de 2015, a aposentadoria compulsória aos 75 anos de idade foi estendida aos demais servidores efetivos e agentes políticos, inclusive os policiais civis (para estes a idade era de 65 anos de idade).

De efeito, serão aposentados compulsoriamente, com proventos proporcionais ao tempo de contribuição, aos 75 (setenta e cinco) anos de idade: I - os servidores titulares de cargos efetivos da União, dos Estados, do Distrito Federal e dos Municípios, incluídas suas autarquias e fundações; II - os membros do Poder Judiciário; III - os membros do Ministério Público; IV - os membros das Defensorias Públicas; V - os membros dos Tribunais e dos Conselhos de Contas.

Somente no caso dos servidores do Serviço Exterior Brasileiro foi criada uma espécie de regra de transição, pois será aplicado progressivamente à razão de 1 (um) ano adicional de limite para aposentadoria compulsória ao fim de cada 2 (dois) anos, a partir de 4 de dezembro de 2015, até o limite de 75 (setenta e cinco) anos.

O Serviço Exterior Brasileiro, essencial à execução da política exterior do Brasil, constitui-se do corpo de servidores, ocupantes de cargos de provimento efetivo, capacitados profissionalmente como agentes do Ministério das Relações Exteriores, no Brasil e no exterior, organizados em carreiras definidas e hierarquizadas. É composto da Carreira de Diplomata, da Carreira de Oficial de Chancelaria e da Carreira de Assistente de Chancelaria.

▸ **Importante!**

Para a aposentadoria compulsória não se exige 10 anos da carreira e 05 anos no cargo público efetivo em que se der a aposentação.

▸ **Como esse assunto foi cobrado em concurso?**

No concurso do CESPE da ABIN para Oficial Técnico de Inteligência-formação Direito em 2010, foi considerado errado o seguinte enunciado: Aplica-se à aposentadoria compulsória o requisito de tempo mínimo de dez anos de efetivo exercício no serviço público.

Vale ressaltar que neste caso, por existir proibição de permanência no cargo público após os setenta e cinco anos de idade, a aposentadoria deverá ser declarada por ato da autoridade competente, retroagindo seus efeitos ao dia seguinte imediato ao que o servidor atingir a idade limite de permanência no serviço público, inclusive quanto à aquisição de vantagens e direitos.

Ademais, **as entidades políticas não possuíam margem legiferante para alterar o limite de idade da aposentadoria compulsória para além dos 70 anos de idade**, como o fez o Estado do Piauí (elevou a idade para 75 anos), o que sói ocorrer com uma reforma na Constituição Federal de 1988, o que foi feito através da Emenda 88.

▸ **Qual o entendimento do STF sobre o assunto?**

Consoante noticiado no Informativo 649 (ADI 4696 MC/DF, rel. Min. Ricardo Lewandowski, 1º.12.2011), "apontou-se que a matéria encontrar-se-ia disposta no art. 40, § 1º, II, da CF, que disciplinaria, de forma global, o regime de previdência dos servidores públicos vinculados aos entes da Federação. Entendeu-se que a Carta da República não deixara qualquer margem para a atuação inovadora do legislador constituinte estadual, porquanto estabeleceria norma central categórica, de observância compulsória por parte dos Estados-membros e municípios".

> **▸ Como esse assunto foi cobrado em concurso?**
>
> No concurso do CESPE para Procurador do TCU em 2015, foi considerado ERRADO o seguinte enunciado: De acordo com o STF, as entidades políticas que integram a Federação brasileira podem alterar livremente o limite de idade máximo da aposentadoria compulsória.

No entanto, a Lei Complementar 144/2014, que disciplina a aposentadoria dos **policiais**, aduzia que estes seriam compulsoriamente aposentados com proventos proporcionais ao tempo de contribuição, aos **65 anos de idade**, qualquer que seja a natureza dos serviços prestados.

Entende-se que a LC 144/2014, nesta passagem, era **inconstitucional**. Isso porque não compete ao legislador alterar a idade da aposentadoria compulsória mesmo que seja para os policiais, sendo que somente uma emenda constitucional poderia fazê-lo. Nesse sentido, já foi ajuizada no STF a ADI 5.129, ainda pendente de julgamento.

A questão foi solucionada com o advento da LC 152/2015, tendo sido revogada expressamente a aposentadoria compulsória aos 65 anos de idade para o servidor policial, sendo aplicável desde então a idade de 75 anos.

É evidente que a aposentadoria compulsória somente de aplica aos servidores públicos efetivos, que são participantes de RPPS, e não aos que ocupam exclusivamente cargo comissionais, segurados do RGPS.

> **▸ Qual o entendimento do STJ sobre o assunto?**
>
> **Informativo 523** –"Não é aplicável a regra da aposentadoria compulsória por idade na hipótese de servidor público que ocupe exclusivamente cargo em comissão. Com efeito, a regra prevista no art. 40, § 1º, II, da CF, cujo teor prevê a aposentadoria compulsória do septuagenário, destina-se a disciplinar o regime jurídico dos servidores efetivos, não se aplicando aos servidores em geral. Assim, ao que ocupa exclusivamente cargo em comissão, aplica-se, conforme determina o § 13 do art. 40 da CF, o regime geral de previdência social, no qual não é prevista a aposentadoria compulsória por idade. RMS 36.950-RO, Rel. Min. Castro Meira, DJe 26/4/2013".

5.4. Aposentadoria por idade com proventos proporcionais

Será deferida voluntariamente ao servidor que complete **65 anos de idade, se homem, ou 60 anos de idade, se mulher**, com **proventos proporcionais ao tempo de contribuição**, desde que conte com **10 anos de efetivo exercício no serviço público e 05 anos no cargo efetivo em que se der a aposentadoria**.

> ▸ **Como esse assunto foi cobrado em concurso?**
>
> No concurso da FCC para Procurador do Estado de Rondônia em 2011, foi considerado correto o seguinte enunciado: O texto permanente da Constituição Federal hoje em vigor admite a concessão de aposentadoria voluntária, com proventos proporcionais ao tempo de contribuição, para o homem que completar 65 anos de idade e para a mulher que atingir 60 anos, ocupantes de cargo efetivo, independentemente do tempo de contribuição, desde que tenham cumprido tempo mínimo de dez anos de efetivo exercício no serviço público e cinco anos no cargo efetivo em que se dará a aposentadoria.

5.5. Aposentadoria por idade e tempo de contribuição, com proventos integrais

Será deferida voluntariamente ao servidor que complete **60 anos de idade, com 35 anos de contribuição, se homem, ou 55 anos de idade, com 30 anos de contribuição, se mulher**, com **proventos integrais**, desde que conte **com 10 anos de efetivo exercício no serviço público e 05 anos no cargo efetivo em que se der a aposentadoria**.

> ▸ **Como esse assunto foi cobrado em concurso?**
>
> No concurso da FCC para Procurador do Ministério Público de Contas de Minas Gerais em 2007, foi considerado correto o seguinte enunciado: A aposentadoria voluntária será devida aos servidores que ingressaram após a Emenda Constitucional nº 47/05 e completarem 60 ou 55 anos de idade e 35 ou 30 anos de contribuição, conforme se trate de homem ou mulher, respectivamente, 10 anos de efetivo exercício no serviço público e 5 anos no cargo em que se der a aposentadoria.

Para o **professor** que comprove **exclusivamente** tempo de efetivo exercício das funções de **magistério na educação infantil**

e no ensino fundamental e médio, haverá **redução de 05 anos tanto na idade quanto no tempo de contribuição, para homens e mulheres**.

Vale ressaltar que são consideradas funções de magistério as exercidas por professores e especialistas em educação no desempenho de atividades educativas, quando exercidas em estabelecimento de educação básica em seus diversos níveis e modalidades, incluídas, além do exercício da docência, **as de direção de unidade escolar e as de coordenação e assessoramento pedagógico**, nos termos do artigo 1º, da Lei 11.301/06

> ▸ **Qual o entendimento do STF sobre o assunto?**
>
> O STF validou a Lei 11.301/2006 por intermédio da ADI 3.772, de 29.10.2008, desde que exercidas em estabelecimentos de ensino básico, por professores de carreira, excluídos os especialistas em educação. Assim, a própria Suprema Corte passou a excepcionar pontualmente a Súmula 726: Para efeito de aposentadoria especial de professores, não se computa o tempo de serviço prestado fora da sala de aula.

5.6. Pensão por morte

A pensão por morte será devida aos dependentes do servidor segurado, em razão do seu falecimento, correspondendo, no passado, ao valor integral dos proventos ou remuneração do servidor falecido na data anterior do óbito.

> ▸ **Importante!**
>
> **A Emenda 41/2003 criou um redutor para as pensões por morte que superem o teto do RGPS.** A renda deste benefício corresponderá ao valor da totalidade dos proventos do servidor falecido ou ao valor da totalidade da remuneração do servidor no cargo efetivo em que se deu o falecimento, até o limite máximo estabelecido para os benefícios do RGPS, acrescido de 70% da parcela excedente a este limite.

Logo, **se a remuneração ou os proventos do servidor falecido for superior ao teto do RGPS, haverá um redutor de 30% sobre o excedente**, justificável em razão da redução das despesas familiares, pois haverá uma pessoa a menos no núcleo.

▸ **Como esse assunto foi cobrado em concurso?**

No concurso da FCC para Procurador do Estado de Rondônia em 2011, foi considerado correto o seguinte enunciado: De acordo com as regras constitucionais aplicáveis às pensões por morte de servidor o valor corresponderá à totalidade da remuneração no cargo efetivo em que ocorrer o falecimento ou à totalidade dos proventos do servidor falecido, até o limite máximo estabelecido para os benefícios do Regime Geral de Previdência Social. Se a remuneração ou os proventos até então percebidos superarem esse limite, este será acrescido de 70% da parcela que o exceder.

Ressalte-se que **esta nova regra apenas foi aplicável aos óbitos ocorridos a partir de 21.06.2004**, data da vigência da Lei 10.887/2004, que regulamentou a previsão constitucional, em aplicação ao Princípio do *Tempus Regit Actum*, conforme ressalvado no artigo 2º, da referida norma.

5.7. Abono de permanência

Em termos do RPPS, a Emenda 41/03 instituiu o abono de permanência em favor do servidor público que completou todos os requisitos para se aposentar com proventos integrais, ou seja, 60 anos de idade e 35 anos de contribuição, se homem, ou 55 anos de idade e 30 anos de contribuição, se mulher, desde que conte com 10 anos de efetivo exercício no serviço público e 05 anos no cargo efetivo.

O abono de permanência corresponderá ao **valor da contribuição previdenciária** devida pelo servidor até completar as exigências para aposentadoria compulsória, não incidindo sobre ele contribuição previdenciária.

6. REGRAS DE TRANSIÇÃO

Neste tópico serão analisadas sinteticamente as regras de transição do RPPS, aplicáveis em favor dos servidores ingressos antes das reformas trazidas pelas Emendas 20, 41 e 47.

6.1. Direito adquirido

Tanto a Emenda 20 (artigo 3º), quanto a Emenda 41 (artigo 3º) asseguraram o **direito adquirido** à aposentadoria e pensão àqueles que preencheram os requisitos até a sua promulgação, mesmo os que não optaram por seu gozo, inclusive com base nos critérios da legislação vigente, em decorrência do Princípio do *Tempus Regit Actum*.

▶ **Qual o entendimento do STF sobre o assunto?**

Pontifica a Súmula 359, do STF, que "ressalvada a revisão prevista em lei, os proventos da inatividade regulam-se pela lei vigente ao tempo em que o militar, ou o servidor civil, reuniu os requisitos necessários", independentemente de requerimento administrativo, conforme redação que decorreu do julgamento do RE 72.509.

▶ **Como esse assunto foi cobrado em concurso?**

No concurso do CESPE para Procurador TC do DF em 2012, foi considerado errado o seguinte enunciado: Ressalvada a revisão prevista em lei, os proventos da inatividade regulam-se pela lei vigente ao tempo em que o militar, ou o servidor civil, tiver reunido os requisitos necessários, inclusive a apresentação do requerimento, quando a inatividade for voluntária.

6.2. Aposentadoria. Artigo 2º, da Emenda 41/2003

Vale ressaltar que o artigo 4º, da Emenda 20/98, determina a contagem do tempo de serviço como tempo de contribuição, até que seja editada lei específica sobre a matéria, que ainda inexiste.

Frise-se que antes da citada Emenda bastava o tempo de serviço para a concessão da aposentadoria do servidor público, pois não era exigida idade mínima, operando-se aos 35 anos de serviço, se homem, ou 30 anos de serviço, se mulher, com proventos integrais.

Já a aposentadoria com proventos proporcionais seria devida aos 30 anos de serviço, se homem, ou 25 anos de serviço, se mulher.

Exista uma regra de transição no artigo 8º, da Emenda 20/1998, em favor dos servidores que ingressaram no serviço público até o seu advento, mas restou revogada pela Emenda 41/03, que passou a disciplinar o tema em seu artigo 2º.

De efeito, para os servidores públicos ingressos até a publicação da Emenda 20/98 (16.12.98) e que não contavam com o direito adquirido, por não preencher todos os pressupostos legais, há uma regra de transição no artigo 2º, da Emenda 41/03, para a sua aposentadoria.

Deveras, para ter direito à aposentadoria pela regra de transição, o servidor deverá contar com a idade mínima de 53 anos (homem) ou de 48 anos de idade (mulher), bem como com 35 ou 30 anos de contribuição, respectivamente, ainda devendo realizar um tempo adicional ("pedágio") de 20% do tempo que, na data da emenda, faltaria para atingir esse período total de serviço, devendo ainda contar com 05 anos de efetivo exercício do cargo em que ocorrer a aposentação.

Neste caso, os proventos serão calculados da seguinte forma: para cada ano antecipado com relação à idade mínima (60 ou 55 anos de idade, se homem ou mulher, com redução de 05 anos para os professores exclusivos do ensino infantil, médio ou fundamental), os proventos serão reduzidos em 3,5% (se cumpridos os requisitos até 31.12.2005) ou em 5% por ano (se cumpridos os requisitos após 01.01.2006).

Caso o servidor preencha os requisitos para se aposentar por esta regra de transição, mas opte em permanecer em atividade, fará jus a um abono de permanência equivalente ao valor de sua contribuição previdenciária.

O artigo 2º, §3º, da Emenda 41/2003, ainda traz uma regra de transição para beneficiar os magistrados e membros do Ministério Público do sexo masculino, que antes de aposentavam com 30 anos de serviço e 05 anos de judicatura ou de atividade no *parquet*, tendo o tempo de serviço exercido até a data de publicação da Emenda Constitucional nº 20 contado com acréscimo de 17%, apenas para fins da aposentadoria com base na cabeça do artigo.

Também para a utilização desta regra de transição, o artigo 2º, §4º, da Emenda 41/2003, ainda contempla um benefício em favor dos professores vinculados ao RPPS, ingressos antes da Emenda 20/98, permitindo o acréscimo do tempo de serviço prestado até 16.12.1998 de 17%, se homem, ou de 20%, se mulher, desde que se aposente, exclusivamente, com tempo de efetivo exercício nas funções de magistério.

6.3. Aposentadoria. Artigo 3º, da Emenda 47/2005

Posteriormente, a Emenda 47/2005 trouxe nova regra de transição, que veio a se somar com a anterior, cabendo ao servidor optar pela mais vantajosa, inserta no seu artigo 3º, que garante aposentadoria com proventos integrais aos servidores ingressos antes da Emenda 20 (até 16.12.98), desde que preencham, cumulativamente, os seguintes requisitos:

> "I- trinta e cinco anos de contribuição, se homem, e trinta anos de contribuição, se mulher;
>
> II- vinte e cinco anos de efetivo exercício no serviço público, quinze anos de carreira e cinco anos no cargo em que se der a aposentadoria;
>
> III- idade mínima resultante da redução, relativamente aos limites do art. 40, § 1º, inciso III, alínea "a", da Constituição Federal, de um ano de idade para cada ano de contribuição que exceder a condição prevista no inciso I do caput deste artigo".

Logo, por esta regra de transição, conhecida como **regra 95 para os homens ou regra 85 para as mulheres**, desde que o servidor tenha ingressado no serviço público até a data de publicação (16.12.1998) da Emenda 20 e tenha atingido o tempo mínimo de contribuição para se aposentar com proventos integrais, contando com 25 anos de serviço público, 15 anos de carreira e 05 anos no cargo a se aposentar, haverá a redução de um ano de idade para cada ano de contribuição que extrapolar 35 anos (homem) ou 30 anos (mulher).

Suponha-se que um servidor do sexo masculino, nesta situação, conte com 40 anos de contribuição. Neste caso, ele terá direito a uma redução de 05 anos na idade, podendo se aposentar com 55 anos de idade, desde que nessa idade tenha 40 anos de contribuição (40 + 55 = 95), sem direito ao abono de permanência, caso opte em permanecer na ativa.

6.4. Paridade remuneratória entre ativos e inativos. Artigo 6º, da Emenda 41/2003

Conforme dito anteriormente, a Emenda 41/2003 extinguiu a paridade remuneratória entre ativos e inativos, devendo os benefícios no RPPS ser calculados com base nas remunerações corrigidas, equivalentes a 80% do período contributivo.

Entrementes, há uma regra de transição para os servidores que ingressaram no serviço público até a data de publicação da Emenda 41, ocorrida em 31.12.2003, que garante a paridade remuneratória entre ativos e inativos, no seu artigo 6º.

A paridade remuneratória consiste no direito dos aposentados e pensionistas de verem seus benefícios revisados na mesma proporção e na mesma data, sempre que se modificar a remuneração dos servidores em atividade, sendo também estendidos aos aposentados e pensionistas quaisquer benefícios ou vantagens posteriormente concedidos aos servidores em atividade, inclusive quando decorrentes da transformação ou reclassificação do cargo ou função em que se deu a aposentadoria ou que serviu de referência para a concessão da pensão.

Neste caso, deverá o servidor público contar com os requisitos tradicionais para se aposentar (60 anos de idade e 35 anos de contribuição, se homem, e 55 anos de idade e 30 anos de contribuição, se mulher), bem como com 20 anos de efetivo exercício no serviço público, 10 anos na carreira e 05 anos de efetivo exercício no cargo em que se der a aposentadoria.

6.5. Acumulação de remuneração com proventos de cargos inacumuláveis

É certo que a Emenda 20, que inseriu o §10, no artigo 37, da Constituição, proíbe a acumulação de remuneração de cargos, empregos ou funções públicas com proventos de aposentadoria, exceto nos casos excepcionais de cargos acumuláveis previstos expressamente.

Todavia, há uma regra de transição para os servidores ingressos até 16.12.98, data da publicação da Emenda 20.

De acordo com o artigo 11, da referida Emenda, "a vedação prevista no art. 37, §10, da Constituição Federal, não se aplica aos membros de poder e aos inativos, servidores e militares, que, até a publicação desta Emenda, tenham ingressado novamente no serviço público por concurso público de provas ou de provas e títulos, e pelas demais formas previstas na Constituição Federal, sendo-lhes proibida a percepção de mais de uma aposentadoria pelo regime de previdência a que se refere o art. 40 da Constituição Federal, aplicando-se-lhes, em qualquer hipótese, o limite de que trata o § 11 deste mesmo artigo".

Logo, esses servidores antigos poderão excepcionalmente acumular a remuneração com os proventos de aposentadoria, mas não poderão concentrar duas aposentadorias.

7. PENSÃO POR MORTE DO SERVIDOR EFETIVO FEDERAL

No âmbito do RPPS dos servidores federais efetivos, a Medida Provisória 664/2014 promoveu uma reforma significativa no benefício de pensão por morte, alterando os artigos 215, 217, 218, 222, 223, 225 da Lei 8.112/90, ao tempo em que revogou expressamente o art. 216 e os §§ 1º a 3º do art. 218 da Lei nº 8.112, de 11 de dezembro de 1990. Posteriormente, foi convertida na Lei 13.135/2015, que sofreu várias modificações.

A renda deste benefício corresponderá ao valor da totalidade dos proventos do servidor falecido ou ao valor da totalidade da remuneração do servidor no cargo efetivo em que se deu o falecimento, até o limite máximo estabelecido para os benefícios do RGPS, acrescido de 70% da parcela excedente a este limite.

Logo, **se a remuneração ou proventos do servidor falecido for superior ao teto do RGPS, haverá um redutor de 30% sobre o excedente**, justificável em razão da redução das despesas familiares, pois haverá uma pessoa a menos no núcleo.

Ressalte-se que **esta nova regra apenas foi aplicável aos óbitos ocorridos a partir de 21.06.2004**, data da vigência da Lei 10.887/2004, que regulamentou a previsão constitucional, em aplicação ao Princípio do *Tempus Regit Actum*, conforme ressalvado no artigo 2º, da referida norma.

No âmbito do RPPS da União, a pensão por morte se divide quanto à natureza em **vitalícia ou temporária, muito embora as regras tenham sido alteradas com o advento da Lei 13.135/2015.**

Ademais, **excluiu-se do rol de dependentes** o menor sob guarda, à semelhança do que já havia ocorrido no Regime Geral de Previdência Social no ano de 1996, assim como a pessoa designada, maior de 60 (sessenta) anos e a pessoa portadora de deficiência, que vivam sob a dependência econômica do servidor; a pessoa designada que viva na dependência econômica do servidor, até 21 (vinte e um) anos, ou, se inválida, enquanto durar a invalidez.

Pelo novo artigo 217, da Lei 8.112/90, reformado pela Lei 13.135/2015, são dependentes habilitados à pensão por morte do servidor federal efetivo:

> I - o cônjuge;
>
> II - o cônjuge divorciado ou separado judicialmente ou de fato, com percepção de pensão alimentícia estabelecida judicialmente;

> III - o companheiro ou companheira que comprove união estável como entidade familiar;
>
> IV - o filho de qualquer condição que atenda a um dos seguintes requisitos:
>
> a) seja menor de 21 (vinte e um) anos;
>
> b) seja inválido;
>
> c) tenha deficiência grave (este inciso entrará em vigor apenas em 18/6/2017 - art. 6º, II, B, da Lei 13.135/2015); ou
>
> d) tenha deficiência intelectual ou mental, nos termos do regulamento;
>
> V - a mãe e o pai que comprovem dependência econômica do servidor; e
>
> VI - o irmão de qualquer condição que comprove dependência econômica do servidor e atenda a um dos requisitos previstos no inciso IV.

Os dependentes previstos nos incisos I a IV são preferenciais, afastando os dependentes arrolados nos incisos V e VI. Por sua vez, os dependentes do inciso V preferem aos dependentes do inciso VI. Por sua vez, o enteado e o menor tutelado equiparam-se a filho mediante declaração do segurado e desde que comprovada a dependência econômica na forma estabelecida no Regulamento.

No caso em apreço, antes do advento da Lei 13.135/2015 , o STF garantiu a pensão por morte ao menor sob guarda no RPPS dos servidores federais, ante a expressa previsão legal vigente no artigo 217, II, letra B, da Lei 8.112/90:

> **▶ Qual o entendimento do STF sobre o assunto?**
>
> "Agravo regimental em mandado de segurança. Tribunal de Contas da União. Menor sob guarda. Anulação de ato em que se negou registro, por ilegalidade, a pensão concedida com base no art. 217, II, b, da Lei nº 8.112/1990. Princípio da proteção à criança - art. 227 da CF. Dependência econômica do menor em relação à servidora falecida. Agravo regimental não provido. 1. É direito do menor que, na data do óbito de servidor, esteja sob a sua guarda receber pensão temporária até completar 21 (vinte e um) anos de idade (alínea 'b' do inciso II do art. 217 da Lei nº 8.112/90). Precedente. 2. Agravo regimental não provido" (MS 31687 AgR, de 11/03/2014).

Mesmo após o advento da Lei 13.135/2015 , o tema certamente ainda trará muita polêmica, pois o STJ não vem admitindo a exclusão do menor sob guarda do rol de dependentes do servidor, mesmo havendo lei específica o excluindo, conforme precedente da 1ª Seção que envolveu o RPPS do Estado do Mato Grosso:

▸ **Qual o entendimento do STJ sobre o assunto?**

"Embora a lei complementar estadual previdenciária do Estado de Mato Grosso seja lei específica da previdência social, não menos certo é que a criança e adolescente tem norma específica, o Estatuto da Criança e do Adolescente que confere ao menor sob guarda a condição de dependente para todos os efeitos, inclusive previdenciários (art. 33, § 3º, Lei n.º 8.069/90), norma que representa a política de proteção ao menor, embasada na Constituição Federal que estabelece o dever do poder público e da sociedade na proteção da criança e do adolescente (art. 227, caput, e § 3º, inciso II)". (RMS 36034 / MT, de 26/02/2014).

▸ **Importante:**

Em regra, se o óbito ocorrer sem que o servidor federal tenha vertido 18 (dezoito) contribuições mensais ou se o casamento ou a união estável tiverem sido iniciados em menos de 2 (dois) anos antes do óbito do segurado, a pensão por morte será paga por apenas 4 (quatro) meses ao cônjuge, companheiro ou companheira, salvo se o óbito do segurado decorrer de acidente de qualquer natureza ou de doença profissional ou do trabalho.

A Lei 13.135/2015 admitiu expressamente que o tempo de contribuição a Regime Próprio de Previdência Social (RPPS) ou RGPS será considerado na contagem das 18 (dezoito) contribuições mensais, acaso o servidor não possua 18 recolhimentos no RPPS federal.

Por sua vez, transcorridos os seguintes períodos, estabelecidos de acordo com a idade do beneficiário na data de óbito do segurado, **se o óbito ocorrer depois de vertidas 18 (dezoito) contribuições mensais e pelo menos 2 (dois) anos após o início do casamento ou da união estável, ou se então o óbito do segurado decorrer de acidente de qualquer natureza ou de doença profissional ou do trabalho,** a pensão terá a seguinte duração, sendo vitalícia apenas se o pensionista tiver 44 anos de idade no dia da morte:

1) **3 (três) anos,** com menos de 21 (vinte e um) anos de idade;

2) **6 (seis) anos**, entre 21 (vinte e um) e 26 (vinte e seis) anos de idade;
3) **10 (dez) anos**, entre 27 (vinte e sete) e 29 (vinte e nove) anos de idade;
4) **15 (quinze) anos**, entre 30 (trinta) e 40 (quarenta) anos de idade;
5) **20 (vinte) anos**, entre 41 (quarenta e um) e 43 (quarenta e três) anos de idade;
6) **vitalícia**, com 44 (quarenta e quatro) ou mais anos de idade.

▸ **Importante:**

No entanto, há uma regra especial para o pensionista inválido ou com deficiência cônjuge ou companheiro(a), pois neste caso a pensão por morte apenas será cancelada pela cessação da invalidez ou pelo afastamento da deficiência. Se não houver recuperação do pensionista, portanto, será vitalícia, mesmo que **o segurado não tenha vertido 18 (dezoito) contribuições mensais ou se o casamento ou a união estável tiverem menos de 2 (dois) anos antes do óbito do segurado.** Caso o pensionista inválido ou deficiente se recupere, serão respeitados, ao menos, os prazos anteriores apresentados.

Vale frisar que a partir de junho de 2018 existe a possibilidade de mudanças nas faixas da pensão temporária e vitalícia, por ato do Ministro de Estado do Planejamento, Orçamento e Gestão, desde que haja o incremento mínimo de um ano inteiro na média nacional única, para ambos os sexos, correspondente à expectativa de sobrevida da população brasileira ao nascer, limitado o acréscimo na comparação com as idades anteriores ao referido incremento.

▸ **Importante:**

É sabido que no Brasil existem simulações e fraudes envolvendo casamentos e uniões estáveis apenas com o objetivo de instituir a pensão por morte. Por força da Lei 13.135/2015, **perde o direito à pensão por morte o cônjuge, o companheiro ou a companheira se comprovada, a qualquer tempo, simulação ou fraude no casamento ou na união estável, ou a formalização desses com o fim exclusivo de constituir benefício previdenciário, apuradas em processo judicial no qual será assegurado o direito ao contraditório e à ampla defesa.**

Pelas novas regras, ocorrendo habilitação de vários titulares à pensão o seu valor será distribuído em partes iguais entre os beneficiários habilitados. Por morte ou perda da qualidade de beneficiário, a respectiva cota reverterá para os cobeneficiários.

Deverá ser paga a pensão desde o óbito do instituidor, independentemente da data do requerimento administrativo, observada apenas a prescrição quinquenal, que não correrá contra os absolutamente incapazes.

Contudo, se algum outro dependente já estiver recebendo a pensão, a nova habilitação só produzirá efeitos a partir da data em que for oferecida, se implicar em exclusão de beneficiário ou redução de pensão.

De acordo com o artigo 220, da Lei 8.112/90, não faz jus à pensão o beneficiário condenado pela prática de crime doloso de que tenha resultado a morte do servidor,, devendo haver condenação transitada em julgado em respeito ao Princípio da Presunção de Inocência.

O artigo 221, da Lei 8.112/90, ainda prevê a **pensão provisória por morte presumida do servidor**, a ser deferida nas hipóteses de declaração de ausência, pela autoridade judiciária competente; desaparecimento em desabamento, inundação, incêndio ou acidente não caracterizado como em serviço ou se desaparecimento no desempenho das atribuições do cargo ou em missão de segurança.

Esta pensão provisória será transformada em vitalícia ou temporária, conforme o caso, após decorridos cinco anos de sua vigência, ressalvado o eventual reaparecimento do servidor, hipótese em que o benefício será automaticamente cancelado.

São hipóteses de perda da qualidade de beneficiário da pensão por morte no RPPS da União: I - o seu falecimento; II - a anulação do casamento, quando a decisão ocorrer após a concessão da pensão ao cônjuge; III - a cessação de invalidez, em se tratando de beneficiário inválido; IV - o atingimento da idade de vinte e um anos pelo filho ou irmão, e equiparados a filho; V - a acumulação de pensão na forma do art. 225; VI - a renúncia expressa; e VII - o decurso do prazo de recebimento de pensão dos beneficiários cônjuges, companheiros ou companheiras, conforme apresentado acima.

De acordo com a nova redação do artigo 225 da Lei 8.112/90, ressalvado o direito de opção, **é vedada a percepção cumulativa de**

pensão deixada por mais de um cônjuge, companheiro ou companheira, e de mais de duas pensões.

Por fim, vale frisar que o auxílio-reclusão será devido, nas mesmas condições da pensão por morte, aos dependentes do segurado servidor federal recolhido à prisão.

8. PENSÃO POR MORTE DO MILITAR DA UNIÃO

Consoante determina o artigo 50, inciso IV, alínea "l", da Lei 6.880/1980, é direito do militar a constituição de pensão militar. As regras da pensão por morte constantes do artigo 50, §§ 2º e 3º da Lei 6.880/1980 foram tacitamente revogadas pela MP 2.215-10/2001, que dispôs da matéria de maneira diversa, alterando substancialmente a Lei 3.765/1960, reduzindo o rol de dependentes da pensão militar a fim de moralizá-lo.

Antes da reforma, por exemplo, as filhas solteiras sem remuneração dos militares percebiam a pensão por morte sem limite de idade, o que as levava a não celebração de núpcias apenas com o objetivo de manter o benefício. Até os cunhados e sobrinhos do militar eram arrolados como dependentes.

Frise-se que a pensão por morte rege-se pelo Princípio do Tempus *Regit Actum*, de modo que as alterações no grupo de dependentes não terão aplicação retroativa para abarcar óbitos operados antes da sua vigência (a MP originária foi a 2.131, publicada em 29/12/2000).

▸ **Qual o entendimento do STJ sobre o assunto?**

"PENSÃO MILITAR POR MORTE. ANÁLISE DA RECEPÇÃO DE NORMAS FRENTE À CONSTITUIÇÃO DE 1988. IMPOSSIBILIDADE DE DISCUSSÃO NA VIA ELEITA. APLICAÇÃO DA LEI VIGENTE À DATA DO ÓBITO. LEI 3.765/1960. VALORES PERCEBIDOS POR FILHAS MAIORES DE 21 ANOS. POSSIBILIDADE. 1. A alegação de que a Lei 3.765/1960 não foi recepcionada pela Constituição Federal de 1988 é de natureza eminentemente constitucional, o que refoge aos limites da via do apelo especial. 2. No caso em apreço, o regramento a ser adotado à época do óbito do militar (art. 7º, II, da Lei 3.807/1960) estabelecia que a pensãoera devida "aos filhos de qualquer condição, exclusive os maiores do sexo masculino, que não sejam interditos ou inválidos". 3. O falecimento do instituidor da pensão ocorreu em 6 de setembro de 1999 (fl. 38 , e-STJ). Forçoso, portanto, concluir pela aplicação do disposto no art. 7º, II, da Lei 3.807/1960, o qual não impôs restrição às filhas maiores quanto ao recebimento da pensão. 4. A partilha deve ser feita com base no art. 9º da referida norma, rateando-se os valores em 50% para os filhos habilitados e os outros 50% entre a viúva e a ex-companheira. 5. Agravo Regimental não provido" (AGRESP 1.298.392, de 15/05/2012).

▸ **Importante:**

É prevista contribuição previdenciária de 7,5% da remuneração do militar, incidente, inclusive, sobre as parcelas que compõem os proventos na inatividade, sendo **contribuintes obrigatórios**, mediante desconto mensal em folha de pagamento, todos os militares das Forças Armadas. O desconto de contribuição previdenciária sobre os proventos de inatividade está amparado pela Emenda 41/2003.

▸ **Qual o entendimento do STF sobre o assunto?**

"EMENTA: AGRAVO REGIMENTAL NO RECURSO EXTRAORDINÁRIO. **CONTRIBUIÇÃO PREVIDENCIÁRIA. PROVENTOS. MILITAR. INCIDÊNCIA.** EC 41/03. 1. O Supremo, por ocasião do julgamento da ADI n. 3.105, Relatora a Ministra Ellen Gracie, DJ de 18.8.04, registrou inexistir "norma de imunidade tributária absoluta". A Corte afirmou que, após o advento da Emenda Constitucional n. 41/03, os servidores públicos passariam a contribuir para a previdência social em "obediência aos princípios da solidariedade e do equilíbrio financeiro e atuarial, bem como aos objetivos constitucionais de universalidade, equidade na forma de participação no custeio e diversidade da base de financiamento". 2. **Os servidores públicos militares não foram excepcionados da incidência da norma, razão pela qual não subsiste a pretensa imunidade tributária relativamente à categoria. A inexigibilidade da contribuição --- para todos os servidores, quer civis, quer militares --- é reconhecida tão-somente no período entre o advento da EC 20 até a edição da EC 41, conforme é notório no âmbito deste Tribunal** [ADI n. 2.189, Relator o Ministro Sepúlveda Pertence, DJ de 9.6.00, e RE n. 435.210-AgR, Relatora a Ministra Ellen Gracie, DJ de 14.6.05]. Agravo regimental a que se dá provimento." (RE 475076 AgR, de 25/11/2008).

Quando o militar, por qualquer circunstância, não puder ter descontada a sua contribuição para a pensão militar, deverá efetuar o seu recolhimento, imediatamente, à unidade a que estiver vinculado. Contudo, se, ao falecer o contribuinte, houver dívida de contribuição, caberá aos beneficiários saldá-la integralmente, por ocasião do primeiro pagamento da pensão militar.

No entanto, **não serão contribuintes obrigatórios da pensão militar** o aspirante da Marinha, o cadete do Exército e da Aeronáutica e o aluno das escolas, centros ou núcleos de formação de oficiais e de praças e das escolas preparatórias e congêneres, assim como os cabos, soldados, marinheiros e taifeiros, com menos de dois anos de efetivo serviço.

▸ **Importante:**

A pensão militar será igual ao valor da remuneração ou dos proventos do militar. Contudo, a pensão do **militar não contribuinte** que vier a falecer na atividade em consequência de acidente ocorrido em serviço ou de moléstia nele adquirida não poderá ser inferior à de aspirante a oficial ou guarda-marinha, para os cadetes do Exército e da Aeronáutica, aspirantes de marinha e alunos dos Centros ou Núcleos de Preparação de Oficiais da reserva; ou à de terceiro-sargento, para as demais praças e os alunos das escolas de formação de sargentos.

O atual regramento instituído pelo art. 7º da MP 2.215-10/2001 apresenta 03 classes de dependentes para a pensão por morte militar, conforme a seguinte **ordem de prioridade**:

> **I - primeira ordem de prioridade**:
>
> a) cônjuge;
>
> b) companheiro ou companheira designada ou que comprove união estável como entidade familiar;
>
> c) pessoa desquitada, separada judicialmente, divorciada do instituidor ou a ex-convivente, desde que percebam pensão alimentícia;
>
> d) filhos ou enteados até vinte e um anos de idade ou até vinte e quatro anos de idade, se estudantes universitários ou, se inválidos, enquanto durar a invalidez; e
>
> e) menor sob guarda ou tutela até vinte e um anos de idade ou, se estudante universitário, até vinte e quatro anos de idade ou, se inválido, enquanto durar a invalidez.
>
> **II - segunda ordem de prioridade, a mãe e o pai que comprovem dependência econômica do militar;**
>
> **III - terceira ordem de prioridade:**
>
> a) o irmão órfão, até vinte e um anos de idade ou, se estudante universitário, até vinte e quatro anos de idade, e o inválido, enquanto durar a invalidez, comprovada a dependência econômica do militar;
>
> b) a pessoa designada, até vinte e um anos de idade, se inválida, enquanto durar a invalidez, ou maior de sessenta anos de idade, que vivam na dependência econômica do militar.

Os dependentes de classe I afastam os de classe II e III, exceto o menor sob guarda ou tutela até vinte e um anos de idade ou, se estudante universitário, até vinte e quatro anos de idade ou, se inválido, enquanto durar a invalidez.

Caso haja apenas um dependente cônjuge ou companheiro(a), este receberá integralmente a pensão por morte. Se também houver ex-cônjuge ou ex-companheiro(a) que perceba alimentos, o benefício será dividido igualmente.

Entretanto, se ainda existirem dependentes filhos ou enteados até vinte e um anos de idade ou até vinte e quatro anos de idade, se estudantes universitários ou, se inválidos, enquanto durar a invalidez ou menor sob guarda ou tutela até vinte e um anos de idade ou, se estudante universitário, até vinte e quatro anos de idade ou, se inválido, enquanto durar a invalidez, 50% da pensão será destinada aos dependentes de letras A, B e C e os outros 50% para os dependentes das alíneas "d" e "e".

Suponha-se que um militar faleça deixando uma esposa e três filhos menores. Neste caso, ½ da pensão será percebida pela viúva e a outra metade será repartida entre os filhos do falecido.

São causas de cancelamento da pensão militar:

> I - venha a ser destituído do pátrio poder, no tocante às quotas-partes dos filhos, as quais serão revertidas para estes filhos;
>
> II - atinja, válido e capaz, os limites de idade estabelecidos nesta Lei;
>
> III - renuncie expressamente ao direito;

É permitida a acumulação:

> I - de uma pensão militar com proventos de disponibilidade, reforma, vencimentos ou aposentadoria;
>
> II - de uma pensão militar com a de outro regime, observado o disposto no art. 37, inciso XI, da Constituição Federal.

Existe uma regra de transição no artigo 31, da MP 2.215-10/2001:

> "Art. 31. Fica assegurada aos atuais militares, mediante contribuição específica de um vírgula cinco por cento das parcelas constantes do art. 10 desta Medida Provisória, a manutenção dos benefícios previstos na Lei nº 3.765, de 1960, até 29 de dezembro de 2000.

> § 1° Poderá ocorrer a renúncia, em caráter irrevogável, ao disposto no caput, que deverá ser expressa até 31 de agosto de 2001.
>
> § 2° Os beneficiários diretos ou por futura reversão das pensionistas são também destinatários da manutenção dos benefícios previstos na Lei n° 3.765, de 1960, até 29 de dezembro de 2000".

Este dispositivo legal é de péssima redação. Ao que parece busca assegurar a manutenção do rol de dependentes para os antigos militares de acordo com o regime anterior, desde que haja uma contribuição adicional de 1,5%, cabendo ao militar que não quis aderir a este regime de transição ter promovido a renúncia expressa no prazo fixado, prorrogado para 31 de agosto de 2002 pela Lei 10.556/2002.

▸ **Qual o entendimento do STJ sobre o assunto?**

"PROCESSUAL CIVIL E ADMINISTRATIVO. MILITAR. PENSÃO POR MORTE. APLICAÇÃO DA LEI VIGENTE À DATA DO ÓBITO. 1. O entendimento remansoso do STJ é no sentido de que, tratando-se de concessão de pensão, o benefício deve ser regido pelas leis vigentes ao tempo do óbito de seu instituidor. 2. In casu, verifica-se que o instituidor faleceu em 11.1.2004, e, portanto, é perfeitamente aplicável a Lei 3.765/1960, em vigor à época. Ademais, observa-se que a contribuição foi realizada de acordo com o art. 31 da MP 2.215-10/2001, o que assegurava à sua prole a manutenção da pensão prevista na redação original do art. 7º da Lei 3.765/1960. 3. O acórdão recorrido não poderia ter estabelecido tratamento diferenciado entre as filhas do falecido, consoante dispõe o art. 227, § 6º, da Constituição Federal e a própria Lei 3 765/1960, que registra expressamente o direito dos filhos de qualquer situação e sexo. 4. Os memoriais trazidos pela parte recorrida não apresentam argumentos a modificar esse entendimento.

Primeiro porque os arts. 7º da Lei 3.765/1960 e 31 da MP 2.215/2001 foram efetivamente analisados pela Corte de origem, preenchendo, assim, o requisito do prequestionamento. Depois, não se aplica a Súmula 283/STF ao caso, um vez que as razões recursais impugnaram por completo a fundamentação do julgado a quo. Finalmente, a questão fática ali levantada, além de não ter sido aventada na instância de origem, é inapreciável neste momento processual, de acordo com o disposto na Súmula 7/STJ" (RESP 1.188.756, de 04/08/2011).

No entanto, para o STJ, o prazo de renúncia é impróprio, podendo se dar a qualquer tempo.

▸ **Qual o entendimento do STJ sobre o assunto?**

"ADMINISTRATIVO. AGRAVO REGIMENTAL NO RECURSO ESPECIAL. **PENSÃO MILITAR.** PRAZO PARA RENÚNCIA. REQUERIMENTO ADMINISTRATIVO. TERMO INICIAL DA OBRIGAÇÃO DE RESTITUIR. PRESCRIÇÃO QUINQUENAL. CORREÇÃO MONETÁRIA. JUROS DE MORA. 1. É devido o adicional de contribuição para a **pensão militar** que visa a beneficiar as filhas em caso de **morte** do instituidor aos **militares** ativos e inativos que não renunciarem aos benefícios da Lei n. 3.567/1960. **2. É possível a manifestação de renúncia após 31/8/2001, prazo estabelecido pelo art. 31 da MP 2.215-10/2001, tendo em vista a ausência de prejuízo do erário, convergindo a renúncia com a finalidade da nova legislação, que é de minorar o déficit da previdência militar.** 3. Expressa a renúncia em requerimento administrativo, tal é o termo inicial da obrigação de restituir o adicional de contribuição. 4. Prescrição quinquenal (Súmula 85/STJ). 5. Correção monetária conforme a Lei n. 6.899/1981 e juros de mora segundo o art. 1º-F da Lei n. 9.494/1997. 6. Agravo regimental a que se nega provimento" (AGRESP 1.063.012, de 15/08/2013).

Capítulo 12

Previdência Complementar

1. REGIME DOS SERVIDORES PÚBLICOS EFETIVOS

Com o advento da Emenda Constitucional 20/98, nasceu a autorização constitucional para a instituição do regime público de previdência complementar, antes restrito ao campo privado.

A aprovação dessa reforma na previdência dos servidores públicos decorre de um movimento político que busca aproximar cada vez mais o regime previdenciário dos servidores públicos efetivos ao regime dos trabalhadores em geral, ignorando as peculiaridades inerentes à relação de trabalho no âmbito das pessoas jurídicas de direito público.

Nesse sentido, a Emenda 20/98 inseriu os §§ 14, 15 e 16 no artigo 40 da Constituição Federal, tendo ainda o §15 sua redação alterada pela Emenda 41/03. Ao regime previdenciário público complementar será aplicável, no que couber, as disposições do artigo 202, da

Constituição Federal, que trata do regime de previdência complementar privada.

De efeito, a União, os Estados, o Distrito Federal e os Municípios poderão instituir regime de previdência complementar para os seus servidores efetivos, mediante **lei de iniciativa de o respectivo Poder Executivo**. Antes do advento da Emenda 41/2003, exigia-se que aprovação se desse por lei complementar, podendo agora ser uma mera lei ordinária, que não exige o quórum qualificado.

> **▸ Como esse assunto foi cobrado em concurso?**
>
> No concurso do CESPE para Juiz Federal da 1ª Região em 2009, foi considerado errado o seguinte enunciado: O regime de previdência complementar dos servidores titulares de cargo efetivo da União, dos estados e do DF poderá ser instituído por lei de iniciativa dos respectivos Poderes Executivo, Legislativo e Judiciário.

Serão criadas **entidades fechadas de previdência complementar, de natureza pública**, que oferecerão aos respectivos participantes planos de benefícios somente na modalidade de **contribuição definida**, sendo a **adesão facultativa**.

> **▸ Como esse assunto foi cobrado em concurso?**
>
> No concurso da FCC para Analista do TRT da 15ª Região em 2013, foi considerada correta a letra C: O regime de previdência complementar dos servidores públicos será instituído por lei de iniciativa do respectivo Poder Executivo, observados os princípios e regras constitucionais aplicáveis ao regime de previdência privada, no que couber, por intermédio de entidades: a) abertas ou fechadas, que oferecerão aos respectivos participantes planos de benefícios somente na modalidade de contribuição definida. b) abertas, que oferecerão aos respectivos participantes planos de benefícios somente na modalidade de benefício definido. c) fechadas, de natureza pública, que oferecerão aos respectivos participantes planos de benefícios somente na modalidade de contribuição definida. d) fechadas, de natureza pública, que oferecerão aos respectivos participantes planos de benefícios na modalidade de contribuição variável. e) fechadas, de natureza pública, que oferecerão aos respectivos participantes planos de benefícios na modalidade de benefício definido.

De acordo com a Resolução 16, de 22.11.2005, do Conselho de Gestão da Previdência Complementar, os planos de benefícios na modalidade contribuição definida são aqueles cujos benefícios programados têm seu valor permanentemente ajustado ao saldo de conta mantido em favor do participante, inclusive na fase de percepção de benefícios, considerando o resultado líquido de sua aplicação, os valores aportados e os benefícios pagos.

Ou seja, no plano de contribuição definida os benefícios programados não têm o seu valor ou nível previamente estabelecidos, o que aparentemente poderá gerar insegurança jurídica futura aos novos servidores públicos efetivos.

▸ **Importante!**

Após a instituição da previdência pública complementar, as respectivas entidades políticas poderão fixar, para o valor das aposentadorias e pensões dos Regimes Próprios de Previdência Social, o limite máximo estabelecido para os benefícios do Regime Geral de Previdência Social. Todavia, os dispositivos constitucionais que prevêem a previdência pública complementar apenas serão aplicáveis aos servidores públicos que tiverem ingressado no serviço público após a data da publicação do ato de instituição do correspondente regime de previdência complementar.

▸ **Como esse assunto foi cobrado em concurso?**

No concurso do CESPE para Técnico Judiciário do TRT RN em 2010, foi considerado correto o seguinte enunciado: A União, os estados, o DF e os municípios podem instituir regime de previdência complementar para seus respectivos servidores titulares de cargo efetivo, mediante a criação, por lei de iniciativa do respectivo Poder Executivo, de entidades fechadas de previdência complementar de natureza pública. Outrossim, no concurso para Juiz Federal da 1ª Região em 2009, foi considerado correto o seguinte enunciado: Desde que seja instituído regime de previdência complementar para os respectivos servidores titulares de cargo efetivo, a União, os estados, o DF e os municípios poderão fixar, para o valor das aposentadorias e pensões a serem concedidas pelo regime próprio de previdência, o limite máximo estabelecido para os benefícios do RGPS.

Por outro lado, no concurso para Juiz Federal da 5ª Região em 2009, foi considerado errado o seguinte enunciado: A União, os estados, o DF e os municípios, independentemente de instituírem regime de previdência complementar para os seus servidores titulares de cargo efetivo, poderão fixar, para o valor das aposentadorias e pensões a serem concedidas pelos próprios regimes de previdência, o limite máximo estabelecido para os benefícios do RGPS.

O regime de previdência complementar dos servidores públicos federais ocupantes de cargos efetivos foi instituído pela Lei 12.618/2012, que será estudado no item 3 deste capítulo.

2. REGIME PRIVADO

2.1. Introdução

A previdência complementar privada goza de previsão no **artigo 202 da Constituição Federal**, sendo regulamentada pelas **Leis Complementares 108 e 109**, ambas promulgadas em 2001, pois se cuida de tema afeto apenas à lei complementar.

▸ **Como esse assunto foi cobrado em concurso?**

No concurso do CESPE para Juiz Federal da 5ª Região em 2009, foi considerado errado o seguinte enunciado: A CF não exige que o regime de previdência complementar seja regulado por lei complementar.

A Lei Complementar 109 traz as regras gerais sobre a previdência complementar privada, tendo revogado expressamente as Leis 6.435/77 e 6.462/77, ao passo que a Lei Complementar 108 regula a relação jurídica entre as entidades componentes da Administração Pública com as suas respectivas entidades fechadas de previdência complementar (fundos de pensão).

É de competência da Justiça Estadual o julgamento das causas que versem sobre a previdência privada, a exemplo de ação que objetive a complementação de benefício de aposentadoria movida contra segurado do regime complementar privado, haja vista não se tratar de tema que verse sobre o contrato de trabalho, não despertando a competência da Justiça do Trabalho.

▶ **Qual o entendimento do STF sobre o assunto?**

No dia 20 de fevereiro de 2013, ao julgar o Recurso Extraordinário 586.453, o Plenário do STF pronunciou a competência da Justiça Estadual para conhecer de causas que envolvam o regime de previdência complementar privado visando a complementação de aposentadoria, afastando a competência da Justiça do Trabalho.

Por outro lado, operou-se a modulação da decisão da Suprema Corte, a fim de se determinar a manutenção na Justiça do Trabalho dos processos desta natureza em que já tenha sido proferida sentença de mérito até o dia da conclusão do julgamento do recurso (20/02/2013).

Em decorrência deste entendimento da Suprema Corte, o STJ editou a Súmula 505, que pontifica a competência estadual para conhecer de demanda envolvendo instituição de previdência privada dos ferroviários em decorrência da relação jurídico-previdenciária complementar.

▶ **Qual o entendimento do STJ sobre o assunto?**

Súmula 505 – "A competência para processar e julgar as demandas que têm por objeto obrigações decorrentes dos contratos de planos de previdência privada firmados com a Fundação Rede Ferroviária de Seguridade Social – REFER é da Justiça estadual".

Por determinação legal, os benefícios previdenciários são impenhoráveis, sendo que esta proteção não abarca apenas os decorrentes dos planos públicos de previdência (RGPS e RPPS), mas também os benefícios oriundos de plano de previdência complementar.

▶ **Qual o entendimento do STJ sobre o assunto?**

Informativo 535 - O saldo de depósito em fundo de previdência privada complementar na modalidade Plano Gerador de Benefícios Livres (PGBL) é impenhorável, a menos que sua natureza previdenciária seja desvirtuada pelo participante. O regime de previdência privada complementar é, nos termos do art. 1º da LC 109/2001, "baseado na constituição de reservas que garantam o benefício, nos termos do caput do art. 202 da Constituição Federal", que, por sua vez, está inserido na seção que dispõe sobre a Previdência Social. Na aplicação em PGBL, o participante realiza depósitos periódicos, os quais são aplicados e transformam-se em uma reserva financeira, que poderá ser por ele antecipadamente resgatada ou recebida em data definida, seja em uma única parcela, seja por meio de depósitos mensais.

Em qualquer hipótese, não se pode perder de vista que, em geral, o participante adere a esse tipo de contrato com o intuito de resguardar o próprio futuro ou de seus beneficiários, garantindo o recebimento de certa quantia, que julga suficiente para a manutenção futura do atual padrão de vida. A faculdade de "resgate da totalidade das contribuições vertidas ao plano pelo participante" (art. 14, III, da LC 109/2001) não tem o condão de afastar, de forma absoluta, a natureza essencialmente previdenciária e, portanto, alimentar, do saldo existente naquele fundo. Veja-se que a mesma razão que protege os proventos advindos da aposentadoria privada deve valer para a reserva financeira que visa justamente a assegurá-los, sob pena de se tornar inócua a própria garantia da impenhorabilidade daqueles proventos. Outrossim, se é da essência do regime de previdência complementar a inscrição em um plano de benefícios de caráter previdenciário, não é lógico afirmar que os valores depositados pelo participante possam, originalmente, ter natureza alimentar e, com o decorrer do tempo, justamente porque não foram utilizados para a manutenção do empregado e de sua família no período em que auferidos, passem a se constituir em investimento ou poupança". **EREsp 1.121.719-SP, Rel. Min. Nancy Andrighi, julgado em 12/2/2014.**

2.2. Características gerais

O regime de previdência privada é **complementar** e organizado de maneira **autônoma** ao Regime Geral de Previdência Social, sendo a sua **filiação de natureza facultativa**, obrigatoriamente regulamentado por lei complementar por determinação constitucional.

Por sua autonomia, vale ressaltar que **a relação previdenciária privada não integra o contrato de trabalho dos participantes**, pois não se confunde ou depende da relação laborativa.

Dessa forma, a ação proposta contra entidade de previdência complementar adstrita ao seu plano de benefícios não tramitará na Justiça do Trabalho, por não se confundir com relação laboral, e sim na **Justiça Estadual**, a exemplo de ação em que se visa o reajuste da complementação da aposentadoria (STJ, REsp 328.401, de 28.08.2001).

▸ **Qual o entendimento do STJ sobre o assunto?**

De acordo com a 2ª Seção do STJ, "compete à Justiça Estadual processar e julgar litígios instaurados entre entidade de previdência privada e participante de seu plano de benefícios" (REsp 1.207.071, de 27.06.2012).

▸ Como esse assunto foi cobrado em concurso?

No concurso do CESPE para Juiz Federal da 1ª Região em 2011, foi considerado errado o seguinte enunciado: Compete à justiça federal julgar ação de complementação de aposentadoria em que se objetive a complementação de benefício previdenciário, caso o pedido e a causa de pedir decorram de pacto firmado com instituição de previdência privada.

Conquanto a previdência privada integre a previdência social, lhe sendo aplicável, no que couber, os princípios informadores da seguridade social, lamentavelmente o STF vem negando a incidência do Princípio da Precedência da Fonte de Custeio ao regime previdenciário privado.

▸ Qual o entendimento do STF sobre o assunto?

O frágil argumento é que o referido princípio "somente diz respeito à seguridade social financiada por toda a sociedade, sendo alheio às entidades de previdência privada" (RE 583687 AgR, de 29.03.2011, 2ª Turma).

Diante da sua facultatividade, entende-se que **a natureza jurídica da relação previdenciária privada é contratual *sui generis***, haja vista existir forte controle estatal que mitigou a autonomia da vontade no que concerne ao regime dos planos ofertados, que deverão observar os parâmetros legais e ainda ser previamente aprovados pelos agentes normativos e reguladores do Poder Público. Dessa forma, **há a incidência do Código de Defesa do Consumidor**, que na atualidade o STJ aplica somente à previdência privada aberta (possui fim lucrativo), não incidindo o CDC na relação de previdência privada fechada, que não possui finalidade lucrativa.

▸ Qual o entendimento do STJ sobre o assunto?

Súmula 321 STJ: O Código de Defesa do Consumidor é aplicável à relação jurídica entre a entidade de previdência privada e seus participantes.

"O Código de Defesa do Consumidor não é aplicável à relação jurídica entre participantes ou assistidos de plano de benefício e entidade de previdência complementar fechada, mesmo em situações que não sejam regulamentadas pela legislação especial" (REsp 1.536.786-MG, Rel. Min. Luis Felipe Salomão, julgado em 26/8/2015, DJe 20/10/2015".

Logo, o objetivo primordial do legislador foi oferecer aos segurados do RGPS que recebem acima do teto daquele regime uma opção previdenciária facultativa a fim de manter o seu padrão de vida na inatividade, caso manifestem a sua vontade e se disponham a contribuir paralelamente ao custeio do RGPS.

Em razão do seu caráter autônomo, o gozo dos benefícios ofertados pelo regime privado independe do público, sendo **baseado na constituição de reservas que garantam o pagamento dos benefícios contratados**.

> **Como esse assunto foi cobrado em concurso?**
>
> No concurso da FCC para Analista do TRT de São Paulo em 2014, foi considerada correta a letra B: Por previsão constitucional, o regime de previdência privada, além de facultativo, é baseado: a) na capacidade econômica das empresas patrocinadoras dos planos de benefícios. b) na constituição de reservas que garantam o benefício contratado. c) no pacto de gerações, de modo que os trabalhadores hoje em atividade financiam os benefícios dos inativos e pensionistas atuais. d) na capitalização ou repartição, segundo a livre vontade das partes contratantes, diante da autonomia privada que marca o setor. e) por paralelismo, na mesma estrutura e organização dadas por lei ao regime geral de previdência social, do qual é complementar.

> **Importante!**
>
> A previdência privada divide-se em **dois regimes**: *ABERTO*, em que é admitida a filiação de qualquer pessoa; *FECHADO*, pois apenas poderão ingressar no regime os empregados do patrocinador ou os membros/associados do instituidor.

O **regime aberto** será composto por entidades abertas de previdência complementar, sendo necessariamente administrado por pessoas jurídicas organizadas sob a forma de ***sociedades anônimas***, a exemplo da BRASILPREV, do Banco do Brasil, que conta com mais de 1,19 milhões de segurados.

Por outro lado, o **regime fechado** será integrado por ***entidades sem fins lucrativos*** (associações e fundações), a exemplo da PREVI – Caixa de Previdência dos Funcionários do Banco do Brasil, ressaltando que a legislação previdenciária de maneira atécnica se referiu a sociedade sem fins lucrativos, conquanto se saiba que as sociedades pressupõem finalidade econômica, na forma do artigo 981, do Código Civil.

▸ Como esse assunto foi cobrado em concurso?

No concurso do CESPE para Procurador do Estado do Amapá em 2006, foi considerado correto o seguinte enunciado: As entidades de previdência complementar podem ser abertas ou fechadas, sendo possível distingui-las pelo modo como são constituídas juridicamente. As fechadas são organizadas sob a forma de fundação ou sociedade civil, sem fins lucrativos, enquanto as abertas são constituídas unicamente sob a forma de sociedades anônimas.

▸ Importante!

A Constituição Federal proíbe que a Administração Pública aporte recursos nas entidades de previdência privada. Contudo, é possível a transferência de recursos para entidade fechada de previdência privada, caso alguma entidade da Administração Pública seja patrocinadora, quando em hipótese alguma a sua contribuição normal poderá exceder a do segurado.

▸ Como esse assunto foi cobrado em concurso?

No concurso do CESPE para Procurador do Município de Natal em 2008, foi considerado errado o seguinte enunciado: É vedado o aporte de recursos a entidade de previdência privada pela União, pelos estados, pelo DF e pelos municípios, bem como a autarquias, fundações, empresas públicas, sociedades de economia mista e outras entidades públicas, salvo na qualidade de patrocinador, situação na qual, em hipótese alguma, sua contribuição normal poderá ser **inferior à do segurado**.

Logo, o Banco do Brasil S/A, sociedade de economia mista integrante da Administração Pública Indireta federal, poderá efetuar aportes de recursos em favor da PREVI, na condição de patrocinadora, mas a sua contribuição ordinária não poderá ser maior que a vertida pelo funcionário da estatal que optou em aderir ao plano privado.

Ademais, objetivando uma administração democrática, a Constituição Federal garante a participação dos segurados nos órgãos colegiados diretores das entidades de previdência fechada.

Por tudo isso, é possível listar as seguintes **características gerais da previdência privada**:

A) Complementar;

B) Facultativa;

C) Autônoma ao RGPS;

D) Contratual *sui generis*;

E) Baseada na constituição de reservas;

F) Regulamentada por lei complementar;

G) Dividida em regime aberto e fechado;

H) Inconfundível com o contrato de trabalho.

> **Como esse assunto foi cobrado em concurso?**
>
> No concurso do CESPE para Técnico Judiciário do TRT RN em 2010, foi considerado correto o seguinte enunciado: O regime de previdência privada tem como características ser facultativo e de natureza complementar. Por outro lado, no concurso do CESPE para Procurador do Município de Natal em 2008, foi considerado errado o seguinte enunciado: O regime de previdência privada, de caráter complementar e organizado de forma autônoma em relação ao RGPS, é de **filiação obrigatória**, embasado na constituição de reservas que garantam o benefício contratado e regulado por LC.

2.3. Disposições Comuns aos Planos de Benefícios dos Entes Abertos e Fechados

Há um considerável controle estatal sobre os planos privados de previdência complementar oferecidos no mercado, sendo necessária a prévia autorização do órgão gestor para a sua instituição e operação, a fim de se observar os padrões mínimos para se garantir a transparência, solvência, liquidez e equilíbrio econômico-financeiro e atuarial.

A legislação prevê que poderão ser aprovados os seguintes *planos de benefícios*:

A) **Benefício definido** – aquele cujos benefícios programados têm seu valor ou nível previamente estabelecidos, sendo o custeio determinado atuarialmente, de forma a assegurar sua concessão e manutenção;

B) **Contribuição definida** – aquele cujos benefícios programados têm seu valor permanentemente ajustado ao saldo de conta mantido em favor do participante, inclusive na fase de percepção de benefícios, considerando o resultado líquido de sua aplicação, os valores aportados e os benefícios pagos;

C) **Contribuição variável** – aquele cujos benefícios programados apresentem a conjugação das características das modalidades de contribuição definida e benefício definido.

Contudo, **o referido rol é exemplificativo**, pois poderão ser aprovadas outras formas de planos de benefícios que reflitam a evolução técnica e possibilitem flexibilidade ao regime de previdência complementar.

▸ **Importante!**

Prevê o artigo 68, §2º, da Lei Complementar 109/2001, que **a concessão de benefício pela previdência complementar não depende da concessão de benefício pelo regime geral de previdência social, ante a sua natureza autônoma.** Será considerado como *PARTICIPANTE* **a pessoa física que aderir aos planos de benefícios, quando ainda não gozar de benefício.** Por sua vez, *ASSISTIDO* é o participante ou seu beneficiário em gozo de benefício de prestação continuada.

A Lei Complementar 109/2001 não definiu o rol de beneficiários que farão jus ao benefício, cabendo aos respectivos planos a indicação dos dependentes dos segurados.

▸ **Qual o entendimento do STJ sobre o assunto?**

Contudo, o STJ já se pronunciou expressamente no sentido de que **o parceiro homoafetivo deverá ser considerado como beneficiário em plano de previdência privada**, por também ser a relação apta a instituir entidade familiar (REsp 1026981, de 04.02.2010).

A entidade previdenciária deverá fornecer a todos os participantes: certificado onde estarão indicados os requisitos que regulam a admissão e a manutenção da qualidade de participante, bem como os requisitos de elegibilidade e forma de cálculo dos benefícios; cópia do regulamento atualizado do plano de benefícios e material explicativo que descreva, em linguagem simples e precisa, as características do plano; cópia do contrato, se o plano for coletivo aberto.

As entidades de previdência privada são **obrigadas a constituir reservas técnicas, provisões e fundos**, de conformidade com os critérios e normas fixados pelo órgão regulador e fiscalizador, que se destinarão ao pagamento dos benefícios previdenciários presentes e futuros, a serem aplicados conforme as diretrizes do Conselho Monetário Nacional, vedado o estabelecimento de aplicações compulsórias ou limites mínimos de aplicação.

Admite-se a contratação de **resseguro** para assegurar compromissos juntos aos participantes e assistidos, por iniciativa própria ou por determinação do órgão regulador e fiscalizador.

Pontifica a legislação que, **no desempenho das atividades de fiscalização das entidades de previdência complementar, os servidores do órgão regulador e fiscalizador terão livre acesso às respectivas entidades, delas podendo requisitar e apreender livros, notas técnicas e quaisquer documentos,** caracterizando-se embaraço a fiscalização, sujeito às penalidades previstas em lei, qualquer dificuldade oposta à consecução desse objetivo.

> **▸ Como esse assunto foi cobrado em concurso?**
>
> No concurso do CESPE para Procurador do Estado de Alagoas em 2008, foi considerado correto o seguinte enunciado: No desempenho das atividades de fiscalização das entidades de previdência complementar, os servidores do órgão regulador e fiscalizador terão livre acesso às respectivas entidades, delas podendo requisitar e apreender livros, notas técnicas e quaisquer documentos.

> **▸ Importante!**
>
> O artigo 75 da Lei Complementar 109 instituiu **o prazo prescricional de 05 anos** sobre a pretensão das prestações não pagas nem reclamadas na época própria, ressaltando que não correrá a prescrição contra os absolutamente incapazes.

> **▸ Qual o entendimento do STJ sobre o assunto?**
>
> Deveras, a prescrição quinquenal incide sobre quaisquer prestações cobradas de entidades de previdência complementar (REsp 707.056, de 02.02.2010), mesmo anterior à vigência da referida norma complementar (AgRg no REsp 858.978, de 14.04.2009). No que concerne especificamente à complementação de aposentadoria, prevê a **Súmula 427** que **"a ação de cobrança de diferenças de valores de complementação de aposentadoria prescreve em cinco anos contados da data do pagamento".**

▸ Como esse assunto foi cobrado em concurso?

No concurso do CESPE para Procurador do Estado de Alagoas em 2008, foi considerado errado o seguinte enunciado: A ação de cobrança de parcelas de complementação de aposentadoria pela previdência privada prescreve em dez anos.

Outrossim, as contribuições vertidas para as entidades de previdência complementar, destinadas ao custeio dos planos de benefícios de natureza previdenciária, são dedutíveis para fins de incidência de imposto sobre a renda, nos limites e nas condições fixadas em lei, **não incidindo tributação e contribuições de qualquer natureza sobre as contribuições pagas pelos segurados**, sendo uma hipótese de *isenção* ao pagamento de qualquer exação fiscal.

2.4. As Entidades Fechadas e os seus Planos de Benefícios

Os planos de previdência fechada são socialmente e economicamente relevantes para o país, tendo a função de manter o padrão de vida dos beneficiários, ante a limitação do RGPS, contando atualmente com cerca de 2,7 milhões de participantes e assistidos e administrando 442 bilhões de reais de ativos totais, ao tempo em que pagam cerca de 700 mil aposentadorias e pensões, conforme informado em publicação do Ministério da Previdência Social (2009, p. 166).

▸ Importante!

As entidades fechadas ou fundos de pensão organizar-se-ão sob a forma de **fundação ou sociedade** (*rectius* associação) **civil, sem fins lucrativos**, devendo manter estrutura mínima composta por conselho deliberativo, conselho fiscal e diretoria-executiva.

Deverá o estatuto do ente fechado prever, ao menos, a composição do conselho fiscal e do deliberativo com 1/3 de participantes e assistidos.

Tem como **objeto a administração e execução de planos de benefícios de natureza previdenciária, vedada às entidades fechadas a prestação de quaisquer serviços que não estejam no âmbito de seu objeto**, salvo o disposto no artigo 76, da LC 109/2001.

Apenas as entidades fechadas que não exijam contribuição dos beneficiários serão alcançadas pela *imunidade tributária* **(impostos)** que favorece as entidades de assistência social.

▸ **Qual o entendimento do STF sobre o assunto?**

Súmula 730- A imunidade tributária conferida a instituições de assistência social sem fins lucrativos pelo art. 150, VI, c, da Constituição, somente alcança as entidades fechadas de previdência social privada se não houver contribuição dos beneficiários.

▸ **Importante!**

Serão *PATROCINADORES* a empresa ou grupo de empresas, assim como a União, os Estados, o Distrito Federal e os Municípios que instituam para seus empregados e servidores planos de previdência privada por intermédio de entidade fechada. Já os *INSTITUIDORES* são as pessoas jurídicas de caráter profissional, classista ou setorial, que instituam para os seus associados ou membros planos de benefícios previdenciários privados através de entidade fechada.

Os planos previdenciários fechados apenas serão acessíveis aos empregados e servidores dos patrocinadores, bem como aos associados ou membros dos instituidores. A legislação *equiparou* aos empregados ou associados os gerentes, diretores, conselheiros ocupantes de cargo eletivos e outros dirigentes de patrocinadores e instituidores.

No caso das entidades fechadas constituídas por instituidores é obrigatória a terceirização da gestão dos recursos garantidores das reservas técnicas e provisões mediante a contratação de instituição especializada autorizada e a adoção de planos na modalidade de contribuição definida.

Existem duas relações jurídicas previdenciárias independentes, embora conexas:

A) A relação entre a entidade de previdência privada fechada e o seu patrocinador ou instituidor;

B) A relação entre a entidade de previdência privada fechada e os participantes e assistidos.

Demais disso, ainda existe uma relação jurídica de cunho trabalhista entre o empregador (patrocinador) e o empregado e outra de natureza associativo entre o participante e a entidade instituidora (entidade profissional, associação ou sindicato).

Caso haja rompimento da relação contratual entre a empresa patrocinadora e a entidade de previdência privada patrocinada, não haverá rescisão do contrato entre o participante/assistido e a entidade previdenciária, pois se cuida de outra relação jurídica, muito embora esta relação possa ser afetada e precise ser reajustada em razão da cessação das contribuições do patrocinador.

▸ **Qual o entendimento do STJ sobre o assunto?**

Informativo 510 - "DIREITO CIVIL. COMPLEMENTAÇÃO DE APOSENTADORIA POR ENTIDADE FECHADA DE PREVIDÊNCIA PRIVADA. INADIMPLÊNCIA DA PATROCINADORA. IMPOSSIBILIDADE DE SUPRESSÃO DO PAGAMENTO DO BENEFÍCIO AO ASSISTIDO. Não é possível a supressão do pagamento de complementação de aposentadoria de empregado já aposentado, que cumpriu devidamente as condições pactuadas com a entidade fechada de previdência privada para a obtenção do benefício, quando o motivo ensejador do corte é a denúncia do convênio firmado entre a referida entidade e a patrocinadora, em face do inadimplemento desta. O empregado, ao aderir ao plano de benefícios oferecido pela entidade de previdência complementar patrocinada por seu empregador, passa a contribuir para ter direito ao recebimento dos benefícios quando do preenchimento das condições previstas no regulamento do respectivo plano. Nesse contexto, pode-se reconhecer a existência de duas relações jurídicas distintas firmadas pela entidade de previdência complementar: uma com a instituição patrocinadora do fundo, outra com o empregado. Assim, não pode este, já na condição de assistido, assumir o ônus de não mais receber os benefícios de complementação de aposentadoria a que tem direito na relação jurídica estabelecida com a entidade previdenciária, quando o inadimplemento ocorreu por parte da ex-empregadora e patrocinadora, que não repassou à referida entidade as contribuições devidamente pagas pelo empregado e, dessa forma, descumpriu o acordo firmado no convênio de adesão. Ademais, a entidade de previdência privada deve constituir reservas para garantir o adimplemento dos benefícios contratados, conforme dispõe o art. 202, *caput*, da CF e a LC n. 109/2001. Há, inclusive, previsão neste diploma legal de, em caso de insuficiência de recursos para pagamento dos benefícios, ser autorizada a intervenção ou liquidação extrajudicial da entidade previdenciária com a finalidade de se resguardar os direitos dos participantes e assistidos. **REsp 1.242.267-ES, Rel. Min. Raul Araújo, julgado em 4/12/2012".**

De acordo com os planos oferecidos, as entidades fechadas poderão ser qualificadas em:

A) **De plano comum**, quando administram planos ou conjunto de planos acessíveis ao universo de participantes;

B) **Com multiplano**, quando administram planos ou conjunto de planos de benefícios para diversos grupos de participantes, com independência patrimonial.

Conforme os patrocinadores ou instituidores, os entes fechados ainda poderão ser qualificados:

A) **Singulares**, quando estiverem vinculados a apenas um patrocinador ou instituidor;

B) **Multipatrocinados**, quando congregarem mais de um patrocinador ou instituidor.

Compete à **PREVIC – Superintendência Nacional de Previdência Complementar** a fiscalização e supervisão das atividades das entidades fechadas de previdência complementar e execução das políticas para o regime de previdência complementar operado pelas entidades fechadas de previdência complementar, sendo uma autarquia federal vinculada ao Ministério da Previdência Social, criada pela Lei 12.154/2009.

Anteriormente, essa função era atribuída à Secretaria de Previdência Complementar (fiscalização) e ao Conselho de Gestão da Previdência Complementar (regulamentação), observada a regra de transição do artigo 58, da Lei 12.154/2009.

Com o advento da Lei 12.154/09, o Conselho de Gestão da Previdência Complementar passou a se chamar Conselho Nacional de Previdência Complementar.

Como bem sintetizado em publicação do Ministério da Previdência Social (2009, pgs. 182/183), com o novo regramento, a regulamentação dos entes fechados de previdência pode ser sintetizado da seguinte maneira:

- **Conselho Nacional de Previdência Complementar – CNPC**: órgão responsável pela regulação das atividades de previdência complementar;
- **Superintendência Nacional de Previdência Complementar – PREVIC**: autarquia responsável pelas: fiscalização; autorização

para constituição e funcionamento de planos de benefícios e de entidades fechadas de previdência; apuração e julgamento das infrações, bem como aplicação das penalidades; promoção da mediação e conciliação dos interesses dos fundos de pensão, dos patrocinadores e dos participantes e assistidos;

- **Câmara de Recursos da Previdência Complementar – CRPC**: funcionará como instância recursal e de julgamento das decisões relativas às penalidades aplicadas pela PREVIC;
- **Secretaria de Política de Previdência Complementar – SPPC/MPS**: o órgão responsável pela formulação da política de previdência complementar, vinculado ao Ministério da Previdência Social.

Com propriedade, os planos de benefícios das entidades fechadas poderão ser instituídos por patrocinadores e instituidores, sendo **obrigatório o regime financeiro de capitalização** para os benefícios de pagamento em prestações que sejam **programadas e continuadas**.

▸ Importante!

Vale ressaltar que os planos de benefícios devem ser, obrigatoriamente, oferecidos a **todos** os empregados dos patrocinadores ou associados dos instituidores.

▸ Como esse assunto foi cobrado em concurso?

No concurso do CESPE para Advogado da União em 2008, foi considerado errado o seguinte enunciado: Os planos de benefícios das entidades fechadas podem, como regra geral, ser oferecidos **a alguns** ou a todos os empregados dos patrocinadores e, em qualquer hipótese, o valor da contribuição efetivamente pago pelo patrocinador, destinado ao programa de previdência complementar, não integrará o salário-de-contribuição do empregado, para efeito de incidência de contribuição para a seguridade social.

As alterações processadas nos regulamentos dos planos aplicam-se a todos os participantes das entidades fechadas, a partir de sua aprovação pelo órgão regulador e fiscalizador, observado o direito acumulado de cada participante.

A formalização da condição de patrocinador ou instituidor de um plano de benefício dar-se-á mediante **convênio de adesão** a ser celebrado entre o patrocinador ou instituidor e a entidade fechada, em relação a cada plano de benefícios por esta administrado e executado, mediante prévia autorização do órgão regulador e fiscalizador.

Admitir-se-á **solidariedade** entre patrocinadores ou entre instituidores, com relação aos respectivos planos, **desde que expressamente prevista no convênio de adesão**.

Os planos de benefícios **deverão prever** os seguintes institutos:

A) **Benefício proporcional diferido**, em razão da cessação do vínculo empregatício com o patrocinador ou associativo com o instituidor antes da aquisição do direito ao benefício pleno, a ser concedido quando cumpridos os requisitos de elegibilidade.

> **▶ Como esse assunto foi cobrado em concurso?**
>
> No concurso do CESPE para Procurador do Estado do Amapá em 2006, foi considerado errado o seguinte enunciado: O benefício proporcional diferido é concedido em razão da cessação do vínculo empregatício com o patrocinador ou associativo com o instituidor antes da aquisição do direito ao benefício pleno, a ser concedido quando cumpridos os requisitos de elegibilidade. Esse instituto é **facultativo**, podendo ser inserido ou não nos planos de benefícios das entidades de previdência complementar.

De acordo com o artigo 2º, I, da Resolução 13/2002, do Conselho de Gestão da Previdência Complementar, é o instituto que faculta ao participante, em razão da cessação do vínculo empregatício com o patrocinador ou associativo com o instituidor e antes da aquisição do direito ao benefício pleno programado, optar por receber, em tempo futuro, benefício de renda programada, calculado de acordo com as normas do plano de benefícios.

A referida Resolução exige o cumprimento da carência de até 05 anos de vinculação do participante ao plano de benefícios, a ser fixada em cada regulamento, sendo que a opção pelo benefício proporcional diferido não impede a portabilidade.

B) **Portabilidade do direito acumulado pelo participante para outro plano**, *apenas devida na hipótese de cessação de vínculo* *empregatício com o empregador*, observada a carência fixada pelo órgão regulador.

> **Como esse assunto foi cobrado em concurso?**
>
> No concurso do CESPE para Advogado da União em 2008, foi considerado errado o seguinte enunciado: A portabilidade abrange o direito de o participante mudar de um plano para outro no interior de uma mesma entidade fechada de previdência privada, **sem necessariamente haver ruptura do vínculo empregatício com o patrocinador.**

Cuida-se do instituto que faculta ao participante, nos termos da lei, portar os recursos financeiros correspondentes ao seu direito acumulado para outro plano de benefícios operado por entidade de previdência complementar ou sociedade seguradora autorizada a operar planos de benefícios de previdência complementar.

Poderá se operar a portabilidade para outra entidade fechada ou mesmo aberta, mas neste último caso apenas para contratação de renda mensal vitalícia ou por prazo determinado, que não poderá ser inferior ao período em que a reserva foi constituída, no mínimo de 15 anos, utilizando-se a integralidade dos recursos financeiros correspondentes ao direito acumulado do participante.

A portabilidade não caracteriza resgate, não podendo o participante receber os recursos diretamente, sendo correspondente às reservas constituídas pelo participante ou à reserva matemática, o que lhe for mais favorável.

É um direito do participante, **vedada a sua cessão sob qualquer forma, exercível de maneira irrevogável e irretratável**.

C) **Resgate da totalidade das contribuições vertidas ao plano pelo participante, descontadas as parcelas do custeio administrativo**, na forma regulamentada.

> **Qual o entendimento do STJ sobre o assunto?**
>
> De acordo com a **Súmula 289 do STJ**, "a restituição das parcelas pagas a plano de previdência privada deve ser objeto de correção plena, por índice que recomponha a efetiva desvalorização da moeda". Conforme já decidiu o STJ, "o beneficiário do plano de previdência complementar tem direito à devolução da totalidade das contribuições vertidas pessoalmente quando de seu **desligamento**, corrigidas monetariamente por índice que recomponha a efetiva desvalorização da moeda, **mesmo que**

o estatuto assim não preveja, sob pena de configurar enriquecimento ilícito da entidade de previdência privada" (AgRg no REsp 262.675, de 26.03.2009). "A atualização monetária das contribuições devolvidas pela entidade de previdência privada ao associado deve ser calculada pelo IPC, por ser o índice que melhor traduz a perda do poder aquisitivo da moeda" (REsp1177973, de 14/11/2012, 2ª Seção).

Contudo, **o resgate apenas se refere às contribuições pagas de segurado, e não pelo patrocinador.**

▸ **Qual o entendimento do STJ sobre o assunto?**

Súmula: 290- Nos planos de previdência privada, não cabe ao beneficiário a devolução da contribuição efetuada pelo patrocinador.

▸ **Como esse assunto foi cobrado em concurso?**

No concurso do CESPE para Procurador do Estado de Alagoas em 2008, foi considerado errado o seguinte enunciado: Nos planos de previdência privada, em caso de desligamento, cabe ao beneficiário a devolução da contribuição efetuada pelo patrocinador.

D) **Faculdade de o participante manter o valor de sua contribuição e a do patrocinador, no caso de perda parcial ou total da remuneração recebida (autopatrocínio)**, para assegurar a percepção dos benefícios nos níveis correspondentes àquela remuneração ou em outros definidos em normas regulamentares.

Questão interessante é saber se o participante terá direito ao resgate das contribuições pagas em substituição ao patrocinador (autopatrocínio).

▸ **Qual o entendimento do STJ sobre o assunto?**

No julgamento do recurso especial 1.053.644, em 20.05.2010, noticiado pelo Informativo 435, do STJ entendeu que não há direito ao referido resgate.

Portabilidade	instituto que faculta ao participante, nos termos da lei, portar os recursos financeiros correspondentes ao seu direito acumulado para outro plano de benefícios operado por entidade de previdência complementar ou sociedade seguradora autorizada a operar planos de benefícios de previdência complementar.

Resgate	instituto que dá o direito ao participante de restituir a totalidade das contribuições vertidas ao plano pelo participante, descontadas as parcelas do custeio administrativo.
Benefício proporcional diferido	instituto que faculta ao participante, em razão da cessação do vínculo empregatício com o patrocinador ou associativo com o instituidor e antes da aquisição do direito ao benefício pleno programado, optar por receber, em tempo futuro, benefício de renda programada, calculado de acordo com as normas do plano de benefícios.
Autopatrocínio	Instituto que faculta ao participante manter o valor de sua contribuição e a do patrocinador, no caso de perda parcial ou total da remuneração recebida.

O plano de custeio terá periodicidade mínima anual, sendo composto por **contribuições normais** (para pagamento dos benefícios) **ou extraordinárias** (para o custeio de déficits, serviços passados e outras finalidades não incluídas na contribuição normal).

O **resultado deficitário** nos planos ou nas entidades fechadas será equacionado por patrocinadores, participantes e assistidos, na proporção existente entre as suas contribuições, sem prejuízo de ação regressiva contra dirigentes ou terceiros que deram causa a dano ou prejuízo à entidade de previdência complementar.

O **equacionamento** referido poderá ser feito, dentre outras formas, por meio do aumento do valor das contribuições, instituição de contribuição adicional ou redução do valor dos benefícios a conceder, observadas as normas estabelecidas pelo órgão regulador e fiscalizador, **não se aplicando a redução dos valores dos benefícios aos assistidos.**

Assim, **os benefícios em manutenção gozam da garantia de irredutibilidade do seu valor**, mesmo em situação de desequilíbrio do plano fechado.

O resultado superavitário dos planos de benefícios das entidades fechadas, ao final do exercício, satisfeitas as exigências regulamentares relativas aos mencionados planos, será destinado à constituição de **reserva de contingência**, para garantia de benefícios, até o limite de 25% do valor das reservas matemáticas. Os valores excedentes serão destinados à constituição da reserva especial para revisão do plano de benefícios.

> **Como esse assunto foi cobrado em concurso?**
>
> No concurso do CESPE para Procurador do Tribunal de Contas da Bahia em 2010, foi considerado errado o seguinte enunciado: O resultado superavitário dos planos de benefícios das entidades fechadas de previdência complementar, ao final do exercício, deve ser destinado, em partes iguais, ao aumento do valor dos benefícios e à formação de reserva de contingência para garantia de benefícios.

É importante destacar que a Lei Complementar 109/2001 apenas contempla regras gerais sobre os planos de benefícios a serem ofertados, cabendo a cada plano especificar os benefícios a serem pagos, assim como os beneficiários (dependentes) dos participantes (segurados).

2.5. As Entidades Abertas e os seus Planos de Benefícios

Conforme já afirmado, as entidades de previdência privada abertas são constituídas **unicamente** sob a forma de **sociedades anônimas** e têm por objetivo instituir e operar planos de benefícios de caráter previdenciário concedido em forma de **renda continuada ou pagamento único, acessíveis a quaisquer pessoas físicas**, sendo reguladas, no que couber, pela legislação aplicável às sociedades seguradoras.

> **Como esse assunto foi cobrado em concurso?**
>
> No concurso do CESPE para Procurador do BACEN em 2009, foi considerado errado o seguinte enunciado: As entidades abertas de previdência complementar podem ser constituídas sob qualquer forma societária. Outrossim, no concurso de Procurador do Estado de Alagoas em 2008, foi considerado errado o seguinte enunciado: Entidade aberta de previdência privada é aquela que explora economicamente o ramo de infortúnios do trabalho, cujo objetivo é a instituição e operação de planos de benefícios de caráter previdenciário em forma de renda continuada ou pagamento único, constituídas sob a forma de fundação ou sociedade civil.

Aliás, as **sociedades seguradoras** que operam exclusivamente no **ramo vida** poderão ser autorizadas a operar esses planos de benefícios.

Os planos oferecidos poderão ser **individuais**, quando acessíveis a quaisquer pessoas físicas, ou **coletivos**, quando tenham por objetivo garantir benefícios previdenciários a pessoas físicas vinculadas, direta ou indiretamente, a uma pessoa jurídica contratante.

É vedada à entidade aberta a contratação de plano coletivo com pessoa jurídica cujo objetivo principal seja estipular, em nome de terceiros, planos de benefícios coletivos, sendo que a utilização de corretores na venda dos planos de benefícios das entidades abertas é facultativa.

As entidades abertas serão reguladas e fiscalizadas pelo Ministério da Fazenda, por intermédio do Conselho Nacional de Seguros Privados - CNSP e da Superintendência de Seguros Privados - SUSEP, até que seja constituída uma entidade específica.

▶ **Importante!**

É assegurado aos participantes o direito à portabilidade, inclusive para plano de benefício de entidade fechada, assim como o resgate de recursos das reservas técnicas, provisões e fundos, total ou parcialmente, observados os critérios fixados pelo órgão regulador.

Com propriedade, apenas haverá direito a resgate caso o plano tenha sido estruturado no regime financeiro de capitalização, devido nos planos de renda por sobrevivência, se houver previsão.

2.6. Intervenção e Liquidação Extrajudicial dos Entes Previdenciários Privados

A PREVIC poderá, em relação às entidades fechadas, nomear administrador especial, a ser custado pela entidade, com poderes próprios de intervenção e de liquidação extrajudicial, com o objetivo de sanear plano de benefícios específico, caso seja constatada na sua administração e execução alguma das hipóteses previstas para a intervenção ou liquidação extrajudicial.

No caso de entidade aberta, uma vez realizada uma das hipóteses de intervenção extrajudicial, a SUSEP poderá nomear, por prazo determinado, prorrogável a seu critério e a expensas da respectiva entidade, um diretor-fiscal, sem poderes de gestão, que, se reconhecer a inviabilidade de recuperação da entidade aberta ou a ausência de qualquer condição para o seu funcionamento, proporá a decretação da intervenção ou da liquidação extrajudicial.

Destaque-se que as entidades de previdência complementas abertas e fechadas não estarão sujeitas à recuperação judicial ou falência, por força do artigo 2º, inciso II, da Lei 11.101/2005, conquanto o artigo 47, da Lei Complementar 109/2001, só tenha excluído as entidades fechadas.

De acordo com o artigo 44, da Lei Complementar 109/2001, para resguardar os direitos dos participantes e assistidos, poderá ser decretada a **intervenção na entidade de previdência complementar**, desde que se verifique, isolada ou cumulativamente, uma das seguintes hipóteses:

I. irregularidade ou insuficiência na constituição das reservas técnicas, provisões e fundos, ou na sua cobertura por ativos garantidores;

II. aplicação dos recursos das reservas técnicas, provisões e fundos de forma inadequada ou em desacordo com as normas expedidas pelos órgãos competentes;

III. descumprimento de disposições estatutárias ou de obrigações previstas nos regulamentos dos planos de benefícios, convênios de adesão ou contratos dos planos coletivos de que trata o inciso II do art. 26 desta Lei Complementar;

IV. situação econômico-financeira insuficiente à preservação da liquidez e solvência de cada um dos planos de benefícios e da entidade no conjunto de suas atividades;

V. situação atuarial desequilibrada;

VI. outras anormalidades definidas em regulamento.

A intervenção durará o prazo necessário ao exame da situação da entidade, cessando quando aprovado o plano de recuperação da entidade pelo órgão competente ou se decretada a sua liquidação extrajudicial.

Caso reconhecida a inviabilidade de recuperação da entidade de previdência complementar ou pela ausência de condição para seu funcionamento, será decretada a sua liquidação extrajudicial.

Exceto no que concerne às ações e aos débitos de natureza tributária, a decretação da liquidação extrajudicial produzirá, de imediato, os seguintes efeitos:

I. suspensão das ações e execuções iniciadas sobre direitos e interesses relativos ao acervo da entidade liquidanda;

II. vencimento antecipado das obrigações da liquidanda;

III. não incidência de penalidades contratuais contra a entidade por obrigações vencidas em decorrência da decretação da liquidação extrajudicial;

IV. não fluência de juros contra a liquidanda enquanto não integralmente pago o passivo;

V. interrupção da prescrição em relação às obrigações da entidade em liquidação;

VI. suspensão de multa e juros em relação às dívidas da entidade;

VII. inexigibilidade de penas pecuniárias por infrações de natureza administrativa;

VIII. interrupção do pagamento à liquidanda das contribuições dos participantes e dos patrocinadores, relativas aos planos de benefícios.

É possível o levantamento da liquidação a qualquer tempo, desde que constatados fatos supervenientes que viabilizem a recuperação da entidade de previdência complementar.

Ressalte-se que o interventor terá amplos poderes de administração e representação e o liquidante plenos poderes de administração, representação e liquidação.

Os administradores, controladores e membros de conselhos estatutários das entidades de previdência complementar sob intervenção ou em liquidação extrajudicial ficarão com todos os seus *bens indisponíveis*, não podendo, por qualquer forma, direta ou indireta, aliená-los ou onerá-los, até a apuração e liquidação final de suas responsabilidades.

A indisponibilidade decorre do ato que decretar a intervenção ou liquidação extrajudicial e atinge todos aqueles que tenham estado no *exercício das funções nos doze meses anteriores*, podendo ser estendida aos bens de pessoas que, nos últimos doze meses, os tenham adquirido, a qualquer título, das pessoas acima referidas, desde que haja seguros elementos de convicção de que se trata de simulada transferência com o fim de evitar os efeitos da Lei Complementar 109/2001.

Deverá o liquidante organizar um *quadro geral de credores*, visando realizar o ativo e liquidar o passivo, sendo dispensados os participantes e os assistidos da habilitação dos seus créditos, que possuem privilégio especial sobre os ativos garantidores das reservas técnicas e, caso estes não sejam suficientes para a cobertura dos direitos respectivos, privilégio geral sobre as demais partes não vinculadas ao ativo.

Dentro da classe dos participantes, terão preferência aqueles que já estiverem recebendo benefícios, ou que já tiverem adquirido este direito antes de decretada a liquidação extrajudicial.

Todavia, os créditos dos participantes e assistidos não têm preferência sobre os créditos de natureza trabalhista ou tributária, que são prioritários.

No mais, aplicar-se-ão à intervenção e à liquidação das entidades de previdência complementar, no que couber, os dispositivos da legislação sobre a intervenção e liquidação extrajudicial das instituições financeiras, cabendo ao órgão regulador e fiscalizador as funções atribuídas ao Banco Central do Brasil.

2.7. A Relação da Administração Pública com as suas Entidades Fechadas de Previdência Complementar

A Lei Complementar 108/2001 regula a relação entre as entidades políticas, suas autarquias, fundações, empresas públicas e sociedades de economia mista e controladas enquanto patrocinadoras de entes fechados de previdência complementar.

Lembre-se que as entidades de previdência privada fechada organizar-se-ão sob a forma de fundação ou "sociedade" civil sem fins lucrativos, constituídas por conselho deliberativo, conselho fiscal e diretoria-executiva.

O seu plano de benefícios deverá observar:

A) Carência mínima de 60 contribuições mensais a plano de benefícios e cessação do vínculo com o patrocinador, para se tornar elegível a um benefício de prestação que seja programada e continuada;

B) Concessão de benefício pelo regime de previdência ao qual o participante esteja filiado por intermédio de seu patrocinador, quando se tratar de plano na modalidade benefício definido, instituído depois da publicação da Lei Complementar 108/2001.

Os reajustes dos benefícios em manutenção serão efetuados de acordo com critérios estabelecidos nos regulamentos dos planos de benefícios, vedado o repasse de ganhos de produtividade, abono e vantagens de qualquer natureza para tais benefícios.

▸ Qual o entendimento do STJ sobre o assunto?

Informativo 541- "DIREITO PREVIDENCIÁRIO. PLANOS DE BENEFÍCIOS DE PREVIDÊNCIA PRIVADA FECHADA PATROCINADOS PELA ADMINISTRAÇÃO DIRETA E INDIRETA. RECURSO REPETITIVO (ART. 543-C DO CPC E RES. 8/2008-STJ). Nos planos de benefícios de previdência privada fechada, patrocinados pelos entes federados – inclusive suas autarquias, fundações, sociedades de economia mista e empresas controladas direta ou indiretamente –, é vedado o repasse de abono e vantagens de qualquer natureza para os benefícios em manutenção, sobretudo a partir da vigência da LC 108/2001, independentemente das disposições estatutárias e regulamentares; e não é possível a concessão de verba não prevista no regulamento do plano de benefícios de previdência privada, pois a previdência complementar tem por pilar o sistema de capitalização, que pressupõe a acumulação de reservas para assegurar o custeio dos benefícios contratados, em um período de longo prazo. REsp 1.425.326-RS, Rel. Min. Luis Felipe Salomão, julgado em 28/5/2014".

É vedado à União, aos Estados, ao Distrito Federal e aos Municípios, suas autarquias, fundações, empresas públicas, sociedades de economia mista e outras entidades públicas o aporte de recursos a entidades de previdência privada de caráter complementar, salvo na condição de patrocinador.

Ademais, a responsabilidade pelo custeio dos benefícios será do patrocinador e dos participantes, inclusive dos assistidos.

▸ Importante!

A contribuição normal do patrocinador para plano de benefícios, em hipótese alguma, excederá a do participante, observada a regra de transição do artigo 5° da Emenda Constitucional n° 20/98 e as regras específicas emanadas pela PREVIC.

> **▸ Como esse assunto foi cobrado em concurso?**
>
> No concurso do CESPE para Procurador do Tribunal de Contas da Bahia em 2010, foi considerado correto o seguinte enunciado: Embora a Previ seja a entidade fechada de previdência privada dos empregados do Banco do Brasil S.A., o fato de este ser uma sociedade de economia mista o impede de aportar recursos àquela entidade, salvo na condição de patrocinador.

> **▸ Como esse assunto foi cobrado em concurso?**
>
> No concurso do CESPE para Advogado da União em 2015, foi considerado ERRADO o seguinte enunciado: Na relação de previdência complementar administrada por uma EFPC, incide o princípio da paridade contributiva. Nesse sentido, a contribuição de empresa patrocinadora deve ser idêntica à contribuição dos participantes – regra do meio-a-meio.

Além das contribuições normais, os planos poderão prever o aporte de recursos pelos participantes, a título de **contribuição facultativa, sem contrapartida do patrocinador**.

É vedado ao patrocinador assumir encargos adicionais para o financiamento dos planos de benefícios, além daqueles previstos nos respectivos planos de custeio, cabendo ao patrocinador, participantes e assistidos o custeio da despesa administrativa da entidade de previdência complementar.

É facultada aos patrocinadores a **cessão de pessoal** às entidades de previdência complementar que patrocinam, desde que ressarcidos os custos correspondentes.

Por fim, destaque-se que as entidades fechadas de previdência complementar patrocinadas por **empresas privadas permissionárias ou concessionárias** de prestação de serviços públicos subordinam-se, **no que couber**, às disposições da Lei Complementar 108/2001, na forma estabelecida pela PREVIC e pelo Conselho Nacional da Previdência Complementar.

3. REGIME DE PREVIDÊNCIA COMPLEMENTAR DOS SERVIDORES PÚBLICOS EFETIVOS FEDERAIS

3.1. Introdução

Com a justificativa de equacionar os débitos do Regime Próprio de Previdência Social dos servidores públicos federais, a União aprovou a **Lei 12.618, de 30 de abril de 2012**, publicada em 02 de maio de 2012, que instituiu o regime de previdência complementar para os servidores públicos federais titulares de cargos efetivos.

A Lei 12.618/2012 apenas definiu a normatização básica do citado regime complementar, haja vista existirem inúmeros temas que demandam de regulamentação a ser estatuída nos planos de benefícios.

Registre-se que o citado regime de previdência complementar também se aplica aos servidores efetivos das autarquias e fundações públicas federais e aos membros do Ministério Público, do Poder Judiciário e do Tribunal de Contas da União.

Portanto, apenas os servidores ocupantes de **cargo de provimento efetivo** poderão aderir aos planos da previdência complementar no serviço público federal, não podendo figurar como participantes os servidores que exclusivamente ocupam cargo em comissão (não são efetivos), os empregados públicos (são celetistas) ou qualquer outro cargo temporário.

▸ Como esse assunto foi cobrado em concurso?

No concurso do CESPE para Advogado da União em 2015, foi considerado CORRETO o seguinte enunciado: A Lei n.º 12.618/2012, que instituiu o regime de previdência complementar dos servidores públicos federais, prevê como beneficiários apenas os servidores públicos de cargo efetivo, excluindo do seu alcance, por conseguinte, os servidores ocupantes de cargos comissionados.

▸ Importante!

Por sua vez, também foi limitado ao teto do salário de contribuição no Regime Geral de Previdência Social o valor das pensões e aposentadorias para os servidores públicos federais que ingressarem após o ato de criação da previdência complementar.

Vale relembrar que, por força do artigo 40, §16, da Constituição, somente mediante sua prévia e expressa opção, o regime de previdência complementar poderá ser aplicado ao servidor que tiver ingressado no serviço público até a data da publicação do ato de instituição do correspondente regime de previdência complementar.

> **▸ Como esse assunto foi cobrado em concurso?**
>
> No concurso da FCC para Analista Judiciário do TST em 2012, foi considerado correto o seguinte enunciado: Os servidores públicos titulares de cargo efetivo da União, suas autarquias e fundações, inclusive para os membros do Poder Judiciário, do Ministério Público da União e do Tribunal de Contas da União que tenham ingressado no serviço público até a data anterior ao início da vigência do regime de previdência complementar poderão, mediante prévia e expressa opção, aderir ao regime de previdência complementar.

Logo, somente os servidores públicos efetivos federais que ingressarem após a publicação do ato de instituição do correspondente regime de previdência complementar terão aposentadorias e instituirão pensões limitadas ao teto do RGPS, **salvo se algum antigo servidor fizer uma expressa opção pelo regime complementar**, o que será improvável.

> **▸ Como esse assunto foi cobrado em concurso?**
>
> No concurso do CESPE para Advogado da União em 2012, foi considerado errado o seguinte enunciado: Os servidores públicos aposentados devem ser automaticamente inseridos no novo regime de previdência complementar.

Será necessário verificar a data da posse do novo servidor público federal, se até o dia da publicação do ato de instituição do correspondente regime de previdência complementar, ou posterior, para identificar o regime jurídico previdenciário que se sujeitará o servidor.

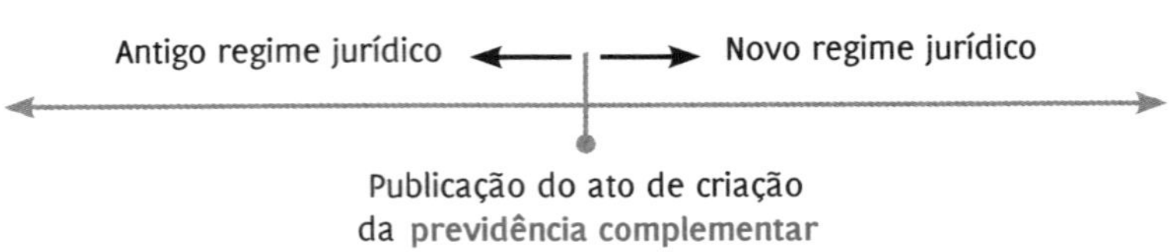

Na visão da Advocacia-Geral da União (AGU) e do Ministério do Planejamento, Orçamento e Gestão (MPOG), entende-se que a mudança de cargo público entre entidades políticas diversas não conserva o regime jurídico previdenciário anterior, mesmo que não haja solução de continuidade.

Nesse sentido, a AGU editou o Parecer nº 009/2013/JCBM/CGU/AGU, de 30 de outubro de 2013, aprovado pelo Despacho do Advogado-Geral da União, em 31 de outubro de 2013, que ensejou a Orientação Normativa 17, de 23 de dezembro de 2013, da lavra da Secretaria de Gestão Pública do Ministério do Orçamento, Planejamento e Gestão.

Considerando que o regime de previdência complementar dos servidores efetivos do Poder Executivo da União iniciou o seu funcionamento em 04 de fevereiro de 2013, a posição oficial é que os novos servidores federais empossados a partir desta data devem ingressar no novo regime jurídico, mesmo que egressos do serviço público estadual ou municipal sem interrupção.

Ao menos neste ato do MPOG restou conservado o regime jurídico anterior aos servidores do Poder Legislativo e Judiciário da União que migraram sem interrupção ao serviço do Poder Executivo da União a partir do dia 04 de fevereiro de 2013.

Entretanto, é indispensável frisar que a Constituição Federal não é clara a respeito. Isso porque o seu artigo 40, §16, aduz que "o disposto nos §§ 14 e 15 poderá ser aplicado ao servidor que tiver ingressado no serviço público até a data da publicação do ato de instituição do correspondente regime de previdência complementar".

Destarte, a Constituição se refere genericamente ao ingresso no "serviço público", não exigindo literalmente a entrada no serviço público da respectiva entidade federativa até a data da publicação do ato de instituição do correspondente regime de previdência complementar.

Ao longo dos anos será necessário acompanhar o entendimento da Administração Pública a respeito, e especialmente do Supremo Tribunal Federal, pois é possível extrair mais de uma interpretação da plurissignificativa normatização constitucional.

Aliás, neste momento, acredita-se que a melhor interpretação do §16 do artigo 40 da Constituição Federal seja garantir o antigo regime jurídico para os servidores estaduais e municipais que ingressarem no serviço público federal do Poder Executivo a partir de 04 de fevereiro de 2013, vez que é regra de hermenêutica jurídica que, se a Lei Maior não distinguiu a espécie de serviço público, não caberá ao intérprete fazê-lo, máxime em prejuízo do novo servidor público federal.

O **prazo para a opção** que os antigos servidores federais poderão fazer pelo regime complementar será de **24 meses**, contados a partir do início da vigência do regime de previdência complementar, tendo cunho **irrevogável e irretratável**, não sendo devida pela União, suas autarquias e fundações públicas federais qualquer contrapartida referente ao valor dos descontos já efetuados sobre a base de contribuição acima do limite do salário de contribuição do RGPS.

▸ **Como esse assunto foi cobrado em concurso?**

No concurso da FCC para Analista Judiciário do TST em 2012, foi considerado errado o seguinte enunciado: O prazo para a opção do servidor pelo regime da previdência complementar será de 12 meses, contados a partir do início da vigência do regime de previdência complementar instituído na Lei. Neste mesmo concurso, foi considerado correto o seguinte enunciado: O exercício da opção do servidor pelo regime da previdência complementar é irrevogável e irretratável, não sendo devida pela União e suas autarquias e fundações públicas qualquer contrapartida referente ao valor dos descontos já efetuados sobre a base de contribuição acima do limite previsto na Lei.

▸ **Importante:**

A Lei 13.183/2015 modificou o artigo 1º da Lei 12.618/2012 para prever a filiação automática ao regime de previdência complementar pelos novos servidores federais efetivos que receberam remuneração acima do teto do salário de contribuição do RGPS.

De efeito, os servidores efetivos e os membros de Poder no âmbito federal com remuneração superior ao limite máximo estabelecido para os benefícios do Regime Geral de Previdência Social, que venham a ingressar no serviço público a partir do início da vigência do regime de previdência complementar federal, serão automaticamente inscritos no respectivo plano de previdência complementar desde a data de entrada em exercício.

No entanto, assegurou-se o **cancelamento da inscrição a qualquer tempo**, nos termos do regulamento do plano de benefícios. Por outro lado, para que o cancelamento da inscrição tenha eficácia retroativa, é necessário que seja feita em até noventa dias.

Isso porque na hipótese do cancelamento ser requerido no prazo de até **noventa dias** da data da inscrição, fica assegurado o direito à restituição integral das contribuições vertidas, a ser paga em até sessenta dias do pedido de cancelamento, corrigidas monetariamente, **não configurando resgate**.

Ademais, a contribuição aportada pelo patrocinador será devolvida à respectiva fonte pagadora no mesmo prazo da devolução da contribuição aportada pelo participante.

Este novel dispositivo que instituiu uma filiação automática à previdência complementar dos servidores federais, embora possa ser cancelada (com efeitos retroativos em até 90 dias), é aparentemente violadora da Constituição de 1988, que assegura a natureza facultativa da adesão à previdência complementar, decorrendo da ânsia da União de obter novos participantes atropelando a Lei Maior.

O modelo adotado para o regime público complementar dos servidores federais efetivos é fundamentado no regime de previdência privada, tanto que em vários momentos a Lei 12.618/2012 expressamente faz remissão às Leis Complementares 108 e 109/2001.

Nesse sentido, o seu artigo 27 da Lei 12.618/2012 pontifica que **"aplicam-se ao regime de previdência complementar a que se referem os §§ 14, 15 e 16 do art. 40 da Constituição Federal as disposições das Leis Complementares nos 108 e 109, de 29 de maio de 2001"**.

Por tudo isso, não é possível estudar o regime de previdência complementar dos servidores efetivos federais apenas com o manejo da Lei 12.618/2012, que deve ser interpretada conjuntamente com as Leis Complementares 108 e 109/2001. Apenas no que for incompatível, por aplicação do Princípio da Especialidade, é que não serão aplicados dispositivos contidos nas referidas Leis Complementares.

São adotadas as seguintes nomenclaturas:

Patrocinador	A União, suas autarquias e fundações.
Participante	O servidor público titular de cargo efetivo da União, inclusive o membro do Poder Judiciário, do Ministério Público e do Tribunal de Contas da União, que aderir aos planos de benefícios administrados pelas entidades de previdência fechada dos servidores públicos federais.
Assistido	O participante ou o seu beneficiário em gozo de benefício de prestação continuada.

Será aprovado código de ética e de conduta, inclusive com regras para prevenir conflito de interesses e proibir operações dos dirigentes com partes relacionadas, que terá ampla divulgação, especialmente entre os participantes e assistidos e as partes relacionadas, cabendo aos conselhos fiscais das entidades fechadas de previdência complementar assegurar o seu cumprimento, cabendo ao órgão regulador definir as partes relacionadas ao código.

3.2. Entidades fechadas – FUNPRESP's

De acordo com o artigo 40, §15, da Constituição, o regime de previdência complementar será instituído por intermédio de entidades fechadas de previdência complementar, de natureza pública.

Nessa linha, a Lei 12.618/2012 autorizou a União a instituir três entidades de previdência fechada de acordo com os Poderes da República para administrar e executar planos de benefícios de caráter previdenciário:

Fundação de Previdência Complementar do Servidor Público Federal do Poder Executivo (FUNPRESP-EXE)	para os servidores públicos titulares de cargo efetivo do Poder Executivo, por meio de ato do Presidente da República.
Fundação de Previdência Complementar do Servidor Público Federal do Poder Legislativo (FUNPRESP-LEG)	para os servidores públicos titulares de cargo efetivo do Poder Legislativo e do Tribunal de Contas da União e para os membros deste Tribunal, por meio de ato conjunto dos Presidentes da Câmara dos Deputados e do Senado Federal.
Fundação de Previdência Complementar do Servidor Público Federal do Poder Judiciário (FUNPRESP-JUD)	para os servidores públicos titulares de cargo efetivo e para os membros do Poder Judiciário, por meio de ato do Presidente do Supremo Tribunal Federal.

Interessante notar que não há clareza sobre o enquadramento dos membros do Ministério Público da União, que expressamente não foram enquadrados em nenhuma das três fundações, mas que certamente ingressarão na FUNPRESP-JUD, em razão da equivalência institucional com os membros do Poder Judiciário.

Contudo, será possível a criação de duas ou mesmo de apenas uma entidade de previdência, se houver consenso entre o Presidente da República, os Presidentes da Câmara dos Deputados e do Senado Federal e o Presidente do Supremo Tribunal Federal.

> **Importante!**
> Serão estruturadas, nos termos do artigo 4º, §1º, da Lei 12.618/2012, "na forma de **fundação, de natureza pública com personalidade jurídica de direito privado**, gozarão de autonomia administrativa, financeira e gerencial e terão sede e foro no Distrito Federal". Assim, serão **entidades integrantes da Administração Indireta da União**, mas com **personalidade jurídica de direito privado.**

Por se tratar de um ente da Administração Pública Indireta, as fundações estarão sujeitas à **licitação** como condição para a contratação, se submetendo aos ditames da Lei 8.666/93, devendo se curvar às sujeições decorrentes do Princípio da Indisponibilidade do Interesse Público e aos princípios informadores da atuação do Poder Público, com destaque aos Princípios da Economicidade e da Eficiência.

Demais disso, anualmente, deverão promover publicação na imprensa oficial ou em sítio oficial da administração pública certificado digitalmente por autoridade para esse fim credenciada no âmbito da Infraestrutura de Chaves Públicas Brasileira (ICP Brasil), de seus demonstrativos contábeis, atuariais, financeiros e de benefícios, sem prejuízo do fornecimento de informações aos participantes e assistidos dos planos de benefícios e ao órgão fiscalizador das entidades fechadas de previdência complementar, na forma das Leis Complementares 108 e 109/2001.

As FUNPRESP's contarão com os seguintes órgãos:

A) **CONSELHO DELIBERATIVO** – é o órgão máximo da estrutura organizacional, sendo responsável pela definição da política geral de administração da entidade e de seus planos de benefícios, tendo composição paritária e cada um será integrado por seis membros remunerados;

B) **CONSELHO FISCAL** – é órgão de controle interno da entidade, tendo a composição paritária e cada um deles será integrado por quatro membros remunerados;

C) **DIRETORIA EXECUTIVA** – é o órgão responsável pela administração da entidade, em conformidade com a política de administração traçada pelo conselho deliberativo, sendo composta, no máximo, por quatro membros, nomeados pelos conselhos deliberativos das entidades fechadas de previdência complementar.

A designação dos membros dos conselhos deliberativos e fiscais caberá ao Presidente da República (FUNPRESP-EXE), aos Presidentes da Câmara e do Senado (FUNPRESP-LEG) e do Supremo Tribunal Federal (FUNPRESP-JUD).

Os membros do Conselho Deliberativo, Fiscal e da Diretoria Executiva deverão possuir comprovada experiência no exercício de atividade na área financeira, administrativa, contábil, jurídica, de fiscalização, atuarial ou de auditoria; não ter sofrido condenação criminal transitada em julgado; não ter sofrido penalidade administrativa por infração da legislação da seguridade social, inclusive da previdência complementar ou como servidor público; e ter formação de nível superior.

As FUNPRESP's poderão instituir **comitês de assessoramento técnico**, de caráter consultivo, com as atribuições de apresentar propostas e sugestões quanto à gestão da entidade e sua política de investimentos e à situação financeira e atuarial dos respectivos planos de benefícios e de formular recomendações prudenciais a elas relacionadas, com representação paritária entre os patrocinadores e os participantes e assistidos.

Os funcionários das fundações serão contratados sob o **regime celetista**, após realização de **concurso público**, podendo ser feito processo simplificado para a contratação por tempo determinado para atender a necessidade temporária de excepcional interesse público.

A FUNPRESP-EXE foi instituída pelo Decreto 7.808, de 20 de setembro de 2012, sendo vinculada ao Ministério do Planejamento, Orçamento e Gestão, com a finalidade de administrar e executar planos de benefícios de caráter previdenciário.

O Decreto 7.808/2012 permitiu que o Ministério Público da União, o Conselho Nacional do Ministério Público, a Câmara dos Deputados, o Senado Federal e o Tribunal de Contas da União celebrem convênios de adesão com a FUNPRESP-EXE, na qualidade de patrocinadores de planos de benefícios próprios administrados pela entidade.

3.3. Plano de benefícios

Por determinação constitucional, os **planos de benefícios** ofertados no regime de previdência complementar dos servidores públicos efetivos serão estruturados na modalidade **contribuição definida**, assim considerados aquele cujos benefícios programados têm seu valor permanentemente ajustado ao saldo de conta mantido em favor do participante, inclusive na fase de percepção de benefícios, considerando o resultado líquido de sua aplicação, os valores aportados e os benefícios pagos.

Em uma linguagem mais simples e clara, o valor contribuição é previamente definido, mas a renda dos benefícios a conceder não, pois irá decorrer do rendimento líquido da sua aplicação, o que acaba trazendo uma insegurança previdenciária aos servidores que recebem muito acima do teto do salário de contribuição do RGPS e terão as suas aposentadorias pelo RPPS limitadas a esse valor, sem saber previamente qual será o *quantum* do benefício a ser pago pelo regime complementar.

De efeito, o valor do **benefício programado** será calculado de acordo com o montante do saldo da conta acumulado pelo participante, devendo **o valor do benefício estar permanentemente ajustado ao referido saldo**.

Caberá ao Regulamento prever os **benefícios não programados** decorrentes dos eventos **invalidez e morte** e, se for o caso, a cobertura de outros riscos atuariais, que deverão ter um custeio específico.

Os benefícios não programados poderão ser administrados nos planos de benefícios das FUNPRESP's ou serem contratados externamente. Portanto, existe autorização legal para a "terceirização" dos benefícios não programados em favor das seguradoras privadas.

Entrementes, para que haja a concessão de um benefício não programado pelo regime complementar, a exemplo de benefício decorrente da morte ou da invalidez do participante, é necessário que o RPPS previamente conceda a pensão por morte ou a aposentadoria por invalidez.

> **▸ Importante!**
>
> Logo, a concessão do benefício não programado pelo RPPS é condição para a concessão do benefício não programado pelo regime de previdência complementar dos servidores públicos federais.

É possível que o servidor participante **permaneça filiado** ao regime complementar mesmo na hipótese de **cessão a outro órgão público**, mesmo que no âmbito estadual, do Distrito Federal ou dos municípios.

Neste caso, a União, suas autarquias ou fundações públicas apenas arcarão com as contribuições ao regime complementar se a cessão se deu com ônus para as referidas entidades federais. Caso a cessão se opere com ônus para o cessionário, este é que deverá arcar com as contribuições, em substituição temporária ao patrocinador.

Outrossim, o servidor participante **poderá permanecer filiado** ao regime complementar na hipótese de **afastamento ou licenciamento do cargo efetivo temporariamente**, com ou sem recebimento de remuneração, assim como quando optar pelo benefício proporcional diferido ou autopatrocínio, na forma do regulamento do plano de benefícios.

Os requisitos para aquisição, manutenção e perda da qualidade de participante, assim como os requisitos de elegibilidade e a forma de concessão, cálculo e pagamento dos benefícios, deverão constar dos regulamentos dos planos de benefícios, observadas as disposições das Leis Complementares 108 e 109/2001, e a regulamentação do órgão regulador das entidades fechadas de previdência complementar, pois a Lei 12.618/2012 apenas trouxe a normatização geral do regime de previdência complementar dos servidores públicos federais.

3.4. Benefício especial

Para os servidores efetivos federais que tenham ingressado no serviço público até a data anterior ao início da vigência do regime de previdência complementar e nele tenham permanecido sem perda do vínculo efetivo, **e que tenham feito a opção** pelo regime de previdência complementar dos servidores federais, assegurou-se o pagamento de um **benefício especial a ser pago pela União no RPPS**.

Isso porque esses antigos servidores promoveram o recolhimento da sua contribuição previdenciária ao RPPS sobre o valor total da sua remuneração, não limitado ao teto do salário de contribuição no RGPS.

O benefício especial será equivalente à diferença entre a média aritmética simples das maiores remunerações anteriores à data de mudança do regime, utilizadas como base para as contribuições do servidor ao regime de previdência da União, dos Estados, do Distrito Federal ou dos Municípios, atualizadas pelo Índice Nacional de Preços ao Consumidor Amplo - IPCA, divulgado pela Fundação IBGE, ou outro índice que venha a substituí-lo, correspondentes a 80% de todo o período contributivo desde a competência julho de 1994 ou desde a do início da contribuição, se posterior àquela competência, e o limite máximo do salário de contribuição do RGPS, na forma regulamentada pelo Poder Executivo, **multiplicada pelo fator de conversão**.

O fator de conversão é calculado com base na seguinte equação:

$$FC = \frac{Tc}{Tt}$$

O **"Tc - Tempo de contribuição"** é a quantidade de contribuições mensais efetuadas para o regime de previdência da União de que trata o artigo 40 da Constituição Federal (RPPS), efetivamente pagas pelo servidor titular de cargo efetivo da União ou por membro do Poder Judiciário, do Tribunal de Contas e do Ministério Público da União até a data da opção.

O **"Tt"** é um **divisor** utilizado pelo legislador que variará de acordo com o sexo do servidor e também para os professores:

Tt 455	Servidor titular de cargo efetivo da União ou membro do Poder Judiciário, do Tribunal de Contas e do Ministério Público da União, **se homem**.
Tt 390	Servidor titular de cargo efetivo da União ou membro do Poder Judiciário, do Tribunal de Contas e do Ministério Público da União, **se mulher, ou professor de educação infantil e do ensino fundamental.**
Tt 325	Servidor titular de cargo efetivo da União de **professor** de educação infantil e do ensino fundamental.

Vale registrar que após a aprovação da lei complementar para a concessão de aposentadoria especial no RPPS para servidores expostos a agentes nocivos à saúde, para os deficientes e servidores que exercem atividade de risco, será necessária a aprovação de novos

"Tt's" proporcionais aos menores períodos contributivos que certamente irão beneficiar esses servidores.

Agora iremos fazer um cálculo hipotético de um benefício especial considerando o ano de **2012**. Suponha-se que Maurício Motta seja um servidor federal antigo que optou pelo regime de previdência complementar.

Após fazer a média aritmética simples das 80% maiores remunerações de Maurício corrigidas monetariamente, obteve-se um valor de R$ 10.000,00. Já o teto do RGPS para o ano de 2012 é de R$ 3.916,20, **gerando uma diferença de R$ 6.083,80.**

Esse valor (R$ 6.083,80) ainda deve ser multiplicado pelo fator de conversão que precisa ser calculado.

Maurício possui até a data da opção 10 anos de contribuição ao RPPS da União, o que perfaz **120** contribuições mensais ordinárias no total, sendo este o **Tc**. O **Tt** de Maurício será de **455**, considerando que não é professor do ensino básico. Assim, o **fator de conversão** de Maurício é de **0,2637**, apurado pela divisão de 120 (Tc) por 455 (Tt).

Para achar o valor do benefício especial basta agora multiplicar a quantia de R$ 6.083,80 (diferença entre as 80% maiores remunerações que geraram contribuições ao RPPS até a data da opção, corrigidas monetariamente, e o teto do RGPS) por 0,2637 (fator de conversão).

$$\begin{array}{c}\textit{Benefício especial}\\ \textit{de Maurício}\end{array} = 6.083{,}80 \times 0{,}2637 = \mathbf{R\$\ 1.604{,}30}$$

O benefício especial será concedido por ocasião do deferimento da aposentadoria do servidor pelo RPPS, inclusive no caso de aposentação por invalidez, sendo também devido no caso de concessão de pensão por morte do servidor que o recebia ou que teria direito de recebê-lo, e terá a mesma duração da aposentadoria ou pensão paga pelo RPPS, gerando, inclusive, uma **gratificação natalina**.

Também terá direito ao benefício especial o servidor público titular de cargo efetivo da União, inclusive ao membro do Poder Judiciário, do Ministério Público e do Tribunal de Contas da União, **oriundo, sem quebra de continuidade, de cargo público estatutário de outro ente da federação que não tenha instituído**

o respectivo regime de previdência complementar e que ingresse em cargo público efetivo federal a partir da instituição do regime de previdência complementar dos servidores federais, considerando-se, para esse fim, o tempo de contribuição estadual, distrital ou municipal, assegurada a compensação financeira entre os Regimes Próprios.

É que esses servidores públicos federais oriundos de outros entes da federação em que também ocupavam cargos de provimento efetivo e que ainda não instituíram o seu regime de previdência complementar também fizeram o recolhimento das suas contribuições previdenciárias pelo valor total da sua remuneração, não tendo sido limitado ao teto do RGPS.

Por fim, o benefício especial será reajustado anualmente pelo mesmo índice de reajuste dos benefícios do RGPS, que é o INPC, a teor do artigo 41-A, da Lei 8.213/91.

3.5. Plano de custeio e contribuições previdenciárias

O regime de previdência complementar dos servidores públicos federais será mantido pelas contribuições do **patrocinador** (União, autarquias ou fundações públicas federais), dos **participantes** (servidores federais ocupantes de cargo efetivo) e dos **assistidos** (participante ou seu beneficiário em gozo de benefício).

Ademais, os resultados financeiros de suas aplicações e de doações e legados de qualquer natureza também são receitas do regime complementar, lembrando que **a transferência de recursos do Poder Público para a entidade fechada somente poderá ser dar na condição de patrocinador, situação na qual, em hipótese alguma, sua contribuição normal poderá exceder a do segurado**, nos termos do artigo 202, §3º, da Constituição Federal, dispositivo aplicável ao regime de previdência complementar dos servidores públicos federais.

> ▸ **Importante!**
>
> **A contribuição do patrocinador e do participante incidirá sobre a parcela da remuneração do servidor que exceder ao teto do salário de contribuição do Regime Geral de Previdência Social**, observado o teto do funcionalismo público federal, que é o subsídio dos Ministros do STF.

Entende-se como base de contribuição o vencimento do cargo efetivo, acrescido das vantagens pecuniárias permanentes estabelecidas em lei, os adicionais de caráter individual ou quaisquer outras vantagens.

Contudo, se quiser, o participante poderá optar pela inclusão de parcelas remuneratórias percebidas em decorrência do local de trabalho e do exercício de cargo em comissão ou função de confiança.

> ▸ **Importante!**
>
> A Lei 12.618/2012 possibilitou ao participante escolher anualmente a alíquota da sua contribuição, observados os parâmetros previstos no regulamento. No caso do patrocinador, a sua alíquota será a mesma do participante, **mas não excederá a 8,5%.**

Ainda existe previsão legal para que o participante, além da contribuição normal, possa **contribuir facultativamente, sem contrapartida do patrocinador**, na forma do regulamento do plano, certamente através de aportes esporádicos para aumentar a renda do benefício a conceder.

Vale registrar que a remuneração do servidor, quando devida durante afastamentos considerados por lei como de efetivo exercício, será integralmente coberta pelo ente público, continuando a incidir a contribuição para o regime complementar.

> ▸ **Importante!**
>
> **Mesmo àqueles servidores que recebem remuneração abaixo do teto do salário de contribuição do RGPS poderão participar do regime complementar dos servidores federais.** Mas, neste caso, **inexistirá contrapartida do patrocinador**, se assemelhando neste ponto ao regime privado aberto.

A responsabilidade pelo repasse das contribuições às FUNPRESP's será da União, autarquias e fundações públicas federais, inclusive no que concerne às contribuições dos participantes que serão descontadas das suas remunerações e repassadas **até dia 10 do mês seguinte ao da competência**, sob pena de incidência dos acréscimos de mora para tributos federais e responsabilização penal e administrativa da autoridade competente.

▸ **Como esse assunto foi cobrado em concurso?**

No concurso da FCC para Analista Judiciário do TST em 2012, foi considerado correto o seguinte enunciado: A União, suas autarquias e fundações são responsáveis, na qualidade de patrocinadores, pelo aporte de contribuições e pelas transferências às entidades fechadas de previdência complementar das contribuições descontadas dos seus servidores, observado o disposto na Lei e nos estatutos respectivos das entidades.

Com o objetivo de manter ou restabelecer o equilíbrio financeiro permanente, a distribuição das contribuições nos planos de benefícios e nos planos de custeio será revista sempre que necessário.

Demais disso, as entidades de previdência deverão manter controle das reservas constituídas em nome do participante, registrando contabilmente as contribuições deste e as dos patrocinadores.

Caberá ao plano de custeio discriminar o percentual da contribuição do participante e do patrocinador, conforme o caso, para cada um dos benefícios previstos no plano de benefícios, sendo vedado ao patrocinador assumir encargos adicionais para o financiamento dos planos de benefícios, além daqueles previstos nos respectivos planos de custeio.

▸ **Importante!**

Existirá um Fundo de Cobertura de Benefícios Extraordinários formado por uma parcela da contribuição do patrocinador e do participante, bem como de contribuições extraordinárias que serão vertidas na conta do participante na hipótese de sua morte, invalidez, aposentadoria com critérios especiais, aposentadoria voluntária proporcional das mulheres aos 60 anos de idade e sobrevivência do assistido.

No caso das contribuições extraordinárias para a hipótese de concessão de aposentadoria com critérios especiais e de aposentadoria voluntária proporcional das mulheres aos 60 anos de idade, o montante do aporte extraordinário será equivalente à diferença entre a reserva acumulada pelo participante e o produto desta mesma reserva multiplicado pela razão entre 35 e o número de anos de contribuição exigido para a concessão do benefício pelo Regime Próprio de Previdência Social.

3.6. Recursos garantidores

A Lei 12.618/2012 foi muito cautelosa na administração e aplicação dos recursos garantidores do regime de previdência complementar dos servidores públicos federais, que deve seguir a regulamentação do Conselho Monetário Nacional, podendo se dar por intermédio de **carteira própria, carteira administrada ou fundos de investimento.**

As FUNPRESP's (Executivo, Legislativo e Judiciário) irão realizar **procedimento licitatório** para contratar por **até 05 anos** apenas instituições, administradores de carteiras ou fundos de investimento que estejam autorizados e registrados na Comissão de Valores Mobiliários.

Nessa licitação existirão regras especiais que obrigatoriamente deverão estar previstas no edital. É que serão estabelecidos os valores máximos que as fundações de previdência irão pagar de taxa de administração e de outros custos a serem imputados.

Ademais, será condição de habilitação a ser prevista no edital a solidez, o porte e a experiência em gestão de recursos da instituição contratada, não podendo a empresa participante de a licitação ter qualquer ligação societária com outra instituição que esteja concorrendo na mesma licitação ou que já administre reservas, provisões e fundos da mesma entidade fechada de previdência complementar.

Com o objetivo de socializar os riscos, cada instituição contratada poderá administrar, no máximo, 20% dos recursos garantidores correspondentes às reservas técnicas, aos fundos e às provisões.

3.7. Controle e fiscalização

A supervisão e a fiscalização das Fundações de Previdência Complementar do Servidor Público Federal dos Poderes da União será exercida pela **PREVIC – Superintendência Nacional de Previdência Complementar,** autarquia federal vinculada ao Ministério da Previdência Social, criada pela Lei 12.154/2009.

No entanto, o poder de fiscalização e controle da PREVIC não exime os patrocinadores da responsabilidade pela supervisão e fiscalização sistemática das atividades das entidades fechadas de previdência complementar, que deverão encaminhar os resultados à referida autarquia federal.

É da competência da PREVIC autorizar a constituição, o funcionamento, os estatutos, os planos de benefícios, os convênios de adesão e as retiradas de patrocínio nas FUNPRESP's.

No caso da aprovação da proposta do estatuto, da adesão de novos patrocinadores e da instituição de planos ainda será necessária a manifestação favorável do Ministério do Planejamento, Orçamento e Gestão e do Ministério da Fazenda (FUNPRESP-EXE); das Mesas Diretoras da Câmara dos Deputados e do Senado Federal (FUNPRESP-LEG) e do Supremo Tribunal Federal (FUNPRESP-JUD).

Os administradores de entidade, os procuradores com poderes de gestão, os membros de conselhos estatutários, o interventor e o liquidante responderão civilmente pelos danos ou prejuízos que causarem, por ação ou omissão, às entidades de previdência complementar, assim como os administradores dos patrocinadores ou instituidores, os atuários, os auditores independentes, os avaliadores de gestão e outros profissionais que prestem serviços técnicos à entidade, diretamente ou por intermédio de pessoa jurídica contratada.

3.8. Vigência do regime previdenciário

A Lei 12.618/2012 foi publicada no dia 02 de maio de 2012. Contudo, por força do seu artigo 33, o Capítulo I (Do Regime de Previdência Complementar) não entrou em vigor na data da sua publicação, ao contrário dos demais Capítulos.

É que foi previsto o prazo de 180 dias, a contar da sua publicação, para a Funpresp-Exe, a Funpresp-Leg e a Funpresp-Jud serem criadas pela União, só entrando em vigor o Capítulo I na data em que forem criadas quaisquer das entidades de previdência.

▸ Como esse assunto foi cobrado em concurso?

No concurso da FCC para Analista Judiciário do TST em 2012, foi considerado correto o seguinte enunciado: A União é autorizada a criar, no prazo de 180 dias, contado da publicação da Lei, as entidades fechadas de previdência complementar, com a finalidade de administrar e executar planos de benefícios de caráter previdenciário, no âmbito dos poderes executivo, legislativo e judiciário.

Após a sua instituição, as fundações deverão entrar em funcionamento em até 240 dias após a publicação da autorização de funcionamento concedida pela PREVIC.

Se extrapolado o prazo de 180 dias e de 240 dias sem que não tenham sido criadas as referidas fundações, por ficção jurídica do artigo 31, §1º, da Lei 12.618/2012, considera-se vigente, para todos os fins, o regime de previdência complementar dos servidores federais.

Ademais, ultrapassado o prazo de 180 dias sem o início do funcionamento de alguma das entidades de previdência, os servidores e membros do respectivo Poder poderão aderir ao plano de benefícios da entidade que primeiro entrou em funcionamento até a regularização da situação.

O regime de previdência complementar para os servidores do Poder Executivo da União teve como marco inaugural o dia 04 de fevereiro de 2013, estando os novos servidores empossados a partir desta data sujeitos ao novel regime previdenciário, nos termos da orientação normativa 12, de 23 de setembro de 2013, da lavra da Secretaria de Gestão Pública do Ministério do Planejamento. O plano de benefícios dos servidores do Executivo federal se chama ExecPrev.

Por outro lado, o Poder Legislativo optou por não ter uma fundação própria delegando à Funpresp-Exe a administração do plano de previdência para os servidores da Câmara dos Deputados, do Senado Federal e do Tribunal de Contas da União. O plano de benefícios se chama LegisPrev, tendo sido aprovado pela Portaria PREVIC 239, publicada em 07 de maio de 2013.

Já o regime complementar dos servidores do Poder Judiciário se encontra em processo final de regulamentação, sendo a gestão feita pela Funpresp-Jud, cujo plano de benefícios foi aprovado pela Portaria PREVIC 559/2013, publicada em 14 de outubro de 2013, com prazo de 180 dias para início do funcionamento, tendo os servidores do Ministério Público da União aderido ao plano dos servidores do Judiciário.

Capítulo 13

Principais crimes praticados contra a Previdência Social

Sumário • 1. Apropriação indébita previdenciária – 2. Sonegação de contribuição previdenciária – 3. Falsificação ou alteração de documento público contra a previdência social – 4. Estelionato contra a previdência social

Objetiva este Capítulo analisar o conteúdo dos principais crimes praticados contra a Previdência Social, sendo selecionados os delitos de apropriação indébita previdenciária, sonegação de contribuição previdenciária, falsificação de documento público contra a Previdência Social e estelionato previdenciário.

Não se buscou apenas analisar a sua tipicidade, mas também adentrar em questões de índole processual, assim como abordar a posição jurisprudencial dominante sobre os temas, com ênfase natural nas decisões do STF e do STJ.

1. APROPRIAÇÃO INDÉBITA PREVIDENCIÁRIA

Art. 168-A. Deixar de repassar à previdência social as contribuições recolhidas dos contribuintes, no prazo e forma legal ou convencional:

Pena – reclusão, de 2 (dois) a 5 (cinco) anos, e multa.

§ 1° Nas mesmas penas incorre quem deixar de:

I – recolher, no prazo legal, contribuição ou outra importância destinada à previdência social que tenha sido descontada de pagamento efetuado a segurados, a terceiros ou arrecadada do público;

II – recolher contribuições devidas à previdência social que tenham integrado despesas contábeis ou custos relativos à venda de produtos ou à prestação de serviços;

III – pagar benefício devido a segurado, quando as respectivas cotas ou valores já tiverem sido reembolsados à empresa pela previdência social.

> § 2º É extinta a punibilidade se o agente, espontaneamente, declara, confessa e efetua o pagamento das contribuições, importâncias ou valores e presta as informações devidas à previdência social, na forma definida em lei ou regulamento, antes do início da ação fiscal.
>
> § 3º É facultado ao juiz deixar de aplicar a pena ou aplicar somente a de multa se o agente for primário e de bons antecedentes, desde que:
>
> I – tenha promovido, após o início da ação fiscal e antes de oferecida a denúncia, o pagamento da contribuição social previdenciária, inclusive acessórios; ou
>
> II – o valor das contribuições devidas, inclusive acessórios, seja igual ou inferior àquele estabelecido pela previdência social, administrativamente, como sendo o mínimo para o ajuizamento de suas execuções fiscais.

Trata-se de delito trasladado ao Código Penal por intermédio da Lei 9.983/2000, antes previsto no artigo 95, "d", da Lei 8.212/91, sem qualquer descaracterização típica, podendo ser classificado como de ação múltipla alternativa, pois existem vários núcleos do tipo, considerando a norma de equiparação do §1º, sendo realizada a tipicidade com qualquer um deles.

> ▸ **Qual o entendimento do STF sobre o assunto?**
>
> HC 84.021, de 20.04.2006. – "O crime de apropriação indébita contra a Previdência Social continua tipificado no ordenamento positivo, nos termos do art. 168-A do Código Penal, não obstante a derrogação do art. 95, "d", da Lei nº 8.212/91. A superveniência da Lei nº 9.983/2000 (art. 3º) não implicou alteração na descrição normativa da conduta anteriormente incriminada, pois o art. 3º da referida Lei nº 9.983/2000, longe de provocar a descaracterização típica do comportamento delituoso, "apenas transmudou a base legal de imputação para o Código Penal, continuando sua natureza especial em relação à apropriação indébita simples, prevista no art. 168 do CP".

Deveras, com o advento do novo regramento, que atende ao Princípio da Reserva do Código, apenas houve uma redução da pena máxima de 06 para 05 anos, que deverá retroagir, pois favorável ao réu (*novatio legis in mellius*).

O tipo abarca as condutas dos responsáveis tributários que fazem o desconto das contribuições previdenciárias dos segurados que lhe são vinculados, mas não repassam os valores à Previdência

Social ou o faz sem observar o prazo legal, a exemplo o empregador que desconta a contribuição previdenciária do seu empregado, mas não transfere a quantia à União, até o dia 20 do mês subsequente ao da competência, além de outras hipóteses similares previstas no artigo 30, I, da Lei 8.212/91.

Outrossim, o tipo engloba a conduta dos agentes de instituições financeiras que recebem as referidas contribuições previdenciárias e não fazem o citado repasse.

Também realiza o tipo a pessoa física que não paga benefício devido a segurado, quando as respectivas cotas ou valores já tiverem sido reembolsados à empresa pela Previdência Social, o que poderá ocorrer com o *salário-família* e o *salário-maternidade*, na forma do artigo 255, do RPS, pagos pelas empresas e reembolsados posteriormente pela União, através da compensação no pagamento das contribuições previdenciárias patronais devidas.

Fechando o tipo por equiparação, também cometerão este crime as pessoas físicas que deixarem de recolher contribuições devidas à previdência social e que tenham integrado nas despesas contábeis ou custos relativos à venda de produtos ou à prestação de serviços.

▸ **Como esse assunto foi cobrado em concurso?**

No concurso do TRT para Juiz do Trabalho da 3ª Região em 2009, foi considerado correto o seguinte enunciado: Comete crime de apropriação indébita previdenciária quem deixa de repassar à previdência social as contribuições recolhidas dos contribuintes, no prazo e forma legal ou convencional. Nas mesmas penas incorre quem deixar de recolher, no prazo legal, contribuição ou outra importância destinada à previdência social que tenha sido descontada de pagamento efetuado a segurados ou quem deixar de recolher contribuições devidas à previdência social que tenham integrado despesas contábeis ou custos relativos à venda de produtos ou à prestação de serviço ou quem deixar de pagar benefício devido a segurado, quando as respectivas cotas ou valores já tiverem sido reembolsados à empresa pela previdência social.

Conquanto se cuide de delito omissivo, a figura do *caput* necessariamente pressupõe conduta comissiva, consistente no desconto de contribuições previdenciárias por parte do responsável tributário sobre a remuneração do segurado contribuinte.

Assim sendo, caso a empresa não efetue o desconto da contribuição previdenciária do segurado empregado, avulso ou contribuinte individual que lhe preste serviço, não se consumará este delito.

Como as pessoas jurídicas não poderão ser responsabilizadas penalmente – exceto nos crimes ambientais – deverão responder as pessoas físicas que praticaram os atos configurados como apropriação indébita previdenciária, concorrendo para a sua prática, diretamente ou na condição de dominador do fato.

Logo, não basta ser sócio ou administrador do ente moral para ser autor deste crime. É imprescindível que haja a conduta omissiva dolosa, sob pena de inépcia da denúncia, que deverá descrever os fatos delituosos, não podendo apenas tentar responsabilizar uma pessoa por ser sócio ou gestor da pessoa jurídica.

▸ **Qual o entendimento do STF sobre o assunto?**

HC 93.683, de 24.04.2008. "A jurisprudência do Supremo Tribunal Federal evoluiu no sentido de que a descrição genérica da conduta nos crimes societários viola o princípio da ampla defesa. É inepta a denúncia pela prática do crime de apropriação indébita previdenciária quando fundada tão-somente na circunstância de o paciente constar do quadro societário da empresa. É necessário o mínimo de individualização da conduta e a indicação do nexo de causalidade entre esta e o delito de que se trata, sem o que fica impossibilitado o exercício da ampla defesa".

Destaque-se que se cuida de **crime próprio**, pois apenas poderá ser cometido pelos representantes legais das empresas e entidades equiparadas, bem como pelos agentes das instituições financeiras responsáveis pelo repasse ao Erário das contribuições previdenciárias arrecadadas.

O crime será apurável via **ação penal pública incondicionada**, sendo de **competência da Justiça Federal**, por força do artigo 109, inciso IV, da Constituição Federal, pois atenta contra bens, serviços e interesses da União.

Há polêmica a respeito da natureza jurídica deste crime, se omissivo formal (não demanda resultado naturalístico para a sua consumação) ou material.

▸ **Qual o entendimento do STF sobre o assunto?**

Há precedente do Plenário do STF que o classifica como crime omissivo material, ou seja, demanda resultado naturalístico para a sua consumação, o que gerou uma mudança de paradigma sobre o tema: AGRAVO REGIMENTAL NO INQUÉRITO 2.537, de 12.06.2008.

"APROPRIAÇÃO INDÉBITA PREVIDENCIÁRIA – CRIME – ESPÉCIE. A apropriação indébita disciplinada no artigo 168-A do Código Penal consubstancia crime omissivo material e não simplesmente formal. INQUÉRITO – SONEGAÇÃO FISCAL – PROCESSO ADMINISTRATIVO. Estando em curso processo administrativo mediante o qual questionada a exigibilidade do tributo, ficam afastadas a persecução criminal e – ante o princípio da não-contradição, o princípio da razão suficiente – a manutenção de inquérito, ainda que sobrestado".

▸ **Importante!**

A consumação da apropriação indébita das contribuições previdenciárias não exige o dolo específico, bastando o dolo genérico do agente, consistente no *animus* de assenhoramento (*rem sibi habendi*), ao contrário do que ocorre com a apropriação indébita comum, que é um delito comissivo.

▸ **Qual o entendimento do STF sobre o assunto?**

"É firme a jurisprudência deste Supremo Tribunal Federal no sentido de que para a configuração do delito de apropriação indébita previdenciária, não é necessário um fim específico, ou seja, o *animus rem sibi habendi*... A espécie de dolo não tem influência na classificação dos crimes segundo o resultado, pois crimes materiais ou formais podem ter como móvel tanto o dolo genérico quanto o dolo específico" HC 96.092, de 02.06.2009.

▸ **Importante!**

Ou seja, o STF o classifica como crime omissivo material, mas persiste afirmando que não se exige a intenção de assenhoramento dos recursos para a sua consumação, sendo possível haver prejuízos à Previdência Social sem a configuração do *animus rem sibi habendi*.

▸ **Como esse assunto foi cobrado em concurso?**

No concurso do CESPE para Juiz Federal da 5ª Região em 2007, foi considerado correto (gabarito da época) o seguinte enunciado: O dolo do crime de apropriação indébita previdenciária é a consciência e a vontade de não repassar à previdência, dentro do prazo e na forma da lei, as contribuições recolhidas, não se exigindo a demonstração de especial fim de agir ou o dolo específico de fraudar a previdência social como elemento essencial do tipo penal. Ademais, ao contrário do que ocorre na apropriação indébita comum, não se exige o elemento volitivo consistente no animus rem sibi habendi para a configuração do tipo. Trata-se de crime omissivo próprio, em que o tipo objetivo é realizado pela simples conduta de deixar de recolher as contribuições previdenciárias aos cofres públicos no prazo legal, após a retenção do desconto.

Contudo, tendo em vista que o STF passou a classificar este delito como omissivo material, o gabarito atual seria errado.

▸ Importante!

O término do processo administrativo de lançamento em que se discute a legitimidade da cobrança do tributo figura condição objetiva de procedibilidade da ação penal, impedindo o início do curso prescricional, por se tratar de crime contra a ordem tributária.

▸ Qual o entendimento do STF e do STJ sobre o assunto?

"Conforme recente orientação do colendo Supremo Tribunal Federal, o esgotamento da via administrativa, onde se discute a exigibilidade do tributo, é condição de procedibilidade para a instauração de Inquérito Policial para a apuração do delito tipificado no artigo 168-A, § 10., I do CPB" (STJ, HC 97.789, de 03.12.2009).

O §2º prevê a extinção da punibilidade, na hipótese do agente confessar e pagar as contribuições previdenciárias devidas, antes do início da ação fiscal. Sucede que há norma mais benéfica no artigo 9º, §2º, da Lei 10.684/2003, que não limita temporalmente a extinção da punibilidade, desde que se opere o pagamento integral do débito, mesmo depois do início da ação fiscal.

▸ Qual o entendimento do STJ sobre o assunto?

Segundo entendimento firmado pelas Turmas da 3ª Seção desta Corte, o pagamento integral do débito previdenciário, antes ou depois do recebimento da denúncia, é causa da extinção da punibilidade, na linha da previsão do art. 9º, § 2º, da Lei 10.684/2003 (HC 63.168, de 18.11.2008).

▸ **Qual o entendimento do STF sobre o assunto ?**

De acordo com o STF (Plenário), o pagamento integral do débito, a qualquer tempo, irá extinguir a punibilidade (Informativo 731 - AP 516 ED/DF, rel. orig. Min. Ayres Britto, red. p/ o acórdão Min. Luiz Fux, 5.12.2013).

Frise-se que, durante o período do parcelamento do débito, restará suspenso o curso do prazo prescricional. Entretanto, vale lembrar que não poderão ser objeto de parcelamento as contribuições descontadas dos empregados, inclusive dos domésticos, dos trabalhadores avulsos, dos contribuintes individuais, as decorrentes da sub-rogação e as demais importâncias descontadas na forma da legislação previdenciária, a teor do artigo 7º, da Lei 10.666/03.

▸ **Importante!**

A existência de *crise financeira na empresa*, apontada como causa da consumação da apropriação indébita previdenciária, poderá funcionar como *causa supralegal de extinção da culpabilidade*.

▸ **Qual o entendimento do STJ sobre o assunto?**

Nesse sentido, já se posicionou o STJ no sentido de que "a impossibilidade de repasse das contribuições previdenciárias em decorrência de crise financeira da empresa constitui, em tese, causa supralegal de exclusão da culpabilidade – inexigibilidade de conduta diversa –, e, para que reste configurada, é necessário que o julgador verifique a sua plausibilidade, de acordo com os fatos concretos revelados nos autos, não bastando para tal a referência a meros indícios de insolvência da sociedade" (passagem do REsp 1.113.735, de 02.03.2010).

Há grande polêmica se o Princípio da Insignificância ou Bagatela se aplica à apropriação indébita de contribuição previdenciária.

▸ **Qual o entendimento do STJ sobre o assunto?**

Para o STJ, a resposta é positiva: "A Lei nº 11.457/2007 que criou a Secretaria da Receita Federal do Brasil considerou como dívida ativa da União os débitos decorrentes das contribuições previdenciárias. Diante disso, entende-se viável, sempre que o valor do débito não for superior a R$ 10.000,00 (dez mil reais), a aplicação do princípio da insignificância também no crime de apropriação indébita previdenciária" (5ª Turma, AgRg no REsp 1.114.109, de 06.09.2011). "Entende-se adequada, sempre que o quantum do débito não ultrapassar R$ 10.000,00 (dez mil reais), a aplicação do princípio da insignificância também no crime de apropriação indébita previdenciária" (6ª Turma, AgRg no REsp 1.226.727, de 01.09.2011).

▸ Qual o entendimento do STF sobre o assunto?

Para o STF, a resposta é negativa, pois "não há falar em reduzido grau de reprovabilidade da conduta, uma vez que o delito em comento atinge bem jurídico de caráter supraindividual, qual seja, o patrimônio da previdência social ou a sua subsistência financeira" (1ª Turma, HC 98021, de 22.06.2010).

Tipo principal	Deixar de repassar à previdência social as contribuições recolhidas dos contribuintes, no prazo e forma legal ou convencional.
Norma de equiparação	Deixar de recolher, no prazo legal, contribuição ou outra importância destinada à previdência social que tenha sido descontada de pagamento efetuado a segurados, a terceiros ou arrecadada do público.
	Deixar de recolher contribuições devidas à previdência social que tenham integrado despesas contábeis ou custos relativos à venda de produtos ou à prestação de serviços.
	Deixar de pagar benefício devido a segurado, quando as respectivas cotas ou valores já tiverem sido reembolsados à empresa pela previdência social.
Pena	Reclusão, de 2 (dois) a 5 (cinco) anos, e multa.
Causa de extinção da punibilidade	Se o agente, espontaneamente, declara, confessa e efetua o pagamento das contribuições, importâncias ou valores e presta as informações devidas à previdência social, na forma definida em lei ou regulamento, antes do início da ação fiscal.
Possibilidade de perdão judicial ou de aplicação apenas de multa	Se o agente for primário e de bons antecedentes, desde que tenha promovido, após o início da ação fiscal e antes de oferecida a denúncia, o pagamento da contribuição social previdenciária, inclusive acessórios.
	Se o agente for primário e de bons antecedentes, desde que tenha o valor das contribuições devidas, inclusive acessórios, seja igual ou inferior àquele estabelecido pela previdência social, administrativamente, como sendo o mínimo para o ajuizamento de suas execuções fiscais.

2. SONEGAÇÃO DE CONTRIBUIÇÃO PREVIDENCIÁRIA

Art. 337-A. Suprimir ou reduzir contribuição social previdenciária e qualquer acessório, mediante as seguintes condutas:

I – omitir de folha de pagamento da empresa ou de documento de informações previsto pela legislação previdenciária segurados empregado, empresário, trabalhador avulso ou trabalhador autônomo ou a este equiparado que lhe prestem serviços;

II – deixar de lançar mensalmente nos títulos próprios da contabilidade da empresa as quantias descontadas dos segurados ou as devidas pelo empregador ou pelo tomador de serviços;

III – omitir, total ou parcialmente, receitas ou lucros auferidos, remunerações pagas ou creditadas e demais fatos geradores de contribuições sociais previdenciárias:

Pena – reclusão, de 2 (dois) a 5 (cinco) anos, e multa.

§ 1º É extinta a punibilidade se o agente, espontaneamente, declara e confessa as contribuições, importâncias ou valores e presta as informações devidas à previdência social, na forma definida em lei ou regulamento, antes do início da ação fiscal.

§ 2º É facultado ao juiz deixar de aplicar a pena ou aplicar somente a de multa se o agente for primário e de bons antecedentes, desde que:

I – vetado

II – o valor das contribuições devidas, inclusive acessórios, seja igual ou inferior àquele estabelecido pela previdência social, administrativamente, como sendo o mínimo para o ajuizamento de suas execuções fiscais.

§ 3º Se o empregador não é pessoa jurídica e sua folha de pagamento mensal não ultrapassa R$ 1.510,00 (um mil, quinhentos e dez reais), o juiz poderá reduzir a pena de um terço até a metade ou aplicar apenas a de multa.

§ 4º O valor a que se refere o parágrafo anterior será reajustado nas mesmas datas e nos mesmos índices do reajuste dos benefícios da previdência social.

Trata-se de delito inserido no Código Penal por intermédio da Lei 9.983/2000. Anteriormente, as condutas eram enquadradas no tipo do artigo 1º, da Lei 8.137/90, que é genérico, aplicando-se aos tributos em geral.

É um tipo plurinuclear alternativo, sendo o crime omissivo impróprio ou material, pois exige resultado naturalístico para a sua consumação, consistente na supressão ou redução de contribuição previdenciária ou acessórios, com multa e juros de mora.

▸ **Qual o entendimento do STF e do STJ sobre o assunto?**

De acordo com o atual posicionamento do STJ, revendo a sua tradicional jurisprudência que entendia ser delito formal, "nos termos do entendimento recente da Suprema Corte, os crimes de sonegação e apropriação indébita previdenciária também são crimes materiais, exigindo para sua consumação a ocorrência de resultado naturalístico, consistente em dano para a Previdência" (Passagem de decisão tomada no HC 96.348, de 24.06.2008).

Para que haja conduta que constitua este crime, é preciso que ocorra a **supressão ou redução no pagamento de contribuição previdenciária ou acessórios**, mediante as seguintes condutas alternativas:

A) Omitir em folha de pagamento ou em outro documento previdenciário (a exemplo da GFIP) a existência de segurados empregados, trabalhadores avulsos ou contribuintes individuais prestadores de serviço à empresa, vez que a classes dos autônomos, equiparados a autônomos e empresários foram fundidas pela Lei 9.876/99, nascendo os contribuintes individuais;

B) Deixar de lançar mensalmente nos títulos da empresas as contribuições previdenciárias descontadas dos empregados, avulsos e contribuintes individuais;

C) Omitir receita, faturamento ou remunerações pagas ou creditas aos segurados que prestam serviços à empresa, bem como qualquer outro fato gerador de contribuição previdenciária.

▸ **Como esse assunto foi cobrado em concurso?**

No concurso do CESPE para Delegado da Polícia Federal em 2004, foi considerado correto o seguinte enunciado: Como forma de otimizar suas atividades, um grande supermercado contratou os serviços de uma cooperativa de mão-de-obra, buscando o fornecimento de trabalhadores para as funções de empacotamento e limpeza. No entanto, por deixar de consignar nos documentos contábeis adequados os valores pagos à cooperativa, o supermercado não recolheu as contribuições previdenciárias incidentes, da ordem de 15% do valor bruto das notas fiscais respectivas. Nessa situação, os responsáveis pela conduta típica indicada responderão pelo crime de sonegação de contribuição previdenciária.

▸ **Importante!**

De acordo com a literalidade do §1º, para a extinção da punibilidade, não é necessário o pagamento, mas apenas a declaração e confissão de débito, desde que operada antes da ação fiscal.

> **Como esse assunto foi cobrado em concurso?**
>
> No concurso da FCC para Juiz do Trabalho da 11ª Região em 2005, foi considerada correta a letra C: No crime de sonegação de contribuição previdenciária, se o agente, espontaneamente, declara e confessa as contribuições, as importâncias ou os valores e presta as informações devidas à previdência social, na forma definida em lei ou regulamento, antes do início da ação fiscal, há – a) causa de diminuição da pena; b) circunstância atenuante; c))causa de extinção da punibilidade; d) arrependimento posterior ; e) causa de exclusão da culpabilidade.

Após o início da ação fiscal, incidirá o artigo 9º, §2º, da Lei 10.684/2003, que não limita temporalmente a extinção da punibilidade, desde que se opere o pagamento integral do débito, mesmo depois do início da ação fiscal ou proposta a denúncia.

> **Qual o entendimento do STF sobre o assunto?**
>
> "Esta Corte decidiu que "[a] adesão ao Programa de Recuperação Fiscal – Refis não implica a novação, ou seja, a extinção da obrigação, mas mero parcelamento. Daí a harmonia com a Carta da República preceito a revelar a simples suspensão da pretensão punitiva do Estado, ficando a extinção do crime sujeita ao pagamento integral do débito – artigo 9º da Lei nº 10.684/2003" (HC 93.351, de 02.06.2009).

É possível o perdão judicial ou se aplicar apenas a multa, se o agente for primário e tiver bons antecedentes, desde que o valor não supere R$ 10.000,00, conforme previsto no artigo 20, da Lei 10.522/2002.

No entanto, a Portaria 75/2012 do Ministério da Fazenda determina a não inscrição na Dívida Ativa da União de débito de um mesmo devedor com a Fazenda Nacional de valor consolidado igual ou inferior a R$ 1.000,00 (mil reais) e o não ajuizamento de execuções fiscais de débitos com a Fazenda Nacional, cujo valor consolidado seja igual ou inferior a R$ 20.000,00 (vinte mil reais).

> **Importante!**
>
> **Há uma hipótese de redução de pena de 1/3 a 1/2 ou aplicação só de multa se o empregador não for pessoa jurídica, desde que o valor de sua folha mensal seja de até R$ 4.117,35 (valor atualizado para 2015).**

> **▸ Como esse assunto foi cobrado em concurso?**
>
> No concurso do CESPE para Delegado da Polícia Federal em 2004, foi considerado correto o seguinte enunciado: João mantinha uma pequena granja em chácara de sua propriedade e contava com o auxílio de dois empregados, que percebiam remuneração mensal equivalente a um salário mínimo. Por exercer o negócio por conta própria e informalmente, João nunca efetuou os registros devidos nas carteiras de trabalho de seus empregados, tampouco recolheu as contribuições previdenciárias correspondentes. Nessa situação, se for flagrado pela fiscalização, João responderá pelo crime de sonegação de contribuição previdenciária, podendo o juiz restringir a pena de reclusão prevista (de um terço até a metade) ou apenas aplicar a pena de multa.

Por se tratar de crime material, o término do processo administrativo onde se discute a legitimidade da cobrança do tributo figura condição objetiva de procedibilidade da ação penal, impedindo o início do curso prescricional.

> **▸ Qual o entendimento do STF e do STJ sobre o assunto?**
>
> RESP 875.897, de 04.11.2008. "1. Consoante recente orientação do Supremo Tribunal Federal, nos crime de apropriação indébita previdenciária e sonegação de contribuição previdenciária, o procedimento administrativo de apuração de débitos se constitui em condição de procedibilidade para a instauração da ação penal".

É possível sustentar a tese da existência de crime continuado entre a apropriação indébita e a sonegação de contribuição previdenciária, pois ambos objetivam proteger a Previdência Social.

> **▸ Qual o entendimento do STJ sobre o assunto?**
>
> "Em função da melhor hermenêutica, os crimes descritos nos arts. 168-A e 337-A, apesar de constarem em títulos diferentes no Código Penal e serem, por isso, topograficamente díspares, refletem delitos que guardam estreita relação entre si, portanto cabível o instituto da continuidade delitiva "REsp 1.212.911, de 20.03.2012".

O crime será apurável via **ação penal pública incondicionada**, sendo de **competência da Justiça Federal**, por força do artigo 109, inciso IV, da Constituição Federal, pois atenta contra bens, serviços e interesses da União.

Tipo principal	Suprimir ou reduzir contribuição social previdenciária e qualquer acessório, mediante as seguintes condutas: I - omitir de folha de pagamento da empresa ou de documento de informações previsto pela legislação previdenciária segurados empregado, empresário, trabalhador avulso ou trabalhador autônomo ou a este equiparado que lhe prestem serviços; II - deixar de lançar mensalmente nos títulos próprios da contabilidade da empresa as quantias descontadas dos segurados ou as devidas pelo empregador ou pelo tomador de serviços; III - omitir, total ou parcialmente, receitas ou lucros auferidos, remunerações pagas ou creditadas e demais fatos geradores de contribuições sociais previdenciárias.
Pena	Reclusão, de 2 (dois) a 5 (cinco) anos, e multa.
Causa de extinção da punibilidade	Se o agente, espontaneamente, declara e confessa as contribuições, importâncias ou valores e presta as informações devidas à previdência social, na forma definida em lei ou regulamento, antes do início da ação fiscal
Possibilidade de perdão judicial ou de aplicação apenas de multa	Se o agente for primário e de bons antecedentes, desde que o valor das contribuições devidas, inclusive acessórios, seja igual ou inferior àquele estabelecido pela previdência social, administrativamente, como sendo o mínimo para o ajuizamento de suas execuções fiscais.
Redução da pena de 1/3 até 1/2 ou de aplicação apenas de multa	Se o empregador não é pessoa jurídica e sua folha de pagamento mensal não ultrapassa R$ 4.117,35(valor 2015), o juiz poderá reduzir a pena de um terço até a metade ou aplicar apenas a de multa.

3. FALSIFICAÇÃO OU ALTERAÇÃO DE DOCUMENTO PÚBLICO CONTRA A PREVIDÊNCIA SOCIAL

> Art. 297 – Falsificar, no todo ou em parte, documento público, ou alterar documento público verdadeiro:
>
> Pena – reclusão, de dois a seis anos, e multa.
>
> § 1º – Se o agente é funcionário público, e comete o crime prevalecendo-se do cargo, aumenta-se a pena de sexta parte.

§ 2º - Para os efeitos penais, equiparam-se a documento público o emanado de entidade paraestatal, o título ao portador ou transmissível por endosso, as ações de sociedade comercial, os livros mercantis e o testamento particular.

§ 3º Nas mesmas penas incorre quem insere ou faz inserir:

I - na folha de pagamento ou em documento de informações que seja destinado a fazer prova perante a previdência social, pessoa que não possua a qualidade de segurado obrigatório;

II - na Carteira de Trabalho e Previdência Social do empregado ou em documento que deva produzir efeito perante a previdência social, declaração falsa ou diversa da que deveria ter sido escrita;

III - em documento contábil ou em qualquer outro documento relacionado com as obrigações da empresa perante a previdência social, declaração falsa ou diversa da que deveria ter constado.

§ 4º Nas mesmas penas incorre quem omite, nos documentos mencionados no § 3º, nome do segurado e seus dados pessoais, a remuneração, a vigência do contrato de trabalho ou de prestação de serviços.

A falsificação ou alteração de documento público é um delito originário do Código Penal. No ano de 2000, através da Lei 9.983, foram inseridos os §§ 3º e 4º no artigo 297, com o intuito de proteger a Previdência Social contra as falsificações e alterações de documentos públicos.

A norma de equiparação do §3º é comissiva e formal, se consumando mediante as seguintes condutas alternativas:

A) **Incluir em folha de pagamento ou outro documento a ser apresentado à Previdência Social pessoa que não é segurado obrigatório do RGPS:**

Lamentavelmente, não é raro que os representantes de empresas insiram ilegalmente em suas folhas de pagamentos pessoas que não eram prestadores de serviços, normalmente com o propósito de instituir benefícios previdenciários, em especial a aposentadoria por invalidez e a pensão por morte.

▸ **Como esse assunto foi cobrado em concurso?**

No concurso do TRT para Juiz do Trabalho da 3ª Região em 2009, foi considerado correto o seguinte enunciado: Comete crime de falsidade documental quem insere ou faz inserir na folha de pagamento ou em documento de informações que seja destinado a fazer prova perante a previdência social, pessoa que não possua a qualidade de segurado obrigatório.

B) Inserir na Carteira de Trabalho do empregado ou outro documento para fins previdenciários, declaração falsa ou diversa da que deveria der aposta:

Também é comum esta ilegalidade, em que a CTPS é anotada com informações falsas visando conferir a cobertura previdenciária, cabendo ao INSS fazer as pesquisas, quando verificada que os registros não constam dos seus cadastros, em especial do CNIS.

▸ Como esse assunto foi cobrado em concurso?

No concurso do TRT para Juiz do Trabalho da 3ª Região em 2009, foi considerado correto o seguinte enunciado: Comete crime de falsidade documental quem insere ou faz inserir na Carteira de Trabalho e Previdência Social do empregado ou em documento que deva produzir efeito perante a previdência social, declaração falsa ou diversa da que deveria ter sido escrita.

C) For feita declaração falsa ou diversa da que deveria ser anotada em documento contábil ou qualquer outro a ser apresentado à Previdência.

▸ Como esse assunto foi cobrado em concurso?

No concurso do TRT para Juiz do Trabalho da 3ª Região em 2009, foi considerado correto o seguinte enunciado: Comete crime de falsidade documental quem insere ou faz inserir em documento contábil ou em qualquer outro documento relacionado com as obrigações da empresa perante a previdência social, declaração falsa ou diversa da que deveria ter constado.

Já a norma de equiparação do §4º é omissiva e formal, se consumando quando são omitidos nos citados documentos o nome do segurado, os seus dados pessoais, a sua remuneração, a vigência do contrato de trabalho ou de prestação de serviços.

Por exemplo, é comum que as empresas declarem uma remuneração inferior a real, com o propósito de reduzir o pagamento das contribuições previdenciárias patronais ou mesmo os direitos trabalhistas.

Insta destacar que este crime exige a intenção de fraudar. Como exemplo, a simples omissão em preenchimento na CTPS não realiza o tipo, caso inexista o dolo de lesar a Previdência Social ou os direitos trabalhistas.

▸ **Qual o entendimento do STJ sobre o assunto?**

Informativo 539- "**DIREITO PENAL. FALSIFICAÇÃO DE DOCUMENTO PÚBLICO POR OMISSÃO DE ANOTAÇÃO NA CTPS. A simples omissão de anotação na Carteira de Trabalho e Previdência Social (CTPS) não configura, por si só, o crime de falsificação de documento público (art. 297, § 4º, do CP).** Isso porque é imprescindível que a conduta do agente preencha não apenas a tipicidade formal, mas antes e principalmente a tipicidade material, ou seja, deve ser demonstrado o dolo de falso e a efetiva possibilidade de vulneração da fé pública. Com efeito, o crime de falsificação de documento público trata-se de crime contra a fé pública, cujo tipo penal depende da verificação do dolo, consistente na vontade de falsificar ou alterar o documento público, sabendo o agente que o faz ilicitamente. Além disso, a omissão ou alteração deve ter concreta potencialidade lesiva, isto é, deve ser capaz de iludir a percepção daquele que se depare com o documento supostamente falsificado. Ademais, pelo princípio da intervenção mínima, o Direito Penal só deve ser invocado quando os demais ramos do Direito forem insuficientes para proteger os bens considerados importantes para a vida em sociedade. Como corolário, o princípio da fragmentariedade elucida que não são todos os bens que têm a proteção do Direito Penal, mas apenas alguns, que são os de maior importância para a vida em sociedade. Assim, uma vez verificado que a conduta do agente é suficientemente reprimida na esfera administrativa, de acordo com o art. 47 da CLT, a simples omissão de anotação não gera consequências que exijam repressão pelo Direito Penal. **REsp 1.252.635-SP, Rel. Min. Marco Aurélio Bellizze, julgado em 24/4/2014".**

▸ **Como esse assunto foi cobrado em concurso?**

No concurso do TRT para Juiz do Trabalho da 3ª Região em 2009, foi considerado errado o seguinte enunciado por ausência de previsão legal: A pena será reduzida de um terço se o agente, espontaneamente, declara, confessa e efetua o pagamento das contribuições, importâncias ou valores e presta as informações devidas à previdência social, na forma definida em lei ou regulamento, antes do início da ação fiscal.

▸ **Importante!**

Este crime poderá ser de competência da Justiça Federal ou Estadual, a depender da situação concreta.

▸ **Qual o entendimento do STJ sobre o assunto?**

Em passagem do julgamento do Conflito de Competência 99.451, em 13.05.2009, a questão foi muito bem esclarecida pelo STJ: "1. Duas são as situações fáticas que devem ser analisadas para fins de fixação de competência: (i) a primeira é a hipótese em que determinada empresa privada deixa de anotar o período de vigência de contrato de trabalho de um empregado na CTPS ou anota período menor do que o realmente trabalhado com o fito de não reconhecer o vínculo empregatício e assim frustrar os direitos trabalhistas do indivíduo; (ii) a segunda hipótese é aquela em que são inseridos dados falsos na CTPS, fazendo constar como período de trabalho que na realidade não existiu, com o fito de serem criadas condições necessária para se pleitear benefício previdenciário junto ao INSS. **Na primeira, não se vislumbra qualquer prejuízo a bens, serviços ou interesses da União, senão, por via indireta ou reflexa, do INSS na anotação da carteira, dado que é na prestação de serviço que se encontra o fato gerador da contribuição previdenciária.** Entendimento da Súmula 62 do STJ. **Na segunda, a lesão à União é evidente, porque a conduta é cometida com a intenção de obter vantagem indevida às custas do patrimônio público"**.

Assim, caso a fraude objetive a lesão aos recursos da Previdência Social, o delito será de competência da Justiça Federal, a exemplo da "falsificação de Documentos de Arrecadação das Receitas Previdenciárias – DARP, com a posterior introdução de dados no sistema de computação da DATAPREV".

▸ **Como esse assunto foi cobrado em concurso?**

No concurso do CESPE para Procurador Federal em 2010, foi considerado errado o seguinte enunciado: Para o STJ, na hipótese de falsificação de carteira de trabalho e previdência social com a finalidade de se obter indevidamente o benefício da aposentadoria, a competência para processar e julgar o feito é da justiça comum.

Caso contrário, a competência será da Justiça Estadual, a teor da Súmula 62, do STJ: "Súmula 62 - Compete à Justiça Estadual processar e julgar o crime de falsa anotação na Carteira de Trabalho e Previdência Social, atribuído à empresa privada".

4. ESTELIONATO CONTRA A PREVIDÊNCIA SOCIAL

O estelionato é capitulado no artigo 171, do Código Penal, se consumando quando o agente obtém para si ou outrem vantagem ilícita, induzindo ou mantendo alguém em erro, através do manejo de algum meio fraudulento, sendo necessariamente doloso.

Nesta passagem da obra não se objetiva analisar detidamente este delito, mas apenas a sua repercussão contra os bens, serviços ou interesses da Administração Pública Previdenciária, abordagem que realmente interessa.

É possível que a Previdência Social seja vítima de estelionato por atos comissivos ou omissivos das pessoas, especialmente dos segurados e representantes de empresas.

Ocorrerá o crime, por exemplo, quando um segurado frauda documento que registra tempo de serviço, ampliando o período de trabalho, logrando êxito na concessão do benefício de aposentadoria, sendo o falso absorvido pelo estelionato, se não restar mais nenhuma potencialidade lesiva.

Neste caso, o delito será consumado no momento da percepção da primeira parcela do benefício previdenciário pago indevidamente. Obviamente, por carência de previsão legal, inexiste estelionato culposo, ao contrário do que ocorre com o peculato.

> **▸ Como esse assunto foi cobrado em concurso?**
>
> No concurso do CESPE para Defensor Público da União em 2010, foi considerado errado o seguinte enunciado: João A., com 57 anos de idade, trabalhador rural, analfabeto, incapacitado permanente para o trabalho, em razão de acidente, residente em zona urbana há mais de cinco anos, foi convencido por Jofre R. e Saulo F. a solicitar benefício previdenciário. Após análise da solicitação, cientificou-se a João que não haviam sido atendidos os requisitos para a obtenção de benefício. Jofre e Saulo prometeram resolver a situação, contanto que João assinasse e apresentasse diversos documentos, entre os quais, procurações, carteira de trabalho e declarações.

Ajustaram que os valores relativos aos seis primeiros meses de pagamento do benefício previdenciário e eventuais valores retroativos a serem recebidos por João seriam dados em pagamento a Jofre e Saulo, que os repartiriam em iguais partes. Meses depois, João passou a perceber aposentadoria por tempo de contribuição e levantou a quantia de R$ 5.286,00, referente aos valores retroativos. Entregou-a a Jofre e Saulo, conforme ajustado. Após dois anos de recebimento desse benefício por João, no valor máximo legal, o INSS constatou fraude e, prontamente, suspendeu o pagamento do benefício. Nessa situação, João A., por sua condição pessoal e circunstâncias apresentadas, deve responder pelo crime de estelionato qualificado, na forma culposa, sendo o crime de estelionato contra a previdência social instantâneo de efeitos permanentes e consumando-se no recebimento indevido da primeira prestação do benefício, contando-se daí o prazo da prescrição da pretensão punitiva.

A apuração do estelionato previdenciário independe da instauração de processo administrativo, que não é condição de procedibilidade da ação penal.

▸ Qual o entendimento do STF sobre o assunto?

Este é o posicionamento da Suprema Corte, a exemplo do julgamento do habeas corpus 84.487, de 02.06.2009.

▸ Importante!

Há grande polêmica na classificação deste crime, se permanente ou instantâneo de efeitos permanentes, o que irá definir o *dies a quo* do prazo prescricional.

▸ Qual o entendimento do STF sobre o assunto?

As Turmas do STF vinham divergindo a respeito. Para a 1ª Turma, quando praticado pelo próprio beneficiário do resultado do delito, é crime permanente (HC 99.112/AM, rel. Min. Marco Aurélio, 20.4.2010). Por outro lado, para a 2ª Turma era delito instantâneo de efeitos permanentes (HC 99.363, de 17/11/2009; HC 91.716, de 31.08.2010). Entretanto, o tema foi pacificado em 13 de agosto de 2013, pois a 2ª Turma aderiu ao posicionamento da 1ª no julgamento do HC 116.816 decidindo que o estelionato praticado pelo próprio beneficiário é delito permanente.

> **▸ Qual o entendimento do STJ sobre o assunto?**
>
> Superando divergência interna, no dia 24 de junho de 2012, a 3ª Seção do STJ, no julgamento do Recurso Especial 1.206.105, definiu que "sendo o objetivo do estelionato a obtenção de vantagem ilícita em prejuízo alheio, nos casos de prática contra a Previdência Social, a ofensa ao bem jurídico tutelado pela norma é reiterada, mês a mês, enquanto não há a descoberta da aplicação do ardil, artifício ou meio fraudulento. Tratando-se, portanto, de crime permanente, inicia-se a contagem para o prazo prescricional com a supressão do recebimento do benefício indevido e, não, do recebimento da primeira parcela da prestação previdenciária, como entendeu a decisão que rejeitou a denúncia".

Entende-se que é delito permanente, na hipótese de indução da Previdência Social em erro, caso haja a percepção de benefício previdenciário, enquanto durar o seu pagamento, pois é uma obrigação progressiva, renovando-se o engodo a cada pagamento mensal.

É possível reconhecer a continuidade delitiva para a hipótese de saque irregular de aposentadoria de segurado falecido.

> **▸ Qual o entendimento do STJ sobre o assunto?**
>
> INFORMATIVO 516 - "DIREITO PENAL. APLICAÇÃO DA REGRA DA CONTINUIDADE DELITIVA AO ESTELIONATO PREVIDENCIÁRIO PRATICADO MEDIANTE A UTILIZAÇÃO DE CARTÃO MAGNÉTICO DO BENEFICIÁRIO FALECIDO. A regra da continuidade delitiva é aplicável ao estelionato previdenciário (art. 171, § 3º, do CP) praticado por aquele que, após a morte do beneficiário, passa a receber mensalmente o benefício em seu lugar, mediante a utilização do cartão magnético do falecido. Nessa situação, não se verifica a ocorrência de crime único, pois a fraude é praticada reiteradamente, todos os meses, a cada utilização do cartão magnético do beneficiário já falecido. Assim, configurada a reiteração criminosanas mesmas condições de tempo, lugar e maneira de execução, tem incidência a regra da continuidade delitiva prevista no art. 71 do CP.A hipótese, ressalte-se, difere dos casos em que o estelionato é praticado pelo próprio beneficiário e daqueles em que o não beneficiário insere dados falsos no sistema do INSS visando beneficiar outrem; pois, segundo a jurisprudência do STJ e do STF, nessas situações o crime deve ser considerado único, de modo a impedir o reconhecimento da continuidade delitiva. REsp 1.282.118-RS, Rel. Min. Maria Thereza de Assis Moura, julgado em 26/2/2013".

Por fim, se houver prejuízos contra bens, serviços ou interesses do INSS, a competência para julgamento será da Justiça Federal.

Apêndice

Súmulas Previdenciárias do STF, STJ, TNU, AGU e CRPS

SUPREMO TRIBUNAL FEDERAL

- **Súmula vinculante 02** – É inconstitucional a lei ou ato normativo estadual ou distrital que disponha sobre sistemas de consórcios e sorteio, inclusive bingos e loterias.

- **Súmula vinculante 03** – Nos processos perante o tribunal de contas da união asseguram-se o contraditório e a ampla defesa quando da decisão puder resultar anulação ou revogação de ato administrativo que beneficie o interessado, excetuada a apreciação da legalidade do ato de concessão inicial de aposentadoria, reforma e pensão.

- **Súmula vinculante 08** – São inconstitucionais o parágrafo único do artigo 5º do Decreto-Lei nº 1.569/1977 e os artigos 45 e 46 da Lei nº 8.212/1991, que tratam de prescrição e decadência de crédito tributário.

- **Súmula vinculante 22** – A Justiça do Trabalho é competente para processar e julgar as ações de indenização por danos morais e patrimoniais decorrentes de acidente de trabalho propostas por empregado contra empregador, inclusive aquelas que ainda não possuíam sentença de mérito em primeiro grau quando da promulgação da Emenda constitucional 45/04.

- **Súmula vinculante 33** – Aplicam-se ao servidor público, no que couber, as regras do Regime Geral de Previdência Social sobre aposentadoria especial de que trata o artigo 40, parágrafo 4º, inciso III, da Constituição Federal, até edição de lei complementar específica.

- **Súmula 730** – A imunidade tributária conferida a instituições de assistência social sem fins lucrativos pelo art. 150, VI, c, da Constituição, somente alcança as entidades fechadas de previdência social privada se não houver contribuição dos beneficiários.

- **Súmula 729** – A decisão na ação direta de constitucionalidade 4 não se aplica à antecipação de tutela em causa de natureza previdenciária.

- **Súmula 726** – Para efeito de aposentadoria especial de professores, não se computa o tempo de serviço prestado fora da sala de aula.

- ***Observação*** – *No julgamento da ADI 3772 (DJe nº 59/2009), o Supremo Tribunal Federal, em sessão plenária, por maioria, decidiu que as funções de direção, coordenação e assessoramento pedagógico integram a carreira do magistério, desde que exercidos, em estabelecimentos de ensino básico, por professores de carreira, excluídos os especialistas em educação, fazendo jus aqueles que as desempenham ao regime especial de aposentadoria estabelecido nos arts. 40, § 4º, e 201, § 1º, da Constituição Federal.*

- **Súmula 689** – O segurado pode ajuizar ação contra a instituição previdenciária perante o juízo federal do seu domicílio ou nas varas federais da Capital do Estado-Membro.

- **Súmula 688** – É legítima a incidência da contribuição previdenciária sobre o 13º salário.

- **Súmula 687** – A revisão de que trata o art. 58 do ADCT não se aplica aos benefícios previdenciários concedidos após a promulgação da Constituição de 1988.

- **Súmula 613** – Os dependentes de trabalhador rural não tem direito à pensão previdenciária, se o óbito ocorreu anteriormente à vigência da Lei Complementar nº 11-1971.

- **Súmula 359** – Ressalvada a revisão prevista em lei, os proventos da inatividade regulam-se pela lei vigente ao tempo em que o militar, ou o servidor civil, reuniu os requisitos necessários.

- **Súmula 235** – É competente para a ação de acidente do trabalho a justiça cível comum, inclusive em segunda instância, ainda que seja parte autarquia seguradora. (CC 7204-STF-29/06/2005 – competência da justiça trabalhista, a partir da Emenda Constitucional nº 45/2004, para julgamento das ações de indenização por danos morais e patrimoniais decorrentes de acidente do trabalho).

- **Súmula 225** – Não é absoluto o valor probatório das anotações da carteira profissional.

SUPERIOR TRIBUNAL DE JUSTIÇA

- **Súmula 508** – A isenção da Cofins concedida pelo artigo 6º, II, da LC 70/91 às sociedades civis de prestação de serviços profissionais foi revogada pelo artigo 56 da lei 9.430/96".

- Súmula 507 – A acumulação de auxílio-acidente com aposentadoria pressupõe que a lesão incapacitante e a aposentadoria sejam anteriores a 11/11/1997, observado o critério do artigo 23 da Lei 8.213/91 para definição do momento da lesão nos casos de doença profissional ou do trabalho.
- Súmula 505 – A competência para processar e julgar as demandas que têm por objeto obrigações decorrentes dos contratos de planos de previdência privada firmados com a Fundação Rede Ferroviária de Seguridade Social – REFER é da Justiça estadual.
- Súmula: 483 – O INSS não está obrigado a efetuar depósito prévio do preparo por gozar das prerrogativas e privilégios da Fazenda Pública.
- Súmula: 458 – A contribuição previdenciária incide sobre a comissão paga ao corretor de seguros.
- Súmula 456 – É incabível a correção monetária dos salários de contribuição considerados no cálculo do salário de benefício de auxílio-doença, aposentadoria por invalidez, pensão ou auxílio-reclusão concedidos antes da vigência da CF/1988.
- Súmula: 427 – A ação de cobrança de diferenças de valores de complementação de aposentadoria prescreve em cinco anos contados da data do pagamento.
- Súmula: 425 – A retenção da contribuição para a seguridade social pelo tomador do serviço não se aplica às empresas optantes pelo Simples.
- Súmula: 423 – A Contribuição para Financiamento da Seguridade Social – Cofins incide sobre as receitas provenientes das operações de locação de bens móveis.
- Súmula: 416 – É devida a pensão por morte aos dependentes do segurado que, apesar de ter perdido essa qualidade, preencheu os requisitos legais para a obtenção de aposentadoria até a data do seu óbito.
- Súmula: 352 – A obtenção ou a renovação do Certificado de Entidade Beneficente de Assistência Social (CEBAS) não exime a entidade do cumprimento dos requisitos legais supervenientes.
- Súmula: 351 – A alíquota de contribuição para o Seguro de Acidente do Trabalho (SAT) é aferida pelo grau de risco desenvolvido em cada empresa, individualizada pelo seu CNPJ, ou pelo grau de risco da atividade preponderante quando houver apenas um registro.
- Súmula: 340 – A lei aplicável à concessão de pensão previdenciária por morte é aquela vigente na data do óbito do segurado.

- **Súmula: 336** – A mulher que renunciou aos alimentos na separação judicial tem direito à pensão previdenciária por morte do ex-marido, comprovada a necessidade econômica superveniente.
- **Súmula: 321** – O Código de Defesa do Consumidor é aplicável à relação jurídica entre a entidade de previdência privada e seus participantes.
- **Súmula: 310** – O Auxílio-creche não integra o salário-de-contribuição.
- **Súmula: 291** – A ação de cobrança de parcelas de complementação de aposentadoria pela previdência privada prescreve em cinco anos.
- **Súmula: 290** – Nos planos de previdência privada, não cabe ao beneficiário a devolução da contribuição efetuada pelo patrocinador.
- **Súmula: 289** – A restituição das parcelas pagas a plano de previdência privada deve ser objeto de correção plena, por índice que recomponha a efetiva desvalorização da moeda.
- **Súmula: 272** – O trabalhador rural, na condição de segurado especial, sujeito à contribuição obrigatória sobre a produção rural comercializada, somente faz jus à aposentadoria por tempo de serviço, se recolher contribuições facultativas.
- **Súmula: 242** – Cabe ação declaratória para reconhecimento de tempo de serviço para fins previdenciários.
- **Súmula 226** – O Ministério Público tem legitimidade para recorrer na ação de acidente do trabalho, ainda que o segurado esteja assistido por advogado.
- **Súmula 204** – Os juros de mora nas ações relativas a benefícios previdenciários incidem a partir da citação válida.
- **Súmula 178** – O INSS não goza de isenção do pagamento de custas e emolumentos, nas ações acidentárias e de benefícios propostas na Justiça Estadual.
- **Súmula 175** – Descabe o depósito prévio nas ações rescisórias propostas pelo INSS.
- **Súmula: 149** – A prova exclusivamente testemunhal nas basta a comprovação da atividade rurícola, para efeito da obtenção de benefício previdenciário.
- **Súmula 148** – Os débitos relativos a benefício previdenciário, vencidos e cobrados em juízo após a vigência da Lei nº 6.899-81, devem ser corrigidos monetariamente na forma prevista nesse diploma legal.
- **Súmula 111** – Os honorários advocatícios, nas ações previdenciárias, não incidem sobre prestações vincendas após a sentença.

- **Súmula 110** – A isenção do pagamento de honorários advocatícios, nas ações acidentárias, é restrita ao segurado.

- **Súmula 62** – Compete à Justiça Estadual processar e julgar o crime de falsa anotação na Carteira de Trabalho e Previdência Social, atribuído à empresa privada.

- **Súmula 44** – A definição, em ato regulamentar, de grau mínimo de disacusia, não exclui, por si só, a concessão do benefício previdenciário

- **Súmula 15** – Compete à Justiça Estadual processar e julgar os litígios decorrentes de acidente do trabalho.

TURMA NACIONAL DE UNIFORMIZAÇÃO DE JURISPRUDÊNCIA DOS JUIZADOS ESPECIAIS FEDERAIS

- **Súmula 82** - "O código 1.3.2 do quadro anexo ao Decreto n.º 53.831/64, além dos profissionais da área da saúde, contempla os trabalhadores que exercem atividades de serviços gerais em limpeza e higienização de ambientes hospitalares".

- **Súmula 81** - "Não incide o prazo decadencial previsto no art. 103, caput, da Lei nº 8.213/91, nos casos de indeferimento e cessação de benefícios, bem como em relação às questões não apreciadas pela Administração no ato da concessão".

- **Súmula 80** - "Nos pedidos de benefício de prestação continuada (LOAS), tendo em vista o advento da Lei 12.470/11, para adequada valoração dos fatores ambientais, sociais, econômicos e pessoais que impactam na participação da pessoa com deficiência na sociedade, é necessária a realização de avaliação social por assistente social ou outras providências aptas a revelar a efetiva condição vivida no meio social pelo requerente".

- **Súmula 79** - "Nas ações em que se postula benefício assistencial, é necessária a comprovação das condições socioeconômicas do autor por laudo de assistente social, por auto de constatação lavrado por oficial de justiça ou, sendo inviabilizados os referidos meios, por prova testemunhal".

- **Súmula 78** – "Comprovado que o requerente de benefício é portador do vírus HIV, cabe ao julgador verificar as condições pessoais, sociais, econômicas e culturais, de forma a analisar a incapacidade em sentido amplo, em face da elevada estigmatização social da doença".

- **Súmula 77** – "O julgador não é obrigado a analisar as condições pessoais e sociais quando não reconhecer a incapacidade do requerente para a sua atividade habitual".

- **Súmula 76** - A averbação de tempo de serviço rural não contributivo não permite majorar o coeficiente de cálculo da renda mensal inicial de aposentadoria por idade previsto no art. 50 da Lei nº 8.213/91.

- **Súmula 75** - A Carteira de Trabalho e Previdência Social (CTPS) em relação à qual não se aponta defeito formal que lhe comprometa a fidedignidade goza de presunção relativa de veracidade, formando prova suficiente de tempo de serviço para fins previdenciários, ainda que a anotação de vínculo de emprego não conste no Cadastro Nacional de Informações Sociais (CNIS).

- **Súmula 74** - O prazo de prescrição fica suspenso pela formulação de requerimento administrativo e volta a correr pelo saldo remanescente após a ciência da decisão administrativa final.

- **Súmula 73** - O tempo de gozo de auxílio-doença ou de aposentadoria por invalidez não decorrentes de acidente de trabalho só pode ser computado como tempo de contribuição ou para fins de carência quando intercalado entre períodos nos quais houve recolhimento de contribuições para a previdência social.

- **Súmula 72** - É possível o recebimento de benefício por incapacidade durante período em que houve exercício de atividade remunerada quando comprovado que o segurado estava incapaz para as atividades habituais na época em que trabalhou.

- **Súmula 71** - O mero contato do pedreiro com o cimento não caracteriza condição especial de trabalho para fins previdenciários.

- **Súmula 70** - A atividade de tratorista pode ser equiparada à de motorista de caminhão para fins de reconhecimento de atividade especial mediante enquadramento por categoria profissional.

- **Súmula 69** - O tempo de serviço prestado em empresa pública ou em sociedade de economia mista por servidor público federal somente pode ser contado para efeitos de aposentadoria e disponibilidade.

- **Súmula 68** – O laudo pericial não contemporâneo ao período trabalhado é apto à comprovação da atividade especial do segurado.

- **Súmula 67** – O auxílio-alimentação recebido em pecúnia por segurado filiado ao Regime Geral da Previdência Social integra o salário de contribuição e sujeita-se à incidência de contribuição previdenciária.

- **Súmula 66** – O servidor público ex-celetista que trabalhava sob condições especiais antes de migrar para o regime estatutário tem direito adquirido à conversão do tempo de atividade especial em tempo comum com o devido acréscimo legal, para efeito de contagem recíproca no regime previdenciário próprio dos servidores públicos.

- **Súmula 65** – Os benefícios de auxílio-doença, auxílio-acidente e aposentadoria por invalidez concedidos no período de 28/3/2005 a 20/7/2005 devem ser calculados nos termos da Lei n. 8.213/1991, em sua redação anterior à vigência da Medida Provisória n. 242/2005.

- **Súmula 63** – A comprovação de união estável para efeito de concessão de pensão por morte prescinde de início de prova material.

- **Súmula 62** – O segurado contribuinte individual pode obter reconhecimento de atividade especial para fins previdenciários, desde que consiga comprovar exposição a agentes nocivos à saúde ou à integridade física.

- **Súmula 61** – As alterações promovidas pela Lei n. 11.960/2009 têm aplicação imediata na regulação dos juros de mora em condenações contra a Fazenda Pública, inclusive em matéria previdenciária, independentemente da data do ajuizamento da ação ou do trânsito em julgado.

- **Súmula 60** – O décimo terceiro salário não integra o salário de contribuição para fins de cálculo do salário de benefício, independentemente da data da concessão do benefício previdenciário.

- **Súmula 57** – O auxílio-doença e a aposentadoria por invalidez não precedida de auxílio-doença, quando concedidos na vigência da Lei n. 9.876/1999, devem ter o salário de benefício apurado com base na média aritmética simples dos maiores salários de contribuição correspondentes a 80% do período contributivo, independentemente da data de filiação do segurado ou do número de contribuições mensais no período contributivo.

- **Súmula 55** – A conversão do tempo de atividade especial em comum deve ocorrer com aplicação do fator multiplicativo em vigor na data da concessão da aposentadoria.

- **Súmula 54** – Para a concessão de aposentadoria por idade de trabalhador rural, o tempo de exercício de atividade equivalente à carência deve ser aferido no período imediatamente anterior ao requerimento administrativo ou à data do implemento da idade mínima.

- **Súmula 53** – Não há direito a auxílio-doença ou a aposentadoria por invalidez quando a incapacidade para o trabalho é preexistente ao reingresso do segurado no Regime Geral de Previdência Social.

- **Súmula 52** – Para fins de concessão de pensão por morte, é incabível a regularização do recolhimento de contribuições de segurado contribuinte individual posteriormente a seu óbito, exceto quando as contribuições devam ser arrecadadas por empresa tomadora de serviços.

- **Súmula 51** – Os valores recebidos por força de antecipação dos efeitos de tutela, posteriormente revogada em demanda previdenciária, são irrepetíveis em razão da natureza alimentar e da boa-fé no seu recebimento.

- **Súmula 50** – É possível a conversão do tempo de serviço especial em comum do trabalho prestado em qualquer período.

- **Súmula 49** – Para reconhecimento de condição especial de trabalho antes de 29/4/1995, a exposição a agentes nocivos à saúde ou à integridade física não precisa ocorrer de forma permanente.

- **Súmula 48** – A incapacidade não precisa ser permanente para fins de concessão do benefício assistencial de prestação continuada.

- **Súmula 47** – Uma vez reconhecida a incapacidade parcial para o trabalho, o juiz deve analisar as condições pessoais e sociais do segurado para a concessão de aposentadoria por invalidez.

- **Súmula 46** – O exercício de atividade urbana intercalada não impede a concessão de benefício previdenciário de trabalhador rural, condição que deve ser analisada no caso concreto.

- **Súmula 45** – "O salário-maternidade deve receber correção monetária desde a época do parto, independentemente da data do requerimento administrativo". PEDILEF 0011597-23.2008.4.01.3200.

- **Súmula 44** – "Para efeito de aposentadoria por idade urbana, a tabela progressiva de carência prevista no art. 142 da Lei nº 8.213/91 deve ser aplicada em função do ano em que o segurado completa a idade mínima para concessão do benefício, ainda que o período de carência só seja preenchido posteriormente". Precedente: PEDILEF 0022551-92208.4.01.3600.

- **Súmula 41** – A circunstância de um dos integrantes do núcleo familiar desempenhar atividade urbana não implica, por si só, a descaracterização do trabalhador rural como segurado especial, condição que deve ser analisada no caso concreto.

- **Súmula 37** – A pensão por morte, devida ao filho até os 21 anos de idade, não se prorroga pela pendência do curso universitário.
- **Súmula 36** – Não há vedação legal à cumulação da pensão por morte de trabalhador rural com o benefício da aposentadoria por invalidez, por apresentarem pressupostos fáticos e fatos geradores distintos.
- **Súmula 34** – Para fins de comprovação do tempo de labor rural, o início de prova material deve ser contemporâneo à época dos fatos a provar.
- **Súmula 33** – Quando o segurado houver preenchido os requisitos legais para concessão da aposentadoria por tempo de serviço na data do requerimento administrativo, esta data será o termo inicial da concessão do benefício.
- **Súmula 31** – A anotação na CTPS decorrente de sentença trabalhista homologatória constitui início de prova material para fins previdenciários.
- **Súmula 30** – Tratando-se de demanda previdenciária, o fato de o imóvel ser superior ao módulo rural não afasta, por si só, a qualificação de seu proprietário como segurado especial, desde que comprovada, nos autos, a sua exploração em regime de economia familiar.
- **Súmula 29** – Para os efeitos do art. 20, § 2º, da Lei n. 8.742, de 1993, incapacidade para a vida independente não é só aquela que impede as atividades mais elementares da pessoa, mas também a impossibilita de prover ao próprio sustento.
- **Súmula 27** – A ausência de registro em órgão do Ministério do Trabalho não impede a comprovação do desemprego por outros meios admitidos em Direito.
- **Súmula 26** – A atividade de vigilante enquadra-se como especial, equiparando-se à de guarda, elencada no item 2.5.7. do Anexo III do Decreto n. 53.831/64.
- **Súmula 25** – A revisão dos valores dos benefícios previdenciários, prevista no art. 58 do ADCT, deve ser feita com base no número de salários mínimos apurado na data da concessão, e não no mês de recolhimento da última contribuição.

- **Súmula 24** – O tempo de serviço do segurado trabalhador rural anterior ao advento da Lei nº 8.213/91, sem o recolhimento de contribuições previdenciárias, pode ser considerado para a concessão de benefício previdenciário do Regime Geral de Previdência Social (RGPS), exceto para efeito de carência, conforme a regra do art. 55, §2º, da Lei nº 8.213/91.

- **Súmula 22** – Se a prova pericial realizada em juízo dá conta de que a incapacidade já existia na data do requerimento administrativo, esta é o termo inicial do benefício assistencial.

- **Súmula 20** – A Lei nº 8.112, de 11 de dezembro de 1990, não modificou a situação do servidor celetista anteriormente aposentado pela Previdência Social Urbana.

- **Súmula 19** – Para o cálculo da renda mensal inicial do benefício previdenciário, deve ser considerada, na atualização dos salários de contribuição anteriores a março de 1994, a variação integral do IRSM de fevereiro de 1994, na ordem de 39,67% (art. 21, § 1º, da Lei nº 8.880/94).

- **Súmula 18** – Provado que o aluno aprendiz de Escola Técnica Federal recebia remuneração, mesmo que indireta, à conta do orçamento da União, o respectivo tempo de serviço pode ser computado para fins de aposentadoria previdenciária.

- **Súmula 17** – Não há renúncia tácita no Juizado Especial Federal, para fins de competência.

- **Súmula 14** – Para a concessão de aposentadoria rural por idade, não se exige que o início de prova material, corresponda a todo o período equivalente à carência do benefício.

- **Súmula 10** – O tempo de serviço rural anterior à vigência da Lei nº. 8.213/91 pode ser utilizado para fins de contagem recíproca, assim entendida aquela que soma tempo de atividade privada, rural ou urbana, ao de serviço público estatutário, desde que sejam recolhidas as respectivas contribuições previdenciárias.

- **Súmula 09** – O uso de Equipamento de Proteção Individual (EPI), ainda que elimine a insalubridade, no caso de exposição a ruído, não descaracteriza o tempo de serviço especial prestado.

- **Súmula 08** – Os benefícios de prestação continuada, no regime geral da Previdência Social, não serão reajustados com base no IGP-DI nos anos de 1997, 1999, 2000 e 2001.

- Súmula 06 - A certidão de casamento ou outro documento idôneo que evidencie a condição de trabalhador rural do cônjuge constitui início razoável de prova material da atividade rurícola.

- Súmula 05 - A prestação de serviço rural por menor de 12 a 14 anos, até o advento da Lei 8.213, de 24 de julho de 1991, devidamente comprovada, pode ser reconhecida para fins previdenciários.

- Súmula 04 - Não há direito adquirido à condição de dependente de pessoa designada, quando o falecimento do segurado deu-se após o advento da Lei 9.032/95.

- Súmula 02 - Os benefícios previdenciários, em maio de 1996, deverão ser reajustados na forma da Medida Provisória 1.415, de 29 de abril de 1996, convertida na Lei 9.711, de 20 de novembro de 1998.

- Súmula 01 - A conversão dos benefícios previdenciários em URV, em março/94, obedece às disposições do art. 20, incisos I e II da Lei 8.880/94 (MP nº 434/94).

ADVOCACIA-GERAL DA UNIÃO

- Enunciado AGU Nº 80, de 17 de novembro de 2015 - "Para concessão de aposentadoria no Regime Geral de Previdência Social - RGPS, a conversão de tempo de serviço/contribuição especial em comum deve observar o fator de conversão vigente à época em que requerido o benefício, devendo ser desconsiderado, para esta finalidade, o fator de conversão vigente à época da prestação da atividade laboral."

- Enunciado AGU Nº 74, de 31 de março de 2014 - "Na Reclamação Trabalhista, quando o acordo for celebrado e homologado após o trânsito em julgado, a contribuição previdenciária incidirá sobre o valor do ajuste, respeitada a proporcionalidade das parcelas de natureza salarial e indenizatória deferidas na decisão condenatória."

- Enunciado AGU Nº 69, de 14 de junho de 2013 - "A partir da edição da Lei n. 9.783/99, não é devida pelo servidor público federal a contribuição previdenciária sobre parcela recebida a título de cargo em comissão ou função de confiança."

- Enunciado AGU Nº 67, de 03 de dezembro de 2012 - Ementa: Na Reclamação Trabalhista, até o trânsito em julgado, as partes são livres para discriminar a natureza das verbas objeto do acordo judicial para efeito do cálculo da contribuição previdenciária, mesmo que tais valores não correspondam aos pedidos ou à proporção das verbas salariais constantes da petição inicial.

- **Enunciado AGU Nº 60, de 08 de dezembro de 2011** – Ementa: Não há incidência de contribuição previdenciária sobre o vale transporte pago em pecúnia, considerando o caráter indenizatório da verba.

- **Enunciado AGU Nº 44, de 14 de setembro de 2009, com redação alterada pela Súmula 65, de 05 de julho de 2012 e pela Súmula 75, de 02 de abril de 2014** – Ementa: "Para a acumulação do auxílio-acidente com proventos de aposentadoria, a consolidação das lesões decorrentes de acidentes de qualquer natureza, que resulte sequelas definitivas, nos termos do art. 86 da Lei nº 8.213/91, e a concessão da aposentadoria devem ser anteriores às alterações inseridas no art. 86, § 2º da Lei nº 8.213/91, pela Medida Provisória nº 1.596-14, convertida na Lei nº 9.528/97".

- **Enunciado AGU Nº 32, de 09 de junho de 2008** – Ementa: Para fins de concessão dos benefícios dispostos nos artigos 39, inciso I e seu parágrafo único, e 143 da Lei 8.213, de 24 de julho de 1991, serão considerados como início razoável de prova material documentos públicos e particulares dotados de fé pública, desde que não contenham rasuras ou retificações recentes, nos quais conste expressamente a qualificação do segurado, de seu cônjuge, enquanto casado, ou companheiro, enquanto durar a união estável, ou de seu ascendente, enquanto dependente deste, como rurícola, lavrador ou agricultor, salvo a existência de prova em contrário.

- **Enunciado AGU Nº 30, de 09 de junho de 2008** – Ementa: A incapacidade para prover a própria subsistência por meio do trabalho é suficiente para a caracterização da incapacidade para a vida independente, conforme estabelecido no art. 203, V, da Constituição Federal, e art. 20, II, da Lei nº 8.742, de 7 de dezembro de 1993 (**REVOGADA PELO ATO DE 31 DE JANEIRO DE 2011, PUBLICADO NO DOU, SEÇÃO I, DE 03, 04 E 07 DE FEVEREIRO DE 2011**).

- **Enunciado AGU Nº 29, de 09 de junho de 2008** – Ementa: Atendidas as demais condições legais, considera-se especial, no âmbito do RGPS, a atividade exercida com exposição a ruído superior a 80 decibéis até 05/03/97, superior a 90 decibéis desta data até 18/11/2003, e superior a 85 decibéis a partir de então.

- **Enunciado AGU Nº 28, de 09 de junho de 2008** – Ementa: O pagamento das parcelas atrasadas de benefício previdenciário deve ocorrer sempre com correção monetária, independentemente de ocorrência de mora e de quem lhe deu causa, vez que representa mera atualização da moeda

- **Enunciado AGU Nº 27, de 09 de junho de 2008** – Ementa: Para concessão de aposentadoria no RGPS, é permitido o cômputo do tempo de serviço rural exercido anteriormente à Lei nº 8.213, de 24 de julho de 1991, independente do recolhimento das contribuições sociais respectivas, exceto para efeito de carência

- **Enunciado AGU Nº 26, de 09 de junho de 2008** – Ementa: Para a concessão de benefício por incapacidade, não será considerada a perda da qualidade de segurado decorrente da própria moléstia incapacitante

- **Enunciado AGU Nº 25, de 09 de junho de 2008** – Ementa: Será concedido auxílio-doença ao segurado considerado temporariamente incapaz para o trabalho ou sua atividade habitual, de forma total ou parcial, atendidos os demais requisitos legais, entendendo-se por incapacidade parcial aquela que permita sua reabilitação para outras atividades laborais.

- **Enunciado AGU Nº 24, de 09 de junho de 2008** – Ementa: É permitida a contagem, como tempo de contribuição, do tempo exercido na condição de aluno-aprendiz referente ao período de aprendizado profissional realizado em escolas técnicas, desde que comprovada a remuneração, mesmo que indireta, à conta do orçamento público e o vínculo empregatício.

- **Enunciado AGU Nº 15, de 19 de abril de 2002** – Ementa: Da decisão judicial que restabelecer benefício previdenciário, suspenso por possível ocorrência de fraude, sem a prévia apuração em processo administrativo, não se interporá recurso.

- **Enunciado AGU Nº 12, de 19 de abril de 2002** – Ementa: É facultado ao segurado ajuizar ação contra a instituição previdenciária perante o Juízo Federal do seu domicílio ou nas Varas Federais da capital do Estado-membro.

CONSELHO DE RECURSOS DA PREVIDÊNCIA SOCIAL

- **JR/CRPS - Enunciado Nº 38** – A revisão dos parâmetros médicos efetuada em sede de benefício por incapacidade não rende ensejo à devolução dos valores recebidos, se presente a boa-fé objetiva.

- **JR/CRPS - Enunciado Nº 37** – O tempo de serviço laborado como professor pode ser enquadrado como especial, nos termos do código 2.1.4 do Quadro anexo ao Decreto 53.831/64, até 08/07/1981, data anterior à vigência da Emenda Constitucional nº 18/1981. (SUSPENSA PELO PRESIDENTE DO CRPS EM DESPACHO EXARADO EM 21/11/2013).

- **JR/CRPS - Enunciado Nº 36** – É permitida a cumulação de auxílio-suplementar ou auxílio-acidente com aposentadoria de qualquer espécie, concedida de 25/07/1991 a 10/11/1997. (SUSPENSA PELO PRESIDENTE DO CRPS EM DESPACHO EXARADO EM 21/11/2013).

- **JR/CRPS - Enunciado Nº 35** – Os pareceres da Consultoria Jurídica do Ministério da Previdência Social aprovados pelo Ministro de Estado, bem como as súmulas e pareceres normativos da Advocacia-Geral da União vinculam o Conselho de Recursos da Previdência Social em suas atividades, exceto nas de controle jurisdicional. (SUSPENSA PELO PRESIDENTE DO CRPS EM DESPACHO EXARADO EM 21/11/2013) – CANCELADA PELA RESOLUÇÃO CRPS 17, DE 27/11/2014).

- **JR/CRPS - Enunciado Nº 34** – O prazo prescricional quinquenal, disposto no parágrafo único do art. 103 da Lei nº 8.213, de 1991, aplica-se às revisões previstas nos artigos 144 e 145 do mesmo diploma legal.

- **JR/CRPS - Enunciado Nº 33** – Para os efeitos de reconhecimento de tempo especial, o enquadramento do tempo de atividade do trabalhador rural, segurado empregado, sob o código 2.2.1 do Quadro anexo ao Decreto nº 53.831, de 25/03/1964, é possível quando o regime de vinculação for o da Previdência Social Urbana, e não o da Previdência Rural (PRORURAL), para os períodos anteriores à unificação de ambos os regimes pela Lei nº 8.213, de 1991, e aplica-se ao tempo de atividade rural exercido até 28/04/1995.

- **JR/CRPS - Enunciado Nº 32** – A atividade especial efetivamente desempenhada pelo(a) segurado(a), permite o enquadramento por categoria profissional nos Anexos aos Decretos Nº 53.831/64 e Nº 83.080/79, ainda que divergente do registro em Carteira de Trabalho da Previdência Social - CTPS - e/ou Ficha de Registro de Empregados, desde que comprovado o exercício nas mesmas condições de insalubridade, periculosidade ou penosidade.

- **JR/CRPS - Enunciado Nº 31** – Nos períodos de que trata o artigo 15 da Lei 8.213/91, é devido o salário maternidade à segurada desempregada que não tenha recebido indenização por demissão sem justa causa durante a estabilidade gestacional, vedando-se, em qualquer caso, o pagamento em duplicidade.

- **JR/CRPS - Enunciado Nº 30** – Em se tratando de responsabilidade solidária o fisco previdenciário tem a prerrogativa de constituir os créditos no tomador de serviços mesmo que não haja apuração prévia no prestador de serviços.

- **JR/CRPS - Enunciado Nº 29** – Nos casos de levantamento por arbitramento, a existência do fundamento legal que ampara tal procedimento, seja no relatório Fundamentos Legais do Débito - FLD ou no Relatório Fiscal - REFISC garante o pleno exercício do contraditório e da ampla defesa, não gerando a nulidade do lançamento.

- **JR/CRPS - Enunciado Nº 28** – Não se aplica o disposto no artigo 76 do Regulamento da Previdência Social, aprovado pelo Decreto 3.048/99, para justificar a retroação do termo inicial do benefício auxílio doença requerido após o trigésimo dia do afastamento da atividade, nos casos em que a perícia médica do INSS fixar a data de início da incapacidade anterior à data de entrada do requerimento, tendo em vista que esta hipótese não implica em ciência pretérita da Previdência Social.

- **JR/CRPS - Enunciado Nº 27** – Cabe ao contribuinte individual comprovar a interrupção ou o encerramento da atividade pela qual vinha contribuindo, sob pena de ser considerado em débito no período sem contribuição.

- **JR/CRPS - Enunciado Nº 26** – A concessão da pensão por morte ao cônjuge ou companheiro do sexo masculino, no período compreendido entre a promulgação da Constituição Federal de 1988 e o advento da Lei nº 8.213 de 1991, rege-se pelas normas do Decreto nº 83.080, de 24 de janeiro de 1979, seguido pela Consolidação das Leis da Previdência Social (CLPS) expedida pelo Decreto nº 89.312, de 23 de janeiro de 1984, que continuaram a viger até o advento da Lei nº 8.213/91, aplicando-se tanto ao trabalhador do regime previdenciário rural quanto ao segurado do regime urbano.

- **JR/CRPS - Enunciado Nº 25** – A notificação do sujeito passivo após o prazo de validade do Mandado de Procedimento Fiscal - MPF - não acarreta nulidade do lançamento.

- **JR/CRPS - Enunciado Nº 23** – O pecúlio previsto no inciso II do artigo 81 da Lei nº 8.213/91, em sua redação original que não foi pago em vida ao segurado aposentado que retornou à atividade quando dela se afastou, é devido aos seus dependentes ou sucessores, relativamente às contribuições vertidas até 14/04/94, salvo se prescrito.

- **JR/CRPS - Enunciado Nº 22 - Alterado** – Nova redação dada pela RESOLUÇÃO MPS/CRPS Nº 2, DE 30/03/2006 - DOU DE 07/04/2006 – "Considera-se segurada especial a mulher que, além das tarefas domésticas, exerce atividades rurais com o grupo familiar respectivo, aproveitando-se-lhe as provas materiais apresentadas em nome de seu cônjuge ou companheiro, corroboradas por meio de pesquisa, entrevista ou Justificação Administrativa."

- **JR/CRPS - Enunciado Nº 21** – O simples fornecimento de equipamento de proteção individual de trabalho pelo empregador não exclui a hipótese de exposição do trabalhador aos agentes nocivos à saúde, devendo ser considerado todo o ambiente de trabalho.

- **JR/CRPS - Enunciado Nº 20** – Salvo em relação ao agente agressivo ruído, não será obrigatória a apresentação de laudo técnico pericial para períodos de atividades anteriores à edição da Medida Provisória nº 1.523 -10, de 11/10/96, facultando-se ao segurado a comprovação de efetiva exposição a agentes agressivos à sua saúde ou integridade física mencionados nos formulários SB-40 ou DSS-8030, mediante o emprego de qualquer meio de prova em direito admitido.

- **JR/CRPS - Enunciado Nº 19 - Alterado** – Nova redação dada pela RESOLUÇÃO MPS/CRPS Nº 2, DE 30 DE MARÇO DE 2006 - DOU DE 07/04/2006 – "Transcorrido mais de dez anos da data da concessão do benefício, não poderá haver sua suspensão ou cancelamento na hipótese de o interessado não mais possuir a documentação que instruiu o pedido, exceto em caso de fraude ou má-fé."

- **JR/CRPS - Enunciado Nº 18** – Não se indefere benefício sob fundamento de falta de recolhimento de contribuição previdenciária quando esta obrigação for devida pelo empregador.

- **JR/CRPS - Enunciado Nº 13** – Referência: Art. 19, parágrafo 6º, do Decreto nº 611/92; Remissão: Prejulgado nº 12. "A dependência econômica pode ser parcial, devendo, no entanto, representar um auxílio substancial, permanente e necessário, cuja falta acarretaria desequilíbrio dos meios de subsistência do dependente."

- **JR/CRPS - Enunciado Nº 8** – "Fixada a data do início da incapacidade antes da perda da qualidade de segurado, a falta de contribuição posterior não prejudica o seu direito as prestações previdenciárias."

- **JR/CRPS - Enunciado Nº 7** – Referência: Art. 6º do Decreto nº 611/92; Remissão: Prejulgado nº 5-B. "O tempo de serviço prestado no exterior a empresa não vinculada à Previdência Social brasileira não pode ser computado, salvo tratado de reciprocidade entre Brasil e Estado Estrangeiro onde o trabalho, prestado num, seja contado no outro, para os efeitos dos benefícios ali previstos."

- **JR/CRPS - Enunciado Nº 6** – Referência: Art. 7º c/c Art 8º do Decreto nº 611/92. Remissão Prejulgado nº 3-c. "O ingresso do segurado em regime próprio de previdência pelo mesmo emprego, importa a sua exclusão automática da Previdência Social para o qual não pode contribuir como facultativo."

- **JR/CRPS - Enunciado Nº 5** – Referência: Art. 1º do RBPS (Decreto nº 611/92). Remissão: Prejulgado nº1. "A Previdência Social deve conceder o melhor benefício a que o segurado fizer jus, cabendo ao servidor orientá-lo nesse sentido."

- **JR/CRPS - Enunciado Nº 4 - Alterado** – Nova redação dada pela RESOLUÇÃO MPS/CRPS Nº 2, DE 30 DE MARÇO DE 2006 - DOU DE 07/04/2006. "Consoante inteligência do § 3º, do artigo 55, da Lei nº 8.213/91, não será admitida como eficaz para comprovação de tempo de contribuição e para os fins previstos na legislação previdenciária, a ação Reclamatória Trabalhista em que a decisão não tenha sido fundamentada em início razoável de prova material contemporânea constante nos autos do processo."

Referências

ALENCAR, Hermes Arrais. Benefícios Previdenciários, 4ª edição, Ed. Leud, São Paulo, 2009.

ALEXANDRE, Ricardo. Direito Tributário Esquematizado. 2ª edição, Ed. Método, São Paulo.

AMADO, Frederico Augusto Di Trindade. Direito Ambiental Esquematizado. São Paulo: Método, 2011.

_______ Direito Previdenciário – Questões Comentadas do CESPE. Salvador: Juspodivm, 2011.

_______ Direito Previdenciário – Questões Comentadas de Concursos Trabalhistas. Salvador: Juspodivm, 2011.

_______ Direito Previdenciário – Questões Comentadas da ESAF e FCC. Salvador: Juspodivm, 2011.

_______ Revisão e Reajustamento dos Benefícios da Previdência Social. Salvador: Juspodivm, 2011.

_______ Curso de Direito e Processo Previdenciário . Salvador: Juspodivm, 2014.

AMORIM FILHO, Agnelo. Critério científico para distinguir a prescrição da decadência e para identificar as ações imprescritíveis. Revista de Direito Processual Civil. São Paulo, v. 3º, p. 95-132, jan./jun. 1961.

BALERA, Wagner. Sistema de Seguridade Social, 5ª ed., São Paulo: LTR, 2009.

BARROSO, Luís Roberto. *Fundamentos Teóricos e Filosóficos do Novo Direito Constitucional Brasileiro (Pós-modernidade, Teoria Crítica e Pós-Positivismo).* In *A Nova Interpretação Constitucional: Ponderação, Direitos Fundamentais e Relações Privadas.* Luís Roberto Barroso (organizador). 2. ed. Rio de Janeiro : Renovar, 2006.

BERNANDO, Leandro Ferreira; FRACALOSSI, William. Direito Previdenciário na Visão dos Tribunais: doutrina e jurisprudência. 1ª edição, Ed. Método, São Paulo.

BOSCHETTI, Ivanete. Seguridade social na América Latina após o dilúvio neoliberal. Disponível em http://www.ibase.br/userimages/seguridade1.pdf. Acesso em 01 dez. de 2010.

BRASIL, Instituto de Pesquisa Econômica Aplicada – IPEA. Nota Técnica: AUXÍLIO-DOENÇA: CONTRIBUIÇÃO PARA UM DIAGNÓSTICO, 2007.

BRASIL, Ministério da Previdência Social. Panorama da Previdência Social brasileira, 3ª edição, Brasília: MPS, 2008.

BRASIL, Ministério da Previdência Social. Previdência Social: Reflexões e desafios. Brasília: MPS, 2009.

CARVALHO FILHO, José dos Santos. *Direito administrativo*. 17. ed. Rio de Janeiro: Lumen Iuris, 2007.

CASTRO, Carlos Alberto Pereira; LAZZARI, João Batista. Manual de Direito Previdenciário, 11ª edição, Florianópolis.

COSTA, Eliane Romeiro. Sistemas Previdenciários Estrangeiros. Análise das Reformas Estruturais de Previdência Complementar. Revista de Direito Previdenciário n. 299. LTR, 2005.

________ Fundamentos do Sistema de Assistência Social. Estudos, Goiânia, v. 34, maio/junho de 2007. Disponível em http://seer.ucg.br/index.php/estudos/article/viewDownloadInterstitial/327/266. Acesso em 10 dez. de 2010.

DIAS, Eduardo Rocha; MACÊDO, José Leandro Monteiro de. Curso de Direito Previdenciário, 1ª edição, Ed. Método, São Paulo.

FERREIRA, Aurélio Buarque de Holanda. *Dicionário Aurélio básico da língua portuguesa*. Rio de Janeiro: Nova Fronteira, 1988.

FIGUEIRA, Adriano Almeida. Revisão judicial do valor dos benefícios previdenciários. Impetus, Rio de Janeiro, 2008.

GRANEMANN, Sara. Políticas Sociais e Financeirização dos Direitos do Trabalho. Disponível em http://www.e-publicacoes.uerj.br. Acesso em 06 fev. de 2010.

HERKENHOFF, João Batista. Justiça, Direito do povo. 2. edição. Rio de Janeiro: Thex.

IBRAHIM, Fábio Zambitte. Curso de Direito Previdenciário, 13ª edição, Impetus, Rio de Janeiro.

________ Curso de Direito Previdenciário, 15ª edição, Impetus, Rio de Janeiro.

INSS, Procuradoria Federal Especializada. Lei nº 8.213/91 Anotada pela PFE/INSS. Escola da AGU, Brasília, 2010.

KERTZMAN, Ivan. Curso Prático de Direito Previdenciário, 7ª edição, Juspodivm, Salvador.

LAZZARI, João Batista; KRAVCHYCHYN, Jefferson Luis; PEREIRA DE CASTRO, Carlos Alberto; KRAVCHYCHYN, Gisele Lemos. Prática Processual Previdenciária Administrativa e Judicial, 2ª edição, Ed. Conceito, Florianópolis, 2011.

LEAL, Antônio Luiz da Câmara. Da Prescrição e da Decadência, 3ª ed., RJ, Forense, 1978.

LEITÃO, André Studart; MEIRINHO, Augusto Grieco Sant'Anna (organizadores). Prática Previdenciária - A Defesa do INSS em Juízo. Quartier Latin, São Paulo, 2008.

MARTINEZ, Wladimir Novaes. Curso de Direito Previdenciário. 3ª edição, LTR, São Paulo.

MARTINS, Sergio Pinto. Direito da Seguridade Social, 29ª edição, Atlas, São Paulo.

MAXIMILIANO, Carlos. Hermenêutica e Aplicação do Direito. Rio de Janeiro: Forense, 2003.

MENDES, Gilmar Ferreira; COELHO, Inocêncio Mártires; BRANCO, Paulo Gustavo Gonet. Curso de Direito Constitucional, 4ª edição, Saraiva, São Paulo.

RIBEIRO, Maria Helena Carreira Alvim. Aposentadoria Especial, 3ª edição, Juruá, Curitiba.

SAVARIS, José Antonio. Direito Processual Previdenciário, 3ª edição, 2011, Juruá.

TAVARES, Marcelo Leonardo. Direito Previdenciário, 11ª edição, Impetus, Rio de Janeiro.